姑苏秋霜，巫山秋雨，碣石秋风，长白秋韵
枫林如火，江天一色，无限秋光，丹红如染

大教育三部曲之一

教育大境界

东缨 著

Jiaoyu Dajingjie

教育科学出版社
·北京·

序一

教育的境界与智慧

——《教育大境界》序

顾明远

傅东缨，这位教育文学家，我已认识他十几年了，最早是在出版他的第一部赞美中国教师的教育文学作品《泛舟诲海》的时候。他把书送给我，我惊奇地发现，一位市级（辽宁省铁岭市）教育局长，居然能这样用心地去歌颂教师，在中国大地上确实难能可贵。因为在官本位盛行的地方，行政长官总是高人一等的，尊重教师也是口头上喊喊而已。当然不能一概而论，确也有一批有识的长官，懂得教育的重要、教师的崇高。这将反映在东缨写的即将出版的《播种辉煌》一书中。几年之后，东缨又来找我，拿来他的书稿《圣园之魂》，这是歌颂中国校长的，并且要我写序。他说他还要写一部歌颂地方教育局长的书，指的就是《播种辉煌》。这就构成了他的教育文学三部曲：教师、校长、局长，使我对他有了更深的认识。我佩服他对教育的热爱，对事业的执着。今天他又拿来《教育大境界》这部书稿，这可以说是他对教育认识的总结。由教师、校长、局长走到教育的大境界，这是他对教育的大彻大悟。

的确是这样，他是用心去感受教育、用脑去思考教育、用行去践行教育的人。作为一名教育局长，他不是按部就班地去发号施令，而是走遍全中国，访问专家，采访名师，了解他们的教育思想，总结他们的教学经验，宣传新的教育理念。是不是这位教育局长不务正业呢？我想他局长已经做了十几年，真要不务正业，恐怕早就被拉下马了。他是地方的教育局长，但他想的是中国的大教育，不是只想地方的小教育。有了中国的大教育，也才有地方的小教育。大教育的思想不正，何来小教育的教育质量。

东缨的这部书稿我读了三章。我觉得它既是一部优美的教育文学作品，又是一部深邃的教育哲学著作。内容充满着教育的哲理。他从教育实际出发，借用古今中外的教育鉴析，引用教育现实中的案例，推导出自己的教育思考，以教育散文的形式表达了笔者对教育独到的主张。写出这样的书稿，需要有苦读千卷书的功底、有长期教育实践的储备、有敏锐的观察和深透的思考。

我特别欣赏他写的“高境探幽”一章。王国维讲到诗的境界时引用三句词：“昨夜西风凋碧树，独上高楼，望尽天涯路。”“衣带渐宽终不悔，为伊消得人憔悴。”“众里寻他千百度，蓦然回首，那人却在灯火阑珊处。”王国维认为，古今之成大事业大学问者，也必要经过这三种境界。我深深感到，当教师也需要经过这三种境界。东缨总结了教育的最高境界，提出“育人（德）十大境界”说，即：大师无类、大爱无我、大道无为、大求无境、大净无色、大智无惑、大教无痕、大育无小、大法无术、大路无歧。这里似乎也渗透着儒、道、佛的思想。

东缨能够写出这样高格的著作，源于他酷爱教育、专注教育、钻研教育，正像他自己所说的：“视教育比生命还重要。”几十年来，他走访了中国的许多城乡，访问了上千位教育专家和名师，动员了全家的财力和人力。爱人为他的写作悉心服务，儿子为他的著作尽力服务。可以说，他们达到了王国维所说的三种境界，值得所有教育工作者学习。东缨要我写几句话，我就发表点以上感想。是为序。

2006年11月5日于北京求是书屋

（顾明远　著名教育家，时任中国教育学会会长、北京师范大学管理学院院长）

序二

博大的境界　精深的思想

——《教育大境界》序

刘堂江

我的老朋友、教育文学的台柱子傅东缨来电话，请为他的新作《教育大境界》作序。我最近几年太忙太累，身体欠佳，所有求序的都婉拒了，而对于他，迟疑一下还是应承了。

他是一个视教育、视教育思想、视教育创作为生命的人。

他于“文革”中辽师大毕业，先当山乡教师，后进省辖市的铁岭市教育局（教委），长期任主管基础教育的教委副主任，在繁忙工作之余，经过十余年卧薪尝胆的多方准备和孜孜不懈的努力，终于在1992年出版了54万字的《泛舟诲海》（教育文学三部曲之一），散文大师秦牧、著名教育家韩作黎分别作序称之为中国的“教育诗”，当时我任职的《人民教育》还发表了老作家单复《傅东缨和他的中国“教育诗”》一篇长文，记叙了他甚为艰苦的漫漫追求。

1998年暮春，我参加了东缨教育文学三部曲之二——《圣园之魂》的北京讨论会。他的第一部曲是写中国教师的，这一部78万言巨著则是写中国校长的。与会的专家、学者、作家反响热烈，称赞这部书为“教坛史记”，“以颇具体系的理性思维与艺性妙绘，构筑了一座教育管理艺术的金字塔”（顾明远语）。著名作家柯岩则说该书“填补了深刻而形象地描画中国校长群体的空白”。我也发言肯定这部写了几百位校长魂魄与智慧的书为形象化的管理学、艺术化的校长学。

从那次会到现在已八年半了。我知道东缨为写好第三部《播种辉煌》沉潜了下去。这些年他读几千部书，访31个省（市）、港澳一千多所学校，以及教育部长、专家、党政干部、校长、教师、家长、学生等六千五百多人，开座谈会一千多次，积累采访记录几百万字，每年有一小半时间都扎在全国城乡辛辛苦苦地调研。像这样不慕显赫于一时而求真谛于长远，成年累月自觉自愿考察、研究、思索中国教育的，实属难能可贵。就在他的《播种辉煌》即将完成时，40万言的《教育大境界》先就了。

捧读书稿，我不能不被他洞察古今、透视中外的眼光，多方创新、立体架构的思维，精彩纷呈、如诗如画的语言所深深打动了。我随即感到，这绝不是一部寻常的书，而是一部精品之作，一部诗化、创新化的教育恢宏之作。

全书十二章像一个长长的教育画廊。

作者从展示中外教育视野起笔；遥指古今教育天宇星光灿烂的教育思想；再连线教育推进的行与知；近镜头地剖析了义务教育、素质教育等伟大工程；又步入教育科研的“黄金航道”；揭示了为打造名师反复推敲的“锦囊妙计”；以此出发多角度地探幽了教育境界；再广而告之广大干部该循望穿教育的行动坐标；亿万家长的家教巡礼；走上中外教育各有长短及彼此融通之路；比较中看到我国教育之旅的重重关山；最后通过创造以奔向辉煌的未来教育的彼岸。

古今中外近四百人，数百个教例，数百段名言，被有机地织入博大的境界里。作者侃侃而谈，如数家珍；或议或析，一针见血，让读者“观古今于须臾，抚四海于一瞬”；一卷在手，自宏至微，洞若观火，了然于胸，似登高望远，豁然开朗。

全书又像一位识多智深的哲人在讲经论道，无处不见新的思维的花朵、新的发现的闪光。这些多方面建树的成系统的新理念至少有三个显著特色：一是自主创新的，打着“傅”记烙印，你找不到雷同的些许痕迹；二是贴近中国教育实际的，呼吸着现实“氧气”，你看不出玄空虚假的影子；三是十分鲜活的，水灵灵地充满新意，你感觉不到老生常谈的陈词、人云亦云的滥调。

我一边读着，一边惊叹这位教育思想的求索者何以有那么多新发现。是他，敏锐地提出夯实“二本”(师德是职业的根本，理念是改革的根本)、储备“三力”(渊博知识为磁力，奇妙艺术为魅力，厚实科研功底为伟力)、张扬“三点”(扎实基本功为起点，高强能力为支点，鲜明个性为亮点)的名师素质结构理论(应邀在31个省市和港澳讲座，无不受到热烈欢迎)；率先推出“问题牵动磁力”“思维引发张力”“智慧饱含活力”的理想课堂的“三力”和谐理论及创设激励教学的学习场、享受学习的创造场、彩排生活的演练场的“三场”优化理论和未来教育的系统理论构想……

这些新思维都是来自教育前沿的实践，来自教育先驱的创造，来自作者年年月月不倦的思索，因此带有很强的实践性与可操作性。

全书犹如一首40万言的长长的教育诗。

作者力戒枯燥的训教和干巴巴的说理，而是寓理于事，寓道于史，寓情于境，整部书自始至终旁征博引，多门融通，激情四射，文采飞扬，妙语连珠，辞章华美，字句灵动，像诗，像画，像箴言，处处给人以美的享受、理的启迪。这也许就是东缨几十年里所追求的大教育文学吧。

特别一提的是本书文图并茂，相映成趣。一百二十多幅图(像)自古至今，自中至外，从孔子、苏格拉底到当今教坛一线的教育家，给人以历史与现实无限的沧桑感和无边的想象与遐思。我希望教育同人都来读读这部书，从中吸收思想、理念、精神上的营养，立于大境界看自己的小天地，定会使自己升华到一个高远境界。

2006年11月25日于北京

(刘堂江　时任中国教育报刊社常务副社长、中国教师报总编辑、中国教育学会常务理事、中国作家协会会员)

目　录

CONTENTS

第一章 高师视野

悠悠万事，立德至圣，树人至重，重教至高。

教育是人类心空的太阳。

世间多少高师、哲人，以其深邃之思、灵睿之智与笃实之行，拓荒出博大精深的教育疆域。

视界有多宽宏，境界有多高远，心界就有多浩茫。

教育思想运作的轨迹，承载着历史、现实与未来的社会列车隆隆前驶。

国运兴旺，教运走强。

国运倾颓，教运黯淡。

坐失良机的历史遗恨终属历史，不该属今朝；终属前人，不应属我辈……

教育本身就是一个世界，同时也是整个世界的反映。[1]

——联合国教科文组织国际教育发展委员会

广阔的地平线引导心灵产生整体思想，受限制的地平线使人产生局部观念。[2]

——［法］雨果

一

太阳，这个在伏契克笔下圆圆的魔术师[3]，用无所不在无法覆盖的光，用无时不有无与伦比的热，热透古今时空，光亮人间生命。

对于人类，**还有一轮能够称得上太阳的，她让人从风采到气质、从行为到精神、从气质到品位、从身体到心灵，发生了脱胎换骨天翻地覆的大突进、大飞跃、大嬗变，那就是升腾在数以亿计心空的太阳——这，就是教育，也只能是教育。**

正如印度 20 世纪最伟大的心灵导师克里希那穆提所说："教育的最大任务在于产生一个完整的人，能将生活整体加以整体地处理。"[4]亦如英国教育理论家怀特海近百年前所说："教育的目的是为了激发和引导他们的自我发展之路……教育的全部目的——就是使人具有活跃的智慧。"[5]一位着眼于完整的人的培育，一位纵目于人的智慧的发展，异曲同工，殊途同归。

神奇无比又作为无穷的教育啊——
她光明着混沌的眼，
她映亮着黯黑的路。
她温暖着僵冷的心，
她氤氲着七彩的云。
她广敞着狭窄的怀，
她放飞着天地的鸟。
她清亮着迷茫的魂，
她编织着命运的梦……
天空的太阳使人的眼前明朗，
教育的太阳让人的身心光亮。

二

在人类自表至里的视野里，对教育（含教师）最美丽的超凡想象，莫过于喻之为太阳。

《新约全书·马太福音》第五章第14节，耶稣称其救世的门徒："你们是世界的光。"夸美纽斯更是发挥了此种想象："教师该像全世界的太阳，站在高处，从那里他能同时对所有的人普照教学的光芒，而且同时能发出同样的光，均匀地照亮每一个人。"[6]如果从对教师的比喻再稍做发挥，即可顺理成章地形成如下定格：教育像温暖、辉煌而令人向往的太阳。

1602年，一座用心灵构建的"太阳城"[7]神殿悄然升起在西半球的地平线上。

这座巨大的拱形圆顶类似天体的城堡，宛如整个太阳系一样金碧辉煌。神殿地面上永远点燃着七盏金灯，像七颗行星光芒四射。六大城区内墙上，画着数学、宝藏、山水、花木、鸟兽、人物等种种高深精美的图案。

太阳城最高首脑叫"太阳"，管理俗人与僧人。他手下名叫"智慧"的领导人掌管全城的道德、文化、科学与艺术之门。

太阳城的子民鄙视私财，相敬如宾，和谐而处，其乐融融。该城的最大特色是人人都被织在教育与学习的大网中。自幼儿起，不分男女普及初等教育，智、德、体、美、劳在直观教学中迅速成就。成年人除每日劳作4小时外，都愉快地融入科学研究、学术讨论、文体活动的欢乐之中……

用空灵的思想为基柱，用奇美的语言为砖瓦，冉冉托出的《太阳城》，出自前后坐过50个牢房、33载牢狱、受过7次拷打的意大利伟大的爱国者康帕内拉。意味深长的是，这么一座明亮无比天堂般的《太阳城》，却诞生在西班牙侵略者设立的黯黑无比地狱般的囹圄里。身陷地狱，心想天堂；面对酷刑，情满教育，谁也阻碍不了这位思想家的教育思想的广袤视野和自由飞翔。

虽然，这座《太阳城》流于空想而无法施工，但给予后世不少诱人的昭示，足可以穿透世纪的尘云。

三

早于《太阳城》近二千年诞生的，是古希腊著名哲学家、教育家柏拉图的《理想国》。

柏拉图体格粗健，博学多识，才思敏捷，文采飞扬，被哲学史家称为“苏格拉底（西方的孔子——笔者注）的唯一继承人”。他倾全部才智和心血打磨出的《理想国》是苦心孤诣设计的理想国家模式的蓝图。

柏拉图在学园

公元前387年，年已不惑的柏拉图游历12年后回到雅典，创建世界最早学府之一的阿卡德米高等学园，开始边讲学边著述的40载宏富生涯

《理想国》的国民是由分别具有智慧、勇敢和节制三种美德的三个等级的人组成。一等人智慧者治国，二等人勇敢者卫国，三等人节制者建国（生产物质财富）。

三个等级的人各司其职，像夜晚的星月各占一隅各发其光。国家不谋某个阶级的“突出幸福”，而求“全体公民的最大幸福”。

靠什么建立理想国的人际秩序？靠人——“最好的公民”。

又靠什么使国民成为“最好的公民”？靠“良好的教育”。

柏拉图把办好教育看成实现蓝图的中轴战略与最大法宝。他的教育理想宝库里藏有许多珍奇：

教育被请在国之头把交椅上；

儿童被视为国之公有财富，高看一眼；

男女教育平等，人人都接受适合其本性的教育阳光的普照；

学校是理想国的天堂：进入第一教学区，大门匾额上写着“儿童游戏场”。里面都是3岁儿童，有的在听故事，有的在唱歌，有的在做游戏……孩子们个个像欢乐的小鸟。

走进学校区，那里住的是7—17岁的少儿。学生们轮流着学文化、弹琴或练体操。人人意气风发，举止优雅。

来到深造教学区，少数18岁的优秀学子，正在这儿学哲学、科学，研讨治国之道，他们神情专注，思维紧张，脸上流露出少有的庄重。

《理想国》里的优秀治国人才都是经历教育巨筛层层筛选出来的，筛选的主要阶段有三：普通教育或情感教育，武士教育或意志教育，哲学家教育或理智教育。学童成长年轮中要经过严格筛选，一批批被截断下来，留在不同等的人才场里，最后筛留下来的是最高统治者——“哲学王”。

何其美妙，何其睿智！

距今将近两千四百年前的西方人的教育理想与教育智慧，竟如此弥足珍贵！

然而，理想有意，现实无情。脱离实际的构想，再有创意也免不了成为只可观览的空中楼阁。晚年的柏拉图虽曾两度不怕颠簸，漂流过海去西西里，试图把叙拉古国王教诲成“哲学王”，却均吃了闭门羹而无功而返。

这部后来被卢梭称为“从来没有人写过”的“最好的教育论文”[8]，留给后来政治家、教育家的，是教育理念深幽绵长的启迪和各取所需的思想珍奇……

四

比康帕内拉的《太阳城》晚二十年左右问世的，是德国人安德里亚构想的《基督城》[9]，这又是一颗空想社会主义的璀璨明珠。

基督城实际上是由基督教徒组成的乌托邦式的共和国。

这个想象中民风淳朴、没有私财、各尽所长、平等相处、提倡科学、尊师重教、孤儿国养、治病公费的理想国家，是道德国、宗教国，更是教育国、科学国。

把科学技术看成社会发展的生产力，安德里亚已有了朦朦胧胧的高端透视。

步入基督城的城堡大楼，图书馆、档案馆、印刷所、实验室、药物供应站（相当于自然博物馆）、解剖室相为毗邻，依次排开，无不充满了神圣。

走进物理大楼，“一”字摆开的是自然科学实验室、教学工具室、数学实验室。在这里，科研的思维之马可以纵奔，实践的动手之路亦能拓展。

城中央是宽敞、壮丽的学校。学校实施泛智教育与直观性教学，设文艺、伦理、算术、音乐、天文、科学、神学、医学、法学九个讲堂，一些崭新的自然科学、实用科学知识，堂而皇之地走进了讲堂。

安德里亚要让“这个共和国最宝贵的财产”接受体力和智力的锻炼，“训练成爱上帝、爱纯真、爱理性、爱公共安全的人”。

基督城的教师是挑选出来的公民表率。他们是具有端庄、正直、积极、豁达四种美德的出色学者和虔诚教徒。人格与学识的富有使他们拥有参与管理政府的很高权力。

雅典学院

拉斐尔画笔下的雅典学院何等壮丽！学人荟萃，智者云集。柏拉图携弟子亚里士多德行立中央，大厅弥散浓重的儒雅之气

儿童1—6岁为学前训练，6岁后接受寄宿等国家免费义务教育。女孩的教育更受重视，她们在手工训练中学习持家艺术……

《基督城》比《理想国》《太阳城》勾画出了更为包罗万象且具体清晰的教育设计蓝图。它洒满人道主义的阳光，凸显尊重理性的呼唤，敞开科技促进生产力的新视界。只是，作者却见不着有人真来施工。

《基督城》提供的锐利、超前、光芒四射的思想，同夸美纽斯的《大教学论》一样，直到如今仍闪动着不可磨灭的光辉。

五

多美好的教育梦想，多宽宏的教育视野！

这种教育梦想与视野让我们看到了什么呢？

我们看到了柏拉图、康帕内拉、安德里亚精心构建的国之蓝图，更准确地说，构建的以教育为主要梁柱的国之框架，只是在当时，这是一个无法论证投产的工程，是一出无法上演的思想之剧、理念之剧、理想之剧。

然而，历史像深不可测的设计师，让人类的生命在不知不觉之中演化成神奇的故事，将做梦都不曾想到的幻景变成鲜活的现实。

在回眸一瞬间，先哲们会泪飞倾盆雨，当惊世界殊。

先哲们会惊喜而视——

他们脚下西方世界许多土地上，已栽培起免费12年义务教育的禾苗；

神圣的大学成了谁都可能进去的大众化的求知殿堂；

多学科交叉融合的通识教育的乳汁，哺育了一代代智慧之星冲天升起；

先哲关于终身教育的视界，已不再是纸上谈兵。

1997 年 6 月 5 日，在哈佛大学春季毕业典礼上，头戴学士帽的 89 岁的玛丽·法萨诺精神矍铄、笑逐颜开，这位格外引人注目的哈佛历史上年岁最高的毕业生，就是对终身教育法的完美诠释。

2003 年初春，在德国科隆大学毕业论文答辩会上，79 岁的约翰娜·玛克司夫人，又以长达 200 页的《如何度过晚年——学习使老人永远充满活力》的文章，通过了博士论文答辩。当这位戴大框架眼镜、说话有条不紊又颇具幽默感的老人接过教育学博士证书时，教育人生的底蕴又有了新的升华……

孔子杏坛

山东曲阜孔庙内的杏坛，相传是孔子讲学旧址。慧光大现，紫气东来，华夏文明，源远流长

先哲们还会惊讶：

像叙拉古国王那样的冷漠教育、冷落学习的统治者似乎已不复存在，抓好教育已成了国之生机命脉、国之财富源泉、国之发展秘宝。

翌年就将在政治舞台上谢幕的美国总统克林顿，于 1999 年 1 月 19 日发表题为《迎接 21 世纪的挑战》的国情咨文，文中以 1/6 的篇幅谈及教育：几大问题一清如水，五项举措有的放矢。

2000 年，美国总统大选拉开帷幕，民主党的戈尔和共和党的布什在昼夜兼程、马不停蹄地进入游说拉票的酣战中，把教育当成最重筹码却是惊人的一致：他们都声称教育是其优先考虑的第一号议题；喊出的口号也几乎同声：布什宣称“没有一个孩子会被落下”；戈尔发誓“不会落下任何孩子”……

先进工业国德国近年来学生测试成绩滑坡，引起朝野强烈“地震”。街谈巷议，媒体揭丑，教育反思（认为学生节假日过多，半日学制，校内松懈），时任总理的施罗德宣读了决心走出教育尴尬的政府声明……

一时间，紧锣密鼓，兴师动众……

六

笔者列举三位教育思想大家精妙的教育构想，只是取其典型，如舀几勺海之浪，采几朵园中花。

其实，高于《理想国》、亮于《太阳城》、大于《基督城》，足

以代表世界古代最博大最精深的教育典籍的，是我国先秦时代儒家学者精雕细刻奉献的力作《礼记》。

《礼记》是中国教育史上，也是世界教育史上第一部教育学的开山之作，比捷克大教育家夸美纽斯的《大教学论》早面世一千八九百年，比德国教育家赫尔巴特的《普通教育学》早面世二千余年。

《学记·礼记》

九万言的《礼记》是反映整个社会缩影、蓝图及构想的百科全书，是政治、哲学、伦理、礼规、法律、教育等无所不包的思想文化资源库

九万言的《礼记》是反映整个社会缩影、蓝图及构想的百科全书（提出“小康”“天下为公”等大同理想），是政治、哲学、伦理、礼规、法律、教育等无所不包的思想文化资源库。它充分印证了中国传统教育的厚重内涵。

《礼记》中 1229 言的《学记》，不仅为人类教育史上的首创，且在之后两千多年的教育发展长河中，仍穿越时空，超越国度，涌动着时时翻新、有增无减的生命浪花。它字字珠玑，句句宝玉，无处不闪射着不刊之论的金玉之言、理性之光。该篇对教育的目的、制度、原则、方法、效果、教师作用等，都做了精彩、深刻到令人惊愕的阐扬，成了世界古代最早、最完美的教育学。

其教育主张科学：“不学操缦，不能安弦；不学博依，不能安诗；不学杂服，不能安礼。不兴其艺，不能乐学。”其意是，不练习指法，就弹不好琴；不广泛练比喻，就学不好诗；不习练各种办事应酬的规矩，就学不好礼仪。对六艺（礼、乐、射、御、书、数）不感兴趣，就不可能乐学《诗》《书》等正典。它力倡课内外结合，学书和训练相结合，既扩大知识领域，又培养高尚道德情操和良好生活习惯。

其教与学的关系辩证：认为“学然后知不足”“教然后知困”。发现差距，看到贫乏，方能力求上进，从而得出“教学相长”的正确结论。

其启发式教法精深：“道而弗牵，强而弗抑，开而弗达。道而弗牵则和，强而弗抑则易，开而弗达则思。”其意是，师对生要引导而不牵拉，激励而不压抑，指点而不代庖。引导而不牵拉则师生融洽，激励而不压抑则感到学习愉快，指点而不代庖则会用心思考。此种启发内动力的教学可谓上善妙策。

其因时因人施教的原则适切：“当其可之谓时”，“不陵节而教之谓孙”。前句意在在适当的时机施以教育，叫作及时；后句意在不超过学习者接受能力而教育，叫作合乎顺序。该主张把了解学生学习的难易、才质的美恶，作为启发诱导的依据，此切入点实事求是，着眼点量力而行，落脚点当有理、有力、有节。

其教师主导地位恰当：“善歌者使人继其声，善教者使人继其志。”“教也者，长其善而救其失者也。”“三王四代唯其师。”赋予教师如此崇高地位，阐释了尊师重道的思想，其背面则是对为师者的高格要求：“师也者，所以学为君也。”“记问之学，不足以为人师，必也其听语乎。”“教之所由兴，又知教之所由废……然后可以为人师也。”“其言也，约而达，微而臧，罕譬而喻。”此四条要旨，一是要具有很高的素养，二是要有广博的知识，三是要懂得教育规律，四是要具备良好的语言表达能力。

其学子内在动机精准：“士先志”“辨志”“游其志”“继其志”以及“强立而不反”，《学记》多处聚焦学习者志向的树立、意志的磨炼，足见远大志向、坚毅意志对学习行为乃至立德树人的重要性。

还有若干博大深邃的思想不一一枚举。

抛开历史时代的局限，除现代眼光审视下的些许消极元素外，《学记》无疑是中国也是全世界极珍贵的教育遗产之一。

七

自东方孔子、西方苏格拉底起，或上溯有文字记载始，上下几千年，纵横数万里，无法统计有多少教育理论家和实践家、哲学家、思想家、政治家、文学家、科学家、社会学家、经济学家等大家学者，借助各自的历史舞台，把握各自的立足点与视角点，聚焦探究透视的目光于教育一点之上。

教育的真谛在哪儿？

教育的奇能是什么？

理想教育该什么样？

优化教育应怎么做？

如何施以国办的、民办的、家办的教育立交精彩组合？

如何使学前的、学校的、终身的教育联结得天衣无缝？

如何让细化的、深化的、精化的教育改革工程日臻佳境？

无数有识之士都在寻教育之梦，做教育之梦，圆教育之梦。

马克思墓

墓碑上镌刻着他的至理名言，高度精缩了他波澜壮阔的导师人生

千水奔腾源一处，万木争荣本一根。万千问题集于教育三问：为什么教育？教育什么？怎么教育？

“哲学家只是用不同的方式解释世界，而问题在于改变世界。”[10] 马克思26岁时说的、后来被选用在伦敦海格特公墓碑文里的这句名言，道出了人在大千世界上的终极追求。教育实践水涨船高的推进，记录了教育理论继往开来的演变，嬗递着教育思想持续发展的历史轨迹。

这条轨迹承载着人类历史、现实与未来的教育列车隆隆向前行驶。

八

从二千六七百年前的历史深处，依稀传来管子的教育漫话：

若夫教者，然若秋云之远，动人心之悲；蔼然若夏之静云，乃人之体；然若言高之静，动人意以怨；荡荡若流水，使人思之，人所生往。（《管子·侈靡》）

其意是说，教化，好像秋云的高远，能激起人的悲心；又好像夏天的静云，能浸及人的身体。深邃好像皓月的寂静，激动着人的怨思。平易如同流水，使人思念又令人神往。

当教育神灵般地触摸着人的群落时，人类便从它那饱含智慧的深情呼唤、高雅人格的轻柔抚摸和潜移默化的谆谆教化里，开始了从野人到智人的进化之旅。人群所依存的社会，也随之发生了从野蛮到文明的礼化之改，从混乱到秩序的雅化之变。时间，像风像水冲打着岩石一样，勾勒出清晰、隽永的文化教育纹理。

一代代高师、智者，也是如风似水般地倾尽心劲，进行着薪尽火传的接力赛。

于是，教育无所不在地顽强推进，不断拓展着无边无际的视界。

综观横览自古至今、自中至外的教育视野，我们从中至少可以有三个重要发现。

其一，教育视界越来越广袤。

广袤到包罗人生，包罗时空，包罗万象。

教育对象拓展：从初始阶段的培养国之少数精英，到数量渐增国之人才大流，乃至全体芸芸国民同时承受教风育雨。消灭教育盲区、科学死角，已成了当今各国教育的首要大目标。

受教者的教育阶段延长：从学龄阶段的少儿、青年进学校培育，到学前幼儿进所入园的启蒙，成人进职业技术培训熔炉的再造，乃至国民终身沐浴教育的阳光。

教育者视界多元演变：从原始社会氏族公社对儿童的生活、劳技、骑射的教育，到奴隶社会国办的有养老、有教育、有习武的学校，到封建社会、资本主义社会或国家办或民间办或教会办的各种五花八门的教育，逐渐织结成教育或疏或密的大网。

教育者的教育关注点，也从囿于一地一区的视角，扩大到一国一族的广角，乃至邻国与世界的全角。

平板电脑进课堂

杭州市卖鱼桥小学霞湾学区2(6)班全体同学正在用平板电脑上语文课。平板电脑给学习注入偌大的兴趣，为思维插上探究的翅膀

教育内容嬗变：正从一本本教科书及于整个人生视野、自然社会乃至大千世界，于是带来了课程、教法、学法连锁式的革命。比如当前新课程改革，正改变着我们一百多年里学仿西方的分科教学，为目前世界主流的跨学科综合教学。分科教学在亚洲除老挝外就只有中国大陆实行。我们差不多到了“茕茕孑立，形影相吊”的窘境了。

对信息科学的垂涎与倚重催发教学方式的颠覆性变革：伴随网络化的普及，慕课（MOOC，大规模公开在线课程）正在全球迅速兴起，汇成了新教育革命的滚滚洪流，指尖上的“课程”改变着教育：教的工具变了，学的工具变了，评的工具变了，课的结构、形态变了。斯坦福大学的校长说：“大规模开放在线课程就像一场数字海啸，有可能将传统大学教育全部‘冲走’。”这种颠覆性创新，正在改变全球的基础教育[11]。

如此广大的教育视野，使教育全员化了，全程化了，世界化了。

其二，教育开发越来越精深。

精深到激活大脑，激活智能，激活生命。

对人的培育，从早期的启智修德，到德、智、体、美一块儿开发；

对智力的重构，从各育均衡齐抓，发展到运用多元智能说顺势侧重突出个性。正如吕型伟所说："潜能往往蕴藏在个性里面。"[12]

对潜能的开发：从教法到学法，到脑科学的深度突破。

脑矿藏的开发、脑科学的研究，业已成了教育最前沿的攻坚战。各国你追我赶地开展着脑科学的竞赛，视之为科研领域的"皇冠上的明珠"，美国和欧盟不惜豪掷万金，力争早早斩获。我国奋起直追，如韩宏宇等脑开发专家历经长期艰苦多方面努力，终于揭开了认识脑、开发脑、保护脑（科学用脑）、营养脑的全脑教育的神秘盖头，梳理出统一、适应、适度、适时等四条不争之律和学科教育、单科育全人的通幽之径[13]。

如此精深的教育视野，让教育全人化了，多方化了，个性化了。

其三，教育价值越来越邃密。

邃密到直通经济，直通政治，直通社会。

伴随经济这部庞大机组的快速运转，教育准时高速地输送去替换磨损的老化的"主轴""齿轮"和"螺丝钉"；

瞩望国家这座大山的和谐崛起，教育源源不断地签发合格的组织者、护卫者和建设者，以为之填土、加固与开路；

面对社会这片大海的风云变幻，教育将为之永葆其蔚蓝、纯净与奔腾不息，及时投之以人才的"净化剂""涌动力"和"守望哨"……

如今的关注教育便是关注经济。

眼前的瞩望教育便是瞩望国家。

张伯苓的思考极具穿透力："现在的考察教育便是考察社会。"[14]

杜威的结论更是一语破的："社会的改造要依靠教育的改造。"[15]

由此引申，**教育改革原本是社会改革的强大杠杆和高效开关。**

因此，立于人类文明演进的历史高度鸟瞰，教育领航社会的地位，注定了它的发展优先于经济乃是最佳模式。联合国教科文组织于20世纪70年代就已经明察："教育在全世界的发展正倾向先于经济的发展，这在人类历史上大概还是第一次。"[16]因为"人类历史越来越成为教育与灾难之间的赛跑"（H. G. 威尔斯《历史大纲》），教育若不跑在社会发展的前面，人类的灾难即会随之而来。

九

透过足够的远景，出现在我们视野里的教育，本身就是一个完整的世界。

这个世界如同有某种神力的神物。

它有效地维系着现存的人的价值，保持着国家的力的平衡，改变着社会运行的轨迹，催化着历史匀加速运动的进程。

不错，在充满着各种疾病的社会机体面前，教育机体常常疲软得有些力不从心。社会和教育这对矛盾的永恒存在，导致了社会注定下达给教育无尽无休的任务，教育也永远无法完成得尽善尽美，更不必说超值服务。

这反而激发了教育的永不满足、永不止步，充盈着引领、孕育一个社会的乐观和乱世里治世的决心。

像潮起波涌一样，教育视野的每一次拓展，教育改革的每一次创新，都带来了人类智能的强势开发和社会发展的一次大的飞跃。

十

高师、哲人的视野，是理念的经纬，是思想的时空，是精神的高地。

思想是一面为部队导引前行的旗。只有它，鼓荡着人的心之帆，领导着光明的远航。真的，思想比行为更有时空的穿透力。

它能雕塑出一切似乎不可思议的岁月之花，也能摧毁掉一切有碍它自由翔舞的山海之阻。

干什么事不是这样的呢——首先得有思想的种子，然后才有播种的计划、耕耘的行动、快乐的收获。

不怕你的视野里没见到，也不怕你的手中没做到，就怕你大脑里没想到。

思想走多远，脚步就能走多远。

史海钩沉。除了丰碑性质的事件还为人追忆、为世传扬、为发展记里程外，其他繁星小草般挤挤压压的事儿，早已如尘如风如雨如露，泯灭在史河之中。**而思想的光芒却通过一代代传承、一世世弘扬而博大精深地承启着，终成了史河中一个个飞溅的涛澜、一朵朵潮头的浪花。**

一部教育史其实就是教育思想发展史。教育的事件、史实、现象只是教育舞台上的千姿百态的表演，而统领并指挥这些表演程序与终极追求的，则是表面上看不到摸不着的教育思想。混沌的教育思想导演了混乱的教育格局，保守的教育思想导演了倒退的教育态势，蓬勃的教育思想导演了前行的教育愿景。法国思想家涂尔干一语道破："教育本身不过是对成熟的思想文化的一种选编。"[17]

超前的思想更是黎明前黑暗里的一缕曙色。也许，对昏昏沉睡的人们引不起醒来的激唤。但是，它像潜流，如伏泉，在每个人心之草地里静静流淌，无时无刻不给心草心花以无声无息的滋润，就像你感觉不到遥远大森林每分每秒送来的新鲜空气一样。

当时机到来之时，这些似乎从冬眠中苏醒了的思想一下子活跃起来，产生杠杆一样强劲的力量，倏忽可以变作二千二百多年前古希腊大学者阿基米德所说的用来撬起地球的"支点"。

记住泰戈尔的话："我的思想随着这些闪耀的绿叶而闪耀；我的心灵因了这日光的抚触而歌唱；我的生命因为偕了万物一同浮泛在空间的蔚蓝、时间的墨黑中而感到欢快。"[18]

高师思想的绿叶，心灵的目光，生命的时空啊，一切都多美妙！

十一

在相当长一段历史时空里——

西方醒着，中国昏睡；

西方步入快车道，中国滑进倒车场。

世界大林中曾木秀入云的大中华，此时已如一株朽木、一个病入膏肓的老人，然金銮殿上的统治者却浑然不觉地硬撑着，还狂妄地自尊中国为“国中之国”，自以为“天下老子”，实则成了列强眼中的活尸肥肉，正应了日本明治时代大思想家、教育家福泽谕吉所说“至于像中国人那样，觉得除本国以外似乎没有别国存在，一见着外国人就呼为夷狄，把他们看作四只脚的牲畜，贱视他们，厌恶他们，不计量自己的国力，而妄想驱逐他们，结果反为夷狄所窘”[19]的冷言峻语。

古老的神州，可怜的华夏！

那代代英主——秦皇、汉武、唐宗、宋祖的精魂及其传承的文韬武略哪里去了？那曾持续领跑世界千余载的中华文明的魅力及支撑它的精神高地又哪里去了？还有那么多地灵人杰、俊采星驰的英才呢？那么多头清目明、有胆有识、舍身进谏的雄豪大士呢？

“以知勇士为锋，以清廉士为锷，以贤良士为脊，以忠圣士为镡，以豪杰士为铗……此剑一用，如雷霆之震也。”（《庄子·说剑》）此为捋着长髯谈剑喻人才的庄子说给赵文王的大道至理。其意是治国安邦急需宝剑一样旷世之才：用聪明勇敢的人做剑锋，用清廉的人做剑棱，用贤良的人做剑刃，用忠圣的人做剑环，用豪杰的人做剑把，这把剑一出手，像雷霆一样威震四方。

这是何等睿智的明论，何等高明的智才！须知，此论此才，距今遥遥二千三百多年！

当历史巨轮碾进 19、20 世纪之交，中国天黑地暗，中国再没有如此的人才吗？再没有如此的明眼人吗？当然不是！

康有为早年就以一双清亮的眼眸洞见了“才智之民多则国强，才智之士少则国弱”，列强富强之因“不在炮械军器，而在穷理劝学”，“日本之骤强，由兴学之极盛”[20]的清醒之道。

苦闷而彷徨的梁启超也曾发自心窝沉郁地呐喊：“招国魂兮何方？大风泱泱兮大潮滂滂！”（《二十世纪太平洋歌》）其问苍凉，其情悲壮！

然那时的国，“你脓血污秽着的屠场呀！你悲哀充塞着的囚牢呀！你群鬼叫号着的坟墓呀，你群魔跳梁着的地狱呀”[21]！政治是漆黑的夜，少有的人才也会被拖入黑洞，心帆断桅，飞翼折翅。

而对那时的灌输教育，陈独秀形象地描绘说：致使受教育之青年“手无缚鸡之力，心无一夫之雄；白面纤腰，妩媚若处子；畏寒怕热，柔弱若病夫”[22]。

教育出强邦，弱国无教育。

国运已如覆巢，教运岂有完卵？

十二

百年风雨洗礼，神州一朝生辉。

当历史之针指向20世纪80年代时，改革开放的春潮涌动，大浪滔天，千帆竞发，百舸争流。

改革开放的总设计师邓小平以其独有的睿智和超人的远见，飞快转动起经济和教育这列“中国号”列车的两个巨轮，在社会发展轨道上一次次提速迅跑。

欲飞经济，先飞教育。

经济赛场上要与强国竞相“论剑”，教育平台上须敢与强国对话“打擂”。

一代代落伍挨打的血与泪，一番番竞争失利的悔与恨，渐渐地、渐渐地，化作了由弱到强的晨钟暮鼓，自远而近的涅槃烈火，敲醒了少数权柄者的根根神经，映亮了莘莘黎民的双双眼眸，先知激活后觉，口动引发心动，舆论牵出共识：欲富家强国，冷落了教育，不仅是迷路，更是死路。当中国进入纪元两千年上下之交的历史节点，教育终于被视为先行官，且以先导性、基础性、全局性的角色予以定位，并在投资上，也将要给予适度超前的优待。

写在纸上虽然不能表明落实到手上，但是，在中国，没有写在纸上就压根不会有落实到手上。“虚”能生“实”，“虚”根“实”干，虚功实做。从虚到实，从说到做，从看不见到看得见，似乎是一条国人不成文的定律。

纸上的政策文字，亟须化作手中的金子。

教育的明媚春光，似乎指日可待。

十三

上与下梗阻，隔以气流；知与行不畅，阻之运作。

没钱建不起教育大厦，有钱也不一定建起教育大厦。

“宁苦大人，不苦孩子；宁苦机关，不苦学校；宁苦干部，不苦教师。”在许许多多地方曾流行着此类只口头、笔头、鼠标头的愿景式的标语口号。

一个个希望工程的报道，常常使人苦乐交织，喜忧参半。

一篇篇关于教育的纪实文学，竟然让那么多人泪下如雨，扼腕唏嘘。

至今有几分官本位的中国，问题多出在少许缺少教育视野的官员。

从思维到行动冷淡教育，是其惰气兴妖，暮气作怪？请注意，有些人一个赛一个地比着赛着，在自己掌门的一亩三分领地上，大造特造楼堂、街市、花园、广场、市雕、复古建筑，甚至是鬼城等亮丽的形象工程，不也是朝巡暮察乃至废寝忘食吗？

他们多是近视眼，错误地认为教育是干花钱行业，有投入没产出，哪里看得到人才产出乃是最具发展核心竞争力的产出，哪里能理解英国经济学家马歇尔“所有资本最有价值的是对人本身的投资”的立论。

他们看得见眼前的岭，看不见岭那边的那片草地和草地尽头插进白云深处的皑皑雪峰。

如此冷淡教育，是官气作祟、王气捣鬼？近察之，权钱推杯换盏、美人愉悦身心者，哪个会苦恋祖国命运？

这极少数的是享乐者，享乐着票子、房子、车子……

车（房）内，是少数个人纵情荣华的天地；车（房）外，是一个苦斗跋涉着的民族。

享乐者不能办教育。

近视者办不好教育。

十四

机遇，是上苍捧给人们无比珍贵、无比幸运的时空舞台。

它像瞬息多变的市场，扑朔迷离；又像变幻难测的战局，稍纵即逝。

西方传说中极善预言的女巫西比拉，曾作九卷书献罗马王欲索重金，遭拒绝。女巫烧毁三卷仍索原价，罗马王奇怪，翻其书方知其预言极重要，要购全书，已无。[23]

我们的教育也与机遇一次次失之擦肩。

远的不说，小的不说。

一次是20世纪50年代后期的“大跃进”年代，热昏了头的人们，自上至下凭喊口号超英赶美追日，教育上是大办工厂农场而丢了教学主业，一下子乱了套。狂热献身“教改”的人们，像大战风车的堂吉诃德一样可笑。结果落花有意，流水无情，吹牛的唾液载不起中华舰队远航，我们与外界的不等式差距无限地加大了。

又一次是刚走出这次劫难阴影后的“文革”十年。“左”得可怕的人们把江山社稷闹个乌烟瘴气。美、日、德等国的科教带动经济健步如飞，我们自己却关起门来相互间打个头破血流，所有学校一忽儿气息奄奄，人才断流得河水枯干，叫天天不应，呼地地不灵。

丢失了爱物，让人眼酸流泪。

错过了时空，令人心疼欲碎。

优势在主动把握机遇里孕育。

劣势在持续丧失机遇里渐成。

差距在无端错过机遇里拉大。

超越在自觉抢抓机遇里胜出。

在教育发展的历史长河里，延误一时就贻误一个阶段，抢先一步就赢得一次主动，后发一瞬就后行一节路途，领跑一程就统领一个时代。

十五

有一种时空，历史在这儿解剖中清晰重视，现实在这儿过滤里清明续写，未来在这儿设计下将清醒上演。

这儿，须臾间联袂古今之心，转瞬里透视天地之谛。

这儿，燃着炼狱之火，亮起大脑之光，悬起灵魂之镜。

这儿是什么？是人类独有的智慧的产床——反思。

反思，这个原意指光的反射的词语，自从为近代西方哲学使用并流传以来，业已定格于回头反过来思考之意。此种思考不同于直接认识而属间接认识，具有反省中厘清、联想里彻悟的思维要素，是从感性思考提升为理性思考的巨大飞跃。

反思成功，乘风借势；反思失败，追根溯源。乐中品乐，也许不一定品味到乐的甘甜；痛定思痛，却往往能深切地咂摸出痛的滋味。

反思能够使思维惊奋、跃起、飞翔。

反思使脚步走出迷雾，告别困惑。

反思使视野豁然朗亮，天高地阔。

不会反思的人，只能稚化成时代的弃婴。

不会反思的民族，只能退化成毫无希望的边缘化的矮族。

反思小善，方恢大略，物竞天择，大浪淘沙。当昔日记忆被重新梳理，历史沉淀被深度厘清，那些失落的时间珍珠被精心加工有序地串联起来时，我们虽不免在反思中触摸一些疼痛与心伤，但是，更多的仍是智慧海潮的洗礼、醒悟火焰的点燃，我们因此变得睿智而强壮。

十六

据说，有一次，法国伟大的刘易特元帅对他的园丁说："明天种一棵树。"

他的园丁却说："一百年也结不了果。"

刘易特元帅果断地说："那么，今天下午就种吧！"[24]

这个故事的题目应起作：行动从今天开始。

昨天是流逝的历史。

明天是前方的未来。

今天是上演的现在。

今天开始行动，多快！

今天下午就种（动），真高！

十七

面对高师、哲人的视野和教育的太阳——

请将"近视"换成"远视"，以奋斗替代享乐，把迷醉变作清醒；

请把希望未来变为创造未来，悔恨自已改为重塑自已，心灵感动化为立马行动，抓住明天换为抓紧今天。

揩干泪水，埋葬忧伤，告别犹疑，赶走自卑。

春光消融了冰雪，晨曦纾解了黑暗，生命从沉睡中醒来，思想之鸟冲出樊笼，开始用反思回首昨日，用行动拥抱明天。

白日蹉跎了太阳，夜晚不该再为错过月亮而垂泪。

坐失良机的历史性遗恨属于历史，不该属于今天；属于前辈，不该属于我侪。

反思昨天，激活今天，走向明天。

东方醒狮啊，快快惊奋跃起，张开你的双臂，拥抱以教育启动民族复兴新引擎的伟大时代吧。

注释：

［1］联合国教科文组织国际教育发展委员会．学会生存——教育世界的今天和明天［M］．北京：教育科学出版社，1996：83．

［2］雨果．九三年［M］．郑永慧，译．北京：人民文学出版社，1978：228．

［3］伏契克．绞刑架下的报告［M］．蒋承俊，译．北京：人民文学出版社，1983：35．

［4］克里希那穆提．一生的学习［M］．张南星，译．深圳：深圳报业集团出版社，2010：23．

［5］怀特海．教育的目的［M］．庄莲评，王立中，译注．上海：文汇出版社，2012：49．

［6］夸美纽斯．泛智学校［M］//任钟印．世界教育名著通览．武汉：湖北教育出版社，1994：321．

［7］康帕内拉．太阳城［M］．陈大维，黎思复，黎延弼，译．北京：商务印书馆，1980．

［8］卢梭．爱弥儿：上卷［M］．李平沤，译．北京：商务印书馆，1983．11．

［9］安德里亚．基督城［M］//任钟印．世界教育名著通览．武汉：湖北教育出版社，1994：262－273．

［10］马克思．关于费尔巴哈的提纲［M］//马克思，恩格斯．马克思恩格斯选集：第3卷．北京：人民出版社，1995：57．

［11］嵇成中．指尖上的课程改变着教育［N］．中国青年报，2013－09－06（2）．

［12］吕型伟．为了未来——我的教育观：续集［M］．上海：上海教育出版社，2002：244．

［13］韩宏宇．全脑教育理论与实践［M］．呼和浩特：远方出版社，2006：60－82．

［14］张伯苓．张伯苓教育言论选集［G］．天津：南开大学出版社，1984：173．

［15］杜威．杜威教育论著选［G］．赵祥麟，王承绪，译．上海：华东师范大学出版社，1981：226．

［16］联合国教科文组织教育丛书．学会生存［M］．北京：教育科

学出版社，1996：35.

［17］爱弥尔·涂尔干. 教育思想的演进［M］. 李康，译. 上海：上海人民出版社，2003：23.

［18］泰戈尔. 泰戈尔诗选［G］. 冰心，译. 长沙：湖南人民出版社，1983：96.

［19］福泽谕吉. 劝学篇及其他教育论文［M］//任钟印. 世界教育名著通览. 武汉：湖北教育出版社，1994：956.

［20］康有为. 上清帝第二书［M］//康有为. 康有为全集：第2卷. 上海：上海古籍出版社，1992.

［21］郭沫若. 女神［M］//郭沫若. 郭沫若诗. 杭州：浙江文艺出版社，2000：36.

［22］陈独秀. 今日之教育方针［G］. 陈独秀. 陈独秀文章选编：上册. 北京：生活·读书·新知三联书店，1984：89.

［23］培根. 培根人生随笔［M］. 北京：人民日报出版社，1996：84.

［24］方延明. 大学就是我的家［N］. 中国教育报，2002－05－17（5）.

第二章 星汉灿烂

一句话，一滴墨汁，一旦附着在伟大思想之上，就会卷荡起万万千千人的力的旋风、势的海潮。

古今教育的智者啊，思维似汩汩溪泉，哺养芳草，滋润绿洲；理念如美丽繁星，织就星汉，组成天宇。

他们以透视历史的目光与超越时空的理智，耸起人类文明的纪念碑，搭就教育思想的五彩门。

任何事业的成功都如历史瞬间的机缘时过境迁，唯有留痕的思想射线穿透古今，传流永恒。

走出思想困谷的华夏，正把睿智的触角伸向前方亟待开垦的教育思想处女地。

有两种东西，我们愈是时常反复地思索，它们就愈是给人的心灵灌注了时时翻新、有增无减的赞叹和敬畏，这就是我头上的星空和心中的道德法则。[1]

——［德］康德

思想是打开一切宝库的钥匙。[2]

——［法］巴尔扎克

一

浩浩荡荡的江河，从遥远的天边而来，又向遥远的大海奔去，波涛滚滚，浪花层层，吞天卷地，横无际涯。

面对着它，观景如万马奔腾，听涛似千鼓竞敲，人们总会感悟充盈天地之间那一派惊心动魄的气势、一股澎湃飞扬的豪情、一种不可遏止的心志，于是，深深地被冲动着、感染着、启迪着，不禁思绪万千，心潮如沸。

人在旅途，水在一方；天地悠悠，独处一隅；前不见古人，后不见来者。然而永不干涸的生命智慧泉靠什么喷薄而涌？绝不断流的事业进化河又靠什么波澜壮阔？

我曾眼望汹涌的大江大河一次次向自己发问。

笔者伫立，笔者沉思，从而发现了另一类江河，比大自然的江河更壮阔无比，更浩瀚无比，更深邃无比，更奇异无比。

它有智慧，智慧搭成的彩桥连通前后。

它有思维，思维化作的浪花承启上下。

它有意志，意志掘起的水脉吐故纳新。

它有灵魂，灵魂托出的花环光耀今古。

这是什么？这就是人类源源不断的思想大河。

这也是人类精神的生命之河——思想之河啊！

“思想走在行动之前，就像闪电走在雷鸣之前一样。”[3]

从茹毛饮血、饥寒交迫中走来，一路披荆斩棘死里逃生的人类啊，似乎从来缺乏的不是勇气，而是思想；不是知识，而是智慧；不是结实的四肢，而是聪灵的大脑。

思想如酿造的蜜，似穿越的光，像从大量的“行动矿石”里冶炼出来弥足珍贵的思维的“镭”。思想还如支撑巍峨广厦的钢筋，导向列车前行的铁轨，透视人体图像的X射线。

思想是人挺起的脊梁。

智慧是事业运营的杠杆。

头脑是践行前行的车头。

据悉，美国氢弹之父泰勒几乎每天都有 10 个新想法，其中 9 个半是错的，但他不在乎，因为每天只要有半个新想法，积累起来就会使他获得巨大的成功。

思想的茂盛，不总在漫长的等待之后，而是由这样的思想者用勤奋加灵感一芽一叶栽培出来的。

每一位教育思想家的心里都藏着一个远方，像仰望星空一样寻找人类教育圣境的影子，哪怕在探求寻找中一次次因迷障而苦闷彷徨，发现脚下踩的永远是理想与现实的“离合器”，甚至有时被残酷的现实撞得头破血流，也义无反顾，未曾放弃求索中匆匆赶路，几乎用整个人生进行着孜孜不倦的寻找。

他们先知先觉，忧国忧民，怀揣美梦，行着苦旅，各自举起用自己思想点燃起来的教育灯盏，照亮自己的心，也照亮迷途中渴求救赎的灵魂。

好的教育思想是心灵最深处涌流而出的那泓清澈的泉水。

群星智慧荟萃而成的思想之河啊，从远古流来，一路呼啸着，溅起无数哲人思想的浪花，你连我续，前呼后拥，每一朵都是新的，不与前者重样，如古希腊大学者赫拉克利特所言“人不能两次踏进同一条河流”[4]那样。

生命之河鲜活而明亮。

思想之河无始而无终。

二

德国军事理论家克劳塞滩茨指出：“历史最能证明精神因素的价值和它们惊人的作用。”[5]

是的，人类思想的百花园，有一种最奇丽的花，美不胜收。

它生在最难产的教育科学与教育艺术的土壤里。这种花，真得动容，善得沁心，美得摄魂，一星半点儿不杂糅虚张声势的作假和掩耳盗铃的包装。

它编导着教育实践之路，并时时拓延着这条路，直至无尽的远方。

它诱迷不计其数的人终身无悔、乐此不疲，孜孜地为之栽培、改良与采酿。

它引领不同肤色、语言、种族、国度的地球村人从野蛮走向儒雅，从蒙昧走向明澈。

它构筑一代代人的生命之旅，芳丽其灵魂之宫，支撑其事业之树。

它以其透视历史的目光与襟怀，以花为石，耸起人类一座座文明的纪念碑。

它还以超越时空的理智与清醒，编织出人类思想前行的五彩门。

它，就是教育思想之花。

三

不见其面，不闻其声，然而，我却一直觉得生活在他们寻找、追求的世界里：徜徉在他们对教育的思索里，感知在他们对教育的发现里，徘徊在他们对教育的困惑里，聆听在他们对理想教育的呼唤里，并从他们所代表的历史对今天的呼唤里，找出某些对未来教育之路抉择的预示。

孔子授教图

孔子的授教循循善诱，层层启发，学思结合，因材施教，让学子无不感到如临东风、如沐春雨

穿过时光隧道，拨开历史云烟，笔者借助一部部经典著作，几乎天天与他们——我的先哲，至尊至爱的教育思想家们促膝对话、切切交谈。

为把良知播入人间，将信念植进心灵，让道德绽放鲜花，令人才育出大林，他们目骛八极，心游万仞，头脑刮起风暴，牙齿咀嚼着前人不曾消化的教坛未知数，动手解读着本无唯一解的教育方程式。

他们乘着古代明月，披着昔日清风，穿透当时的云雾，在各自的舞台上，进行着探索，成功扮演了各自角色，虽并无一人十全十美：语言、行为与思想在历史的放大镜下，总是免不了露出这样或那样的大小瑕疵。

四

一驾学子簇拥的车上，坐着面容疲倦的68岁的孔子。他在14载的流浪漂泊后回归鲁国。一路上力推仁政德治却无人问津。他虽碰壁于社会，却信服于弟子。

他的有教无类之论、举一反三之法、因人施教之策、学思相辅之径、知行合一之行，总令学子颔首，令后来者望其项背、无出其右，无不感佩其学识的高境与品位的高格。

有趣的是，孔夫子活着时并不滋润，仙逝后却让人渐渐嚼出香甜。他那有悖与时俱进的“克己复礼”论，往往正中历代掌权者下怀。他的弟子子夏发挥其思想的“学而优则仕”说，在世人纷争不休的诠注中，也渐成代代范进式书生争渡彼岸的缆绳。

“知识即道德（慧即德行）。”[6]

苏格拉底街头讲学

西方的孔子——苏格拉底（公元前469—公元前399），自30岁起成了雅典街头的义务演说家。他才华横溢，哲思深沉，真言快语，自律严格，成了西方最早最著名的哲学家、教育家

在古雅典的街巷“课堂”上，晚于孔子一个时代的西方大教育家苏格拉底正讲述着他的这个著名的命题。众多市民和从各邦慕名而来的人都是他的学生。当时，雅典人沉迷于疯狂的享乐之中。**众人尽醉，唯他独醒。举世皆混，唯他独清。他采用“苏格拉底问答法”：先抛出一串串问题让听众答，引其一步步陷于自知无知的陷阱为他“俘虏”，末了乖乖地信服他。**他“以理智和反诘的论据为支撑的认知则犹如用绳索钉牢在地上的塑像”[7]。

然而，这个充满谜团的慧即德行论并不很完善。认为道德可以教化，并非神的预定，是当时理性非凡的升华，但是有了知识就一定会趋善避恶吗？就一定能克制自己的情欲吗？尤其，他还认为灵魂独立于情欲依托的肉体之外，此灵与肉两层皮的梦呓，岂不为后世禁欲主义的谬理种下“始作俑者”的邪芽了吗？

当东西方教育思想“二圣”远去百余年后，又两位传承人领军教坛：一位是师从苏格拉底学生柏拉图的亚里士多德——被称作西方百科全书式的人物；一位是师从孔子之孙子思门人的孟子——被称为东方的“亚圣”。

前者对多学科的科学之厦精心构建，尤对教育一隅，将人的肉与灵视作一统，且提倡伴着不同生长期以实施体、德、智的和谐发展教育。他唯独将女子排斥于教育大门之外，自认其天性有别于男子，教育、修养于其无益，这岂不与孔夫子的“唯女子与小人为难养也”（《论语·阳货》）有异曲同工之弊，以“半边天”坍塌而使智慧的人类失之和谐吗？

后者对博大的儒家经典宝库加以竭力扩充，极尽弘扬，以致后来学者有“求观圣人之道，必自孟子始”（韩愈）的咏叹。然而，他的“劳心者治人，劳力者治于人”的理论及封建宗法道德五伦的教育目的，却纵横贯穿漫漫封建社会的时空经纬，烙下深深的阶级偏见的印记。

“亚圣”孟子（公元前372—公元前289），以讲学著书为己任，极大完善、弘扬了儒学。其文字浸透理性之光焰，其声音激荡仁者的思辨

数百春秋过后，**古罗马的雄辩大师昆体良挟来他集教学法大成的12卷巨著《雄辩论原理》，给教坛长久而剧烈的震撼不啻第一声隆隆春雷。**

如果，他的教育目标的视野再宽更全些，走出教育终身旨在培养“善良的、精于雄辩的人”的狭窄胡同，方更显出大家超越时空的风范。

透过中国封建社会的风帘雨幕，我们不能不看到一位从教50载的理学大家——朱熹。我曾在他创办于武夷山中的紫阳书院与重修于庐山脚下的白鹿洞书院凝神伫立。流年如水，世间沧桑。再不闻不见他传经布道之语之法，然而他整理的《四书集注》、镌刻碑上的《白鹿洞书院教条》犹在，让人感到知理立地，教魂通天。

只是他精心选注的代表封建伦理纲常的儒家经典《四书》——以后的元、明、清各代的官定教科书，当年的理学家们认定的合理性与永恒性，今日却早已为历史老人的手笔画出时深时浅的问号。

一个捷克文化巨子的大脑里，一边装着自发的唯物主义、唯实主义的因素，一边又装着创造世界的主宰上帝的偶像，甚至认为教育的目的在于使人为永久的来生做准备。

这些奇怪理念交织而成的局限藩篱，却没阻止大教育家夸美纽斯探索的脚步。他的**“把一切事物教给一切人们的全部艺术”**[8]**的《大教学论》，戴着有史以来第一部系统完整的教育学专著的桂冠享誉人间。**

英国的洛克用《教育漫话》民主主题的组合风景，唱出了沟通中世纪宗教教育和近代资本主义世俗教育的纽带之歌，“成为17世纪中期英国文实学校的‘大宪章’”[9]。

他吸收柏拉图“蜡块说”营养，提出“人心是白纸”[10]的白板说，似乎烙有旧唯物主义直观反映论的印记，对人的主动性显然忽略。值得提及的，他明确推崇教育理想——由高素质家庭教师在家庭完成“德行、智慧、礼仪和学问”[11]的绅士教育，并提出了现代教育的民主主题时，自己却绅士气不再，成了躲避保皇党迫害而去国离乡隐姓埋名在饥饿线上挣扎的逃亡者。

三百多年来，他诅咒的学校教育尚未寿终正寝，然英国教育还一直徘徊着“绅士教育”的高雅幽灵。

洛克（1632—1704）用《教育漫话》民主主题的组合风景，构成17世纪中期英国文实学校的“大宪章”

1762年6月中旬的一天，巴黎一广场火光熊熊。刚出世的稀世之作——《爱弥儿》正被焚烧。作者卢梭也在当局通缉中拔步匆匆逃往国外。

王朝官吏、僧侣急欲扼其于摇篮。

大哲学家康德对其则爱不释手，以致打碎了长期刻板地恪守每日下午三点半散步的准点。裴斯泰洛齐、蒙台梭利、杜威等后来诸多的教育家，都孜孜以求地尽吮其中的甘露。

这部采用半小说体、半论文体写就的划时代的奇书，虽带有空幻、偏颇、自相矛盾等白璧微瑕，但却以尊重儿童本性自然发展的新理念和民主主义新思想的鲜活生命力，以栽培资产阶级社会新人之路的强大冲击力，被资产阶级学者誉为“小学教师的圣经”，客观成了为1789年法国大革命煽风点火的火种而风靡世间。

瑞士“贫民者之友”的裴斯泰洛齐坚信：教育必须成为所有人的财富。

卢梭（1712—1778），走过孤独、逃亡、贫穷的人生之旅，留下《爱弥儿》等系列划时代杰作光耀后世

他一生竭尽真爱之心为贫民办孤儿院、办学校，却每每四处碰壁，踏着一条孤独、无助、绝望的苦旅。

他竭力追求教育完美：依照自然的法则，发展儿童道德、智慧和身体各方面的能力，而这些能力的发展，又必须顾及它们的完全平衡。他在《天鹅之歌》中充满诗意的表述，掀开了19世纪“欧洲裴斯泰洛齐运动”的一页风景。

他却至死不解：为什么不打碎森严的社会等级与阶级结构的坛坛罐罐，个人纵有移山倒海的伟力，也难以浮起爱心建造的“诺亚方舟”？

然而，锯响总有末。他发现拯救人类灵魂深处的至爱之心，却在后来的意大利人亚米契斯《爱的教育》里得到艺术化的升扬，即理想教育境界原本是弥漫在学校、家庭、社会那如胶似漆的爱。爱即教育，爱是教育者的生命泉，爱是教育者的原动力。

裴斯泰洛齐的学生、德国师教圣坛之父第斯多惠却从经历的盛世与乱世反思中惊醒，一马当先冲在斗争前哨。

他反对普鲁士政府等级学校制度，力主国民学校由教育专家代替牧师，声讨出台的反动的学校法规，政府罢他柏林师范学堂校长，他也义无反顾。

第斯多惠（1790—1866），19世纪德国著名的民主主义教育家。他奉献了《德国教师培养指南》的惊世之作，被誉为“德国教师的教师”

他奉献了《德国教师培养指南》这一惊世之作，被誉为“德国教师的教师”。他力倡“全人教育”，举起“全人类教育”的旗帜。

“学校科目相互联系的真正中心，不是科学，不是文学，不是历史，不是地理，而是儿童本身的社会活动。”[12]要叫教师围绕儿童（太阳）转，而不是让儿童围绕教师转。

杜威的这一理念，无异于教育学里的“哥白尼学说”。他厌恶将儿童当成流水作业线上的原料，而让儿童在活动瞬间表现千姿百态的个性。为此，他在芝加哥还创办实验学校，让孩子们动手、动脑，从做中学。

令人深思的是，他的这一套并不为当时美国的社会看好、也不很让教师买账的实用主义新理论，却为美国一代代儿童创造性思维力的飞迸和动手操作力的凸显，早早做好知与行的两手准备，犹如为土里种子的萌发预先播撒了阳光雨露。举目纵横，他的教育理论与践行产生了超越国界、穿越时空的莫大张力，以至有的学者预言：“杜威对世界教育的影响用‘前无古人，后无来者’也许并不过分。”[13]

杜威的高足陶行知可谓中国现代教育的圣人。

这位集大众教育家、大众诗人和社会学家于一身的教育行动理论家，以其独建的和谐系统思想和罕见的推进力量，给黯黑的中国教育一线无比灿烂的光明与令人巨大的感动。

他那生活教育的知与行，他那哲学眼光的视与界，他那奋斗人生的思与悟，及其创造的生活教育、创造教育、实践教育、乡村教育、大众教育、人本教育（他痛绝“教育等于读书，读书等于赶考”的“消灭民族生存力”的恶行）等极具前瞻性的倡说，超越我们整整一个甲子。

“陶子以前，无一陶子；陶子以后，亿万陶子。”郭沫若的前半句灼见业已言中，后半句预言尚未兑现，因今人尚未完全发现并赏识这位现代圣人的思想珍奇。而且，我国当下应试至上、分数挂帅的教育生态仍如宇宙的黑洞，他的超前理念的光焰只会被吸纳得黯然失色。

新中国诞生刚满 14 个月，苏联教育科学院院士凯洛夫于 1947 年出版、翌年修订的《教育学》抢滩登陆北京。对新教育理论饥渴得嗷嗷待哺的国之教坛，一忽儿如喜得天书秘宝，恨不得狼吞虎咽吃个胖子。人教社加班加点，急匆匆印出 50 万部书籍大军奔赴城乡。

该书洋洋近 46 万言，作者力图用列宁、斯大林的教育眼光审视始终。新鲜的教育、教学原理与经验，尤其那扎扎实实打好课堂“双基”（基础知识和基本技能）根底，一系列新鲜的全面发展的育人目标，教坛聚焦师者主导地位等若干思想之光芒，犹如普罗米修斯盗给中国教坛的“圣火”。

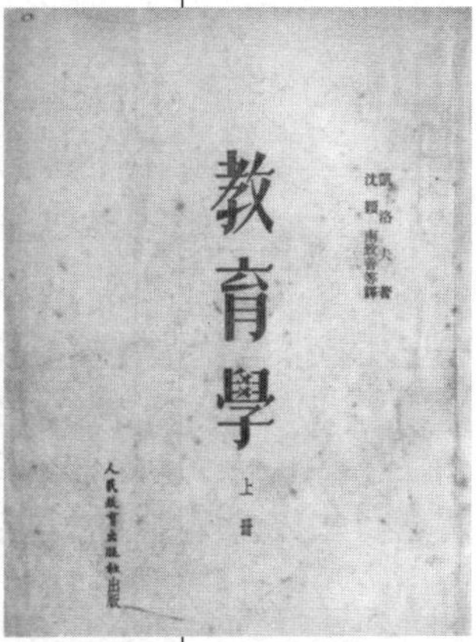

“红”“黑”互见的《教育学》

曾为新中国教坛奉为宝典的凯洛夫《教育学》

谁知，时光无情。此书在中国命运多舛，一步步竟遭批斗得体无完肤。说好是天仙，说孬是恶魔，中国当代史的变脸急遽得如此异常。

实话实说，此书倒也存在着无视开发智力、培养能力、挖掘潜力及彰显个性等历史性缺憾，如一张五官满不错的脸儿，偏偏生出显而易见的些许麻子，但它对中国教育毕竟有过可资效仿的特殊贡献，像为一个头脑里影像不清的画者，及时提供还算不错的模特儿让其临摹。

1983 年，哈佛大学教授霍华德·加德纳经数载多领域的尖端探究，在教育理论前沿，放出了一颗巨型的卫星——**他从《智能的结构》始，经二十多年的继续探索，揭示并发展了人有“八又二分之一种智能（包括音乐、身体运动、数学逻辑、语言、空间、人际、自我认识、自然观察者智能，所谓‘二分之一’是指‘存在智能’）”[14]的奥秘。从此，人类大脑多元智能的模块被激活了，素质教育得以形象地诠释了，世界教改之车上了快车道。**人类潜能当如何加速开发，也因此揭幕了开题盛典。

只是，这一切尽在发现中，开题还远不是尽善尽美的终结。

啊，伟大的教育思想的先哲啊！

在不同时代，直面不同难题，他们各自提出的种种教育理论交相辉映，组合叠印成教育理念的历史长卷。

求是构成他们思维的灵魂，想象张开他们诗意的翅膀，探索打通他们连接未来的隧道。

他们都有厚实的储备。正像赵祥麟对大量中外教育家综合分析后所说：“历史上几乎所有提出教育思想的人物，都是从哲学、政治学、伦理学、心理学、社会学等学科中吸取材料，加以消融、综合和统一，构成理论基础的。”[15]从而完成教育思想的超越腾飞。

他们在对以往教育思想营养充分吸收中，进行着一场持续不断的接力赛。

法国划时代教育思想家卢梭（1712—1778）高擎“归于自然”的教育思想旗帜，提出“以天性为师，而不以人为师”[16]的教育纲领，卷起一场哥白尼式的革命。德国古典哲学奠基人康德（1724—1804）读起他的《爱弥儿》爱不释手，以至忘记了刻板地长期遵守每日散步的时间，康德关于教育最高目的包含均衡地发展人的一切自然禀赋的教育思想，带有卢梭自然主义的明显印记。瑞士教育家裴斯泰洛齐（1746—1827）深受自然主义理论的感染和康德《论教育》的理论、内容、方法的影响，视卢梭为未曾谋面的导师，用卢梭、康德的思想开展了一系列的教育实验，结晶出大自然是我们的学校、生活是我们的导师的教育理念。德国教育家赫尔巴特（1776—1841）和福禄培尔（1782—1852）前来裴斯泰洛齐创办的学校考察任教，吸纳裴斯泰洛齐的思想精华，各在世界思想教育史留下浓重的一笔。而若干年后叱咤教坛的美国著名教育家杜威（1859—1952），正是认定了卢梭“教育应当根据受教育者的天赋，而研究儿童的要求就可知儿童天才究竟怎样”[17]等思想而提出了红火百年、流芳当世的“儿童中心论”伟大理论。

他们聚毕生之力，孜孜以求，披荆斩棘，英勇而顽强地挑战所面临历史时空的教育顽症，超越着传统，超越着前代大师，发出各自的教育独白，书写各自教育思想的新突破——另辟蹊径里别开洞天，独树一帜中异彩纷呈，给本国的教育以民族的特色，把自己的民族推到了世界民族之林的峰巅；给世界教育以张力的招引与活力的启迪，让教育列车牵引着世界呼啸前行。

思维如山间汩汩的溪流，理念似夜空美丽的繁星。

心灵渗透力注满对教育的忠诚，宛若大海把全部蔚蓝色依恋托

给白帆；思想冲击波给地球子民以持续震颤，极像黄钟用浑厚凝重的心之音传情天地。

今天，我们仍在先哲的教育思想里生活。我们的教育列车仍在先哲的前沿理念的汽笛声里前行……

五

人类起伏跌宕的教育史造就了一批批教育名家圣人。

教育名家圣人又推动着人类教育史的浪飞涛起。

他们靠什么推动？不是靠膂力，不是靠勇毅，而是靠他们处于教育前沿开垦教育处女地的先锋思想。

亚里士多德箴言："吾爱吾师，吾尤爱真理。"[18]哲人的心，永远高挂在真理树上，在渴求与追索理想境界的登攀中，与山河同寿，同日月齐光！

但丁也有名句："我爱知识，也爱怀疑。"[19]智者的理，孕生于弄潮儿持续不停的怀疑河里，在如同屈原172题《天问》篇的质疑与寻探中，与时俱进，踏浪同歌！

教育思想大解放，带来教育实践的大突进。

翻开教育史册，那一系列可称为里程碑的重大教育行动的前头，总有遥遥领先高高照耀的教育思想的阳光。它使后来者无论透过多久多厚的尘烟，都能清晰地洞见教育长河中一朵朵飞扬的浪花。

如此浸透阳光的教育思想，有流动的血液，有鲜活的生命，有智慧的灵魂。

任何事业的成功，都属于历史，都是历史瞬间的宝婴，倏而即时过境迁，唯有思想之水长流，涌自昨天，流芳今天，滋润明天。

思想的种子播入土地，实践随即收获春华秋实。

实践一次次因时因地终止原来的脚步，思想却一步步跨越时空走向永恒。

若问，思想何以强大如此？

因它在孕育、成熟、提炼的过程中，历经了由法—境—道的复杂万端妙不可言的三级推进之旅，简言之：

它从法中走出，却摆脱了法（方法、术法）的细碎；

它向境中升去，又融入了境（境界、境地）的博大；

它在道中领悟，而悟得了道（道理、规律）的精深。

六

抢占教育制高点的教育思想从哪儿来的？

梦幻中不能来，空思中不能来，妄想中不能来，借鉴中不能来，只能从躬耕于教育的热土，从高屋建瓴地应对教育实践发出的挑战中来。

天亮了！解放了！

董纯才(1905—1990)，从开国到“文革”，以其前导思想、科学主见、扎实践行而守望着中国的教育之舰

面对新生共和国教育新与旧的剧烈交锋，正值盛年的董纯才像奋蹄大漠的骆驼，生命放射着烈烈火焰。

他，青年时壮怀激烈，曾奔晓庄师范寻求火光，沐浴着陶行知先生教育救国的雨露；而立之后，又投身圣地延安拥抱光明，在徐特立老先生麾下听令：编书，任校长，办刊物，火红的生活给他注入沸腾的血液。抗战凯歌响起，他遵命奔赴东北创建根据地，六载主政东北教育的成功尝试，为他在漫长时光里参与主抓共和国大教育做了扎扎实实的彩排。

新中国成立初始，万木争荣，急需人才，众目教坛。好一个呼唤并产生教育思想的年华。

教育实践的改革家，教育行政的领导人；昔日先者，今天前驱；小块田实验，大面积推广；久蕴以速显，厚积而薄发，董纯才蓄之已久又应时而生的教育思想亮相于中华教育大舞台之上。

抓住思想指南、方针准星，提出“社会主义教育”的口号，一个口号即一面随风高扬的旗帜；

吸纳苏联教育思想的甘露，又不忘中华教育传统的精魂，要紧地，托出我们教坛的灿烂星汉；

教育是属国家也属群众的事业，办教育不能跳光杆舞，演单出头；

广大农村顶着中国的天，农村教育起点于普及小学的第一台阶，延伸下去，该搭起农村教育体系的偌大平台；

科普与教育联姻，他一生创作了二百多万言的科普佳作，成为深受爱戴的科普先驱。

跨过十年浩劫后，抢救火上房的事儿，是重建教育科研机构，置教育于科研灯塔之下，以将中华教育快速引入明媚的春光里。

终身钟情教育，教育情注终身，在指挥台前，董纯才按着新中国教育思想的主旋律，自如娴熟地演奏着年轻共和国教育交响曲的伟大乐章。

风来了，雨来了！

狂风翻卷乌云染指共和国教坛的神圣，阴雨挟起雷电挑衅五千年文明的尊严。

史无前例的“革命”，将蔚蓝的文化天宇捅了个大窟窿。

历史被蒙面得黯黑，教坛高高颤悬在钢丝绳之上。面对人与妖的生死肉搏，补天者应时而至。

教育部长周荣鑫如同一头不屈不挠的耕牛，单拉独撑着教育犁铧，死守播种人才的一方净土，奋力构筑起生命的金字塔。

周荣鑫（1917—1976），耿耿赤心，耀如红日；铮铮铁骨，强似劲松。这就是“文革”风暴中守护教坛的周荣鑫

那时节，泱泱华夏，“赤”潮纵横，“左”风席卷，好端端的教育大厦梁倾柱斜，教育思想之魂更是扭曲干枯得变形失态。“四人帮”挥起“两个基本估计”的两把尖刀，砍得血光四溅。注重课堂教学就是“右倾翻案”“知识越多越反动”“宁要一个没文化的劳动者，而不要一个有文化的剥削者、精神贵族”（张春桥）。他们放纵愚昧兴妖，推崇野蛮作怪，煎烤蒸发着民族的良知，恶狠狠欲将中国推向文化的荒漠。

无知是漫漫黑夜，在那里既没有月亮，也没有星星。

杀戮文明比蒙昧无知距离真理还远，在那里不仅有一团漆黑，还有暗箭黑枪。

科学与罪恶不可同语，难以共天。

怒火强压胸中，思潮起伏逐浪；正义在手，何惧鬼魅？周荣鑫砥柱中流，连连发表的系列讲（谈）话，如一把把匕首、投枪、利剑，直刺妖鬼的心尖：

——老说过去是“智育第一”，根本不是，不对！

——有知识的私有，没有知识的就公有？那不要学校好了！

——根本不要文化，就讲培养有社会主义觉悟的劳动者，行吗？

——一提知识分子就骂一通，这样符合不符合毛主席的方针？

——几百万教师培养学生，还天天说他们是资产阶级知识分子，这不是自己打自己的嘴巴吗？[20]

……

金玉真言，辉光四射。巨石投海，浪卷涛飞。

真教育思想家，以规律为圭臬，视戏弄规律为大逆，敢在太岁头上动土。

周荣鑫面对时任副总理的张春桥慷慨陈词，据理抗争，让妖鬼惊恐了。他们手持罪恶的锁链绞杀映日七彩的思想喷泉。

假借“圣旨”，他们批他，斗他，拖身患重病的他出医院，百日里五十余次车轮战的围攻，直至这位伟大的斗士在1976年4月12日追查批斗会上当场昏厥当晚冤逝。

一株大树倒地，但它的每一翠枝绿叶却青碧欲滴，四方流香……

雨停了，天晴了！

艳阳赤亮，鲜气沁心，和风拂面，共和国教育快马加鞭，进入中与外你追我赶的竞赛场上。

柳斌（1937— ），长时间领军于中国基教战线，创造性提出具有极其深远影响的“素质教育”理论。图为柳斌正在给作者题词：“辛勤耕耘为人民”

主管中国基础教育十余载的柳斌，像一匹奔马驰在前头，乘改革长风，踏道道关隘。

他的一双明亮的眼睛，含着爱的大波，也藏着恨的大纛。

他那宽阔前额的大脑里，盛满亿万少儿的笑脸欢歌，也盛满了他们的愁容悲凄，还有他对其中欢乐愁苦的解读。

这一切，源于他是笃诚的调研者。足踏祖国各地，从繁华城市的高楼校园到遥远山村小学的低矮教室。他用全部身心研读着一页页校园的书，捕捉着灵魂塑造的艺术、心智升扬的轨迹、特色成因的泉流、教育走势的潜踪……自然，他也带着各类各种文字的书籍精读着，感悟人文的脉搏、智慧的心语、爱的沉静、美的翔舞。

这还源于他是习惯的思想者。太重太重的负荷需要紧张的沉思来支撑。太多太多的沉思又引导他对中国教育的发现一次次走向柳暗花明。

世界教改多元灵动，国外育才精彩纷呈。那儿青少年的想象力创造力于彼此追逐中上扬飞升。而我们这儿，大多数孩子多元智能之门紧锁着，依旧死啃书本，为考得高分不惜身心血本，甚至酿成母（父）杀子（女）及子（女）自杀的目不忍睹的恶性惨剧。

我国教育出发点在哪儿？归宿在哪儿？岂不是为人的全面发展，开发人的素质吗？再往大一点说，不是开发国民素质吗？柳斌多少回辗转反侧，夜不能寐。

中与外对撞，人与国焦思。思维激起灵感，灵感点燃火花，火花迸放出思想。渐渐地，思路清晰了，连通了，柳斌又将构建思想的语言之星精心排列，组合成和谐壮美的思想星座：

……基础教育不能办成单纯的升学教育，而应当是社会主义公民教育，是社会主义公民的素质教育。[21]

啊，人类第一次把“素质”和“教育”两个词搭配成一个新词：素质教育。这就是原国家教委副主任柳斌于1987年4月间在《努力提高基础教育的质量》讲话中率先使用的语汇。那一天，在人民教育出版社召开的九年义务教育各科教学大纲统稿会上，属于他原创的“素质教育”理念被堂堂正正地推了出来。

是时代的召唤、使命的感召，在历史演变到如此阶段、时代发出如是呼唤时，素质教育就这样应运而生了。

素质教育，这哪里只是一个新词，乃是一种前瞻性教育思想的精缩，是教坛上一个具有里程碑性质的伟大创造啊！

维克多·雨果说：“没有比时机已经来到的思想更为强大的力量。”[22]这以后的时光里，“素质教育”成了教坛使用最高频的名词，标志着中国教育开始了重新凝神聚气再度出发的新征程，可以说，它正成为中国教育一出划时代新剧的剧目。

诚然，在其运行风雨中，还显得那般脆弱、稚嫩，甚至举步蹒跚，然冲破暗夜就是黎明，素质教育引发的明天教育，必有石破天惊般的持续大变革……

七

多元智能之父霍华德·加德纳有这样的思想：

人一旦将自己的思想向世界公开，就再也不能完全地控制这个思想了。这就像人不能控制自己基因的“产品”——自己的孩子一样。[23]

真的！1983年，他的《智能的结构》挟带多元智能理论一“嘎嘎”出生，那魔力无穷的思想就像神鸟儿漫天飞翔。雪片般的贺电飞向他，潮水般的求教信件涌向他，春笋般出现的实验学校（实践该理论的学校）心向他，继不到一年在美国印第安纳波利斯市出现世界上第一所多元智能实验校后，世界各地立即风靡得星罗棋布。我在可谓弹丸之地的香港，也见过这种多元智能思想播种的乐园。

霍华德·加德纳（1943— ），被誉为“美国教育改革的首席科学家”，原创性地提出当代脑科学前沿最著名的“多元智能”说，为素质教育提供了坚实的理论支撑

可见，教育思想如天风拂动，任谁也阻挡不住；似阳光辐射，用何物也遮盖不了。

尤在信息化的地球村，人的空间距离，早让思想的射线连通得近在咫尺，而人的时间距离却往往隔断人的视野。

不必兜售，不用保卫，不要回报，美好的隽永的深邃的教育思想，闪射出犀利、强劲的光，穿过时空，冲越国界，成了教育良知与心灵的火炬。因其带引人们获取无数的神奇，而汇成人类共有的引以为豪的教育智慧之海。那精辟体现其思想的华彩句（段），也早已成了至真至美的警句名言，在普天之下传扬，你听——

“学而不思则罔，思而不学则殆。”（《论语·为政》）孔子凭借大智大慧，通透了学和思的本质症结与内在关联，揭出治学之路径、教育之精髓。

“故天将降大任于斯人也，必先苦其心志，劳其筋骨，饿其体肤，空乏其身，行拂乱其所为，所以动心忍性，增益其所不能。”（《孟子·告子章句下》）孟子扫描大千世界，综览万千人生，推出了大磨大炼方成大才之道之理。

“教学要能培植个人的天赋特长，要沿着学生的自然倾向最有效地发展他的能力。”[24]古罗马著名教育家昆体良从对儿童天赋特长的透骨洞察中结晶此语，开启扬长成才、个性成才的先河。

“对整个人类来说，整个世界就是学校，从宇宙的开始到终结就是学校；同样，对每个人来说，他的生活，从摇篮到坟墓就是学校。”[25]捷克大教育家夸美纽斯立于教育发展史的高端，再形象不过地展示了学校的大时空的大内涵、终身教育的学习终身的大眼光。

“在教育中，一切都应基于教师的人格，因为教育力量是只有活

动的人格源泉中产生出来的。"[26]俄罗斯教育心理学的奠基人乌申斯基引用彼得洛夫的话，切中教育肯綮，昭示了人格是教育力源泉的至深至精之道。

"一个坏的教师奉送真理，一个好的教师则教人发现真理。"[27]德国教育家第斯多惠一刀见血地划开了教育教学中低与高两类教师的分水界。

"儿童是中心，教育的措施便围绕他们而组织起来。"[28]美国著名教育家杜威一语破的地揭开教育以生为本的至圣铁律。

"所谓大学者，非大楼之谓也，乃大师之谓也。"[29]原清华大学校长梅贻琦对大学石破天惊的断语，蕴藏"山不在高，有仙则灵"的名师扬校的大理儿。

"教师的职务，是'千教万教，教人求真'。学生的职务，是'千学万学，学做真人'。"[30]现代教育家陶行知审视了几千载"教"与"学"的真谛、师与生的诉求，而炼就此语，竖起教与学的最高标尺。

"教育必须保护孩子们心灵中巨大的、无可比拟的精神财产和精神财富——欢乐和幸福。"[31]苏联著名教育家苏霍姆林斯基之于孩子，心贴得最紧，眼观得最细，体悟得最深，此语解读了他——一位孩子心灵守护者的无比神圣的教育内核。

综览流过两千五百多个春秋的教育思想之河，真是波澜壮阔，源远流长，笔者从中只掬出10朵浪花，自然不免挂一漏万而流于管窥蠡测，却也不难看出此河的博大、幽深与煊赫。

八

但是，前沿的教育思想也常常遭遇冰雹、龙卷风，甚至被打入冷宫、弃之枯井。

这怪吗？一点儿不怪。

这，有的来自上层社会政治寒潮、军事围歼、文化清剿的强力打压，因为新的教育思想总是或重或轻地动摇其统治大厦的根基。

还有的来自下层平民根深蒂固"正统"思维的盲目抵制，千百万人的习惯思维是一种巨大的力量。

一个新鲜正确的理念，在司空见惯的错误理论面前，有时也会因其刚刚露面不被认识、理解，反而显得荒诞不经。

尤其上下汇合，高低并网，愈显冰封雪锁，周天寒彻！

多灾多难的夸美纽斯，耗了二十余年心血撰写的手稿连同资料被战火洗劫一空，只在顷刻之间。他的精华之作《大教学论》在被压了二十多年的漫长岁月之后，才混编进学生的教科书中，宛如明珠暗投，视若鸡肋。他的峰极之作《人类改进通论》竟在三百年后一家孤儿院图书馆被重新发现。

真令人悲哀啊，科学的教育思想被长久发配到荒凉的"戈壁"，人类先进文化几乎被凌迟处死！

裴斯泰洛齐一生也孑然一身地唱着思想的悲歌。

他的超前改革探索，他的"直观原则ABC"方案，他的全新教育学原则与方法，一直在讽笑荆丛间悄行，在斥责的鞭影下蹒跚。理解他思想者寥若晨星。他终不免化为啼血的杜鹃，尽管曾预言："我的方法的形式会毁灭，但是我的方法的精神，给人以生命的精神，将会永存。"[32]

裴斯泰洛齐张开双臂拥抱全人类时，沉睡的欧洲却遗弃了他。他历经无数折磨之后走向永远的沉睡许久，历史终才苏醒过来，重新认识这位远去的骄子……

当然，先醒的教育思想终究是压抑不住的，像按不沉水缸里的瓢、风浪中的木船一样。偏激失衡的教育思想不论如何"钦定"，如何力推，末了也必然走向短命，如乌云蔽日、夕阳残丽、彗星闪烁一样。

1958年，教育大革命即教育大跃进势如赤潮，席卷教坛每一个角落，似乎举国上下教育的全盘棋没乱方寸，不闻杂音，四周钢板一块，正确的教育思想几成死魂灵。然而恶果终还自负：激情的师生变为苦力，待垦的大脑荒成草野，一个高雅的民族盲目播种无知的苦瓜，智慧的沃土嬗变成无泉无水的大漠。时间——无情的法官还是宣判了此棋大输，不管当初发了多少红头文件，有多么高贵的指示，掀起怎样"气吞万里如虎"的弃学办场（厂）运动。

不凭自封，不凭钦定，而凭实践。

思想的新与旧，必然凭借社会的巨筛过滤以定。思想的进与退，一定依据人心的明镜认可而评。**往往有这种情形："前一代人的邪说就是后一代人的正统观念。"**[33]

事物的弃与留最终取决于顺乎自然。人为的主观意愿到底左右不了事物的自然发展。

月华皎洁的脸不用打扮。

太阳火热的心无须作秀。

九

江河不拒四面八方的细流，百川聚汇才合成波涛浩渺，江河因此展示独有的襟怀与气魄。教育思想智慧的江海也不回绝、排斥来自不同源头、传承、流派、地域的七彩浪花，恰恰让其各带自己思维场理性的鲜丽及实验场果实的芳香，前来叫卖、展示，彼此撞击、吸纳、融合，你中有我，我中有你，共同追寻着理念的邃远与境界的完美。

这里，褒奖领跑，却不歧视后进，重在倡导创造者那种超然的清醒和思维的新绿。

这里，鼓励怀疑，却不冷眼坚持，因为怀疑者的问号和坚持者的逗号，有希望殊途同归，都有可能化作擎天柱似的感叹号！

这里，赞叹发现，却不嘲弄匡正，人类都是在不断发现与不断匡正中校正思想的准星与行动的轨迹的！

这里，笑仰大树，却不蔑俯幼芽。从弱小到强大，只待时间的耕耘。没有什么能阻止萌芽的茁壮和生长着的思想飞翔。

十

在人类教育思想浩浩荡荡的江河面前，我常常感叹它的深邃与宽宏，它的博大与富有，它的执着与变幻，又常常感怀自己虽从教近四十载，却发现极少，悟得甚微，竟如此渺小，如此迷惘，如此微不足道，因此时时怀有一种负疚之感、一颗欠债之心。自己惯于坐享其成而绝少有创造建树。晚年陈省身恍然感悟道："看前人的书是欠了前人的债，有债必须偿还。还债的办法是自己写论文。"[34]

其所感悟何等意味深长！

在先贤创造的教育思想成果面前——

难道我们就只能一脸虔诚地顶礼膜拜吗？

难道我们只会沾沾自喜于它的香甜可口而享乐其中吗？

难道我们只能仰视着、匍匐着、敬奉着而无所作为吗？

对上下几千年、纵横数万里的种种教育高见宏论，采取秋风扫落叶似的虚无主义，固然为愚氓者的蒙昧，然毫无鉴别与取舍地将其悉数供入人类教育思想珍藏馆，亦属糊涂虫的无知。

十一

他山之石，可以攻玉。

博采众长，补己之短。

以史为鉴，预测未来。

融通中外，自主创新。

这就是我们的态度。

对此，我们该如何落实呢？

——在历史过滤器下，比较是分辨的妙方。

教育思想、教育理念种种，谁个对，谁个错；谁个高，谁个低；谁个深，谁个浅；谁个有用，谁个无益，放在一块比一比、查一查，就会比出个里表来，就可以去伪存真、去粗取精地扬弃。宋代朱熹曾说："将精义诸家说比并，求其是，定有合辨处。"（《朱子语类·论读书》）苏联教育家乌申斯基仿佛立于思维之巅，给比较定论："比较是一切理解和思维的基础，我们正是通过比较来了解世界上的一切的。"鲁迅将目光聚焦于师者群体，说："教师愈会比较，就愈有益处。""比较是医治受骗的好方子。"[35]

——在现实大梳子前，梳理是吸纳的捷径。

梳理教育见地，从微观到宏观，从教育到教学，从师者到学子，从全人到个性，从成长到成功，从校内到校外……梳理不只是整理，更是归纳中的审视、比较中的辨识、发展中的扬弃。

梳理清了，眼界就宽了，方向就明了，智慧就长了。

——在开通未来的掘进机旁，创造是弘扬的法宝。

教育实践总在前行中深化，教育思想总在发展里活鲜。哪个国家（地区）教育思想之河停滞了，久而久之就干枯成一条腐水，前人教育思想的精华也随之失去灵气而沉入河底。因此，创造、创新、创见，是给前人开掘的教育思想之河引入的源源之水，是推动其继续波涛汹涌的不绝之力，是借之以开辟新的黄金航道的破冰之旅。可以断言，创造是对事业最好的承启，是最对得起前人的守望。

十二

亲爱的朋友，立于讲坛第一线的你，作为教科研生力军的他，还有地方教育行政指挥者的我，我们该经常想想：能为人类教育思想的大河贡献点什么？

我们总不该站在河畔，只会欣赏这条河的浩浩荡荡、波光粼粼，或掬其水的一勺、浪花一朵，就志得意满、融融而归。

我们不能空着手，空着脑，愧对先哲，羞迎来者。

不能成河成溪，就成汩汩细涌的一小泉眼吧。

不能成泉成潭，就成汇入这条江河的一滴水珠吧。

将帅当不成，当个好士兵；大事做不出，小事赶快做。

把我们对教育一点一滴的发现，聚沙成塔，欣然转送给大家分享吧。

十三

有声音说，中国并不缺少教育思想与教育思想家，而缺少落实的机制与行动，不能把平凡琐碎的事情做好。对这一非此即彼的断语，笔者不敢完全苟同。教育机制梗阻，教育实践滞后，当下如此处境的教育生态，怎可能涌现出超凡脱俗的教育思想乃至卓尔不群的教育思想家？须知，高深的教育思想，绝不是凭借个人的聪明睿智和苦心孤诣“研发”出来的，而必将是在中国教育真正深层次改革的大气候、大浪潮、大实践中自然而然涌现出来的。这如同月晕而风，础润而雨。缺失沃土，没有播种，不去耕耘，哪里会获得秋收的丰饶？

诚然，伴随着中国社会改革开放主旋律的鼓点，中国教育思想禁锢的藩篱正在一步步打开，一些新鲜的散发泥土香的教育思想如同清风晨露一样悄然拂现。但是，君不见，这往往呈现在新近开垦的这一块那一块、南一块北一块的小块实验田里，难以提炼、升华出大面积丰产的真经，这远远未像居里夫人那样，经过几万次的提炼，处理了几十吨矿石残渣，终于得到0.1克的镭盐一样的反复实验[36]。我们中即或已有快手加工梳理成文，也还当归于零碎而非系统之列，多属于治标而非治本之经。

想一想吧，在世界的教坛上，我们中国的教育家们究竟拥有几多话语权？发出了多少极具历史使命感、富于思想冲击力、主宰性的天籁之音？又有多少教育者以自己超凡的行与知，修出了一条足以与世界教育对话的秘密通道？我的教育同人啊，学学庄子笔下那从“鲲”到“鹏”，从游到飞，从北海迁徙南海的大蜕变吧！将眼光从井中之天解放出来，变成扶摇天地的教育之鹏。

再扪心自问，熟读了几部古今中外教育名著？怀揣了多少教育思想家的教育思想？摆脱了只会拾得只言片语就人云亦云的“南郭处士”的窘境了吗？我们自己可曾有新鲜活泼的教育思想的发现吗？

深刻的思想一定会包藏通天大道。通天大道自然裹挟着常规常识。若真拥有了如此深刻的思想，焉能行动上无动于衷，更焉能践行上错位、反常到匪夷所思，以至于使激情蒸发、灵魂流浪、智慧贫血、意趣凋零？在大雷电牵来的暴风雨里，还会有哪棵树不曾摇动，哪朵花不被浇湿的吗？

通透地反思一番：我们常常陷于教育思想的混沌与教育行动的摇摆里，让心明似镜，一如大雨洗涤之后，天蓝如海，云白如雪。

十四

混沌教育来源于混沌的教育思想，扭曲教育来源于扭曲的教育思想。科学教育来源于科学的教育思想，智慧教育来源于智慧的教育思想。

我们正在走出思想困谷。

走出耕耘精神乐园被视作非法的荒唐境界，告别寻找思想原野被宣布全线冻结的无声岁月。

“天宇不布设
拘捕月亮的罗网，
自己约束自己的月亮
独来独往。”（《泰戈尔诗选 · 随感集 168》）

天宇自由开放得让人神往，世间却常常人为地布设罗网。

思维力的爆发，精神世界的充盈，只能生长在自由的时空，而不可能是被禁锢的罗网里。

最大的罗网是政治陷阱。

它扼住思想的喉咙，让它发不出声来，末了，不是哑默，就是憋死。它还让新的理念一次次坐失萌发茁壮的良时，错过展翅飞腾的机遇。

顾明远教授曾不无忧伤地对笔者讲起一个鲜为人知的

故事：

1974年，他作为中国代表团顾问出席联合国教科文组织召开的第18届大会。一百七十多个国家（地区）的与会代表对终身教育提案是否立项表决。终身教育为何物？他犯了难。问身边同去学教育的人，说没听过。那么，对发达资本主义国家提的，他干脆举手投弃权票吧。身边的阿尔巴尼亚代表更可笑，见他举手也跟随着乖乖举起迷惘而僵硬的手。[37]

其实，终身教育，早在20世纪60年代就由联合国教科文组织成人教育局局长、法国的朗格郎提了出来。1965年，他的有关提案即经由联合国教科文组织讨论通过。1972年5月，《学会生存》一书已如是表述："因此，终身教育就变成了由一切形式、一切表达方式和一切阶段的教学行动，构成一个循环往复的关系时所使用的工具和表现方法。"[38]

三个"一切"，无所不包，囊括到教育的每条毛细血管，每根神经末梢。

然而，那时节，中国哪里有研究终身教育的背景？

神州一片有秩序的混乱，有组织的对峙，男女老少疯疯癫癫痴迷于"阶级"间的"伟大"斗争，绷紧错乱的神经，聒噪颠倒的理性，裸露断裂的生命！

多少年之后回眸来，苏醒的人还不禁感到脸红心悸，为那闭塞，为那茫然，为那虚空，为那思想废墟的瓦砾塞耳遮睛。

麻木的昏睡只可沉醉受惊的灵魂，苦涩的反思却能酝酿庄严的涅槃。

有过太多太多失迷的路、失悔的泪和失落的梦。让它们在起航汽笛的欢鸣里，随风刮去，任浪淘去，沉淀下来的，是思想的金子和精神的珍珠。

乾坤移转，醍醐灌顶。诚然，扑面而来的，教育理论纷繁复杂，教育目标倏远倏近，教育问题乱花迷眼，时代发展，泥沙俱下。《坛经》云："直指人心，见性成佛。"教育者当破除种种迷障，化俗入境，直挂云帆，以济沧海，开拓出引领时代之路。

时下，中国的教育，好似一座古老而新生的大厦，正一日日拔地而起，耸入云空。然加固地基，再筑高层，内部装潢，外饰镂刻，清除隐患，还须上上下下无数的心血、汗水与投入，以让她气宇非凡，与一个伟大民族的复兴大业相称。

眼前，教育的中国，宛如巨型的教育实验场。每一丝风，每一朵云，都将让其为实验场播撒春色；每一片嫩芽，每一株小树，都将受到细心跟踪，以创造灵与肉的神奇，在世界大赛中梦想成真。

中国梦定格为民族复兴梦，在本质上是教育复兴梦。中国梦首要着力点须从教育破题。办出有灵魂的中国教育，时时给创新人才的涌现开拓航线，并以前瞻性的卓越思想引领社会巨舰不断前行。

我们的教育思想家啊，怀揣民族复兴的伟大梦想上路吧。你尽可观古今于须臾，抚四海于一瞬，甩掉包袱，着以轻装，贴近热点，走进盲区，加倍梳理思想的羽翼，爆发灵感的火花，把睿智的触角伸向前方——那许许多多亟待开垦的教育思想处女地。

让博大而创新的教育思想化作潇潇春雨滴滴飘洒，写入大地，写入叶茎，写入累累的果实，写入前无古人的烂漫秋色，写入传递给后来者的五彩诗笺。

那时，九百六十万平方公里的大地，将真正耸起科教兴国的凯旋门。

注释：

[1] 康德．实践理性批判［M］．韩水法，译．北京：商务印书馆，1999：177.

[2] 巴尔扎克．驴皮记［M］．梁均，译．北京：人民文学出版社，1982：37.

[3] 海涅．论德国宗教和哲学的历史［G］．//海涅．海涅选集：理论卷．张玉书，冯至，钱春绮，译．北京：人民文学出版社，1983：339.

[4] 赫拉克利特．著作残篇［M］//北京大学哲学系外国哲学史教研室．古希腊罗马哲学．北京：生活·读书·新知三联书店，1957：27.

[5] 骆郁廷．精神动力学［M］．武汉：武汉大学出版社，2002：2.

[6] 色诺芬．回忆苏格拉底［M］//任钟印．世界教育名著通览．武汉：湖北教育出版社，1994：1.

[7] 阿兰·德波顿．哲学的慰藉［M］．资中筠，译．上海：上海译文出版社，2013：28.

[8] 夸美纽斯．大教学论［M］．傅任敢，译．北京：教育科学出版社，1999：1.

[9] 顾明远．教育大辞典：第11卷［M］．上海：上海教育出版社，

1991：166.
[10] 约翰·洛克. 教育漫话 [M]. 傅任敢，译. 北京：教育科学出版社，1999：1.
[11] 约翰·洛克. 教育漫话 [M]. 傅任敢，译. 北京：教育科学出版社，1999：114.
[12] 杜威. 我的教育信条 [M] //任钟印. 世界教育名著通览. 武汉：湖北教育出版社，1994：1075.
[13] 袁振国. 教育新理念 [M]. 北京：教育科学出版社，2002：175.
[14] 霍华德·加德纳. 多元智能理论二十年 [J]. 人民教育，2003 (17).
[15] 赵祥麟. 外国教育家评传：第1卷 [M]. 上海：上海教育出版社，2003：序.
[16] 卢梭. 爱弥儿 [M] //赵祥麟. 外国教育家评传：第1卷. 上海：上海教育出版社，2003：529.
[17] 杜威. 明日之学校 [M]. 朱经农，潘梓年，译. 上海：商务印书馆，1935：1.
[18] 亚里士多德. 尼各马科伦理学 [M]. 苗力田，译. 北京：中国社会科学出版社，1990.
[19] 但丁. 神曲·地狱篇 [M]. 田德望，译. 北京：人民文学出版社，1990.
[20] 黄利群. 中国近现代教育史研究文集 [M]. 沈阳：白山出版社，2000：520.
[21] 柳斌. 努力提高基础教育的质量 [J]. 中国教育学会通讯，1987：5.
[22] 赵中建. 全球教育发展的研究热点 [M]. 北京：教育科学出版社，1999：6.
[23] 霍华德·加德纳. 多元智能理论二十年 [J]. 人民教育，2003 (17)：7－11.
[24] 昆体. 雄辩术原理 [M] //任钟印. 世界教育名著通览. 武汉：湖北教育出版社，1994：95.
[25] 夸美纽斯. 人类改进通论 [M] //任钟印. 世界教育名著通览. 武汉：湖北教育出版社，1994：332.
[26] 彼得洛夫. 论人民教师的威信 [M]. 方德厚，译. 上海：作家书屋，1951：46.
[27] 第斯多惠. 德国教师教育指南 [G] //张焕庭，西方资产阶级教育论著选. 北京：人民教育出版社，1964：357.
[28] 杜威. 学校与社会 [M] //任钟印. 世界教育名著通览. 武

汉：湖北教育出版社，1994：1083.

[29] 黄延复，马相武. 梅贻琦与清华大学 [M]. 太原：山西教育出版社，1995.

[30] 陶行知. 陶行知教育文选 [M]. 北京：教育科学出版社，1981：336.

[31] 苏霍姆林斯基. 苏霍姆林斯基选集：第2卷 [M]. 北京：教育科学出版社，2001：186.

[32] 程翔章，曹海东. 世界著名教育家科学家的命运 [M]. 南宁：广西人民出版，2003：25.

[33] 斯通. 心灵的激情：西洛蒙德·弗洛伊德传记小说：下 [M]. 北京：中国文联出版公司，1986：203.

[34] 胡作玄，石赫. 吴文俊与陈省身：名师出高徒 [EB/OL]. [2004-09-15]. http://www.gmw.cn/content/2004-09/15/content_99379.htm.

[35] 鲁迅. 随便翻翻 [M] //鲁迅. 鲁迅全集：第六卷. 北京：人民文学出版社，1981：138.

[36] 居里. 居里夫人传 [M]. 左明彻，译. 北京：商务印书馆，1984：67-80.

[37] 顾明远. 杂草集 [M]. 福州：福建教育出版社，2001：304.

[38] 联合国教科文组织国际教育发展委员会. 学会生存 [M]. 北京：教育科学出版社，1996：180.

第三章 行知连线

行与知，是自孔子起凡大家无不思辨的基本话题，也是中国古典的黄金命题。其以愈辩愈明且深的经纬，织结出古今思维的一片锦绣。

行与知连体共处。知与行彼生此长。

然而，我们的教育时空，却因种种缘由，行与知的合奏杂糅着不和谐的变调、怪音与失律。

我国宽长的教育阵线，亟须走出行的窘境以前沿探秘，更迫待冲破知的罗网而引路高端。

让思索与思索碰撞，行动与行动连通，生命与生命对话，心灵与心灵交融……

——因此，教育是一个生活过程，而不是为将来生活做准备；

——教育是社会进步和改革的基本方法；

——所有教育都是使个人获得对民族的社会意识；

——教育是对参与社会意识的过程的管理。[1]

——［美］杜威

一切生命的意义就在于此——在于创造的刺激。[2]

——［法］罗曼·罗兰

一

这是一个理念，也是一种思想，还是一个命题。

它最寻常又最生僻，最简单又最复杂，最浅显又最精深，最易答又最难解，最明确又最迷离，最切肤又最贴心，最系古今又最牵中外，最招人追求又最令人失落，最拉不开距离又最超越时空……

它是啥？是无时无处不与人和事休戚与共、息息相关的知与行。

二

破译知与行，像一道赶考的试题，哪一位哲人、大师、智者都几乎耗费了毕生的脑汁。先秦诸子多将探讨的触角，集中在言行是否一致的考究上。

孔子捋着长髯对学生讲：要“敏于事而慎于言”（《论语·学而》），“人而无信，不知其可也”（《论语·学而》）。

孔子的孙子子思在知与行的研究领域上，提出了为学之道五个发展层次：“博学之，审问之，慎思之，明辨之，笃行之。”（《子思·中庸》）从博学到笃行，层层递进，渐渐明晰，犹如花朵，拨露花心，给人柳暗花明之感。

墨子厉声明示弟子：“言不信者行不果。”（《墨子·兼爱下》）他虽说是第一个系统批儒的学者，然此语与孔子的“言必信，行必果”（《论语·子路》）倒是惊人的一致。

孟子则循循善诱地告诫徒弟：“言无实不祥。”（《孟子·离娄下》）（没内容的空话不好——笔者注）

荀子给无行动的说过头话者和不守信的语言“诚恳”者画像道：“不足于行者，说过。不足于信者，言诚。”（《荀子·大略》）

韩非子剖析道：“有言者自为名，有事者自为形，形名参同。”（《韩非子·主道》）意思说，说话者有自己主张，做事者树自己形象，言行相和。这番话显示了法家的峻言。

自此以后，漫长时空里的辩题，则转至知与行究竟谁前谁后，像争论蛋和鸡孰先孰后一样。

南宋大教育家朱熹十分看重道德伦理、人生观对人的行为的指导制约作用，认为只有“知理之所当然”，方能“责其身以必然”，因此提出并打造了“知先行后”说。他引领的育人过程依次是从学知起，到笃行止：“博学之，审问之，慎思之，明辨之，笃行之。”他将其定为书院的学规。知与行，在他的眼光里，显得那般先后分明，次序井然，宛如从日落到月出一样不可颠倒。

三百年过后，在浙江阳明洞读书讲学的明代教育家王守仁（王阳明）沉吟咀嚼着朱氏说之余，常觉其命题有那么一点点不对路，内涵有那么一点点不圆满，表述有那么一点点不精当，几多回秉烛托腮静思遐想之后，他做出了“知行合一”说的修正版。他认为“知”和“行”是互相渗透的同一过程：“知是行的主意，行是知的功夫。知是行之始，行是知之成。”（《传习录》上）他宣称的“知”不是对客观外界的科学认识，而是“知吾心”，断言“心外无物，心外无事，心外无理，心外无义，心外无善”（《与王纯甫书》），把本心良知作为行的最高权威，好主观唯心呀！知与行，成了他教育思想颇具影响力的内核。

参观陶行知纪念馆，“现代孔子”陶行知的事迹深深打动人心。图为全国十杰教师、行知学校校长杨瑞清（右）对笔者讲述陶行知的事迹

1917 年，从美国留学回国任教授的陶行知，因受王阳明的“知行合一”学说的影响，毅然将自己名字“文”改为“知行”。然而，此次更名却像没讲完故事，“且听下回分解”。

当这位中国现代最大的教育改革家开始推行他首倡的平民教育、乡村教育运动，创办起“教学做合一”的晓庄学校，提出生活教育基本理论时，飞跃的心灵让他渐渐感悟到原先认识的误区。世上是知始行成的吗？小孩烫了手才知火热，冰了手才知雪冷，吃糖才知糖甜，碰石头才知石硬。太阳地晒过几回，厨房烧饭去过几回，夏天尝过几回，才知道抽象的热……还有，富兰克林放风筝才知电的导入；瓦特烧水看蒸汽推动壶盖才知蒸汽推动机器；伽利略在比萨斜塔进行抛球试验后，才知道不同轻重的球同时落地……王阳明分明错了！一省悟过来，他便捧出新的结论："行是知之始。"

他的学生听完演讲，在他那本征求意见簿上与他开玩笑地写道："先生既相信行是知之始，为何仍名知行？倒不如翻它半个筋斗。""翻半个筋斗"是陶行知的独特用语，他称自己改老师杜威"学校即社会""教育即生活"的理论为"社会即学校""生活即教育"的生活教育理论是"翻半个筋斗"，学生们如此写来，以其道问其人，变针砭为笑劝，东风化雨，情趣顿生。陶先生一看，豁然朗笑，暗暗叫好。1934年，他便把名改为陶行知。他在当年创办的半月刊《生活教育》上还发表一首活化知与行关系的小诗：

行动是老子，
知识是儿子，
创造是孙子。[3]

三

知即知识、真谛、真理。

行即行动、实际、实践。

穿越时代的伟人毛泽东在陕北高原的黄土窑洞里，回眸跨越那么多难以想象的历史峰峦，面对眼前变幻莫测的斗争云烟，以哲思的慎密度与雄辩度，以文思的凝练度与光洁度，捧出他的知行统一观的思想之花：

通过实践而发现真理，又通过实践而证实真理和发展真理……实践、认识、再实践、再认识，这种形式，循环往复以至无穷，而实践和认识之每一循环的内容，都比较地进到了高一级程度。[4]

悠悠历史时空，依稀都凝集在这儿。无限岁月沧桑，又仿佛都沉淀在这儿。毛泽东导演的波澜壮阔的现代战争史剧，也似乎结晶在这儿。

原来，实践与真理、行与知共处一家，是连体人，又似人的左右腿，行孕知，知带行；行矫知，知领行；行推知，知展行；行知同动，步调相协，行知不止，步步高登。

在旅途中，行是行路，知是路标；

在航线上，行是船帆，知是舵把；

在试验田里，行是耕作，知是要领；

不行无知，无知盲行，行给知以精明，知给行以清醒；行令知变脸，知使行变新；

行从知得到价值，知从行得到财富，两者相依为伴，才心有底、脚有根，生活才无所畏惧，敢挑战世间的任何险恶。

在时间无休止的进程中，行与知心心相映、肝胆相照，行在旅途抬着头探索着摸路，知在高空俯视着指引飞翔，在高与低、天与地之间，彼此共同完成着一条生命轨迹，迎着前方鱼肚白的曙色和缤纷的鲜花绿草。

四

若将知行连线于教育大舞台之上，无人不惊奇地发现：许久许久以来，我们的教育太缺乏有力的行了，那打开思想镣铐的行，那突破精神禁区的行，那大刀阔斧跨越式的行，那认准方向坚定朝前走的行，那吸纳古今中外而独具特色的行，那冲决险关暗道拥抱黎明的行，那革故鼎新走在潮流前头的行……

若问何以乏力行？何以乏大行？

教育“三个面向”的灯塔高耸，道路岂不指明了吗？

举国上下一片科教兴国的喧哗，航线岂不开通了吗？

深圳、珠海特区的沧桑巨变，给教育以示范的坚冰岂不打破了吗？

然而若静下心观察、谛听，若沉下身解析、思考，我们还会惊奇地发现，制约行的捆绳来自四面八方：有政治上的挤压器，有经济上的紧箍咒；有体制上的牢笼，有机制上的禁锢；有外部的荆棘，有内部的路障；有上头的封堵，有下头的虚弱。有传统的枷锁，有现实的困谷；有行为的短视，有大脑的“缺氧”……

比如说，向教育的倾斜适度超前，我们捶胸顿足地盼了多年，讲了数载，然而到底倾斜了吗？超前了吗？适度了吗？如同撒网，网纲纹丝不动，网眼再喧嚣跃起也无异于落叶细微的叹息。

比如说，教育与教育对象的独立自主性，考察教育先进国家与地区，莫不是在遵纪守法的大前提下，给办教育的以及受教育的以独立人格的主体地位，而我们呢？在不少地方，教育行政部门仍看财政行政部门的眼色行事，学校仍看教育行政部门的脸子运营，学生仍看校长老师的心语走路。和谐、民主快乐的教育生态是教育发展的滋养剂，没有独立地位的教育岂能有自主发展的滋养剂？就像把鸟儿的翅膀紧紧绑住，何以令其飞翔？

比如说，教育内部的减负，自新世纪初始之年，大张旗鼓，热气腾腾，举国声讨，亿民愤言，上级发令（已是共和国第49次减负的红头文件了），百姓呼应，真乃“十万军声半夜潮”。结果呢，愈减愈添，愈减愈重，减到家教反弹，玩游戏机反弹，教辅资料反弹，减到“鸟翼上系上了黄金”，鸟儿再不能翱翔了。

再比如说，均衡办学反复大讲了多年，要农村孩子也能享受优质教育，如何办？一些决策者眉头一皱计上心来，从2006年起，大搞“跨越性”的布局调整：乡办小学，县办中学，东南西北的学生被校车拉来拉去，农村学校日益荒芜凋敝，农村文化一时间几成空壳，教育出现了“城挤、乡弱、村空”的危局，据杨东平《农村教育布局调整十年评价报告》显示，2000年到2010年，我国农村平均每天消失63所小学、30个教学点、3所初中，几乎每1小时，就消失4所农村学校。农村学生家校间平均距离，小学生为10.83里，初中生为34.93里，辍学及隐性辍学率骤然走高。集中成了“集散”，均衡成了失衡，办学成了毁学。[5]

还比如说，我们精心地拓垦了几块或大或中或小有质有效有魅力有张力的试验田？哪怕像苏霍姆林斯基在乌克兰乡村完成的帕夫雷什中学那么一小片试验田，播种期盼，耕耘希望，收割证明，获取清醒；如同一面旗帜似的振奋起国人精神，召唤着教育者加快脚步……

问题丛生，纠结一块，“剪不断，理还乱”，揪心棘手、久做无解，对这些老大难问题，历经一日日、一月月、一年年之后，人们变得心力疲软，常常由无能为力到熟视无睹，再到习以为常，以至于有谁再提及这一“老掉牙”疑窦，我们竟有一些人发出“这还是问题吗”的反问。

五

教育好像一个宽广无边、眼花缭乱的大迷宫。

人人都想从中觅得夜明之珠、通灵之玉，虽经一个世纪的创造和发展，然真知之旅、真理之门、真谛之新大陆，究竟有几多被发现？又有几多人为人间盗得天火，成了终成正果的“普罗米修斯”？

四访顾明远

顾明远(1929—)，一位谦和、睿智、深邃的教育大家，每次都给笔者燃升起心火与阳光

主编《教育大辞典》《中国教育大百科全书》的当代大教育家顾明远是一位辛勤治学卓有成效的盗火者。他执着地发现、认识、揭示着一个个让国人心明眼亮的教育规律，却常常依旧感到茫然无措。他写道：

我几十年来好像在大海中游泳，有时隐约地看到前面有陆地，以为发现了新大陆，但游到跟前一看，原来还是老地方；有时又好像在森林中漫步，总想找一条捷径走出森林，但总是在里面打圈圈。[6]

多真实的感觉，多贴切的比喻！我们体味得到一位大家艰辛搏击的轨迹与心境，当然也洞察出一种谦恭者人格的崇高。

中国教育的行，本来既慢且近。

中国教育的知，又远远落在行的后边不能导向。

行者匆匆上路，往往前不见早慧先知的灵光，后不闻邃密反思的真语，中没有雪中送炭的“锦囊妙计”。

正如黄旭在《苜蓿文丛》献词中说：

无论放在人类悠久思想发展的辽阔背景上加以审视，还是从整个民族当下的需要而言，20世纪中国教育理论建设和实践都太缺少建树。蔡元培、陶行知等寥寥数人的光芒遮掩不住几代人的寂寞与空虚。[7]

此结论式的论语不免含七分失落三分悲怆，但绝不是危言耸听。

我们却不乏一篇篇、一卷卷、一丛丛饱谈教育的著述多如麦当劳的快餐匆促问世。其中不乏大量无效无用之作——

有的媚俗，寻求如影随形般吟唱的谐和；

有的吐槽，享受给教育揭疮撒盐的快活；

有的清高，卖弄不食人间烟火的雅致；

有的弄玄，透出深奥术语、文字游戏的高傲；

有的毛糙，暴露只争朝夕掘金捞钱的急切……

如此的著作者，不必久久伏下去察听，也不必在咀嚼经典中细细品味，自然用不着企望作品天长地久，哪管只是太阳露头前的露珠；放出那些舶来的食而不化的洋理论，造出那些生拉硬扯接不着地气的玄理论，推出那些七拼八凑引导读者如入云山雾海般的空理论，我们有些教育人在一个以文化重建与赋予教育全新价值的时代面前，却像没有血色缺乏活力的植物人一样苍白乏力。

我常久久凝思列宁的话："宁肯少些，但要好些。"[8]我们有些人为何惯于粗制滥造，而不能将"面筋"似的精品之作奉献给读者呢？

参与编注《中国大百科全书》教育卷"教育"条目的老教授李放不无愠色地对我说，他读不懂也不想读那些博士们写的上不着天、下不着地，又佶屈聱牙的文论，他还疑惑国家顶尖级教育刊物、出版社竟何以发表、出版此等毫无价值之作！是的，总有那么一些人专注于与现实脱节的问题，故作高深状，用一大串含义模糊的"新"名词、"新"说法来做推演，弄出一套套空头理论将人引入迷宫。更有甚者，不但张口闭口外国的"月亮"、避而不谈我们的路径，还把话说得佶屈聱牙、艰深晦涩，令人反感生厌。

正如海涅一首诗所云：

空谈！空谈！没有行动！
没有肉体，可爱的木偶！
永远是精神，没有烤肉，
在汤里没有肉丸！[9]

真知不是空谈教史，不是画饼充饥，不是水中月、镜中花。

1882年，马克思去世前一年，曾在信中给二女儿劳拉讲如下一个阿拉伯寓言：

有一个船夫准备好在激流的河水中驾驶小船，上面坐着一个想渡到河对岸去的哲学家，于是发生了下面的对话：

哲学家问：船夫，你懂得历史吗？

船夫：不懂！

哲学家又问：你研究过数学吗？

船夫：没有！

哲学家：那你就失去了一半以上的生命。

哲学家刚刚说完了这句话，风就把小船吹翻了，哲学家和船夫两人都落入水中，于是船夫喊道：你会游泳吗？

哲学家：不会！

船夫：那现在你就失去了你整个生命！[10]

显然，马克思嘲笑了那种空谈教义的人。

中国的教育家哟，走出经院，摒弃空谈，不炮制那些与实际不贴边的谬理假说，“绝不要登上荒芜的聪明高峰，而要下到绿色的愚蠢山谷”[11]。沉潜，观照，践行，反思，快快地走“进到沉静的山谷里去吧。在那里，一生的收获将会成熟为黄金的智慧”[12]。

六

春色无高下，花枝自短长。

把不管年龄老与少，体魄健与衰，性别男与女，竞技强与弱，一股脑儿哄赶到起跑线上：“各就各位，预备，跑！”

把不管办学长与短、条件好与坏、师资高与低、生源富与贫，统统放到同一个教育评估天平上度量。

对特长不同、智能各异、素质有别、心性迥然的学生，一概只凭一张考卷定夺高下，决定弃取。只盯着冷冰冰的分，无视活生生的人。

再不考虑峰有高低，指有长短，水有大小，路有宽窄，天有冷热，月有盈亏，清一色要求，一律同步走！

这是说笑话吗？不，这是濡染中国精神底色的处理问题的“诀窍”——一刀切。

看似公平，实则极不公平。

听似合理，实则最不合理。

教育上一刀切，几乎毒满教育全身。几乎不分地域、城乡、民族，干啥“一二三”，起步一声令，套路一个样，要求一顺水，若干规定的百分比都那般整齐划一，甚至可以上溯到当年抓教育群落中的“右派分子”都下有固定的比例，按比例定！

悠悠万事，此招独高：化难为易，视繁为简，拿百当一，休看那云卷云舒的千变万化，不睬玫瑰花与紫罗兰的不同芳香，用一法解千题，以不变应万变。

这是给矮跛子接腿，给高个子削足，让乔老爷乱点鸳鸯谱。

一刀切，切去锋芒，切去特色，切去神奇；将小马硬拴在重载车上，拴泄了气，失了神，丢了志！

教育的行和知，在一刀切的琴弦上颤动，奏出忧郁的不谐调的乐曲。

七

还扰乱教育行与知奏出美妙和弦的，是当代教坛有一个张牙舞爪的魔怪在捣鬼。

其魔怪头长四只触角，分别名曰：外象阉割内质角、手段替换目的角、形式取代内容角、划一窒息个性角。

此四只非同小可的触角真是锐利无比，似乎戳得穿一切，甚至含伸过来的无数盾牌。

魔怪张开血盆大口厉声吆喝道：

——内质算老几？外象最撩人！

——目的是没有的，手段就是一切！

——内容无关宏旨，形式天下第一！

——个性张扬算个啥？划一才是正宗！

令人意味深长的是，世人多将此魔鬼当成美鹿，将魔角当作长有美丽花斑的鹿角。

于是，**教育自孔夫子以来那不可撼动的育人的精髓，即唤醒人的灵魂，激活人的个性，开发人的才智，提升人的价值，正被一点一点地掏空，若如此下去，末了也许只剩下一个空壳，空壳里只铭刻两个字：谋生。**

于是，智者退隐，商人纵横，教坛成了大商场，仿佛什么都贴上了价格标签待价而沽，人不是买方就是卖方，买卖掉了什么？圣园的宁静和儒雅，人的素养与境界。

于是，圣洁的教育被极大玷污了，被庸俗化了，众多的家长拥俗，好大个社会附俗，一些专家媚俗，尽患了一种时代病：近视症。这不禁让人想起郑人买椟还珠那个舍本逐末的故事。

然而，岂能黄钟毁弃，瓦釜雷鸣？

笔者还忆起：1988 年 1 月，全世界 75 位顶尖级人物——诺贝尔奖获得者云集巴黎，严肃地审视新世纪的世界前途，在会议的新闻发布会上，瑞典的汉内斯·阿尔文博士(1970年物理奖获得者)精彩发言里推出了一个振聋发聩而后被称作“巴黎宣言”的结论：

人类要生存下去，就必须回到二十五个世纪之前，去汲取孔子的智慧。

1993年，在美国芝加哥所举行的“世界宗教议会”上，通过了由孔汉斯起草的《全球伦理宣言》，将孔子的“己所不欲，勿施于人”视为人类和平共存的基本守则写入宣言，作为全球普世伦理的金率。

这是令人惊奋的结论，是中国文化的骄傲。然而，面对眼下教育种种离经叛道的情状，我们还骄傲得起来吗？

八

经20世纪70年代末的孕育、80年代的试飞、90年代的历练，一迎来新世纪的朝阳，华夏大鹏便直冲九天。

无处不展现新的风景：高速度运转，快节奏推进，全过程竞搏，大能量释放……

无处不飞迸猛烈的撞击：兴盛的事业与丛生的矛盾在撞击，迅速崛起的科技与日显衰落的伦理在撞击，繁荣的物质与失序的精神在撞击，水平上升的生活与水准下滑的道德在撞击，精彩的外界与苍白的内心在撞击，美妙的梦想与严酷的现实在撞击……

无人不经受内心的山呼海啸：心动潮卷，心焦火焚，心急箭打，心忧胆裂，心喜花开……谁都难以宁静下来了，包括各层面的人、各类的事、一个古老而新生的民族及其与之相处的时代。

浮躁，普遍的心浮气躁，几乎成了特定阶段的流行通病，国人心灵之常规态势。

这，也成了干扰教育演奏行与知和弦的心灵杂音。

中国何以浮躁？中国教育何以浮躁？

其根于中国正历经一场划时代的超常规跨越——用几十春秋将突进式地完成西方社会三百多年才完成的现代市场经济的伟大转型。用日本佐藤学教授的语言可将此种突进称为“压缩式成长”(compressed growth)或“压缩式现代化”。期间，我们摸黑索行，既没有现代的哲学、宗教、科学、思想的传承，又不可无视国情照搬西

方模式仓促应对，一切又尽在高速度、快节奏、急行军之中运营，在历史与现实奇异交织，时间和空间激烈震荡的节点，急求物质繁荣，难免忽视了精神失序；聚力经济崛起，难免冷漠了道德沉沦，狠抓科技突进，难免动摇人性根基。不难得出结论：超速现代化导致人的超速异化，深刻社会危机与负面因素也随之崭露——矛盾丛生，价值嬗变，欲望膨胀，文化虚无，追逐实利，世风日下，人心灼躁。

大趋势左右小环境。纵横决荡于教育视域里的浮躁之风亦由此而来。

古人云："知止而后有定，定而后能静，静而后能安，安而后能虑，虑而后能得。"（《大学》）意思是，知道要达至的最高目标和境界后才能定向，定了向才能内心宁静；内心宁静才能遇事安稳，遇事安稳才能思虑周详，思虑周详才能得道。

浮而乱心，躁而伤气；静则生慧，安则思远。冲破浮躁靠什么？靠自我深度的文化觉醒，而达至此种文化觉醒，靠咬住流逝岁月而滴水成河，靠韬光养晦般的厚积薄发。

文化大革命期间，曾批判"走资派"不读书不看报。如今呢，又有多少人聚精于读书凝神于看报（报载，2009 年我国人均拥有图书为 0.44 册，县级以下人均 0.1 册，人均购书费 0.7 元。[13] 2012 年我国人均读书 4.39 本，远低于韩国的 11 本、法国的 8.4 本、日本的 8.5 本、美国的 7 本[14]），不断开掘思想的流泉，撑起人格的大山，填充能力的宝库，与历史对话，和崇高交谈，同智慧撞击，共前沿切磋，并时代同行？

我曾与教坛的前辈、伙伴及新友在林间漫话，在灯下絮语，在园径凝思，发现当下的心浮气躁之风至少挟来了杏坛"几多"病症。

多变症。口号、任务、目标、模式老在不停地变，如力推某一种模式，一忽儿创造教育，一忽儿主体教育，一忽儿快乐教育，一忽儿心理教育，每提一宗便卷来一片云雨，讲话、培训、传媒、书刊便铺天覆地灌来，劈头盖脸泼来，其势如排山倒海，动得人们来不及思考，尤其乡村，跟着城里跑都追赶不及。

其实，在一个时间里，举国上下一哄而起地追逐某一种新模式是极为可怕的事情，这不看差异，不论内涵，不思特色，在表面上见贤思齐的底层，常常是不折不扣的急功近利。试问，沙枣能同荷花用相同方法栽培吗？能让玫瑰散发出与茉莉一样的芳香吗？

多动症。策划、方案、计划、举措总是频繁地动，新官上任即点火，你方唱罢我登台。墙推倒了，路另开了，树拔了重栽新品种的，花坛平了造假山喷泉，那片绿毯似的新活的小草也连根拔起……这让人想起胡耀邦反对瞎折腾总爱说一句话："张书记挖，李书记埋，王书记上台又重来！"[15]而我们的前人是如何做的呢？四川省乐山凌云大佛，由唐开元元年（713 年）名僧海通创建，中经剑南西川节度使张仇，完成于另一节度使韦皋之手，时已唐贞元十九年（803 年），前后 90 年光阴，几代人挥汗同心捧出这尊世界之最。这，岂不令我们一些患多动症的人汗颜无地！

没有眼光，难免错乱。心根未扎，脚必多动。教育的多动症根于教育思想朦胧迷离，教育目标若明若暗，教育情怀浅薄不深，很有几分"盲人骑瞎马，夜半临深池"的处境。

多躁症。梦想翩翩而涌，"创意"接二连三，拼争急若星火，忙碌昏天黑地，指标压如大山，心理日见枯井，久而久之，多躁生变：说不说由我，信不信由人，做不做由你。结果呢，上层对下层，层层加码，码（马）到成功；下级对上级，级级掺水，水到渠成。正如纪伯伦在《暴风》中借主人公优素福·法赫里之口说的话：

相信是一回事，循而行之是另一回事。世上许多人说的话犹如大海，而他们的生活却近似于泥塘。许多人的头颅高昂过崇山峻岭之巅，而他们的心却静眠在黑暗地洞之中。[16]

这就是多躁症：心躁、火盛、气促、心口不一，言行脱节，平和久违，静气远遁。如果说多变症、多动症更多属行为范畴，那么，多躁症则更多属于心理范畴，心躁而形散，形散而神离，神离必生变故。

还有从三多病症上滋生的多惑症及其他并发症。

心灵的枯井汲不出思想的水滴，思维的沙漠找不见灵感的清泉，情感的浮尘只会随风飘动，绝对形不成激流般的冲击力。

不受骚扰地沉入安静的深处吧，一如晚秋宁静清澈的湖水。

九

前人掘井，后人汲泉；前人栽树，后人乘凉。

教育，是无私的预支，是前辈人为后来者理所当然预存的储蓄。

由此观之，光彩着现代教育时空，创造出中国教育光荣者，当首推大行与大知的播种者、开掘者、储蓄者——蔡元培、陶行知。

蔡元培（1868—1940），新旧教育转变的架桥者，中西文化交融的奠基人

蔡元培，在新旧教育转变间架起一座桥，在中西文化交流中荡起一飞舟，在理论实践结合上擎起一火炬，在教育与革命二重奏里弹出一强音。

时间的落差，虽然使我们无缘与之谋面对话，然而他的教育强国梦的先行播种和开掘的荫泽，仍如清水流芳直润当今杏坛。他对教育高屋建瓴的理解，超越代沟的时空与我辈心有灵犀。

他一手创办中国教育会、爱国女校及爱国学社，出任以实施改革为己任的民国教育总长，铁肩担起为北京大学洗心革面的校长的重担。

他谈教改“与其守成法，毋宁尚自然；与其求划一，毋宁展个性”[17]。他一刀见血戳穿旧教育之弊是“以养成科名仕宦之材为目的”。他为北京大学倡导的“思想自由，兼容并包”的校训，犹如一擎天巨柱，令北大百家纷呈、百花竞放，为尚如涓水细流中的社会主义思想撑起一片希望的蓝天。他首先提出“美育”，以填充一大空白的胆略与卓识，为中国教育之天补洞。

陶行知，生于漫漫长夜，逝于微微黎明。他委身教育，愈挫愈奋，求索救国，越求越清。他以奇人奇行，“在中国教育里摸黑路所见着的几线光明……我所写的便是我所信的，也就是我所行的”[18]。他成了黑暗中国里的光明探求者。他以伟慧伟知，在“思想里产生出来的和谐的系统。这个和谐的系统，我要建造在活的事实上……事实是我唯一的指针。我只愿听它的启示”[19]。从而，他练就成了迎接新中国的教育开掘者。

真是奇行啊，一位留美的大学教授，却脱去西服革履，和农民交朋友，为贫苦平民办教育，替中国乡村创造一个新生命，在晓庄师范开学典礼的露天大礼堂上，他激情如火，诗意迸发：

……我们要以宇宙为学校，奉万物作宗师。蓝色的天是我们的屋顶，灿烂的大地是我们的屋基。我们在这伟大的学校里，可以得着丰富的教育……[20]

观其生命轨迹，每一站都是一束新的火光，闪耀一片灿烂：办平民教育、晓庄学校、乡村教育、普及教育、国难教育、工学团运动、育才学校、社会大学……

真是伟知啊，那尊重学生以人为本的思想，那重视实践求做“双真”（学真、做真人）的思想，那“六个解放”激活生命的思想，那“教学做合一”生活教育的思想，那创造开辟与时俱进（“与时俱进”写在他著作中）的思想，犹如升起在历史高山之巅一轮光焰四射的红日，照昔而耀今。

这伟知，长成于中国辽阔大地，又吸纳西方教育的汩汩清泉；师承杜威苦心试垦的现代教育的“乐土”，又突破其耕耘之道重新建构了教育范区；深深扎根生活实际的沃野，又不囿于狭义的生活经验的枯园；从回眸五千年中华文化传统生发而来，又带着高瞻世界前沿的眼光独领时代潮流……

十

中国的教育是个巨大的矛盾场。数不清的问题束、谜团群、冲突丛、危机林，自宏至微，由点及面，从传统到现代，大大小小，林林总总，你中有我，我中有你，相互交织，彼此牵扯，像乱麻，如纷丝，若野草。

因牵发动身、顾此失彼，犹如长长的生物链，常使我们进退维谷、左右为难，不能立马判断谁是谁非，分出楚河汉界。

又因矛盾多如繁星，危机四伏随至，又令我们往往难于超然物外，静察细想，走出行的高棋，拿出知的妙招。

于是，我们有无奈的光顾，有艰难的抉择，有违心的迁就，有着意的迂回，有咬着牙的守望，有不得已的顺应，有独特的章法，有多元的观照，有理智的引导，有审慎的决断，有冷静的等待，有热烈的推进……

我国教育的最大试题，还是如何育出素质高格的国民、一代代心智超拔的精英，面向世界以赢得竞争，面向未来以赢得辉煌，面向

信息化以赢得挑战。

怎么办？如何独辟一条蹊径走向柳暗花明？

该勾勒怎样一幅大写意的简笔画？

——在传统与现代之间，当使尽浑身解数推进教育现代化，以领先潮流，这是任地震海啸不可撼动的心志。不可当变色龙，不能做遗老遗少。对于五千年文化精华这中华民族镇族之宝，又要最大限度地吸纳和弘扬，以滋补营养中国教育现代化的特色园林，万万不可泼脏水泼去了可爱的孩子。

——在中国与西方之间，在学习汲取中寻找到如顾泠沅所说的"中间地带"[21]。即在双方教育之间，寻找可能存在的一个中间地带。我们从中国本土文化的特色和积淀出发，借他山攻玉之石，取长以补短，兴利以除弊，用以改进本国的教育教学，而不是盲目崇信全盘西化，更不是全盘美国化。寻找中间地带是一种智慧，一种不走极端而达到集大成的智慧。

——在长远与眼前之间，要眼盯远方，足踏近地，把近地当成腾向远方的跳板，绝不能干一叶障目、不见泰山，两耳塞豆、不闻巨雷那种失聪耳近视眼的事儿。伤树根，肥枝叶，终了会失去全树。

——在本质与表象之间，不为表象迷惑，不做"官赏"文章，把"以人为本"高标在队伍的旗帜上，写进我们的知行里。让表象的毛牢牢长进本质之皮里，若皮之不存，毛又将焉附？

十一

行像尖兵，永远超越知而走在前头探路。

行辛勤地种植耕耘着智慧与财富，等候知随时随地收获。

《马太福音》第25章讲一个将出国的主人将家业的五千、二千、一千银子分别交给三个仆人。当他回来，那领五千、二千的仆人因做买卖分别赚回了五千、二千，而领一千的仆人却坐等未行，取来了埋藏地下的一千银子。主人夺过他的一千，给那个拥有一万的。"凡有的，还要加给他，叫他有余；没有的，连他所有的也要夺过来。"（《马太福音》第25章）此故事被美国学者罗伯特·默顿截取并定名为"马太效应"。马太效应的症结，在于人有无智慧的行动。

千里之行，始于足下。

开中国职业教育先河的中华职业教育社自1917年黄炎

培等创立始，就特立独行，敢标高格：“一、谋个性之发展；二、为个人谋生之准备；三、为个人服务社会之准备；四、为国家及世界增进生产力之准备。”而其最终目标是“使无业者有业，有业者乐业”[22]，并立即在上海创办中华职业学校，继而在数省设立“农村改进区”，推进农村教育，近九十载依然涌动着职业教育源头的活水，“灯亮一盏，光洒成片，不厌其小，务求其实”(孙起孟语)。多好一个注重教育实践的革命团体！

那些率先动手解开教育难题者，也是如此扎扎实实干事的教育行动者。

劈风斩浪惊回首，轻舟已过万重山。

实践行动比坐而论道更便捷地插入矛盾的神经中枢，更能直逼于艰难险阻的前线突破，因此也拥有解决问题先声夺人的主动权与入场券。

像志士的血不能白流、失败的试验不会白做一样，任何教育的探路行动，哪怕有一分弊端、二分出轨、三分平淡、四分冒险、五分反复，只要用思的过滤器滤过，就不会白费，都有弥足珍贵的硕果和真知灼见的凯旋。

黄炎培（1878—1965），中国职业教育的先驱、著名教育家、社会活动家。1945年夏在延安，他曾以“一人、一家、一团体、一地方乃至一国”难以走出“其兴也勃焉，其亡也忽焉”的著名“黄氏周期率”，引发毛泽东进入历史性的沉思。该周期率至今仍令各国政要一一苦索作答

我们偌大神州，有十分宽长的教育阵线。这是怎样可以纵横驰骋大做文章的阵线啊！**我们该像建经济特区、政治特区那样，建起中央、省（市）两级多类型若干个相对封闭的教育特区，含若干所如帕夫雷什中学那样的实验学校，展开超乎寻常独树一帜的教育实验，以收获从局部到个体活鲜鲜的丰硕之果，以为我国特色教育、为全民族育出浩浩荡荡的人才大军提供实践示范的强大支撑。**

行进在教育阵线我的同人朋友啊，您是否想过，在此时此刻，世界上有多少教育的实践家与理论家正尽心尽意驾驭着教育之车忘情前驱，任你张开怎样想象的翅膀都难以超越。

他们有的专心在课堂听课评课，把这堂教学作为典型案例予以精雕细琢的剖析；

有的带领孩子们攀山、渡水、采集、探测、露营星光河畔且说着迷人的传说；

有的正给学子娓娓细数着自己逶迤的路，把大爱的雨露撒向一颗稚嫩的花蕾；

有的在苦心经营自家学校那一角小小温床，让一粒种子长出妙不可言的神奇；

有的在校长办公室里唇枪舌剑地讨论学校的升扬之道；

有的深入绿林深处的竹楼、白雪覆盖的木屋进行普及教育的家庭探访；

有的在宽敞会议室里正为一个重大教育行动绞尽脑汁以最终敲定；

有的在举办各种层面的沙龙论坛，或辨析或设计或提炼着本校、本地区、本国的教育特色；

有的正在做网络化云计算时代的教改讲座或脑开发的科研阶段小结；

有的在电脑前紧张击打键盘计谋着教育经费与教育指令的拨发；

有的穿梭于数条战线抓紧访察以求证教育投与产的比率；

有的反复计谋着人才尽早尽快尽多开发的智慧构想；

有的正伴着灯光润色教育论文，以挖掘实验的张力，凸显思想的锋芒……

这是何等庞大的教育大军啊！他们肤色不一，衣着各异，语言五花八门，思维方式也千差万别，却为加快本民族崛起的速度，加大本国竞立于世界之林的力度，加强全人类文明化的进度，进行一场无止无休永无终点的实战大赛啊！

我们中国这支教育军团，要竭尽全力，赶快行动啊！团（队）自为战，人自为战，守住阵地，扩大战果，奋勇向前！

每一位中国教师啊，在行与知的教育人生路上快快发展自己吧。其捷径“归根结底，无非是满怀着‘教育爱’，不懈地追求实践知识与理论知识的统一发展。否则，就难以形成‘反思性教育的实践’，难以成就‘教育学术的高度’。我想，这就是教师专业发展的黄金法则”[23]。

十二

在这儿，飞扬着——激风荡云的思想，声光雷电的理念，穿雾破晓的观点，飞奔翔舞的对话；前辈大家的老凤之声依然老辣，后来俊贤的清丽之音铿锵无比，身居高端者的视野果有鸟瞰之妙，来自基层者的目光亦带洞幽烛微之奇……

在这儿，舒展着——议天论地的纵横，抒怀发臆的晓畅；析现状鞭辟入里，展未来远瞩高瞻；风暴，卷于头脑，哲思，涌自心灵……

这就是2001 年11 月10—11 日在苏州市召开的首届“21 世纪教育论坛”。

教坛可谓精英会集，群贤同至。顾明远、吕型伟、朱永新、袁振国、张民生、卡汉……一位位中外教育顶尖级专家、学者、教育行政官员围绕“国际化、数字化与基础教育”，畅抒己见，见仁见智，着眼对时下焦点热点的解析，纵目于全球教育发展给中国基础教育的冲击与挑战。

清澈的溪流，承载着学术的流变，也散发着人文的芬芳、理想主义的七彩。一切都如此幽深静谧，一切的美好也从这里流淌。理想主义即是最美丽的芳华。

泱泱大国，长长教育，多么需要如此大大、中中、小小的论坛对话场，为基础教育切脉，给农村教育问诊，寻少数民族教育之方，替现代化教育鸣锣，探讨教育质的跨越，描画理想教育愿景，预示未来教育的发展走势。

莫道智者空议论，敢遣飞雪迎雷鸣。

看，论坛内外，飘飘然，如春雨沥沥洒洒，润绿杏林热土；闪闪然，似夜烛红红火火，点亮行人眼目。

历史之车运行到知识经济的站台时，人类对知——思想、联想、构想、智慧的渴望，进入从来不曾有过的炽烈期。而生活从不慷慨地将这些珍宝奉献给人们，总是隐秘在历史与现实的经经纬纬里，让人探索、促人寻找、激人发现这些深藏的意蕴。

找到思想，就找到了命运的眼睛，它引我们走出理性的迷失。

找到想象，就找到了灵感的开关，它领我们踏上智慧的跑道。

找到思路，就找到了生发的轨迹，它带我们拥抱创造之旅。

找到构想，就找到了选择的蓝图，它伴我们奔向凯旋之门。

真知的太阳永不会冬眠，就像白云永不倦怠一样，注视着一个个知的发现的奇迹。

知的贫穷是教坛最大的贫穷；知的富有是教坛最大的富有。

中国教育的大实践应该有一个大教育思想场为之导航。

孕育诞生于实践沃土中的思想从来在开放中走向鲜活与深邃。

对国，放开国门，国间交流活起来。

对家，敞开家门，戚来家兴起来。

对人，打开心门，对话人灵起来。

不怕开窗门引进数只苍蝇几缕毒气，该相信几经严酷挫折教训了的国人已拥有了锐利的鼻眼。

是真知，是真理，是真谛吗？请出示你的智珍慧宝。

要创新，要完善，要当弄潮儿吗？请上论争的擂台来。

让思索与思索碰撞，激情与激情共燃，精神与精神沟通，生命与生命对话，心灵与心灵交融；撞起火光，燃放心花，通连天桥，话出星辰，融成银河……

文化，凝聚一个民族。

教育，崛起一个国家。

君不见，一批批前赴后继的教育家，正挟来打着各自丰行厚知的印记，络绎不绝地自杏坛、自校园、自教科研圣殿向我们走来……

注释：

[1] 杜威. 我的教育信条 [M] //杜威，杜威教育论著选. 赵祥麟，王承绪，译. 上海：华东师范大学出版社，1981.

[2] 罗曼·罗兰. 简手 [M] //罗曼·罗兰，罗曼·罗兰文钞. 孙梁，译. 上海：新文艺出版社，1957：194.

[3] 戴伯韬. 陶行知的生平及其学说 [M]. 北京：人民教育出版社，1982：25.

[4] 毛泽东. 毛泽东选集：第 1 卷 [M]. 北京：人民出版社，1991：296－297.

[5] 张灵. 我国农村学校 10 年减少一半每天消失 63 所 [N]. 京华时报，2012－11－18.

[6] 顾明远. 我的教育探索 [M]. 北京：教育科学出版社，1998：前言.

[7] 黄旭：杂草集 [M]. 福州：福建教育出版社，2001：扉页.

[8] 列宁. 列宁选集：第 4 卷 [M]. 北京：人民出版社，1995：784.

[9] 严凌君. 人间的诗意：人生抒情诗读本② [M]. 北京：商务印书馆，2003：113.

[10] 景克宁. 人在神魔间 [M]. 北京: 华夏出版社, 2001: 35.

[11] 严凌君. 人间的诗意: 人生抒情诗读本① [M]. 北京: 商务印书馆, 2003: 212.

[12] 泰戈尔. 泰戈尔诗选 [M]. 郑振铎, 译. 长沙: 湖南人民出版社, 1981: 131.

[13] 袁国义. 著述出书"三境界" [N]. 人民日报, 2014-03-18.

[14] 刘彬, 杜羽, 李苑. 大家都来读书吧 [N]. 光明日报, 2014-03-12.

[15] 胡德平. 耀邦同志为什么要改革 [J]. 同舟共进, 2011 (9).

[16] 纪伯伦. 纪伯伦散文诗全集 [M]. 杭州: 浙江文艺出版社, 1993: 154.

[17] 蔡元培. 蔡元培教育文选 [M]. 北京: 人民教育出版社, 1980: 49.

[18] [19] 陶行知. 中国教育改造 [M]. 北京: 人民出版社, 2008: 自序.

[20] 戴伯韬. 陶行知的生平及其学说 [M]. 北京: 人民教育出版社, 1982: 5-6.

[21] 顾泠沅, 易凌峰, 聂必凯. 寻找中间地带: 国际数学教育的大趋势 [M]. 上海: 上海教育出版社, 2003.

[22] 黄炎培. 八十年来 [M]. 北京: 文史资料出版社, 1982.

[23] 钟启泉. 演绎教师专业发展的黄金法则 [M] //袁振国. 这就是教育家——品读洪宗礼. 北京: 教育科学出版社, 2009: 4.

第四章 寄语千秋

浪淘百世，功昭千古。

文化，是历史留给今天的记忆。

教育，是今天传予未来的寄语。

一个世间最大且贫穷的古老民族，倏忽间飞跨“双基”高栏，实施系列教育工程，启动素质教育“破冰”船队，岂不比神话还神吗？

这，仅为中华文化复兴的开篇。

我们还要举全民族探索的手足与心力，续写中华文化教育史的华彩篇章，以昭示后人、寄语千秋。

展望未来，寻求希望；回顾过去，寻求智慧。[1]

——［美］金格里奇

在一个人的行动动机里，对于社会义务的认识越深，那么，他的自觉性水平就越高。[2]

——［苏］凯洛夫

一

阿尔伯特·爱因斯坦（1879—1955），德国物理学家，相对论的奠基者，20世纪两大最重要的物理学家之一

这是寄给遥远未来的故事。

1938年10月，在纽约世界博览会的工地上，人们把爱因斯坦受罗斯福总统之邀写给5000年后子孙的信及一些具有时代特色的纪念品密封在金属包里，深埋地下，等候6938年10月的后人们开掘观览。

那封奇特的信简述了人类科技的发展，表明了商品世界里人们对失业、贫穷和对人类互相残杀的恐惧，提出了对人口素质的担忧：

所有这一切，都是由于群众的才智和品格，较之那些对社会产生真正价值的少数人的才智和品格来，是无比的低下。[3]

此信的结尾，还寄美好希望于未来：

我相信后代会以一种自豪的心情和正当的优越感来读这封信。[4]

这是怎样一封特殊珍藏的传世信笺！

寥寥数言，高瞻远瞩。对现实境况的痛感，对历史沧桑的质感，对人类素质的忧虑感，展望未来人会有的优越感，无不令人百感萦怀，心潮起伏。

寄给5000年后的来者，有介绍，有剖析，有憧憬，有预言，十分心驰，百倍神往，千般感慨，万种情愫，遥寄了他的心、你的心、我的心。

遥远未来的阅信者啊，当你们读此信时，会有怎样一种今是昨非的心绪，会有怎样一双居高临下的眼光？会有怎样一次慎终追远的感念？

清风言情，翻开一页页尘封的史册。

悠悠历史，给现今留下怎样的记忆？

天雨流芳，洒下一阵阵久旱的甘霖。

喧喧现今，给未来传递何等的寄语？

二

百年教育、千年教育，五千年教育啊，你给国人留下的是什么呢？

是绚丽云霞般的五彩锦绣？

是芬芳花朵样的馥郁记忆？

是穿过风雨后的悦耳歌声？

历史大浪淘沙，沉淀下来的金子是文化。

文化是一个民族生生不息、永不泯灭的精魂。

文化含金率高与低划开了民族的智与愚、人群的智与野的界限。

文化储藏量多与寡竖起了国家、地域、人民的富与穷的标尺。

因为文化，只有文化，才是根深蒂固，刻骨铭心，深入骨髓，涵养个性，化作命运基因的力量。它影响一个人的终身发展，决定一个民族的终极走向，推演一个国家的最终命运。

母亲在我心中

在“黄河母亲”塑像前，兰州市少先队员正听辅导员动情地讲述黄河文明

一个国家发展提速的超强正能量永远是文化的慧润，是文明的弥漫。

不是所有的民族都有文化气象，生命力旺盛的民族才见文化潮涌。

并非一切知识都是文化符号，激活价值含量的知识才显文化魅力。

文化真金闪亮，练就并传承文化靠教育。

教育是铸造文化珍宝并得以传承的薪火，是催动经济之车得以速进的动力。

要国富民强，必像抓住命根子一样抓住它须臾不放，抓它在社会转型时的随即转型，抓它在经济嬗变时的快速跟进，抓它在世界竞争中的全力竞争，以重新打造人的精神、气质、心灵的高贵与文雅，从而驱动社会的和谐与经济的繁盛。

“人”是教育的永恒出发点和归宿处。

教育是人育，是对人的灵魂、素质、品位、创造力、开发性的再造。教育之于人，一给灵魂（精气神，即精神），二给智慧（行思知，即能力）。正如德国存在主义哲学家雅斯贝尔斯所说：

"教育的过程首先是一个精神成长过程，然后才成为科学获知的一部分。"[5]

育人的高度在于实现人的全身心和谐发展，即铸造人的全人化发展的健全完美的人格。"志于道，据于德，依于仁，游于艺。"孔子如是说。

村里来了新老师

村里来了新老师——喜煞了渴盼已久激情如火的山里娃娃

育人的深度在于"以文化人"，将文化确立为教育大场的磁极。师者守住文化磁极，用古今中外的文化积淀滋养心魂、修炼生命、提升境界，并将在滋养、修炼和提升中将厚重文化，一代代接力似的传承下去，这是教育的根本。

只有当一个民族、一个国家生发的文化气脉，浸染着国民身心，滋养着国民灵魂，转化成国民的内在需求和价值取向，彰显为国民的思维方式和行为原则，方可以称其为富含生命的文化教育，并造就着慧润文化教育的生命。

育人，育人，地球上的人们拓开了多方渠道——

自幼童而至终身抓紧施以教育；
以种种宗教律规抓紧施以灵育；
设无数监牢管所抓紧施以强育。

三

义务教育——人之初教育！

先哲多少熟虑，智人多少精思，百姓多少渴望，化作了开垦文化荒漠的如是目标、如是政令、如是举措、如是国策！当新时期的急切钟声敲醒华夏晨曦之时，"两基"（基本实施九年义务教育和基本扫除青壮年文盲）的五彩祥云飘飘而至，神州山河欣然这历史同现实的必然选择、民心与国心的智慧超越。

义务教育——国之本教育！

超越时空，超越国度，超越种族，成了如千山上指、万水东流般的同向求索与运动，谁都概莫能外。1906 年，风雨飘摇的大清王朝颁布的《强迫教育章程》，虽开了近代义务教育的先声，却只是一纸空文。孱弱腐败的民国时期，陶行知等先驱打出教育普及之旗并搞起乡村教育实验，义务教育也始终是海市蜃楼般的口号和愿景。也只有 20 世纪八九十年代，“两基”才得以庄严地写入法律，付诸践行。

义务教育——族之根教育！

谁开始得早谁受益快，谁做得深谁受益广，谁年限长谁受益大，宛如哪盏灯亮得先亮得久所放的光度肯定大一样。举全民之力办教育，优百业之先抓“两基”。抓住民族文化之根，就抓住了民族发展的主动脉。“有文化的都来教，没文化的都来学，几十年的文盲睁开眼”，像种田不再收税，读书也不再交费。中华民族开始迈向文明之旅。

教育决定人口素质，而人口素质决定国家实力。普及义务教育就是普及文明，普及繁荣，普及福祉。

然而，义务教育从不来自空中楼阁，不会空穴来风。

兴旺的经济是它赖以出生的产床。

雄厚的财富是它不可缺少的给养。

当然，义务教育这个在贫瘠产床上出生的新生儿嗷嗷待哺，在世界第一人口大国里，那须国民拥有超人的决心、超常的拼搏与超凡的智慧，开展一场不间断投入人力、物力和财力的接力赛。

四

中国的义务教育之旅，有太多太多的哀伤与失落、感怀与反思。

扫除文盲
云南彝族妇女聚精会神地参加扫盲学习

终于，中国这位古老而新生的文化巨人在沉睡中醒来，像山岳一样亢奋崛起，踏着散落在历史废墟深处的秦砖汉瓦，迅疾地走出时光隧道的回廊曲径。

他沉潜历史的叹悟，挟带现实的焦思，昭示明天的惊唤。

他决计找出尊严，找到自信，找回绚丽。

他跨越他国之步，独自走自己的路。

而蕴含其中的大眼光、大思考、大智慧，历经何等漫漫苦旅，来之何等迟缓。

16 世纪，当中国只有极少数有条件读书的学子还终日摇头晃脑背诵四书五经的时候，西方的地平线上，就初现普及义务教育的曙光。强迫儿童入学的法令之雨已普降于德国土地。

18 世纪中叶，当英国的瓦特蒸汽机日夜轰鸣，西方对普及义务教育的眼光业已趋同之时，中国仍在科举的窄胡同里精心打造选拔着迂腐透顶的“范进”们而无暇他顾。

1791 年，法国大革命冲锋号余音刚落，免费教育就率先提出。到 19 世纪末，法国的初等教育率已达 100%；到 1979 年，其 10 年义务教育普及率也已超过 84%。

一衣带水的东邻日本也于 1872 年颁布《学制》，1907 年宣布实施 6 年免费义务教育。

从下发号令，中国比西方晚了不是十年八载，是近一个世纪！从实施上，中国晚了不是一个甲子，是近一百五十年！时间的差距，远比空间的差距更能割断视野，拉慢脚步，窒息智慧，淘人出局。

晏阳初（1890—1990），平民教育家，世界平民教育之父

我们多灾多难的民族啊，20 世纪前叶军阀混战生灵涂炭，社会和民众普遍传染着被平民教育家晏阳初认定的“贫、愚、弱、私‘四大病’”；50—70 年代，中国卷起一场场风暴，主流价值观左得登峰，狠批教师，戕害教育，斯文扫地，令人痛心疾首。1904 年，清政府写有“强迫教育”字样的《奏定初等小学堂章程》当属纸上谈兵。普及义务教育质的飞跃，还是 1986 年《中华人民共和国义务教育法》的颁发，它也成为一条分水岭。

这是中华民族第一次有声有色的文化大进军。

这是东方醒狮第一次震惊世界的教育大飞跃。

这是造福于国之振兴、民之素质的历史性大工程。

五

如同月牙儿不是撅的，牛皮不是吹的，船儿不是推的，种瓜才得瓜，种豆才结豆。

有播种方见萌芽。

有耕耘方显旺盛。

有血汗方有今秋。

寄语没有寄诗般的浪漫，它以有的放矢的真言，作为放飞思想

之鸟的对话。

对话不同对歌似的轻松，它以唇枪舌剑的论辩，双方进行智能高下的较量。

因此，马克思在《哥达纲领批判》致威廉·白拉克的信中写道：**“一步实际运动比一打纲领更重要。”**[6] 也有人对光想不做批得更狠：“怀着心愿而不实行，等于谋杀摇篮里的婴儿。”[7]

我国漫长的计划经济人治时期，无论干什么都先务虚，将提升认识视为雨前的风雷，先风吼雷鸣再牵动耕云播雨。

一进入市场经济的法治时期，无论干什么贵抓落实，想好就干，只争朝夕，常常以迅雷不及掩耳之势，把一场场喜雨撒向大地。

世人醒悟：清谈空说，犹如放一山云烟、吐一谷迷雾，无非嘴上会气，精神论道，瘸子狩猎坐着喊。

干教育就靠实打实——实心实意，实话实说，实事实做。

六

穿越沉沉夜色，走过长长时空，一场大雨匆匆泼下来了。

她拥抱着久旱的原野，亲吻着枯禾的心窝，让千山变绿，百花呈红，万里绽出新叶。

花儿织成花环，戴在晨曦的颈上，正为神州祝福。

绿禾呢，捧出凝结了一夜的露珠儿，给大地擎起一串串水晶般的珍珠链。

晨光亮丽，溪流拉起琴弦，心鸟激奋舞蹈。

这喜盼的大雨，久待的大雨，不只是大自然的雨，更是文化之雨，普及教育之雨啊！

她来得那么迟，又来得这般疾，足以让国人泪飞倾盆。

她伴着电闪雷鸣，那般大声势，又似乎那般大气魄，真让亿万民众欢欣得心儿发颤。

当然，喜雨尚未将山川大地淋个精透，参天栋梁还未长出，征帆还没进港，距离凯旋门还很远。

此时，还不是发庆功请柬的时候……

七

这场文化教育之雨该如何审视？尤其该留意哪些陷阱似的怪圈？

既要看到大雨滂沱，又要发现尚有干渴之地；既应感知春风拂煦，又能觉察偶有凉气袭人。

现代中国曾有人形象地发明了“九个指头与一个指头”说，即一讲形势，成绩总是九个指头，问题总是一个指头或半个指头云云。

不能实事求是，只能实事求非。不能实话实说，只能实话假说。面对虚假，真人反为异类，求是倒乃异端。多么令人痛心疾首的人格沦丧，人性扭曲。

这往往陷人于可怕的困谷：只见绿林，不见病木。一叶障目，不见泰山；两耳塞豆，不闻巨雷。

白日里，灯光恳求艳阳：将我照耀得更亮一点儿吧！

然而，灯光越迷恋白日，越看不清白日下的灯光的自我。

黑暗中，灯光默默无语，更无着意让人赏识的心语。

然而，灯光越不想证明，越看得清黑暗中自己珍贵的亮焰。

中国人自古至今患一种怪病——好喜。喜好颂歌而厌恶悲歌，喜好喜鹊而厌恶乌鸦，爱听喜鹊喳喳而烦恼乌鸦“呱呱”，进而将两者人为地贴上“报喜鸟”“报丧鸟”迥然不同的标签——为鸟类形而上学地定了性。

何其可悲啊！

光有七彩，年有四季，天有黑白，生活怎么会只有喜乐没有丧悲？事业怎么可能只有光明没有黑暗？

其实，看着黑斑的，一点儿不影响太阳的辉煌。而视而不见黑斑只会涂脂抹粉的，反倒让太阳黯然失色。

泰戈尔诗云：

愿欣赏名花的眼睛也正视
他人视而不见的荆棘。

八

还有一种与此并发的流行病：造假。

造假，也是天大的本事。

说仿真的假花：像真花一样。

而对真花呢，则说：像假花一样。

假作真来真亦假。

假的花儿再美，却招不来酿蜜的金蜂。

假的数字堆得天花乱坠，仍成不了一朵积雨云。

中国偌大天下，突兀显现出造假的大大小小的若干平台。

教坛也无例外：假数据、假工程、假科研、假课、假活动、假教改、假测试、假成绩……贻害自己，贻害塑人，贻害世风，当首当其冲禁绝。

造假的教育是埋葬教育。教育的造假乃教育自杀。

教育圣园一旦造假，人间还会有真正的净土吗？

造假进了教育圣园，圣园还会有往日的神圣吗？

儿少时节沾染造假，人生还会有诚信的正气吗？

造假一旦侵蚀人生纯真的源头，明日社会还能清水流香吗？

于大漠里躬身曲背掘井者，怀揣一湾清泉；在市场上声嘶力竭叫卖者，心藏一汪污水。

实干兴邦，造假误国。

摒弃造假！

抛去谎言！

还事物以真境。

给人间以本然。

归杏坛以高洁。

复教育以神圣。

教育者——人类的精英啊，人人该为圣母，怀着菩萨心肠、宗教情结以及普罗米修斯的坚忍，“捧着一颗心来，不带半根草去”，甘用自己的良知与清贫，守望教坛的清风拂面，护佑学子的心露晶莹。

九

不错，我们还是不能忘了主流：从 20 世纪 80 年代改善基本办学面容，到 2000 年年底“两基”的航船基本达到目标，再到 21 世纪初“两基”的航船全面达标，进而实现城乡名副其实的免费义务教育，我国义务教育在不到 30 载春秋完成了“四级跳”，铸就了教育史上的世纪伟业。[8]

采来上好的汉白玉，为我们民族的文化进军镂刻群像，以传之后代，馈赠明天。

采访朱开轩

义务教育，利于当代，奠基千秋。为此，笔者访问了时任国家教委主任的朱开轩（中）。图左为延安市教委主任武耀东

让千百年后观瞻雕塑的人们，收集到消逝了千百年的花朵那芳丽的回忆吧，感受到那穿越千百年历史隧道的豪迈歌声吧。穷国誓办大教育，穷国能办大教育，穷国办好大教育，靠的是祖辈血写的誓言、汗写的同心、生命写就的攻坚诗篇哪！

还要雕塑上跋涉的坎坷，冲浪的沉浮，运筹的得失，举措的进退，以示人有成功日，事无穷尽期。

生活事业之旅，哪条道都不像北京长安街那样宽平如砥，哪场仗都不若黎明战败黑夜那样毕其功于一役，哪件事都不比竹筒倒豆子那样径情直遂。

理想教育在远方，行者永远在路上。

十

一场社会骤变、教育转型的风暴席卷山河之时，总会伴着新理论的问世，像大雨过后天边悄然出现的虹霞。

世界潮涌，中国艨艟向何处去？教海泛舟，中国何以迎赶潮头？圣园育人，我们的人才是何等类型？

人们热待新理论，像行走在漫漫长夜里的人们期盼黎明第一缕晨曦。

这新理论播布着早春的音讯，送走了负重岁月沉重的叹息；

这新理论遣来新的灵感，挥写崭新的绿色诗章。

这新理论成了新的起跑器，引导生命开始新一轮的冲刺。

名医一把刀，名厨一道菜，名角一出戏，名师一堂课。而一个新理论呢，简直如一轮喷薄欲出的太阳，给教坛给国民带来大光辉、大温暖、大突破。

孕育几十载的潜生暗长的这棵理论之树，即是远未根深枝繁叶茂的素质教育之树。

她长在中国教育“双基”中的大地上，更长在中国经济从工业化向现代化伟大转型、中国政治从以阶级斗争为纲让位于以经济建设为中心的重大转轨的社会暴风骤雨般的大变革中。

十一

以古为镜，映得出社会大转型时教育紧随的变脸。

西周出现铁器，井田之外的私田才得以开垦与承认，于是地主问世，诸侯雄起。经济突进，社会繁荣，风云激荡，教育出新。领军人物孔子大办的民间私学，打破“官学制度”的藩篱，引学子于四海，震朝野于八方。他的三千弟子、七十二位身通六艺的贤达，后多为政坛要人、外交高士、知名学者等立德、立言、立功者。

比孔子时代晚几十年，赢得了希波战争的古希腊雅典城邦，一下子从奴隶制民主制度蒸蒸日上而至繁荣的顶峰。生产激长，财富猛增，政治活跃，文化繁荣，教育也兴旺如春笋淋雨，一批苏格拉底式的智者纷纷出现，聚众讲学，传扬科学，普及哲学，导引雄辩，入手教育，雅典成了当之无愧的希腊各国的“学府”，其培养的人才多是那个时代的各方栋梁。

如此看来，每每经济兴隆、财富暴涨、社会极盛时，总伴以文化潜流大激荡，教育潜能大释放，教育大家大现身，教育理论大突破，带动社会和历史向高端极致大冲击……

十二

以洋为镜，照比出教育心急火燎跟进经济的趋势。

从工业化至现代化的美国，育人目标也完成了自模式化向个性化的深度转化。

事怕比，不比常自喜，一比见高低。

当中国还拿愚当智地醉心于死记硬背式的“教模”时，美国已把研究聚焦于激活人的潜能的探究讨论式的“教模”上；

当我们无论如何也摆脱不了高分低能的应试赶考那条羊肠小道时，美国早已开始大踏步挺进在培养高能高智的宽阔敞亮的人才之路上；

当我们还喜欢那些循规蹈矩、俯首听命的孩子时，美国已把那些胆大敢为、天马行空的学子视若未来骄子……

东方欲晓，更有人行早。

当美国经济已不再需求毫无创造力的人才，而要求教育把目标锁定在发明大家、企业领袖、文化精英、政坛要人时，我国高校（含北大、清华）一部分学子则把眼界盯在外企白领（职员）、访问学者以图月薪逾万等区区小利之上。扼腕慨叹之余，笔者曾顺口吟“诗”：

什么秧开什么花，
什么花结什么瓜，
什么教育育什么人才，
什么人才有什么才华。

看得出，社会（经济）运行到一定阶段，所育人才也自有一定的终极流向。不管敏锐的教育家如何忧思模式化教育难育出顶尖级人才并发出急切的呼吁，也只能流于内心独白或焦思空唤而已。原因是我们的经济之舰尚未完成向现代化、信息化的转向，我们对人才的急需的类型，也未到非得走出当下模式化培养人才的圈圈。

人才的需求与造就也遵循着一条不可跨越不容违拗的规律：做经济恭顺的仆人。

十三

于是，我们便不难理解：一个新理论——素质教育理论的出现，之所以不能立马赢得鲜花与掌声、大路与朝阳的缘由了。

相反，它以超越常规的孤傲，以不同凡响的绝唱，甚至以不可为而为之的怪异，迎来的可能是冷风，是白眼，乃至围剿！

这实乃一种特定历史时空的正常。

这表明其运行还有待新的气候环境。

但它却丝毫不能被抵消哪怕削弱：新理论生命力的歌声如何激越，新理论冲击力的势能如何宏大，新理论影响力的飓风如何强劲……

十四

“素质教育”四个字，作为一种理念、一种理想、一种境界（而不是某种教育模式），最精粹地囊括着教育方针，最鲜明地举起了人本旗帜，也最有效地推出中国品牌，成为新时期中国教育的核心理论。

它的要义直指教育的全员化、全人化、主体化、个性化、智能化的优化发展。

犹如网之纲、树之根、水之源，先于它现形的理论，如快乐教育、差异教育、成功教育等，都能从它母题的理论坐标轴上找见自己的座次，明晰自身的思想渊源；后于它现身的理论，如尊重教育、自信教育、情智教育等，更能从它本正流芳的源头得以定格，厘清自身的来龙去脉。

这一理论出现意味着什么？意味着中国教育开始出现突破性的发展走势。

然而，素质教育一波三折。

虽然它有当代中国教育进行曲的主旋律名分，且成为国家意志、法律体现，但从广角镜里，我们洞见了它的处境无比尴尬。

奇怪吗？一点儿也不，蜕变的过程何尝轻而易举。

它面临一种源远流长的传统思想的顽强挑战，更有急功近利的选人赶考机制的强力制衡。

这传统思想似乎看不见，闻不着，摸不到，却显示了穿越古今时空代代得以传承的惊人能量。

而素质教育作为新理念才刚刚萌芽长叶，尚未在人们的心田上落地生根。

欲拔去根深蒂固的旧思想之根，需要新思想对其进行旷日持久的猛烈冲击。

科举考试自隋文帝开皇七年即587年始，至清光绪三十年即1905年9月2日清政府下诏废除止，前后历经了1318年的漫漫长途。而以崭新而理智的风采登台于中国教坛的素质教育理论，仅仅不过二十几个春秋，实在太短太短了。

它面临着如前所述社会（经济）转型过程中的各种困惑

的挑战。

以太短碰太长，以嫩芽撞深根，以新生顶老迈，必然有一台大戏。

还要警惕以假乱真，以虚充实，挂羊头卖狗肉的素质教育。如形形色色“校外班”，宣称打造学生综合素质能力，实为更残酷的摧残学子的“填鸭式教育”。

素质教育绝不会是一阵清风，来无影，去无踪；也绝不只是一场风暴，来时摧枯拉朽，去时一片披靡。

作为一种新教育理论体系，代表新教育的良知，正在擦亮国人迷茫的眼，点燃民族自省的心。

相信吧，新生理论自有神奇的效应。这神奇效应足可构成一篇篇神话。给新生理论以时间，我们当不懈努力，用时间织出素质教育的命运之锦。

十五

神话写于宜昌。

这里，曾书写着世界上最大的水利工程神话。

1917 年，正勾画《建国方略》的孙中山先生手持放大镜盯着地图上的宜昌，一个修筑长江水电工程的伟大梦想迸发于他澎湃的心潮。

1953 年春，毛泽东乘“长江”号军舰听治江汇报，心中同样涌起卡住三峡——“高峡出平湖”的恢宏构想。

1985 年 1 月 9 日，邓小平详询三峡工程后，毅然勾画出推进工程的系列决策。

于是，这纵贯数十载、浸透几代伟人心血的工程从神话向现实快步走来。从 1994 年 12 月 14 日开工以来，一座长 2345 米、高 185 米的大坝巍峨耸立，坝面长 600 千米、最宽处 2000 米、蓄水高达 156 米的世界最大人工湖水光潋滟，14 台机组满负荷并网发电，世界上最大双线五级永久船闸已经启用，100 万世界最大移民难题已顺利解决。

神话啊，神话！

震撼我心灵不啻三峡工程神话的，是与三峡毗邻的宜昌一中师生以三峡建设者的精神，用全部心血与智慧书写的素质教育的神话。

与让数千年肆虐的恶魔乖乖听令的治水神话不同，这是为几千载传统教育排污除浊的育人神话。

当素质教育在我国基础教育尤其高中阶段上进展迟缓，宛如蓝蓝天空上飘荡几朵美丽的白云，应试教育涛声依旧，大多数学校还在重复着昨天“课堂中心、书本中心、教师中心”的故事时，宜昌一中这所近百年老校，自1997年春夏之交、专家型的陶三发任校长起，却如东风化雨，老树逢春，开始径直驶向素质教育的快车道，且一程程越走越快，越行越远。他们不是把素质教育当成口号喊在嘴里，当成点缀写进文里，而是当成神丹至宝，当成眼前的旗脚下的路，当成强校的主题词。八年过去，该校从原来市内并不冒尖、省内声誉平平的角色，一跃而成省内外素质教育的拓荒牛和领飞雁。

宜昌一中素质教育

宜昌一中成了在素质教育“雷区”——高中阶段实施素质教育的典范。笔者三次采访该校力倡素质教育的陶三发校长，从中坚信了素质教育的锦绣前景。图为笔者与陶校长（右）在该校屈原塑像前合影

怎不可喜可贺啊，在应试教育铺天盖地的大漠，在高中这块实施素质教育的雷区（我国不少赫赫有名的高中在应试教育大潮中，非但不砥柱中流，还推波助澜，脸不红地弄恶浪于前，心不跳地助逆流于后，忘记其为民族树德立人的使命），居然有这么一块实实在在播种耕耘素质教育的绿洲，她告诉着人们：

大漠绿洲，并非神话；
素质教育，并不遥远；
学教双赢，并非说梦；
众星捧月，并非杜撰；
精神砥柱，并非包装。

没有成绩，过不去今天，光有成绩，过不去明天；没有成绩，休与我谈素质，光有成绩，休与我论教育……

宜昌一中的改革者以丰富的原创性的实践，不仅破译出实施素质教育——前提在理念，核心在人本，攻坚在课堂，运行在机制，生命在质量，关键在校长——的奥秘，而且雄辩且坚实地多方面证明着：

素质教育并不一定非有区域推行的大环境才可能实施，一所学校凭借自己不懈努力顽强推进亦可演绎出活生生的素质教育运行学，就像当年列宁领导的革命首先在俄一国夺取了胜利一样；

真正素质教育肯定可以提高人才质量和高考升学率，绝不是相反；

不仅师生而且全体家长及整个社会都实心实意地欢迎真正意义上的素质教育。

在17个月里，笔者三次专门踏访该校。它让我看到了

素质教育的力与美、光与热、现实与未来、希望与梦想……

十六

父母不是一株大树，不能一辈子为孩子遮阳挡雨；

家庭不是风雨暖巢，不能永生永世呵护雏鸟安乐生息；

教师不是一只救生圈，不能保证学子在社会大海里不呛不沉。

真正能够自救、自立、自主、自强的，不靠天，不靠地，全靠自己！

陶行知的《自立歌》云：滴自己的汗，吃自己的饭，自己的事自己干，靠人，靠天，靠祖上，不算是好汉！

“天文学家不能把他对宇宙的理解给予你，音乐家不能把他听取韵律的耳朵和他应和韵律的声音给予你，数学家不能引导你走入数学殿堂，因为一个人不能把洞察力的翅膀借给他人。”[9]

人需靠自己头能顶天，脚能立地，心能飞翔！

在自信的飞翔里，自己震撼着自己，因十分自信。

在成功的飞翔里，自己感动着自己，为百倍成功。

十七

素质教育就是放飞人！

放飞少年青春，让年华快乐翔舞。

放飞珍贵生命，让生命蓬勃欢唱。

放飞捆绑手脚，让手脚自由灵动。

放飞压抑心灵，让心灵奔向天高海阔。

放飞，放飞，放飞就是对生命的解放，对创造力的解放，将其生命力的光与热释放到最大的限度。

当年，大众教育家陶行知力倡对学生眼睛、头脑、双手、嘴巴、时间和空间的“六大解放”[10]就是用哲学的眼光自宏至微观照人生，对生命“文明的光谱”透辟剖析后的一篇至真至诚的开发宣言。其核心即是千方百计地解放儿童乃至人的无限创造力。

就像太阳解放天空，雨露解放云气，春光解放冰雪，溢洪道解放库水，六月的风解放蒲公英的一把把小伞……

十八

放飞成就了奇迹。

放飞伴随着创造。

笔者在宜昌一中等不少实施素质教育的校园兴奋地看到：丰富多彩的活动激发了兴趣，多种舞台展示的亮点升扬了情商，一次次成功的体验铸造了信念，一种种智慧的思想转化为性格，于是，学子自然而然地实现了兴趣迁移，信心迁移，思维迁移，方法迁移，知识迁移，能力迁移……

似乎有一条心灵潜流将人的手脑联动，将人的智商情商联结，将人的多元智能联通。这又像人身各部分的血管是相通的，血是流动的，你中有我，我中有你。

一个亮点，照得人通体灿烂。

一种特长，托起人全面腾飞。

十九

“一个针尖上站有多少个天使？”

对这道典型的中世纪神学的问题，在当时的经院讲坛上，神学家们唇枪舌剑，争辩得面红耳赤，几日几夜毫无共识，谁也说服不了谁。

“素质教育龙从何来，脉向何去？辞书古籍有何依据？”当代不少学人透过深度近视镜片细查典籍，审思中沉吟不已。

上述两道问题虽各据自己的时空，却灵犀一点，息息相通，都惯于闭目塞听远离实践。

许多时候，理念上在原地裹足，争得如坠五里雾中，实践却早已跑到前边给你做了解。这犹如眼前横一溪流，人们还在无休止地论证该撑杆翻过去，还是下水游过去，抑或搭木踏过去时，早有人纵身跃过去，在对岸发出高声的呼唤呢！

实践急匆匆为真理披荆斩棘地开路，真理赤裸裸地展示了实践的率真。

专意盯着小事，注定难成大器。深陷入细枝末节，就无法登高望远。习惯拘泥于咬文嚼字、纠缠于名词术语的人，往往是些玩弄小智术而缺乏大视野的人。他们纠来缠去，绝不会走出文字游戏的泥淖，弄出什么里表来的。

比如，在教育改革中，先把学业、品行落伍者叫“双差生”或“差生”，再改为“后进生”“问题生”，进而又说“没有差生，只有差异，即各有特点的学生”云云。再如，相当长时间里将中小学生谈情说爱视为“早恋”，后来不知谁发现了新大陆，纠正说：不对，那只是男女交往过密……亏得有人想得出这么些似是而非玄天虚地的概念。

唉，真不怕在罩门里费心劳神。

二十

生活总在继续，像潜伏草地的暗流悄无声息地涌动不止。

实践不断发展，如花开花落云卷云舒般地瞬息不停。

生活的舞台上没有旁观者、模仿者，每个人都是角色，尽在创造，而且“现场直播”，从中产生了创造生活、赢得生活、不落俗套的名角大家。

创造的人们都毫不例外地定格于一定的历史时空里，谁也甭想超越，犹如谁也甭想拔自己的头发离开地球飞入太空一样。

一段史河有一段史河的走向。

一代人有一代人的特定使命。

我们不能协文天祥守城，劝李自成励精图治，进太行山痛打东洋兵，却自有振兴中华的神圣而沉重的担子。在偌大使命面前，创造是家园，创造是产业，创造是生命的唯一。

创造赶走了“一穷二白”的初始窘状。

创造复活起精神家园的往日芳丽。

创造诠释着“马太效应”的极限对比。

不怕创造中失败吗？怕什么！成功与失败常常同在，像一个钱币的正反两面。泰戈尔风趣地写道：

如果你把所有的错误都关在门外时，真理也要被关在外面了。[11]

二十一

要紧的，是面对误区，正视难题，梳理困惑，透视迷惘。

在中国教育的大场上，应试教育和素质教育，同时相互较劲，各显身手，二者博弈，渐入白热；城乡教育说平不衡，教师待遇欲公不平，学子求学舍近求远，家长热盼十有九空；尤其是师者倦怠，心灵滑坡，纵有人不乏鸿鹄之志，也往往被绑架得难以超脱……

就教师计，方方面面的难题疑窦多如牛毛。

笔者曾关注一位西部地区的年轻校长，他夜夜读书，日日奋力，八方求助，四面讨教；他抓住学校文化建设的灵魂，引来全县现场会；他将深入教改当作办学生命，使教育质量飞速上升。但只因他带队去参加国家教育学会一个教育改革与创新会议，就被顶头上司批得鼻青脸肿，几近就地拿下。

闭锁自己，又封锁部下；不懂开放，又压抑开放，此乃不折不扣的作茧自缚啊。

一位中原的年轻中学教师来信说，他觉得像一个被抽得团团转的陀螺，天天忙工作、忙生活、忙家人、忙孩子，到头来头脑空空，眼前漆黑，心里没亮：“觉得我正走向庸俗，走向堕落，走向泥潭，我肆无忌惮地放纵自己，我无所顾忌地麻木自己的神经……

“我恨自己，为什么这么懒惰，这么没有进取心？我原本不是这样的啊。我也有自己的目标，也有做强自己的渴望，这些都跑到哪里去了？以前铆足劲儿的我呢？我怎么拯救自己啊。

“有时想，自己身染沉疴，明知得什么病，又知该吃什么药，就是有药不吃，有病不治，就这样耗着，成了没有灵魂的躯壳……”

激情在蒸发，心灵在漂泊，精神在流浪，目标虚无，轨迹梦幻，此乃典型的职业倦怠啊。

一位大西南深山里听过笔者讲座的侗族小学特岗教师，担任一年级数学课和五年级两个班的科学课，更是学校各项资料建设责任人，电话里他一腔困惑：“从教四年来，身心疲惫。第一，整天有做不完的事，自己一个人起早贪黑地忙，虽学得一些管理能力，身体却越来越差。是我的工作方法不对吗？第二，每一年都由我带差班，成绩虽有明显提升（由二年级平均分三十多分到五年级六十八分），总成绩却仍排到全县二百四十多个班级中的第四十二名；教师节评优选先永远都不能评县级以上先进。我的教学方法有问题吗？第三，学校绝大部分事情由我一个人在完成，课时还最多，却听不到领导一句安慰或鼓励，他们只看重你全县的排名。我心里便钻出一丝丝怨气，是我的心态出问题了吗？我是学生心中的好老师、家长心中的好班主任，却不是学校的好教师。我该怎么办？

“我 2009 年参加工作，今年本该顺利晋升小高职称。可评职称当儿，校长家有急事。处理职称评审划归镇教育办公室，那里领导一句话就否决了我；后有教育局协商，因指标已用完则让我选择破格评选（不占我校岗位），镇教办领导仍死活不给签字推荐。我已心灰意冷，尽管校长承诺明年一定争取，但总觉得努力得不到公平的认可，懒散平庸的人却一帆风顺……”

身心疲惫，疲在敬业；满心是气，气在不公——不是有为者有位，吃苦者吃香，优秀者优先，实干者实惠，优劳者优酬，这无疑是对苦干者劈头盖脑的打击啊。校长与教育行官员若一碗水端平，教师才辛苦心不苦，劳累嘮不累。

中国的教育啊，任务多元，困境巨大，问题复杂，目标茫然，探索纠结，知行割裂，今古脱节，中西难融。

二十二

每日每时，我们教育军团都在从困境中突围，创造耕耘教育的神奇，无论是实践的还是思想的。

这些年，在本土圣园，在各地杏坛，我目睹着创造的繁星缀满教坛的天空，美妙而幽邃。

教育创新风暴席卷五湖四海——

西部教育与人才大开发！

职业教育之花遍布神州！

教育部自上而下全面推行新课改！

朱永新团队筑梦为实地开拓新教育！

叶澜团队心无旁骛探究打造新课堂！

徐州全市教师大竞聘！

辽宁为一村培养一名大学生！

宁波名师跨校兼课兼职！

济南推出首席教师制！

山东推出名师精塑工程，开始了深层次的素质教育！

河南树起十面基教战线名校旗帜！

成都热选“超级教师”！

重庆推出一批批特色学校！

高山、戈壁、草原区域创办寄宿校！

上海首推中学生学分、导师制和《综合素质评价手册》，电子课本与电子书包进学校！

大庆启动高中城工程！

沈阳首创高校易地重建工程！

……

下面是笔者曾细访的一例。沈阳高校易地重建工程设计并组织实施者为教育学博士、时任沈阳师范大学校长，现为辽宁省教育厅厅长的张德祥。这位拥有深厚学者底蕴的领导者成功地运作了沈阳师范大学校产置换、易地重建的大杰作，在特定的历史时空足以令教坛叹为奇迹。

采访原辽宁省教育厅厅长张德祥

张德祥（右），一位曾在中国教坛上，最早设计并亲自书写高校易地扩建大手笔的人

沈师大始建于共和国成立之初。半个世纪风雨沧桑，沈阳扩展得如跑马占荒，然而只13公顷的沈师大袖珍校园如锁在茧壳里却未变毫厘，且分散在城区三处。狭小、分割的弹丸之地，成了学校发展的瓶颈。

出路何在？靠上级掏钱、国家出资，须耐心地长待久等，一时间远水难解近渴。运用市场规律，发掘自身潜力，虽险象环生，却可解燃眉之急。况老校位居闹市黄金地段，几多家垂涎欲滴，一旦出手价格肯定不菲，而拟建新校区所在的城北郊农田却价廉得多。

任何新生事物的黄金价值，只有在特定的历史时空才表现得淋漓尽致。

张德祥这一思考始于1995年1月就任沈师大校长之初。如今利用“级差地租”易址建校，国内已司空见惯。然当时背景却是：高校扩招风未起毫末，高校易地扩建举国亦无先例，况且，沈师大“文革”时迁往朝阳市农村刚刚回沈不久，人心不再思动。如此大动作的思考与举措真好比雾海夜航。

然而，对一位事业家创业者，决心总比挫折大，办法远比困难多。

他还得益于留学日本时日本筑波大学易地重建的启示。该校前身的日本东京教育大学散落于东京几处窄地。当京郊筑波建造筑波科技城时，该校易地而建，遂使学校发生天壤之变。张德祥大胆谋划，精心运筹，并带一班人数次倾听，多方宣传，四下奔走，反复论证，终一锤定音，卖旧置新！

他对全校师生讲了两句刚毅雄劲的话：一句按市场规律办事，尽早完成建设新校园的历史性任务；一句按教育规律办事，让新沈师大灌注的不仅仅是钢筋、水泥与汗水，更灌注现代化的新理念、新构想、新手笔！

一个正确的大决心、大思路、大手笔来自大雄心、大气魄、大智慧的炉火纯青的合金。科学思路走活一盘棋。

转让的旧校区在争标中直线升值，投资新校园加紧建设。从破土到竣工到搬迁到享用，只用了480天！新校园79.2公顷，扩大6.1倍！建筑面积由旧校舍11万平方米增至四十多万平方米，扩建了4倍，招生由三千多人到今日两万多人，所需5亿元资金，基本没向国家伸手。

沈师大旧貌换新颜，理念大升华，自身能量骤长，立马崛起为高师巨人！

神话，难以置信的教育神话！

张德祥创造的神话，打出了一面大学自我重塑的鲜亮旗帜。

还有诸如“春苗工程”“园丁工程”“春晓工程”等分支细、目标清、涵盖广的工程，着手于微小，放眼于宏大；解疑端之水火，闯关隘以腾飞；施恩泽于学子，造洪福给百姓。善哉，妙哉！

1996年之春，全国一批在德育领域有相当造诣的学者专家聚在林都伊春讨论笔者写作的《做人千字文》时，河北省教育专家武兴元与我商讨起面对师资窘境拓展“红烛工程”的思路。于是，他去河北张家口市、我回辽宁铁岭市分别开始了启动。

时任铁岭市教委主任的韩凤玲独具慧眼，心有灵犀，力挺我这位助手的倡议，风风火火且扎扎实实拉动运作起来。

建立小组，起草方案，讨论计谋，下发文件，宣传组织……策划紧锣密鼓，行动步步紧随：

送教下乡传经，花开瘠土；

开放名校窗口，引蜂采蜜；
城乡拉手结队，优势互补；
教育资源共享，多点受益；
改造薄弱学校，水涨船高；
城乡一体统筹，均衡推进……

“红烛工程”像烈火一样迅速燃红铁岭。省里在这儿开现场会，从中央到地方各家媒体、各地教育同人蜂拥而至取经探秘。

其中，**策动虽艰，运作也苦，却艰中藏乐，苦里透甜，享受原创之福之快，别有一番滋味在心头。**

二十三

声音借助文字承载其厚重，
智慧借助创造绵延其聪灵，
思想借助传媒广布其高深，
人类借助文化永生其奇伟。

我们，21世纪地球东方的儿女，流淌着中华先祖血源的基因密码，又担载着中华文明人文密码的子孙，该如何宁静下来，沉思自我，修炼自我，提升自我，定格自我，使今日坐标照耀昨日轨迹，用更新的历史寄语传给未来……

二十四

寄语千秋！
调动我们全部的心灵。

心灵是我们内在的底气，厚实的蕴藏，打造翅膀的车间。

千载难逢中华民族的伟大振兴，赶上了社会急遽转型这么一个最重要时期，注定要历经历史长河中最流光溢彩的河段，注定要我们张扬雄健、火热、伟大、仁爱、深思的心灵。人间代谢，时光轮转。一批高贵的心灵之光照耀了昨夜今晨，也照亮了前辈后人。

一个时代有一个时代的主题，一个主题意味着一种承担，一种承担续接起一辈接力，一辈接力亟待一种心灵的导航。

如今，轮到我们接力了，轮到我们照耀了，轮到我们吸纳他们的亮色，放射出更强大的生命之光、心灵之光、思想之光了。

我们这一代的心灵理所当然更高远更恢宏。

远离爱因斯坦鄙夷的那些浑浑噩噩者才智与品格的低下吧！

远离大千世界里那些极端功利主义者心灵的浮躁与龌龊吧！

让心灵长上翅膀紧跟时代齐飞。

让时代高铁伴着心灵呼啸。

二十五

寄语千秋！

跨出我们探索的足迹。

善思更要善行，也许我们还缺少思想者但更缺少行动者，一个行动胜过万千语言。

要以将来的眼光看现在，方知行得不远。毛泽东很有此种大眼光。他看到，夺取全国胜利，“只是万里长征走完了第一步”。以后“倒海翻江卷巨澜”的关山，尚须“快马加鞭未下鞍”！

行动，行动，抓紧行动！

行动是面对前人的历史嘱托，今人的无愧回答。

行动是今人以厚实作为而面向后人的有情交付。

正行的路，人总因其艰其苦而觉其行远；待回眺时，则因眼宽智深，觉其行近。如同毛泽东《长征》诗视逶迤的五岭为“细浪”、磅礴的乌蒙为“泥丸”，也如中学生重读小学课本、大学生浏览中学教材尽看成小儿科一样。我们看今日的“双基”达标、“素质”探索，也该视其为“小菜一碟”，而不是“大菜一盘”。

还要以众里眼光看个人，方知个体渺小至极。就会感悟，谁也不会发太阳之光、明月之光，只能发出星斗之光、萤火虫之光。

但是，若将亿万个萤火虫之光、星斗之光聚集于一块，却可以大有作为，可能亮成明月太阳！

让我们主动伸出触角，参与探索，走向探索，全力探索，诚如丘吉尔所言："我所能奉献的，只有热血、辛劳、汗水与眼泪。"[12]

常人成就伟人之作，比伟人做出常人之为更有震撼力。

亿万常人合成的大举，注定会将探索之路开拓得更远。

二十六

寄语千秋！

用我们的眼睛、耳朵、神经与全部心身！

我们面对着一个完全崭新的勃发的生命世界。

有多型传呼、多种足音、多方信息，有云计算，有层出不穷让人眼花缭乱、瞠目结舌的新东西。

也有常常看不清想不透的生活之关、灵魂之涡、命运之谜。

前提是有梦想，有梦想就能眺望远方。

关键是有思想，有思想就能开天辟地。

根本上在于有行动，有行动就能梦想成真。

生命并不全像叔本华所喻的"在痛苦与无聊之间像钟摆一样地来回摆动着"[13]，而是追求思维与行为交相辉映的过程轨迹。

不时校正这过程轨迹，使其与民族、与人类、与历史的良心重合，方能欣对先辈，直面今人，无愧来者。

注释：

[1] 金格里奇. 机会之窗 [M]. 黄柏富，等，译. 北京：军事译文出版社，1986：130.

[2] 凯洛夫. 教育学 [M]. 沈颖，译. 北京：人民教育出版社，1953：245.

[3] [4] 爱因斯坦. 给五千年后子孙的信 [M] //严凌君. 人类的声音：世界文化随笔读本②. 北京：商务印书馆，2003：275.

[5] 雅斯贝尔斯. 什么是教育 [M]. 邹进，译. 北京：生活·读书·新知三联书店，1991.

[6] 马克思. 马克思致威廉·白拉克 [M] //马克思，恩格斯. 马克思恩格斯选集：第31卷. 北京：人民出版社，1995：296.

[7] 威廉·布莱克. 地狱箴言 [M] //严凌君. 人类的声音：世界文化随笔读本①. 北京：商务印书馆，2003：208.

[8] 范旸. 普及教育铸伟业 [N]. 中国教育报, 2011-06-29.

[9] 纪伯伦. 纪伯伦作品精选 [M]. 李唯中, 译. 武汉: 长江文艺出版社, 2006: 47.

[10] 陶行知. 创造的儿童教育 [M] //陶行知. 陶行知教育文集. 成都: 四川教育出版社, 2005: 720-723.

[11] 泰戈尔. 泰戈尔诗选 [M]. 郑振铎, 译. 长沙: 湖南人民出版社, 1981: 91-92.

[12] 解力夫. 临危受命——丘吉尔 [M]. 北京: 世界知识出版社, 1989: 196.

[13] 叔本华. 作为意志和表象的世界 [M]. 石冲白, 译. 北京: 商务印书馆, 1982: 427.

第五章 黄金航道

教育科研是教育船队得以乘风破浪的黄金航道。

摆脱或偏离这条黄金航道，教育船队必将迷失方向，乃至搁浅、触礁而“船毁人亡”。

它又像教育现状的体温计、教育预测的晴雨表、教育前行的导航灯、教育潜危的报警器，立于教育制高点之上属于教育第一生产力发出的远方召唤。

挑战疑团，掘出深泉，是它活的生命。

实功虚做，扭姿弄态，是它死的陷阱。

韧劲、拼劲、巧劲，是它断不可缺的功力。

只要理论家和实践家上下同台，知行一体，建构于新，潜心于深，何患推不出教科研的连台好戏、黄金航道？

一个民族要想登上科学的高峰，究竟是不能离开理论思维的。[1]

——［德］恩格斯

研究昨天，理解今天，为了美好的明天；回顾过去，正视现实，走向光明的未来。[2]

——顾明远

一

穿过风雨，你听到从遥远的前方依稀传来的召唤了吗？

跨越时空，你的心神被那召唤之声感染、激动乃至惊奋了吗？

透视教坛，你的惊奋、焕发、前行融入这智慧之声了吗？

这来自远方来自未来的召唤啊——

它不同欢愉丝竹的轻灵，也不若催征号角的昂奋，还有异于天籁之声的静美；

它清醒而理智，坚定而笃诚，严密而扎实；

它刺破茫然如剑，矫正扭曲似绳，直面困惑若镜；

它的召唤，对冲动是警钟乍响，对迷途是北斗辉耀，对践行是判官审评；

它明示今日教育的良知，触摸明日教育的心脉，遥感未来教育的趋向；

这召唤究竟是什么，竟如此奇异，如此神秘，如此睿智？

原来，它是对教育高瞻远瞩的透析与呼唤——教育科研。

教育科研更是教育船队得以乘风破浪的黄金航道。

人们心系远方，即心系一种魅力无穷的理想境界。眼望前方，即眼望通向理想境界的快捷之路。远方在心里，捷径在脚下。

有思路才有出路，有眼界才有境界，有底气才有灵气，有实力才有魅力，有智慧才有机会，有态度才有高度，有作为才有座位——我曾如是想，如是说。

这里，正确的思路、博大的眼界、充盈的底气、厚重的实力、高超的智慧、科学的态度、脱凡的作为究竟是从哪儿来的？都来自或自己或别人的教育科研实验的黄金航道。

二

灵魂在静静祈祷：

时间的溪水，慢慢地流吧，给予正做着的玫瑰色的梦以双倍的延伸吧；

爱之神啊，张开你那柔软而温纯的双臂吧，让我的心儿快快融入晨之鲜美的霞光；

智慧的雅典娜，化作生命进行曲的一个个音符吧，推助我的眼洞古察今、我的脚飞山越海；

苦涩的生活之酒，添加何等样的奇妙元素才会变得醇香甘美，好让我的灵与肉诗意栖居……

感性杂糅理性的人啊，有谁不在祈祷：把目标的弓箭射得精准，将人格的盘梯筑向高境，让前行的船帆驾着长风呢。

这就是人类抑或一个人有始无终的科学的寻找，寻找的科学。

其奥秘在哪里呢？

古之儒家将其深厚的哲学底蕴，浓缩成待人理事（判曲直、辨诚伪、校得失、衡是非）的一把放之四海而皆准的标尺——中庸。

“中，正也”“庸，用也”，中庸即为人处事“不偏、不倚、无过、不及”的恰当选择，选两极间的中项、两岸间的中流、两地间的中带、两山间的中谷。

古希腊柏拉图也有言：“在激情和麻木之间有温和，在鲁莽和怯弱之间有勇敢。”[3]他还说，理性和非理性两端的中项是美德。

这，不也是选择中庸为定盘准星吗？

如是选择岂不比比皆是——

在奢华与破旧之间选择朴素；

在挥霍与吝啬之间选择节俭；

在富贵与贫贱之间选择小康；

在冷漠与狂热之间选择热情；

在放纵与拘谨之间选择自然；

在卑贱与高傲之间选择谦和；

在晦涩与浅露之间选择含蓄；

在阴暗与炫目之间选择明朗；

在蛮干与心计之间选择巧慧；

在盲动与拒从之间选择思辨……

毕达哥拉斯（古希腊数学家）的黄金律不是最具神奇魅力和审美意义的分割吗？

华罗庚的优选法不也是一种用数学原理以少求优直逼中心的快速选择吗？

科学家的筛选法不也是通过试验而达到对优质高产品种的公正选择吗？

推而广之，世间人生无时无地不也在选择之中，以求走向尽善尽美吗？

选择，是严密的剖析。

选择，是精思的判断。

选择，是周到的处理。

选择，是理智的发现。

发现要求发现者有一颗永远发现的心灵和一双永远发现的眼睛，去面对世间永远发现不穷的问题。正如法国著名天文学家弗拉马利翁 1879 年诗云：

你以为一切都已经发现了吗？
那真是绝顶的荒谬。
这无异把有限的天边，
当作了世界的尽头。

三

自然规律镌刻于大地之间。

教育规律包藏在教坛内外。

发现、寻找教育的真谛和规律的主要渠道在于教育科研。

教育科研是什么？

它是教育好与坏运作中的比较；

它是教育得与失比较中的反思；

它是教育利与弊反思中的选择；

它是教育留与去选择中的践行；

它是教育承与拓践行中的打磨；

它是教育行与知打磨中的升华……

像取一滴水，反射太阳的七彩色谱；抽一滴血，化验人的周身变化；教育科研同样惯用解剖麻雀的办法来研读教育。

如同英国诗人布莱克诗云：

一颗沙中看出一个世界，
一朵野花里一座天堂。
把无限放在你的手掌上，
永恒在一刹那里收藏。[4]

一颗沙有一颗沙的精妙世界，一朵野花有一朵野花的妩媚王国。一颗沙、一朵野花亦属放置手掌上被解剖的一只麻雀，解剖的目的是求得哲思的真谛，找寻规律性的永恒。

岁月难老，山河易变，而规律的永恒却流动在天地之间永不安眠。

如果让教育规律的永恒之光照亮每一刹那，穿透每一刹那，每一刹那的教育时空都将会朗润起来，灿烂起来，我们的教育大业必现出云蒸霞蔚、气象万千、人才潮涌、推涛逐浪的一道风景奇观。

这就是教育科研精要之所在，奇妙之所在。

如此好的教育科研就成了：

——教育现状的体温计；

——教育预测的晴雨表；

——教育前行的导航灯；

——教育潜危的报警器；

——教育决策的方向舵。

采访朱小曼

朱小曼以《教育的问题与挑战——思想的回应》，精辟地回答了当代中国教育面临的全方位挑战，引发教育界的广泛关注

如此好的教育科研也就拥有了如朱小曼所说的思想上反思、理论上澄清、价值上创造、方法上示范等四大功能[5]。

不见智慧火花的碰撞，缺失教研的教育走不远；拒绝理性云梯的支撑，不含科研的教育攀不高。

教育科研引教育之车开上快车道，奔向高层面，一程程超越成功。这成功不仅仅有量的扩张，更饱含着逼近发展真谛的质的飞跃！

四

教育制高点在哪里？

有人说是理念，有人说是质量，更有个别教育行政高官说是信息技术。

是也？非也！

说理念者，看到了达至教育制高点的前提，中国办事情总是先宣传舆论换脑，但是，务虚（认识）的前提，岂能等于实际（操作）的制高点？犹如田禾生长靠光、气、水，然光、气、水岂可等于田禾？

说质量者，眼盯的是走向教育制高点所伴随的必然结果，教育的结果又岂能同于教育发展秘宝的教育制高点？犹如枝头累累成熟的果实岂可同于输养送水吸阳的青枝（干）绿叶？

在西南联大

在建筑如此简易却育出众多大家的原西南联大教室旧址前，谁都会触景生情，透过悠悠岁月、济济人才的时空，对何谓高品位、高境界的教育及如何办出此等教育，想得很多很多、很远很远……

说信息技术或现代教育手段的，是见物不见人、见硬件不见软件、见条件不见精神的短视。克里希那穆提早就剑指教育技术至上论：“今日的教育已全盘的失败，因为它过分强调了技术。由于对这种技术的过分强调，我们便毁灭了人。”[6] 在西南联大低矮平房教室前，我的心灵被深深震撼了。此等条件，育出杨振宁、李政道、华罗庚、邓稼先、朱光亚等大师级的大科学家，而上海某中学一个校门耗资竟达300万（足可盖10所希望小学），能否就育得出杨李华邓朱式的大学者？

此论导致与穷国办大教育相触的条件大攀比。你若拥有星星，我就抢取月亮，他还争摘太阳。谁都要“风景这边独好”。

当鹰的翅膀系上金链、宝石时，鹰还会高翔吗？

那么，**教育制高点究竟在哪儿？**

它不在天空彩云里，也不在地上博物里，而在沉甸甸的教育科研里。

科研含金量的多与寡，标志教育矿山的富与贫。

科研高地的占有率，明示教育国民的成才率。

科研永无止境的竞攀，注定抢占制高点天长地久。

教育科研的绝唱，成为教育永恒奔腾的涛声。

教育科研之风，总是试图触摸教育更遥远的天空。

哪里如无科研雨露的滋润，哪里难免沦为教育的瘠土；而哪里有科研血汗的浸润，哪里必定成为教育的沃壤。

教育科研每一硕果，都是一个奇迹，像每一个冲云破雾的黎明。

五

教育科研一点儿离不开教育实践，像参天大树离不开营养它、拱护它的土地。

教育科研一点儿离不开教育试验，如任何一项发明离不开反反复复演试的洗礼。

有“发现者”对世界说：“我的发现是我头脑里想出来的。”

世界把如此“发现者”囚在远离发现的孤岛。

创造者对实践说：“我的创造是你的厚爱给予的。”

实践给予创造者一片自由创造的天地。

创造者很像终日飞落于百花间吮蕊酿蜜的蜜蜂，“上食埃土，下饮黄泉”的蚯蚓；而凭头脑的“发现者”则如招摇聒噪的六月青蛙，单调喧吵的盛夏知了。

六

一切经过实验！

自古至今，教科实验就像摧不折的帆樯，破浪在教育发展的长河中。

这里既有彼此思辨、群力运作乃至兵团式的攻关，更有个人苦心体察、深细反思、精密梳理的独自作战。我们需要协力作战的正规军，更需要各自为战的散兵。

不论哪一种，实验总是迷人的，果实总是美丽的。

在泗水之滨、杏坛之上、流浪列国途中，好学多思的孔子以数十载教育实验的功力，完成一个伟大教育生命的庄严涅槃。他以石破天惊的思考提炼的“因材施教”、启发教育

（“不愤不启，不悱不发”）、“温故知新”“学而时习”、学思兼顾（“学而不思则罔，思而不学则殆”）等教与学的千古真经，至今仍为滋润中外教坛的甘霖。

斐斯泰洛齐（1746—1827），忘我无私的教育实践及其和谐发展的教育理想，如同一面倚天大镜照路后世

古希腊苏格拉底同样沉醉于教育实验中。这位在孔子死后10年出生的西方人自30岁始，便拉开以街头义务演说为讲学形式的40载从教的序幕。他的教育育人的说论，他的教育内容中含德、知、能、体的主张，他发明探讨启发的“问答法”等大量实验中的思维结晶，无不以其跨越时空的精彩与奇智让后人颔首。像孔子拥有三千弟子、七十二贤人一样，苏格拉底这棵大树也硕果飘香。他的学生艾索克拉底和嫡传弟子柏拉图先后创立了西方教育史上两所最早的高校：高等专科学校和哲学学园。苏格拉底学生色诺芬才华横溢，史著等身。苏格拉底的再传弟子、柏拉图的学生亚里士多德被称为古代西方的“百科全书”……

和东、西方两位教育泰斗一样，哪位教育家不是在教育科学实验的荒漠里开掘了自己的思想之泉？

福禄培尔（1782—1852），德国教育家，幼儿园运动的创始人。其教育理论以德国古典哲学和早期进化思想为主要根据，以斐斯泰洛齐的教育主张为教育思想的主要渊源

热情不屈的“贫民者之友”、瑞士启蒙教育家斐斯泰洛齐，在外界百般指责、讥讽、中伤、挤压之中，一次次办起只他一人兼院长、教师、杂役、保姆的孤儿院，创建贫苦儿童就读的工业学校和布格多夫学院，甚至将儿子小雅克作为试验品对其成长做观察分析（家庭试验、理论研究、社会推广），终于成功推出了“直观原则ABC”教学计划及饮誉世界的《葛笃德怎样教育她的子女》等教育名著。[7]他深扎于教育实验而极具实践性的教育思想，像太阳般地辐射整个欧洲，只德国他的学生赫尔巴特、福禄培尔、第斯多惠都受其照耀而在教坛上亮成巨星。

福禄培尔创办起“德国普通教养院”——一角属于自己的多彩的天地，他师承斐斯泰洛齐儿童天性自然发展的教育原则，进行了一系列既广且深又实的实验，完成了《人的教育》《慈母曲及唱歌游戏集》等多部名著；

第斯多惠在斐斯泰洛齐的发展思想、乐观态度、人的能力等理念的熏陶中，出任柏林师范学校校长，朝夕与教师劳作在同一战壕里，边上课，边管理，边访谈，边以一双探索的眼睛观察研究，教育实践对他宛如诡计多端且瑰丽无穷、散发着迷人香味的女魔，他深中了她的魔法，陷入她的魔掌而不能自拔……

赫尔巴特大学刚毕业，就一头扎进教育实践中，做了贵族儿童的家庭教师，两年后专程访问、考察裴斯泰洛齐及学校并写出考察专著，从 26 岁起，在哥丁根大学开始了近四十年的边教学边探索著述的教育人生……

苏州市昆山区玉峰实验学校初中教师吴樱花，为了改变一名来自单亲家庭的“另类学生”——宋小迪的成长轨迹，倾洒了一腔心血，动用了全部心思。每一天她都仔细记录并思考宋小迪生命成长中的每一个细节：行走坐卧、喜怒哀乐、读说写绘、心路历程……三年如一日竭尽心力地引领与守望他，坚持不懈地赞美和欣赏他，积累着大量鲜活的第一手资料。吴老师说：“不管将来成功与否，这都是一份珍贵的研究资源，至少能为另类学生的教育提供可参考与研究的依据。”就这样，一个学生，三个年头，她为这个孩子写了整整 15 万字的观察日记——《孩子，我看着你长大》。这个孩子原本是性格乖戾、习惯极差的皮大王。皮到什么程度？顶撞老师，辱骂同学，挑衅打架，把同学的牙刷粘上粪便，洗干净后再看着人家刷牙。以吴老师的日记为镜子对照反省，宋小迪开始了全新的蜕变，渐渐地知错了，懂事了，感恩了，转化了，奋进了，最后以全昆山区第一名的成绩升入高中。15 万字日记拨正了一个孩子的人生轨迹，改变了他的命运走向。这就是吴老师的课题研究。

教育的思想理论之花，一向开遍活生生教育实验（实践）的沃壤。学人邓正来断言：“真正的学术关切、学术问题一定是与生活息息相关，从来没有一位大师会出于生活无关的动机而做出让人尊敬的成果，从来没有。”[8]

是的，所有真正的教育家都是教育实践家。所有闭门于书斋挖空心思打造教育理论的人，永远不会成为一流的教育高手。因为他们研究出来的“理论”，是不能导引践行的理论，因此是死理论，是伪理论，是不能迸发生命力火花的理论。

在世界现代史上，凸显出两位大教育家：英国的赫伯特·斯宾塞（1820—1903）和美国的约翰·杜威（1859—1952）。前者亲自精心观察、培养了他的侄儿——小斯宾塞的童年少年，更延续至其侄儿

14 岁被剑桥大学破格录取及此后获得博士学位的完整教育经历，由此产生了快乐教育的理论和方法，并成为欧美大多数家庭培养社会英才的指南。而站在斯宾塞肩头的杜威的教育思想，源于 1896 年他与家长、教师、教育工作者合作而创办的芝加哥实验学校。他为改造儿童的经验而设计的实验课程和以儿童活动为中心的理念，均经由在这里的实践孕育而生。同样，蔡元培的“兼容并包”的办学理念的火炬，点燃于他主政北京大学时轰轰烈烈的改革熔炉；陶行知的生活教育理论的曙光，升起在他创办的晓庄学校的地平线上；而苏霍姆林斯基生动感人的教育诗篇与教育宝典，无不与他多年守望的乌克兰境内一所十年制普通乡村学校——帕夫雷什中学的创新教育时空紧紧地连在一块……

七

古希腊大学者赫拉克利特说得好：万物处于流变状态。

像水，如风，发展总呈动态性。

追星，逐日，目标总显前瞻性。

蹚河，跃坎，达标总带风险性。

教育科研就是立于实践的前沿高端解决充满风险的教育问题。

问题是真刀真枪的挑战。

问题活生生摆在那里，冷眼向人，静默无语，似乎想说：看你怎么办？

问题像条变色龙：对怯弱者做恶魔状，对回避者做逞凶状，对勇敢者做可怜状。

勇于投身教育实验，迎接挑战解决问题，是教育科研活的生命。

解决一个问题，犹如登上一座山。

解决一个个问题，宛若占据一片隆起的高原。

解决的问题越是尖锐而严峻，越能彻悟教育人生的真谛而无比欣慰，越能领略教坛的无限风光而备受鼓舞。

脱离实践实验而闭锁于象牙之塔者，必像安泰俄斯双脚离开母亲大地而没了根基。

身处实践之潮却畏惧回避问题者，必像泡沫沉渣被冲离大流而别入岸畔。

压根喜好玄天虚地的清谈者，其“侃侃”之声，必像让人生厌作呕的蝇营狗苟。

教育科研的软肋，是不触肌理的虚空化、不接地气的形式化、不解症结的边缘化。

八

教坛有如一类见叶丢根看流忘泉的“研究者”：小眼光，小算盘，小智术，小家子气。

他们从书斋到书斋，从理念到理念，不沉入底层，不去听老师教育的故事，不愿走进学子的心宫，不触摸一个个教育问题的来龙去脉，有时不得已才去瞅一眼，算是为其研究镶镀一条薄薄的金边；还有的醉心蛰居于高校深宫编排中小学教材，坐在大学书斋研究中小学课改，然而却每每下车哇哇，思议纵横，想象缤纷，主义成堆，理念成套，语汇层出，夹杂着“海归派”舶来成串的丈二和尚也摸不着头脑的名词术语。**在其无的放矢的噪声里，是否包藏一些虚张声势的做作和掩耳盗铃的尴尬？殊不知“真理是完全裸露的东西。其表达越简浅，其影响便越深沉”**[9]。

拍着脑门定课题，拍着胸脯揽书稿，拍着屁股换项目（研究），打一枪再换一个地方，此等研究的“成果”、著述，与教育实际沾不上边，对不上点，接不上轨。教育一线对其也不买账，更无指望，只能认定他们毫无实事求是之意、大有急功近利之心。

此类人该反思先圣。

释迦牟尼、耶稣、苏格拉底这世界三圣无一人亲笔写遗于后世，只有用生命写成的文章。

孔子纵有集古代教育思想大成之奇功，令“高山仰止，景行行止”之伟力，却也终身谨慎得“述而不作”，连一部《论语》还是其弟子据记忆整理而成。

老子满腹经纶，博大精深，哲思邃远，睿智超常，被孔子称誉“乘风云而上天”的“龙”[10]，却也只在去隐居途经函谷关时，应关令尹喜之渴求，仅著有5235言的《道德经》。

若对照圣贤，自己岂不赧颜得自容无地？

如果你不因为抛弃实际而羞愧，那么你也不要为实际抛弃你而抱怨。

九

空对空搞教育科研主要有哪些角色呢?

一是躲进象牙塔里的“理论”者。这种人似乎为理论而生，为理论而长，理论世界是其自娱自乐的全部圣土；理论以外的实践，似乎压根为他们不屑一顾的俗地。

二是浅尝辄止的“导航”人。这种人满足于粗枝大叶巡察，指手画脚施令，故作居高临下之高深，实则掩不住毫无见地之肤浅。有些身居高层的教育人，靠听汇报、偶尔检查收集的有限材料，再摘引最新文件中数句词语当旗子，便罗列起一二三四，做出鸿篇大论，或大讲所谓“上头精神”，其结果常常不是让听者精神，而是疲倦。

三是西方教育的脚力工。这种人即陶行知反对的替外国人“拉洋车”者，孜孜不倦地将国外都不认可的教育思想及著述通通译来。20 世纪，西方译我国著作仅 1000 本，而我国译西方著作 106800 本[11]，是否合中国人口味有无益处，有些译者是不大考虑的。还有个别人出国跑马观花数日归来，便著文将所见的零星细枝末节扩展加工挖掘，大谈那里教育如何高，自己受的启迪如何大，暗示我们如何差。如此脚力，岂止滑稽，更误教育!

四是专逐热点的“赶潮”派。这种人没有自己的教育主张与理论操守，今日赶此潮，明日追彼风，好像天底下教育尽收眼底，啥啥都明白。这种人属墙上草，随风倒，随时尚之风，赶大流之潮，失去了正直学人的“与天壤而同久，共三光而永光”的“独立之精神，自由之思想”（摘自清华大学校园陈寅恪为王国维纪念碑撰写的碑文）。此乃近几十年斗争风云所造就的畸形产儿。

自不必说那些靠剪刀糨糊，或网上搜索、粘贴、拼凑的乖角儿。

这么一批角色所做的，大半是掏空教育科研的勾当。

十

"借我一个支点，还你一片绿色。"

这是中原小学之花——河南濮阳市实验小学校园内用不锈钢条架成的熠熠闪光的一行大字。字后的校园墙上，郁郁葱葱覆盖着的爬山虎花叶形象地诠释着"我有支点就能飞绿"的意念。我们可否借用此理说：**教育科研园地的一片绿色，同样依附于教育实践这个无可替代的支点。**

不然，中国素质教育之幼树何以长在第一线师生的精心栽培中？

不然，情境教育、愉快教育、主体教育、成功教育、尊重教育、和谐教育、梦想教育等教育之花何以最先构植于校园践行者的大脑里？

不然，在中国经济和教育经历着伟大进步与变革，急需教育家而且产生教育家的时代，一批批耳熟能详的教育思想者、实验者、先行者、示范者的教育家何以正从精英教师团队中向我们阔步走来？

教育实践这个支点，直接地气，"草木萌动"，生机盎然。谁接近实践，谁就靠近真理。

十一

在中国庞大的教师军团里，人人是实践者，人人亦应是研究者。

我欣赏一个新词语——草根研究。草极平常，根为基础，最平常的基础性研究即校本研究。

草根研究之所以珍贵，就因为此种研究，最贴着教育土层，距离瓶颈最近，最易于走进问题深处，最容易落地生根，因此也最独具价值。如高尔基所说："人的地位越低，他就越接近现实生活的真理，越接近生活的最高智慧。"[12]

教师不一定参与哪一级别的兵团型作战的大课题，而一定要投入校自为战、人自为战的微型小课题。

这些小课题即课上随时遇到、育人随时碰到、反思随时想到的问题，如学生发散思维时间不足怎么办？离异子女自卑恐惧怎么办？学生喜欢怎样的作文批语？……每捅开一层窗纸，就现出一片教改新天地。

全国首批新课改实验区的内蒙古乌海市海勃湾区教研室主任李玉平一头扎进教研中，研究起一串串从不被人留意的根底问题、细微问题，积小改为大改，积小进为大进，积小功为大功。

内蒙古乌海市海勃湾实验区校本研究

新课改呼唤校本研究，校本研究滋养新课改。图为内蒙古乌海市海勃湾区教研室主任李玉平（讲台上站立者）进行实验区的教学指导

山西太原市东华门小学校长贺慧琴与她前三任校长治校理念一脉相承，十八年如一日狠抓校本研究。近日，我考察了他们对话教学（教育）的开拓性研究，业已达到独辟一个全新教学（教育）流派的境界。

这种以自己为对象的自我研究，以行为为引领的行动研究，以亲历为载体的问题研究，以本校为实验室的实验研究，虽不见填补空白的大手笔，却迈出了日积月累走上完美必不可少的跬步。

校本研究是教师生存的根，生长的源，生发的魂。

这种草根研究，就是朱小曼所说“教育思想应该既能上天也能入地”的入地者，若得专家指点，有一天也会像鸡毛一样飞上天去。

这种草根小课题做多了，就汇成了大课题；草根小研究做常态了，人就成了大研究家了。

山西太原市东华门小学校本教研

太原市东华门小学坚持“以校为本，以组为体”的教研机制，结题了国家级“对话教学”的研究，成长起一大批名师。图为贺慧琴校长在教科研会上做引领发言

我们的教育科研，最缺的正是草根研究的那种根。

教育科研拒绝平庸，导致平庸的根正是丢了草根研究的那种实。

草根型教育科研，以接通地气、紧贴心灵、真心改革为特征，远离了那种为科研而科研的假大空式死路。

十二

水尝无华，相撞乃成涟漪；石本无火，对击始发强光。

这是来自实践困惑中的思维碰撞。

碰撞像一团黑暗里的电火花骤然闪亮，忽然显现在有准备的脑幕之上，进入正观察的视野之中，让其灵感的手眼一下子触摸而捕捉着了。于是顺蔓摸瓜，寻着了诸如独生子女心理结构研究、区境家境与被教育者心境内在联动的探索、教学中主导主体双双充分展示的协调、摆脱题海战术的巧妙突围的实验等一个个课题。一个个教育科研的靶牌亦竖了起来。

还有来自理论交叉的对击。曾风靡一时的昨日原理论遇上了新问题，与藏在解决新问题之中的朦朦胧胧的今日新理论或新理论胎芽不期而遇。新老理论针尖对麦芒，或是新理念对准老理论的疏忽、过错、局限的软肋，砰砰啪啪地对射，挟起一串串惊天掠地的火花。如千百年来仍威风不减“宝刀未老”的应试教育迎战刚刚问世不久的素质教育，二者虽对考试没二心，却在因何考试、怎样考试、考哪些试、如何应试及其广深背景上的大相径庭而击打起来。在相击对打的孕育里，一个新教育理论的婴儿正宣告诞生。

无论是实践的相撞，还是理论的对击，都为了教育前沿的奋力推进；

不管是实验中的证明，抑或理论上的发现，都离不开教育一线丰富而深厚的底蕴。

十三

然而，原本根于教育前线的教育科研却常常被蒙上一层科研神秘的面纱。

实则，科研一点不神秘，就是对实践的印证与提升。

在名师那里，科研和日常工作，如同人与影子不可分离。

科研生活化，生活科研化。

科研成为生活寻常的方式，生活作为科研永恒的载体。

生活在科研里纯净百倍，科研在生活中精彩万端。

他们把每一次上课，当成盛大的节日全力以赴。

他们将每一次活动，视为宏大的演出精心彩排。

他们将每一回谈心，化作重大的探访聚神对待。

苏霍姆林斯基在36载的教育生涯里，痴迷于教育，痴迷于献身的帕夫雷什乡村中学，痴迷于成千上万的孩子，常跟孩子们去田野、森林、河畔远足，在星空下宿营，登上无人荒岛探险，不间断探究五育和谐发展的佳径，他读书四千多部，听课一万多节，跟踪记录三千七百多个儿童成长个案，著述数百万言，他的《帕夫雷什中学》被誉为“活教育学”，他也被称为“教育思想泰斗”……

魏书生自1978年3月20日百般恳请任教的梦想成真后，一直聚力于学子人生的跃动与勃发，用民主化科学化教与学的创新，启动其主体化的思维风暴，每一生命体投入高扬个性、挖潜智能的工程。他有意识地以科研眼光，善待每节课、每次活动、每一学生的变化、每个家长的家教，在每一个深夜都将当日观察感受记录梳理，比较反思，提炼升华，于是迅速脱颖，事业升入另一境界，沉淀出多部鲜活的著述，他的教育思想与育人艺术形成一股持久的冲击波。

苏霍姆林斯基和学生

一颗童心、爱心、慈母心跳动一起的伟大心灵，一个民主、慈爱、和谐叠印一处的教育符号，一位师者、学者、智者交融一块儿的大写的人——苏霍姆林斯基（1918—1970）以其极富有个性特色与人文情怀的理论和践行，书写了人类教育极为动人的壮美诗篇

十四

本不神秘的教育科研何以被异化神秘得高不可攀？

原来成也萧何，败也萧何。

我们有一些教科研指导者，一边高嚷着要基层大破神秘，一边又在悄悄地制造神秘。

他们搜肠刮肚、绞尽脑汁坐在上边想项目，人为造项目，引下边争抢申报，夺拿项目。这犹如吹笛，一概由上峰按眼，下边只负责吹气。

同一项目，你做我做他也做，又各不通气。甚至，他人早已完工的项目，我还闭着眼睛刚列为选题，犯起低级的重复性错误。

更有甚者，个别地方出现了几级教科所、教研室、教育学会，几级教育行政部门直管的名师、名校研究组，各团体领衔研究课题的人，倾门而出，齐下基层。基层呢，自然得应酬八路人马，接待四方神仙，拜谢各家上宾，打点诸位婆婆。

个别地方还出现了如此教科研风景：开题热热闹闹，欢声笑语；过程冷冷清清，无人问津；结题红红火火，上下同庆，因“写手”“编匠”炮制于斋室的泡沫论文、泡沫著作早已出笼。一派实功虚做，真戏假唱。认认真真走形式，扎扎实实“跑圆场”。

大庭广众发科研的奖牌或基地牌，得牌如得金砖，揭牌如揭奇宝，有牌如有荣耀，压根没想接下去将是一场超乎常人的辛苦的奋斗、艰难的探寻，牌牌不是功利的附庸与代名词。

此等只为扬校的科研，终成观（官）赏科研、昙花一现的科研、贻笑大方的科研。

做戏样的表演课是教学腐败，赶场式的虚做则是科研陷阱。

此科研陷阱由目标上的功利主义、内容上的盲目主义、运作上的形式主义一条龙联结作秀而成，是国之教科研的最大痈疽。

不要让科研在花样翻新的作秀花廊里度过吧，用你的生命把事物真谛的灯火点燃吧。

魏书生在教师中

三十多年来，魏书生（中）高举民主与科学的教育旗帜，成了中国素质教育品牌人物。他的教育智慧成了当代教坛的一大瑰宝

十五

或问：那么，专职教科研者无用吗？

绝不！

我们鄙夷高高在上脱离第一线的研究者及指导者，却对扎根基层的研究者及指导者大开绿灯，张以双臂！

不登高无以望远。向专门研究的高人看齐，与此等高人合力，站此等高人肩上，才能迅速突进攀得上高的境界。此应为一线实践者切切牢记的金科。

不下海何以擒龙？到实践中学习实践，在一线上读懂一线，与一线人一块摸爬滚打，方可取来教科研的真经。此又为专门研究者不可丢掉的玉律。

专职教科研者走出象牙塔，教育实践者走上科研圣殿，上下同台，专兼联袂，知行一体，相辅相成，建构于新，潜心于深，不愁推不出连台好戏。

十六

岁月可以流逝，记忆不能封尘。

科研一经被错误政治强奸，科研自身独立的深邃、公正的圣洁、冷峻的清醒便荡然无存，仅能作为附属牺牲品被抬上政治的祭坛。

君不见，1951 年对武训亡灵的挞伐，波及“自比新武训”、提倡以“三无四有”的“武训精神”兴办教育的陶行知及其教育理论，于是，昔日被称为“伟大的人民教育家”的英灵也难逃遭受万箭穿身的厄运，并在以后近三十年的岁月里被冷冻起来。万家墨面，岂闻歌吟？

君不见，1958 年提出总路线，翌年开展“反右倾，鼓干劲”之后，领导教育界的副总理灵机一动，忽感形势激人、促人、逼人，而教学工作像小脚女人，为其少慢差费辩护的“量力性原则”则是祸根。他一纸发言《教学必须改革》成了大批判动员令，长官意志代替了教育科学，举国上下，上牵伊拉斯莫斯、培根、夸美纽斯，下连卢梭、裴斯泰洛齐，直到杜威、凯洛夫，统统一揪撮，不分青红，何问皂白？

君不见，南京师院附小女教师斯霞把对事业、对祖国的爱，化为对每一个学生慈母般的深爱，情系每一颗童心，留下无数催人泪下的故事。如此高尚的教师，却在 1963—1964 年阶级斗争山雨欲来风满楼的年代，被批为资产阶级人性论的标本，师爱成了罪过，榜样变为靶子，批判延伸累及陈鹤琴的“活教育”、亚米契斯的《爱的教育》、凯洛夫的《教育学》、马卡连柯的《教育诗》，统统被视作资产阶级人道主义的污泥浊水加以荡涤。美丑颠倒，圣洁安在？政界的蝴蝶扇动一下翅膀，教坛竟旋起十二级飓风。

政令非科研，听令无科研。根扎一线地，连通教科研。

无自由的教育从来没法造就自由的心灵，自然也失去了破译教育真谛的科研。

俱往矣，风后看风，风许几也！痛定思痛，痛何如哉！

教育科研不是任意揉搓挤压的面团——不凭高端旨意，不听主观夸张，不看良好愿景。

教育科研属于规律的儿女，真谛的儿女，总像离不开父母的婴儿一样寻找着真谛和规律。而此种寻找，只有在人的心灵完全自由后才进入极致状态。

因此，**它从来不屑于与世俗为伍、向权势垂头、为臆断开路、给腐朽摇旗、替倒退呐喊。**

有一天，如果它失去自由意志、独立精神，开始左顾右盼、瞻前顾后，那么教育就要大祸临头了。如果是那样，科研者的心中再也不会有“理想国”“太阳城”的影子了。教育科研若成了看政治婆婆眼色说话行事的童养媳，那殃及的不仅是童养媳，更是政治婆婆。

若问何以还算老账，揭旧疤？

1985年，联邦德国魏茨泽克总统在深刻反省法西斯罪行的演说中说："对过去闭上眼睛，就是对现在的盲目，不想记住那种非人的行为，就会失去抵抗力，再次传染上新疯狂。"罗曼·罗兰也有箴言："倘使活着不是为了纠正我们的错误，克服我们的偏见，开阔我们的思想与心胸，那么活着有什么用呢？"（《约翰·克利斯朵夫》）

十七

在我国，属于教育第一生产力的教育科研，至今何以没有第一生产力的位置？何以长期没有引发人们足够的青睐以至投来歧视的目光？

固然，**此囿于我们教育科研的功力不足，更与我们僵死的官僚的科研体制有关。**高端科研者没有自由自主的探索空间，许多市县级科研者更不必说，而且下面的科研经费也几乎等于零，空手套白狼，全国岂不徒有一千几百个教科所、两万多研究人员？教育科研哪里还会有什么竞争力和活力？于是，一连串问题随之而至——

我们的教育科研哪有一个科学完整的体系？

我们有哪些教育科研引动了教育决策的令旗？

有多少教育科研的成果成了建构教育理念大厦的梁柱？

又有多少教育创新理论直通教改、触动教坛？

还有多少取得重大突破的教育科研干预了社会经济的走势，哪怕是干预了自己研究的教育实践的脚步？

极少，极少，少得可怜！

诚然，外面的政治环境曾像大山压顶，应试教育的气候也无时不扇起阵阵阴风，而我们自己呢？

又有多少人潜下了心，静下了气，扎到了底，像原苏联教科院院士赞科夫数年蹲在实验班里，历经1957—1977年二十年关于"教学与发展的关系"专题研究，捧出了影响深远的"小学教学新体系"[13]；像几百位苏联的教育革新家那样，历经二十五年的漫长光阴研究出合作教育；像哈佛大学加德纳教授那样，二三十年如一日探究方提出并深化了多元智力说；像顾泠沅那样，十五年主持上海青浦区数学改革实验（并有近十年的后续研究），以"十年生聚、十年教训"的奋斗精神，捧出大面积提高数学教学质量的青浦硕果；或像李吉林那样，倾二十七八年的心血，默默盯在情境教学、情境教育、情境课程的一角天地里，终于创立了足以与世界教育对话的独树一帜的理论框架和操作体系？

气定神闲，厚积薄发，是治学者的情怀，也应是科研人的心态。想一想南方那种毛竹吧。据说，它出生最初五年里几乎看不到生长，只是在地下悄悄地长大根系，吸收营养，积蓄力量。然而五年一过，它则像施了魔法一样，以每天0.6米的速度疯长，6周内竟长到27米！它给人极大的启迪：潜生暗长，强根壮本，蓄之既久，其发必速。

对话李吉林

对话李吉林（中），让人感悟到：扎扎实实的一线教科研者独辟的情境教育之路，何其艰辛又何其坦荡。图左为夫人樊雅文

在科研王国里，心急吃不了热豆腐，图快掘不出深泉井。急功近利往往得到的是无功蜗利。

十八

时间的跨度，显现了历史的厚重。

空间的远度，昭示了世间的广袤。

在时空的经纬间，让每个细胞都充盈着活力，迸发个性的张扬与张扬中的碰撞。

在经纬的时空里，使每段里程都经得起反思，符合科学的检验与检验中的校正。

这里，高谈阔论何抵脚踏实地？空谈、空话、空侃永远是不结果的谎话。

这里，想入非非哪如埋头求索？瞎想、胡想、妄想注定是不落雨的浮云。

这里，绘图求索岂比挥剑开拓？计划、草图、方略最终不能代替行动的脚步。

恩格斯曾激励人们用行动开辟认识真理的科研之路：**“谁害怕那围绕着宫殿的密林，谁不用利剑去开辟道路和不去吻那睡着的公主，谁就不配得到公主和她的王国。”**[14]

教育科研犹如掘井，掘在地表只能见得泥浆，掘至深层才有清水甘洌。

有良心的教育科研工作者，请铭记范文澜“板凳要坐十年冷，文

章不写半句空”的告诫吧，走正潜心、静气、细察、深思的研究之路，洞烛隐微，独见之明，再把思维的深邃与广袤浓缩再浓缩，把文字的畅达与鲜活洗练再洗练，沉淀成面筋，压缩成饼干，提纯成奶酪，以真心诚意地奉献给亲爱的读者。

十九

书载一个追求理想真实的故事[15]：

英国退休老教师布罗迪整理阁楼旧物，意外发现自己50年前在皮特金幼儿园B（2）班所教31名孩子的作文簿。

他拟的教学文题是《未来的我是——》，孩子们的答案林林总总：驯狗师、航海员、王妃、教师、海军将领、大臣、总统……

布罗迪转念一想，何不在报上发一启事，把作文还予当年的孩子，让其将儿时美梦与人生定位两相对照，岂不有趣！

启事见报，果真一封封来信求索作文。一年后，只剩盲童戴维杳无音信，他文中曾想当内阁大臣。

忽一日，布罗迪收到英国内阁教育大臣的来信，写信人正是戴维！信上除对恩师敬谢外，还侧重汇报他追求理想的路上，“没有一天放弃过”的经历，他把人生精缩为一个所悟：“只要不让年轻时美丽的梦想随岁月飘逝，成功总有一天会出现在你的面前。”

这位1947年出生于普通家庭的盲童，12岁时父亲因工伤去世，家庭靠母亲支撑。他先是离家到另一个城市的盲人学校读书，16岁便自食其力，边工作边到夜校深造。他以超乎常人数倍的苦斗，不仅和正常人一样上完中学，还上了大学。毕业后他留校当了教师，讲授政治学和劳资关系课，实现了童年的教书梦。22岁（1969年）时他便成了谢菲尔德市最年轻的议员，40岁当上英国国会议员，49岁（1996年）出任教育大臣。

啊，盲童——教育大臣！成功的脚步在几乎无丝毫希望的荒漠中走出柳暗花明的奇迹。

布罗迪跟踪调查，蕴藏着育人研究的一种韧劲；盲童戴维用生命求索梦想，更显现出人生科研的一股子韧劲。

科研，就需要这么一股子追梦的韧劲。

潭水有时干涸，溪流却不惧山阻石拦地奔向远方大海的怀抱。

二十

有刊物登载一个惊人的求知故事[16]：

20 世纪 60 年代的一天，美国西雅图牧师戴尔·泰勒向教会小学一个班的孩子宣布：谁背出《马太福音》5—7 章，就可以到 185 米“太空针”高塔餐厅免费聚餐，还可以吃到美味的甜点。多诱人的告示！

然而，几万字，又不押韵，对 11 岁的学童，难比登天！

而有一天，一位学童居然来到泰勒面前开背了。他一字不漏，抑扬顿挫，声情并茂，如数家珍。

泰勒惊讶地张大了嘴巴。真正的《圣经》信徒也难背诵全文呀！他不禁发问：“你是如何背下这么长的文字的？”

那学童不假思索答道：“我竭尽全力。”

这个学童就是 16 年后成为微软公司老板的比尔·盖茨。

竭尽全力是什么？是一股子拼劲。

科研，也需要这么一股子攻坚的拼劲。

两兵交手勇者胜。有一首歌叫《爱拼才能赢》。在战场，在赛场，总能见到拼搏的展览、拼劲的彰显、拼者的凯旋。

二十一

史载一个生动的育人故事：

育才小学校长陶行知看到王友用泥块砸班上男生，当即制止，令他放学后到校长室。放学后，陶行知回校长室时见王友已等在门口，便掏一块糖给他：“这是奖给你的，因为你按时来到这里，而我却迟到了。”王友惊疑地接过糖。

“这第二块糖果也是奖给你的，因为当我不让你打人时，你立刻就住手了，这说明你很尊重我，我应该奖你。”王友睁大了眼睛。

陶行知又塞给王友第三块糖：“我调查过了，你用泥块砸那些男生，是因为他们不遵守规则，欺负女生；你砸他们，说明你正直善良，且有跟坏人坏事做斗争的勇气，应该奖励你啊！”王友流出感动的泪，又后悔说：“陶校长，你打我两下吧！我砸的不是坏人，而是自己的同学呀……”

陶行知笑着递过第四块糖说："为你能正确认识错误，我再奖你一块糖果，只可惜我只有这一块糖果了，我的糖没了，我看我们的谈话也该完了吧！"

伟大的人格，精彩的谈心，自始至终饱藏一种高超艺术的功力——这么一股子解扣的巧劲。

科研，同样需要灵感添加剂、艺术化功力。

愚人望河兴叹，只会愁眉苦脸。智人砍竹为筏，渡水登临对岸的青山。

二十二

教育，是科学中的科学，是艺术中的艺术。

现在，笔者想谈谈教育科研的诗意——笔者思考了多年的命题。

或有人惊奇发问，教育科研是庄重精凿的理性揭示，何以有什么诗意可言？

错了！教育是活生生的教育，活生生的教育无时无处不笼罩着诗性的灵光。

小学教师崔小春检查作业，发现李雨完成得很好，顺口说道："真不愧李白的后代。"李雨应声答道："天生我材必有用。"师生相视而笑，心泉融融。当查到刘涛时，见他双手在书包里东找西寻，好一会儿才掏出一张皱皱巴巴的纸。崔老师拍着他的头说："你呀，有文学家的口才，艺术家的气质，就是缺少数学家的严谨。"刘涛一笑，说："有则改之，有则改之！"

学生劝校长戒烟，在他烟缸里放一朵朵鲜花、一片片花瓣。

学校警诫学生吸烟，便叫吸烟学生办起戒烟的漫画、诗文板报。

对在作文中自傲得像个公主似的富于才华的女孩，一教师在批语中写诗理喻"谦虚待人人自敬，虚怀若谷谷益深"，终使她在渐悟中悄然悔过……

教育无处不飞花，校园有景皆诗韵。

教师精彩的点拨，那话语牵动一条条思维的溪流飞湍。

学生精妙的反应，那眼神蕴含一簇簇智慧的火焰闪亮。

师与生精微的谈心，那心灵之风交流成五月初夏的温馨。

校长精湛的管理，那手指间弹奏着杏坛上下的和谐……

苏州十中柳袁照校长给教育命题——“教育是诗意的旅行”（学校应该是诗意的教育天堂）。他从诗意文化入手，把极具文化古典、传承厚重、风物雅典的校园几乎做到极致，更发掘了“质朴大气、真水无香、倾听天籁”的学校文化精神，一点一滴地落实在“办最中国的学校，践行诗性教育，提倡审美课堂”的目标上，努力将教育做得如诗如画。

苏州十中校园一角

苏州十中的校园处处充满着诗情画意。此为耸立于假山池塘中的瑞云峰

充满诗意的教育是良好的教育。“良好的教育一定能够给无助的心灵带来希望，给稚嫩的双手带来力量，给迷蒙的双眼带来澄明，给孱弱的身躯带来强健，给弯曲的脊梁带来挺拔，给卑琐的人们带来自信。”[17]如此教育，应该如《圣经》故事讲的那样，上帝答应给亚伯拉罕及其后代一块土地，这块土地非常非常好，到处流淌着奶和蜜。学校理就应该是这样的土地：诗意盎然，梦想纷呈，功利远遁，德行永驻；而不是产品流水线的工厂、苦行僧的修道场、古罗马残酷的竞技场。

教育是诗，研究教育是在诗丛间观照、徜徉。

教育科研面对的人，也是活生生的人，有心有肺，多情多义，富于灵性、个性与动感。对如此人的研究，只凭数据、公式、定论，抛开那些鲜活的故事，不研究那些流动在心灵的诗，能研究得深透吗？

教育是科学。科学求真求实，它好比经丝。

教育是艺术。艺术似诗似画，它活像纬线。

经丝纬线才织成一方锦绣。

由此可见，教育的诗意何其珍贵，宛如滋润教育绿洲的一泓清泉，拂动在绿洲寻求者心灵深处的一缕清风，解救桎梏下疲惫不堪的人们被缚的一双翅膀。

教育诗意之根是大爱，教育诗意之核也是大爱。

二十三

我们有一些学者似乎非把教科研论著打扮成教师爷般的僵化状：

冷漠得没温度，苍白得没血色，呆板得没笑容。故弄玄虚的语汇云缠雾绕。

且不必探求那些论著有无独具慧眼的活性观察、独领风骚的理性发现、独入情理的深度剖析、独有疗效的新特药方，就从那语言、那写法、那文风，就令人望而生厌，谁还看得下去？

君不见，春秋战国时的教育家们，语言何等生动，文笔何等犀利，论理何等透辟！他们的文章又令人何等爱不释手！

在当代，毛泽东开峭拔、遒劲、鲜明的一代文风，其笔落雄奇意蕴大海，文成精彩字若珠玑。邓小平极善于把复杂思想晶化成精简表述，将高远策略立变作行动指南，其大浓度高速度表达的文辞几无出其右者。

西方的教育家思想家也有异曲同工之妙。

古希腊苏格拉底用巧妙的问答法，撞击出一串串事物真谛的火花。他的弟子柏拉图以生动的对话，层层揭开理想国模式的面纱。古罗马昆体良以紧口瓶子灌水只能慢进比方量力性原则，使文章深入浅出。捷克夸美纽斯的著作俯拾即是如朝露、春草、笋芽一样鲜活的文字，用比喻阐理、故事叙事、情感动人的精彩语言。英国洛克将饱含哲理的《教育漫话》变得妇孺可读。法国卢梭的《爱弥儿》有血有肉、形神兼备。意大利亚米契斯《爱的教育》令夏尊翻译时热泪盈眶。美国杜威的文章精粹鲜明得像一支支黑夜的火把。苏联苏霍姆林斯基的所有著作尽如春风扑面而来……

海边聚集了许多人，他们每人一艘航船，昆体良也在其中。起航了，一开始，熙熙攘攘，人声鼎沸，千帆竞发，百舸争流。划着，划着，人声慢慢减少，船影渐渐稀疏。昆体良仍然奋力摇橹，直驶前方，人更少了。最后，船来到水天相连、浩瀚无垠的一片汪洋之上。昆体良扫视了一下，隐约间看见只剩下一个同行者，他就是西塞罗，可是他已开始落帆停桨，停止前进了。前路漫漫，无边无涯，只有昆体良的船只云帆高挂，直驶前方。他一边继续振臂摇桨，一边极目海天相接之处，决心要以西塞罗的终点为新的起点，继续前进，直到无能为力的时候。

这就是昆体良在《雄辩术原理》第12卷中对自己做的一个比喻；而划船人便是雄辩术的研究者。意象生动，表达舒畅，比喻鲜活。这要我们写起来，干巴巴不成木乃伊就谢天谢地了。就是这位昆体良，曾用诗笑讽一些人的蹩脚文风：

有些人靠孤僻的文字沽名钓誉，
纯粹现代的观点，古老的用词谴句；
这奇形怪状的文体煞费苦心又纯属徒劳，
使无知者愕然，有识者见笑。[18]

刘铁芳（1969— ），湖南师范大学教授、博导，知名青年教育学者。良好的文学素养，出色的人文敏悟力，多学科融通的学识及科学的研究方法，使其在教育哲学、道德教育哲学研究等方面自成一家。他力主教育回归生活世界和教育研究的人文关怀，使其科研把脉教育，深入机理，走进心灵，深受教育同人欢迎

马克思、恩格斯两人“在文章风格方面都是独树一帜的大师”。恩格斯的“文字是明白晓畅的，他的行文有如清澈见底的一湾流水”[19]。“马克思在语言的惊人的形象化方面，也是可以和最伟大的‘譬喻大师’莱辛、歌德和黑格尔媲美的……他的文字就好像是汪洋大海里跳跃着的波涛。”[20]

如此激荡情怀充满诗化语言的著作，岂不比那些思想苍白、味同嚼蜡、板脸说着连自己也不甚懂的虚语玄词之作好上一万倍吗？

笔者曾久久思考，为什么我们不少论著、论文，只会正襟危坐、横眉竖目、板着脸说教？答案似乎是：有的摆谱——故作高深好让人肃然起敬；有的学样——学着“八股文”神神道道模样以登学术圣殿；有的应付——智囊无鲜活例证，大脑无透辟论理，让他拥有艺术化表达魅力岂不赶鸭子上架？

宜把最贴教师的心、最养教师的眼、最拉动教师的手的教育叙事，当成教育科研的一种重要范式，其非凡的意义，犹如为教育科研开掘清清深泉，注入滚滚活水……

二十四

“教育研究最终关注的是人。”[21]

一个永恒的科研课题——人的最优化发展。

教育创造人格、人性与智慧的高端，发掘生命的智能、潜质和价值的极限。

对此，世界各国都在实验、研究、寻找，企图在无休止的竞争中出奇制胜。当下，一个大脑深度开发，一个网络给力神助，为人的最优化发展的研究，插上了两只翅膀。

如何才能使“教育的理想就在于使儿童的可能能力达到

十成”[22]？

如何使新一代国民的全员素质抢上发展的特快列车？

宏观在场——

整个大社会应是一个学习场、演练场、竞赛场、提升场。不管你在车间、在田畴、在军营、在学校、在实验室，你都会直接或间接地受到社会学习大场的磁化和熏陶，犹如虽见不到数百里数千里外的大森林，却随时吸得着大森林芳馨的气息。

中观在校——

一所学校该是一艘摆渡帆船、一块葱绿田园、一支育人团队。何以培育其枝繁叶茂生机无限，何以打造其不同凡响鹤立鸡群，何以融其于社会大场且令众望所归趋之若鹜？何以使一所所学校在各自航道上百舸争流千帆竞发？圣园般的学校紧张而有秩序地运营着，各自走出打着自身烙印的特色路径，收获着人才一茬茬成长。

微观在课——

一个课堂是一个科研实验室。吸古今之精魂，融中外之神髓，打造亮灯的课。要让每一堂又新又活又实又特的课，启动思潮，激活个性，唤醒潜质，勃发智慧，撩拨心儿打战，推涌脑海浪飞。这样的课，构成照耀人生的一盏盏亮灯，导引成长、成才、成功的一条条幽路。

人的教育及发展的实验研究只许成功。因教育流程既不能停产整顿，又不能回炉返工。在场、校、课有机联结的网络中，人人在顺畅轨道上能够获得持续的解放与超越：教师体味精彩，学子活力四射，家长与时俱进，国民日显成熟。

对教育投入的最好回报，莫大于人的素质巨变。有斯，何愁不能财源滚滚？

对教育科研的尖端突破，莫过于人的快速发展。无此，万千选题岂值分文？

二十五

走向前沿！

前沿呈热点，藏难点，是焦点。

从脚下至前沿的路很远很远，要靠迈开科研的双腿一步步走。

对基层说，科研属本校本土行动，却一刻也离不了敞开门窗协同攻关的大眼光。

从一线说，科研为某一时期课题，却一点儿也丢不了用前瞻眼光看外界此时对此研究已达至及将至的大境界。

立足校本，海纳外界，当前问题，未来视野——此为应取的态度。

闭目塞听，走不脱蛰居的小山窝。

不善假物，飞不出眼前的一线天。

天宇没有栅栏，大海不设路障。海阔天高，鱼儿方能畅游，鸟儿尽可翱翔。

二十六

思维的片面可能通达独树一帜的深刻而挟来风卷雷鸣般的冲击力。

理性的片面可能使思想尖锐的触角刺破旧的樊篱而新人耳目。

教育科研却不能靠片面而振聋发聩。

倘若将片面化的瘟疫拖入科研圣苑，科研圣苑一会儿就能衰败零落下来。

“教育产业化！”此口号亮倒亮了，新也新了，新亮到动摇了基础教育的根基，可惜！

“抢占制高点！”与当年上头力主创办一千所示范高中那样，此令一下，不论啥基础，举国一窝蜂上多媒体，上条件，连育德大事也几靠边站，可怜！

“办精英教育！”此为不少学校办学的潜台词与实施术，因呵护少许种子，眼看着众多苗子任其枯萎，可悲！

此等片面性虽属鸡肋，却不可不弃。

教育科研求新更求真，求明更求公，求好更求效。

它的全面，给予世人逼向真理的完美。

它的存在，给予教坛一个永久的神奇。

二十七

未来在召唤。向往召唤就得眼盯未来。

远方在召唤。听信召唤就得心怀远方。

科研在召唤。应答召唤就得身入科研。

向往不在梦境，而在清醒。

听信不重口头，而重内心。

应答不看表白，而看践行。

我一次次对自己的心灵、对自己心灵中的友人忠告——

寄希望于未来不如创造未来；

思悔着自我不如重塑着自我；

心灵受感动不如立马去行动；

要抓紧明天不如快抓住今天……

二十八

有一天，当我们自愿自觉地行进在教育科研的黄金航道，接受教育科研这座灯塔并理智地承受了它的伟大而明亮的辉光，让它照亮前途、照亮心坎、照亮山河之时，理性的霞霓、真理的太阳就会把我们身心尽染，我们的教育生命就会从危机中得以拯救，脚下的路就会从坎坷走向平坦，眼前的视野就会从狭窄变得敞阔。

到那时，“心灵是无畏的，头是昂得高高的”[23]，心与头将沐浴着五彩的霞光。

到那时，教也自由，学也自由，教与学必成为人生的最大快事。

到那时，师也神奇，生也神奇，师与生都会变成智慧之神。

到那时，校也精彩，家也精彩，校与家无不上演一出天衣无缝的教育喜剧。

到那时，东南也学习，西北也学习，偌大的中华社会无疑会化作百花齐放、万紫千红的伟大学校……

注释：

[1] 马克思，恩格斯．马克思恩格斯选集：第4卷［M］．北京：人民出版社，1995：285.

[2] 顾明远．杂草集：顾明远教育随笔［M］．福州：福建教育出版社，2001：48.

[3] 贾桂清．思想——把心填满［J］．人民教育，2005（6）.

[4] 布莱克．天真的预言［M］//布莱克．布莱克诗集．张炽恒，译．上海：上海三联书店，1999：89.

[5] 朱小曼. 教育的问题与挑战：思想的回应 [M]. 南京：南京师范大学出版社，2000：370－371.

[6] 克里希那穆提. 一生的学习 [M]. 张南星，译. 深圳：深圳报业集团出版社，2010：23.

[7] 程翔章，曹海东. 世界著名教育家科学家的命运 [M]. 南宁：广西人民出版社，1999：21－25.

[8] 邓正来：我的学问与人生 [R/OL]. http：//www. 21ccom. net/articles/rwcq/article_ 2013012475795. html.

[9] 叔本华. 意欲与人生之间的痛苦——叔本华随笔和箴言集 [M]. 李小兵，译. 上海：上海三联书店，1988：81.

[10] 司马迁. 史记 [M]. 郑州：中州古籍出版社，1994：639.

[11] 齐林泉. 在全球家园中绽放中国美丽精神——发现东方与新世纪中国形象 [N]. 中国教育报，2004－03－23.

[12] 高尔基. 我的大学 [M] //高尔基. 高尔基文集：第16卷. 陆风，译. 北京：人民文学出版社，1985：90.

[13] 赞科夫. 和教师的谈话 [M]. 杜殿坤，译. 北京：教育科学出版社，1980：263－264.

[14] 马克思，恩格斯. 马克思恩格斯论艺术：第4卷 [M]. 北京：中国社会科学出版社，1985：341.

[15] 朱永新. 新教育之梦 [M]. 北京：人民教育出版社，2002：1－2.

[16] 冰冬. 竭尽全力 [J]. 发现，2004 (6)：1.

[17] 肖川. 教育的理想与信念 [M]. 长沙：岳麓书社，2002：32.

[18] 赵祥麟. 外国教育家评传：第1卷 [M]. 上海：上海教育出版社，2003：156.

[19] [20] 梅林. 马克思传 [M]. 樊集，译. 北京：人民出版社，1972：301－302.

[21] 李秉德. 教育研究方法 [M]. 北京：人民教育出版社，1986：8.

[22] 木村久一. 早期教育和天才 [M]. 河北大学日研所教育组，译. 石家庄：河北人民出版社，1979：11.

[23] 泰戈尔. 泰戈尔抒情诗选 [M]. 吴岩，译. 上海：上海译文出版社，1992：147.

第六章

秣马厉兵

名师素质有怎样的结构?

这是最古老又最崭新的超重量级课题。

从古今中外教育理念之海的深处走来,从数以千计名师实践之峰的高处走来,更从我近四十载从教之旅的远处走来,笔者捧献给同人朋友的发现是:名师素质的结构、功力与成长路径——

夯实“二本”;

储备“三力”;

彰显“三点”。

此是名师成长的必经之路,

亦为专家造就的制胜宣言。

四化需要人才，人才需要教育，教育需要教师。

——陈云

世上的列强啊！爱惜才华吧，保护那些才华修美的人物吧。文明的民族，培养他们吧。[1]

——［法］卢梭

一

十万火急！

悠悠杏坛，唯此为大。

此乃急中之急、重中之重、难中之难、特中之特的大事，再没有什么比它更紧要的了。

其如磨坊之水、长河之源、大厦之梁——无论怎么比喻似都不为过，办教育者，莫不是不错眼珠地盯向它，莫不是全力以赴地练就它，莫不是千方百计地打造培育它的“航空母舰”。

它就是国人瞩目的教师军团的质量提升，其心志整容与智能再塑。

诞生于开国大典隆隆礼炮声中的这支教师军团，先天显现得严重不足——数量甚少，质量偏低；后天又面临生源严重欠缺——好学生尽将理、工、医学校当作首选目标，而视师范教育为底线学校，除极少数或因贫穷（读师范免交伙食费）或因爱好的志愿兵外。

当然，也还有少数可以被称为脊梁者。

其一是留校精英。

新中国成立之初，师资奇缺，能者尤少。各校掌门人的目光很自然地瞄在自产自销的精品上。这些人往往指哪打哪，干啥像啥，塑啥是啥，放在哪儿都闪闪发光。

其二是生来的“贫血儿”——出身“黑五类”（地、富、反、坏、右）家庭的天生丑小鸭。

他们的学旅每每都历经严密的千筛万滤，到抉择人生之路的录取时，科研、外事、军工、保密等三行五当毫不留情地亮起红灯，只能分他们到许多人都瞧不上眼的教师的摇篮。进校后仍不同程度地被视作下等公民。结果，失之东隅，收之桑榆。凭政策之风选播的少量种子，却为共和国教坛埋下了黄灿灿的真金！

其三是志愿兵。

或因兴趣于教，钟爱因而许身；或因贫穷所致，许身渐而钟爱，这些志愿兵一进师范学府便如鸟归林，如鱼入海，一走上社会，那自觉所学所悟便派上了用场，找到了“论剑”的“华山”，从此生命如绷紧的弓弦，倾其全部心血智慧，爱满学子，爱驻事业。

新陈有代谢，往来成古今。

俱往矣，上述教坛几支精兵强将，皆伴着岁月的流逝，随之“文大老五届”毕业生于新世纪之初陆续地分批退役，最终全部深施以谢幕礼。共和国教坛只留下他们昨日孜孜不倦的身影和一笔无法估量的财富。

时光无痕，世纪有迹。

五十多年我们除对打造航母——师范教育缺少若干足以吸引人才的政策之外，最有碍教师军团发展的，莫过极“左”大风暴一场又一场铺天盖地地席卷而来。

1957 年黑云压城，暴风骤雨般的抓右派（按预定 50 万指标）斗争，把好端端一支教师队伍搞得人人自危，个个惊悸，人心凉了。

1958 年旌旗漫卷，只要劳动不管读书的教育革命又把教师军团闹得蒙头转向，不知所措，人心乱了。

1959 年卷土重来，反右倾拔白旗的批判斗争，让这支队伍人人过关，今是昨非，人心木了。

1964 年惊雷滚滚，一场对模范教师斯霞的“童心”“母爱”的大批判，把全国教师的敬业爱生之心打入了闷葫芦，人心散了。

1966 年天塌地陷，以残酷迫害教师为发端，以把教师送上绞架的“两个基本估计”（新中国成立后 17 年，教育方面基本上是黑线统治，大多数知识分子的世界观基本上是资产阶级的）为定案的那场动乱，人心冷了。

十年浩劫，教坛荒芜，“航母”灭火，师资断流。“四人帮”覆灭后相当长时间里，教育亟待复兴，而教师奇缺，八方告急。

历史巨额的长久的欠债，逼迫现实做巨大牺牲以加倍偿还。或如纪伯伦所说：“我们常常从我们的明天预支了来偿付我们昨天的债务。”[2]

于是，培养师资的“速成班”“短训班”如雨后春笋。

"蜀中无大将，廖化作先锋。"具有中国特色的民师兵团被推上农村中小学舞台，街道办的"抗大小学"教师备起连自己都懵懂的课，刚毕业的中学生教中学已屡见不鲜，昔日的小学毕业生放下锄头又走上小学讲台，更有一些"打铃铃不响，烧水水不开，扫地地不净"的接班子女硬成滥竽充数的南郭处士……

多少事，从来急。

20世纪八九十年代，各地打造师范教育的"航母工程"可谓马不停蹄，.日夜兼程，对原有教师队伍更是秣马厉兵，加紧训练，尽管上述训教不甚得法——正规师范教育多步入重学历（知识）教育的窄胡同，亟须在吸纳前沿理念和充实多方面综合能力的宽宏背景上大大扩展；对原来师资的提高所采取的"大帮轰""一刀切"的药方也失之于适切，有头痛没医头、脚痛没治脚之弊——然而，一支一千万之众的庞大教师军团终于走来了，从五十余年的风雨征程中走来。

二

又是十万火急！

当新时期阳光升起在地平线上时，我们数量可观、质量偏低的教师军团面临的挑战，突然如天塌地陷般袭来，叫人猝不及防，极难应对。

这是一场极其尖锐的人才竞争的挑战。

不管你是开心还是恼怒，是松爽还是抑郁，教坛上社会主义大饭锅终究被打碎了，竞争的平台像过滤泥沙淘得真金的一张大网。优胜劣汰适者生存的态势，让历史突然跨越漫长平庸的沟壑，走向峰回路转，奇景无限；人心升扬的正气如紫气东来，春光尽洒。

上海首推首席教师制，山东打造"齐鲁名师"，辽宁省实验中学出台本校评特级教师制，宁波推出骨干教师跨校兼课兼职制（一师可同时受聘三所学校），大连为校长定级定等，黑龙江省精减分流5.9万中小学教师的人事制度改革大幕全面拉开，无锡大桥中学等许许多多民办学校挥动末位淘汰的魔杖，人才流动潮席卷神州八方。

今天工作不努力，明天努力找工作。你不爱岗请下岗，你不敬业将失业。你虽身在教坛，却因学生很不买账已悄然隐形下岗。"洞中"七日，世间千年。大梦醒来，心神豁亮：

利益，已婉拒均等；

改革，不相信眼泪；

质量，正无视“当年”；

竞争，让弱者走开！

这又是一场极其严峻的新课程挑战。

自第一面五星红旗升起，这已是共和国第八次课程方面的变革。回头看，前七次大多是做了改编教材等技术性的手术。这一次，却如春江浩荡，海潮汹涌，来势猛，奔腾急，触及深，动作大！诚然，因思路略急，论证亦糙，试点尚粗，导引未精，新课改效果并未尽如人意。

课改是人改，人改为脑改，脑改先理改。师者大脑里的教育理念将重新梳理，教学目标与程序将重新追索，中国教材文化将重新建构，传统的教材唯一、课堂唯一、教师唯一的樊笼将根本打破，推行素质教育的核心工程已经开工！

无疑，这是对人的发展的深层次开发：近期与愿景，显性与潜质，全面与个性，德行与心理，人性与智慧，手足与大脑……

就其深广博大而言，将与一百年来几次大型教育改革——20 世纪之初美国杜威发起的“儿童中心论”石破天惊的实验，20 世纪中期布鲁纳领导的教材、课程大刀阔斧的变更，20 世纪七八十年代苏联教育革新家们经 25 个春秋实验后推出的合作教育等改革相比拟，并显示出自己的突破。

然而，展望归展望，行动归行动。在各地教育背景差之天壤、教师水准别之丈寸、教育理念千差万别的中国教育平台上，新课程挑战胜负结果如何？全赖我国教师军团全力以赴眼盯目标，和临战状态的神勇、智慧与精忠。全球教育同人正拭目以待。

这也是一场极其剧烈的人生超越自我的挑战。

太阳每一天都是新的。创意无处不在，生活天天精彩。任何成功都属于历史的瞬间而让人随时感到时过境迁。人生就是在持续追索中实现着自我发展与超越。尤其是塑魂育人的教师，更是挑战自我实行超越的前驱。

他们超越自我什么呢？

超越着传统之弊，超越着师承之偏，更超越着自我之陋，具体

表现于超越着自我的教育生命状态。只有不断地学习和创新，才有可持续性，才具超越性。

古希腊德尔菲小镇象征太阳神的阿波罗神殿的神墙上，刻着一句警世铭文：“人啊，认识你自己！”

超越，首先须认识自我，认清自己！学历代表过去，能力代表现在，学习力（含学习的动力、毅力、能力）代表未来。今天若不生活在未来，明天必然生活在过去。事在人为，为在自己。活在当下，剑指未来。未来是你预约你自己，实力是你创造你自己，机遇是你抓住你自己，荣誉是你捧给你自己！

围绕“认识你自己”，我们须回答两个问题——

教师的发展空间在哪里？是如牛负重般操劳在期中期末考试的小循环、初中三年或高中三载的应考大循环里，苦恨年年压金线，为他人做嫁衣裳，还是拓展出广阔的人生空间——只争朝夕地激活自己，有滋有味地提升自己，成就自己的出彩梦、化育他人的成才梦？

教师的发展动力在哪里？是只为养家糊口？为守职尽责？还是意在人生的一大事业？即怀着鸟瞰大千世界的眼光，抱定领跑教育的志向，积蓄坚忍不拔的毅力，竭忠尽智，以身许教，认清自己坐标点，把握成长支撑点，寻找事业突破点，力争一步步抢占教育人生的制高点？

对这两个问题的不同回答，会形成不同价值认同与目标追求，人生和事业就有了不同的轨迹，也会造就出不同的校园氛围和办学结果。

在认识自我的基础上，清醒地答复上述问题，理智地挑战自我，战胜自我，方能实现成功的超越。

超越，就是认识自我，敢于挑战自我、战胜自我、超越自我，超越他人而走向成功的过程动词。

超越是心灵起飞、行动跨越的发展过程。教育的真正问题永远来自教育者，教育的光鲜成果首先源于教师自身的修炼。教师发展的正宗产品从来是教师发展的本身。教育质量的提升，只是必然伴之生成的副产品。

教师成功跨越的发展，来源于蓬勃的生命状态，蓬勃才是活力；

学生与日俱增的需求，催得教师在蓬勃状态中创新，创新才是风景；

教师对教育教学的重复，意味着教育生命的枯萎和倒退，退路就

是末路。

教师的今天不是昨天的复制品，明天不是今天的影印件。模仿就是自杀。

智慧不能给，素质不能灌，教育不能克隆。

他们在每一堂课、每一次活动、每一回谈话中，都应是更新自我、充实自我、完善自我。正像全国的优秀教师于漪那样，上了两千多节公开课，节节不重复自己，课课都有新意。全国模范班主任丁榕做了28年班主任，搞了28个新年晚会，每年都不重样，她从不重复别人，也不重复自己。她们就是这样，一点一滴地塑造了自己完美的人生。否则，如逆水行舟，不进则退，知识之宫旧化，思维之水腐化，大脑沟回僵化，那还有什么超越可言？

访问于漪

访问于漪，笔者写出《站在中国语文教改的前沿》访谈录，深感改革领跑者的创新，植根于先进理念、高尚师品与渊博学识的深厚土壤层里

三

挑战面前，实难乐观。

君不知，从世纪之交与新世纪人才培养的竞争场上，从实施新课程先遣部队的实验场上，不断传来我国基础教育行进中不时陷于尴尬、在竞争赛道上正暴出一个个破绽的信息。

许多问题又归结到教师军团上，归结到这个军团几大明显的漏洞（差距）上。

——教育理念裹足不前。

尽管素质教育已由政府倡导变为国家意志，并写入法律，但它运行的情势还宛如飘在蓝天上几朵美丽的白云，大多数教师年复一年地重述着“教师中心、课堂中心、课本中心”，以轻车熟路的传统教育的不变应万变，在那里照写官样文章，照做“官赏”课；任改革列车隆隆前行，而思想还留在始发站台上……

——敬业精神出现滑坡。

在市场经济负面效应的染化、思想教育的弱化、世界观改造的淡化之下，一些教师（青年尤多）不再把“天下兴亡”当己任，不再视教书育人为生命，纯真的师爱开始变得模糊不清，精神原动力显得疲软，职业倦怠感悄悄地爬上心头。

——知识结构、专业能力既窄且浅。

如今，四面八方呼唤“百事通”式的复合型人才，我们的教师还窄窄地固守他那一分支学科（而且专业知识不深），用昨天的知识，教今天的学生，干明天的事情，而且没有纵横捭阖的操作驾驭能力，在当今课堂地位、角色定位发生一定变化了的学生面前，不免因“头重脚轻根底浅”而心虚气短。

——自我发展的意识与能力束之高阁。

人的智能好比一杯水，即使当初90℃，置于20℃空间，隔不了多久，也会变成20℃。优秀教师的智能宛如达至90℃的水，如不“充电”，无须三年五载也会变成20℃。我们许多教师无论老新，只顾一堂堂讲课，一天天带班，**两眼一睁，忙到熄灯，周而复始，月月年年；很少主动地去看、去学、去改、去思，久而久之，知识旧化，能力退化，观念老化，大脑僵化，思维固化，方法死化，文风套化，新的不新，旧的依旧。**在实施新课程面前，穿新鞋走老路；面对今天的学生，还是用老掉牙据说是万古不变的一套，怎能与生相长与时俱进？教师不发展不成长，焉能引导学生发展成长？自己一贫如洗，又何以对他人解囊相助？

与新疆新源县教育朋友在那拉提草原对话

天涯咫尺，情寄边陲。几番走新疆新源县那拉提牧区调研，与全国十杰老师提名奖获得者翟仲华（左四）、新源县六中校长龙武（左一）、阿勒马勒一中哈萨克族校长赛比西（左二）等在一起

还有一些漏洞，不必一一细数。

反映教师军团自身的疵点是：兵足而不精，将多而欠强。

夙兴夜寐，秣马厉兵，打造一支精锐之师、强劲之旅、智慧之军，才能支撑育人之业，挑起兴国之担。

四

那么，这支队伍的素质到底该是什么样的？
这支队伍的一兵一卒究竟该有何等样功力？
这些素质和功力最终应体现为怎样的结构？

这种结构又应如何打造与建构？

犹如身之根、力之源，这是教育一个母题，一个牵一发而动全身的提纲挈领性的问题，一个让古今中外的为师者——无论是谁，也无论教谁，教什么，都毫不例外地用整个教育之旅，自始至终回答的问题。而对其选择不同的答案，会形成不同的生命气场、不同的事业走向，遂注定了千差万别的教育人生。

笔者自20世纪60年代后期投身教育以来，一直全身心地关注、思考、聚焦于此，尤其是1979年进入铁岭市教育局一步步走上指挥台以来，更是采用多种形式访谈自教育部领导至省、市、县教育行政官员，捕捉并搜集着他们思维与运营的疑点、热点和亮点，更是从听课到谈心采访了数千中国名师（含港、澳、台名师），与其一块焦灼思索，一起聚力突破，一同梳理和结晶，还以古今中外教育著述那博大精深的思想之镜，加以照耀、印证与鉴别，以构建好教师素质的结构。

笔者访谈香港教育工作者联合会会长杨耀忠

换言之，**笔者力图从古今中外教育理念之海的深处走来，从数以千百计教坛名师的实践之峰的高处走来，更从我近四十年从教之旅的远处走来，揭开新世纪名师纵向支撑、横向交通的立体素质结构的真面目——一条光灿灿的名师成长之路。**

笔者与香港黄楚标中学校长及教师交谈

应邀去香港讲学，与港校老师切切恳谈，屡屡碰撞出思想的火花

自20世纪之末起，笔者将多年来渐而完成的这一个重要的发现，报告给天南地北的教育同人朋友们，他们甚为欢迎，以为此框架完整，思考成熟，操作便捷。香港《大公报》以《内地教授教联会传经——谈如何成出色名师》（2003年12月20日）的文章报道了这一理念。《文汇报》更以《内地名师点醒港师》（2003年12月20日）为题载文予以充分肯定。

笔者的名师素质有八大元素：师德、理念；学识、艺术（方法）、科研（功力）；基本功、能力、个性。以上八大元素，几乎囊括了名师从风采到智能、从外延到内涵的全部奥秘。

我的名师素质结构的框架为：

夯实“二本”：良好师德为职业之本，科学理念为改革之本；

储备“三力”：渊博学识为磁力，奇妙艺术（方法）为魅力，厚实科研功底为伟力；

张扬“三点”：扎实基本功为起点，高强能力为支点，鲜明个性为亮点。

中国陶行知研究年会上做“名师素质结构”的报告

在佳木斯一中召开的中国陶行知研究年会上，笔者应邀做《名师素质结构》的讲演，教育同人反响热烈

此框架即打造名师的妙法真经是立体的、连通的、完整的。

“本”为深根，无深根便无枝干；

“力”为内藏，无内藏便无依托；

“点”为外象，无外象便无风采。

三者之间，构成一个神奇而稳定的金三角。

底边由“二本”支撑，同为金三角奠基。“二本”为根基，既相互独立不可替代，又互为保障密不可分：良好的师德为科学的理念提供强力的精神武装，科学的理念为良好的师德提供强劲的理论支持。

左右两条等腰斜边分别为“三力”和“三点”。

就每条边自身纵向而言，上下依偎，纵向支撑：

左边——学识（磁力）的情感化升华为艺术（魅力）；艺术（魅力）的理性化升华为科研（伟力）。

右边——基本功（起点）的精深化转化为能力（支点），能力（支点）的精彩化转化为个性（亮点）。

当“三力”和“三点”在三角形顶点相交时，我们便

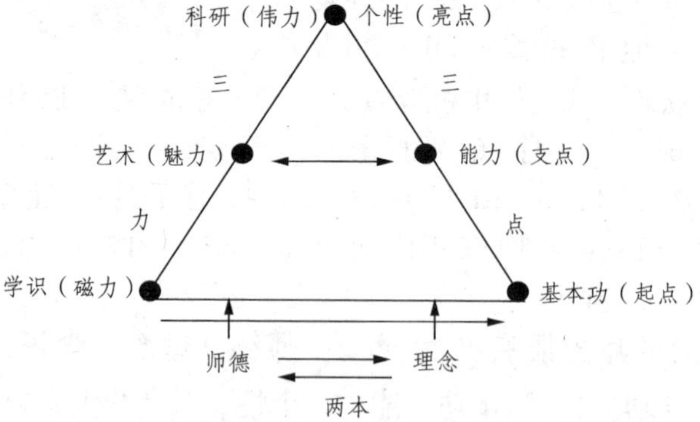

教师素质二三三结构

察数百位名师之路，积几十年思索之功，化作这教之真经，师之宣言

可宣布一位名师的诞生。

就左右两条边横向而言，左右渗透，横向联结：

学识的理性与基本功的感性相互依托，同筑为名师奠基性的底线工程；艺术的表现力与能力的支撑力相互借助，共建名师发展性的主体工程；科研的深功夫与个性的真功夫相互牵手，集成名师高深性的升华工程。（当然，上述讲的相互作用的左右两条边只谈及平行横向，不平行的横向也存在渗透、联结的关系，例如学识对能力提升的推助、对个性形成的慧润潜生暗长地起着作用；而娴熟的基本功对艺术方法的修炼，对科研功力的铸造，同样给予水涨船高的影响）

为什么将“师德”和“理念”当作“二本”？

因为一个是立德——师道之本，一个是立理——师行之本。此外，无出其右。

“三力”作为内藏的储备，共同特点是慢工积累，如积土成山、积水成渊一样。

“三力”一个是学识，一个是艺术（体现为方法），一个是科学（体现为科研），在师者最该储备的“百宝囊”里，“三力”真可谓“虽久不废，此之谓三不朽”（《左传·襄公二十四年》）。

“三点”作为外象的张扬，共同特点是随机显形，如星闪于天、水流于地一样。

“三点”由基本功、能力、个性所打出的一套“组合拳”。君不见，教师读、说、写、画、做等基本功基点；记忆、观察、想象、思维、创造等能力支点（再细化些说——组织教育教学与实践活动的能力、管理班级沟通学生的能力、反思探索与研究的能力、对他人尊重理解和合作等能力等），具有独树一帜的教育个性亮点，岂不是无处无时不体现在教书育人的细节里，渗透于教育教学过程的每一根毛细血管、神经末梢吗？还有哪些点比此三点更重要的吗？

透析这个神奇的金三角可以发现，“二三三”点线之间，纵横支撑与交融，彼此浸透与补充，既有筋骨又有血肉，既有灵魂又有主体，大而化，全而实，精而深，浑然而成一体，勃然而达八极，活鲜鲜地长成名师的血肉，坚挺挺地筑起名师的骨骼。

尚须说明一点，若放大眼光，从一个人就是一个小宇宙看，名师素质里还应该而且必须包含更高远更广阔的关注，即关注社会和谐、民族兴旺、百姓福祉、人类解放、世界发展，这里就不待说的了。

对于教师“二三三”素质结构框架的内涵，下面形象地加以一一素描。

五

素描之一——师德：职业之根本

像机械的发动机、江河的泉源一样，师德是为师之本、为师之魂、为师之原动力。教书育人反映出的是师者的文化底蕴，折射出的是师者的品位人格，蕴含着教育人的精神追求与生命自觉。

师垂典则，范示群伦。好师德是教师第一也是终身最具价值的财富。

师德涵盖哪些要义？

笔者经过多年的观察、体味、交流与思索，感知师德最重要的涵盖有三。

一是坚定的教育信仰。

即坚信教育并只有教育方能育人、修身、齐家、兴国（正心、修身、齐家、治国、平天下）的教育信念。

好像河水闸门的总开关，教育信仰是教育者的命之“根”。这是为师安身立命的“定海神针”，也是教育者精神的“钙”。根在地里，信仰在心里。只有内在的信仰才有外显的执着。信仰蕴藏着巨大的能量。信仰有多深，教育走多远。

德国思想家雅斯贝尔斯早在80年前就指出：“教育须有信仰，没有信仰就不成其为教育，而只是教学的技术而已。”[3]他还说：“教育，不能没有虔敬之心，否则最多只是一种劝学的态度，对终极价值和绝对真理的虔敬是一切教育的本质，缺少对‘绝对’的热情，人就不能生存，或者人就活得不像一个人，一切就变得没有意义。”[4]教育信仰如根，教育虔敬似源，这永远是为师者不该荒弃的精神家园。前人已心明如镜，后辈岂眼黑如瞽？

若我们坚实了教育信仰，即使遭遇瓶颈或泥淖，也能坦然以待，全力突破，而不会流于职业倦态，心性危机。正如美国诗人朗费罗的《人生礼赞》诗云：

别对我，用忧伤的调子，

说生活不过是春梦一场！
因为灵魂倦了，就等于死，
而事情并不是表面那样！[5]

二是美丽的教育情怀。

此为教育信仰滋生出来的热爱教育、深爱教师（职业）、喜爱学生的无比浓烈的思想情感。

教育情怀是教育者的心之“火”。这是发起心灵的大爱追求，也是一种自内至外的精神正能量。这种大爱之火，永远既真又新：真如朝阳，新似鲜露，带着超乎常人的强大气场。热爱教育，教育是神圣的，甘愿将教育人生化作教育长河的一滴水；深爱本职，工作着是美丽的，视教书育人为生命的光辉；喜爱学生，生命是精彩的，将学子看作浑然天成、价值连城的璞玉。谦恭亲和，温润如玉，厚德博智，待生若子。学子从富有教育情怀的师者获取的，是成长的安全感、依靠的信赖感、效法的楷模感和人格的崇高感。于是，你乐此不疲，精益求精，竭尽全力，以身相许，如此这般的为师者啊，你的全部教育图景就会达到如帕克·帕尔默所说的“是你深层愉悦与外部世界深层渴望之间相遇交融的圣地”[6]。

苏格拉底曾说：“在这个世界上，除了阳光、空气、水和笑容，我们还需要什么呢！”人类最重要的需求——阳光、空气、水来自大自然，唯有笑容来自人的情怀，可见笑容情怀何等不可或缺！这里，我们可以理解为教育情怀。教育者把花朵般绽放的笑容捧给事业，捧给职业，捧给学生，那世间会弥漫怎样的教育大爱？

印度大诗人泰戈尔的抒情诗云：

如果它（指我的生命——笔者注）只是一块宝石，我就能把它打成碎片，串成项链，戴在你的颈子上。

如果它只是一朵花，圆圆的，玲珑而芳香，我就能把它从花茎上摘下来，缀在你的头发上。

然而它是一颗心啊，我的亲爱的。哪儿是它的边哪儿是它的底呢？……[7]

三是执着的教育求索。

这是由教育信仰、教育情怀所必然促成的对教育的守望、践行和创新的教书育人行动。

教育求索是教育者的行之“路”，也是教育人生追寻的一条轨迹。这条轨迹由学（吸纳）、做（躬行）、思（研究）三者融通推助而成。求索的路很难，布满荆棘；求索的路很苦，呕心沥血；求索的路很远，永无终点；然而，确立一个求索目标，就是选择一条人生道路。认可一种存在状态，就是选择一类人生形式。治学须勤，为师须思，行者须创，勿忘使命。如此者，孜孜矻矻，终成正果，日积月累，方为大家。

俄国大文学家陀思妥耶夫斯基思悟人生成功的历程时，留下精粹的心语："全部秘诀只有两句话：不屈不挠，坚持到底。"[8]我们何尝不可以理解，这也道出了教育求索的成功奥秘呢！写至此，笔者脑幕上突然跳出爱尔兰著名诗人叶芝，感怀不已的是他一生不懈追求的诗心和热情，他 73 岁临终时那英勇而朴素的绝笔：

对生活，对死亡
投上冷冷的一眼
骑士啊，向前！[9]

师者若有了坚定的教育信仰、美丽的教育情怀、执着的教育求索，就不愁没有教育良知——教育思想的望远镜显微镜，也不愁没有教育智慧——教育功力的"百宝盒"，同样也就不愁不抵教育境界——教育人格的高层次。因为有了教育信仰的根，教育良知的魂、教育智慧的核、教育人格的境，都顺理成章地孕育其中了。

若问何以如此看重师德呢？

其一，教师自身职业的特点铸造着师德。

教师是专业性极特的群落。

学校是精神特区、文化圣园、人才摇篮。**师者，则是人才之矿开发者，知识之火传承者，道德之花浇灌者，心智之田耕耘者，思想之路导引者，学生走向社会之门的签证者。因此，无论人格、心理、学识、职能、语言与风采，都有那么与众不同的特质。**

教师又是品位性极高的群落。

综合国力的核心是人力。民族再塑的中坚是教师。教育的灵魂追求是让人变善，即成为情感丰富、气质高贵、人格健康、道德完善、能力高强的人。**师者，以一个民族的高道德群、高智能群、高品位群、高质量群、高境界群的拥有，去优化、提升人力，激活其灵魂，昂奋其精神，纯净其情感，打造其智慧，托起民族明天的太阳。**

教师还是前瞻性极强的群落。

他们深知：今天不生活在未来，明天就必然生活在过去。**他们劳作的产品是人才，职业的性质是奉献，工作的规律是示范，社会的定位是师表，民众的眼里是高雅。**他们一直为民族的未来、国家的明天而倾注一腔心血。历史学家黄仁宇曾感慨："全世界最伟大的领导人也只能在他的运动曲线上施加短期的影响力。"而教师呢，却在学子的心田播撒了一生中年年可以收获丰收的种子。

其二，古往今来教师的作为透视着师德。

自二千五百多年前我国第一位著名民办教师被历代奉为圣人的孔夫子到如今，为师者莫不追求攀登人品、学品、教品三座毗邻的大山。

人品——与人为善。

以培养出超越自己的学生，让生命得以永生，就像历史在遗产中永生，现实在未来中永生，父母在子女事业中永生一样。有一例，季羡林穿着极其朴素，报到的新生曾经以为他是学校老工人，便叫住他，替自己看行李，有时一看就两小时。这些学生两三天后在北大迎新会上，惊讶地发现：主席台上那"老工人"，竟是副校长季羡林大师。近百岁的科学家、上海大学校长、人称"当代蔡元培"的钱伟长每日黎明即起，挑灯伏案，手持高倍放大镜，一字一句批阅学生论文，简直忘了自己。他那渊博的学识清泉与精深的思想乳汁汩汩而淌，悄悄地注入学子的心田。

钱伟长题词

钱伟长(1913—2010)，老骥伏枥，志在千里；孜孜不倦，教泽后生。先生之风，山高水长

学品——学而不厌。

以发展与完善自我的不断突破，为学生耸起路标。年迈的孔夫子"韦编三绝""发愤忘食，乐以忘忧，不知老之将至"(《论语·述而》)。这真如司马迁所赞，是怎样"高山仰止，景行行止"(《史记·孔子世家》)的先哲风范啊！

教品——诲人不倦。

以"传道、授业、解惑"，赢得学生的最好发展为天职，以艺术性地启动求学者的智慧之门为乐事，尽享人世间精神与文化给予的幸

福。当代名师魏书生长期任两个班的班主任、语文课老师，几乎每日都接待天南地北来访取经者，每年又回复四面八方数千封咨询信件，应邀去各地上课讲学而飞来飞去，他却习以为常，乐此不疲。

三品（人品、学品、教品）的核心是师德。

师德是被称为人类灵魂与智慧的工程师的人无比高尚、无比完美的境界。

师德的真谛是师爱。

师爱是胜似母（父）爱、纯于母（父）爱、高于母（父）爱的人类极其圣洁、极其美丽的情感。

师爱的本质是师魂。

师魂是融入学子心灵深处的师者的仁爱之光、智慧之泉。此种光和泉在学子人生事业中永生照耀和奔流，化作伟大而无私的给予。师魂给学子每一段成长引路，为他们每一个梦想奠基。

我国台湾的教育作家高震东在他的作品《忠信教育》扉页上题词："爱自己的孩子是人，爱别人的孩子是神！"

著名心理学家林崇德也写道："疼爱自己的孩子是本能，而热爱别人的孩子则是神圣！"[10]

我也曾对师之爱做如是表述：

爱不是恩赐，恩赐是慈悲，悲天悯人的慈悲没有爱的灵光！

爱不是施舍，施舍是行善，小恩小惠的行善没有爱的圣火！

爱不是交易，交易是买卖，争斤论两的买卖没有爱的霞色！

爱不是报偿，报偿是还债，投桃报李的还债没有爱的金心！

爱是无私的给予，像大海给予白帆蔚蓝蔚蓝的依托；爱是纯真的奉献，如云朵献给大地晶亮晶亮的雨丝……

其三，当今知识经济时代急切地呼唤着师德。

当今属于高速度运转、快节奏推进、全战线竞搏、大能量释放的时代。社会、国家、民族对教师有了更高的职业要求：

敬业，敬重事业，敬到神圣的地步；

乐业，乐于事业，乐到神往的境界；

精业，精晓事业，精到神奇的程度。

笔者曾创造如下三个公式——

爱心 + 童心 + 慈母心 = 师之心。其精神底色在宽容。

宽容是至大心胸、大爱之极致。有了宽容才有了万事万物运行

的秩序。

试想世间万物的和谐，不都源于彼此的宽容与包蕴吗？

田野孕育五谷，才拥有了丰收；山川接纳草木，才拥有了生气；大海囊括江河，才拥有了浩瀚；长天收揽云霞，才拥有了神丽；教师体谅学子，才拥有了和谐；人生宽慰遗憾，才拥有了未来……

人品＋学品＋教品＝师之品。其精神底色在善良。

善良乃真人性。“一颗善良的心就是一席永恒的筵席。”[11]

敬业＋乐业＋精业＝师之业。其精神底色在发展。

发展乃远目光。发展是照亮通向光明之路的圣火。

李希贵将教育简释为“一腔真爱，一份宽容”，认为此乃为师的旨要。周济则有“爱与责任——师德之魂”[12]的命题。肖川的力作《教育的智慧与真情》为教育永恒定格。这都是对师德这一教师永恒面对的课题的一种理性的沉思。

为此，自上至下，开始了一场犹如救火抗灾一样的紧急大行动。教育部于新世纪之初，组织15人的全国优秀教师师德报告团，大唱师风，高扬师魂。在福州、厦门、杭州、武汉、西安、哈尔滨，辽宁包全杰爱生胜子、爱校胜家、爱教胜命的事迹；北京年逾花甲的孙维刚38年从教并任班主任，而身患癌症几次手术却创造了教书育人的奇迹；江苏杨瑞清在进城与回乡、从政与从教、封闭与开放中做出三次抉择的业绩等，一场场感人肺腑、震撼心灵、催人奋进的报告，留给人的是教旅的反思、灵魂的净化、生命的启迪、师爱的升华。

一代名师孙维刚与学生

孙维刚（1938—2002），京城名师，情动校门内外大江南北；杏坛智者，理通素质纵横神州古今。其人虽去，道行永驻；时光渐逝，风流久存

形象胜于生命，责任重于泰山。崇高师德是一本博大的教科书。

各地面对近年师德滑坡，几乎不约而同地奏响师表工程的序曲。立师德戒尺，推师表标兵，庄重的上岗宣誓活动，老中青教师的三阳（夕阳、当阳、朝阳）工程，拜师认徒举措，建师德专项档案……林林总总，尽在立德。在黑龙江牡丹江市，开展了“铸师魂、展师风、重师能、树师形”的系列活动，尤其引人注目。这片曾留下英雄杨子荣壮行、八女投江殉国的黑土地上，一曲师德颂同样气冲霄汉，响遏行云。

六

好师德是教师福及终身的第一财富。

严重影响这一财富源源不断积累的沉疴，当属教师的职业倦怠。

职业倦怠是 1974 年，美国临床心理学家费登伯格针对一些助人行业的重复性强、任务重、责任大、压力大而出现的从业者心理枯竭现象首先提出来的。

国内外研究证明，教师是职业倦怠高发的职业。面对高期待值、重工作量、强竞争压力，苦恨年年压金线，为他人做嫁衣裳，师者难免在压力与烦躁中滑落于心志低谷，产生难以去除的身心、情感的疲惫。

职业倦怠何时不期而至？

——当追寻的远方呈现一片空白：心志犹如纤细的游丝空无所依，再没有了目的地可言，还需要继续求索吗？

——当勃发的激情悄然蒸发：没有了情感的催化剂，犹如帆船没了风，还会有奋发的气力吗？

——当昂奋的精神一步步颓废，似乎被鲸吞蚕食，最终从高山滑落低谷，如同丢了魂、缺了魄，还可能吹响生命的进军号角吗？

——当乐业的向往索然无味，兴致冻结，乐趣散失，周而复始的原地重复编织着的人生经纬，还会有什么迸发的火花吗？

——当人际间生态冷落而紧张，茕茕孑立，形影相吊，自己宛如独处荒漠、雪原之上，还会有什么温馨、和美的呼吸吗？

——当正常的心态失衡，无求无助，无歌无吟，万念俱灭，茫茫然近于死灰，还有什么生命的正能量可言吗？

教师的职业倦怠，究其本质层面实乃精神倦怠、思想倦怠、心态倦怠、激情倦怠，一句话，教育生命的动力源倦怠。此倦怠有轻有重，轻者尚可在自我救赎中渐行渐悟，重者则坠落精神的深渊难以自拔：人如抽筋拔骨似的没了支撑，势如失魂落魄般地轰然坍塌。其源于人生价值观失衡式嬗变，导致其事业坐标轴发生倾覆性的错位。

中国教师出现职业倦怠毫不奇怪。

从教育大环境看，中国教育病了，且病得不轻。

一是丢了育人至上的教育本质；
二是丢了人文至尊的教育传统；
三是丢了规律至圣的教育科学。

正直的教师在教育生态劣变的大环境下，会觉得手足难动，思维难展，有时思想涟漪都难以掀起。

从教师自身看，其地位、待遇始终与其奉献、作为不在一个天平上。尤其面对扭曲、浮躁、分配严重不公的社会，知识贬值，斯文冷落，职业困顿，师者的心魂遭致创伤。

出现在精神、文化高地上的这种职业倦怠，虽说客观上有其产生与存在的土壤，但对神圣的育人事业计，确是一种强烈的逆反。

因为，教师此种心灵倦怠型的扭曲，造成生活与职业分离、生命与事业分离、心灵进入“囚徒”困境而难以自拔。因此说，职业倦怠是冷面杀手，是精神自残，是慢性戕害；导致希望流失，目标漂泊，情感枯萎，身心疲惫，会让烦躁、埋怨、颓废、痛苦纠缠不休，于人于己于事业都有百害而无一利。

七

素描之二——理念：改革的根本

像天文台的望远镜、驾驶室的方向盘一样，教育理念是教育改革的核心动力，是教育实践的方向指南。教育理念的高远清晰，直接影响乃至决定教育的发展前程，成为托举教育前沿践行的强大引擎。

理念是一种文化底蕴，一种思想追求，一种精神求索，一种价值取向。

科学理念如飓风般地改变心灵的坐标、人生的轨迹、社会的航向。

诚如社会所共识：解放思想，黄金万两；理念更新，万两黄金。

从毛泽东的斗争哲学，到邓小平的发展理论，再到胡锦涛的科学发展观，中华的地还是原来的地，人还是原来的人，然而，理念这个神奇的魔杖一变，古老中国发生的变化，可以说地覆天翻，举世震惊。

教育理念是教育实践之渠的闸门，是教书育人之水的开关。

撒下什么样的教育理念之种，就绽开什么样的教育实践之花。

绽开什么样的教育实践之花，就结出什么样的人才之果。

难怪，抓住理念这个瓶颈，各地开展大讨论如火如荼。

教育部也在世纪之交组成更新观念报告团，讲遍长城内外。

这些来自教育第一线的报告人，以崭新的理性思维和实践探索而对传统教育观念的深刻撞击与叛逆，带着大爱的智慧与魅力而对新一代的生命和灵魂表现出极大关切与呵护，更带着教育的今天对昨天、现实对历史的透视、反思与超越，给中国教坛吹拂一股清新的风。这风扑面而来，直入胸怀，让人耳目一新，豁然开朗，顿觉玉宇澄清、天高地阔。

教育理念的变更，对一个崭新教育理念的认同，肯定会爆发一场发自心灵深处十字路口的扬弃和抉择。然而，再好的理念也呈现为动态运动，不间断地践行在“否定之否定”中，修正、完善与更新着自身。去年力倡的，今年可能过了时；今年渴求的，后年也许被淘汰。这其中，紧随新理念而践行的我们，既不能不假思索地追风而行，更不能企望毕其功于一役，这绝对有一程漫长而痛苦的内化苦旅，须在分析中吸纳，于适应里跨越。而完成这一跨越，有时像捅破一层窗纸，有时则像隔着万里长城。

我们不赞赏将教育理念碎片化、断裂化、陈腐化的人，不赞赏两耳塞豆不闻新教育理念隆隆春雷的人，也鄙夷把新教育理念喊得震天响教育行动却依然故我的人。而对徘徊新教育理念宝宫之前却不得入门要领的人，却须给予自表至里的启蒙，从理到据的引路，风潜雨润的点化，让与时俱进不断更新的理念一步步占领心灵，磅礴教坛，主宰舞台，统领育人的事业，创造出中国教育的奇迹！

在社会急遽转型、教育理念不断更新的年代，教育界吸纳、提升、力推哪一些重要的理念，从而耸起了教育新的起航灯塔呢？

——办学观。

教育是事业，伟大的公益事业。让办学多源之水，百川汇海。一反新中国成立初始对私学绝对亮红灯，使公办教育唱独角戏的孤家寡人的章法，从而造就国办公学、民办私学、外办洋学在一个中华教育平台比武打擂，竞相献技，皆为育我济济的中华人才波翻浪涌。

——教育观。

教育就是开发，对人的思维、智慧、特长的潜能之矿进行尽早而持续的开发，以期让每一个人都达到自身可能开发的最高极限，以此化作社会与个人的最大财富。

在教育场的大视野里，我从三个视角镜上发现了育才的三元真经。

一曰弹性差异论。教师育人态势和持拉力器一样，可力拉，可轻拉，可拉长，可拉短，可似拉而未拉。可将学子育成天才，亦可教成蠢材；可育成天使，亦可教成恶魔。天才与蠢材并不隔着万里长城，天使与恶魔也仅一步之遥。成功的硕果来源于教师的人格、智能、理念的示范，来源于对学子们兴趣激发、习惯育养和人格升扬的功力。

二曰潜性无限论。学生发展的潜能如择地掘井一样，可挖深，可挖浅，可挖而未进。大脑潜能开发的无限性，个性发展空间舒展的广阔性，人才优化发展无止性，都亟待教师给力于学子，推助学子自我奋起，掌握自我发展的钥匙。

然而，有相当数量的师者并非如此。顾明远先生曾经对笔者说，他一位老朋友的孙女刚上小学一年级，没过两周回家说，老师把班上同学排了队，最聪明的是第一号种子，她是第二号。过了一个学期，孙女又对爷爷说："我们班上有8个笨蛋。"爷爷问怎么回事？她说："今天下午开班会，老师让笨蛋站起来，8个同学站了起来。"把学生分成三六九等，顾明远感到十分悲哀。[13]听上去像说笑话，其实，导演出此类笑话的老师大有人在呢。

三曰灵性合力论。生命之河，百川汇成。人才养育，多元矩阵：家庭之爱为精神供养，学校之园师道护养，社会之场多源滋养，网络之屏广角牧养，单纯学校教育属于有限教育，不足以育出身心健康的受教育者。只有课上下、校内外乃至全社会通力合作，重视学子先天的，激发其后天的，抓紧其今天的，人才的灵性必能合育而成。

——人才观。

人才，人才，先成人，后成才。

对社会、对国家、对民族有用的人都是人才。小用为小才，中用为中才，大用为大才。

人才如天宇之星于上下左右各层面各视角闪耀其光。

天生奇人必有才，天生奇才必有用。有才，即有鲜明个性；有用，即大有作为。正所谓**“人人有才，人无全才，扬长避短，人人成才”**[14]。**按“多元智能说”，没有不才，只有不同；没有空点，只有盲点。因此，假如放弃一个生命，对学校留下千分或百分之一的遗憾，对家庭则造成百分之百的损失。**

——教学观。

教学的轴心在“学”字上，即导学上。**教师搭台，学生唱戏。师者的教学就是教学生乐学、会学、善学的学问。**

清代王国维曾分别借用宋人晏殊、柳永、辛弃疾的词透辟地揭示了“古今之成大事业、大学问者，罔不经过三种境界”（《人间词话》），亦可启示“教”与“学”，即：

“昨夜西风凋碧树，独上高楼，望尽天涯路”（《蝶恋花·槛菊愁烟兰泣露》）**——上路时的浩茫；**

“衣带渐宽终不悔，为伊消得人憔悴”（《蝶恋花·伫倚危楼风细细》）**——中途里的执着；**

“众里寻他千百度，蓦然回首，那人却在，灯火阑珊处”（《青玉案·元夕》）**——学成后的沉醉。**

这里，我也借用唐宋诗人杜甫、刘禹锡、陆游的诗词，表示出我在几十年苦读中体味出自学三个递进的层面：

学为乐趣，“漫卷诗书喜欲狂，青春作伴好还乡”（《闻官军收河南河北》）为乐学层面，即自学第一层面；

学抓精髓，“千淘万漉虽辛苦，吹尽狂沙始得金”（《浪淘沙》）为会学层面，即自学第二层面；

学为我用，“天机云锦用在我，剪裁妙处非刀尺”（《九月一日夜读诗稿有感走笔作歌》）为善学层面，即自学第三层面。

理想教学是激励教学：教师是指导者、激励者，用知识激活知识，用生命激扬生命，用心灵激动心灵，用人性激励人性。

——教师观。

教师是教育之舰的领航员，又是学子心灵的保健医，是生命潜质的开发人，因此，教师应该是教育的思想者、探索者、行动者、创新者，其素质就是教育质量。

——学生观。

学生是社会的曙光，国家的财富，民族的未来。其成长如何，关乎明天的竞搏场上中华民族的胜败态势。对他们，教育者（包括家长、社会人们）都该认识并做到以人为本的终极关怀。

以人为本的终极关怀至少涵盖如是观念：

一曰尊重生命——

天地之物，人为至尊；

为师之道，生为至重；

学子之心，爱为至求；

认知之峰，悟为至高；

授学之理，思为至本。

二曰相信潜能——

坚信一个口号，即没有一个教不好的学生；

确立一个原则，即人人有才，人无全才，扬长避短，人人成才；

恪守一个信念，即态度决定一切，“说你行，你就行……”。

三曰关爱灵魂——

爱即教育。冷漠比死神可怕一万分，爱心比良药神奇一百倍，一双眼睛管不住众多学生，一颗爱心却可以拴住众多颗心；好的教师是爱的化身，爱的天使，爱的符号。

爱要真心。育人要育心，育心要知心，知心要关心，关心要真心。

爱没死角。后进生尤需要爱，爱没有被遗忘的角落和盲区。

四曰激励个性——

个性是亮点；

人人有个性；

个性撑起人才。

教育的真谛就在于发现、发掘、发展个性。

五曰发展人才——

发现显质，开掘潜能，显与潜齐抓；

共提学养，升华个性，共与特兼管；

激醒内力，用足外力，内与外协调。

——成长观。

人的成长，是个精端的塑人工程，需要内与外同心合力的默契配合。

打牢三大基础：终身学习的基础；身心健康的基础；交际办事的基础。基础不牢，成长不高。

篝火晚会

甘肃岷县维新九年制学校在锐意改革的包瑞校长引领下，德育先行，质量跟进，在一年一度的大型野外篝火晚会上，师生们释放出焰火般灿烂的生命激情

抓住三大提升：入门向导的兴趣；一本万利的习惯；坚挺脊梁的人格。提升到位，大有作为。

优化过程“三商”：智商是飞腾的翅膀；德商是飞腾的动力；情商是飞腾的舵把。“三商”齐备，成长如飞。

——社会观。

社会是育人的大实验场。调动方方面面为实验加速加温，而不能为实验减力减火。最不齿的，是只顾赚黑心钱而随心所欲地践踏带露鲜花的那一伙，其罪恶胜比男盗女娼。

——家长观。

家长是孩子第一位又是终身教师，因此都须进正规家长学校饱受育子之道，取得合格证书，又要在终身进修充电着教育之理，方可在育子行动中一步步攀登，力争成为学子成长的科研型向导和导演！

还有许多重要的理念。

教育理念如同遍布在教育机体里的血，周身无所不流。任取机体某一处，都有理念栖居。

教育理念——教坛上的生产力，像热核反应一样，具有巨大的能量。

教育是一项止于至善的事业，在与时偕行中精进，在宇宙人生中敬畏，在纯净无染中净心，在襟怀天下中静虚，在完美心态中入定，在人生修炼中悟境。教育者当回归文化、回归常识、回归生活、回归美育，方能回归教育大道的玄牝之门；回归原点、回归本质、回归人性，方为当代教育的超越之路。

所有的教育理念，都须经践行的检验而修正、丰富和发展，因此不可奉之为雷打不动的圭臬。

纵观古今教坛，那些或立德、或立功、或立言的教育者，往往能够忠实自己的时代，又会超越这个时代；更因为执着于眼前的教育，而深深地影响到教育的未来。孔子传教杏坛，思维沉淀了上古千年智慧，而至今仍是人类的导师；宋儒朱熹传教岳麓书院，思想上出到春秋百家，而思想影响到现代东亚世界的儒家文化圈；17 世纪捷克教育家夸美纽斯探索新教育，挟持文艺复兴的风雷，而成为现代教育的奠基人；美国现代教育哲学的奠基人杜威，通过对传统社会的反思升扬出“教育即生活”等诸多观点。

深谙这些道理的人，才能完成从人师到经师的嬗变。或渐悟于先贤而独成一家，或卷入时代大潮而乘风弄浪，或秉承教育使命而上下求索，进而超越时间、空间、内容的三个维度，达以常人无法窥见的精神境界。

这里，有一个要害问题，即对正确理念敬畏与尊重的同时，如何让它尽快落地生根——这在浮躁年代尤显严峻。理念好为什么难落实？很复杂。有对旧理念轻车熟路而依依不舍，有对新理念若明若暗而心生茫然，更有考核机制所设的樊篱让人瞻前顾后不敢贸然。

于是，教育改革竟出现一大“怪圈”：你主张什么，什么偏偏倒了霉；你反对什么，什么却最有生命力。如减负，如改革教学法，如批评应试教育，乃至禁建“超级中学”，等等。

要紧的是领导领路，政策明确，机制宽松，榜样示范，科研保障。

八

素描之三——学识的磁力

学识（学问和知识）是什么？

培根说：“知识就是力量。”[15]

歌德说，知识是能力的产床，“一切才能都要靠知识来营养，这样才会施展才能的力量”[16]。

莎士比亚说：“学问则是人们借以飞升天堂的羽翼。”[17]

如今有一说，认为进入信息时代，人不该以博知为然。

此言差矣！**无论何时何地，学识都是智慧的航空母舰。**

学识之于人，是智人区别野人的分水岭。

学识之于人才，是人才三张通行证之首（另为职业性通行证、开拓技能性通行证）。

学识之于教师，是教师的底线储备、终身储备。有此储备，就可以托起智慧的翅膀，驾起能力的云梯，扬起个性化的风帆。正如怀特海所言：“知识的重要性在于它的运用，在于我们对它的能动的掌握——也就是说，在于智慧。”而“智慧是掌握知识的方法”[18]。

教师的学识具有一种磁力。

静水流深，大山谷虚。学识如海，任人搏浪。我曾在《泛舟诲海》中写道：**“拥有知识多棱镜的教师似乎形成一个巨大**

的强磁场，左右逢源，八面交通，才华四溢，妙语横生，一下子把学生心的磁力线、注意力的磁力线全部吸了来，形成群星绕北斗、绿叶托红花的氛围。”

谁都知晓，教师的学识包容渊深而广博。胸罗峰壑视野阔，腹有诗书气自华。而欲达此种境界，主航道没有他途，只有阅读。阅读之于教师，如同每分每秒必须呼吸一样，万万不可离开须臾。

为充实学识宝库，教师该读哪些书？

一是处于学科前沿的专业书，建立学术高地的“孵化器”。这些书犹如精品细粮，需要细嚼慢咽，来厚积学科知识，激活学术智慧。

一是多棱镜似的人文科学书，如文学、哲学、历史、社会学、科学、美学、伦理学、人物等多方面的书，竖起健全人格的“定海神针”。这些书好像粗粮，粗细搭配，营养齐全，方能广开视界，全息思维，纵横支撑，多元建构。

一是具有前提性的教育理性书，如教育学、心理学、管理学等方面的书，娴熟把握教书育人的“游泳术”。这些书像金钥匙，应用在教育、教学的践行中，打开一扇扇心门知窗，搭就师与生的情感虹桥，让快乐充满校园。

还有一个被夸美纽斯称为“绝妙的书籍：造物的伟大书籍，世界，这些书随时随地都摆在人们眼前”。这就是自然、社会、生活和实践这门知识，在知识宝库中也应予以极大的关注。

对育人而言，教师的专业文化知识为“细粮”，非专业文化知识为“粗粮”，有细无粗，缺失营养；细粗搭配，有益健康。

这些学识就特征上分，应该囊括以下几种。

精品知识——百学不厌常学常新的知识。

这既有达尔文所说的“一切知识中最有价值的是关于方法的知识”，即以此为径走进更高深境地的知识，更有知识中经典著述所达到的里程碑的知识。从这个视角看，任何文化快餐不能替代文化精餐，小菜一碟不能替代大菜一盘。

新兴知识——弄潮于前沿的生命鲜活的知识。

我们不能只讲牛顿定律、达尔文进化论，还要学生知道纳米和克隆。**老用昨天老掉渣的知识，教今天活生生的学生，做明天开创性的事儿，就等于让病人按医生手中医书患病，让学生按教师**

案头的教参提疑一样，是天字号的迂腐。新兴知识在哪？在刚出版飘着墨香的书报（刊）中，在正在运营的网络里，在瞬息万变的屏幕上。

立体知识——举一反三融会贯通的知识。

当今知识大林，根根缠绕，干干相依，枝枝覆盖，叶叶交通，比比皆是嫁接树、连理枝、杂交代、奇异果。1994 年 5 月，钱学森提出了“大成智慧教育”。他设计 4 岁入学，8 年读小学初中，5 年读高中大学，1 年读硕士，18 岁步入社会，比如今学制提前整整 7 年，其秘宗是将诸种知识打乱重组，综合建构，让学生快速吸纳尽早成才。

在智慧母机——学识面前，我曾向一些教育同人提出三个“三五”年计划：

用 3 到 5 年时光，打好根底，建立学科的“井冈山”；

再用 3 到 5 个春秋，扩大学术根据地，统整相关学科，追逐学术前沿；

又用 3 到 5 载光阴，完成文理间渗透与综合，成为知海里纵横畅游的行家里手。

古人云：“临渊羡鱼，不如退而结网。”（《汉书·董仲舒传》）让美梦成真的唯一路径只有行动。而丰厚学识的最有效行动是阅读，真正通透地读一部好书，比参加十次培训活动都有效。因此，每个人都应该立足自身实际，纵目事业发展的宏阔学识背景，确定一份属于自己的专业阅读地图，并扎扎实实加以落实。

阅读价重，重于泰山。阅读惑多，多似牛毛。

读书是务虚功吗？否！

教师每一天，都在反复使用自己的知识储备、文化修养。

打拼事业，核心点是打拼学识和学养，换言之，就是打拼文化。

假如文化库存枯竭了，事业就搁浅在沙滩上了，精神就窒息在暗室了，呼吸就喘息在高原地带了。

教学里有学识。理想课堂上，师生的思维唤醒，激情迸发，心路畅通，天性舒展，思想碰撞，灵感互动，智慧彰显，自信膨胀，表达淋漓，一言以蔽之，是鲜活的生命活力与生命气象泉涌般迸发。于漪早年在上海电视台直播公开课——《海燕》时，以高深的学识指导着朗读，剖析，讨论，学生投入，她也忘我。海燕、精灵、飞舞、大笑、号叫、乌云、暴风雨……无声的文字，被演化成有形象能呼吸的语言，展现暴风雨来临前怒吼的大海、海燕搏击的惊心动魄的图像……

名师孙维刚听课时，见初一小同学问数学老师："课本说整数和分数总称'有理数'，这两种数有什么道理呢？"多好的问题，多强烈的求知欲！孙维刚正想着，却听那位老师不耐烦地回答："这是教学上的规定，没有为什么！"自己不懂其理，又无视学生思维的火花，只能如此霸道了事。

育人里更有学养。对学子的理性分析、目标导引、对症下药、精神给养、心灵滋润等，皆需渊深的学识积淀。有位诺贝尔奖得主在回答"你为什么能成功"时说：我得益于小学老师教会了我做人准则而成习惯：1. 吃饭前先洗手；2. 不说假话；3. 做错了事要改正；4. 承诺了的事要做到。足见为师之识。

学养，主要靠阅读（纸质书、电子书、网络书等）得来。教育家朱永新曾经说："一个人的精神发育史就是他的阅读史，一个民族的精神境界取决于这个民族的阅读水平，一个没有阅读的学校永远也不可能有真正的教育，一个书香充溢的城市才能成为真正的家园。"

有人说，读书是虚功，实则不然。书卷在手，书香扑鼻，书味沁肺，书趣迷人，如饮琼浆润心，似服灵药提神：精神风发，智慧潮涨。

阅读的能量能感知吗？能。

古人有"书中自有黄金屋""读书破万卷，下笔如有神"等不刊之论。书中有无穷的知识智慧，不尽的思想精华，取之不完的治学奥妙，用之不竭的为师之道，有立马可以借鉴的方法路径，有以后随时随地信手拈得的忠告启迪。浸透于漫长人生中的长效应，会像酵母一样显现奇功。

阅读是寻觅珍宝，储蓄财富；承启文化，驱散愚昧。阅读升华人类，阅读改变未来。

不能企望读书有立竿见影之效，一剑封喉之功。

读书之于人，有润泽效应，如水之浸润，润物无声；气之弥漫，随器成形；光之照耀，悄然给予。

潜心攻书、看文章，研读思想理念、人物传奇，其中精华之点就像一束束神秘的光焰，总会把生命映亮。平时，这些神秘之光被密封在大脑暗库里，留驻在心灵深处，似乎被搁置遗忘了。但是，光焰永远封锁不住，遮挡不了，当遇事、处人、面对谜团或思路堵塞时，这光焰会寻得佳机，由内心涌起，喷射而出，照亮眼前的路，点燃心灵火苗，砥砺精神锋芒，给迷惘以明示，解疑窦于危机。这束束光焰就是精神财富，人生内涵，心空的太阳。如果没有阅读，就永远不会空穴生出未雨绸缪的生命之火、精神之光。

德国哲学家卡尔·雅斯贝尔斯早有真言："谁在年轻时就学过希腊语和拉丁语，读过古代诗人、哲学家和历史学家的著作，并掌握了数学知识，熟悉圣经和一些本国名作家的著作，那么，他就拥有了一个精神世界，这个世界充满活力，对外开放，并具有吸收一切事物的能力。"[19]

读书人宜立足久远，放开眼量，解决好快与慢、虚与实、远与近的辩证关系，方使得人书互动，书人合一。

不阅读的后遗症大吗？大。

远离阅读者，遗弊多多。或知识仓库常会告急，缺失学识的广角镜，视野里自然没有广阔的地平线。

或兴趣血脉难以保温，缺失对学习与生活的足够动力和敏锐感悟力。

或头脑属于应用性的，思维单一，思辨力弱，缺失想象力的灵动迸发与联想力的随意飞翔。

或智力呈现平面结构，就事论事，生命缺少诗意的栖居与创意的精彩。

或情感有几分苍白，热情流失，激情蒸发，缺乏广度的人文关怀和深度的大爱情愫。

或人性沾染上暴躁、轻浮、冷酷、专制等不和谐元素，缺少一盏焕发着尊重、理解、怜悯、宽容、慈善的美丽的心灯。

或人格不够健全，遇难受挫易变态走形，心空缺失七彩的光芒与明亮的太阳。

或人生轨迹多呈现平滑或下滑走势，因得不到左右大脑的轮流或交叉支撑，梦想的目标和创造的价值难以达至生命的极限。

还有，若仅仅满足于教材教参和一些快餐式报刊的浅阅读者，工作也会陷入"本领恐慌"的被动中。切记，一般地说，读大众化的报纸不如读专业化的刊物，读专业化的刊物不如读精致化的书籍，读精致化的书籍不如读经典化的名著。

况且古今中外，人类创造如此丰富的书典、灿烂的文化、精深的思想、美妙的智慧、精彩的诗篇，倘不被我辈认知、赏识、吸纳，我们岂不枉活一世，为自己制造一个天大的遗憾吗？

九

素描之四——艺术（方法）的魅力

怀特海给教育以艺术的定位。他说："教育是教人们如何运用知识的艺术，这是一种很难掌握的艺术。"[20]夸美纽斯对教育的艺术看得很重很重，说："在人类知识的百科全书式的读物里面，艺术总放在前面，科学总放在后面；虽则科学所教导的是事物的本身，而艺术所教导的则是操纵事物的方法。"[21]

那么，科学和艺术之于人是怎么一种位置？雨果说："科学是我们，艺术是我。"

而二者对于教育而言，我们可以套用说，教育是我们，为共性；艺术（方法）是我，为个性。科学的共性，全凭艺术的个性为载体而显现出来的。

李燕杰谈教育艺术

在笔者《圣园之魂》北京研讨会上，教育艺术家李燕杰（右）将手书的"龙腾虎跃开新宇，春华秋实铸教魂"条幅相赠

教育艺术是什么？

著名教育艺术家李燕杰如是说："教育艺术是铸魂育人的大智大慧。"

教育的艺术和智慧是教师教育的最高境界，是教育过程中特有的磁性和魅力。它高于知识，重于情感，贵于能力，胜于技巧。

教育的艺术充满无穷的魅力，艺术的教育蕴藏无比的伟力。教育科学从教育艺术得到财富，教育艺术从教育科学中获取价值。

艺术与方法走着一条有始无终的漫长之旅。从孔夫子"因材施教"、苏格拉底的"助产术"，中经夸美纽斯"把一切事物教给一切人们的全部艺术"，到当代美国的探究式学习、中国的研究性学习，教育艺术正一步步走向完美。

"教育儿童的主要技巧是把儿童应做的事也都变成游戏似的。"[22]德国教育家第斯多惠更明确告诉教师："教学的艺术不在于传授的本领，而在于关于激励、唤醒、鼓舞。"[23]这种教育艺术显现为高超的技巧，却包藏着师者技巧以外的全部底蕴，像山里人参让人看到的是绿叶红花，而其内藏的地下根茎才弥足珍贵。

那么，什么是教育艺术的真谛？

教育艺术的头筹，是引导学生轻松愉快地步入兴趣之门。有了兴趣，才拥有成长成才的钥匙。

教育艺术的表象，是推出让学生心驰神往的学与教之法。有了妙法，才有了到达彼岸的希望。

教育艺术的内功，是炼造学生主动地自教、自学的习惯。有了习惯，才有了人格诞生的土壤。

教育艺术的追求，是在教育行动中构建“这一个”的鲜明风格。有了风格，才耸起了个性崛起的峰峦。

教育艺术的核心，是解放被知识窒息的心灵，而唤醒师生创造性的智慧。有了智慧，才握有破解大大小小教育瓶颈的诀窍。

教育艺术的成因，是在科研的快车道上的反思。有了科研中反思，才走得出短视与平庸的泥潭。

教育艺术的根基，是对事业对学子深深的爱。有了爱，才有情感与情感的特快传递，心灵与心灵的默契呼应。

小学语文专家孙双金

教学相长，师生共鸣，文道合一，情智交融；潇洒不失严谨，灵动却很扎实，开阖贯以规矩，高远而又贴近——南京市北京东路小学校长孙双金将语文教学引入精彩纷呈、魅力无穷的艺术殿堂。图为笔者在该校调研时与他（左）合影

若问教育（教学）艺术究竟从哪里来？

它从来不借大脑构想，也不凭死记硬背，还不靠模仿照搬，而是来自扎实的教育（教学）功力、深厚的文化底蕴、前沿的育人理念。

值得注意的是，许多地方教育科学实践在不断发展，而杜威视为“一切人类艺术中最困难最重要的”[24]教育艺术却常常被忽视而进展缓慢，至今尚未走出他当年的判断：“教育作为一种艺术，它比普通工程学的各部门如土地测量、桥梁建筑和铁道建造等，要落后得多。”[25]

遗憾的是，在我国教坛，教育艺术岂止被忽视，教育艺术无用论的思想竟特立独行，如南国一位新潮的中学校长在一次全国教学研讨会上，高谈阔论起“没有谁能教会学生任何东西，那些研究教的艺术的老师都是在误人子弟”的断语，还自以为是什么新论。我们的教育艺术好像一向跟在教育科学实践这辆跑车的尾气后面上气不接下气，因此破坏了教育科学实践的完美。须知，教育艺术全无或含量低的教育实践，意味着教育科学实践的残缺。而妄言教育艺术无用的独白，其实是拒绝教育科学的误导。

因此，师者该随时随地处于思维、创造的亢奋状态之中，如同恩格斯比喻马克思的**“大脑像升火待发的军舰，准备随时开向任何思想的海洋”**一样，用永不停歇的反思直通生发、转化的快车：

把教育实践转化为教育思想；

把教育方法转化为教育能力；

把教育智慧转化为教育艺术；

把教育特色转化为教育风格……

像将热水烧得沸腾，完成这种汽化升华的质变。

十

素描之五——科研的伟力

教育中的科研含金量决定教育的水准。

教育科研将教育理智地送上了发展的快车道。

将科研视为靠山，是现代教育地平线上的标志性“建筑”。

作为加速器的教育科研，精彩人生内涵，简洁思维程序，优化工作内容，改变行动方式，增加自身能量，登临事业峰顶。

许许多多的中外名师莫不是教育科研路上的尖兵。

每日每时，他们都激情满怀地研究师与生的发展之策，教与学的理想之法，学生德与智的齐进之术，情与理的统一之招，课上与课下的互补之花，校内与校外的合力之果……无时无处不在反思与探索中突进。情境教育拓荒者李吉林走上科研之路的细节很耐人寻味。1978 年她看到《小学生心理特点》这本七八万字的小薄书，如获至宝，反复阅读，还做了摘记，脑子突然对理论开了窍，想：“自己就如同最常见的丝瓜、扁豆，它们是可以攀缘向上的，但是需要棚架的支撑，没有支撑，只能趴在地上，不可能向上攀去，也就结不起多少果实来。此时我产生了一种用理论来支撑我的经验世界的想法……”[26]深入的领悟，朴实的联想，思于前，行于后，自此，一场卓有成效的科研之路迈出了甚为紧要的第一步。

“问渠哪得清如许，为有源头活水来。”教育科研之活水，就来自教育实践的源头。

将教育科研神秘化、视之为畏途，始终是教科研路上的一只拦路虎。

那种开题红红火火、中间松松垮垮、收题热热闹闹的形式主义科研态势，是对教育科研的亵渎与戕害。

教育科研的精髓在于创新，在于心中持续涌动着否定自己以往见与功（一孔之见、一得之功）的激情与冲动，在行动与反思中跨出一步步对昨天的超越，超越一堂教学、一个活动、一席谈心、一回家访、一次观察、一类教法的鉴比修正、一种思维的内化沉淀……其中，都涌动着科研的泉脉。

教育科研需要面对一个重大攻坚目标（课题），有组织、有指挥、有主攻、有策应的兵团式作战的阵地战；也需要人自为战、各自为战，打赢一枪换一个地方的游击战。

科研在哪里？就在你的身边。

起点在哪里？就在你的脚下。

突破口在哪里？就在你眼前的问号里。

入手在哪里？就在你述说自己在自然情境下的那些精彩的教育故事里。

归宿在哪里？就在你心灵、智慧的升华里。

融入生命的科研秘诀在哪里？在科研生活化里，即大脑时时刻刻有强烈的原始问题意识，有打破砂锅问到底的旺盛追究精神，有在实验、践行中锲而不舍的求是态度。

访谈任勇

任勇，福建厦门市教育局副局长、厦门一中校长。他是笔者接触的数千教坛友人中，勤恳得忘我且极具创造力的一个

笔者访问过全国模范班主任、河北省武兴元老师。他从对几十年积累的18个蛇皮袋的教育札记、日记、学生试卷、作品等资料的研究中，写出了蜚声四海的《班主任艺术》《解密青春期教育》等多部著作。

河南南阳油田实验高中青年教师郝新贺是位在教坛上鹤立鸡群的强手。他将语文课全部教学流程科研化，科研常规化，进行“读写一体”的实验研究，成果斐然，学生高考语文成绩出众，竟有学生作文得了满分。

厦门一中校长任勇更是集教学、科研、管理于一身的科研型大家。自1984年首发论文始，渐而视教育科研为生命，为精神兴奋点、才干主增点。多年来，他挑灯精思，不眠构创，才思泉涌，文笔神来，以每一年创、编三部书之速，现已著编七十余部书，撰写六百多篇论文。

十一

素描之六——基本功：起点

京剧讲究“台上一分钟，台下十年功”。这台下十年功就是苦练基本功。说学逗唱是相声基本功，唱念做打是戏曲表演的基本功。听、说、读、写（画）、授、做、思、导、研、创等至少十项职业必备技能是教师的基本功。

开原民主小学坚持大练教学基本功

闻名遐迩的开原市民主小学，二十多年来坚持教师人人大练教学基本功活动，在每年书法大赛上，教师当场竞艺，各拿绝活，秀气苍劲，美不胜收。此为笔者访问该校时与新校长靳海霞（左）、老校长林群（右）一起观赏教师们的书法作品

教师基本功乃是教师的看家本事，即敬业之基、精业之能、创业之资（本），犹如在土地上大做文章的农民，对作物栽培逐个环节能否娴熟乃至淋漓尽致把握的功夫。

基本功是教师展示于教育教学平台的起点，或曰初始的亮相。一位早年名扬黄冈今再创业于深圳的资深校长曹衍清对我说：“教师基本功一目了然，它很容易让你觉察到他的作为，有无潜能，及其未来发展走势。”据说，他对基本功在水平线之下的教师，一概亮红灯并将其分流。

昨天各地热火朝天大练基本功的情景，似乎离我们远了。远而疏，疏而荒。比如板书，我亲见湖北省宜昌一中优秀地理教师闫明刷刷点点用粉笔画出的中国地图十分逼真，辽宁师大附中数学教师姜崇志徒手画圆准如圆规。而如今有的青年教师的板书有如“蟹爬”，还错以为多媒体将消灭板书云云。

其实，无论写黑板，还是写于软件、投影屏上，**板书永远不会“下岗”。练基本功，永远是教师一辈子的事**。因为，教师每时每刻都在说，都在写，都在示范性操作，都在展现着基本功的何等样功力。而基本功，又不因学历之山高而技高，学识之海深而功深。

我访谈的吉林市吉化集团公司中小学总校校长（兼公司教育处处长）刘吉生，是狠狠抓练基本功这个“通灵宝玉”的人。他提出的口号是：100%教师基本功过硬。其内容有

"三书"——对大纲、教材、教参纯熟把握；"五功"——外功有对口语表达功、写字功、简笔画功、教具（含电教软件）制作与使用功、组织教育活动功，内功有感染功、开发功、通融功、转化功、展望功等自如运用。大练功之果使吉化教育在省内外闻名遐迩。

长久定式地运作即成特色。

辽宁省开原市民主小学老、新校长林群、靳海霞带领全校教师，二十年如一日从苦练书法突破，人人写得一手好字，讲得一口标准话，画出一笔儿童画，制作一批好课件，那多面手的真本事令各地参观者无不啧啧称奇！

教坛常在，练功不息，熟能生巧，巧能升华。变的是因时因校因生而生的练功内容，不变的是至熟至巧至高的练功目标。

十二

素描之七——能力：支点

这是可以冠名《能力》的著名故事。一次，大发明家爱迪生要求助手阿普顿测量一只梨形电灯泡的体积，阿普顿对着灯泡量了又算，算了又量，过了一个多小时，他急得满头大汗，"只算好了一半"。爱迪生附耳告诉他："你往灯泡里注满水，然后量水，不就可以测算出了吗？"阿普顿恍然大悟。这是什么？这是潜藏在人身上的一种能动力和素质，或曰能力。

古希腊大学者阿基米德曾说："给我一个支点，我能用它撬动地球！"[27]此乃一位科学巨匠的智能宣言，坚实的理论自信为其注满了无与伦比的魂魄。

对于特殊专业职能的教师，能力是立于基本功线上的支点，是教旅坚挺的拐杖。

学历只代表潜力而不代表能力。

文凭只象征凭证而不等于水平。

知识只表示储备而不表示教绩。

甚至，职称只关乎评价（含教历、昨日辉煌）而不完全标志素质。

中国孩子在国际学科奥赛中夺金如探囊取物，然动起手来，常常不免令为师者汗颜。

我们不少为师者呢，常常讲得口若悬河头头是道，而一旦面对教育行动监控之镜、现代教育技术时尚之网、学子心理疾病透视诊治之关，则往往眉头苦锁唉声叹气起来。

实实在在地说，**当前和未来中国教师最缺的，永远是能力的拐杖！因它不像知识，只要学，也要练，还要干，更要干中思，思中拔高！**因此说，能力是天长日久修炼、积蓄、提升的结果。

要拥有什么能力？除了学科教学、学生管理等专业性能力外——

一要有学习吸纳能力。

像海绵吸水、宇宙黑洞吸光一样，时时快速地吸纳、梳理加工外界有用的思想、方法、知识、经验的精华，营养自己，发展思维，化作智慧。

人的每一天都应该在学习之中、吸纳之中、内化之中、发展之中，进而在自我的不断完善之中、超越之中。从这个视角看，**对一个人而言，学历只能代表过去，能力也只能代表着现在，而学习力（核心是自学能力和韧性）却可以预示和代表未来。在云计算和大数据时代，面对狂涛巨浪般席卷而来又唾手可得的海量信息，被抛掷其中的每一个人，其学习中处理、吸纳、消化、驾驭信息的能力益发显得重要百倍。**

二要有实践创造能力。

知为行，学为用。如转变教与学的观念，变教为导，变学为思，如何让教师搭台学生唱戏？全靠实践的触角一次次探索，创造的手笔一番番开拓。

创造的践行之果是推陈出新的行动引领，创造的精神之果是诉诸文字的理性升华。前者是后者的依托，如在千山万壑之中找到沥青铀矿，而后者则是前者的高境，犹如从大量沥青铀矿中分离出镭一样。这是一前一后的两步走：走出前一步，才能跟进后一步的突破；没有后一步，前一步也就缺失归宿而大减其成色。

三要有反思审视能力。

“一个未经省察的生活是不值得一过的生活。”[28]两千多年前的智者柏拉图如是说。

反思是通过冷静的回眸对来路给予理智的解剖，从中清醒地正视不足直面缺憾。审视则要求像法官一样对来路给予全面科学的定位与公断，从而增强信心增长才干。

因此说，**反思是心灵的彻悟，审视为理性的估衡。有了准确的估衡和彻悟，就有了知人之明与自知之明，眼前和心里的路就会越走**

越宽坦，一步步走向成熟，逼近完美。

“我思故我在。”[29]反思，应该成为智慧人的存在方式。

还有一个给力于上述三大能力的属于源泉性的核心能力，它能让教师从“教学菜鸟”到“讲台大侠”，从管班外行到育人高手，从教研学徒到科研专家。

这一核心能力是什么？是教师的思维能力、导思能力，是为思维能力的发展搭建起来的包含专业知识、艺术方法、多种智能、职业情操等多方面的良好的专业基础架构。

十三

素描之八——个性：亮点。

个性是什么？个性乃生命个体各不相同的涵养着生命密码的特质，即与众不同的心性与智能。心性是一个人的德行、气质、性格的总和。智能者则众说纷纭，个中以哈佛大学加德纳揭示的人有“八又二分之一种智能”的学说令人信服（见本书第二章之四）。正是每个人迥然各异的心性智能，支撑了大千世界里千差万别生命个体的独一无二。

此种特质各异的心智，犹如沉睡在人的心灵深处的精神巨人。他总是或早或迟被唤醒（当然，也有永远不曾被唤醒的平庸儿）。但是，你不知道他何时何地会被唤醒，也不可能在别人被唤醒时他也一定被唤醒，他还不一定持续不息地被唤醒；只有外界的火花在心灵深处灿烂闪耀，并将心灵的火种点燃时，主观兴趣与客观希冀融合成一次美丽的邂逅，精神巨人才腾身而起。此为个性正面价值的苏醒，也正是基于个性的正面价值，我们才会说——

个性是人得以立身的存在方式。

个性是灵性最迷人的那座山峰。

个性是人性最坚韧的那根神经。

个性是体性最璀璨的那个瞬间。

个性，就像山有高度，水有深度，不可能他人都有我的特质；风有自由，水有温柔，没必要模仿他人的个性。

笔者至今对1957年秋在康平县第一中学读初一时的一堂政治课仍记忆犹新。临时代课的张固峰老师，四五十岁，头发花白，面颊因刚剃去络腮胡须显得铁青，眼睛笑呵呵地注视着全班同学，伴随着上课铃声，他跨着标准型的大弓步，第一步从门口跃到讲台边，第二步跨至讲台中间。全班同学都惊喜地笑视这位老师奇异的动作与表情。只见他在黑板上飞快地书写三个大字：两步走。紧接着，他便开门见山地说：新民主主义阶段是社会主义阶段的必要准备，社会主义阶段是新民主主义阶段的必然趋势。这两句话即是那节课的核心内容。光阴荏苒，逝者如斯，57 年过去，只为我们上了一堂课的张老师却时时萦绕脑海，如在眼前，那笑容，那体态，那音调，那"两步走"的扼要解题，犹历历在目，宛然如昨。

这就是教师亮丽个性的永恒魅力啊。

名师在教育教学中八仙过海，各显神通：有的巧于激疑布惑，有的善于画龙点睛；有的精于融会贯通，有的长于各个击破；有的优于静中明理，有的特于动里煽情；有的高于妙语连珠，有的强于手脑并用；有的工于示之以范，有的胜于引而不发……这是什么？这是教育者独有的个性。美国发明家爱迪生说："个性就是差别，差别就是创造。"

个性是品牌，是卓越。

个性的反义是平庸。

教育个性是教育事业（人生）的高峰。它比智力更优秀，比能量更有力。

毫无教育个性特色的学校为庸校。

毫无教育个性特长的教师为庸师。

平庸别于平凡。

平凡可能孕育伟大，平庸只有碌碌无为。

在教书育人的领地里，平庸即无进取心、无目标感、无创造力的代名词。

庸师、庸校长为低能儿，只能造就出"次等品"。

庸校是低劣校的别称，只能视为平庸培养所。

无功即过，不进即退，平庸即耻。平庸为办学育人的致命伤。

无个性者似乎虽无长处，也无短处；无明处，也无暗处，然而，由表及里而论，**最大的特点是没有缺点，最大的缺点是没有特点；最缺的支点是没有亮点，最缺的亮点是没有支点。**

无个性者如同无名牌、无拳头产品，无独占鳌头的优势，必然走向短命，不被同化，便遭淘汰。

寸有所长，尺有所短。舍长择短，截长补短，只能全体平庸、全面平庸，恰恰丢了全面发展的内核。

拒绝平庸，冲向独特；远离平庸，弘扬独特；告别平庸，守护独特。

因此，发展个性，打造个性，高扬个性，已成为创名校、名师的首当其冲的追求。

个性如何形成？立足自身，提升素养，发掘潜质，磨砺特长，坚持成传统，习惯成个性。

十四

汉代韩婴在《韩诗外传》里讲道："智如泉涌，行可以为表仪者，人师也。"

为师者，必以厚实的基本功为基点，以高超能力为支点，千方百计达至教育个性的灿烂亮点，以获取能力支点之端璀璨的明珠，完成从盲目教育向魅力教育的跨越。

优秀教师无时无刻不在教师风采、语言、教育风格与模式等方面，修炼、张扬着教育个性，迸发出独特奇异的智慧之光。

我们该如何行动？

当牢牢夯实知识的地基和基本功的基点，时时抓住创新这个灵魂，处处磨砺能力的支点，节节攀登科研的云梯，一步步收获融合着科学与艺术的教育个性的珍宝。

模仿郑板桥《咏竹》诗，笔者将教师素质的修炼概述如下：

咬住"二本"不放松，
扎根知识能力中。
千锤百炼扬个性，
不信教坛无东风。

苏霍姆林斯基曾给教师100条建议，我在香港讲述"名师素质结构"专题时，对那里的教师同人提出他们十分认可的十条建议：

1. 修炼健康高雅的人格，远离浮躁；
2. 追求厚德博智的境界，远离浅薄；
3. 写好教育教学札记，远离冲动；
4. 读透数部教育名著，远离短视；
5. 教好一门课，成为能手；
6. 任好一个班，成为高手；
7. 辅导好一个组（兴趣小组），成为强手；
8. 打通科教隔阂，走上快速；

9. 张扬教育个性，走上精彩；

10. 不断超越自我，走上高峰。

多年来，我从大量采访中，也着力研究了中国优秀校长所具有的前沿理念素质（灵魂）、渊博学识素质（前提）、高尚人格素质（根基）、过硬能力素质（支柱）、个性魅力素质（重要条件）等素质结构，并在中国西部地区校长论坛会和东北白山地区校长培训班上向校长朋友提出类似十条建议：

1. 修炼健康高雅的人格，告别浮躁；

2. 占有教育前沿的理念，告别陈腐；

3. 追求厚德博智的境界，告别浅薄；

4. 把握现代教育技术，告别守旧；

5. 织结八方助学网络，告别闭锁；

6. 写好教育管理札记，告别定式；

7. 上好一门功课，告别外行；

8. 抓好一个课题，告别盲目；

9. 带好一支队伍，告别困惑；

10. 打造一种特色，告别平庸。

注释：

[1] 伍蠡甫. 西方文论选：上卷 [M]. 上海：上海译文出版社，1979：329.

[2] 纪伯伦. 先知：沙与沫 [M]. 冰心，译. 长沙：湖南人民出版社，1984：103.

[3] [4] 雅斯贝尔斯. 什么是教育 [M]. 邹进，译. 北京：生活·读书·新知三联书店，1991：44.

[5] 朗费罗. 人生礼赞 [M] //严凌君. 人间的诗意：人生抒情诗读本1. 北京：商务印书馆，2003.

[6] 帕克·帕尔默. 教学勇气——漫步教师心灵 [M]. 吴国珍，等，译. 上海：华东师范大学出版社，2014：31.

[7] 泰戈尔. 泰戈尔抒情诗选 [M]. 吴岩，译. 上海：上海译文出版社，1992：20.

[8] 陀思妥耶夫斯基. 少年 [M]. 岳麟，译. 上海：上海译文出版社，1985：97.

[9] 叶芝. 叶芝抒情诗精选 [M]. 袁可嘉，译. 西安：太白文艺出版社，1997：401.

[10] 林崇德. 教育与发展：创新人才的心理学整合研究 [M]. 北京：北京师范大学出版社，2002：213.

[11] 夸美纽斯. 大教学论 [M]. 傅任敢，译. 北京：教育科学出版社，1999：43.

[12] 周济. 爱与责任——师德之魂 [J]. 人民教育，2006 (8)：2.

[13] 顾明远. 杂草集——顾明远教育随笔 [M]. 福州：福建教育出版社，2001：146.

[14] 吕型伟. 为了未来——我的教育观：续集 [M]. 上海：上海教育出版社，2002：2.

[15] 培根. 新工具 [M]. 许宝骙，译. 北京：商务印书馆，1984.

[16] 爱克曼. 歌德谈话录 [M]. 朱光潜，译. 北京：人民文学出版社，1978：104.

[17] 莎士比亚. 莎士比亚全集：第6卷 [M]. 北京：人民文学出版社，1988：195.

[18] 怀特海. 教育的目的 [M]. 庄莲平，王立中，译注. 上海：文汇出版社，2012：40，42.

[19] 雅斯贝尔斯. 什么是教育 [M]. 邹进，译. 北京：生活·读书·新知三联书店，1991：108.

[20] 怀特海. 教育的目的 [M]. 庄莲平，王立中，译注. 上海：文汇出版社，2012：6.

[21] 夸美纽斯. 大教学论 [M]. 傅任敢，译. 北京：教育科学出版社，1999：79.

[22] 洛克. 教育漫话 [M]. 傅任敢，译. 北京：教育科学出版社，1999：36.

[23] 第斯多惠. 德国教师教育指南 [M] //张焕庭. 西方资产阶级教育论著选. 北京：人民教育出版社，1979：386.

[24] 杜威. 杜威教育论著选 [M]. 赵祥麟，王承绪，译. 上海：华东师范大学出版社，1981：264.

[25] 杜威. 杜威教育论著选 [M]. 赵祥麟，王承绪，译. 上海：华东师范大学出版社，1981：281－282.

[26] 李吉林. 情境教育的诗篇 [M]. 北京：高等教育出版社，2004：10.

[27] 程翔章. 世界著名教育家科学家的命运 [M]. 南宁：广西人民出版社，2003：110.

[28] 柏拉图. 苏格拉底的申辩 [M]. 吴飞，译. 北京：华夏出版社，2007：131.

[29] 笛卡尔. 谈谈方法 [M]. 王太庆，译. 北京：商务印书馆，2000：27.

第七章 高境探幽

境界，孕于《易经》，明于老庄，定于郑玄，醇于达摩，显于王国维。

境界，华夏思想的大智慧、大源流、主航道，正引领一个古老而伟大的族群走向九天奇境。

探幽其间，你会发现深邃无比的十大教育境界。

寻宝其内，你会领悟鼓荡着磁力、张力、活力的理想教学格局及其境界。

运用其妙，你也会感知师之境界何以走向圆融。

长久地探求、历练、思悟吧，以拥有至高境界的大气芬芳、大家质地、大师气象。

古之善为士者，微妙玄通，深不可识。

——老　子

词以境界为最上，有境界则自成高格，自有名句。

——王国维

第一节　境界的龙脉

一

走进公元前 521 年春日周代京都洛阳城外的历史景观深处。

孔子向老子学礼

孔子问礼于老子。两位大师，双子星座。谦谦风度，天雨流芳

古道上，串串马铃声自远而近，两辆车子缓缓停住。

从前车上下来两个人。

一位长髯飘然、仙风道骨的智者由一位神态谦恭的高个儿书生模样的中年人搀扶着，在芳草萋萋的道边站定。

是老者为中年远行者专意送行。

只见眉骨脱俗、目光矍铄的老人拍着那位书生的肩，语重心长地说：“我听说，富贵的人为人送行要赠一些财物，有德行学问的人为人送行，则赠人以言辞。我不富贵，权且充个有德行学问的人，也送你几句话吧！”

“好！太好了！”那书生说，“先生的话比多少钱财都贵重啊！”

“那好！”老人清了清喉咙，一字一句地说了三句话——

“你读的书研求的东西，多半是古人的。我送你第一句话，不要太拘泥于古人的东西。

“有美德有学问的人理应有地位有待遇，但要看是否生逢其时……不能强求，否则一定会招来苦恼，这是我送你的第二句话。

“有句老话，会做生意的都不把货物摆在外面。有极高修养的人，表面都是朴实的。而你的聪明有些外露，这不仅阻碍你的发展，还会给自己招惹是非，这是我送给你的第三句话。”

“先生，我全记住了。”那位连连点头的听者一派毕恭毕敬里略显木讷。

老者顿了顿，两眼看着那书生，似乎看透其五脏六腑，末了说：“你要去掉骄傲，去掉贪恋，去掉架子，去掉妄想，这对你是有好处的……去吧！”

那书生激动得眼眶潮湿了，深施一礼，抱拳惜别。

他回到鲁国国都曲阜后，一连三日默默无语，也不给学生讲课，苦苦咀嚼尊师那切合要害又高瞻远瞩之言。当学生问他何以成此状时，他说：“鸟，我知道它会飞；鱼，我知道它会游；兽，我知道它会走；至于龙，腾云驾雾，驰游太空，我无法追赶，今天我见到尊师李聃，他就是像龙一样深不可测啊！”

这位虔敬拜师者就是孔子，那位循循善诱者就是当时洛阳守藏室之史（今国家图书馆暨国家历史博物馆的馆长）、大思想家老子。

孔子感受到的，是一种自己无法言状的痴迷境界。

孔子所描述的，是一位至圣大师高山仰止的魅力境界。

老子对孔子的送别一幕，形象地演绎了人类“诲人不倦”“学而不厌”的高迈境界。

二

在笔者的脑幕上，叠印着古往今来为师者于诸多侧面所达到的大家境界。

战国时期，薛谭向秦国的著名歌唱家秦青学歌，本没学精却自我满足，要告辞归去。秦青不拦，在城郊道旁的林前为之饯行，还抚节悲歌一曲。那绝妙无比的歌声惊震林木作响，遏住行云不动。于是，薛谭愧疚求返，终身再不敢言归。

师徒二人上演了教艺学艺的美妙境界。

宋末元初理学家许衡与同伙们共同逃难去河阳。

时值酷暑，口渴难耐。因屡遭战乱，土地荒芜，不见村户和水井。突然，同行人发现路旁一棵结满金黄梨子的大树，纷纷摘食，有说有笑。

唯许衡在树荫下席地坐读书卷。有人问他何不以梨解渴？许衡说：“梨树无主，我心有主。”始终忍渴而不吃一口梨。

古人云："君子戒慎乎其所不睹，恐惧乎其所不闻。莫见乎隐，莫显乎微，故君子慎其独也。"（《礼记·中庸》）

许衡守望着白玉般操守的慎独境界。

明武宗正德十四年（1519年）7月廿日后，赣南巡抚王守仁平定宁王朱宸濠在南昌发动的叛乱进入关键时刻。此时，王守仁仍不废讲学。七月廿四日，他正为学徒讲课，谍者报前军失利，坐中皆惧，阳明出见，回来后复接刚才讲论。少顷，又有谍者报告贼兵大溃，坐中皆有喜色，阳明出见谍者，退而就座，神色自若。宁王就擒，旁人咸色喜惊问，阳明曰：刚刚听说宁王已擒，想来是真的，但死伤者甚多。旁观者皆服其学养。

文能育人兴国，武能讨敌安邦，运筹帷幄于讲堂，决胜数里于战场，兵将于心，讲论神态自若；擒敌在手，亦在谈笑之间。明史评："终明之世，文臣用兵制胜，未有如守仁者也。当危疑之际，神明愈定，智虑无遗。"[1]

王守仁书写了山崩地裂气定神闲的儒雅境界。

马卡连柯（1888—1939），苏联教育家、作家。1920年后主持高尔基工学团和捷尔任斯基儿童劳动公社，专注对流浪儿童和少年违法者的教育改造。他在人心的荒漠栽种美丽花朵，于施教的处女地上写就《教育诗》

20世纪20年代的苏联，谢苗因偷窃进了高尔斯儿童教养院，又一度逃离，四处碰壁后再回来。马卡连柯院长却让谢苗骑上马，带上他的手枪，揣上委托书，穿森林跨河流到镇上财务处去取回500卢布。过不久，又叫他取回2000卢布。谢苗两次把厚厚一沓钞票放桌上时，马卡连柯都是数也不数就把钞票往抽屉里随便一丢。

谢苗忍不住喊道："您是在捉弄我，您不可能这样信任我……"

马卡连柯告诉谢苗，以后就由他去取钱："我一点也不担心，我知道你这个人跟我一样诚实。这一点我以前就知道，难道你看不出来吗？"

"不，我还以为你不知道呢。"谢苗走出办公室时，竟高兴地唱起来……[2]

马卡连柯创造了以尊重人格换回人格觉醒的奇崛境界。

这是1987年12月末的一天。

上课预备铃响了。

在沈阳120中学高二（1）班门前，五十多岁的生物特级教师孔祥骥恭敬地站立着，等候上课铃声。突然，一个人慌张跑来告知，他的父母、一个孩子都被人用大镐刨死了。

顿时，如五雷轰顶，天塌地陷，他仿佛周身一下子被抽去筋骨，泪水夺眶而涌，就要失声恸哭，就将瘫倒门前。

一切来得十万火急！

上课铃响了！

铃声是命令！

若是常人常理，会二话不说，飞奔回家！然而，对于他——自1957年东北师范大学毕业为师后，不曾请一次假、误一堂课的敬业者，忠孝不能两全，习惯令他坚定地选择守望！

孔祥骥揩干泪痕，强忍巨哀，昂起精神，走上讲台，一忽儿万念俱灭，四大皆空。

这一课，他导入天衣无缝，精讲有声有色，点拨恰到好处，实验滴水不漏，以至全班学生竟无一人有丝毫察觉。

孔祥骥以惊人的意志展示了师者忠于职守的忘我境界[3]。

孔祥骥在课堂上

孔祥骥(1930—)，辽宁省生物特级教师、省模范教师、全国教育系统劳动模范。学科功底和专业技能齐进，高尚师德与精湛教艺一炉

1984秋的一天，在盘锦实验中学，有个同事告诉魏书生，学校有一位老师总嫉妒他。

魏书生说："应该嫉妒我呀，我才教了6年书，就被评为特级教师，确实使人嫉妒。"

那同事说："嫉妒就嫉妒吧，他还给你造谣，编瞎话，他太对不起你了。"

魏书生说："要说对不起，是我对不起人家。"

"你们从前认识？你做了什么对不起他的事？"

"不，以前我们素不相识。"

"那你有什么对不起他的？"

"正因为素不相识，人家却肯舍出一部分脑细胞来给咱造谣。倘没有我，人家用这点脑细胞学习、工作，干点什么不好，却冒着降低人格的危险给咱造谣，容易吗？……那谣言更激励我、促进我，人家帮我进步却浪费了自己脑细胞，降低自己人格，难道不是我对不起人家吗？"

魏书生后来满怀歉意与那位老师相处，以至那人由说他坏话到经常背地里说他好话了[4]。

魏书生以德报怨，创造了对同人诚心相处的和谐境界。

世纪之交，北京一位父亲与在外地读大学的女儿打着长途电话。

“女儿，爸爸的好女儿，你一定要听爸爸的话，今晚立即报告给你的辅导员，说你没丢400元，是忘了放的地方。”

“为什么非那样呢？爸爸，那样，全班同学怎么看我？”

“女儿，别的都留下以后说，你若不撤你报的案，我和你妈连夜坐火车，明天一早就赶到你们大学！”

这是父与女通了近一个小时电话末了父亲命令式的明示。原来，外地读大学的女儿在宿舍丢了400元钱，即刻报告辅导员，辅导员在全班沸反盈天地找了四天而没结果。女儿便电告北京家里退休的老教师父亲，那父亲左劝右劝女儿都不听，于是有了上述的最后通牒。

当晚，女儿不情愿地向辅导员说钱已找到。

次日，辅导员在班上说明情况，批评了那女学生“骑驴找驴”的粗疏。

第六天一早，辅导员又找来这名女学生，面交一封向她深表忏悔的同窗女友的信和那丢失的400元钱，信的字里行间，激跳着的那颗悔过的心、羞耻的心、感激的心，让那女学生泪眼婆娑了，同时，她暗暗钦佩老父亲的博大胸怀。

宽厚仁爱的老教师，创造一种关注后生生命发展的宏阔境界。

20世纪90年代，北京东城区第二十二中学一个教室里，前来听课的人困惑了：这是一堂什么学科的课？

执教者一会儿讲起对称和谐的美，一会儿说到质量互变之谜，从α、β、γ的希腊字母转谈欧洲文化、“二战”硝烟，从吟咏“忽如一夜春风来，千树万树梨花开”的醉心诗句，到赞叹门捷列夫对未发现元素的惊人预见……

历史和现实对话，人文并科学携手，唐诗宋词于理化丛林间闪耀灵火，哲学思考在数学王国里点燃明烛……

这就是北京市二十二中数学教师孙维刚的一堂数学课。

奇哉！妙哉！高哉！

站在系统的高度八方联系，浑然一体；调动哲思的泉源四面滋润，高屋建瓴，让学子浮想联翩，思潮如涌，如痴如醉，流连忘返。

这就是孙维刚老师创造的一种博大、鲜活而美丽的教学境界……

三

境界，薪断火传的境界，气象万千的境界！

你龙从何处来？脉向何处去？

“境界”一词，较早见于《后汉书·仲长统传》：“当更制其境界，使远者不过二百里。”[5]境界原指疆界，渐而引申为“境况”“情景”“意境”。从地域的疆界到人生的精神世界或某一种事业的造诣，“境界”一词在不断演化的语言史中渐渐约定俗成，落地生根。

境界，从遥远遥远的历史隧道深处走来，载着智慧的灵光，载着文明的异彩，载着民族浩气的厚积与对四海佳风的博纳，一路探索着、充实着、昭示着，照耀人的心，吸引人的眼，引领着一个古老而伟大的族群正走向九天奇境。

像一条宽长无比的大河，境界从远古流向今朝，从今朝又注定流向未来，滋润着华夏紫气东来，滋润着她的子民英姿勃发……

四

明代洪应明说：**“文章做到极处，无有他奇，只有恰好；人品做到极处，无有他奇，只是本然。”**（《菜根谭》）

极处是啥？就是最高境界。

其意是：文章写到登峰造极境界时，并没有特别奇妙之处，只是把情感、思想表达得恰到好处；做人的品格达到炉火纯青境界时，也没有什么特别出奇之点，只是使情操回归到纯真朴实的本性罢了。

这段箴言道出了境界的真谛：事物的发展（多指思想、精神、视野、修养、学问、事业、技能）所达到的某个层面、某种程度、某等造诣、某个境地。

这段箴言也道出了人的心境所追求的一种生命状态。

中国儒、道、释三家无一不强调修炼提升至高的人生境界。

儒家崇尚圣人。

何为圣人？“故圣人耐以天下为一家，以中国为一人者，非意之也，必知其情，辟于其义，明于其利，达于其患，然后能为之。”（《礼记·礼运》）

其意是：圣明的人把整个天下看成一个家，把整个国家当作一个人，并不是凭主观妄为的，而是他能剖析其深刻的含义，明白其利害关系，擅长处理其冲突，然后才有所作为。

此等圣人，心怀：以天下为一家；视域：以国人为一人；治国：明察而清醒；理事：精深而有为。圣人只是高远的目标，真正达到此种境界者，必定寥寥。

道家力挺真人。

何为真人？“古之真人，不知说生，不知恶死；其出不欣，其入不距；翛然而往，翛然而来而已矣。不忘其所始，不求其所终；受而喜之，忘而复之。是之谓不以心捐道，不以人助天，是之谓真人。”（《庄子·内篇·大宗师》）

其意是：古时候的“真人”，不懂得喜悦生存，也不懂得厌恶死亡；出生不欣喜，入死不推辞；无拘无束就走了，自由自在又来了罢了。不忘记自己从哪儿来，也不寻求自己往哪儿去，承受什么际遇都欢欢喜喜，忘掉死生像回归自己本然，这就叫作不用心智去损害大道，也不用人为的因素去干预自然。这就叫“真人”。

此等真人，置生死于度外，视机遇为等闲；只知来路，不管去路；天马行空，无拘无束；不伤大道，不扰自然，此种超脱、神异的状态和境界，真可谓人生是一场逍遥游。

释家推举善人。

何为善人？《佛说无量寿经》说：“善人行善，从乐入乐，从明入明……”佛教核心说：缘起性空以觉行圆满，慈悲为怀而普度众生。

其意是：种善因的人行善好施，从缘境和美生起到身心适悦，从聪明智慧到更聪明智慧。

佛教核心是说，世间一切都是因缘和合所生起的有，其本性是空的，即“真空生妙有”，自己明白还让其他众生都明白，不光明白，还要做到；佛以慈善和怜悯为根本，施宏大法力，尽力救济他们以便登上彼岸。

此等善人，自立立人，自达达人，讲求“苦行”，行善积德。若世间之人都积得智慧德能，人世间岂非一片净土？

儒、道、释三家所追求的做人境界，绝不是泾渭分明，井河不犯，独尊一主，毫无干系，而是你中有我，我中有你，大道通天，天人求合。

境界宛若一只无形的神手，牵领人的一生一世。境界不同，人生的心灵风景也会不同。

人生之旅，表面看是成长、发展之旅，实乃追求与修炼着自身境界之旅。

世间每一个人，都有各自不同的求索境界。甚而至于说，有一个人，就有一种圆梦的境界。

日前，读阿兰·德波顿《哲学的慰藉》，书中展示了几位西方顶尖级哲学家追求的人生境界：苏格拉底通过理性思辨把握真理，自信地直面居于压倒优势的世俗偏见，完美体现了虽百死而不悔的无畏境界；塞内加参透人事无常，对命运往往做最坏的设想，因而展示出面临飞来的横祸处变不惊的坦然境界；伊壁鸠鲁追求人生之旅自己认可的愉悦——摒弃世俗奢华，远离发令上峰，过着粗衣粝食、良朋林下的快乐境界；蒙田虽度日于藏书楼里却贬低书本，厌恶上流的矫揉造作而让平常人以原始状态登堂入室，用百姓话取代亚里士多德如是说，达到即使知识、能力缺陷也可以得到慰藉的自我回归境界；叔本华视自己一生为“一段无用之插页”，放弃对人生的一切期待，深陷绝望——极端悲观主义的悲情境界；尼采对意志和力量绝对自信，又展现出在一切艰难险阻之中永不放弃的超人境界……

一种清晰而超拔的境界，足以导向一个人生的运行轨迹。

五

海到天边云作岸，山凌绝顶我为峰。

世间的人，无不在追求某个领域、某个视角、某个层面的境界。

没有比脚长的路。

没有比人高的峰。

没有比心阔的海。

没有比志远的天。

人皆可以为圣贤。境界绝不是谁注册的专利。

人生之旅似冲浪。境界没有毕功一役后的永恒。

人的奋斗无穷期。境界当为永无止境的追索。

人成完人在磨炼。境界的升腾源于不息的内化。

人的真善美在教育。境界的风雨须人自觉的栉沐。

正如石中英所说：“教育应该关注人生的境界问题，同时人生境界的提升也需要教育，甚至可以说离不开教育。”[6]

六

何为境界？

老子说：**“人法地，地法天，天法道，道法自然。”**（《老子·第二十五章》）这顶针句式连接起人、地、天的事物链，说出了无形的规律操纵其中经经纬纬的奥秘。

《道德经》开篇立言：**“道可道，非常道。”**其意是：事物的道理如果可以道出的话，那道理也就不是长存的道理。道是蕴藏事物自身之中只可意会难以言表的精髓。

老子还称通晓事物“微妙玄通”者为“有道者”。

不言而喻，老子的“道”，与今之“境界”心连神通。道产生高境，道直抵高境，道亦可理解为大境界，得道者即达大境界者。

孔子回首来路：“吾十有五而志于学，三十而立，四十而不惑，五十而知天命，六十而耳顺，七十而从心所欲，不逾矩。”（《论语·为政》）**他精述递进的人生之旅及内化而至的一个个目标；从志学到立身，从博智到得道，从大包容到随心所欲，正是对修炼人生境界流程的精端解说与评点。**

从古之圣贤论说明理中体悟，境界乃是认知与功力的造诣、诗画（作品）与道行的意境。

境界的支点，靠心灵对外界的恰适把握。

境界的覆盖，是人与自然、社会、宇宙和谐共处相融共生及对其最大限度的包容。

境界的主张，是对宇宙、对人生、对事物入乎其内而出乎其外，达到所见、所思、所做超越必然走向自由的探索与践行。

境界的扩展与提升，有一个漫长、复杂的嬗变之旅。

起源于华夏的境界说，最适用“源远流长”状其根貌。

笔者多年研究境界说，深感其十分深奥而又广博，各时代尽有代表，高手如云；各代表自有高论，智仁互见。限于本书格局，只能选几位大家，权当名片。在梳理其流程上，所选择代表性的节点也囿于管窥蠡见。

它孕于《易经》。

这部周代筮占之书，以象征天、地、雷、风、水、火、山、泽八种自然现象所代表的八卦形式，推测出天地人间万物的境界之变，解说阴阳相互作用方为万物不同境界的生成之根，并在世间首提“刚柔相推，变在其中矣”（《易传·系辞下》）的境界演化的辩证法动因。这部经天纬地之书，因处处留意天地变化的大规律，讲人道如何顺应天道地道，为事物境界丰厚而基本的文化内涵，含而不露地埋藏了强大的思维视界和理论支柱，其主要有：涵蓄万物、兼容并包的襟怀，对立统一、阴阳平衡的视角，厚德载物、宽容大气的气象，天人合一、自强不息的涵养，革故鼎新、变化通用的思路，谋道而行、循义而行的品行……

不可不提，孔子在整理《易经》前后，也以其为学之道、为人之道、为公（天下为公）之道等大道，高标出一种圣者境界。孟子以“我善养吾浩然之气”和“富贵不能淫，贫贱不能移，威武不能屈”等浩然正气的核心理念卓尔不群地引领了师道境界。

它明于老庄。

二千五百多年前，老子最先拉开探讨境界的帷幕。他的思想精髓为“道”论，以“道”为最高境界。“道”具有本根和规律之意，又是“天人合一”的理想境界，是万物天性和人的本真状态的回归。“道”，好像预先为以后才出现的“境界”一词扎了根，绘了像，命了名。

后来的庄子则深入一步，从朴素辩证法思想“天道无为”出发，探讨人如何摆脱名缰利锁而获得完全的精神自由和开放独立的人格，他把精神上绝对自由的超越境界也称为“道”，并一直追求着与天地融为一体的无差别境界。

在五光十色、物欲纵横的现代社会生活里，若想不为名缚，不为利扰，不为色迷，达到物我超脱、清心寡欲的境界，亟须借助老庄的哲学，那无处不闪现大境界思辨的火焰足以帮助我们拨云化雾。

它定于郑玄。

东汉人郑玄对《诗经·大雅·江汉》写召穆公时扩充领地“于疆于理，至于南海”一句作注：“正其境界，修其分理。”这是迄今所见最早运用的“境界”一词。郑玄虽指是地域，却留给后人对界限、境地、景境、造诣等引申寓意的考量。

它醇于达摩。

达摩（？—528或536），中国禅宗创始人、少林寺大乘禅法首任主持。达摩之前二三百年三国时康僧铠所译的《无量寿经》，已有“比丘白佛，斯义宏深，非我境界”的造诣境界说，待南朝时达摩于少林寺面壁打坐九载，其主张的“安静而止息杂虑”和静坐敛心专注一境的“禅定”便广布开来，“境界”频现，借静心的智慧修炼变得如陈年老窖般的醇厚明净起来。“境由心造”遂成了佛家真言。

达摩面壁图

达摩，又称菩提达摩，意译为觉法。自称佛传禅宗第二十八祖，为中国禅宗的始祖，故中国的禅宗又称达摩宗，达摩被尊称为“东土第一代祖师”

中经历朝历代大智慧的积淀越发厚重，对境界探索的触角也深入了各个领域。

如南宋理学家朱熹推出了体系性的心灵境界说，以“明天理，灭人欲”为教育内容，以“心与理一”“浑然一体”为最高境界，绘制出形而上的精神境界的实现、一个自我实现、自我超越的过程图。

再如明代思想家王阳明追求“闲观物态皆生意，静悟天机入穴冥。道在险夷随地乐，心意鱼鸟自流形”“真乐”“真吾”状态的人生境界。这种境界超凡脱俗，寻找社会与自然、理性与感性、美与善的统一，“怡神养性以游于造物”的高度自由。

它显于王国维。

到清末至民国，大国学家王国维（1877—1927）将根于华夏无处不在、无所不包的“境界”，尤其借鉴唐代王昌龄的诗有物镜、情境、意境“三境说”（王昌龄《诗格》），在《人间词话》中说：“诗引入了诗词评论：‘词以境界为最上，有境界则自成高格，自有名句。’”他又展延到诗：‘诗词皆然。持此以衡古今作者，可无大误也。’且以自己的“境界有大小”的眼光，更将境界扩展到人生，以古人词句为喻说：“古今之成大事业、大学问者，必经过三种之境界。‘昨夜西风凋碧树，独上高楼，望尽天涯路’，此第一境也。‘衣带渐宽终不悔，为伊消得人憔悴’，此第二境也。‘众里寻他千百度，回头蓦见，那人正在，灯火阑珊处’，此第三境也。”

王国维（1877—1927），是我国近、现代相交时期一位享有国际声誉的著名学者

他最初发表在《国粹学报》上64则《诗话》，“前九则为标举‘境界’说的理论纲领；后面部分则是以‘境界’说为基准的具体批评”[7]。他从美学视角在诗词创作上觅得一个亮丽独特的情景交融的艺术形象。“言气质，言神韵，

不如言境界。有境界，本也。气质、神韵，末也。有境界而二者随之矣。”（《人间词话·删稿》）

至此，掺杂于气质、风骨、兴趣、神韵、格调等概念之中的境界，在大学者王国维的笔下定了格。境界成了独立的美学概念，剥离于其他的美学概念群落，独树一帜地推举其为最高的美学范畴，亦为人的心灵深处至高至圣的美妙愿景。

七

境界是华夏思想的大智慧，是华夏文明的大源流，是华夏文化的主航道。

五千年的境界追求，五千年的境界进化，五千年的境界完善。

这是中华民族迥然有别于其他民族、最为独具的特色。

思想文化的丰厚凝聚是天长地久的大合力。

正是靠着这大智慧、大源流、主航道，中华民族实现了各民族心心相印的大融合，任谁也无法宰割无法分裂；实现了各宗教、各思想流派（儒、道、法、墨等诸家）兼容并蓄的大融合，任谁也无法消灭、无法打败；实现了古与今、传统与现实（也含中与外）的文化天衣无缝的大融合，任谁也无法悄然泯灭无法淘汰出局。

君不见——

古埃及、古希腊、古罗马都曾经是世界文明中心，到现在却是有古无今。

世界上上千个民族，有像中华民族这样的五千年不曾被屈从被撕裂而一枝独秀的吗？

地球上有二百多个国家（含地区），有像中国这样一个古老国家不曾被毁灭被同化而雄立古今的吗？

人世间有四千多种文明，有像华夏文化这样一种悠久文明不曾被染化被打碎而今仍笑占风骚的吗？

为此，我大笑，我高歌，我狂舞。

八

中国是诗的王国。我们不妨以一首诗为窗口领悟境界。

千山鸟飞绝，万径人踪灭。

孤帆蓑笠翁，独钓寒江雪（柳宗元《江雪》）。

所有的山上，看不到飞鸟的影子，所有的小路，也不见人的踪影。在孤零零一条小船上，一个身披蓑衣、头戴斗笠的老翁，在大雪覆盖的寒冷江面上独自垂钓。

柳宗元笔下的寒雪渔翁垂钓图，描绘了怎样一个广阔、冷清、幽寂、孤傲、空灵的奇绝境界。

境界如同感怀大海不息的涛声，长天凝结的白云，幽谷流香的芝兰，林间静默的雪野。

一切只可意会，只是感觉，只有了然无痕，像鸟儿飞掠天空，天空不曾留踪；鱼儿翔过水底，水底不见其影。

所有的只是含蓄，只是蕴藏，只是精髓，看不见，触不着，嗅不到，像清风徐来，月光挥洒，你感觉它的存在，却难以捕捉它。又犹如置身绿色森林之中、缥缈夜空之下，你所领悟的造物的寥廓、神秘与生命的呼吸与律动的神圣，以及自内而外悄然产生的韵味。

这却是一种非凡的感受。

非凡感受里蕴藏一种特殊的震撼。

特殊震撼里沉淀一种无比的感动。

无比感动中引发无限联翩的思索。

联翩思索里留给灵魂以持久的朗润……

这才是至真、至善、至美的大境界。

这才是饱和博、大、精、深的国之传统文化的大境界。

这种大境界不是魔幻的，不是缥缈的，而是沉实的、富有的。

九

境界是长期探求、磨砺、修炼、思悟而拥有的大气芬芳、大家质地、大师气象。

它不同于知识。这里，笔者不全赞同苏格拉底的“知识即美德”的简单同一论，也不敢苟同老子的“为学日益，为道日损”的知识境界对立论，倒对儒家经典《大学》中的格、致、诚、正、修、齐、治、平八条目饶有兴致。知识是人对事物及其本质的认知，而境界则是在此认知过程中精神修养与道德涵养修炼提升的功力。当然，无知即无识，也无大气象、大境界。

它不同于习惯。良好习惯催化境界层递式攀登，然境界却是良好习惯中的无形沉淀，并在不停息地提升良好习惯的质量。

它不同于人格。高尚人格蕴含境界的芳丽，然境界却是人格中的内在核心质地，并且无时无刻不在内促人格的升华。

它还不同于素质。上佳素质是先天俱来与后天得来二者融合的素养，然境界却是素养及其某一方面所达到的层次或功力，并在静悄悄地引领着素质脚步的攀登。

它又不同于灵感。灵感是人在长久蓄积中创造性火花的突然飞迸，是主观和客观最美妙的意外邂逅。然境界却属于无数次灵感之后人所达到的某种层次（面），它又极利于催化灵感的激发。

它也不同于品位。品位之于人，外显标志着品质、眼光、形象、情（格）调，内涵包藏着气质、修养、阅历、体味，遂表现出或儒雅淡泊或火爆张扬或庸碌卑微等由表及里的组合流露。而境界却是导向着品位的心灵灯塔。

大气方成大器。大家方有大举。大师方为大笔。大视界方达大境界。

十

有许多新秀纷纷脱颖，如春笋出土礼花冲天。

他们做出顶呱呱的课，推出挺叫响的活动，拥有很骄人的成绩，以至报刊有名，影视有影，广播有声，这就等同达到一定境界了吗？否！

宁新昌教授说得不错：“境界是标志人的精神修养及思想觉悟程度的范畴，是人对宇宙本体的自觉和理解水平的范畴。”[8]

境界是长久修炼、彻悟和内化而从必然走向自由的正果，是自外至里、自形至神所达到的人格内质高阶，绝非三五月突击、二三载猛拼一蹴而就的事儿。

新秀只是完成了一次次攻关或突破，宛如采撷一朵朵花儿，却远远还没到酿出一滴滴蜜。

《庄子》里讲到一个叫列御寇的人（即列子），给伯昏无人表演射箭很发人深思。

他拉满弓，把一杯水放肘上再搭弓。射出的箭，后面箭头紧追前面的箭尾，前一支箭刚射出去，后一支箭又搭弓弦上。射箭时，列子像木偶一样端正不动。

伯昏无人说："你这还是存心射箭，不是无心射箭。假如我和你一起登上高山，脚踏山崖，身临百仞深渊，你还能射箭吗？"于是伯昏无人登上了高山，脚踏断崖，身临深渊，背向深渊退步，脚跟悬到了山崖的外边，然后向列子拱手施礼，请他上来。列子听了，吓得趴在地上，汗从头顶流到脚后跟。

伯昏无人说："那些道德完善的人，上可以窥见青天，下可以潜入黄泉，自由地遨游于四面八方，神色不变。现在你害怕的样子从眼睛眨动的表情上都能看得出来，你对射箭的奥妙差得还远呢！"

伯昏无人讲的是一种大境界。

境界不是方法。方法可以冥思苦索。

境界不是技艺。技艺可以熟中生巧。

境界是一种高深的为人为事之道。

当新秀沾沾自喜于一得之功一孔之见时，亦该以列子射箭一例扪心自问：

修炼至极了吗？

功夫到家了吗？

火候纯青了吗？

张合自由了吗？

运作自如了吗？

内化提升了吗？

心灵和谐了吗？

九天奇境触到了吗？

十一

或问：学大师挺像算不算达到了大师境界？否！

境界是一种气质，一种内核，一种深藏难测的内功，是彼人彼时彼地立于自己学识、眼识、胆识、练识、辨识、睿识等诸种背景之上大彻大悟的修养。

这里的彻悟，一为木锯绳断、水滴石穿的渐悟，一为灵魂突然开窍的顿悟，即禅宗五世弘忍门下"北方神秀的渐悟说和南方慧能的顿悟说"（《辞海》）。

创造《坛经》的禅宗六祖慧能大师，出家前为樵夫时偶有一天，听人诵读《金刚经》，立觉心中开悟，当问得此《金刚经》是蕲州黄梅县东禅寺禅宗五祖弘忍大师所授时，立即萌发去参见五祖弘忍大师的念头，遂走上成佛之路。见到弘忍大师不久，慧能就请绘壁画的卢供奉替他将心中的一首偈子写在墙上（因为慧能是个文盲，不会写字），这就是那首倏忽间征服了五祖弘忍大师，遂传法于他的偈子——菩提本无树，明镜亦非台，本来无一物，何处惹尘埃[9]。这当是中国妇孺皆知的关于顿悟的第一显例。

年轻时笔者在大海学游泳，头几回进展甚缓慢，忽一日手足灵动，身心舒展，竟游出数百米，我尝得顿悟的滋味。

悟境讲自然而然，从心所欲；讲螺旋式上升，波浪式推进；讲境的层递，境的无止。那种说啥啥明白，啥啥不精通的人，是永远只能眺望境界之门而不能入其宫者。

像智慧不能给无法换、创造不能输（出）无法仿、素质不能授无法袭一样，上述所说的境界同样不能学到、无法照搬，即使你学得仿得像到以假乱真的地步，充其量也只能算作赝品，是朵塑料精造的假花。

有一位教育界高官，到山东省某校视察，兴奋中随口认定：该校“271 高效课堂模式，完全可以在全国其他地区复制和传播”。他没有弄懂，模式不能复制，学习只能学精髓。否则，势必陷入模式化，阻碍对心灵的解放。此断语有失于理论谬误，践行误导。这应了郑杰那句话：“我们几乎所有的新模式都不注明条件，你想即使发明一种药也得注明适用范围吧？”[10]

国画大师齐白石有“学我者生，似我者死”的箴言，很值得深思。

唐代大德百丈禅师说过：“见与师齐，减师半德；见过于师，方堪传授。”（《景德传灯录》卷六《百丈怀海》）更标示出领悟的真正印证。

十二

那么，年长者就易于达到境界了？否！

境界不能自然而然地与日月俱生，共生命同长，不同于树之年轮、人之寿数。

不积厚德，不累博智，不承磨炼，不经反思，不行内化，即使到了白胡子时节，也无法脱离平庸之谷而达到境界的峰岚。“有志不在年高，无谋空言百岁”（许仲琳《封神演义》第二十三回）即有几分这个意味。

境界镌刻着岁月风雨的刀痕，然岁月风雨的刀痕未必一定塑造出屹立于岁月时空的境界。

境界也非刻意追求而成，它是性灵陶冶到瓜熟蒂落、水到渠成的必然产儿。

在佛教当中，渐悟派的高僧神秀曾有“身是菩提树，心如明镜台，时时勤拂拭，勿使惹尘埃”的偈子，是刻意追求的境界。而顿悟派的高僧慧能的“菩提本无树，明镜亦非台，本来无一物，何处惹尘埃”的即兴灵动之作，则是“一尘不染、一丝不挂”涅槃的更高的境界。

所以，耶稣曾说过：“你要像小孩子才能进天国。”

所以，老子有言，“复归于朴”“复归于婴儿”，善为道者法婴儿。因为婴儿是人的新生，精气神饱满充实之至。法婴儿，摈弃物欲智巧的邪念，复归浑朴、醇和的生态，便于走向至真至善至美。

不是阅尽沧桑就能达境界。

倚老卖老永远难以达境界。

返璞归真反而便于达境界。

十三

若还问：人一旦修炼达到一定的至境追求，便可躺在高境之上无虑无忧了吗？否！

攀登境界，一步一个反思，一程一个彻悟。上层次的内化之功很难很难。然在某些特殊时空里，因心灵内省的岗哨撤了，追求高境的目标模糊了，境界的堕落便可能随之滑坡乃至一落千丈，不再是一步一程的了。可见攀境（境界）如登峰，坠境（境界）如落崖。久炼的内功废于一旦，像流星的陨落，热气球的凌空崩裂。正所谓“从善如登，从恶如崩”（《国语·周语下》）。

此类状况并不少见，须大大注意才是。

一旦进了某一高境，当在继续修炼的熔炉千锤百炼，万不可熄火停炉，其犹如滚雪球，越滚越大，不滚就化。

十四

那么，境界一步一步提升的秘籍在哪里？

笔者以为，尽在目标、诵读、超越、敬业、守望、慎独等六大路径，凝聚起动力、慧力、伟力、定力、恒力、静力等六种内力：

锁定目标，寻求人生动力——“千岩万壑不辞劳，远看方知出处高。”（唐·李忱《瀑布联句》）

动力是能量，是泉头，由内心所遣，是灵魂深处的气力之源。

勤诵诗书，润泽人文慧力——“粗缯大布裹生涯，腹有诗书气自华。”（北宋·苏轼《和董传留别》）

慧力是灵秀，是妙悟，如点石成金，是东风化雨般的润泽之手。

超越小我，悟得方家伟力——“不以物喜，不以己悲；居庙堂之高而忧其民，处江河之远而忧其君。”（北宋·范仲淹《岳阳楼记》）

伟力是超凡，是爆发，能夺人心魄，是旋转乾坤的超强之功。

敬业乐业，练就突破定力——“业无高卑志当坚，男儿有求安得闲。”（北宋·张耒《示禾巨秸》）

定力是从容，是深味，如静水无波，是从渐悟到顿悟的禅定之风。

守望如山，拥有圆梦恒力——“千磨万击还坚劲，任尔东西南北风。”（清代·郑板桥《竹石》）

恒力是坚忍，是护卫，像精卫填海，是矢志不渝的信念之果。

圆满慎独，积蓄灵魂静力——“慎独仍三省，操危任百罹。”（北宋·李处权《留别范元长二十八韵》）

静力是积累，是凝思，是修身养性，是心无旁骛的安谧之气。

守住六点，综合运用，循序渐进，方登绝顶；

绝顶之处，反复印证，融会贯通，最终圆融。

十五

教育乃教中育人。

德育乃育人之德。

育德当是教育之道、之根、之本、之魂。

这是一门深邃无比奥妙无穷的学问。

其中饱和着人类智慧，浸透着古今文化文明的大境界。

世界科学界泰斗霍金在 2006 年 8 月 3 日英国《卫报》上提出一道关于人类生存的世界级难题：

在一个政治社会环境都很混乱的世界，人类如何走过下一个一百年？

霍金自己给出的答案是：我不知道答案。这就是我提问的原因。

我们能给出什么答案呢？

按 20 世纪 80 年代世界各国诺贝尔奖获得者关于“去汲取孔子的智慧”的宣称，是否可以回复霍金如下一个答案（公式）：

人类生存发展＝西方现代化＋东方道德智慧。

西方崇竞争，好敌对，求独进，践行弱肉强食的主张。

中国尚互助，倡仁爱，寻双赢，追索和谐大同的境界。

勒于巨石上的“己所不欲勿施于人”　理顺人与人关系的道德界限，处理国与国关系的“黄金法则”

无疑，中国的道德和智慧，中国以提升生命境界为永久性价值的哲学，对人类的生存发展有着任谁也替代不了的巨大贡献。难怪，孔子的“己所不欲，勿施于人”这句话 18 世纪传到欧洲，莱布尼兹、伏尔泰等大思想家欣喜若狂，伏尔泰认为此语应成为每个法国人的座右铭，盛赞“孔子是真正的圣人”。他二十余年如一日地在家中悬挂孔子像，在《论孔子》里他说：“没有任何立法者比孔夫子曾对世界宣布了更有用的真理——‘己所不欲，勿施于人’。”据说国际红十字会总部里，就高高悬挂着孔子“己所不欲，勿施于人”的语录，体现了人类对美好人际关系的向往。**由于伏尔泰传播、一大批法国思想家推动，1789 年“己所不欲，勿施于人”被载入法国的《人权和公民权宣言》和《法兰西共和国宪法》。《人权和公民权宣言》第六条这样写道：“自由是属于所有的人做一切不损害他人权利的事的权利，其原则是自然，其规则为正义，其保障为法律，其道德界限则在下述格言之中：己**

所不欲，勿施于人。”（《法国宪法集》）我国前外交部部长李肇星撰文写道：“孔子在两千多年前提出的‘己所不欲，勿施于人’被誉为处理国家间关系的‘黄金法则’，镌刻于联合国总部大厅。”即联合国大厦三楼大厅用马赛克镶嵌的彩色大型壁画——“黄金法则”。

笔者立足古今漫长而宽宏历史时空的德育背景之上，怀着无比虔诚之心，历经数载聚精凝神的观察和不曾停息的苦索，对“境界”这一微妙玄通深不可识，有如羚羊挂角无迹可寻的事物千寻万觅，终于从大师所行、所思、所写中见得端倪，为方便计，特将自己的探索及粗识勉强归纳为大师的甘露——育人（德）十大境界，与同人朋友一块儿分享。

这育人（德）十大境界为大师无类、大爱无我、大道无为、大求无境、大净无色、大智无惑、大教无痕、大育无小、大法无术、大路无歧。

- 育人十大境界
  - 育者说——大爱无我（支点）
    - 大道无为（规律）
    - 大求无境（目标）
    - 大净无色（修心）
    - 大智无惑（养智）
  - 育人术——大师无类（原点）
    - 大教无痕（艺术）
    - 大育无小（视角）
    - 大法无术（方法）
    - 大路无歧（环境）

育人十大境界

融合儒、释、道，凝聚真、善、美，方能走向至高至圣的育人十大境界

十大育人（德）境界自外至内，自形至神，自术至法，自微至宏，自标至本，自物至我，织结成形似疏漏实则密封、博大无边且相互渗透的立体网络。

十六

大师无类——育人（德）大境界之一。

两千五百多年前的一个暖融融的下午，一个衣衫褴褛、面带菜色、瘦骨伶仃的年轻人敲响了孔子家的门。他递上一束（十条）干巴巴的肉条，来拜见鲁国最著名的民间老师孔子。孔子连想也没想，欣然接受了他。后来，这位年轻人就是因学业人品极优秀，被后人称为“复圣”的颜回。

一束干肉，也只值几十块钱罢了。当孔子收下颜回那束黑乎乎的干肉时，他并没有想他出身寒门抑或贵府，他的智力睿敏抑或愚钝，他的培育顺利抑或艰辛，他的未来高成抑或低就，自然一点儿也没有想到交的学费即干肉的量与质问题，满脑子思考的只是如何教好这个叫颜回的学子，使其得到最快最高的发展，以走上人生的完美。

孔子践行自己“君子周而不比”（《论语·为政》）的思想，即君子博爱而不偏私。

这就是孔子开拓的有教无类的大境界。该大境界成了古往今来为师者的经典正气且被后人推崇。

现代孔子——陶行知打“平民教育”之旗，呼“爱满天下”之唤，并脚踏实地到乡村到社会底层办学，成了孔子这一思想境界的践行者和发展者。

拜访启蒙老师张金民

蒙师之恩，山高海深。往往是他（她）们给学子第一缕智慧之光，第一眼梦想之泉。笔者1949年春满五岁入村小，即在蒙师的关爱、呵护、激励中成长。这是1998年7月14日，笔者专程去乡村探望读初小时的蒙师、74岁的张金民老先生（左为师母）

大师无类，是教坛大爱的原点。

大千世界，“原点”无所不在，诸如道路的起点、长河的源头、坐标的中心、事物的根本。这里所说的“原点”，即师者的根基。

笔者经多年思索和感悟，在这里提出“教坛大爱”这个专用词语，旨在诠析与赞美教师对学子无私、无疆、无痕的爱。这个词语极具崇高而且厚重的职业底色。

教坛大爱是一种特殊的纯正、高贵又神圣的爱。

它比亲情之爱来得更理智。

它比友情之爱来得更博大。

它比乡情之爱来得更高雅。

它比纯情之爱来得更深沉。

它比客情之爱来得更真挚。

它比私情之爱来得更透明。

它比激情之爱来得更恒久。

它比同情之爱来得更绵长。

它是人类之爱最绚丽最芬芳的永不凋谢的花朵。

教坛大爱没有差异（厚薄、大小、近远、亲疏、深浅），没有时空，没有盲区，没有被遗忘的死角。

教坛大爱从不张扬，从不选择，从不计较，从不止息其筑梦树人的脚步。

有此原点，教育就有了根，有了魂；施教就有了方位，有了担当，有了动力；师者也就有了爱满天下的博大之心。

爱即教育。孟子说："得天下英才而教育之，三乐也。"（《孟子》）他将育人成才当成人生三大乐事之一。孔子正正稳稳地立于教育这个原点之上，才教成三千弟子，育出七十二贤人，成了杏坛"师圣"。

当代教师的楷模斯霞，把爱的雨露洒给每一颗童心的花蕾，用爱的彩线系牵着每一个孩子的终身幸福。母爱，童心，成了斯霞对师者的独到诠释，她也成了杏坛圣母。如今，斯人虽去，霞光满天。

十七

大爱无我——育人（德）大境界之二。

1035年，时任苏州知州的范仲淹亲自督修五河导太湖之水入海工程竣工后，在苏州南园买了一块地，要盖家宅。一日，他请阴阳先生看风水，巡视一遭后，那先生向范仲淹贺喜道："这是块宝地，日后您家定有公卿相继出世。"范仲淹听了笑道："我家独占宝地，倒不如让出办学造福万民，使士人都在此受教育，公卿出世不会更多吗？"他上书仁宗皇帝，被准。于是，他在这里亲建郡学，并请名流掌学、名师执教，这个学堂名人辈出，名冠东南。

泰戈尔讲述的大爱无我的《最后的一课》故事更为惊心。

锡克教的宗师戈宾德对一个态度粗野的讨债人很是愤怒，并将他杀害了。带着无边的忏悔，他找来被害人的幼子悉心抚育，像对亲子一样教其读诵经典、演习兵法和斗剑。喜看跟随他、孝敬他的徒儿一天天长大成人。一日，徒儿跪他面前，要求去参加军旅。

"你还缺最后的一课没有学习。"戈宾德让徒儿带上利剑，走向晚霞中河对岸的树林。掘开一块沙土，露出血染青石，他讲述欠徒儿生父的血债，并命令徒儿："拔出剑来——杀掉害死你父亲的仇人！"那徒儿先怒吼一声扑过来，继而扔掉武器，跪在自认为父亲、师父、朋友的戈宾德面前泪下如雨，决定不言报仇。

而戈宾德呢，非要以自己的死驯出一只猛虎、一个斗士。

一日，师徒下棋，从黄昏到深夜，屡败的徒儿被激怒了。戈宾德还用棋子狠打他的头狂笑高叫："和杀父仇人下棋的胆怯鬼，还想取胜？"徒儿拔出匕首闪电般刺进师父的胸口。戈宾德微笑留下最后的话："……最后的一课，我已经教给你，孩子，我很满足，让我来给你最后一次的祝福……"

与夫人在当年的克拉玛依友谊剧场前

在克拉玛依友谊宫遗址前。眼前繁花锦簇，当年大火骤起，几十位教师大爱无我，魂断剧场。是她们慈母般的热血倾灌出今日香丽的百花吗

1994年12月8日下午6点30分，新疆克拉玛依市友谊剧场发生了一场大火。参加专场文艺演出的全市796名中小学生被笼罩在滚滚大火与浓烟之中。

把生的希望让给学生，把死的绝望留给自己！

危急时刻，剧场内的教师以自己的血肉之躯掩护孩子们逃离火海。

第八小学三年级二班的孟翠芬老师是退休返聘的白发苍苍的老人。她扯着沙哑嗓子呼喊快撤，用全身劲儿推孩子冲出门口。当人们扑灭大火发现她时，她蹲缩墙角，头和背全被烧焦，两只臂肘下一边护着一名学生，其中一名学生的心脏还在微弱跳动，他还活着！

第八小学校长张莉和市一中副校长倪振性，都是一次次把学生推出火海，自己最后被大火烧得面目全非。他们的遗体都是张开双臂，像母鸡护小鸡一样，在墙边护着几名死去的学生。

市七中周健老师在大火袭来时，用力撑着下落的卷帘门，只跨前一步就可摆脱火海，他却一直原地不动地用肩扛着卷帘门，活着的学生看见他最后三次用一只手往外推出三名学生才倒了下去。

第一小学大队辅导员李平老师戴着近视镜，以瘦弱之躯好几次冲进火场救出十几名学生，直到她身子一软昏倒墙边，最后还大喊一声："我的孩子还没出来！"……

就这样，在剧场的四十多名教师，竟有37名遇难。

这特殊事例，以群体的无私奉献，铸造了惊天地泣鬼神的大境界师魂。

事隔八年，当笔者踏入2002年8月19日的夕阳来此凭吊时，灵魂仍被强烈地震击着，心儿激跳不止。

“给我一个支点，我能撬动地球！”天才科学家阿基米德如是说。

支点是什么？这是一个物理名词，指杠杆发生作用时，起支撑作用固定不动的一点，引申为事物的关键、中心。

大爱无我，是教育者身许事业的支点，是为师崇高的灵魂。

生为至重，是师者忠于职守的心曲。

视学子的生命比天大，救护学子随时舍去自己。这就是师者对大爱无我的精准诠释。

大爱至真、至圣、至德。

还有什么生命的境界比这更大更高的吗？

十八

大道无为——育人（德）大境界之三。

采访斯霞和霍懋征这两位蜚声教坛的小学教育大家，共同给我十分突出的印象是：她们都那么痴迷地爱教育、爱事业、爱孩子，都从自身教育教学和孩子的实际出发，悉心研究规律，反思教育实践，投身教革实验，创造独特艺术，育出一批批德厚才高的共和国人才。她们从来不提眼花缭乱的口号、玩弄花样翻新的形式、故做官赏（观赏）的文章，却总在不倦探索里有新发现，于纯真质朴中见真功夫。她们也成为教坛楷模，国之瑰宝。

访谈霍懋征

师德的符号——霍懋征（中）。南斯北霍，一代师表，教育世家，师道楷模。春风无痕，桃李芬芳。周恩来赞她为“国宝”，温家宝进她家探访。从教六十春秋，托起星光一片

她们谙熟树德好比上善如水，润物无声，随器成形；育人尽是慢工细活，须循规律，明心见性，相信岁月，水滴石穿。切忌大雨滂沱，洒落点点滴滴；拒绝劈雷闪电，施以缕缕和风；止步轰轰烈烈，行者从从容容。

笔者忽然想到：**她们把花的绚丽藏在果里，把美的风采藏在心里，显现为一种喧闹过后的宁静、灿烂至极的平淡。**

她们所遵循的，恰是道家学说大道无为的精髓。

大道者，即顺应规律。

无为者，并非不做不为，而是包含不妄为乱为，顺应态势尊重规律，淡泊宁静忘我益人的幽微含义。

老子提出“无为”主张，针对诸侯混战，你争我夺，统

治者横征暴敛，胡作非为，百姓民不聊生苦不堪言的“国破山河在，城春草木生”的时局。他又说：“无为而无不为。”“为而不争。”（《老子》）就是鼓励人去做去发挥能动力量，只是不要违背规律地争夺占有。

静则恬淡无为，动则随顺天然。（《庄子·刻意》）

“无为”之重要在于，它使人从顺其自然恰到好处中获取永久的成功，而刻意追求而占有的结果，只能使迅而拥有的又速而丢失。

访问斯霞

师爱的名片——斯霞（1910—2004），几次采访斯霞，解读师爱，她1991年1月26日信告笔者：“没有爱就没有教育。爱生是教师的天职。”如今，斯人已去，霞光满天

老子的“无为”理念，对中华民族友爱和谐的性格、行为的形成，对推崇高雅大气人生追求的轨迹，无疑产生了大宗师引来淙淙润心泉源似的深远影响。

自古至今为人师表者，莫不深得其秘深受其惠，尊规律为圭臬，让清静驻心灵，唤回返璞归真的自我，一步一个脚印地教书育人，走出了一条大有作为的“师道”之路。

这些年来，教坛上风云频变，新口号振聋发聩。结果呢，求实就是创新，平正即可传世。正所谓“人言非妙处，妙处在于是”（苏轼《诗颂》）。

谁守住了规律，像似无为，却是有为，日积月累就是大为。而那些视规律为儿戏，胡思乱想、胡作非为者，有时得志于一时、显赫于一事，却很快就麒麟皮下露马脚，连昙花一现的瞬间景观都没能闪现。

十九

大求无境——育人（德）大境界之四。

1654年9月，清湖广道御史郝浴因上疏告吴三桂有谋反之意反被吴告他恶状“欺君罔上”，被皇帝下诏流放奉天（沈阳），四年后获有限自由，定居银州（铁岭）这北方蛮荒之地十八载。他身处逆境而不悲，面对凄凉而不沉：置地办起银冈书院，孤灯下研究学问孜孜不倦，教室里讲学授徒诲人不厌，育出四方学子无数。待皇帝察吴三桂果真反叛复郝浴官职时，他又将书院及图书若干、全部家当及田亩悉数献给书院，诚如《大学》所说：“故君子必慎其独也。”

余秋雨写过在欧洲行走即使道上没有车，也没人闯红灯，他曾问一老者，为什么不闯，回答出人意料：“我不能保证，在对面窗户里没有孩子的眼睛。”[11] 余秋雨还记录了下面一个真实的故事：挪威卑尔根市一位老妇人，前些日子来

到一家鱼店铺，为的是 50 年前买东西时，她没有退回店主多找给她的 5 个克朗。这次，她连本带利将总共 100 克朗一并还给了老店主的后人，嘴上还喃喃地检讨说："实在对不起，那年月太贫困了。"[12]一种绵延长久的慎独与内省，让过错在流光逝水里转化为美丽的高贵。

多么高度的自律与慎独。诚如墨子所言："虽有深溪博林，幽涧毋人之所，施行不可以不董，见有鬼神视之。"[13]

一个人无法把握自己在现实世界里具体发展到哪一个层面，却可以把握自己对生活、对人生负责的道德层面。鉴于"人是自己灵魂的指挥者"[14]，人虽然不可能让自己的人生做到何样伟大，却可以让自己的道德做得尽可能崇高。伟大在空间里气势动地，崇高在时间里余韵绕梁。

"一辈子学做教师。"全国教书育人楷模于漪这一句听来朴实嚼去幽邃的名言，足可视作大求无境的注脚。

大求无境，即厚德博智、筑梦树人没有止境。生命的升华要达至尽可能高的层面。

大求无境，没有最高，只有更高。没有到顶，只有登顶。这是饱含辩证色彩的极高水准。

不是解开疙瘩，摆平纷争，熄灭怒火，走出心网，就是成功，就可凯旋。

这只能说达到了德育目标，却远远没达到育德追求的境界。

这个追求是无止境的。

要超越一时一事的成败，要超越一己一人的得失，求得内心高度的和谐：与自己生活的和谐，与周围生命的和谐，与天地间万事万物的和谐，难道这一切有止境吗？

还要超越事物"无动而不变，无时而不移"（《庄子·秋水》）的时空，求得在变幻的时空中永立前头，这就是教人"千学万学，学做真人"。

教育者和被教育者，像星光互映，你照耀我，我照耀你；如溪泉互润，你滋补我，我滋补你，自然地体现着和谐之美的律动：教师以忘情状态全身心地进入学生的心灵世界，学生以鲜活生命全身心地投入教师的精神境界，共同走向心灵的和谐。

二十

大净无色——育人（德）大境界之五。

中华铸魂大师、提出“五心”教育的原佳木斯市一中校长刘文华曾说道：“学校应该成为一个‘净化池’，任何浊流从这儿流过，都应得到净化。”[15]

此言极是，甚为精彩。

刘文华与“五心”教育

“知我者，谓我心忧；不知我者，谓我何求。”(《诗经·王风·黍离》) 1993年早春，全国劳模、特级教师、佳木斯一中校长刘文华针对当时价值多元化、追求趋利化、自我中心化和青少年对祖国缺乏自豪感、对社会缺乏责任感、对他人缺乏道德感、对父母缺乏孝敬感、对自己缺乏拼搏感的现状，创造性提出并与运作了“把忠心献给祖国，把爱心献给社会，把关心献给他人，把孝心献给父母，把信心留给自己”的“五心”教育，在佳木斯市、黑龙江省乃至全国形成强大的冲击波，被赞誉为中华崛起的精神瑰宝，修复民族基因的铸魂工程。此为刘文华（前右）陪同时任省委副书记的单荣范（前中）等在学校考察“五心”教育

不管是流自家庭的、社会的、影像的、书报的，抑或谁的头脑里的——只要混浊的，一进“净化池”，就净化了；从这儿流出，都澄清了。

何等神奇的操手，当然更为神奇的是操手者的大净无色。

张伯苓办南开学校时，为教育弟子不抽烟，将自己的烟具、吕宋烟当众销毁；为育天下英才而“善门难开”，不以家长尊卑而厚此薄彼，他的亲侄子只差几分，南开校门也断不为其开放。

出淤泥而不染，濯污水而不沾，近水楼台不得月，久在河边不湿鞋。

俗语说：打铁首先自身硬。

《大学》云：“身修而后家齐，家齐而后国治，国治而后天下平。”如此这般，自强不息，厚德载物。

大净无色，道出了育人者的修身（德）的大境界。

“有两种东西，我们愈是时常反复地思索，它们就愈是给人的心灵灌注了时时翻新、有增无减的赞叹和敬畏，这就是我头上的星空和心中的道德法则。”这句出自康德的《实践理性批判》最后一章的话，后来刻在康德的墓碑上，成为人类思想史上最气势磅礴的名言之一。两种东西之一的星空，是浩渺无垠而无法感知的，而另一种的道德准则，则是具体有形，可以感知的。它要求每个人对其赞叹和敬畏。

“大雪压青松，青松挺且直。要知松高洁，待到雪化时。”[16]“出淤泥而不染，濯清涟而不妖。”（北宋周敦颐《爱莲说》）这可喻为身为师者的大净无色。尤其在当下人心扭曲、社会变态的节点，为师者的大净无色更具特殊的价值。

因为学校是文化圣地、道德高地、精神领地，是净化池、涵养地、风向标。为师者，无论是校长还是教师，切不可小瞧自己思想者、宣传家的坐标点位置。

正气之源，来自师道：教风与民风互动，民风受教风引领。学校与社会共舞，学校为社会领步。师风起于世风，师

道又鹤立世道。

为师者大净无色的深远意义在于：正本清源，追寻一个民族的道德良知；慎终追远，求索一个民族的深层记忆；修齐治平，重温一个民族的伦理哲学。

他不仅无时无刻不洁身自好，还能有妙法高招净化别人。

他不随世风摆动，不被名利捆绑，不给迷雾遮眼，不逐急近邀功。

古人有言："水至清则无鱼，人至察则无徒。"[17]这是从为人处事角度而言的。

笔者以为：育德者当挟两袖清风，披一肩明月。这是从育人修身境界计。

二十一

大智无惑——育人（德）大境界之六。

一个深夜，法国著名动物学家居维叶进入梦乡。

突然，"哐啷"一声，工作室的门被两个犄角顶开，一阵怪叫惊醒了居维叶。借着微弱光线，他看见一个奇异巨兽露着獠牙，张开血盆大口，发出嘶叫与鼻喷声，向自己扑来。他定神一看巨兽还有蹄子，便镇静说："你有蹄有角，无非是吃草的哺乳动物，何必害怕呢！"说完，翻个身，依旧睡去了。

原来这是三个顽皮学生搞的恶作剧。他们对老师智而无惑佩服得五体投地。

这是德育特级教师、全国优秀辅导员陈明亲自讲给笔者关于他的少年故事。

那是 1950 年 1 月的一天。10 岁的他在福州市榕西小学读四年级。寒假前一天，全校师生在学校小礼堂开总结表彰会。戴着深度近视眼镜的教导主任郭老师吃力地念着受表彰学生的名单。

"陈明！"突然，郭主任竟点了他的大名。同学们很意外，陈明更好生奇怪，自己各方面都不强，排名落后，还时常淘气调皮呀！

"陈明出列！"郭主任又唤，陈明在同学嘁嘁喳喳的议论中怯怯地走到台前，十分紧张地伸手要接奖品。

"错了，错了，不是陈明，是陈明德！"戴高度近视镜的郭主任一更正，全场哄然大笑。陈明红着脸，弓背低头匆匆往回走，恨不得钻进地缝去。

授奖完毕，年轻的女校长讲话。她首先神态庄重地宣布：“陈明本学期有较大进步，相信他会有更大进步，让我们以热烈的掌声欢迎他上台领进步奖！”几个同学硬是把他拉到台前。陈明向校长深施一礼，接过人生第一次获得的奖品———一支有淡红橡皮头的长城牌黄色铅笔，眼泪扑簌簌滴下来。

陈明告诉笔者，他的懂事、长大、转折，就从那次意外的“获奖”。几十度春秋过去，已经步入老年的陈明还将刊有《一支长城牌铅笔》文章的那张当年报纸寄给笔者分享。

无独有偶。上海某中学中考之前，班上一女同学数学测试五道题错了三道。数学老师当堂严厉批评该生：“这种成绩，怎么参加中考，连毕业也危险！……”那女生羞愧得不敢抬头。

下课回到办公室，数学老师又提起此事。说者无意，听者有心。第二节历史课，历史老师又请那女孩答题，出乎大家意外，她答得十分完美。老师若有所思地请她将答案写在黑板上。那秀丽的粉笔字，更让同学们十分惊讶。

事隔多年，《文汇报》刊登了文章《我的第一支粉笔》。这位女同学记叙了她当年数学考试接二连三不及格几乎摧毁了信心，没想到历史老师给了她无声的激励，让她在绝望中洞见了希望之火，当时她是含着热泪在黑板上写完答案的，从此她发愤学习，一步步圆了大学梦。她终生忘不了这第一支粉笔，忘不了这位历史老师。

两个相似的范例告诉我们：**在育德的“试场”上，不论考题多么复杂，多么多变，多么突如其来，都可以凭借高深超俗的智慧，急中生智，以变应变，寻找曲径通幽、柳暗花明之路——巧开疏导之渠，智借情境之力，妙展火候之功，造成时、空、法的综合艺术的效应。**

孔子说：“知者不惑，仁者不忧，勇者不惧。”(《论语·子罕》)“知”为通假字，意、音同“智”。“知者无惑”亦为“智者无惑”。

智者所以无惑，源于大脑的渊深，大脑渊深造就内心的强大，内心强大就“法力”无穷，从容不迫，有能力负载最沉重的精神之物，冲破命运的纵横捭阖，迎来人生的柳暗花明。正像尼采所说：“犹如满载重物而匆匆走向荒原的骆驼……精神变成了狮子，它要为自己夺得自由，做自己沙漠的主人。”

大智无惑是育德者的博智所特有的大境界。

一旦拥有了此种大境界，耳聪目明，举重若轻，复杂问题都能数字化地简化起来。教育整个过程，成了知识、智慧、观点、思想、情韵的密切连通与深刻映融。

它启迪人们：育德也需要大智谋做后盾。

二十二

大教无痕——育人（德）大境界之七。

此指大师育人功深如海。无痕为表象，深痕在内心。

孔子教人“不愤不启，不悱不发”。(《论语·述而》)

他不到学生苦思冥想还想不通时不去开启他，不到学生想说而说不出来时不去导发他。

把握时机，毫厘不爽；教艺精通，了然无痕，真乃大师的境界。

这是一位外国母亲的“无痕”教育：

一个星期天，聪明男孩汤姆帮妈妈写了一张账单：“汤姆帮妈妈到超市买食品，妈妈应付 5 美元；汤姆自己起床叠被，妈妈应付 2 美元；汤姆擦地板，妈妈应付 3 美元；汤姆是一个听话的好孩子，妈妈应付 10 美元；合计 20 美元。”汤姆把写好的纸条压在餐桌上，便上床睡觉了。忙得满头大汗的妈妈看到纸条后，先是宽容地笑笑，随即在上面添了行字，放回汤姆的枕边。汤姆醒来后，看到妈妈添的账单：“妈妈含辛茹苦地抚育汤姆，汤姆应付 0 美元；妈妈教汤姆走路、说话，汤姆应付 0 美元；妈妈以后还将继续为汤姆奉献，汤姆应付 0 美元；妈妈拥有一个天使般可爱的小男孩，汤姆应付 0 美元；合计 0 美元。”这张纸条，至今仍被汤姆珍藏着，它记录了铭刻在一个孩子心中的圣洁而机智的母爱。

这是湖北孝感地区文昌中学万尔遐老师对一名早恋女学生的一次谈心。

他将女孩领到校园内一片桃树下。早春时节，枝条返青，刚刚吐芽。

“你看，这棵桃树，因为春天到了，开始发芽了。多好的春天啊，给万物带来了生机！你看，一棵芽，以后就是一朵桃花，再以后，就是一个个又大又甜的桃子呀！”

老师似乎有口无心随意地说，学生也没那么聚精会神地听。

“怎么搞的，这里已开了一朵花，哎，开早了啊！现在还没到开花的季节，没到开花的时候开的花，是一种无果的花啊！”

学生听到这里听出点味儿，心好像被无形的手猛推了一下，接着又听到：“争春，不一定提前表露；旱柳提前发芽，但春天刚到，就开始枯黄，飘落无情的柳絮；竹笋，春日还把头埋在土里，吸收着丰富的水分和营养，后来拔地而起直冲云天……”

那女生先是默默垂首听着，越听越听出话中有话，弦外有音，她的脸色渐变一片绯红，心里也擂起响鼓，终于按老师导向开始校正行为的准星……

一个青春期风暴剧烈卷扬着的男孩喜欢上了班上一个女孩，以致精神走神、思维短路、答题失语。他负罪般地找到班主任老师，一五一十地说自己变坏了。班主任非但没说他，还夸了他：“你没有变坏，你是成熟了。”老师将自己上中学时对异性女孩几乎同样的表现一一说给他听，尤其讲了自己如何在痛苦与折磨里艰难地走出困谷的一席心里话，让那个男孩倏忽间释然了，欢快了，阳光又漾荡笑脸上……

当下，学生们最厌烦自己被教育，其感受甚于鸟入笼、鸡进架、人在囧途。因此，他们往往一发现自己陷入被教育圈，关进画地为牢之中，则不遗余力抵制、逆反，甚至发生匪夷所思的反常举动。

大教无痕才是育人的极品艺术。

快乐着，说说笑笑之间，心结早“灰飞烟灭”；轻松着，举重若轻之中，回眸已跨出困谷。

没有正襟危坐的训导，不见声色俱厉的斥责，一切显得轻松和谐，亲亲然交心无间，恢恢乎游刃有余。

于潜移默化里，在不知不觉中，在受教育者感知无意识教育时达到了有意识教育，当是最高境界的教育。

像和风吹过山野，山野却没有风的形迹。

清水无香，大教无痕。这里的“无痕”，当是学子对师教的幽远感受。

若从师者看育人，则是醍醐灌顶，不知多少明察暗访、苦思冥想的有心，才化作这甚为高明、心领神会的“无痕”。

二十三

大育无小——育人（德）大境界之八。

每天上下班，北京22中学孙维刚老师都和看校门的老大爷亲切打招呼。每逢新年，他都亲自做一个精美的贺年片送给老大爷，感染他班上的学生个个默默向他看齐……[18]

哈尔滨南马路小学老校长赵翠娟，在一次演练学生口琴表演队形时误了几分钟放午学时间。她十分歉疚地向学生动情说道：“亲爱的孩子们，很对不起，为了表示我的歉意，我给大家行个礼。”当她分别向着三个侧面的学生鞠躬之后，她蓦然发现眼前孩子们一双双亮晶晶的眼睛里闪着泪光，脸上分明写着无言的感动。当天下午赵校长一进校门，就见这些孩子们千方百计找时机向她深深施礼问好，为此，有的孩子竟从她背后绕一个大圈兜到她的眼前……[19]

上海教科院副院长顾泠沅教授深情依依地向我讲起他读研究生的导师刘佛年老先生的谦和宽容。每逢他从青浦去上海请导师面授前，刘老先生总是在电话里一定要请他选择到华东师大还是在他自己家，并告诉他在师大可能办事方便点，在他家有电暖气舒适点……顾教授告诉我，这些至今历历在目的细节都在强烈地影响着自己的待人接物……

作者和山里的孩子们

四周青山环抱，眼前春花吐蕾。簇拥在四川青神县大山里春苗小学的孩子之中，感受童真，体味快乐，享受幸福，回归少年

1992年10月8日，在美国佐治亚州奥古斯塔市一所小学屋顶上，该校校长露宿了一夜，因他同全校520名学生打赌：如暑假学生合计看4000本书，他甘愿受罚，结果学生一发狠看了5700本书！更有一景：1998年11月9日清早下雪天，美国犹他州士尔市一位小学校长，也因与全校师生打赌：从开学到11月9日前共读书15万页而输掉受罚。他干脆在雪地里用四肢爬行上班3.6公里，磨坏5副护膝！且不论两位校长的做法是否可取，其大诚大信大智大慧大情大意的人文化管理之美足令我们震骇，足给学生的人生注入永恒

精美的营养……

相反地，一班主任见校值周学生来班查卫生，忙用脚把地上纸团、痰痕踩住；有的教师终日不正眼看学生一眼，没一丝微笑；扬州一交通协管员将一名10岁小学生拾得交给他的一元钱当即无情扔掉，使那孩童一时间不知所措，精神几近休克……

上述两种例证都那么警世醒人！

教育无小事，事事有大育。

育德无细微，处处是大节。

人生无省略，时时积大业。

风起于青萍之末。

针鼻儿小的窗眼斗大的风。

一枝一叶总关情。

马卡连柯认为："扎在女儿头发上的一个结儿，某一顶帽子，某一种玩具——所有这些，在儿童生活中都是具有极大意义的东西。"[20]

童年少年乃至少年青年时节的价值，远远超越年龄的界限而在一生中发挥久远的作用。这个阶段所受的一点一滴的教育（正面或反面）都将在心灵中留下清晰的印记而被储存起来，成了或为金玉或为败絮的东西，在漫长时空中不时闪现，铸造着或撕扯着人的心魂。

一件件小堵疏通、小事理喻、小题破解，就像一束束神秘的光焰，平时被密封在大脑暗库里，留储在心灵深处，有时似乎被搁置遗忘了。但是，光焰永远封锁不住，遮挡不了，当后来遇事、处人、面对谜团或思路堵塞时，这光焰会随时随地自动寻得佳机，喷射而出，照亮眼前的路，点燃心灵火苗，砥砺精神锋芒，给迷惘以明示，解疑窦于危机。这束束光焰就是精神财富，人生内涵，心空的太阳。

老子说："天下大事，必作于细。是以圣人终不为大，故能成其大。"（《老子》）

大育无小，小事细节中透视育人的视角的大境界。

小中寓大，抓小连大，以小见大，积小成大，从小到大，让我们用眼、用手、用心描绘这儿为育德全程千篇一律的风景吧。

二十四

大法无术——育人（德）大境界之九。

大凡初登教坛的新教师视教育（教学）之法为宝贝，特想把高师的法儿学到手。

待有经验之后，才发现教育（教学）有法，却无定法，法千变万化，难学。

若真的就学一种方法，久而久之又必定模式化，模式化的东西犹如进了死胡同，必倒霉无疑。

霍元甲的迷踪拳无根无派，博纳了南拳北腿各派诸家之长，独创性地练就一套随心所欲、顺其自然、张扬自我的拳法，一步步渐臻佳境，打遍天下无敌手。

歌唱家胡松华五十多年扎到四十多个民族的神秘多彩的万里文化长廊采风，加之从小读私塾，进洋学堂，十三载科班式“熔中西于一炉”，使其在歌唱王国里，饱餐多元乳泉的营养，广受七彩情丝的滋润，深悟心声高法的合一，苦学了形神思辨的兼善，终于在深厚的人文积淀上崛起了卓尔不群的“胡氏”唱腔……[21]

作者深入课堂

谛听孩子们心音，察访孩子们心智，从中体悟教改运行的步履和成果。此为笔者在辽北开原市民主小学原创的“口诀识字”校本实验教材的课堂上

育人不同于铸件，不能用同一模具制作。十个人有十种迥然各异的背景和个性。育德之法，只能因人、因时、因境而异。因此，大哲学家康德将育人的艺术视作与政治的艺术一样，为人类两种最困难的发明。

孔子曾留有一个因材施教的范例。

对同样一个问题：听到的善事就立刻做吗？他答子路：“有父兄在，怎么不征求他们的意见而就去做呢？”他答冉有：“听到的善事就可以去做。”公西华不解地问：“为什么回答不同？”孔子说：“冉有谦卑，所以鼓励他奋起去做；子路好胜，所以要他多征求父兄意见，以避免莽撞。”（《论语·先进》）

墨子也有此类精彩的范例。

墨子对门生耕柱子发怒，耕柱子问：“我没有比别人好的地方吗？”墨子说：“假如我要上太行山去，用一匹良马或一头羊来驾车，你将鞭打哪个？”耕柱子说：“当然鞭打良马了。”墨子问：“为什么要鞭打良马呢？”耕柱子说：“因为良马值得驾驶。”墨子说：“我也认为你值得鞭策，所以才对你生气。”耕柱子恍然醒悟（《墨子》第四十六篇）。

事，瞬息万变。人，千差万别。法，千变万化。

医生诊病，因患者而异，绝不固守医方。厨师烹饪，根据顾客口味而适度调理，不落菜谱窠臼。育人更循同理。

哪种育德方法最好？**没有最好，只有更好；没有定术，只有变术；因人而变，因时而化；法通法存，法繁法亡。**

这里的大法，不再是诸如逢山开路、遇水搭桥之类一般意义上的方式方法。

这里的术，也不是卖弄小聪明的穿凿附会，或急中生智的雕虫小技。

大法无术，是从法术视角洞察的德育大境界。

大法无术并非无术，而是无一定之术，却包千门之术，融万家之法，兼容并蓄，融会贯通，你中有我，我中有你，实为高法高术、智法智术、大法大术。高师无术，浑身是术；大家无法，满心皆法。

拥有了它，就拥有了大师的育德大境界。

二十五

大路无歧——育人（德）大境界之十。

育德的全部时空应该是没有邪径的大路，大路上走来的人都是育人者、为人才成长的铺路者，无论是家庭父母亲属，无论是校长教师，无论是党政官员，也无论是社会百业千行的人。

众人划桨撑教船。

行行业业盯育人。

大路朝阳，大路无歧，大路宽广，这是何其美好何其理想的育德合力大场。

这是从大环境视角看的育德大境界，我们梦寐以求的育人理想境界。

当然，要达至此种理想境界，还很难很难，很远很远，需要多方面长时期的聚力运作。

如今的育德环境与此番大路无歧的环境实在相差甚远。其主因仍出在国民素质的相对低下，也出在上级的作为远远不够。

大差距的背后含有大潜力。

大潜力的挖掘靠我们上上下下的大努力。

大努力定会迎来全民族的大惊醒、大奋起、大提升。

像一步步逼近中华民族的伟大崛起一样，大路无歧的育人境界，也总有一天会出现在饱含五千年文明的华夏民族后裔——我们的眼前……

纵观古今教坛，那些或立德或立功或立言的教育者，往往能够忠实自己的时代，又会超越这个时代；更因为执着于眼前的教育，而深深地影响到教育的未来。孔子传教杏坛，思维沉淀了上古千年智慧，而至今仍是人类的导师；宋儒朱熹传教岳麓书院，思想上出到春秋百家，而思想影响到现代东亚世界的儒家文化圈；17 世纪捷克教育家夸美纽斯探索新教育，挟持文艺复兴的风雷，而成为现代教育的奠基人；美国现代教育哲学的奠基人杜威，通过对传统社会的反思升扬出“教育即生活”“儿童中心”等诸多划时代教育观点。

深谙这些道理的人，才能完成从经师到人师的嬗变。或渐悟于先贤而独成一家，或卷入时代大潮而乘风弄浪，或秉承教育使命而上下求索，进而超越时间、空间、内容的三个维度，达以常人无法窥见的博大精神境界。

第二节　主渠的修炼

二十六

教师的境界是可以修炼的吗？

当然！

哪里是他们的第一修炼场？

课堂！自然包括必修、选修、活动、践行、游学等多种课堂。

课堂是教书育人的主阵地，是教师成长的主平台，是境界提升的主渠道。

关注课堂，研究课堂，梳理课堂，攻坚课堂，课堂上一场静悄悄的创造正牵动着许许多多立志改革的弄潮儿。

课堂也正加速改变着模样：变由教师独角传授式为学生

自主学习式；变僵死板滞的教堂式为灵动活鲜的天堂式；变求知备考的应试式为开掘生命潜能的人本式，以使每一堂课变成造就睿智大脑、开发生命智慧、修炼高尚人格的一个熔炉。

为师者啊，若真正将课堂作为修炼境界的主渠道，你知道其主旨是什么吗？是对学生生命潜质的智慧发现与深度开发，是对自己教育人生的宽宏拓展与高度升扬。

学生朝霞旭日般的生命，在一个个课堂的地平线上喷薄而起，冉冉飞腾。

教师烈火太阳般的生命，在一节节课堂的拨云化雾中日渐明亮，辉光四射。

二十七

学生在教育阳光下成长。

学生在课堂雨露中长大。

究竟是什么在长大？什么在成长？

是记住多少公式、多少定理、多少词语？

是会演多少题、会写多少文、会做多少实验？

不是的！

学外语开发语言之源，学数学历练思维之路，学理科开掘智慧之河，学文科承载道义之舟。

克里希那穆提说："教育的真正意义，在于培养你的智慧，借着它找出问题的答案。你知道智慧是什么？它是一种无限的包容力，允许你自由地思想；没有恐惧，没有公式，然后你才能发现什么是真实的、正确的事。"[22]

由此不难得出结论，成长是生命绽放的花蕾长出灵性之叶、慧性之枝、悟性之干、人性之根。

我曾多少年多少次沉思：孔子自"吾十有五而志于学"始，对其七十三载人生精缩为六个阶段，即志于学、而立、不惑、知天命、耳顺、从心所欲，其标志为六大突破。而一个学童的成长成人是否也可以分成几个鲜活、联结而又各异的生命形态呢？

我在这段集中求学的理想生命轨迹上找到七个标志性的闪光节点，即六岁好奇、八岁惑疑、十岁入迷、十二灵机、十五创意、十八邃密、廿一自立。

六岁好奇（奇中好看）——

看天看地，看人看物，无一不感到五彩的大千世界好生奇异，观察记忆外界的能力与日俱进。

八岁惑疑（疑中好问）——

问东问西，问天问地，不时眨动一双黑葡萄般百惑千疑的眼睛，形象化的想象已日见萌生。

十岁着迷（迷中好学）——

游戏着迷，动画着迷，手机着迷，读书着迷，无处不是魔幻般迷醉的世界。兴趣入门，探索渐长。

十二灵机（灵中长巧）——

由知到智，智光突现，由聪到慧，慧脑开窍，昔日的乖孩子成了百精百怪彻头彻尾的小精灵。

十五创意（创中长智）——

心驰神往，手巧足捷，想象力天马行空，创造力激情喷涌，迎来一个视天下而无不为的诗样年华。

十八邃密（邃中长精）——

博读、精思、致知，视野大敞，大脑开窍，智山高登，慧海深潜，一步步走向博大，逼近精深。

廿一自立（立中成人）——

厚德、博智、安魂定魄，栉风沐雨，如一株坚劲的壮树，挺立天地间；似一块初琢的玉雕，展晒人世前！

二十八

理想教师育出理想学生。

理想教法带出理想学生。

理想天赋利于产生理想学生。

理想的成长轨迹成就理想学生。

特别优秀的理想学生，犹如夜空的北斗格外明亮。研究这些生命的开发，对师者打造理想课堂无异于引路的向导。

竖看古今，横览中外，笔者择述9位背景各异、个性突出的特优理想学生，诠释其生命奇迹的产生。

最怀大志的学生——周恩来

童年，周恩来听母亲讲故乡的名将梁红玉击鼓退金兵、关天培抗英虎门喋血的故事感佩不已；又亲见坐落淮安曾令韩信忍辱发愤的“胯下桥”而心火高蹿。6岁，外祖父的

《说岳全传》令他爱不释手。

1910年春，他来东北铁岭进郝浴当年办的银冈书院读书，学唱《吾党何日醒》的歌，内心萌动图强之念。

是时，天暗无光，万马齐喑，中国向何处去？国人目标在何方？芸芸众生尽闷在葫芦里。

“诸生，你们是为什么而读书啊？”当年秋，周恩来来奉天就学，魏校长课上提问道。出身书香家的答“为明礼”，出身官宦家的答“为做官”，出身掌柜家的答“为家父”，出身寒门的答“为吃穿”……

周恩来洪亮回答：**“为中华之崛起而读书！”**

“好！好啊！为中华之崛起！为中华之崛起！”魏校长激情四射，大声说，“诸生啊，听见了吗？有志者，当效周生啊！”

真是石破天惊！五千年读书经，几万万人求索路，都在这十二岁少年石破天惊倾吐大志面前，骤然间黯淡无色，失去分量……

最好奇的学生——爱因斯坦（美国）

爱因斯坦3岁方牙牙学语，童年举止迟钝，10岁才上学，被有的老师指鼻骂：“真笨，什么课程也跟不上！”

然而，爱因斯坦好奇心极强。4岁见指南针总指南便异常惊奇，非要弄清它背后神秘的力量。读中学时，爱数学也喜文艺，常独自躲进阿基米德、牛顿、笛卡儿、歌德、莫扎特的书籍世界里心驰神往。一次，他对辅导他数学的舅舅说：“如果我用光在真空中的速度和光一道向前跑，能不能看到空间里振动着的电磁波呢？”这奇想成了相对论的最初萌芽。

他文笔优美睿智，小提琴拉得极好。“如果没有早期的音乐教育，我将一事无成。”他说得不错，相对论就是他拉琴时随灵感迸发而涌动出来的。

他渴望自由时空，喜欢自选式自学，反对灌输教育，因应试大为扫兴。他说：“无论多好的食物强迫吃下去，总有一天会把胃口和肚子搞坏的，纯真的好奇心的火花会渐渐地熄灭。”[23]

最强烈的好奇心，成就了一颗科学巨星。

最爱质疑的学生——维特根斯坦（奥地利）

维特根斯坦是剑桥大学著名哲学家穆尔的学生。

有一天，英国大哲学家罗素问哲学家穆尔：“在剑桥大学你教的学生中，谁是最好的学生？”

穆尔毫不犹豫地答道：“维特根斯坦！”

“为什么？”

“因为，在我的所有学生中，只有他一个人在听我的课时，老是流露迷茫的神色，老是有一大堆问题。”

维特根斯坦 29 岁的成名作《逻辑哲学论》引起巨大反响后，才气名气超过了穆尔和罗素。罗素说认识维特根斯坦是他生命中最令人兴奋的智慧奇遇。

有一次，有人问维特根斯坦：“罗素为什么落伍了？”

他答道：“因为他没有问题了。”

这如同胡适对毕业学生赠言说：问题是知识学问的老祖宗，“第一要寻问题。脑子里没有问题之日，就是你的智识生活寿终正寝之时”。

发现问题成了维特根斯坦不断前行的动力。

最苦读的学生——范仲淹

1014 年，宋真宗的车马过南京，一城人轰动了，都想一睹皇帝的风采。唯独范仲淹还在埋头读书。一个同学跑来叫他别错过这个千载难逢的机会。他却说：“将来再见也不晚。”

范仲淹入学后，昼夜苦读不停，五年未解衣就枕，疲乏到极点，就用凉水浇头。

因家境贫穷，他只能以稀粥度日，有时，一天也只能喝一顿，却读书不辍。

有一次，一个父为高官的同学给他送来许多饭菜。几天过去了，饭菜坏了，范仲淹未尝一口，那同学看他时，他说：“我不是不感激你的好意，只是我已习惯粗茶淡饭，我若享受这丰盛饭菜，以后还能喝下粥吗？”

范仲淹苦学苦思，博学多才，不仅翌年考中进士（见到了皇帝），还心怀天下，日后成了“先天下之忧而忧，后天下之乐而乐”的伟大思想改革家。

苦寒成了甘甜的泉，苦读成了砥刃的石。

最富有智慧的学生——泰戈尔（印度）

与爱因斯坦儿时的愚迟相反，8 岁的泰戈尔写出第一首诗，以后他几乎天天在一个笔记上寻章觅句，总把那泉水一样清甜叮咚的诗句读给长辈、兄姊听，“像长出新角的牝鹿，到处用头去碰撞一样”。14 岁时，他发表以喜马拉雅山为背景的1600行叙事长诗《野花》。

泰戈尔出生加尔各答市，少时走马灯式进4所学校，皆因不喜欢而退出。他厌恶远离自然的牢笼般教室、无视个性的说教和教师的冷面与野蛮。

泰戈尔1924年在北京（前排中，左右分别为林徽因、徐志摩）

拉宾德拉纳特·泰戈尔(1861—1941)，印度著名诗人、哲学家和民族主义者，1913年获得诺贝尔文学奖，是第一位获得诺贝尔文学奖的亚洲人

他把恒河当母亲，读不够大自然这部天书。10岁时，第一次到恒河边，他“犹如鸟儿脱离了樊笼，在绮丽的自然风光中陶醉了”。11岁，随父亲走进目不暇接的高山丛林，他“总担心，别把那儿的美景遗漏了”。再大些，他常与文学之友五哥五嫂泛舟恒河，在琴音歌声中，梦幻般的诗情似滚滚滔滔恒河水流淌笔端。

他把家当学校，饱吸这部书的精彩：听父亲教颂神诗，讲天文学，听兄姊们谈诗说道，在家庭的哲学与宗教讨论会、诵诗会、音乐会和演戏中，他结识那么多著名诗人、演员、音乐家，“印度文艺复兴的急流潮涌从他的四周澎湃而过”，他的天赋也如春笋般地尽情生发……

聪明来自灵动，智慧长于自然。

最具超越性的学生——亚里士多德（古希腊）

柏拉图（左）与他的学生亚里士多德

教生助生又极友生，尊师学师却不囿师——柏拉图（公元前427—公元前347）和亚里士多德（公元前384—公元前322）堪为古今师与生的楷模

“在众人之中，他是唯一的，也是最初的。……这样的人啊，如今已无处寻觅！”这是亚里士多德赞美老师柏拉图的一首诗。他17岁拜师并追随其师达20年之久，可谓十分崇爱老师。

然而，亚里士多德又提出“实体说”，毫不留情地批评老师的“理念论”，直捣老师哲学思想的“大本营”。

柏拉图认为，具体个别的事物不真实，只是理念的“摹本”和“影子”，理念才是真实的，认识某一事物得先认识该事物的理念。

对此，亚里士多德说不。他指出用理念解释事物非但不能解决问题，反使问题更复杂。具体个别的事物才是真实的，比如人和马，还有比人和马更真实的人和马的理念吗？不管“苏格拉底”（亚里士多德的师爷）这个理念是否存在，一个具体的苏格拉底本人是存在的！

他还说：“不能设想，在个别的房屋之外还存在着一般的房屋。”“一匹白马”的“白”还独立存在……

“实体说”纠正了“理念论”将一般与个别分离的错

误，指出一般存在于个别之中。

有些人指责亚里士多德背叛老师，他回敬那句至今流传的名言："吾爱吾师，吾尤爱真理。"

超越，由打开怀疑的门闩始，一步步才能进入真理宝库的纵深。

最快升腾的学生——西奥多·斯维德伯格（瑞典）

少年时的斯维德伯格就在他父亲经营的大造纸厂附近读书。他科科成绩都很糟，是个有名的"小闹将"，恶作剧搅得课堂大乱。校长一次次教诲他，软的、硬的，动情的、说理的，他就是充耳不闻。一天，校长正聚精会神地讲授新课，他又趁机大声喧嚷。校长激怒了，"啪"地一拍讲坛，当众生的面，指着他父亲的厂子，痛斥他说："斯维德伯格！你看着，我敢断言，只消二十年后，这个厂子准要倒闭，倒闭在你的手里！"似炸雷击顶，乱箭穿心，斯维德伯格低垂着头，嘴唇颤抖着，牙齿咬得咯咯响，猛地冲出教室，像一头暴怒的狮子。

说来也怪，校长有意的激将法，竟划出了一条新的起跑线，成了他一生奋进的强动力源。从此以后，他天一亮就捧书苦读到深更半夜，天天如此，终于以出类拔萃的成绩考入乌普萨拉大学，后来获学士、硕士、博士学位，1912 年成为了教授，1923 年潜心发明了高速离心机，成了举世仰慕的大科学家。1926 年年底，在瑞典斯德哥尔摩皇家科学院大厅，他竟获得了本年度诺贝尔化学奖。

促升有法，飞升有路。主观客观美丽的邂逅，撞击出一条生命迸发的轨迹。

霍金

头仰二尺轮椅之内，心盛九天星辰之外，难以想象的极限奋争，匪夷所思的生命奇迹。当代"爱因斯坦"——霍金在讲演中

最身残而功赫的学生——霍金（英国）

像百米即将夺魁的选手却跌于撞线之前，才气焕发正攻读剑桥大学理论物理学博士并已转向研究相对论和宇宙学的霍金突然半身不遂，连系鞋带都困难了。他被诊断患上了运动神经细胞病。医生说："这是无法治愈而且是致命的病，你只能再活两年。"

我怎么这么倒霉？都活不到完成博士论文了吗？沮丧里他喝酒，听伤感音乐。

师友伸来友情的手。研究小组夏马导师格外关心他。尤其女朋友后成夫人的简·怀尔德拉起他告别绝望，点燃心灵火光："只要智慧和精神在，没有什么能打倒自己！"

走路困难，就借手杖、墙壁和其他物体在房间或房外缓慢地移动，有时重重摔在地上而严重撞伤，头上常常缠着绷带。

说话含混不清，别人听不懂，就靠打字交换。更不必说饮食起居，他克服了多少常人无法想象的困难啊！

霍金全身心投入了研究，和日趋恶化的疾病较劲儿对着干。不仅研究没减速，进展得比他整个生涯任何时候都更快更有成效。当查理王子邀集皇家学会会员，他这位最年轻却坐轮椅的会员一到场，立即成了王子及应邀者钦敬的聚焦点。

他像无所不能的爆破手连连突破。他断定宇宙有限，时间有始，创立宇宙之始是“无限密度的一点”等一连串著名理论。这以后，这位被称为“活着的爱因斯坦”的霍金正为寻找爱因斯坦未竟的梦想——完整认识宇宙的超弦理论，而大胆地拨动着宇宙琴弦，攀向当今科学金字塔的顶峰。

精神是不倒的金身，灵魂是伟大的种子，意志不老，探索永恒。

最好家教的学生——孟子

这个结论，国人哪个不知？地球人又谁人不晓？

孟子家教好，好在他有一位博智慈爱的母亲。

孟母懂得胎儿教育。她让丈夫相陪，北临沂河观澜，南登峄山览胜，用如雷的涛声和峻峰的雄奇，来陶冶尚未出世的孟子的意志和襟怀。

孟母还懂得“近朱者赤，近墨者黑”的“环保”教育，为给孟子寻得好的读书环境，竟三番择邻：从郊外靠近墓地的山边，搬到集镇处的市场附近，再迁到东邻屠户的房舍，第三次迁居学官附近，让孟子日夜听得子曰诗云的朗朗书声。

孟母更懂得现身说法的言传身教。见少年孟子懒于读书，竟以割机织以诱导，终使孟子发愤向学，不敢稍怠。

母亲是生命的源头，母爱是奇迹的枢纽，好的家教胜过一部天书。

当下，培养神童，造就大师的呼唤及行动甚嚣尘上。然而，单凭苦练学习能力，储备渊博知识，觅得快捷路径，并且做到了极致，果然就能育出天才吗？否。破译人的成长复杂过程的密码，教育只是其生命发展的重要抓手，而超常的兴趣、乐趣、奇趣，才是托起天才出现的脚手架。因为兴趣的钻头一旦驱动，才会最大深度和最大限度地激发潜能。直达最大成功的按钮在哪里？在学子自己手里、心里。

从上述九名特优学子的生命深度开发里，就教育抓手上，我们可以得到如是借鉴：

要帮助学子竖起少壮大志与兴趣成才的灯塔；

要激发学子走上好奇、疑问、探索、超越的宏富之路；

要给学子一角属于自己自由寻觅和随意飞翔的蓝天；

要建造联结学校—家庭—社会的合力育人的桥梁；

要袒露给学子一颗包容、博大、颖慧的仁爱之心……

二十九

“让课堂焕发出生命活力!”叶澜教授于世纪之交发出震惊教坛的呼唤。[24]

她倡导的新基础教育，是让教育还原为本质的教育，成为接受者心悦诚服的教育，成为师生互动的教育。其宗旨就是要从生命和基础教育的整体性出发，唤醒教育活动的每一个生命，让每一个生命真正“活”起来。活得有形有神，有魂有魄，有量有质，精彩万端，如莎士比亚借《哈姆雷特》中主人公所独白那样的人：

人是一件多么了不起的杰作！多么高贵的理性！多么伟大的力量！多么优美的仪表！多么文雅的举动！在行为上多么像一个天使，在智慧上多么像一个天神！宇宙的精华！万物的灵长！[25]

如此这般，课堂将从无视人本开发的“沙漠状态”，返璞归真到焕发生命活力与灵气的“绿洲生态”，从而完成当代中国学校转型性变革研究中的核心之点——“生命·实践”的重大突破。

师生的生命主要在课堂上度过，课堂理应成为师生的生命蓬勃成长并走向更鲜活更深度开发的地方。

我们为师者，要凭借一方空间，展现出师生畅通，教学相长，情理交融，意境和谐，知识与情感俱进，智慧共人格同长的一派妙不可言的奇观！

理想的课堂格局为：民主、开放、科学、个性、高效。

这种课堂显露出最为高深的艺术，拥有无穷无尽的魅力。

而透过理想课堂的表象，让人更为震颤的是大家教师与他的学生所创造的只可意会难以言表的炉火纯青的课堂境界。

理想的课堂境界为：高远、博大、幽深、静美、神奇。

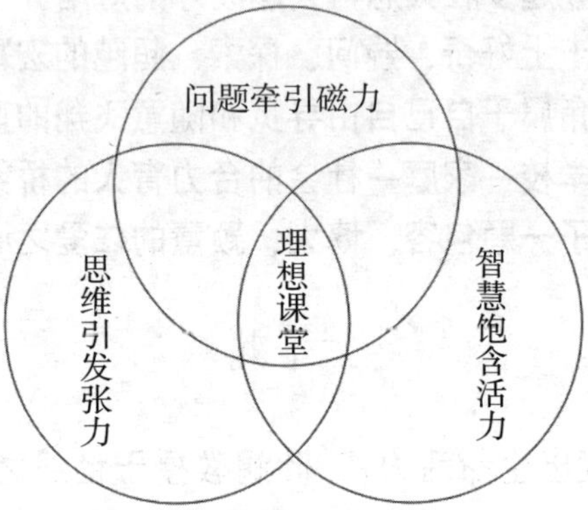

理想课堂的格局及境界

在最古老又最现代的课堂教学上寻求突破，捧出看似极简单实则极繁杂的理想课堂图解

境界蕴格其内，课堂示形其外。

理想境界的课堂应当而且必须和谐地鼓荡着磁力、张力和活力这三大最富于鲜明特征的品质。

三十

课堂鼓荡着磁力。

磁力是什么？是问题吸引力。

陶行知有言："发明千千万万，起点是一问。"[26]胡适在此之前曾说："问题是知识学问的老祖宗。""第一要寻问题。脑子里没有问题之日，就是你的知识生活寿终正寝之时！"[27]

理想课堂成了一个强大的磁场。在教师努力创设学习情境并提供有效教育资源的背景下，全部教学活动被发现问题、思辨问题、探究问题磁石般紧紧吸引着，师与生、生与生之间动态地联结着无数条多边的立体的"磁力线"，师生犹如被磁化了的物质，课堂显现出教师策动激活、引领发现、精彩示范、生成思维，学生求知若渴、争先思考、竞赛答疑、合作互动的最激动人心的风景。

鼓荡磁力最有效的方法是建构问题群、问题束、问题链。这种不是零打碎敲而是成串成片成编组的系统问题，足以启动思维的时空以形成知识的整体网络。

让学生带着问题急不可待地走进教室，又揣着新问题眉头紧锁着离开课堂。

问题像一支支火种，点燃着启知之火、求能之火、智慧之火。

问题像一个个触角，激活思维快速反应的神经，架起进入智能最近发展区的桥梁。

问题像一颗启明星，撩逗手眼，撩动心弦，照亮个性成长的妙境。

问题像一粒粒种子，萌发生长在人生之旅，给人以终身不尽的求索和追寻不止的生命。

三十一

问题，一石激起千层浪，石破天惊逗风雨。

顾泠沅大面积提高初中数学质量有五大递进教学结构，首推环节是把问题作为教学的出发点。

邱学华发明的尝试教学法，也是从出示尝试题拉开序幕的。

情境教学开创者李吉林在以各种方式展示教学情境之中，同样向孩子们提出各种问题。

著名特级教师马芯兰“迁移—发展”教育法更是以提出发散型问题以发展学生的发散型思维。如一道“大牛 20 头，小牛 4 头，一共多少头”的例题，她竟拉出一个问题链：

大牛比小牛多了多少头？
小牛比大牛少了多少头？
大小牛头数平均多少头？
大牛是小牛的几倍？
大牛比小牛多几倍？
小牛是大牛的几分之一？
小牛比大牛少了几个几分之一？
……

十杰教师马芯兰

马芯兰在指导学生学会思维——发散思维似渔人撒网，聚敛思维如众辐集毂。教学的本真即发现并解决问题，课堂乃是思维强化训练与大脑快速开发的平台

语文教育家于漪每节课下课前5分钟都请学生提疑难问题。一次，一男生提出："'同行十二载，不知木兰是女郎'，这不可能吧？中国古代妇女裹小脚，一目了然哪！"迷津忽出，掀起一阵争论而不得其解，几十双目光注向于漪。才华横溢的于漪也被难住了。她微笑着说待课下都查查看。后几日，她从卷帙浩繁的辞书史料查得结论公布于众："裹足，始于五代。"从《木兰辞》写作时的南北朝（420—589）到五代（907—960），相隔三四百年哪！

日前，已是耄耋之年的于漪讲起六十余载教育生涯时，还对当年那些教学问题如数家珍：

"'秋天的后半夜，月亮下去了太阳还没有出，只剩下一片乌兰的天；除了夜游的东西，什么都睡着了。'鲁迅先生的《药》里的这个'着'就有四个读音，查了许多书，没有注音，最后查到了一个英译本asleep，才吃准了读zháo。一篇课文的备课需要花费大量的时间啊。

"还有一次我上课用了'曲高和寡'一词，我跟学生讲：'下里巴人'是通俗的低级的，而'阳春白雪'是高雅的、高级的。但课后读到宋玉的《答楚王问》时，我发现自己讲的不准确，因为有这么一段记载：'客有歌于郢中者，其始曰《下里》《巴人》，国中属而和者数千人。其为《阳阿》《薤露》，国中属而和者数百人。其为《阳春》《白雪》，国中属而和者不过数十人。引商刻羽，杂以流徵，国中属而和者不过数人而已。是其曲弥高，其和弥寡。'在基础教育课堂里讲的内容，没有研究生教育那么高深、那么广博，但必须准确、科学，因为基础教育学的东西会跟随人一辈子。我觉得自己的治学很不严谨，就跟学生讲我讲的是不准确的，希望学生谅解。从此以后，哪怕认为自己懂的也要去查一查，要十拿九稳后再到课堂上讲……"

这就是于漪，"全国教书育人楷模"的于漪，一位不间断向自己的事业和人格提出艰深问题的智者。

三十二

不少教师不相信学生会提问题，不相信智慧在问题中成长。

其实，**课堂因问题而急速升值，因差错而迸发精彩，因思辨而出现跨越，因发现而逼近智慧。**

学问，又学又问，又问又学。问中学，学中问。学是认知，问是发现。学而不问则呆，问而不学则惑。学在问中寻深，问在学中求透。既学且问，大开智门；既问且学，飞天揽月。

没有问题是最大问题。提不出问题是头脑僵化思维呆滞的倒影，不会启发问题是能力低下智慧枯竭的默语，没有问题的课堂是活气殆尽生命窒息的荒漠。

讲屠格涅夫的《麻雀》，老师让学生归纳本文说明什么意思。

一生说，反映老麻雀对小麻雀那种伟大的母爱精神。

老师给予肯定。

又一生说：我不同意这是伟大的母爱。

老师问：为什么？

那生答道：谁知道这只老麻雀是公的还是母的？

全班思维活跃。经一阵讨论，大家一致同意那名提疑问学生的主见：《麻雀》歌颂的是老麻雀的亲子之爱。

深圳有个 8 年级男孩问陆晖老师：“人体温是 37 摄氏度，但人体最适宜的环境温度却是 22 到 23 摄氏度，您知道为什么吗？”

学生物的陆老师当晚打电话问生物学导师，导师答不上，她请导师再问问别人，导师问后打回电话说：“都不知道。”

原来那学生提问题时就早有结论，他后来告诉陆老师：“您知道黄金分割线吧，我发现，把 $37\times 0.618=22.866$，正在 22 度与 23 度之间，恰在人体温度的黄金分割线上，您看多奇妙！”[28]

有些教师唯恐学生提出问题打破心中的教学秩序。

课上，山西省一中学生批判吴用太用心计了，说如果都像他，人间准陷入尔虞我诈的陷阱。老师认为这是离经叛道之说，引导学生驳其观点，最后做小结：“其他同学的批评，给你一记响亮的耳光。”

吕型伟老先生对我讲起他听的一节小学示范课。

该课几乎无懈可击。问题出在一道有难度的提问上。许多小孩答不出，后有一小女孩答对了。女教师正领全班统一这意见时，一男孩举手要讲。女教师没理他，边讲边巡视到他身旁，轻轻把那小手按下去，待女教师再回头看，那手又举起来。女教师又慢慢走过去，再一次把那小手按下。再回头看，那手又举在那里。女教师索性不理他。这小孩竟猫腰跑到讲台前，把手举到老师鼻子底下，老师火了，用手“啪”一下，打到他手背上，小孩回头对听课老师做个鬼脸，吐吐舌头，下去了……

一巴掌，打哑一张嘴，打灭一串思维火花，打塌不同意见的思辨平台。

三十三

问题是联结师与生的纽带。

教师该组织怎样的问题群（束、链）？

该组织新理念（定理、定义、公式、法则、规律、方法）的思维制高点问题。只有站在理论的高峰，才能清晰地俯视实践的全景空间。

此为教学精深点，若抓住了，可获得认知的纲举目张之妙。

该组织知识、技能关键处的认知核心点问题。只有扫清关键之处的障碍，思路方可畅达前行。

此为教学热难点，若抓对了，就能扭住中心，四方联网，八面开花。

该组织学生亟须解决的知行结合点问题。这一类问题最能激发学习的心理动因，使思维进入亢奋状态。

此为教学拓展点，若抓到位了，便可激发兴趣，灵动大脑，唤醒阅历，通透知行。

该组织向教师向课本向定论挑战的智能超越点问题。直面具有重大突破性的问题，最能充盈自信自尊的自我、升扬升华人格的尊严。

此为教学突破点，若抓巧了，就可能从智慧层面上，展开原创性的开发、深度的掘进。

该组织为学子生命奠基为人生立标的精神方位点问题。这样的问题，在学生的心灵深处、生命远方点燃一簇美丽的火光，令其心驰神往，催其加劲追赶。

此为教学仰视点，若抓准了，就可能在生命坐标系上，升起新的灵魂、新的人。如陈景润当年读高中时，数学老师沈元讲起数论中一道难题，即德国教师哥德巴赫发现却不能证明的哥德巴赫猜想，竟牵动起陈景润一生的苦斗，直到摘取了“哥德巴赫猜想”这颗数学皇冠上的明珠。

问题的提出，要有深度、新度、适度、灵活度，以满足学生旺盛的求知欲和创造欲，如苏联心理学家赞科夫所说：“儿童的智力也像肌肉一样，如果不给以适当的负担，加以锻炼，它就会萎缩、退化。”[29]

三十四

如此由师生共同提出的成串成束成群的问题，宛如枝头的累累果实，须师生在相互依赖彼此支持中，一次次拼力起跳方能摘得。

如此这般，**学生在教育实践中成才，老师在教育行动中成长。**

两者相吸、相协、相耀，情感双向交流，信息双向传递，问题双向突破，目标双向超越，高度和谐“即兴表演”的美，升华成教育（教学）美的极致，这是不论何等高明的导演、何种精心策划的彩排也永远无法达到的九天奇境。

在这样的教学境界里——

发现并提出问题的意向，师生拥有自主性；

对教材、对课堂、甚至对教师的超越，师生拥有竞争性；

在回应无数问题面前，师生拥有平等性；

在教学全部流程里，师生又拥有相予性；

教师的诱发，给学生以思维的方向；

教师的点化，给学生以迷津的豁朗；

教师的评赞，给学生以人格的尊荣；

教师的激励，给学生以登攀的勇毅；

学生的聆听，给教师以醉心的激情；

学生的问询，给教师以深思的启示；

学生的创造，给教师以聪灵的感染；

学生的个性，给教师以特色的滋润……

从师生相向给予、双赢成长看，可以肯定地说：**学生由教师培育成长成才，教师由学生塑造成熟成名。**

三十五

课堂鼓荡着张力。

张力是什么？是思维展扩力。

像静态的水拥有表面凸起一样，鼓荡张力的课堂成了高度乃至无限扩张的思维大场。在教师创造性的点化和科学的导引中，学生对问题解读力、想象力、创造力的思考相互拉动，彼此撞击，合作交融，涌动出无数的思维泉、思维流、思维河，于是产生了超越课堂、超越教师甚至超越课本、超越约定俗成的神奇的思维现象。这就是思维的奇迹。

如此课堂就达到了美国学者 H. 林恩·艾里克森所说的那种境界："营造一种使学生潜心学习的氛围。那是一种充满诱惑力，以致学生虽深陷困难却不愿放弃的氛围；一种有着极强挑战性，能使学生产生成就感和满足感的氛围，特别是一种能使学生享有完成学习任务后的快乐的氛围。"[30]

这样富于张力的课，无论外延和内涵，都拥有着大容量、深含量、高质量，而与单薄、肤浅、平庸的课别之天壤。

形成张力的最有效方法是千方百计地策划、导引、顺应好学生的动态思维。

思维是灵魂觉醒，激情迸发，心路畅通，天性舒展，智力激活，灵感闪烁。

思维是把知识转化为能力、内化为智慧的精明产婆。

思维力的发展是学生智力发展的核心和极其重要的标志。

课堂是以发现和解决问题为宗旨，以训练和发展思维为主轴，成为思维强化训练与大脑快速开发的平台，智慧增长与生命生长和谐共进的沃土。

赞可夫放开眼量，对思考的要义看得可谓精深到家：教会学生思考，这对学生来说，是一生中最有价值的本钱。美国的心理学家斯腾伯格则将思考的要义定格于眼前课堂的目标上："教育的最重要目标就是引导学生的思维，这也是教育的最令人欢欣的目标。"[31]

课堂上，教师好像手执长长风筝线的一端，让学生思维的风筝自左自右自前自后自低自高自由地驰骋蓝天，可上天下地，可观古察今，可雄视寰宇，可透视人心。

三十六

思维，海阔天高任翔舞，求宏索微越时空。

那么，如何让学生思维自由翔舞起来？

给学生凡事都要问一个或几个为什么的敢于怀疑敢于批判的锐利的眼睛。

接受马克思“怀疑一切”的箴言和思维无禁区的哲理，懂得世间存在的是现实的，却不一定是合理的永恒真谛，让头脑中扎下问题意识和思考意识的种子。

培养批判的眼光，形成敢于标新立异的逆向立意：挑战专找强手，“弄斧”就进“班门”，不与强手对决永远难上高层次。

给学生打造一个惯于勤思、善思、精思、奇思的睿智的大脑。

韩愈说：“行成于思而毁于随。”

联翩思想的大脑是人不断自主创新的源泉。而未经过思维梳理和规律统领的大脑，无异于堆积砖石与瓦砾的废墟。

只有思考中的体验、感悟和发现才能在内心深处形成一种沉淀，化作书本上无法物化的人生智慧、人的素质，从而受益终身。

打造如此睿智的大脑，囊括思维的广度和深度。

30度的视野，只能见到眼前悠悠绿水；180度的视野，才可见到一左一右的巍巍青山密密大林。浮在海面只见得浪花，潜入海底方能找到珍奇。要诱导学生将思维的触角自微至宏、自近至远、自表至里、自面至体、自虚至实地看全看透，从纷繁复杂的表象中发现本质的、核心的东西，从零打碎敲的已知条件里推演出必然的结论，从事物此时端倪初显时的征兆前瞻出明天发展的全新态势。

打造如此睿智的大脑，还囊括思维的灵度和速度。

灵度是指思维伴随时空与条件的变幻而做出打破定式与之同变的回应。速度则指思维的快捷反应，一眼看穿，一语破的，举一反三，触类旁通。思维的灵度使人与时俱进，立于不败；思维的速度使人反应迅疾，紧张高效。

打造如此睿智的大脑，更囊括思维的独特度和创新度。

盲人摸象，摸腿的说象像根柱子，摸身子的说象像一堵墙。有时，独特的度就是独特视角的发现。创新度体现为个性触角的张扬。不是自古华山一条路，而是条条道路通罗马。创新，就在于选最便捷的路！

给学生注入高尚的人格尊严。

其前提是，优化思维时空，即构建起从外部到内心自由的舒放的思维环境。

思维没有也不应有被遗忘被冷落的角落，哪怕智力或非智力的后进学生都要得到思维尽可能的高度升华。

在湖北枣阳市一所村小二年级课堂上，笔者目睹了令人感动的一幕：

“一根木头和一根稻草同放进水里，哪个先沉下？”老师向全班学生发问。几十个小朋友争抢着回答，有的说是木头先沉，有的说稻草先沉。你争我辩，莫衷一是。这时，坐在教室后桌一大个儿男孩子（因智力差已留级两年）怯怯地举起手：“老师，我能回答。”全班小朋友哄然大笑，他从来不抢答的呀！老师却笑微微看着他说：“请你回答。”那男孩站起来，眼睛发亮，声音有些低微：“都浮在水上，沉不下去。”老师高声赞扬说：“完全正确！”教室里先是鸦雀无声，继而响起真诚的掌声。只见那大个男孩趴在桌子上，嘤嘤地哭了……

可以说，这位小学教师是出色的教育专家。他把三维目标水乳交融，尊重人格，抚爱心灵，激活潜能，让每一个孩子昂起头来……

教师当千方百计，尊重其人格，昂扬其精神，激发其情感，坚定其信心，使每一个学生，不论天赋高低都昂首挺胸，无忧无虑，眼里放射着自信的光芒，畅抒己见，壮怀激烈，藏有一种“天生我辈必有才”“天生我材必有用”的凌云之志。

三十七

淡泊以明志，宁静以致远。

课堂适度的宁静时空，是思维萌芽速长的产床。

水的沸腾要有一段无声的汽化过程。

母鸡孵小鸡需 21 个日夜的静静等待。

暴风雨到来之前总有一段出奇的寂静。

思维的惊雷也在无声处炸响。

课堂即战场，却不是刺刀闪光硝烟弥漫的山头。

智慧、信心、方法和人格，绝非震天价的呐喊喊出来的，反倒来自冷静深刻的沉思和联想，而不是那种表面虚假的热烈。

日前，有些合作式、讨论式教学走了样儿，似乎只成了官赏（观赏）品。学生说而不听，议而不思，作而不合。教师或呈蝴蝶状在课桌间飞来飞去，或站在讲坛坐山观虎斗稳坐钓鱼船地东张西望，将较真求是的探究导演成一出出啼笑皆非、消耗生命的闹剧。

马克思有言："只有从安静中才能产生出伟大壮丽的事业，安静是唯一能生产出成熟果实的土壤。"[32]面对当下的喧嚣浮躁，守住安静，不受诱惑干扰地独立思考，对于思想者尤重要，对于课堂的学生也很重要。

从来，动与静相辅，沉默与争论并存。被誉为"权威教师"的帕克·帕尔默说得好："沉默是作为一种学生需要内心世界工作时值得信赖的母体，是适合更深层次学习的一种媒介。"[33]

在一定时空里，沉默是金，等待含金，静里淘金。

笔者曾描绘著名特级教师洪宗礼上《皇帝的新装》一课，课文分析已近尾声时的"等他60秒"的故事。

"谁能说说，童话的结尾为什么让一个孩子来戳穿骗局？"

这问题似乎不难回答，好多学生立刻举起了手。

"小孩子天真，他讲真话。"

"说得对，"洪老师既满意又不满意，又追问一句，"大家再想想，有没有更深一层的意思？"

几秒钟后，一个男孩猛地竖起手臂："我想，我想……"话刚出口，却又"卡"住。

"不要紧张，慢慢讲。"洪老师鼓励他把话讲出来。

"我想，我想……"仍然无下文。

洪宗礼在模拟法庭的教学中

名师洪宗礼（1937— ）一辈子不离讲台，调动全部储备、全身智慧、全息思维，激活每一次教学，让每一节课尽可能成为无法复制的"这一课"

教室里响起了笑声。那笑声仿佛说："太冒失了，该想好了再说嘛。"

那男孩似乎听出了嘲讽，变得不安起来，脸也涨红了。

"不要怕，说错了不要紧。"洪老师仍在鼓励，但小男孩却什么都不讲了。

从教室里回荡的笑声中，从眼前这张涨红的脸上，洪老师也觉察出什么，他语气温和地对男孩说："刚才，肯定有什么从你脑中闪过，可你并没有捉牢它，它溜了。你坐下，再细细想一想。"

小男孩坐下了。三十秒钟过去了，教室里静悄悄，有个学生疑惑起来，不解地望着老师，其意思说："值得等吗？"

洪老师也用目光示意他，像是说："你自己为什么不用心去想想呢，给他时间想，也是给你时间想。"

五十秒钟过去了，教室里静悄悄。有一个女孩举起了手，她要求回答。

洪老师向她微微摇头，那意思是：别急，请再等一等。

那举手的女孩放下了手。

一分钟过去了，教室里仍是静悄悄。终于，那小男孩站了起来，说："我想，结尾让小孩来戳穿骗局，合情理，因为天真的小孩不知道怕，所以敢讲真话。而且让一个小孩道出事实真相，更有讽刺意义：这个皇帝连个小孩都不如，真是愚蠢之极、昏庸透顶，还配做什么一国之君！"

他刚说完，洪老师高兴地说："嘿，你真把那一闪而过的东西又抓回来了，而且想得更清楚、更完整了！"

那小男孩十分高兴地坐了下去。

教室静默无声了 60 秒，孩子们心灵却是喧闹焦灼的世界。洪宗礼正在指挥着一场思维的演奏，不，更确切地说，是思维的舞蹈。提供足够的解决问题和抽象思维的时空，意在拉动起学生深层理解力的犁铧，且让学生尽享独立思考独具诱惑的张力。

笔者自然不反对合作、讨论、探究，只是说要讲求实用有效，议与思都要有度，适度、调度，创造教与学最佳的动静格局。

动中有静，静中有动，有起有伏，起伏有致；静是沉思，动是突进，有蓄有发，蓄发有序；动则如排山倒海，静则似幽谷林立。

三十八

讲得多好还是少好？

"少则得，多则惑。"（《老子》）古人对有与无、多与少的看法很有哲思高见。"江流天地外，山色有无中。"（王维《汉江临眺》）曹雪芹撰太虚幻境联云："假作真时真亦假，无为有处有还无。"（《红楼梦》）这却告诉人们思考复杂的事物切忌穿凿，而须有少里藏多、无中生有的穿透式眼光。

少吃多得胃，多吃活受罪。

课堂上教（讲）要少些，学（练）要多些。

教是自外向内的催动，学是自内向外的自动。教与学若要融合为一，还是要把“教学的侧重点摆在‘学’字上”[34]。

讲得过多，吸收反少。教师越勤，学生越怠。正所谓“勤妈出懒女”。时空固定，舞台有限，若任由一方霸占，另一方必被挤占。学生完全沦为配角，智力潜能焉能开发？学习过程关进笼子，生命个性何谈张扬？

教什么？学什么？

晚餐访谈蔡林森

从未谋面，一见如故。2003 年 5 月 25 日访洋思中学当天，蔡林森（右）邀笔者为学生、教师各作一场报告。两场之间晚饭时，笔者请他讲解其原创的“洋思模式”

教学的“中国功夫”——“双基”（今日的基础知识和基本技能，应包括人类生存所需要的核心知识和学科基本知识；基本能力——收集、获取、处理、运用信息的能力、实践能力和创新能力、终身学习和发展的能力）什么时候都不能丢；外国长处——创造力与动手能力必须尽快学到手。“双基”是起跳板，创造力与动手能力是腾飞术。

教学的目标在哪里？

在 1 世纪，古罗马大教育家昆体良就认为，教学终极目标是“引导班上的学生自己去发现问题，运用他们的智力”“除了使我们的学生不需要总是有人教，我们的教学还能有什么别的目的呢”？[35] 20 世纪 60 年代初，叶圣陶提出：“教是为了达到不需要教。”[36]这十字教学纲领与昆体良的深刻见解一脉相承。

欲达此根本目标，自有路径条条、方法种种、模式多多、创新无处不在，层出不穷，令人眼花缭乱，微型课、慕课、反转课堂、主体课堂、学本课堂、微视频课、问题解决式模式……问题不断流，探索没休止，改革无穷期，还会有更多创新出彩的招法、名目比肩接踵涌出。然而纵有“孙行者”的千变万化，也断然离不开“如来佛”的规律手掌心——这就是千方百计提升学生的自学、自省、自悟的能力，即学会学习能力。术不离道，变不离宗，这是一条亘古不变的教育信条。诸位教育同人啊，万万不可在不断翻新的样式里迷路失标。

学习新形式在哪里？

在深化教改中，各地有一些学校一改传统学生插秧式的排坐，按照“组间同质、组内异质”的原则，把学生分成几个小组，组组有愿景、班班有目标，学习、活动张弛有度，学思、演练转换有致，课上、课下配合有法，甚至学科之间交融有招。课堂结构和流程为成长搭建了多元平台，合作与竞争成了主旋律。

目前，各国教学模式大都追索着探究式、实践式、合作式学习，以培养学生的创造意识与创造能力。

对于未来，现在的一切都属于未完善时。学习新形式也是一样。

围绕生命的优化开发，教与学的形式在不停的探索中，变化永远不会完结。

杜郎口“旋风”

山东杜郎口中学的课堂在校长崔其升的有力指挥下成了生命智慧大迸发的学习场

用什么教法最高效？

在教育辞典里，没有“最高”“最优”，只有“更高”“更优”。那些标榜自己的教法“最高”“最优”，自以为寻到了终极真理者，不是狂妄的无知，就是有意的说谎。语文教学就至少有得得派、自学派、茶馆派、导读派、情感派五大流派，至于教法更是多如牛毛。

选择哪一种教法，关键是立足于自身优势、适应学生实际、符合教学规律等三大前提条件。从这个意义出发，最合适的教法方为最高。

一所学校非得“打造”某一种教学模式吗？

否！教坛名师，我行我素，既无定法，亦无模式，皆因时、因地、因人（学生）、因型（课型）而异，犹如夏单冬棉，春捂秋冻，一切以生为计，适用即好。于漪老师对笔者说，她同时任两个班语文课，在乙班授课的方法与在甲班授课的程序断然不同。她每每在实验中选择，在比较里考量。笔者以为大师无法，浑身是法，纵横捭阖，变幻无穷，好像无根无派、水柔火烈的霍氏迷踪拳。教师的教学如作家写作一样，从个性化劳动起步并独立贯穿全程，百花齐放，万紫千红；博采众长，独树一帜，久而久之，每个人的特色风格便渐渐孕育其中。学生也在广纳博采众多特色风格的老师教学中，潜移默化地完成自身主体人格的内化和塑造，达成各自独一无二的生命的无限精彩。

近年来，有一种现象令人忧虑：有一些学校不去调研教师、学生的教与学实际，因人制宜地帮助其提升教与学的艺术能力，而是刻意追求全校整齐划一的教学模式以造成“规模效应”，于是便组织少数人苦思冥想，力推什么“×环×步教学法”“×××教学模式”等一套多属臆造的魔咒，不管什么学科、什么课型、什么年龄段学生，不尊重每一位教师施教的个性、潜质及发展的多样性，一律画地为牢，死死框定。这种人为地打造模式的举措，着眼于声势，实则为应试，结果往往捆绑践行手脚，窒息创新活力，抹杀教学个性，几乎封堵了名师产生的源头，不可不对其细查深究，以避贻患之害。

教学新手段用不用？

用！“工欲善其事，必先利其器。”（《论语·卫灵公》）善假于物应是真理性的信条。多媒体、网络化、开放在线课程，这种正在改变全球教育并预示未来走势的爆炸性创新，神奇地吸引眼球，扩张视野，颠覆教坛，快捷有趣，事半功倍，焉有不用之理？

然而，在目前电子手段进入教学初期，对自学能力较弱、易于被外在形式迷惑的中小学学子而言，传统手段仍会是运营的主导，电子手段则为必要的辅助，此种状况较长时间内似乎不会根本改变。况且，电子新技术若把握不当而用得过滥，势必造成扼杀想象力，冲击思维力，排斥审美力，以致适得其反。

深化改革着眼点在哪里？

阵地在课堂，关键在教师，落点在学生。

课堂是主阵地，进行着一场攻坚战。若抓不住主阵地，即或外围四面开花，也可能只是一时的点缀。

教师仍是关键。在学生中心的舞台上，教师传道、授业、解惑的角色似乎悄然隐退，从知识的传授、灌输、拥有者转向了教与学的组织者、指导者、合作者，从训导管理者转向了激励服务者，然而，深层次地审视教师角色，若从精神、智慧、生命等丰富内涵开启学子计，从人格、灵魂、境界等深邃价值导向学子计，己立立人，己达达人，其精业担当更重了，其生命给力更大了，其修炼水准须更高了，其智者道行须更深了，恰如雅斯贝尔斯形象地寓意教师无可取代的主导地位那样：“教育的本质意味着：一棵树摇动另一棵树，一朵云推动另一朵云，一个灵魂唤醒另一个灵魂。”

学生是落脚点。教育的出发点和落脚点是学生的成长。

以生为本，让每个生命精彩绽放，应该是永恒不变的理念。升华师资，更新条件，深化教改，凸显文化，精细管理……一切都是为了学生健康、快乐、幸福的发展。学习型组织倡导者彼得·圣吉说：“婴儿学走路，是在跌倒、爬起、再跌倒、再爬起的过程中学会的。”学生思维能力的发展和生命成长也像婴儿学走路一样，跌倒意在演习，爬起意味成长。

什么样的好教师备受点赞？

好教师隐匿其行而点拨其智，精简其言而引航其思，让学子觉察不到其形存在，其神又无处不在；学子生命高歌气韵舒展，却又无时不感知隐形的师道火光于前。王维诗云“空山不见人”，却“复照青苔上”，似乎很能说明他们若无而实有的教育常态。老子说：“大音希声，大象无形。”（《道德经》）揭示出入道而无为的本真境界：最美的音乐是没有音乐，最美的形象是没有形象。好教师正是无形的风，无影的势，无声气场。

最核心的学业问题是什么？

不是学习内容——所要学习的知识结构及其精髓，而是学习心态的自信自尊和学习方法的适切科学。自信心态是基石，适切学法是路径。切勿将两者摒弃于学习内容之外视其可有可无，而要当成最核心的学业问题乃至学习内容予以聚焦聚神聚力。若将其解决了，学业上的奥秘即如挥刀劈竹迎刃而解。

以上两部分（三十七、三十八），是要课堂氛围的静与动、形式的教与学、重心的知与能、手段的新与旧、方法的法与果达到五大统一。

三十九

若要让课堂富有张力，教师须站在知识系统的高度。

知识大林，原本针叶阔叶相杂，乔木灌木互混，根根缠绕，干干依傍，枝枝覆盖，叶叶交通。后是人为将其分文分理分学科的。

若要让课堂富有张力，教师非立足系统知识的高原之上便不能俯瞰教学分支。既面对本学科的知识高地，又能打通各学科（首先相邻学科）之间、本学科前后知识点之间、本学科课本上昔时信息与该领域最新信息之间的三堵墙，以形成足可引发学生思维的开放式教学时空与教学内容。

前面笔者提及的孙维刚的数学课教学就是这样，练大脑四面出击，各学科八方联系，东方不亮西方亮，黑了南方有北方。人人思潮泉涌，浮想联翩，学识漫江碧透，百舸争流，个个睿智非凡，举一反三。

若要让课堂富有张力，教师还要站在人本开发的高度才能有效组织教学。既要开发学子的智慧大脑，更要培养学子的健全人格。

学生人人要成为课堂的主人。他们以昂扬的忘情的状态全身心参与，全息化思考，全方位互动，全层面提升，全维度达标；人格潜移默化走向高尚，灵魂一次次得到彻悟，内心深处形成沉淀，收获了一种无法物化在书本上的人生智慧，即使最平庸的学子也得到显示和张扬，感到天地间“我的存在”。

最要紧的是教师有一颗博大宽容的爱心。

若要让课堂富有张力，教师只有站在教育教学科研的制高点上，方能居高临下地驾驭教学。

从跨越时空的视角看，教育（教学）的制高点属教育第一生产力的教育科研。课堂教学的含金值尽在科研的参与量里。

日前，我考察了江苏省泰兴市洋思中学创造的奇迹。这所由教育家蔡林森校长办在村里却令 26 个省 3653 名学子趋之若鹜的初级中学，自 1990 年以来，学生毕业率、合格率均为 100%，每生每门功课的考试成绩都在 90 分以上，实现了“没有教育不好的学生”“让每一位家长满意”的承诺，从而改写了迄今为止的教育功能价值说及学校的质量标准说。我听数节课，直接感受到“先学后教，当堂训练”教学模式的科学性。该模式程序是：教师出示这堂课学习目标、自学要求（简单明确）——学生自学（形式灵活多变：看例题，读课文，看注释，查资料，做实验，发现疑问，做习题……核心是思维）——教师巡视发现自学中问题——学生汇报自学结果（优先后进生）——诱导学生讨论、质疑、思辨、纠正、指导（重点是学生思维碰撞中互学互教）——学生当堂完成作业，教师当堂改完作业（当堂清）。这套旨在高速高效地开导学生思维、开掘学生潜质的教学模式，蕴含着“教师责任就在教学生学”“以学促教”的先进的教学理念，活化了具有中国特色的科学的教学论。

山外有山。神奇的“洋思现象”方兴未艾，山东省杜郎口中学又卷起摧枯拉朽的课堂改革“旋风”，在崔其升校长“解放孩子”的“大手术”后，主宰了课堂的学生放量去学、去思、去想、去做！

四十

课堂鼓荡着活力。

活力是什么？是生命的创造力。

走进理想课堂，透过活泼的氛围、活跃的思维、活生生的教学环节，无处不见活鲜的生命在律动、在交融、在成长；无时不见灵活的智慧在闪现、在流动、在焕发异彩。

如果说，知识是已知的，是定型的，是沉睡的，是有限的；那么，智慧则是未知的，是动态的，是鲜活的，是无限的。教师的责任就是将死的知识变成活的财富，转化为师生的能力和智慧。正是这样，在教学流程里，活鲜的生命借助知识的原料，通过加工再造的思维，撞击产生出一串串生命智慧的火花和智慧的喷泉。在这美妙的流程里，大脑睿智了，个体成长了，师生俱进了。

自问题的引力——思维的张力——智慧的活力，形成生命开发神奇的金三角。而创造力结晶而成的智慧，则是对问题的回应，对思维的升华，是高深绝妙教学境界的归宿和极致。如同怀特海所言：“教育的全部目的——就是使人具有活跃的智慧。”[37]

四十一

智慧，袖藏乾坤怀日月，为有源头活水来。

事物的活力，是世间智慧的潜流在奔涌。

人生的活力，是人格智慧的星光在闪耀。

教学的活力，是科艺智慧的活水在浇灌。

只有被理解、被驾驭、被应用了的知识方可称之为智慧，才有喷发奔放的能量。

因此，智慧不是教的、学的、灌的，是思的、悟的、练的。

知识得益于学习，智慧得益于创造。

教学的智慧来源于教师千锤百炼生态课堂的非凡领悟。

学习的智慧来源于学生千方百计内化提升的比较反思。

既然课堂的活力在于师生智慧的创造，许许多多立志改革的弄潮儿无不在践行在思索：如何给课堂注入更多的智慧。

我几十年研究结论是创设“三场”：创设激励教学的学习场，创设享受学习的创造场，创设彩排生活的演练场。

四十二

创设一个关注生命、尊重生命、有利于产生生命智慧的学习场，以实现教学的最高境界——激励教学（教育）。

“教学的艺术不在于传授的本领，而在于关于激励、唤醒、鼓舞。”[38]第斯多惠第一次把“激励”率先写在教学艺术的旗帜之上，成了创设学习场的入场券。

“未来的教师，我亲爱的朋友！在我们的工作中，最重要的是要把我们的学生看成活生生的人。”[39]这是苏霍姆林斯基对教育最重要最主要的问题思考了32年之后的结论，这富于激情的语言说得何等好啊！

学习场上，最关键的是什么？

是自学，是浓厚自学兴趣与顽强自学能力的培养。中国人民大学附中校长刘彭芝多年来思来想去如何改革和创新课堂教学，“我觉得摆在第一位的，还是培养学生的自学能力”[40]。诚如尼采说：“世上有一条唯一的路，除你之外无人能走。”每个人的自学兴趣与自学能力是基点，组合成学习场上的一个个闪烁的光环。

在这个学习场里，每一个活鲜鲜的生命无时无刻不在春潮般地涌动，冰排般地撞击，焰火般地迸放，空中滑雪般地跨越！

这里，流淌着激情的诗韵和激昂的歌音。师与生心的和谐、脑（思维）的碰撞、语的交流、手的协作，共同演绎出生命的教育之歌。

他们之间用知识激活知识，用生命激扬生命，用心灵激动心灵，用人格激励人格。

走进如是课堂之境，空气清爽，氛围自由，教师可亲，学生可爱，对话平等，彼此尊重，师生亲密，合作无间。

同在如此一个学习场里，你激励我，我激励你，竞相发展着自我，每个人的潜质尽可能得以唤醒，每个人的创造力尽可能得以展示，每个人的个性尽可能得以张扬，每个活生生的生命尽可能得以光鲜……

这种描绘岂不太虚、太浪漫了吗？

没有务虚，哪会牵动实做？没有浪漫，哪会有梦？没有梦，哪会有远方？没有远方，哪会有追求？没有追求，又哪会有动力？

丢掉埋怨，丢掉游移，赶快研究，赶快行动！

打造激励教学的学习场有一个递进链——

激励教学的学习场，来源于对学生生命的关注；

对学生生命的关注，来源于对学生生命的尊重；

对学生生命的尊重，来源于对学生生命的透辟解读；

对学生生命的透辟解读，来源于对学生有一颗博大深沉的爱之心。

有这样一个真实的故事：南京小学生择校严重。一对年轻夫妇为把爱女送到一所最出名的小学，付出了多年积蓄的代价。孩子一周前已睡不着觉了，倒计时盼着算着一直到上学。头两天回家她讲学校、老师如何好，一个周末回来，竟孤苦地一言不发。父母问其原委，孩子“哇”地大哭起来，说：“下星期我不上学了！”天哪，年轻父母顿感五雷轰顶，反复追问缘由，女孩才抽泣着说：“今天整整一天，老师都没有看我一眼！”哦，原来如此！多看一眼，都是学生的渴求，是教师的一种关爱，眼睛是传递爱的渠道呀！尤其是微微含笑的一双眼睛的关望，更是传递着爱的承诺、爱的名片、爱的诗笺呀！

而河北省香河县的全国模范班主任武兴元怀着对生命博爱之心，竟让谁见谁烦四年不说话的女“哑童”说话了，唱歌了；让“山里驴驹子”变成“金马驹子”，“害群之马”成了优秀干部，“留级大王”捧得“三好生”奖状，逃学生在全县知识竞赛上拿回头奖，全班倒数第一生竟以全校状元的成绩考入县重点高中后考入高校……

他，就是靠爱心靠激励教育（教学），把“朽木”雕成龙凤，创造出提升生命的奇迹！

四十三

创设一个开发大脑、优化大脑有利于产生学科智慧的创造场，以实现学习的最高境界——享受学习。

早些年，流行一个术语：知识爆炸，信息爆炸。如今，又流行一个口号：锐意创新，自主创新。这是当今世界白热化竞争大形势下应运而生的行动口号。

前者讲知识更新快，让人们迎接挑战。

后者讲创新要求急，让人们投身挑战。

教学活动岂可隔岸观火？课堂应该而且必须成为促使大脑不断产生智慧的创造场。在这个创造场里，生活里、实践中、网络间、科研上的活的问题纷纷被引入课堂引入思维，学习变成一种探索式的需求，一种身与心的享受。

在这个创造场里，学生的激情四射，思路八方，求知在体验里，发现在探索里，争辩在开拓里，想象在创新里。

创造场上，学生当开发哪些最重要的创造力呢？

笔者赞同刘道玉关于创造力五大要素说，即观察能力、记忆能力、思维能力、想象能力和实践能力。[41]此五大要素对全人化的发展至为重要。

敏锐观察力，作为创造力的眼目，给我们安装看清事物本质与变化趋势的望远镜和透视镜。

良好记忆力，作为思维力的根基，是对以往的活动、感受、经验、文化等印象的条分缕析的储存器与百宝囊。

强劲思维力，作为智力的核心，是对纷繁复杂事物及其发展的扫描镜和解剖刀。

丰富想象力，作为突破力的源头，是通往无限美妙虚拟世界的玄牝之门、发现之路。

有效践行力，作为执行力的手足，是从虚到实、从想到做、从观察世界到改变世界的直通车和试验田。

大凡其他能力都是从此而衍生出来。

在这个创造场里，弥漫着智的律动，能的张扬，力的展示，美的和谐。人人投入，个个沉迷，大脑似乎突然间思接千载，视通万里，上天入地，无所不能……

学生研究着天的变化，地的走势，河断流的梳理，沙尘暴的整治，环保的对策……创造性学习滋生创造性智慧。

浙江省嘉兴一中一位数学教师课上推出一题：某人想购一套住房，其费用为18万元，付款方式是先付款8万元，余下款额向银行贷款，并采用分期付款的办法还贷，每期付款数相同，购买后每过一年付款一次，到第10年后贷款全部付清，假如年利率为3.5%，且每年的利息按复利计算（即上一年利息计入下一年本金），请你帮他计算一下，每一期付款多少？问题一提出，学生们七嘴八舌沸沸腾腾议论开了，连最不爱动脑的学生也紧张思考，加入讨论。随着问题展开，教师水到渠成地引导学生发现等比数列求和公式的知识。学生获取数学知识、技能的同时，探索精神创新智慧也得到相当的历练。

北京大学附属中学数学特级教师张思明更是打造产生学科智慧创造场的高手。

他把一串串日常生活中的问题引入教学：热水瓶里水位的高低与保温效果有着怎样的关系？球鞋的鞋带哪种系法最节省，系得最快？一页杂志排版，是通栏字多，还是分两栏字多？为读者阅读方便又应如何设计？最少用几颗地球同步通信卫星，其信号可以覆盖整个地球？十字路口的红、绿、黄灯多长时间变化才合适？一笔款子怎样存可以获较多的利息？……张思明还把生活、生产和其他学科中的问题引入数学教学，引导学生通过数学建模（建立数学模型）设计出解决问题的过程，如让学生设计小区最佳邮政投递路线和合理的保安巡逻路线等。班上于颢、陈明卿两位同学的《保安巡更路线软件流程设计》在2002年7月底于郑州举行的全国青少年科技创新大赛上获得一等奖，还受到北京专家的充分肯定。如此数学课已完成从传授知识到发展能力解决实际问题的巨大跨越，数学教学的过程成了师生双方迸发生命创造力的舞台。学生尽可以享受学习，享受思维，享受创造场的创造性生活。

四十四

创设一个开阔手眼开阔心胸有利于造就生活智慧的演练场，以实现学用结合的最高境界——彩排生活。

学子的智慧和灵气归终离不开生活的泉源。

教师催醒学生内心的智慧巨人也一点儿离不开生活演练场。

笔者曾发现人的发展有一个软着陆效应，即对外界适应性强极利于走向成功的效应。

最突出的不适应外界，当数人从校门到工作门方方面面的巨大反差。

彩排生活的演练场的思考激发点则出自于此。

除课堂、校园大力倡导动手演练以外，国内各地都建造了中小学生的实践基地，专供学生直接参与学工、学农、学军、学科学的实践活动，以演练践行力。笔者考察过四川、山东、河南等地的几十家实践基地。此类基地使学生“飞”出鸟笼般的学校，很招学生喜欢，客观上又强制了动手修炼。

演练场上，该如何做？

要教、学、做三位一体，扎实的“中国功夫”（指牢固的基础知识、基本技能的“双基”功底）和“西方能力”（指思维想象力和动手创造力）打成一片，即将脑子里的学识，经过思维力的穿针引线活用在双手上，完成从虚到实、从知识向智能的跨越迁移，也完成了验证、丰满和扎根知识的必然历程。

演练场上，新信息在“砰砰”叩门，“实弹射击”在现场演习，践行能力在一次次升级。

演练场上，小教室通向大自然、大社会、大改革的前沿，以此实现从学习生活到社会生活的顺利对接，完成对生活对实际有的放矢的彩排。

为此，做到校内外结合。

要像苏霍姆林斯基一次次把孩子带出远足享受快乐而丰富的童年那样，精心培育学生的健全人格。像李吉林那样常常把儿童带到大自然中去，带到生活中去，在观察玩赏鲜活的情境中，自然有序地训练儿童的语言、提升儿童的情操。还有一些学校，老师带领学子，到社会大海去游学，到异国他乡去览胜，开阔视域，探访下层，渐行渐远，辨识人生。

校内外结合，是将学校教育融入社会教育的认真尝试。

为此，做到大小课堂结合。

全国十杰教师李元昌主张的大语文观也饱含着这种结合。

在他的眼里，学校教育是“小学校”，社会则是终身受教育的“大学校”；校内课堂是“小课堂”，广阔农村、社会才是“大课堂”；学生学习的课本是“小课本”，一定的生产实践与社会实践方是“大课本”。语文教学就是为学生架起从“三小”到“三大”平稳过渡的桥。学生上学走路，可以学练观察；同人谈话，可以练口才；看影视，可以文艺赏析；听广播，可以学朗读……[42]他更有一套“向生活要作文，在作文中学会生活”的绝招。他带学生观览城乡巨变，体察民风民情，采写改革能人，描绘农村新景。每逢假日，这批“雏燕”就被放飞广阔天地。给油坊掌柜写广告，为专业户草拟合同，向电台报社写新闻，帮邻居设计致富新招，致信给村书记制止卖沙毁田的行径，写就一份份关于筑路、控辍、戒赌、早婚风、吃喝风、大操大办风等沉甸甸的专题调查报告送交乡干部手中……这些文章，结集《田野上的小花》，一年之间出版社竟印刷了 23 次（1993 年吉林文史出版社印刷 23 次，2006 年吉林教育出版社又重新印刷）。学生早早地走进社会之门，审视生活真谛，思考人生意义，指点江山利弊，有力催化他们走向成熟。语文学科做的，其他学科也都能做。

李元昌和孩子们

将教书与育人、把语文小课堂与社会大课堂完美结合起来的教育家、全国十杰教师李元昌，是视教育为生命的人。图为野外教学课：他与学生涉过家乡小河，畅谈新农村的美景

大小课堂结合，是演练学生能力翅膀的有效试飞。

为此，还做到动手动脑结合。

最好途径之一当数开展研究性学习。

这种学习方式决不单是高中生注册的专利。孙维刚老师教初一时，就倡导学生人人开展研究，练写论文，开始发明创造。提前一时，赢得一代。

真可谓“随心润物三春雨，有意催花六月风”。

上海市大同中学是早早开展研究式学习的一所名校。全校有研究课题一百三十多个。学生人人有课题，有调查，有搜集，有分析，有论证，写出《黄浦江水质实验分析及改善保护对策》等多方面的大批论文，思路开阔，思维新颖，见地独特，文字鲜活，文采飞扬！从中，我们听得到新一代创新的脉搏，走向未来的脚步……

动手动脑结合，是造就学生智能以便明日软着陆的实地预演。

创设学习场、创造场、演练场——“三场”的目的何在？就在于从教育的终极目标出发，高屋建瓴地寻找一条对生命智慧开发、深度开发、便捷开发的路径。如李希贵所说：“通过挖掘他们的潜能，培育他们的人性，不断推进孩子们的社会化，让他们走向成熟，学会自我生存。”[43]

四十五

笔者在几十年深入课堂、设计课堂、跟踪课堂、慎思课堂的过程中，潜心思考着理想课堂的内在运行结构、组成要素、节奏韵律乃至基本规律，终于在两年前提出如下一个**课堂理性思维导向图：**

由牵动心神的问题链（磁力）→化解问题链的思维流（张力）→统领思维流的智慧网（活力）→编织智慧网的方法线（魅力）→承运方法线的时间轴（定力）连贯通透而构成。这一理性思维导向图，意在透析高效课堂的核心载体。[44]

此课堂理性思维导向图，实为思维发展规律的精缩，心灵开发规律的精缩，也是生命成长规律的精缩。

这张课堂理性思维导向图，试图将复杂万端的教学系统，经过去伪存真的透视与条分缕析的梳理，用简单而明了的图示呈现出来。

揭去教与学的神秘面纱之后，此图袒露出教与学全貌的体系架构，揭示其各要素融通运营的鲜活流程，切准诸环节相谐共振的脉搏，解析教学的本真及对其肯綮的把握，从而求索出智慧开发的规律之路。

这样，就将原本看去纷乱无章的东西，在践行里沉淀结晶出一条珍珠宝链；将混沌模糊的事物，通过理性思维的显影定格，一步步化作清晰可见、具体可感的体系；把千百年来莫衷一是的教学，变为了一套可觅可知可循可用的章程。

第三节　境界的圆融

四十六

鼓荡着“三力”的理想课堂，呈现现代教学格局的形态与神韵，让人看得见、听得到、摸得着。

这里是民主的——

生命在沉思，在苏醒，在或渐或显地彻悟。

智慧在积蓄，在碰撞，在八仙过海般地张扬。

灵性在凝聚，在伸展，在舍我其谁似的迸发。

美在和谐中互启互发，同静同动，共融共舞。

没有飕飕的冷风刺面，没有梆梆的冰雹击头，更没有把把尖刀刺心。

有的是你携我助，你追我赶，对生命深度的理解、尊重与珍爱。

每个人，无论为师为生，无论背景有多大差异，都拥有精神崛起的主动权，一概脸儿高扬，情儿激昂，心儿舒畅。

民主的真谛是心灵的自主。

这里是开放的——

教学内容在开放。用教材教，却不是教教材。那些铅字的、图像的、音响的、实物的、自然的、社会的，都组合成丰富多彩的教材。“过去我们把课程当作整个世界，现在我们要把整个世界当作课程。”

教学时空在开放。教学已不只限于45分钟或40分钟，还有课前课后的延伸、本课与其他课的连带、小小课堂与大大自然（社会）课堂的通融。

教学资源在开放。千红万紫的网络资源，千变万化的社会（自然）资源，千差万别的海外资源，一齐被调动进来参与其中。

教学目标在开放。目标已经不单锁定知识，更有能力、智慧、方法和人格。

教学结论在开放。不再是教师强调“千万要牢记这个结论”“一定注意这种方法”等，再不是一条道跑到黑，而是条条道通北京，答题无解或多解，已是家常便饭。

师生关系也开放。学生想说，随时打断老师：“老师，我看……”彼此一团和气，一派大气！

教室大得没边。

时空阔得没沿。

思维深得没界。

开放的核心是人的解放。

这里是科学的——

教学的流程科学。或学或议，或讲或练，或思或做，都如行云流水般的天造地设。

教学的方法科学。有导学有自学，有点化有内化，有示意有创意，有口述手写有课件展现，都那么浑然一体天衣无缝。

教学的重点科学。聚焦在方式、方法、规律、奥秘，给人弥足珍贵的人生智慧与启迪。一切都那么恰适：思与议、问与答、张与合、密与疏、快与慢、放与收，尺度与火候恰到好处。孙维刚老师为学生开创了解题的“三级跳”：一题多解（达到熟悉）、多解归一（寻求共性）、多题归一（寻求规律）；又为学生归纳了四个大规律、十五个中规律、三十多个小规律，使他们从初一到高三，从代数到几何，再没有不会做的题目了。

科学的内涵是高含“金”量的科研。

这里是个性的——

赤、橙、黄、绿、青、蓝、紫，这里每个人的课都呈现各自不同的色彩，或善导，或善问，或善点，或善练，或善察，或善疑，或善示范，或善开合……每人的长项都是占据个性高地的最好的突破点。

风格是成熟了的个性。各种不同的风格如同花园里的百花，以各自不同的型、色、味引人好奇，引逗学子的鼻眼。

任何模式化最终都走向僵死，唯有风格却可以永存。或形象一点说，模式化只揣着通向死亡的单程车票，风格却拥有自由驰骋的永久订单。

个性是师者终身的最高追求。犹如人终身追求某种境界一样，师者在课堂上一旦拥有了个性，就拥有了亮丽的光点，就达到了教学上的某种境界。当然，课堂教学所体现的个性，也涵盖学生的风采、思想、智慧和行为，而这一些表现也极大地助推着教师教学个性的丰满与完善。不过，这里主要从师者的窗口着眼。

个性的本质是师者的性格。

这里是高效的——

高效有三个维度：效果、效率、效益。先追求高效果，再追求高效率，最后追求高效益。

达到高效果的最重要路径是变教为导、变学为思，课堂做好导思这篇大文章。思维是人智力素质的核心，造就睿智大脑的源泉。导思是教师最高的艺术，达到完美育人的诀窍。“导”包含要求、点拨、引导、组织、指疵、质疑、纠正、归结、示范等要素；“思”包含回顾、思索、比较、借鉴、分析、联想、想象、了悟、创造等要素。

达到高效率的最重要办法是范例教学、结构开发，教师追求触

类旁通的圆融，学生织结知识点的内在网络。范例教学是选用基本性、基础性、范例性的典型范例达到对事物一般属性认识和理解；结构开发是在教学中将知识结构化、系统化、序化。范例教学的精髓，是寻求点的突破，将点视为眺望室外知识远山的一个个窗口；结构开发的奥秘，是探索面的收获，将面的系统序化结构作为立体知识的一个个组装模块。如此点面结合，必然取得高效。

达到高效益的最重要渠道是情智同进，思维升华，储备受用终身的大成智慧。情智同进指情感和智慧一起增长，思维升华指思维提升到广博、深邃、独特、创造的境界。教师导向学子以思路、以智能、以观点、以精神、以心性、以人格、以素养，达成全人化的发展目标。

这样的课堂没有废话（空话、新话、套话、假话），没有伪冒，不要花枪，不使无用的力，不做无效的功。

每个人都在奋力跳起摘果，都摘得到自己的渴求。

每个人都在全身心的竞搏，都一次次愉快地撞到了各自的终点线。

每个人都在激活自己中超越自己。其中包括：

学法超越——把方法当成“点石成金”的指头：学会自学以提升核心能力，聚焦精髓（最基本概念与思想）以发现知识结构，把握规律（含方法）以高屋建瓴，抓住方法适切；

时间超越——把时间制成一分一秒细而薄的切片节省着用：懂得惜时，科学节时，立体用时，咬住时间管制；

短板超越——把短板视作制约发展的瓶颈加以突破：聚力攻关，扬长补短，学新带旧，扭住短板不放。

如是，每个人都收获着受益终身的奠基石一样的奇珍异宝。

高效的追求是人的高智高格。

四十七

走向理想课堂，有自低至高的层级。

第一个层次，为认知层。学生在教师引领下，通过预习、自学、训练，达到对知识的感受，属于知识点范畴。

“认知层”的学习，多属平面的、单一的、直觉的；以感知、记忆为主要途径。在知、情、意、行的同步学习行为里，从无知到有知，从认知空白到初具经验，迈出通向智慧的第一步。

第二个层次，为思悟层。学生通过小组探究、切磋、反思，把握知识，实际地演练和运用知识，领会学科知识所具有的高度严谨、合理和内在无穷的美，挖掘知识深处的真理性魅力，使得知识熠熠生辉地复活，即达到对学问的彻悟，开掘理解力空间。

“思悟层”的学习，则变为综合的、立体的、多维的；运用了归纳、演绎、联想、迁移、比较、重组、整合等多种途径，出现了多元并用的精彩。

第三个层次，为圆融层。学生通过教师画龙点睛、自己学做中创造，而使智慧的灵光闪耀（学生成了自己的老师），人与知识、知识与人开始了深层对话。人走进知识，超越认知，人升华了；知识走进人，穿透生命，知识有灵气了，在纵横交错娴熟地拓展应用中，达到知识与生命的强烈共鸣，人知一体的超越，达到人知合一维度。

“圆融层”的学习，业已达至出神入化的高境。多维交叉，立体深入，灵感迸发，创意闪光，旧知与新识连体，个树和大林融通，理性同意象交织，思维循规律一路，想象共创造迭出，呈现出人知和乐的圆融境地。

四十八

理想课堂蕴含着课堂的理想境界。

课堂境界绝非靠数字可计、指标可评、成果可定，而是远远隐于其后，深深藏在其中，留给人的是只可意会难以言传的质的感觉，亦如老子所说“大音希声，大象无形”（《道德经》第四十一章）了无痕迹的美的本真。这种境界形无而实有，深隐而难测。

该怎样描述透视理想课堂而感觉得到的理想境界呢？

就理想课堂的时空而言，这里是高远的——

一方杏坛，三尺讲坛，展示的却是广阔得无边无际的时空。

观古今数千年于须臾，抚四海八万里于一瞬，数无数风流人物于唇边，览众多定理公式于眼前，由此及彼，由表及里，由地及天，由中及外，由事及人，由史及今，小小空间却有林林总总无穷无尽的画卷。

无论整体，还是细部，无不让人感到秋净气朗，大地斑斓，蓝天似洗，白云如带。

说不出的高远，道不尽的浩茫……

就理想课堂的内涵而言，这里是博大的——

这里所展露所探索的全部——知识、能力、智慧、人格、事物、时空、运动、联结、真谛……无不构成一个和谐的博大视野。

从一株小树看一片大林，从一滴水看一个大海，从一颗微星看无限宇宙，哪怕从一粒土也看得出地球起源、人类演化……

小中见大，大中看小，小大相依，大小互变，其中都含有大视野、大道理、大趋向。

说不出的博大，道不尽的宏伟……

就理想课堂的触角而言，这里是幽深的——

像掘进深不可测的地下暗井，像走入历史隧道的遥远景深，还像一层层剥开事物表层逼近核心，这里探求的事物、道理、思想、理念，都进入了“系列跟踪”“深度报道”，都似乎在显微镜下观微，于望远镜前眺远。

没有一丝一毫的鼠目，不见常人常规的套路。看事，一语道破；看人，一眼看穿；看物，洞若观火。

视角独领风骚，眼力独具匠心。

打开一扇扇门，解开一个个结，揭示一桩桩秘，破译一个个谜。

说不出的幽深，道不尽的邃密！

就理想课堂的审美而言，这里是静美的——

这里，无处不闪动着发现美的眼眸，发现科学美的经丝，发现艺术美的纬线，发现人文美的底色，发现和谐美的极致，发现心灵美的花瓣……

这里，无处不律动着创造美的体语。解放了的思想跳起美的舞，敞开的嘴巴唱着美的歌，松绑的手示意美的走向，自由的足追逐美的步履……

这里，师生之间，脸和脸守望，心贴心交融，手拉手相携，更有情与情的联袂，共同打造出人世间真善美的精彩造型。

说不出的静美，道不尽的风光！

就理想课堂的功力而言，这里是神奇的——

完全像有一种非凡“神力”在左右着。

忽而风平浪静，静得听得清彼此的呼吸之声。但在宁静之中，脑海正卷起思维的十二级风暴。

忽而人声如沸，沸得差点儿鼓起房盖，书生意气，议论纵横，睿智的火星四空飞溅。

忽而又进入紧迫演练，对着仪器，对着图形，对着物件，对着问题，知与能着劲儿突破，手和脑默契着攻关，智慧同人格相伴着自由翔舞。

师生和谐得同心同力，相携相助，像蹚过一条条湍急的河，冲顶一座座崎岖的峰，开垦一块块人生的处女地。

这里为一个个断了路的思维连线上网，让一颗颗寻常的大脑睿智强大，使一条条柔弱的神经自信充盈，令一种种不同的个性活力彰显，于是，生命迸发出五颜六色的光焰……

说不出的神奇，道不尽的美妙！

境界理论如一枚学术的硬币，使心法的“境界说（小自课堂境界，大至教师境界）”与技法的“三力说（磁力·张力·活力）”完好地融为一体，达至中国哲学与教育学之中的传统命题“一即是万”“万即是一”的境界，因此更印证了笔者“中学为体、西学为用”的学术之路。

四十九

恩格斯1895年3月11日致桑巴特书信有一句精髓：“马克思的整个世界观不是教义，而是方法。它提供的不是现成的教义，而是进一步研究的出发点和供这种研究使用的方法。”[45]罗素也很看重方法：“从进一步研究的观点看，方法比结果更重要。”[46]我们从方法入手，走进理想课堂和理想的课堂境界。

若问，理想课堂和理想的课堂境界有办法量度吗？

有，笔者观摩了数千节课后，思索出五大检测点。

聚焦点——一个中心。

以生命的尽早尽快发展为中心。

教师搭台，学生唱戏，动眼、动手、动体、动口、动脑。

是否都以学生的成长、成人、成才为中心？

突破点——两大转变。

变教为导，变学为思。

是否时时在做并做好了“导思”这篇大文章？

定位点——三项目标。

一曰方法：通向能力、智慧之旅的阶梯。

二曰智慧：活鲜运用知识并转化为能力的翅膀。

三曰人格：成长、成人、成才的源泉。

三大目标是否在聚力追索？

着力点——四种反馈。

有学（教）必练，练为应用。

有问必议（答），议为提升。

有错必纠，纠为透析。

有考必评，评为建构。

四大反馈是否贯穿教学流程的始终？

审视点——五把标尺。

全身心参与（乐学）；

全息化思考（会学）；

全方位互动（会教）；

全层面提升（善教）；

全维度达标（高效）。

教学是否达到了五把标尺？

上述“五点”，亦可谓理想课堂教学的“一、二、三、四、五工程”。该工程最大优点是重点突出、简便易查。

五十

理想课堂的“三力”——问题造就磁力，思维引发张力，智慧饱含活力，不是顺序递进的教学程序，不是某种教法的几个要素，也不是教学模式或技巧，更不是花样翻新的什么教学口号。

它是什么？

它是贯穿在无论哪一种教学模式的教学过程中，无处不在、无时不有的理想教学形态与理想教学特征。

它是新时期的教学与学习的规律和教学宣言、学习宣言。

它是现代教学的崭新旗帜。

“三力”说源于中外教师尤其是我国教师极为丰富的创造，透露其教书育人的大智慧、大艺术、大境界。

“三力”的三者在教学流程中，自始至终彼此连通着，你中有我，我中有你，搭成活鲜、和谐、丰富、多变的平台，展示着师生成功、成长、成人、成才的生命历程。

五十一

“三力”理论之根扎于我国当代中小学生智能开发、个性发展、潜质掘进的土壤。

智慧来自思维，成长倚重个性。

我国学生的创新思维刚刚开篇，对个性成才的关注，几成一张白纸上的起笔。个性突出、特长超群、智能开发方向明朗的仅限于城区少数学校的个别学生，大多数学生紧张应试，无暇顾此，更有相当数量的学生对个性开发压根还茫茫然尚未思考。

为让超常者自由地深入超常，让选择者充分地进入选择，让茫然者尽早地摆脱茫然，各自都能迅速地投身于人才打造的快车道，我们除摒弃那些束手束脚的育人机制之外，还必须从开发生命潜力、焕发生命光彩、激发生命活力的核心视角处，构建育人的理想课堂，追求理想课堂的奇妙境界。

五十二

理想课堂教学与课堂教学理想境界，两者水乳交融般地密不可分又有所区别。

说密不可分，是说通达两者的路如出一辙，即都沿着磁力、张力、活力的和谐与统一的路；出发点和归宿也是相同的：理想课堂追求优质，理想境界渴望高格，凡理想课堂，必然达至理想境界，犹如鲜花必溢芬芳，明珠必放光焰一样；两者又都是师生尽全部精、气、神协同戮力的创造。

说有所区别，是说两者涵盖与内质又有不同：理想课堂是教学的外化表象，看得见，听得着，想得到，存在人的视野内，给人以激励、鼓舞、智慧和力量；理想境界则是内化的，体现为一种高屋建瓴、了无痕迹的内功，看不见，听不着，想不到，没法测定、量化，却又无处无时不沉浸弥漫在整个课堂教学的时空里，让人领悟着，体味着，感知着，给人以直触魂魄的无可限量的内化力，永久滋润着生命之树常绿。高格的教学境界令师者终身追求攀登不已。

创造课堂教学的理想境界，也是教师创造性设计于先，引导变得越发强大的学生主动参与，在忘我的诱与思、导与学、讲与练的融合里，师生的心灵谐振，目光互耀，情感交流，思维对接，智慧碰撞，活力相予。学生的一个奇想一个疑问，启动教师的智窗大敞，妙语连珠。教师的一个故事一段激语，成了历史珍贵的瞬间，化作点亮学生心灵的长明灯火。所有这些，没有丝毫刻意雕琢的痕迹，而是自然而然的流露，像溪泉涌自大山的怀抱。

五十三

创造鼓荡着“三力”的理想课堂，追求理想课堂的民主、开放、科学、个性、高效的教学格局和高远、博大、幽深、静美、神奇的课堂理想境界，归根结底离不开教师的理想素质：高尚的师德，科学的理念，渊博的学识，卓越的能力，扎实的基本功，教学（教育）的艺术个性和厚实的科研功力。

这是每一位教师致力于终身都跨越不尽的高栏。

这是教育领域永远无法举行竣工典礼的浩大工程。

注释：

[1] 张廷玉．明史 [M] //文白对照二十四史：第三十六－四十卷．天津：天津古籍出版社，1999：526.

[2] 马卡连柯．教育诗 [M]．磊然，译．深圳：海天出版社，1998：209－211.

[3] 孔祥骥．尊师爱生在于情 [J]．人民教育，1991 (2)：29.

[4] 魏书生．班主任工作漫谈：献给青年班主任 [M]．桂林：漓江出版社，1993：14－15.

[5] 范晔．后汉书 [M] //文白对照二十四史：第六卷．天津：天津古籍出版社，1999：90.

[6] 石中英．教育哲学导论 [M]．北京：北京师范大学出版社，2002：124－131.

[7] 王国维．人间词话：插图本 [M]．上海：上海古籍出版社，2004：1.

[8] 宁新昌．本体与境界——论新儒学的精神 [M]．西安：陕西人民出版社，1999.

[9] 慧能. 坛经 [M]. 北京: 北京燕山出版社, 1995: 2-5.
[10] 郑杰, 徐红. 谁是教育的敌人 [M]. 上海: 华东师范大学出版社, 2011.
[11] 张骏. 人行道上"狭路相逢"车和人需相互尊重 [N]. 解放日报, 2006-05-22.
[12] 余秋雨. 行者无疆 [M]. 北京: 华艺出版社, 2001: 自序.
[13] 肖肃. 墨子箴言 [M]. 北京: 中国社会出版社, 1999: 130.
[14] 特克尔. 美国梦寻 [M]. 粟旺, 译. 北京: 中国对外翻译出版公司, 1984: 31.
[15] 刘文华. 刘文华教育论文集 [M]. 哈尔滨: 黑龙江教育出版社, 1997: 235.
[16] 陈毅. 陈毅诗词选集 [M]. 北京: 人民文学出版社, 1977: 254.
[17] 东方朔. 答客难 [M] //费振刚, 等. 全汉赋. 北京: 北京大学出版社, 1993: 136.
[18] 孙维刚. 孙维刚谈全班55%怎样考上北大考上清华 [M]. 北京: 北方妇女儿童出版社, 1999: 16.
[19] 赵翠娟. 校长的鞠躬 [N]. 中国教育报, 2002-03-19 (3).
[20] 马卡连柯. 儿童教育讲座 [M]. 诸惠芳, 译. 石家庄: 河北人民出版社, 1997: 19-20.
[21] 丹巴·道尔吉. 胡松华一直在读大学 [N]. 光明日报, 2006-11-11.
[22] 克里希那穆提. 一生的学习 [M]. 张南星, 译. 深圳: 深圳报业集团出版社, 2010.
[23] 唐景莉, 杨晨光, 沈祖芸. 中外大学校长深入讨论——创新人才应当怎样培养 [N]. 中国教育报, 2006-07-15 (1).
[24] 叶澜. 让课堂焕发出生命活力 [N]. 教育研究, 1997 (9).
[25] 莎士比亚. 莎士比亚全集: 第9卷 [M]. 朱生豪, 等, 译. 北京: 人民文学出版社, 1994: 49.
[26] 陶行知. 创造的儿童教育 [M] //陶行知. 陶行知教育文集. 成都: 四川教育出版社, 2005: 722.
[27] 胡适. 赠予今年的大学毕业生 [N]. 独立评论, 1932 (7).
[28] 王宏甲. 中国新教育风暴 [M]. 北京: 北京出版社, 2004: 189-190.
[29] 赞科夫. 和教师的谈话 [M]. 杜殿坤, 译. 北京: 教育科学出版社, 1987: 277.
[30] H. 林恩·艾里克森. 概念为本的课程与教学 [M]. 兰英, 译. 北京: 中国轻工业出版社, 2003.

[31] 斯腾伯格，史渥林. 思维教学：培养聪明的学习者 [M]. 赵海燕，译. 北京：中国轻工业出版社，2001：前言.

[32] 马克思，恩格斯. 马克思恩格斯全集：第1卷 [M]. 北京：人民出版社，1995：457.

[33] 帕克·帕尔默. 教学勇气——漫步教师心灵 [M]. 吴国珍，余巍，等，译. 上海：华东师范大学出版社，2013：79。

[34] 段力佩. 段力佩教育文集 [M]. 上海：上海教育出版社，1989：6.

[35] 赵祥麟. 外国教育家评传 [M]. 上海：上海教育出版社，2003：148.

[36] 任苏民. 教育与人生——叶圣陶教育论著选读 [M]. 上海：上海教育出版社，2008：97.

[37] 怀特海. 教育的目的 [M]. 庄莲平，王立中，译. 上海：文汇出版社，2012：42.

[38] 第斯多惠. 德国教师培养指南 [M]. 袁一安，译. 北京：人民教育出版社，2001：67.

[39] 苏霍姆林斯基. 给教师的建议 [M]. 杜殿坤，译. 北京：教育科学出版社，1984：418.

[40] 刘彭芝. 创新型人才培养应是教学改革的出发点 [N]. 中国教育报，2013-09-04 (5).

[41] 刘道玉. 创造教育概论 [M]. 武汉：武汉大学出版社，2009：14.

[42] 李元昌. 教学教研的探索者 [M]. 吉林教育出版社，2006：119-151.

[43] 靳晓燕. 北京十一学校改革记 [N]. 光明日报，2014-02-28.

[44] 东缨. 教育大乾坤 [M]. 北京：教育科学出版社，2012：362.

[45] 马克思，恩格斯. 马克思恩格斯全集：第1卷 [M]. 北京：人民出版社，1995：691.

[46] 罗素. 数理哲学导论 [M]. 晏成书，译. 北京：商务印书馆，1982：4.

第八章 望穿教育

只见鼻尖为之愚。

看得孤木为之陋。

眺望森林为之能。

穿越时空为之圣。

像望穿秋水一样望穿教育。

回首与放眼，人时时处处须有审视、选择、高远的目光。

对教育，重视看投入，管理看规律，发展看科学——此乃科教兴国的大眼光。

为此，当医治高度近视、深度色盲、重度眼疾，以走出罗网，走过平庸，走向觉醒，走近穿越！

我需要远看，以便更好地思考事物。[1]

——［德］尼　采

忽视教育的领导者，是缺乏远见的、不成熟的领导者，就领导不了现代化建设。[2]

——邓小平

一

何处望神州？
满眼风光北固楼。
千古兴亡多少事，悠悠。
不尽长江滚滚流。（辛弃疾《南乡子·登京口北固亭有怀》）

笔者伫立在辛弃疾当年所登临的镇江北固山的北固亭上，望山下浩浩东去的长江，高诵起他的这阕情调沉郁、气势雄豪的千古之作，顿觉得心入诗境，诗沁心神，情也浩渺，意也浩渺。历史与现实、古人与今人、民族与国家、兴衰与沉浮，一股脑儿撞击胸襟叠集面前。突然之间，眼界似乎宽了阔了，地平线似乎长了远了，时空似乎凝集了透明了。

我进而想：人若时时事事能登高望远，由此及彼，观一察百，有那么一双穿越时空的锐眼，清醒而通透，豁达而超迈，人生该多么理智，社会该多么亮丽，教育也该多么富有。

只见鼻尖谓之愚。
看得孤木谓之陋。
眺望森林谓之能。
穿越时空谓之圣。
人无战略远虑，眼前具体规划将一文不值。

二

确应由衷地感谢那些目光穿越时空者。

若没有开国元勋那双从井冈山的星星之火洞见中国革命必然燎原之势的眼睛，那双一次次穿越恶浪找到彼岸的眼睛，我们的人民也许还会在黑夜里久久徘徊。

若没有总设计师那双面向现代化、面向世界、面向未来的眼睛，那双穿越迷茫、穿越混沌、穿越争斗的眼睛，我们的百姓也许至今还会在喝着大锅粥苦苦度日。

若没有后来领导人那继往开来的眼睛，那盯着小康、盯着和谐社会、盯向民族复兴梦高远目标的眼睛，我们也许还会在温饱即安里微微陶醉……

“不畏浮云遮望眼，只缘身在最高层。”

高端的眼光统领着一个时代。

上层的眼光引领着一支队伍。

众人的眼光带领着一介人生。

三

当我们站在人类进化历史的高山之巅，观赏自古以来文明的碎片，端详文化遗存的“化石”——那些凝固的音乐、立体的诗，常常感悟：这里承载着国之重、族之魂，折射着历朝历代政治、经济的流变之径，尤其珍藏着历朝历代孕育文化与文明的教育之秘。

教育是国之形神第一张名片。

教育是民之心梦第一缕阳光。

教育是滋润民族魂魄的第一泓清泉。

教育，集人类全部的生存经验、价值观念总和之大成，以超越时空、跨越国界的世界的摇篮和教科书的形式，成了人类进化发展的第一财富。

四

你真想强国盛族吗？那你就该视教育为至宝情有独钟，因为它能为你回报取之不竭用之不尽的财富。

你假想强国盛族吗？那你就视教育为累赘扫之出门，因为它张开血盆大口，源源不断地吞噬不计其数的国帑民财。

然而，自公元前 392 年至公元前 387 年古希腊创建世界上最早两所高等学府——艾索克拉底的雄辩术高等专科学校和柏拉图的研究哲学的阿卡德米学园以来，西方、东方无论政界抑或民间，都越来越看好教育这株蕴藏财富的摇钱大树，对其栽培持续升温有增无减，愈是到近现代对其倾力得愈是无以言状。于是，出现了学习西欧科教精华，美国200年暴富、日本50载奇崛的精彩。

不同处无非在模式：富庶的英法是伴随经济崛进而强力推进教育，将教育发展捆于经济风火轮上飞；战后的日本则是勒紧裤带先办好教育再赢得经济，把经济血本悉数押在教育博赛上赌。

科技是第一生产力。科技从哪里来？教育是科技的“母机”。

核心竞争力是人才。人才从哪里来？教育是人才的摇篮。

若抓不住教育这个“母机”、摇篮，去产出既多又高且特的人才，谁也别想拥有国富民余的财钱，否则那是痴人说梦。

犹如建一伟厦，你越想使其峻高，你越需将其地基奠深。

还如掘一深井，你越想打得幽深，你越需将其井盘开阔。

这叫什么？这叫固本。抓好经济靠什么固本？当然靠培养人才的教育。

五

科教兴国！

这是强国秘诀。

这是富民宝策。

这是民族反思中的经典。

这是几经沉浮后的箴言。

这是用多少岁月苦涩的泪、数亿民众倾洒的血滋养起来的理性珍珠。

这又是测查管理者明智与愚蠢、渊深与浅薄、高贵与卑微的灵验试金石。

科教兴国的头筹是先兴科教。

教育不兴，教育不举，教育不先行，到哪里去要人才，去讨国民素质？这岂不等于让叫花子去捐助爱心工程？让无知无能不可理喻的愚者去圣堂讲经论道？若那样，不仅是天大笑谈，也是绝妙讽刺！

只是，无论从时间计还是从落实计，科教兴国这面旗帜还属刚刚举起，这座灯塔还刚刚竖立，宛如一出长剧，只是拉开序幕，距剧的高潮还很远很远……

六

观天有望远镜。

越洋有航海图。

做教育文章的好与孬有三把尺子。

科教兴国须重视科教。

重视教育看投入——此为第一把尺子。

空手套不来狼，巧妇难为无米之炊。

有投入才有产出。高产出永远以大投入为屏障。

什么都可以等，唯独教育投入不能等，唯独育人成才不能等——它有些像青壮年时要成家完婚，总不能非等个十年八载，攒够了钱，买好了房子，才考虑此事一样——人的最佳教育期就那么十数年，流光如水，过了这村就没这店了。

大投入的前提是有清醒的大思维。

中国人干什么事都始于务虚，始于提高认识，用虚的扯动实的，用看不见的带动看得见的，认识提升了，豁然开朗了，才肯投入，才作蓝图，再有措施，后有行动，下一件事一来，还要如此这般地再来一个循环（这实质是人治替代了法治）。于是，认识就成了雨前的风、报晓的鸡鸣。

百业振兴，聚力在哪儿？

僧多粥少，先盛给谁喝？

早些年，有一段顺口溜："一工交，二财贸，腾出手来抓文教。"实情亦如此。20 世纪 90 年代，笔者看《瞭望》一文披露，当年，国家普及小学教育需要经费，一位主管财经的副总理则说：要钱没有，要命有一条。读后曾久久寒心。如今再没人提那段顺口溜了，似乎这属发霉的理念幽灵，早被送进了历史陈列馆。

其实，这幽灵仍在现今时空中变个法儿徘徊。君不见，有的地方抓开发抓基建抓形象工程，武装儿到牙齿，而对水瘦山寒的教育则对不住，连御寒的棉裤衩都舍不得做！

经济和教育的运行永远是一道待解的题。

共和国建立之初，周恩来曾形象而喻："经济建设和文化建设好像一辆车子的两个轮子，相辅而行。"[3]

如今，这两个轮子相辅而行了吗？

以经济发展为中心不错，但也确定了置教育于战略首位的啊，首位比中心更要适度抢前呀！

经济和教育如一个钱币的两个侧面，一个人行走的左右腿，又如维系平衡的跷跷板的两端，和谐互动，相辅并行，无此难有彼，无彼岂有此？

试想，当教育如同婴儿嗷嗷待哺，我们还期待它反哺社会能有多少上佳的表现吗？

当所育出原本不多且瘦弱枯干的人才，我们还指望他对民族振兴有什么旋转乾坤的作为吗？

放眼世界，那些肯为教育与科研投下血本的国家，其人才无不如大潮涌动，科技与经济也无不伴以惊世奇迹。先看近邻日本，自20世纪90年代以来，其教育经费投入一直占GDP5%左右；2004年日本投入的科研经费达到1180亿美元，仅次于美国居世界第二。日本拥有的世界级科学家人数也仅次于美国，居世界第二；从1949年到2002年日本先后有9人获得自然科学类诺贝尔奖。远观小国以色列，20世纪70年代以来，以色列教育经费一直占国内生产总值的8%左右，至今这一比例仍然名列世界第一，从1948年该国建国迄今已有12人获诺贝尔奖。

重视教育就看动真格的。动真格的不是气壮如牛、嘴上会气，不可在誓师会后誓灭，在一片落实声中落空。

那些口至而实不惠，只会说得天花乱坠的人，恰好证明自己不是芬芳的天花，而是乱坠的陨石。

七

科教兴国亦须管好科教。

管理教育看规律——此为第二把尺子。

老子的《道德经》开篇明义："道可道，非常道。"其意说：道若可以言传，就不是长存的道，只有感悟方悟得真谛。通览全书不难破译，道是无形实有、独立周行、效法自然的万事万物的本体及其蕴藏的规律。

规律似乎看不见，摸不着，却不容置疑，不可撼动。它是一种不以任何强权和政治的意愿而固定运行的客观法则，如雁飞长空、鱼游碧水、日月之经天、江河之流地。

在自然规律面前，曾喊"人定胜天"唇焦口燥震天响的人，不仅无法无力胜天，还被"天"撞得头破血流，只好乖乖地与大自然彼此和睦相处，相安无事。

同样，在若干教育规律面前，也由不得哪一级长官的性子胡来。胡来者只能输光教育，让事业重来！

学校本是教书育人之所。

你不可硬性向学校下达以升学为中心的各类指标，须知，个性千差万别的学生不是工厂流水线上的产品啊！你也不可将学校当成一块肥肉，向校园乱摊派，对师生乱伸手，越校政乱干涉，将好端端的教育公益事业搅得面目全非！

教师本是引领民族智慧与人格的导师。

你不可无视其生命的尊严和创造的活力，甚至无视其生存及发展的底线需求，用随意订立忤逆规律的“目标”之门，将其锁进磨道里不得喘息地拉磨不止，挥起随时起落的淘汰之剑让其心灵惴惴地难以松弛，有的地方竟让原本不应成问题的薪金之虞也令其眉头难舒。

学生本是明天社会的栋梁、国家的中坚。

今日，他们当在知识与能力、体魄与心魂、智慧与人格诸方面抓紧磨炼，以待明天腾飞。

你不可视其全人化的发展和民族复兴的大业于不顾，硬将其引向单追知识片面应考的既窄且死的小胡同里，好为你地方官、地方教育主管争高考的一时光彩，结果是抽空了教育的育人内核，扑灭了生命的个性火焰，把教育异化成教学，教学异化成考学，考学异化成背书，背书异化成做题，酿成春光黯然，年华付水，一代生命惨遭窒息的悲剧……

教育高与低的量尺最终看成才率。若多数学子沦为尺下分母，少数精英成为尺上分子，无疑是违规的毫无人性的灾难性教育。当年，雅典智者的学子出“炉”就是成手，从孔子杏坛走出的学生几乎个个独当一面，这其中的奥妙多发人深省！

规律的滔滔滚滚大江啊，顺之者兴，逆之者衰；驾驭者为百姓造福，拦阻者为民族埋祸。

八

科教兴国还须发展科教。

发展教育看科学——此为第三把尺子。

科学地发展教育，乃是教育发展之最捷最顺最优之路也。

其科学发展教育之路有三座路标。

其一曰均衡。

均衡为善。

如大大小小的星辰匀称地织满天幕，彼此互耀，映得天宇无处不光明一样，教育的阳光（布点、投入、管理）也应不分地域、民族、城乡、阶层地遍洒下来，万万不可乡村不亮城市亮，黑了西方（部）有东方（部）。

教育的阳光是不可分割的。

若某一地域拥有得天独厚的教育，高素质人口鹤立鸡群，犹如登临风光旖旎的山峰，独览自然、人文的智慧之果，鸟瞰四野，驾驭潮流；而另一地域教育资源贫瘠，人口素质低下，犹如居于阴暗的峡谷，无法赏尝文明发展之果，坐井观天，孤陋寡闻。那样，教育不可避免出现边缘化地区、边缘化百姓，解放了的土地却遗有文化没解放的公民，久而久之，边缘化的百姓就会演变成事实上的高层（中心）化公民的附庸，其被从属乃至被使役的地位会令其难见心光难以起飞。

这该是国之上下最该揪心的痛。

国土面积小小的古巴那教育的大大公平可为一鉴。

该国为使居住极其分散的山区少数农户子女也能100%接受正常教育，竟设有93所一个学生的学校。国家于2003年为各类学校每一个教室都配备电视机，对无法通电的2368所边远山区学校，专配太阳能发电设备以为电视机供电，其中93所一个学生的学校也不例外。此种向农村向低层向弱势倾斜的大眼光大动作，真真感人涕零！古巴的这面镜子足能照出我们自己的愧疚。

其二曰和谐。

和谐为美。

像千姿百态各色各味的花儿协调地竞放花坛布满花市那样，教育的鲜花也要和谐地得以栽培和繁育，其中蕴含各类别教育成长的和谐，各层面教育衔接的和谐，各方面（德、智、体、美、劳）教育间通融的和谐，各阶段教育发展的和谐……

教育纵向是一条有始无终的链环，环环入扣，不得稍懈。

教育横向是一座四通八达的立交桥，桥桥相连，没有断空。

教育整体是一个多维的立体网络，网网交织，托国托民。

教育内里是一个和谐互依的机体，相辅相成，共铸完人。

教育的溪泉是不能断流的。

不能让哪一种、哪一层、哪一育、哪一阶段的教育之花儿得以浇灌而开放，而让其他的教育之花因得不到浇灌而枯萎。我国当下教育重学历而轻能力、重公办而轻民办、重城市而轻乡村、重知识而轻智能、重育智而轻育德，以致职教弱、民教囊、乡教空、能力低、德育虚，出现“瘸拐李”现象。

若发展下去，必会造成病梅似的畸形教育。

畸形教育难以育出一个健全的雄起的民族。

当然，和谐不是平均，不能没重没轻，而是学会“弹钢琴”，十指都动又不可同时全动，动有轻重缓急，配合成美的律动。

其三曰特色。

特色为真。

像自然界没有相同的泉溪江河，没有相同的红花绿叶，这一江一水、一枝一叶都诉说着大自然的独特创新。

又像人世间没有一模一样的成才之路，没有一模一样的成功之厦，这每一条路、每一座厦都包含着匠心独运的人生创造。

教育之花的形态色泽是不容整合的。

就像不能要求牡丹和茉莉绽开同样大小的花朵、红玫瑰和紫罗兰散发同样味道的芳香，教育之花的不同“外形”、不同“色彩”、不同“香气”，就是教育（教育人、教育园、教育城、教育区、教育国）的特色。

教育特色即是教育主体性的创新。

它焕发新理念的勃勃生机。

它显露大境界的聪明睿智。

它凝聚高品位的无限伟力。

它举起开拓性的鲜活旗帜。

它结满个性化的累累硕果……

有特色的教育即有教育的名牌和窗口，有教育鲜活的生命。

无特色的教育便是教育的平庸与悲哀，终将枯萎以至消亡。

办教育就是办差异，办差异归终为育人，为育人突出育特色。

那么，教育的特色显现在哪里？

——在地域，一方水土有一方积淀；

——在民族，一个族群有一类优势；

——在学校，一所学校有一样追求；

——在个人，一个人有一种奇智异能……

挖掘特色一眼眼井，井井打通就成了特色幽深的湖泊。

打造特色一座座峰，峰峰毗连就崛起特色宽长的高原。

九

科教兴国这面拄地悬天的巨镜，照测出不同角色的视力。

有的人患高度近视。

只看得见今日的教育在大口大口地吞咽，贻误经济列车提速，延缓国帑与民兜的丰实，却看不见明日的教育会大批大批的产出，产出驾驭经济高速列车的人才，产出最富于创造力以迅速推动国富民强的新生代。

舍得钱财育人才，有了人才赚大财。家财万贯不如人有万能，国有博物不如民有博识。高德行、高智慧、高品位的国民，才有国之最雄健的动力和最强劲的迸发力！还有什么比打造一个民族素质提升国民内在底蕴更重要的呢？如此不懂孕育的人既无远虑，怎会有近忧？

须知，有一种孕育叫守望，如雨云守望田的葱绿，春苗守望秋的金黄。

有的人患深度色盲。

不分青红，不辨黑白，在行使权力的天平上，认不出哪个砝码重，哪个砝码轻。在人生万花筒前，看不清哪条道光明，哪条道黑暗。对仕途狂热，对官路谙通，夸夸其谈于表面文章、形象工程，而对科教兴国、教育育人这项基础性大事圣事则从忽视、轻视到无视，甚至将其冷落到被遗忘的角落。这种周身每个细胞都充满了浮躁的人怎不误国，何能兴邦？

须知，有一种浮躁叫嬗变，如随风狂舞的秋之叶由碧绿嬗变枯黄，烦躁不宁的决堤大澜化成细水竟不知所终。

还有的人患重度眼疾。

如果说，近视者是对教育之业看不到久远，色盲者对教育之路看不清明暗，其自然也含有将个人蝇头小利置于国家利益之上的动因，那么眼疾者（很像白内障患者）则视教育处于社会的核心地位模糊一片，对其深邃的内质、博大的包蕴懵懵懂懂，让其管理教育、发展教育自然是心中无数，胸内无策，手里无活，当一天和尚撞一天钟似的推着干，哪打铧子哪卸犁。此等碌庸之辈眼光混沌，何谈作为？

须知，有一种平庸叫迷失，如迷途羔羊在歧路口处的踟蹰，找不着归巢的昏鸦围树三匝的哀叫。

上述几种角色有一个共同特点：平庸。为什么如是平庸？

——缺少信念海潮的催动；

——缺少历史钟声的召引；

——缺少民族美梦的渴望；

——缺少人格高境的寻求；

——缺少心灵湖泊的澄澈；

——缺少人生远山的盘点……

十

走出平庸！

这当是我们的行动口令。

这还当是我们创造性作为的警戒线。

平庸是无所作为的代名词，鼠目寸光的同一语。

走出平庸，让青春点燃信念之火。

走出平庸，让生命承受文明之重。

走出平庸，让人生之旅成为觉醒之旅。

走出平庸，让心灵耀动美妙的“舍利子”之光。

如何走出平庸？当重在自我修炼：

进教育圣殿洗礼，观文化长廊熏陶，入思想熔炉煅冶，于实践平台演习，以透析悠悠历史，认准泾渭时代，孕养浩然正气，思考瞬间人生，一步步逼近崇高，走向伟大。

岳麓书院的讲堂，有清代政治家陈宏谋撰写的楹联——

是非审之于己　毁誉听之于人　得失安之于数　陟岳麓峰头　朗月清风　太极悠然可会

君亲恩何以酬　民物命何以立　圣贤道何以传　登赫曦

台上 衡云湘水 斯文定有攸归

这副楹联既抒写出“学达性天”的书院文化气象，又通达了“忧乐圆融”的中华文化境界，对许多欲走出平庸的人不失为一副清醒剂。一个用崇高理性与人文情怀观思生活的人，他会胸汇万象，坦坦荡荡，心传千奇，谦谦恭恭，站得高，看得深，走得远。

十一

历史是现实的一面镜子。

走进历史，凡高明的管理者，无一不是在所精心打造的文化大背景上，以人才为至宝，以教育为至爱。

亚历山大与恩师亚里士多德

亚里士多德（公元前384—公元前322）授学亚历山大（公元前356—公元前323）。后来，亚历山大大帝又以对教育的极大帮助反哺恩师

古希腊强悍骁勇的亚历山大大帝十分热爱自己的恩师亚里士多德，关注其育人的教育事业。一次征战路经老师的吕克昂学园，下马进园拜师，还详细了解教育上的圣事，诚恳地问老师需要他什么帮助，老师告诉他研究哲学，要说明世界、天体、地球及各种生物，急需各种动物和稀有植物的标本……亚历山大一口应答。以后不论征战到哪，他都抽调1000人组成特种部队——专事打猎、捕鱼、捉鸟，一旦发现稀有动植物，就千方百计获取，取不到实物也绘出图形，详述其状再快马流星般地遣人送到老师手中。

7世纪，穆罕默德创伊斯兰教时，全民族只有17人会写字，射艺、游泳、书写三者皆能的“全才”仅5人。是穆罕默德，一举廓清一片文化蛮荒，用教育这神奇武器在极短时间里创造了阿拉伯灿烂文明。

穆罕默德有一句独到而明智的圣谕：“学者的墨迹比殉教者的血迹更加高贵。”[4]这论断，这箴言，是对教育和文化理性的定位、哲思的升华。

他的妙法是把教育与宗教联结一块，给教育者和受教育者赋予了宗教的使命。他要阿拉伯土地上每一座清真寺，都是一所优秀学校。他说，“求知，从摇篮到坟墓”，是每个穆斯林男人和女人的天职，“进入清真寺教学或接受教育的人，犹如为真主而战的勇士”。为此，他做了一系列的硬性规定。

从此，文化荒漠变成教育绿洲，一个尊师、重教、聪明、智慧的阿拉伯民族崛起在西亚的大地上。

而历史上血腥统治者最大的凶恶与残暴，莫过于对文明对教育百般的军事围剿、政治打压与经济扼杀。

公元前212年春月亮与狩猎女神节刚过去的次日早晨，被罗马军队围困两年的西西里岛上的叙拉古城陷落了。洪水般的士兵在城内四处烧杀抢掠。

曾用超人智慧几番成功护城的大科学家阿基米德的房子还亮着灯，窗帘上映着他深思的身影。狂欢节日里，他正沉浸在一个几何图形的研究中，不知窗外月落日出，连同胞的呼救声、罗马兵的杀砍声都那么遥远，这位75岁老人的世界只有画在炭灰上的图形。

阿基米德研究数学

“给我一个支点，我能撬动地球!”天才科学家阿基米德（公元前287—公元前212）在研究几何图形。他的令人扼腕浩叹的死，是野蛮对文明、愚妄对智慧血腥的疯狂

门“哐啷”被踢开了。罗马兵闯进来，影子落在那几何图形上。老人的思考被打乱了，他惊醒过来，愤怒高喊：“你弄坏了我的图形，赶快跑开些!”那凶兽般暴怒的士兵握着剑恶狠狠走来。

阿基米德这才意识到城已被攻占，罗马兵早已恨之入骨的他死到临头。自己的命不要紧，可这道没证完的题岂不留给后人一个疑难嘛!

“请给我一会时间，让我证完这道题好吗?”高傲的老人在人生的最后时刻神态自若地提出最后一次高贵的请求，免得给后人留下一个没证完的问题。

那蛮横的士兵哪肯理会?一剑刺过来，老人殷红的血染红了眼前那个尚未完成的几何图形，也染红了超越时空的历史智慧之心。[5]

进步教育遭遇来自政治、经济、军事合围的例子也不胜枚举。陶行知1927年3月15日创办的乡村教育的曙光——晓庄师范，顶着北伐军与直系军阀孙传芳部褚玉璞激战的枪炮声开学，于南京国民党政府政治打压、经济断给的万分艰难里成长，在该校学生因参加南京反日反蒋活动，招致国民党政府派兵强行封校，通缉陶行知，逮捕30名师生，残杀10名爱国志士中便匆匆结束了年仅三载的生命。

更不必说焚书坑儒、文字狱等更为惨不忍叙的漫漫史事……

十二

一个残暴的时代，以愚昧百姓为己任，以杀戮文明为道行，致使天黑黑，地暗暗，人喘不过气，岁月流淌着鲜血……

一个疯狂的时代，以叛逆理性为个性，以狂热造神逞英豪，致使天地昏昏，人心惶惶，良知之泉塞阻，文明之水断流……

一个平庸的时代，以从媚从俗为伟大，以无思无为为明智，致使时间缓缓，空间悄悄，教育在这儿喘息，文明在这儿冬眠……

一个民主的时代，以个体彰显为推崇，以拼力创造为宣言，致使天地朗朗，时空朗朗，文明健朗跨步，教育振翼腾飞……

十三

茫茫宇宙，小小环球，微微个体，短短人生。

以有知探无穷，正如用贝壳量浩海。

以有限求无限，犹如执筐铲担珠峰。

因此，唐代陈子昂登幽州台上，俯仰古今，瞻望未来，苦短人生，空感怀才，无限抑郁，遂化慷慨为悲歌：

前不见古人，
后不见来者。
念天地之悠悠，
独怆然而涕下。（《登幽州台歌》）

八百多年之后，法国冷峻的观察评论家蒙田说了句世界名言：我知道什么？

显然，他是呼应了古希腊苏格拉底的表白："自知无知。"

然而，若以个人之有知，融众人的无穷大知之中，以自己的力之有限，汇入社会无限创造力之内，那我们的作为将会如何得不可思议？

所以，"到中流击水"的青年毛泽东豪情万丈："自信人生二百年，会当水击三千里。"

汉高祖刘邦在庆功宴上击筑吟诗：

大风起兮云飞扬，
威加海内兮归故乡，

安得猛士兮守四方。(《大风歌》)

人哪，愈感渺小，愈该自信，愈需拼搏，愈求大为。

十四

在本章里，笔者主要想与各级领航者对话，因为领航者是决策者、掌舵者，中国教育之大船，毕竟由他们掌管着航向、船速和运作的若干事宜。

或说，我只是一介百姓，如一烛光，一沙粒，在科教兴国大布局上，能有何能何用？

此言差矣。

至少，在科教兴家这局棋上，你若聚精会神且比较科学地关注子女教育，甚为留心着意了自己的终身教育，你就为家庭未来的幸福兴旺，埋下了重要伏笔，储蓄了宏富“本金”，时候一到，你必然手拿把掐地收获家庭一个个新增长点，接过重视教育的厚重馈赠，享受人才投资源源不尽的“红利”。

由家看到国。一个人是一个家房屋的梁椽，一个家是一个国大厦的支柱。昔人曰，天下兴亡，匹夫有责。今人言，国家贫富，责任在我。恩格斯有历史合力论之说：“历史是这样创造的：最终的结果总是从许多单个的意志的相互冲突中产生出来的，而其中每一个意志，又是由于许多特殊的生活条件，才成为它成为的那样。这样就有无数互相交错的力量，有无数个力的平行四边形，由此就产生出一个合力，即历史结果，而这个结果又可以看作一个作为整体的、不自觉地和不自主地起着作用的力量的产物。……每个意志都对合力有所贡献，因而是包括在这个合力里面的。”[6] 每一个黎民百姓若都用国家大教育的眼光，做好自家小教育的田园；用自家满意的小教育硕果，促进国家大教育的繁盛，我们的教育势必云蒸霞蔚，日耀神州。

十五

你在看什么呢？

哪里是你热恋的目标？

爱因斯坦眼中的目标，是“通过内心不断努力摆脱反社会的、具有破坏性的天性，使人类变成一个自由幸福的群体”。[7]这位大科学家的心里永藏人类和谐共存的理想。

掏粪工人时传祥追求的愿望是以一人脏换来万巷洁。这位最平凡劳动者的心里装着让世界一天比一天更干净更美好的意念。

阿尔弗雷德·伯纳德·诺贝尔（1833—1896），瑞典化学家、工程师、发明家、军工装备制造商和炸药的发明者。逝世前，他立嘱将其遗产的大部分作为基金，即诺贝尔奖，授予世界上在诸多领域的重大贡献者。这一世间最重大的奖项捧给顶尖级精英，也永恒地留给了天堂里的自己

笔者曾在《播种辉煌》一书中列举的李岚清、朱永新、武耀东（延安市原教委主任）、马健（嘉兴市原教委主任）们，眼看着中国今天的教育弊端，心急着中国教育兴旺，双手创造着中国明天教育的繁荣，全身心地为着民族的崛起。

你看啥呢？

是鲜花美酒还是荆棘关隘？

是形象风采工程还是奠基作嫁工作？

是高位高名高薪还是实干实事实业？

作为一位民众领头人，你的眼中装有教育的国民、国民的教育吗？你的心里盛着文明的国度、国度的文明吗？

切记：“轻视教育就是人们、家庭、国家和整个世界的毁灭。”[8]

没目标的行动犹如轮船没罗盘没海图而摸索着夜航。

目标错误的行动则如蚕儿吐出丝的杰作却最终作茧自缚。

拥有什么都不如拥有目标。

看透什么都不如看透人生。

人生是什么？人生是人的生命的创造，是为民众为社会发掘潜能发挥智慧的创造。“给予别人永远要比向别人索取愉快得多呵。”高尔基的话说得多好！

自古至今，高尚的人都警惕名缰利锁裹足缠身，视名利为生带不来死带不去的身外之物。正是：万般带不走，唯有艺随身。他们看清了：纵有金山银山，吃不过两勺食肴，住不过一张床铺。

因而，终身清贫因发明炸药几险些丧命的瑞典诺贝尔于1895年11月27日立嘱将遗产设为基金，专奖“为人类做出杰出贡献的人”。

法国萨特1964年拒领诺贝尔文学奖的巨款与殊荣，他发誓“谢绝一切来自官方的荣誉”。

1929年，聪颖善良的德兰姑娘从故乡南斯拉夫来到印度加尔各达成了一名修女。一颗仁慈之心使她变作满身光明毫无黑暗的人。她创建的仁爱传教修女会因得赞助而拥有四亿

美元资产，她本人1979年也毫无争议地荣获诺贝尔和平奖。她说她“代替世界上所有的穷人领奖”。她的住室除电灯外，电器只一部电话；没秘书，信件尽由她笔回；没会客厅，接待来访在教堂外走廊；多少年只三套衣服自己洗换，还没有袜子。她把一切献给了穷人、病人、孤儿和垂死者。她救护病人，收养弃婴，组建六万多个乞丐自然家庭，到贫民区办露天学校，卖掉诺贝尔奖章连同19万美元奖金悉数救助穷人。就这样，她将博爱之心、至善之举，默默地奉献于人，直至1997年与世长辞时，她个人拥有的全部财产只有一双凉鞋和三件滚着蓝边的白色粗布纱丽。

诺贝尔和平奖获得者德兰修女

德兰修女（1910—1997），清纯如泉的女性。她以瘦小羸弱身躯，承载了完全无私忘我的心灵，诠释了人性至善、人格至高的完美

日本鸟取大学教授远山正瑛1972年退休后，萌生了“献给黄河一件绿装”的情结，以65岁高龄只身到无亲无故的我国甘肃义务雇人植树，后去内蒙古恩格贝沙漠，住土屋，吃糙米，用自己及从日本募的钱，招当地百姓栽树，三十余载改造中国沙漠，直到2004年2月27日，这位97岁的治沙老人、绿色使者倒在他育林300万株的恩格贝沙漠的大片绿海里。就连世间第一位亿万富翁、美国石油大王洛克菲勒意识到巨大的财富也是巨大的负担和巨大的责任，后果不是巨大的好处就是巨大的灾难时，也先后投巨资创立了芝加哥大学和洛克菲勒大学，遂完成从强盗式资本家向受爱戴的慈善家的人生质的转变。

当我们为如是德行洒落崇敬之泪时，更应该像鲁迅先生那样，做“灵魂考问者”“自己解剖者”。

华人首富李嘉诚却过着清教徒般的生活。

“……他老和我们讲自己缝衣服，到现在依然如此。”一位下属告诉南方周末记者，李的袜子都是不能见人的，因为他自己缝补了好多次。鼻梁上的黑框眼镜，打从1972年长江实业上市记者会开始，就再也没有换过。他总是蓝黑色西装套装搭配白衬衫，而领带永远是蓝白色系……

李嘉诚的办公室，像他的打扮一样简单，除了一望无际的维多利亚港海景。

偌大的办公桌上，只有一沓很小的便笺纸、两支笔、一副放大镜，李嘉诚每周在这里工作五天半。办公桌的对面，是黑色的沙发和茶几。没有靠垫，没有烟灰缸，也没有潮州人最喜欢的功夫茶具，只是孤零零地摆着一个装饰盒。

李嘉诚办公室最惹眼的，是清代儒将左宗棠题于江苏无锡梅园的诗句：**“发上等愿，结中等缘，享下等福；择高处立，寻平处住，向宽处行。”**

这24个字，凝聚着深刻的人生哲理，而李嘉诚则将其视为自己的人生信条。[9]

2013年，一篇名为杨绛《一百岁感言》的文章在网络上迅猛转发，后某媒体考证该文系拼凑之作，并非原话。但拼文中“我们曾如此渴望命运的波澜，到最后才发现：人生最曼妙的风景，竟是内心的淡定与从容”的断语，却实属人生所提炼的纯金子般的感悟，一语中的，振聋发聩，道出了人生至高境界啊。是啊，古往今来，大富大贵，大红大紫，哪里会给人带来什么真正的幸福。

或曰：你尽列举特殊人物，况且今非昔比，天下熙熙攘攘，皆为名来利往！

不错，“在心灵的焦虑、感情的冲突、经济的崩溃、政治的起伏等多重打击下，现代人就像一只被拔去羽毛的公鸡，惊慌失措地在文明的旅途上踉跄着，这只公鸡曾在啼叫声中迎来了无数朝阳，现在却不得不担心命运而磨刀霍霍，准备拿他开刀。”[10]美国著名犹太教拉比李普曼的剖析，活化了现代人浮躁不宁的情态。

然而，人间自有真人在。切莫用一只眼睛看人世，只见刘青山、成克杰、韩桂芝们，睁开另一只眼睛，你就会看见万千孔繁森、万千牛玉儒、万千马健……

权为民用，情为民系，利为民谋，走出诱惑的迷失，甩脱名利的缰索，开始自我救赎的再出发，就会迎来满眼朝霞、一天星光……

十六

你在想什么呢？

你说的，是你对你内心的密语吗？

你想的，是你对你灵魂的独白吗？

你求的，是你对你思想的对话吗？

利己是思维的陷阱。它会引你陷入蒙昧的暗谷里爬行，看不见阳光照耀的山峰。

贪婪是心灵的窒息。它会把你的心窗糊个严实不透，听不到窗外枝头的鸟鸣，闻不着草地的花香。

贡献是精神的觉醒。精神浸透了阳光，人才想得活鲜，行得自由，过得潇洒，顶天立地。

创新是生命的超越。激情澎湃着，梦想充溢着，突破达成着，鼎新进行着，口号超越着。只会接受别人思想的福润，哪怕绝对正确的，也是廉价的，因那是没根的花束。

人云亦云哪如不云？老生常谈何值一谈？

要紧的是在自己人生之旅不断感悟、反思、发现的思想，即从灵魂中畅流出来的灵感与大道。这是自己亲手培育的智慧之花啊，如同大森林源源不断释放着氧气，如此不间断地创造和产生方可告别被动承受的角色位置，主动“制造加工”思想，享受思想，连同思想拉扯的行动而受用终身。

思想的天宇新鲜碧蓝，无边无际，没有栏杆，不设障蔽，然而，如此的思想天宇却只给那些法国雕塑家罗丹所雕塑的“思想者”们设置的。他们尽可以异想天开地想，海阔天高地想，穿透时空地想，怀疑一切地想，这些思想里浸透花的香、海的阔、山的高、天的鲜、梦的奇。

心想的大气，人长得才大器。

心想的特出，人发展方出特。

大气大器特出出特之人，才与我们这个朗润芬芳的时代大相大称。

十七

你在干什么呢？

我说的是现在。唯一能指望的就是现在。

现代舞之母邓肯在将到人生尽头出版的自传中无限感慨：“我相信，每个人的生活中都有一条上升的精神曲线，依附并加强这条线的，唯有我们的现实生活——其余的一切都是随着我们的精神进展，从我们身上掉下来的碎屑残渣。”[11]

是的，过去的已经过去，未来的尚未到来，现在的才是实在。

对实在的现在须全力以赴全神贯注地抓在心中，抓在手里，抓在脚下。

抓住现在就撬起了启动事业前行的杠杆。

抓住现在则把握了生命之河流势的闸门。

抓住现在才不致因自己以往怠惰的负疚而良心深深不安。

《居里夫人传》让我迷醉，迷醉她对科研魅力的迷醉。她说，她终生埋头在科研实验室里像“是一个小孩，在大自然的景色中，好像迷醉于神话故事一般”。

我拜读着将善与美集于一身的法国当代神话家、哲学家、医生、诺贝尔和平奖获得者史怀哲的著作。他21岁庄严设计人生：30岁前从事布道、学术和音乐活动；30岁后，直接为人类服务。1913年，38岁的他偕妻子抵赤道非洲的兰巴雷内，建立自己的丛林诊所，不分昼夜地为当地居民义诊，直至90岁仙逝。

我更反思我们的民族有那么多无私无畏的斗士，即鲁迅笔下“中国的脊梁”的那些人——那些埋头苦干的人，拼命硬干的人，为民请命的人，舍身求法的人……他们用人生抒写奋斗，用奋斗铸造人生。

这样的人生多美！

如此的奋斗多好！

这让我想起自己早些年写过的《星座！星座》里一段话：

求索了，或许思不深邃，追求却通达悠久；

拼搏了，或许果不硕大，事业却属于无限；

跋涉了，或许路行不远，脚步却擂响未来；

呼唤了，或许音量不高，心歌却汇入永恒……

这样，青春便可以伸长触角，冲破惊心动魄阴差阳错的藩篱，顽强开拓自己的疆域。生命，便可以张开风帆，跨越千难万险悲欢离合的羁绊，全速驶向五光十色的彼岸……[12]

这，不应该成为你、我、他的奋斗所求吗？

十八

此时，我们的论题似乎绕着历史、时代、人生、事业转了一个大大的弯儿。

其实，“为了进攻而防御，为了前进而后退，为了向正面而向侧面，为了走直路而走弯路，是许多事物在发展过程中所不可避免的现象”[13]，何况谈教育人生。

现在，我们重回到眼前的教育上来，回到本节开头摘引邓小平那严峻的命题上来，做一个富于远见的、成熟的领导者——伟大的教育觉醒者！

教育是什么？教育是对人类品位、能量、创造力的塑造。它给世界注入永恒的活力，为心灵弹拨美妙的琴音。

国之最高形象显现于科教，最深底蕴定格在教育，最精彩人生当是教育人生。

金奖银奖何如提升国之教育受千家万户夸奖？

金杯银杯何如培养国之人才得百代千秋口碑？

面对亘古常存、常变常新的教育天大课题，如何做一名伟大的教育觉醒者？

笔者多年以来反复思考唐代高僧药山的偈语："高高山顶立，深深海底行。"这是一句修身敬业、知行合一的警句。我们亦可以视之为教育领导者修身敬业的箴言。

"高高山顶立"，就是对古今智慧的鸟瞰，对世间所有教育思想智慧的超越。此为知。这自然很难，但抵山顶后，"深深海底行"尤难，难在回身教育前沿去躬身指导，一步步体悟。此为行。这句偈语道出的是一个教育实践家的情怀。扭转中国教育的局面，正需要这种既超拔又现实的精神。

觉醒者的头一宗：教育意识的觉醒。

教育意识一旦觉醒，自会如登九天之上看大千世界，山川河流尽罗眼底，觉醒者定然慧眼发现：今日的教育，就是明日的人才，后日的经济；投资教育就是积蓄富强，生殖后劲，购买幸福。

甚至，在世界运行进入读秒的时空里，说今日教育就是今日人才、今日经济也不为过！纵观历史，横览当代，无论是一城、一域乃至一国的崛起，无一不以大规模的火速的人才的涌现为其支撑、动力与源泉。此类范例俯拾即是，如振兴东北老工业基地中的沈阳，新建六所高水准、大容量、强特色的职高，几年间育出66万高级专业技工上岗，一下子撑起该市装备制造、电子信息、汽车、化工医药、农产品加工五大支柱产业的蓝天！经济间接为教育开掘涌动人才之水的河床，教育径直给经济河床注满滚滚滔滔的人才之流！

觉醒者的第二宗：教育情感的倾吐。

即如李岚清所说："要带着感情抓教育，工作才有作为。”[14]

这时的你，与教育已结系一条深情的纽带。你会急教育之所急，思教育之所思，解教育之所难，乐教育之所喜，你会像李岚清那样走进教室听课，和校长交心，开教师座谈会，走进烟熏火燎的筒子楼现场办公……你会舍得最大的舍得，去落实“再苦不能苦孩子，再穷不能穷教育”的口头箴言。也许，你所做的像是很平常，很细微，再过若干年看，甚至可能被后人看成是小菜一碟，不值一提，但你的心脉已与中国教育的脚步一块儿怦然而动。

觉醒者的第三宗：教育业绩的创建。

我曾在浙江、四川、香港、吉林、黑龙江等地如是讲，也写入文章如是说：**“学校是校长的丰碑。其硬件是校长的碑身，其软件（含人件）是校长的碑文。”**[15]照此命题，对某地教育行政或党政的干部来说，你那里发展教育的全部设施和条件便是你的事业的碑身，你那里教育发展的格局、态势及成果则是你的事业的碑文。

建功创业须超前地投入教育，规律地管理教育，科学地发展教育。

这里，凭不得一时心血来潮的恣意妄为，需要的是运用权力意志百分之百的清醒与理智，加上百分之百的艺术与境界。

若求得此等境界，须下苦功夫修有通古达今的学识，步上厚德博智的高格，练就治教育人的才干。

如此这般，我们就拥有了穿越时空的眼睛，穿越时空的心灵，穿越时空的人生……

这时，只有这时——当你登山抵顶的这一刻，见周围群山起伏似海，唯独自己的心灵静如止水。成功，只是一个逗号。更高的山，还在眼前等待你攀登……

注释：

[1] 尼采. 悲剧的诞生：尼采美学文选 [M]. 周国平，译. 北京：三联书店，1986：225.

[2] 邓小平. 邓小平文选：第3卷 [M]. 北京：人民出版社，1993：121.

[3] 周恩来. 周恩来教育文选 [M]. 北京：教育科学出版社，

1984：71.

［4］贺雄飞．世界教育艺术大观：透视教育的第三只眼［M］．呼和浩特：远方出版社，1996：249.

［5］程翔章，曹海东．世界著名教育家科学家的命运［M］．南宁：广西人民出版社，2003：113.

［6］马克思，恩格斯．马克思恩格斯选集：第4卷［M］．北京：人民出版社，1972：478.

［7］爱因斯坦．爱因斯坦晚年文集［M］．方在庆，韩文博，何维国，译．海口：海南出版社，2000.

［8］夸美纽斯．人类改进通讯［M］//任钟印．世界教育名著通览．武汉：湖北教育出版社，1994：341.

［9］陈新焱．李嘉诚：孤独是他的能量［N］．南方周末，2013－11－28.

［10］约书亚·罗斯·李普曼．通往内心安宁之路［M］．任海龙，译．北京：中国长安出版社，2012：5.

［11］邓肯．邓肯自传［M］．朱立人，刘梦耋，译．上海：上海文艺出版社，1981：262.

［12］东缨．青春的轨迹［M］．沈阳：沈阳出版社，1990：160－161.

［13］毛泽东．毛泽东选集：第1卷［M］．北京：人民出版社，1991：196.

［14］李岚清．李岚清教育访谈录［M］．北京：人民教育出版社，2003：28.

［15］东缨．巍巍丰碑 锵锵真言［M］．徐秀珍．徐秀珍教育文集．哈尔滨：黑龙江人民出版社，2005：序言.

第九章 家教遐思

孩子真正的“起跑线”在家庭教育。

家教，国之教育最基本的细胞，中华文明古国的标志。它传承古今，当代尤烈。

国似百花争妍的大花园，家似精心育花的小花坛。

每角小花坛都与大花园有一个共创美丽的约定，“签署”一个庄严的承诺：誓为大花园育出自家的新花奇葩。

家教，古老而年轻，维家而系国。

纵有100宗幸福，也难以掩盖育子不力的痛苦。

纵有100件成功，都弥补不了教子不才的失败。

为父母者当懂得，古往今来全部家教可以浓缩为三个字——爱、信、助，即爱孩子，信孩子，助孩子。三字真经应该成为家教的文化标志。

父母与子女本属一个团队，当一路同行……

教养是有教养的人的第二个太阳。[1]

——［古希腊］赫拉克利特

家庭是社会的核心。[2]

——［挪威］易卜生

一

一层高过一层的春潮，在中国城乡大地漫卷着。

一阵强似一阵的热潮，挟着56个民族精魂翻动着。

一浪追逐一浪的心潮，在国民百姓的心田起伏着。

这春潮，这热潮，这心潮，潮潮相承并生，惊涛拍岸，惊心动魄，构成一幅民心沸腾、民众奋发、民族崛起的历史长卷。

这潮不是别的，乃是投身、发展教育的大热潮。

曾几何时，大拼经济的地方盛开了教育之花，关注温饱的眼睛盯上了孩子的成长，以衣食住为第一消费的家庭悄悄改写：教育投入创消费新高，人才之星成了家庭最大增长点。

多少饱含渴盼与梦想的心灵之窗，折射出一弯弯教育洒向人间的七彩虹霞。

多少学富五车的学子、才高八斗的巨擘，正从那窄巷、那小镇、那山洼走出，与古老而崭新的中华喷薄而发，和谐共振，形成人文氤氲的罕见奇观。

真可谓“旧时王谢堂前燕，飞入寻常百姓家”（刘禹锡《乌衣巷》）。

真是将相本无种，教育成其之。

被历史热潮激涌冲荡着的我们，面对扑面而来的热潮，不光该有滚烫的情怀，更须有冷静的思索。

二

教育是一轮太阳。

教育给国家给民族给民众播撒着阳光。

教育阳光给予国人无边无际奇妙的恩赐——

给明亮眼睛以美丽的火焰；

给昂奋头颅以睿智的思想；

给灵动手脚以舒展的空间；
给豁朗襟怀以超迈的气概；
给奋飞双翼以创造的灵感；
给尘封个性以张扬的激情……

教育的眼睛注视你，注视我，注视他，就像星斗注视着月光下的小溪。

教育的手臂挽着我，挽着他，挽着你，好似青藤紧挽着阴郁的大墙。

教育的心脉激活他，激活你，激活我，如同春雷惊醒了蛰居的动物。

三

于是，教育啊——
我们扯着您的衣襟，像幼儿依偎着慈母；
我们紧跟您的身后，像影子随着身形；
我们聆听您的声音，像芽苗承受雨露……
教育啊，您想把我们带向何方？去做什么？
带我们走出黯黑的蒙昧；
带我们超越蛋壳般的脆弱；
带我们飞跨泥沼似的险境；
带我们寻找山岳一样的自信；
带我们告别凯歌里的陶醉……
我们开始收获着，丰硕地收获着——

收获着爱的真挚，那里有用心血而不是用金钱培育的心灵之花；

收获着责的庄重，那里有严峻而快乐、艰苦而甜蜜的生命之歌；

收获着创造的欢欣，那是在否定缺憾中走出徘徊、于揭开暗伤里冲向突破的推进之果。

惊回首，超越不再是梦，困惑不再是障，贫困不再是魔，危机不再是厄运，只要追随教育，高扬教育，寸步不离开教育，就像鱼儿离不开水，瓜儿离不开秧。

四

我们都是教育的儿女。

教育使我们整个变了样儿。
从野人变成世人，
从愚人变成智人，
从俗人变成雅人，
从穷人变成富人，
从凡人变成真人，
从庸人变成奇人，
从常人变成圣人……
于是，人钟灵毓秀，求真求善求美——
有了和气，少了戾气；
有了雅气，少了俗气；
有了静气，少了躁气；
有了大气，少了小气；
有了灵气，少了拙气；
有了朝气，少了暮气；
有了志气，少了丧气……

五

在乌鲁木齐市雪莲小学

听课北疆鄂伦春族小学，拉话南陲苗寨竹楼，做客藏族家庭，走进哈族毡房。笔者访问全国第一所打工子弟小学——乌鲁木齐市雪莲小学

我曾走进甘肃会宁县一户户农家陋室，眼看中堂挂贴着“一等人忠臣孝子　两件事读书耕田”“春花夏雨秋夜月　唐诗晋字汉文章”的对联，面对衣衫褴褛却一脸自尊的一个个乡民，亲见了一封封来自大洋彼岸现代化科研所、北京中关村硅谷一条街、清华大学国际战略研究室等地的会宁学子的信笺，让我为这高考状元县的无穷魅力心驰神往，我领略了浸渍苦辣酸甜的农家箴言：**“供出一名学生，致富一个家庭。”**

我也曾在乌鲁木齐市区西南雅马里克山脚下，参观国之第一所专为打工子女建造的雪莲小学，听小学校长及该区教育局长生动地讲述建该校时众人拾柴八方驰援的情景，以及该校对改变社会一角天地的奇异效应，用他们的话说：**“多建一所学校，少修一座监狱！”**

我还曾在北国黑龙江省东方第一县——抚远县“中国东方第一校”的抓吉镇中心小学开学之日看到一幅醒目大标语：**“迎来一名学生，送走一个人才。”**

无数俯拾即是顺手可拈的鲜活例证无一不让人深感国人在觉醒，无一不让人对教育功效深信不疑：

教育是我们为明天高利润预支。

教育是购买幸福的保险性投资。

教育是现代国与家崛起的基石。

教育让财富源源不绝流淌其中。

教育如干渴者的山泉、饥饿者的面包。

这就是教育无可估量的价值。而这种价值，不是哪一盘心之天平都称得出来的。

黎巴嫩大诗人纪伯伦在寓言《价值》里讲一男子在自家地里挖出一尊绝美的大理石雕像。他带着雕像找到一位酷爱珍品的收藏家，收藏家出高价买下，两人分手。文章继而如是描绘各自不同的情态——

回家的路上，卖主手里攥着大把的钱，心喜地自语：“这笔钱会带来多少荣华富贵呀！怎么还有人不惜如此代价，换取一块在地下埋了千年，做梦都无人梦见的顽石？不可思议！”

同时，收藏家却在端详着雕像，心里也在自语：“真是气韵生动，巧夺天工！何等美丽的一个精灵，酣睡了千年之后再度复生！何以有人会以如此稀珍，换取毫无趣味的几个臭钱？”[3]

看似平淡无奇的叙事，但对愚昧者入木三分的揭示精彩绝伦，而对价值的深度探究又显示了非凡的思想穿透力。

艺术品的价值岂能与教育蕴含的价值类比？

对教育博大精深价值的感悟，不会像耶稣登山训众那样毕其功于一讲，更不像阿里巴巴窃听得 40 个大盗说的“芝麻开门”暗语那般容易，而需要历经艰苦漫长乃至终身的学习，在不断对智慧再造、对生命重塑、对生活提升的过程中，逐渐悟其真谛，感其价值，品其无论何种事物都无法取代的兴味、欢愉与满足……

六

教育是情系千家万户的事业。

教育是关乎千秋万代的事业。

教育是充满千难万险的事业。

教育是时时千变万化的事业。

教育是处处千辛万苦的事业。

如此大事业，其伟力之根在哪里？其发展之源在哪里？其主打的增长点在哪里？

美国经济学家鲍尔丁提出“宇宙飞船”论。他打量地球每一处兴起与衰落，感到每一座城市都像太空飞行的宇宙飞船，靠不断消耗自身有限资源而生存，若不合理开发资源，就会像宇宙飞船那样最终走向毁灭。

一城一地如此，一项工程、一种事业也概莫能外。

那么，发展教育大业呢？提升叫板世界教育的中国教育大事业呢？

不靠天，不靠地，其伟力最深厚的根源，开发的方向，增长点的所在，就在数以亿万民众之中。

战争岁月，毛泽东曾把动员起来的广大民众视作敌人打不烂摧不垮的铜墙铁壁。

盘点和平时节我们教育文明的全部考量，不亦是亿万民众撑起了教育大厦的一砖一瓦一梁一柱吗？

民众在哪里，教育之厦在哪里。

教育之厦在哪里，高素质的民众在哪里。

真正高精尖教育大厦的崛起，与高层面国民的涌现，达到最为和谐的共振。

如此这般，一个古老而新生的民族文明喷薄而出，在五千年历史长河的波光倒影里，形成一片灿若星汉的教育奇观。

七

全民族大合力之大迸发，还数八年抗战威武雄壮的长剧。

当“平津危急！华北危急！中华民族危急！”的历史关

头，在“武装保卫平津华北！为保卫国土流最后一滴血！全中国人民、政府和军队团结起来，筑成民族统一战线的坚固的长城，抵抗日寇的侵略！”[4]的口号之下，地不分南北，人无论老幼，个个置身守土抗战的烽火之中。在前线，在后方，在城市，在乡村，四亿七千五百万中华儿女与一切游移、动摇、妥协、退让实行决裂，有钱出钱，有力出力，前仆后继，流血捐躯，用阵地战、游击战、地道战、地雷战、麻雀战，织起全面抗日的火牛阵，陷敌于人民战争的汪洋大海之中。

世纪之交，竞争白热，人才至重，教育前导。在关注教育、投身教育、播种教育辉煌中，全民族大合力又显现了空前的大迸发。

为了“普九”，广大父老乡亲节衣缩食勒紧了裤带，多少家打好地基的新房主动停建，多少姑娘小伙将置办嫁妆的存款甘愿捐出，更有几多老人颤巍巍地捧上备理后事的些许积蓄……

为了办学，多少有识之士奔走呼号，殚精竭虑；多少企业家、事业家倾其所有，甚而孤注一掷；多少港澳慈善家、海外华人爱国者大宗捐赠，奉献爱心……

为了贫困的孩子，希望工程遍点希望之火，手拉手活动拉起两地孩子的并进之手，城乡一体化手笔跳动着城对乡的反哺之心，西部大开发的旗帜招进东部的驰援之金。

在湖北长阳土家自治县白沙坪小学，我见过一位年过七旬的上海老人任广德。只因几年前在这儿开会参观时，他目睹在弯曲陡峭山径上，几个衣衫褴褛的孩童背负沉重柴火，手牵老黄牛向山村蹒跚而走的背影；还在盘山路上，见几个小学生肩挎旧书包，脚穿破布鞋，摞满补丁的裤子难御料峭春寒的情状，这位有 50 年党龄的老人心疼得流泪了。他决定在贺龙将军战斗过的红土地上，捐助一个有 44 名二年级土家娃的爱心班。随后，老人几次风尘仆仆来到这里，资助娃娃学费，发给娃娃文具，检查娃娃作业，与娃娃一起上课、游戏、吃饭、谈心，还给学校买来大批文体用品、电脑和激光打印机。六年多来，老人硬从本来不多的退休金里为孩子们挤出 13.6 万元。老人返程时，孩子们依恋不舍地送行到清江码头：“任爷爷，您走好啊！”“孩子们，好好念书，明年我再来看你们！”一个苍老和一组稚嫩的话语汇成深情的和声，在奇峰夹峙的清江上空久久回荡……

为了孩子们成长，曾一次次流血冲锋的老一代用整个心灵诉说着昔日的烟火、战壕里的遗愿，数以千万计的园丁呵护着带露的花芽恨不得揠苗助长，那么多文学家、艺术家、美术家、编辑精心打造着惊心动魄之作，滋养稚嫩的灵魂走向纯真、友善与静美……

在北国冰城哈尔滨，我结识了一位“老三届”女教师、女诗人、女主编佟伟。她为国之青少年捧献出独具特色有口皆碑的大型月刊《成才之路》。为创此业，她辞了在大庆市的那只“金饭碗”，离开丈夫、儿子在大庆温馨的小家，“砸锅卖铁”、求亲乞友，凑得几万元印刷费独闯哈尔滨，灯光接日光地约稿、改稿、编稿、校稿，细如蚕儿吐丝，苦似母鸡孵雏。

她发表在《诗刊》的一首诗，表明了那印着时代烙印的心之路：

我争夺每一个明媚的早晨，
我挽留每一个飞逝的黄昏，
生命，从那个冬天的童话挣开，
带着深思与重荷一遍遍提醒，
把昔日的坎坷苦痛当作存折放在精神仓库封存。
要紧的是拓是拼，
是咬住即来的每一个时辰……

佟伟主编的《成才之路》，让千千万万青少年发现了素质教育新大陆，找回了自信和自尊。山东沂蒙山区23岁民办教师张再军《讲故事说作文》等作品登其刊后，又乘势写出《怎样写好作文》一书，全赖佟伟竭力资助而出版。佟伟还给困境中的小张寄钱寄药，为他办的沂蒙书屋寄几百本书。踏着《成才之路》，张再军果真成了才。他转了正，被评为特级教师、全国十佳教师，荣获了全国“五一劳动奖章”……

八

伟大的教育事业，倚重伟大的人民。

伟大的人民，慷慨地成就着伟大的事业。

他们将办好教育，不只是看为国事，还视若家事；不只是当作明天的事预备干好，更当成手头的事立马干好。

“天下兴亡，匹夫有责。”这句古训不错，只是说久说多说惯了，

人们犹如无视蓝天绿草一样习以为常悠然自得毫无分量了。

“天下兴亡，责任在我。”此语似乎说大了点儿，但让人震惊之余，却体味得到肩头那沉甸甸的重荷而不敢稍怠微懈。

于是，就像苍天有感于干渴大地的急唤而遣云播雨，大地有感于苍天的厚情而叠翠掬金。

如此看来，教育需要民众为柱，民众需要教育为基。

教育在拥抱民众中获得价值，民众在拥抱教育中获得财富。

这里，教育不仅仅要你把他所需的“物”送给他，更要你把含你在内的人都交付给他；你也不仅仅要教育把你急需的“货”馈送给你，更要他把含你在内的人加工而成的真善美的生命佳品回赠予你。

教育啊，正通过对人符合社会与时代需求的塑造，提升一国一族的凝集力、爆发力、创造力。

公民啊，则通过对教育百依百顺的接受和一心一意的支撑，打造一人一家的伸展力、冲击力和竞争力。

九

国是扩大的家。

家是浓缩的国。

国如一个肌体。

家如肌体的一个小小细胞。

国似一座百花争奇斗妍的大花园。

家似一角精心育花的小花坛。

花儿锦簇千姿百态的大花园由数以亿计的各色各样丰神各异的小花坛联袂而成。

每个小花坛都与大花园有一个共创美丽的约定，“签署”一个庄严的承诺：誓为大花园育出自家的新花奇葩。

让家成为国之大树一片翠绿的叶。

让家化成国之巨流一眼清纯的泉。

让家变作国之大军一面前头的旗。

这美丽约定是深情的奉献。

这庄严承诺含甜柔的责任。

这种奉献与责任并不是为了去大花园领功受奖，而只是为大花园增芬添彩，与大花园一块培植祖国、民族优秀的人才之花。

因为，这一方方小花坛并非私人花园，经营每一小花坛的父母同样是国家园丁。

纪伯伦关于孩子的一段诗讲得多妙：

你们的孩子，都不是你们的孩子，
乃是“生命”为自己所渴望的女儿。
他们是借你们而来，却不是从你们而来，
他们虽和你们同在，却不属于你们。
……
你们是弓，你们的孩子是从弦上发出的生命的箭矢。[5]

为父母者，应为当之无愧之“弓”，孩子借助引满的弦，射出完美的生命轨迹。

十

纷繁家事，唯此为大，育子成才。

此为生命的交接。作为人父人母，务必在慎终追远中传宗接代，老老幼幼，养儿育女，优化生命。此种天衣无缝的交接，书写着人类的发展史。

此为事业的传递。不仅仅传承一家一户的小业，更在其中传承社会的脉动，传承自家的和民族精微细致的梦想。而此种传递，表面上是光耀家庭的智能风景，深层上是大象无形地弘扬国家与民族的主体精神。

此为文化的播撒。通过一家一户，也通过一校一师一处一地，借助种种人伦关系，将民族独特的文化、风俗、性格、素质进行播撒。而这种播撒，是在潜移默化中进行，于润物无声里完成，其内容则是在不断融入时代的精华、一代人的独特心得。

这该是何等美好而神圣。

家教，维系家与国的家教，和我国文明史一样古老，同共和国事业一样年轻。而且，它是教育合力一个极为重要的能量源，伴随人才竞争白热化，学习日益网络化，其作用肯定愈加凸显。

万万千千家长朋友啊，当你们为各自工作与事业奋力打拼之时，你们同样也为育子（女）大业奋力打拼了吗？

可钦可敬的教师同人啊，在你们收获教育人大片责任田金秋之时，你们的自家育人小块自留地也同样喜见秋之斑斓了吗？

回肠荡气的历史在回眸，五彩缤纷的现实在诉说，绚丽辉煌的明天在预示：无论一家一户的兴旺，还是一城一地的崛起，乃至一国一族的挺进，都取决于人，取决于人的素质，取决于人的教化与文明的程度。

人才方是国之花园、家之花坛最芳最鲜的花朵。

十一

作品是作家的名片。

特长是智者的名片。

诚信是商贾的名片。

神奇是地域的名片。

学生是学校的名片。

孩子是父母的名片。

谁不想让其名片更有名气，如雷贯耳，似花飘香，独占鳌头呢？

十二

然而，做好这张名片，谈何容易？

看社会，转型期矛盾凸显，问题蜂起。许多深层疑窦浮出水面，财富两极分化与思想多元迸发，社会像万花筒一般令人眼花缭乱，忧思难解。

看教育，节点处热点迭出，目不暇接。出国学习热、偶像热、才艺热、“虎妈”与“狼爸”热、高压热、小大人热……热点即难点也即痛点，育子过去如“平湖秋月”般的风平浪静，如今是“大海故乡”似的波涛起伏。

看孩子，早熟中困惑齐来：情感贫穷、理性乏力、心志流浪；成长中缺失纷至：动力疲软、习惯不良、营养无素，表现为是非糊糊涂涂，做事马马虎虎，错误反反复复，成绩起起伏伏。

看家长，迷茫里手足无措，上不达育理，下不懂子女，家教懵懂，育子盲区，而育子却不因位尊官显而成功，也不因学高资深而直达，还不因你从教为师而有捷径。

上述问题种种，根子在家长。如克里希那穆提所定论：“教育上的真正问题是教育者。”[6]泰戈尔有一句箴言说得好：

"我们把世界看错了，反说它欺骗我们。"其实，学生问题是社会问题的爆发。孩子现象是大人现象的折射。

家长须知：育人是一门特殊高深的学问，不能无师自通，当像学徒学艺一样悉心追随师傅；育人是一门拨动心灵的艺术，不能不拨就会，须像琴师一般苦习苦练；育人还是一门言传身教的科学，不能一点即明，要像春雨润物那样点点滴滴。

十三

人才的启蒙源于儿少。

当早早抓住孩提的智力曙光刚刚出现时的初始施教。

甚至于早教到伴着生命。"我们的教育是同我们的生命一起开始的。"[7]巴甫洛夫说得更直接：婴儿降生的第三天开始教育，就迟了两天。

家庭是婴儿第一个教室。

父母，尤其是母亲，是婴儿第一任教师。

在佳木斯做家教报告

情寄家教，心连家教。笔者在佳木斯一中做《沟通心灵真情内化》的家教报告（讲台右为该校校长崔中杰）

家教是人生教育的本源。父母是孩子眼中的模特儿，引领着孩子的脚步。

孩子是父母的一面镜子，映照出父母的影子。

身边的床、桌、椅、具（玩具），窗前的花、鸟、树、鱼，案头的纸、笔、书、砚，餐桌的碗、筷、饭、菜，室内的电话、电脑、电视、电灯，是婴儿生活教育的生活教育第一批教具。

歪脖树自小时始歪。

百灵鸟从幼雏学唱。

人生成长的最要紧最可怕也最危险期的教育，是从幼儿到少年的教育。

从孩童起开始的良好家教，就是父母精心培育的责任田花圃。

此种育花的家教，是一门含金量至高的科学，也是一门深奥无边的艺术。

十四

当造化把许许多多人推向人父人母的位置时，一场生命发展史的接力赛开始了。

这是一次承启，生为人父人母，传宗接代，光鲜父母，传承民族，传承文化，把祖祖辈辈的美德睿智死死守住，再糅入我们自己的美好元素，默默传递下去。

这是一种挑战，每一个人父人母都无法回避、不能拒绝、笃定面对的挑战，我们当看清、想透、备好且冷静地投身其中，努力做一个凯旋者。

这是一场竞争，每一个人父人母者概莫能外，必然要投身的人才培养、成长、发展的竞争，让我们后代个个心明眼亮得如清澈的湖水，身强力壮得像挺拔的青松。

这是一项实验，每一个家庭都只准成功、不准失败、不能反季、不能回炉、不许再造的实验。

虽然听不见发令声，一切似乎平平静静，无声无息，实则呢，竞争的鼓点无时无刻不作响在每一个人父人母的耳畔，激荡着他们的心弦。

然而，有相当数量的人父人母对自己人伦角色的社会责任毫无准备，对育儿（女）的学问竟如面对一张高深的考卷，茫然不知所措。

他们虽说是血统上的父母，却没领得父母合格证就匆匆上岗，而且一生一世永不下岗。

他们虽然朝朝夕夕看着孩子，却不曾读懂看透孩子。

他们虽具备一定的职业技能，却极度缺乏育人的知能，将孩子或溺爱成温室花，或包办成幼稚鬼，或放任成自由神，或打骂成冷面虎……

原本，他们艳羡流入大海的一滴水永不蒸发，热待着自己在儿女生命中寻找永生，却得到破碎了的美丽皂泡：

希望变作失望，热情迎来冷漠，南辕失之北辙，幸福人伦竟通向痛苦人生。

纵有100宗幸福也难以掩盖育子不力的痛苦。

纵有100件成功都弥补不了教子不才的失败。

十五

笔者多年来通览、细察、亲做、慎思，将古往今来全部家教浓缩为三个字——爱、信、助，即爱孩子、信孩子、助孩子。三字真经应该成为家教的文化标志。

爱、信、助三位一体，构成教子育人的“金三角”：爱为底边，信与助为等腰两边。三者互依互助，相辅相成。

爱孩子，是给孩子生存的氧吧。

爱是情感，是境界，是智慧，是艺术，是襟怀，是眼光，也是能力，是打开各式各样孩子心锁的一把万能钥匙，是父母送给孩子最贵重的礼物。

爱有亲和力，爱有洞察力，爱有预见力，爱有化育力。爱有承受（包容）力，爱有恒定力。

缺爱心犹如磨坊缺了水，空气缺了氧，任何有关人的问题都无法解决。

印度精神领袖克里希那穆提说：“我们大部分人并不爱我们的孩子。”[8]

笔者说，我们绝大多数家长对孩子不是不爱，是不懂爱，不会爱，不真爱。

百依百顺不是爱，要啥给啥不是爱，说一不二不是爱，恨铁不成钢不是爱，“混合双打”不是爱，自由散养不是爱——这些父母爱近不爱远，爱浅不爱深，爱身不爱心，爱虚不爱实。

纵览横看万千育子（女）个例，笔者发现一个奥秘：成亦在爱，败亦在爱。

糊涂的爱逼死了孩子。

过分的爱畸变了孩子。

甜蜜的爱陷害了孩子。

冰冷的爱扭曲了孩子。

缺失的爱断送了孩子。

智慧的爱唤醒了孩子。

苦心的爱成就了孩子。

真诚的爱呵护了孩子。

深沉的爱校正了孩子。

和谐的爱优化了孩子……

爱有形形色色，果儿也千差万别。

十六

要星星不敢给月亮不算爱。

一味置“保险箱”里超级保护不是爱。

当牛做马替子女眼前计不成爱。

顾明远举例子说，孩子要吃大虾，妈妈买了 15 只虾，孩子吃了 14 只，剩下一只妈妈吃了。孩子就大吵大闹起来，说：“这是你给我买的，怎么你给吃掉了？”这样的孩子长大了能关心别人吗？[9]

高尔基所说的“爱孩子们——这是母鸡也会的”[10]，那种只护不育不为爱。

五官错位，一张冷酷的脸，一腔高八度的调，一手男子单打、女子单打、混合双打（指父与母或单独或合伙打孩子）不叫爱。

过度的爱与棍棒教育冷酷的“爱”像一个物体的两极，后者重在伤其皮肉，前者重在伤其灵魂。

过度的爱是“傍老族”（又叫“啃老族”，法国称之为“袋鼠族”。指义务教育结束后，不升学、不工作、不参加职业培训、专依赖父母供养的年轻人）的培育所，冷酷的爱（棍棒教育）则是造就冷面杀手的培训班。

爱一旦插上沉重的翅膀，被爱者则成了“不可承受之重”而失去了爱。

真正的“父母之爱子，则为之计深远”（《战国策·赵太后新用事》），爱得讲求理智。

十七

父爱是山，母爱是水。

父爱给予山的刚毅，母爱给予水的柔美。刚柔相济才使人格之树坚韧飘逸。

父爱是天，母爱是地。

父爱给予天的宽广，母爱给予地的丰厚。广厚互依才让生命之峰顶天立地。

父爱是日，母爱是月。

父爱给予日的光鲜，母爱给予月的华贵，光华有致才令人生之路风光无限。

博大的父母之爱是什么？

爱即播种，爱即沟通，爱即无私的给予。

十八

爱即播种。

播种什么？我在20世纪90年代第一春所著《泛舟诲海》里提道：

播种思想，收获行为；

播种行为，收获习惯；

播种习惯，收获人格；

播种人格，收获命运。

该如何为这样的思想、行为、习惯、人格造型定位呢？

好思想，高营养，哺育灵魂，铸造脊梁。

好行为，报春梅，精彩人生，千娇百媚。

好习惯，金不换，导向终身，成功发展。

好人格，真内核，主宰命运，直通鲜活。

十九

爱即沟通。

沟通是心灵的交融，情感的伴舞，爱的共振。

沟通的前提是要读懂孩子这本“书”。从童年到少年，从少年到青年，父母一页页往后翻读着，这本书越读越厚，越来越不好懂。尤其孩子上了高中进入人生青春潮的“海啸期”，这本书许多字句变得晦涩不清，捉摸不透。有能力的父母当面对孩子这本薄薄小书时，应从单薄读出厚重，越读越有味儿；当面对孩子青年这本厚厚大书时，则应从厚重读出单薄，越看越清晰。回头想想，那不过是有沟有岔却极为简单的一段人生行旅。做父母的，当把握孩子的青春潮，并且借助其力量顺其流向引导其一次新的航行。

沟通来自平等。若将人分成高低贵贱长幼尊卑三六九等，哪里会有促膝对话贴脸谈心？

“赏识老爸”周弘以无限父爱将双耳全聋的哑女周婷婷培养成中国式的海伦·凯勒。从女儿儿少起，他就真心地将她当成知心朋友，拉着她的手走向大自然，走进商场，走近书籍，平等地与她“对话”，和谐地与她相处，商讨着与她探索学法，终于创造了育女奇迹。

平等来自尊重。假如没有对人格的认可、对生命的赏识，又哪会有什么平等交往？“小的时候，不把他当人，大了以后，也做不了人。”[11]

俄国作家屠格涅夫在街上散步，一个穷人向他乞讨，他把手伸到口袋里摸了好一会儿，抱歉地说：“兄弟啊，对不起，实在对不起，我没带吃的东西出来，钱袋也放在家里了。”那人突然紧紧拉住他的手说：“谢谢你，谢谢你！”屠格涅夫惭愧又惊异：“你谢我什么呢？”那人答：“我原来想找点东西吃后就自杀，没想到你称我兄弟，给了我活下去的勇气！”尊重是征服人心的力量。

卡耐基9岁时父亲娶了继母，且毫不留情面地当着卡耐基的面这样把他介绍给继母：“亲爱的，希望你注意这个全郡最坏的男孩，说不定会在明天早晨以前就拿石头扔向你，或者做出别的什么坏事，让你防不胜防。”继母微笑着走到小卡耐基面前，托起他的头看着他，对丈夫说：“你错了，他不是全郡最坏的男孩，而是最聪明但没有找到发泄热忱地方的男孩。”一番话，说得小卡耐基热泪将涌。他14岁时，继母就给他买了打字机，相信他能成为作家。在继母的尊重教育里，卡耐基真真成了大器。

尊重来自信赖。信赖是人际交往之路的基石。倘无此基石，尊重不会有，人际间只有虚情假意的逢场作戏。

比尔·盖茨成为独步天下的亿万富翁固然有多种因素，但从母亲那儿得到的充分信赖却是至宝。1975年母亲节时，身为哈佛大学二年级学生的他在给母亲的信上写道：“我爱您，妈妈！您从来不说我比别的孩子差；您总是在我干的事情中，不断寻找值得赞许的地方；我怀念和您在一起的所有时光……”而我们有的家长严管子女以数字化控制：喝一杯牛奶不得超过3分钟，上厕所5分钟不出来就敲门，考分只准一次次上升……如此管束何谈什么信赖？

信赖来自理解。理解是角色互换之后对对方以心换心的深度宽容。如此深度宽容，直达高度信赖。

原辽宁省教育厅副厅长姬庆生对笔者讲过一个爱的故事："我做省实验中学校长时，有一位学生干部和妈妈产生矛盾，家长来找我抱怨：'这孩子也太不懂事了，我惦记她吃、惦记她喝，又怕她冷着、热着。周末盼她回来，我很早就上车站去等，可是回到家连句话也没有，星期天吃完饭早早就回学校，一会儿也不肯多待。'当我去与这名学生交流时，她开口就说：'老师你说，没有理解还有爱吗？'虽然学生的认识并不很全面，可这就是'孩子'，家长想到了吗？"母女间这类故事司空见惯，却发人深省：**爱子（女）得知心，知心得贴心，贴心得交心，心心相印才有真爱、深爱、大爱，理解是爱的土壤，爱是理解的花朵。**

有一位母亲却很理解读初三的女儿跑到游艺室上网，是排遣孤独感，发泄郁闷情结。于是她和女儿签订一个协议：每日划出固定时间在家上网。双方执行得很顺畅，女儿说若早这样，多省事，省得出去乱跑。渐渐地，母亲发现女儿上网时间短了，甚至不上了，偶尔上网也不与人闲聊了。

理解来自知心。走进对方心灵，读懂其心，感知其情，看透其秘，才最终达到多维理解。当然，知心要贴心，贴心要关心，关心要真心。

一位高二男孩情窦初开，终日为喜欢班上一女孩而苦苦挣扎。他内心无比自责，又无法摆脱爱的罗网。老师当众点名挖苦他没出息，家长听到风声，充分肯定儿子恋情的合理性和纯洁性，要儿子"毫不惭愧"地评价自己，并相信他自己能处理好学业与恋情的主次，儿子激动地抱着家长失声痛哭。终于，他丢掉了自责和羞耻，把恋情淡化到脑后，完全变成了一个新人似的，毕业后考入了全国重点大学……

当今不少少年，是非糊糊涂涂，做事马马虎虎，错误反反复复，成绩起起伏伏。但他们对兴趣点、特长点却十二分专注，一点儿不马虎，不少父母就是从顺应激发孩子的兴趣点走进其心灵的，进而架起了心灵间信息传递的特快专线……

二十

信孩子是给孩子立身的基石。

父母的信任是大力，是大美，是大真，是大善，是终极关怀。

父母信任是开启孩子心扉的钥匙，是使孩子自信的“定海神针”。

对于孩子，没有比拥有父母信赖更幸福的事了，也没有比失去父母信赖更痛苦的事了。

信孩子信在心里。

信孩子绝非一个简短词语、一句简单口号、一种简洁念想，而是镌刻在内心深处，其依据在于“长江后浪推前浪”的进化论，在于确信借助当代平台，依据家族、自己所积蓄的人生体悟，会助造一个更加明丽的人生。

信要信得坚，信得实，信得诚。

信孩子是世间千差万别中的独一无二，信孩子是为未来幸福的最优投资。

信孩子天赋的火花一定迸放，信孩子才能的翅膀准会飞翔，信孩子前行的脚步通向未来，信孩子少年的梦幻必将成真。

真信才是真爱。真信才有真行。

周弘坚信女儿是海伦·凯勒“转世”

周弘和周婷婷父女俩创造了两个传奇。周婷婷从小双耳全聋，却成为中国首位聋人少年大学生，并赴美攻读硕士和博士学位；父亲周弘是一个老三届毕业的普通工人，却在实践中成长为平民教育家，提出了全新的“赏识教育”理念

就像郎国任对两岁摸琴、三岁拜师、五岁首次正式参赛的儿子朗朗深信不疑，遂将育子成栋梁当作事业；丁文钧卖掉房子举家东迁，对八岁学打斯诺克的儿子丁俊晖绝对看好；周弘对从小双耳全聋的女儿周婷婷满心赏识，终将残疾女孩培养成早慧“神童”……纵观横察世间，他们对绝无仅有的自己孩子的绝对信任从不动摇。就像平民教育家周弘所说：“教育的全部奥秘难道不就在所有父母时时、处处、事事在心灵最深处永远无条件地坚信自己的孩子‘行’这一个字上吗?”[12]

父母具体要信孩子什么呢?

信种子，信生长，信独特，信硕果。

——信种子，相信孩子是一颗良种，在岁月的土地、教育的阳光、关爱的雨露里，一定会有前程的锦绣。

——信生长，相信孩子的“生活即教育”“教育即生长”，生长即茂盛，茂盛即欣喜。任何灾害都不能止步其生长。

——信独特，相信孩子在世间绝无仅有，是千差万别的独一枝、万紫千红的独一朵、万万千千的独一个，这一枝准会喜人，这一朵准会袭人，这一个准会动人。

——信硕果，相信孩子成长、成熟、成功的轨迹，年少生幼果，青春有成果，人生结硕果。

信任是孩子须臾不可缺少的阳光、空气和水。

信任导致成功，连接成就，收获成果。信任的至极是赏识。

缺信任犹如楼阁缺了支柱，工程缺了地基，任何家教和教育都不过是海市蜃楼。

二十一

助孩子是给孩子架起成长的天梯。

与周弘纵谈教育

父母之道，子（女）为至重；子女之心，爱为至求。对孩子多多跷起大拇指：赏识为大爱，激励助成长（自左至右：原铁岭市教育局局长刘非、赏识教育专家周弘、笔者、教育活动家欧阳维建）

父母的助是给孩子搭台子，架梯子，出点子，挥旗子，喊号子，摘果子。

父母之于孩子，如果说爱是定盘准星，信是保持平衡的秤杆，那么，助则是滑动的秤砣。助力越巨（正能量越大），表明爱之越深，信之越切。或者说，爱是生命之车，信与助分别为车之两轮，一轮是思维定式，一轮是行为动力，双轮齐转，车儿飞奔。

爱在情，饱含于心；信在理，埋藏于内；助在力，彰显于形。

可见，爱、信、助，是相互推助彼此联动的，如同风、雷、雨的合奏；也如照镜子，你笑影也笑；或如对山谷喊，你呼谷也应。

缺助力犹如夜黑不给光，天寒不给热，喊破嗓子不甩开膀子，瘸子打围坐着喊。

父母要助孩子什么呢？

助目标，助习惯，助心态，助超越。

——助目标，帮助孩子早早地确定人生目标，死死地盯住目标，随时协助检查该如何逼近目标，让生命之舟乘风前行，不至于随意漂泊。

——助习惯，帮助孩子自小养成好习惯，好习惯就像船入了主航道，表现为思维定式、动力定型、行为定轨，一切自动化了。

——助心态，帮助孩子创造一个阳光好心态。好心态是人的第一竞争力。心态决定命运。

美国心理学家威廉·詹姆斯说过："我们这一代人最伟大的发现就是：人们可以通过改变自己的心态来改善自己的生活。""对于人，没有什么比他自己的状态更为重要的了，没有什么比永恒更能使他惊心动魄的了。"[13]

——助超越，帮助孩子每一天都超越自己，超越自己的生命状态，让自己激情如火，信心盈怀，学习舒畅，生活欢愉，运动快乐，像旭日红鲜、朝露晶莹一样，每一天成就一个全新的自我。

二十二

爱、信、助三位一体，对孩子是自始至终的无私给予。

给予是多维的，立体的，无孔不入的。

给予是至诚的，纯粹的，没有条件的。

给予是无私的，圣洁的，不讲回报的。

最紧要的，给予些什么呢？给予温馨，给予支撑，给予放飞。

二十三

——给予温馨。

家庭是孩子温馨的港湾，父母是港湾停船的船长。

做父母的，要将自己的家，建成一个安乐小巢、一个加油小站、一艘竞渡小舟。

温馨的慰藉之风自这里轻轻拂来，心灵的明伤暗痛在这里悄悄疗养，思维的经丝纬线在这里细细织理，周身的气力从这里渐渐凝集，人生的新旅自这里徐徐展开……

家的核心亮色是至爱。家的深厚积淀是文化。家的最高境界是和美。

疲倦的小鸟儿在这儿敛起幼翅舒心栖息。

受伤的羔羊在这儿倾吐满腹苦水与愁肠。

遇挫的小鹿在这儿养精蓄锐安神攒劲儿。

快活的小金鱼在这儿叙说练得的"真功夫"……

这儿，目光暖暖，话语温温（批评的良言也不苦口），心儿拳拳，和风习习，空气甜甜。

这儿，一切给予都无微不至。

像阳光般给大地紧紧的拥抱。

像月光似的对溪水轻轻的吻。

像大山一样赠予草木稳稳的依靠。

像绿荫送给暑热爽爽的凉……

正如赏识教育专家周弘所说：“哪怕天下所有人都看不起你的孩子，做父母的也要眼含热泪欣赏他！拥抱他！赞美他！为自己创造的生命而永远自豪！”[14]

况且，每一个孩子都是活鲜鲜的生命个体，每一个生命个体都有独特的人生个性，每块有个性的“璞玉”经雕琢都可成为独一无二的艺术品。

手有五指，五指伸出有长短。地有天灾，遭遇旱涝大减产。**承认差异，允许失败，接纳不完美，才不悖天规，符合人律。**

一次，笔者在陕北山区讲上述思想时，当地一位兼任县政协副主席的职教中学校长朋友不禁潸然泪下，私下里对人说：“要早听到傅教授这个报告，我哪至于糊涂到那种地步。”几个月前的春节，他一次严酷的家庭训教，让独子无地自容，当夜自戕而亡了。

二十四

——给予支撑。

孩子生命的一片蓝天，有赖柱石支撑。

孩子旅程的一弯小溪，要靠云雨灌补。

孩子兴趣的一角乐土，凭借长辈呵护。

支撑含物质的，最关键的还是精神的。

支撑信念。

信念是形神之梁。脊梁不倒人不倒，信念坚挺人坚挺。

马克思的夫人燕妮所言“永不绝望”即是信念高贵的呐喊和宣示。

笔者曾在20世纪80年代写一短诗：

是星，自有星的位置。
是光，就有光的辐射。
只要生命藏有信念的核，
准会裂变成迷人的彩色……

要给孩子信念，父母必得有信念。

北京市一位母亲对读某职高一年级的儿子的变压教育很

有韵味。她相信儿子就像相信自己一样。

该母亲三次去学校参加家长会。

第一次老师对她说：你孩子很淘气。

她回家对儿子说：老师夸你知道努力。

第二次老师对她说：你孩子成绩很糟。

她回家对儿子说：老师说你有很大提高。

第三次老师对她说：你孩子这样很危险。

她回家对儿子说：老师对你特乐观。

母亲成了变压器。每次变压都是给孩子打气鼓劲儿。在一个学期里，这孩子经母亲“三级火箭”式的推动，终于一步步惊醒奋起，毕业时竟考入了原本做梦都不敢想的清华大学。

支撑奋斗。

谁钻土，谁长大；谁升起，谁是太阳。奋斗如鹰隼抖翼拍天，如船儿扬帆破浪，如健儿搏击赛场。

这时候的呐喊、助威无疑像给燃起的火光添柴、泼油。

这过程的任何明喻、暗示都是极好的兴奋剂、催化剂。

在人生的马拉松“赛跑”中，支撑孩子永远为夺取“金杯”而战。当他意志松懈，转而想得一个“纪念杯”即可，以至于退而想得一“水杯”也行时，做父母的一点儿不该松懈，不断地提醒他不忘初衷，并着力给他胆儿、给他劲儿、给他法。

有一位父亲借给高考落榜的儿子一笔钱，让他购复印机开复印社谋生，借款分期还。后来，他得知儿子对律师这种职业很有兴趣。

说也蹊跷，次日他儿子的复印社里，就有人来复印一整套应考律师的资料，而且好久好久那人才取走。这期间，落榜大男孩起早贪黑苦学这套资料自学成才考取律师职业资格。

后来，那位父亲患病去世了。有一天，儿子收拾房间，在案桌里忽然发现那套曾复印过的应考律师资料整整齐齐放在那里，顿时热泪簌簌。他捧着那套父亲留给他的珍宝，像捧着父亲的一片苦心……

支撑兴趣。

兴趣是入门的向导，成功的秘宝，成才的金钥匙。

为人父人母人师者，永远不可忘记：千方百计去发现、去引逗孩子的好奇心，去激发孩子的兴趣，去与孩子一块儿寻找那些天真幼稚的、千奇百怪乃至异想天开的种种兴趣。这是对孩子的灵性激活、潜能唤醒、创意舒展的天大要务。好奇是种子，兴趣是胚芽，特长是花果。童年不好奇，少年无兴趣，青年没特长，中年必平庸，老年更叹息。

支撑兴趣的范例多如繁星，不胜枚举。

二十五

——给予放飞。

放飞即身与心的解放。

抱着的娃长不大。

大树底下没高草。

把雏鸟早一点放飞，就早一点振翅抖翎。

给予放飞，就要给予独自飞翔的时空。

给予放飞，就要给予兴趣繁育的温床。

给予放飞，就要给予自主做事的权柄。

给予放飞，就要给予保守隐秘的自由。

给予放飞，就要给予人格塑造的选择……

“知心姐姐”卢勤来金华市监狱，探访了用锤子击死母亲的高中生徐丽，探访即毕，卢勤要徐丽对全国父母说一句最想说的话。徐丽想了想，说了句发人深思的话：“父母应给孩子留点空间，留点秘密！”

二十六

爱孩子是育子（女）的根。

信孩子是根扎的土。

助孩子是长根所需的水和肥。

在爱、信、助的育子（女）链里，当走出三大误区：

给非所需的误区；

揠苗助长的误区；

十全十美的误区。

目标压根没有是可悲的。

目标定在谷底是可笑的。

目标定到天上是可怕的。

目标动摇模糊是可怜的。

二十七

情是父母与子女由血缘系于心灵间天然而特殊的便捷通道。
好的家教须动之以情。
无情的家教必然像冰雪紧锁的北方江河，失之于僵死。
理是父母在子女心之田土上精心植育的思想根苗。
好的家教须喻之以理。
无理的家教必然像水中飘动的浮萍，失之于浅薄。
行是父母引导子女不走弯路错路而一次次耳提面命的动作要领。
好的家教须导之以行。
只说不做的家教必然像海市蜃楼一样，失之于悬空。
范是父母以自身的人格魅力为子女终身发展所耸立的无声路标。
好的家教须示之以范。
没有典范的家教必然像撞击中的蛋壳一样，失之于脆弱。
恒是父母为子女做导师的身份须始终不渝地贯穿整个一生。
好的家教须持之以恒。
不能一贯的家教必然像三日打鱼两日晒网一样，失之于无常。

二十八

做父母的，要成为一本书，一本让儿女常读常新的好书。这本书写在父母的脸上嘴上手上脚上心上，儿女边读边学，读一辈子，学一辈子——学做人，学做事，学做学问；学思维，学情操，学智慧；得到的是路标，是拐杖，是给养。

万万不可为儿女写一本毒书、坏书、差书。

卢梭说："母不母，则子不子。"[15]

父母的榜样效应，亦可理解为"种瓜得瓜，种豆得豆"效应。

尊重培植尊重；
理解感化理解；
勤勉播种勤勉；
诚信传递诚信；
热忱点燃热忱；
高雅提升高雅；
创造激发创造；

智慧拓展智慧……
与此同理——
散漫濡染散漫；
懒惰滋养懒惰；
跋扈助长跋扈；
欺骗蔓延欺骗；
冷漠培育冷漠；
低俗发酵低俗；
狂躁染化狂躁；
浅薄产出浅薄……

二十九

没有良好家教，子女缺失原始的给养，甚至可能造成——

意志失去了筋骨，思想没有了魂魄，年华消失了梦幻；

眼睛不见了神采，耳畔停止了鼓点，脚跟缺少了根底，身体躁动着野性的茫然；

目标如同飞鸟没踪没影，生命之花在暗夜一般死寂里默默枯萎，心灵听不着一点儿悠扬的天籁琴音……

三十

良好的家教，源于良好的家风。

家风，作为一家的精气神，似乎无形无影的，却是实在实有的。

家风在哪里？在家长平素的一举一动里，在父母持家的一唱一和里，在崇文尚教的一点一滴里，在戒奢宁俭的一箪一瓢里，在尊老爱幼的一枝一叶里，在待人接物的一针一线里，在子女成败的一心一德里，在遭遇坎坷的一招一式里，在世间沉浮的一忧一叹里，在人情冷暖的一蹙一笑里……

家风，作为一种风气，是长期潜移默化教化的结果。它柔如水，软如雪，细如丝，却力大无比，气足无比，能量无比。“家是最小国，国是千万家。”家是国的细胞，国是家的通体。因此，往小处说，家风构成家庭成员个人精神成长的源头，缔造一个家庭的形态走势；往大处说，家风给力于社会气象的雕塑，浸润一个国家的道德文化。我的朋友魏书生有言："民风、世风皆起于家风。关键在于所有家庭都正确地引导孩子，不但'养'，还要'教'，更要'育'。"[16]

关注家风，即关注民国初期广东省省长朱庆澜所说的"家庭气象的教育"："气象就是样子，家里是个什么样子，小孩一定变成什么样子。家庭气象，好比立个木头，小孩好比木头的影子。木是直的，影一定直；木是弯的，影一定弯曲，一点儿不会差的。"（朱庆澜《家庭教育》）

良好的家教，濡染着文化的底色，散发着智慧的灵气。

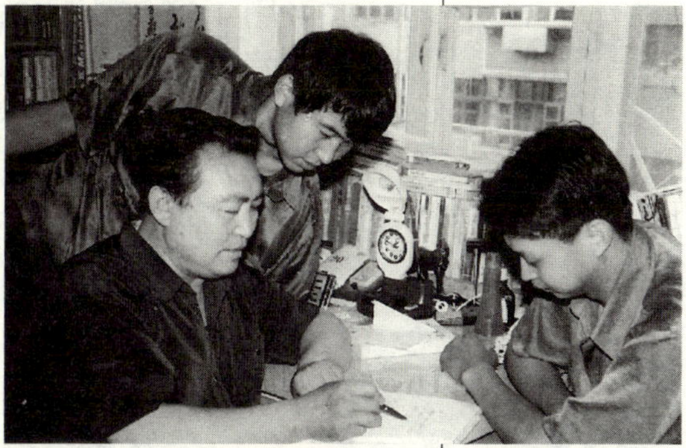

创作沙龙

家庭共同体，两子智囊团。长子松巍（右一）少子松岩（后排）参与创作笔者的教育三部曲

娓娓交谈家事，侃侃思辨时政，细细切磋感悟；轻轻一次耳语灵犀一点，淡淡一个微笑彼此神会，小小一个手势直抵心窝。当有人心空迷蒙步履迷怠时，亲人的指点与呼唤总使他（她）惊警而昂奋；当思维碰撞主张纷争时，平和的摆事与说理又将势头引向求是的圣境。历经思想、精神的和风细雨，一家人"和而不同"中"止于至善"，在流光中渐醒渐悟，于思旅里趋近趋同。

聪灵风和，颖悟泉澈，道行润心，文化化人。微恶莫做，小善亦行。

家教是家风之源，家风是家教之珠。两者依依相偎，息息相关。饱含文化的家教，必然推助出淳厚的家风。

看啊，世界精彩又奇怪，时代变得好飞快！

旧世道，有小学文化推为知识分子；

新中国成立之初，中专毕业当作技术骨干；

20 世纪 80 年代，大学生是天之骄子；

21 世纪，研究生已司空见惯；

二三十年、四五十年以后呢？纵横社会主宰生活的将是怎样高智慧强创造的精灵！

头顶同一片蓝天，脚踏同一块土地而家教毫无文化含量，培养的孩子不向高境界、高知识、高智能靠拢，势必与文明擦肩而过，和现代失之交臂，远望人才主体的背影兴叹不已，到头来被主流生活边缘化、冷漠化而陷于无边的尴尬……

良好的家教，舒展着心灵对话，父母与子女一路同行。

心灵对话，当以童趣为题，童心为眼，童真为灵，心跳与心跳达成热烈而和谐的共振，实现两代人的相知相融。

一路同行，即父母与子女两代人精神交通，生命关照，情感互润，比肩携手。

存在主义大师卡缪的几行诗将此意表述得很精彩：

请不要走在我的前面，因为我不喜欢去跟随；

请不要走在我的后面，因为我不爱充领导；

我只期望请你与我同行。

心灵对话与子女一路同行，清代郑板桥、曾国藩，当代傅雷采用了富于真知灼见的家书。尤其《傅雷家书》，“是一部充满着父爱的苦心孤诣、呕心沥血的教子篇”[17]。上海市《文汇读书周报》开展一句话评《傅雷家书》的征文活动，我的中学校长朋友陈志雄以“无奈于我的父亲未读，抱憾于父亲的我迟读”而独占鳌头。

与焦作市科研专家“一路同行”

焦作市教科所所长周秀龙开创了写教育日记——《让我们一路同行》的施教工程。笔者听他讲述后启迪颇深，读数篇教育日记后更是激动不已

河南省焦作市教科所所长、教育专家周秀龙匠心独运，别开生面地借用中医中药的补虚、扶弱、固本之理，原创性地推导出数以万计的家长、孩子参加写教育日记的家教大行动。他编制了精美、意远且引人入胜的《让我们一路同行》的教育日记本，让家长与孩子每天都写上三言五语，哪怕一句两句。

该市李万乡一位只读过小学的55岁乔妈妈，每日忙里偷闲，边查看初三儿子的日记，边把自己小时的亲历、田里耕耘、看电视心得也写成日记，一笔一画三百多篇日记将仁厚的母爱镌刻进孩子的心灵深处，使读母亲日记常常热泪盈眶的乔子悄悄大变……

母亲癌症去世，父亲被判死缓，18岁打工的姐姐见读初中的弟弟的学习和表现一天天下滑，就操笔给弟弟写教育日记，要弟弟也写。姐弟俩在日记中互相鼓励支撑，搀扶着走过狂风暴雨的人生路……

此书即将付梓时，河南省名校、焦作市最耀眼的初中——许衡中学的科研型神奇校长张璧宏给我电传来几份师生写教育日记结硕果的范例。

该校是周秀龙所长“给孩子写教育日记，实施培优扶弱”重大科研课题的重点实验校之一。在追寻理想教育旅程中，张璧宏率领他的伙伴们，以师生结对撰写日记的互动方式，创造了许许多多妙不可言的教育神话。

那一篇篇携手互动的教育日记写得何等好啊！

爱心与童心紧贴一块。

育树与整枝整合一块。

培优与扶弱联结一块。

夺标与助阵交织一块。

在教育日记的字里行间，孩子们一天天在变——由无志到有标，由松弛到紧迫，由自卑到自信，由脆弱到坚强，由徘徊到前行……尤其是杨玲玲老师苦心写给张程鹏的6万言日记，给他信心，扬他个性，携他闯关，使入学时胆怯、腼腆、英语26个字母都写不全的小男孩一步步攀升，终到全校第一，又夺得全国天文奥赛一等奖，还代表国家参加在印度孟买举行的第11届国际天文奥赛……

这就是谁读谁心灵受感动的焦作市的教育日记。

这种教育日记成了父母与子女、姐与弟、师与生探视对方心灵的小小窗口。

情在行间流动。

心在字里跳动。

泪在纸面滚动。

法在日记跃动。

生命的独白变成了心灵的对话，思维的封闭化作亲情的宣泄，郁闷的压抑让位给天性灵气的展示，情感的下滑置换为意志的激发。

这里，没有教师爷，不见救世主。双方是一路同行的伙伴，一个战壕的战友，同一片蓝天下竞长着的生命。在最大限度焕发生命活力与人生精彩的大目标下，还有什么代沟不能填平，还有什么心结不能解开，还有什么顽症不可治愈呢？

家长找到了比说、劝、打、骂好上不知多少倍的秘宝。

孩子找到了比嫌弃、冷漠、孤寂、对抗大为有效的捷径。

教师找到了比告状、训导、怒斥、处罚更能育人的妙招。

一路并肩同行的教育日记啊，你是生命解读，你是道德长跑，你是灵魂按摩，你是智慧晤谈，你是思维互动，你是人文滋补，你是心桥巧架，你是家教宝典……

三十一

良好的家教，镌刻着良好家风的文化符号。

甲午年新春，央视在全国各地访谈家风。其意深远，其韵悠长。

家风或见诸文字，或流于口传，或显现在行动，皆是一家人的精神追求、文化导向、做人准则、处事传统，可谓家庭“宪法”，凝集了治家智慧，守护着门风价值，造就出各具特色的家庭风格和家庭气象。

名人世家多有独具一格的家风。

南北朝时文学家颜之推（531—595）的传世之作《颜氏家训》，所概括的颜氏家风为“好学、尚德、孝悌、淡泊”。

北宋政治家、史学家、文学家司马光（1019—1086）在《训俭示康》里宣示“俭素为美”的家训家风。

明末生员清初乡师的朱柏庐（1617—1688）以516字洗练的家教名篇《治家格言》，推崇了勤俭、厚道、正派、善良的家风主张。

清代画家、文学家郑板桥（1693—1765）在家书中，申明了“做个好人”的箴言。

晚清重臣、湘军创立者和统帅曾国藩（1811—1872），以“勤”字为人生和家风的第一要义。

近、现代“诗、书、画、印”四绝的一代宗师吴昌硕（1844—1927），一辈子身体力行“敦品励学”的家风。

国学大师梁漱溟（1893—1988）的一生直道而行，其最有警示性的家风是“道德理想和卓立精神”。

钱穆（1895—1990）、钱钟书（1910—1998）等国学大师、著名作家为代表的钱家家风，就是“好读书、重教育”。

我国文学艺术翻译家傅雷（1908—1966）暨夫人的《傅雷家书》，教子“先为人”，后成“家”。

有家就有家风。它没有城乡之分，贫富之别，民族之异。好的家风应该指向和（和谐）、朴（淳朴）、上（向上），追求真、善、美，厚积好教化，迸发正能量。

若每一个家庭都有了这样打着各自烙印的家风家训，则民族精神家园一定会更见昌盛繁荣。

三十二

良好的家教，首要开发母亲。

“一个孩子行为举止的好坏，完全取决于他的母亲。”（拿破仑·波拿巴）

《发现母亲》作者王东华称：“推动世界的手是摇摇篮的手，母亲的素质决定着民族的未来和命运。”台湾作家李乔指出：“万物是一体的。而大地、母亲、生命（子嗣）三者正形成了存在界连环无间的象征。往下看，母亲是生命的源头，而大地是母亲的本然；往上看，母亲是大地的化身，而生命是母亲的再生。”[18]

英国作家塞缪尔·斯迈尔斯在他畅销百年的《品格的力量》一书中有一段话，从反面阐述母亲的作用至关重要：“把孩子托交给一个愚昧无知的女性去抚养，他日后就会毫无教养，无可救药。假如一位母亲好逸恶劳，心术不正，行为放荡，在家庭中吹毛求疵，性情暴躁，极不安分，那么，家庭就会成为充满不幸的人间地狱——人人唯恐避之不及，更谈不上一往情深地迷恋。在这样的家庭中长大，对孩子来说是一种极大的不幸，会让他们具有道德缺陷和在道德方面发育不良——这不仅会给他们本人带来灾难，而且也会给社会中的其他人带来不幸。”

无数正反事例及剖析的结论形成共识：**民族间的竞争是母亲间素质的较量，母亲素质决定民族的命运。**

母亲，孩童之启蒙者，国之教育者。

在人生跑道上，学前家教是最初起跑线；在教育天平上，母亲教育是最重的砝码。英国诗人乔治·赫伯特放出一句让许多人援引的重话：“一个好的母亲抵得上一百个学校的老师。”

这时的孩童如刚睁开睡眼、黄嘴丫未退的幼鸟，只处在始认外界、适应自然、练习生存的节结，正萌芽其一生的心性与潜质。第一任老师与其说是父母，不如更准确说是母亲。母亲用她的意志、情操、行为和人格，为孩子献上引领其终身发展的奠基礼。

察一国之情态从哪点切入？

她昨天怎么样？请去察国之监狱的犯人。

她今天怎么样？请去察国之学校的学子。

她明天怎么样？请去察国之家庭的母亲。

说到底，又都与母亲有千丝万缕的联系。

开发母亲—提升女性—精育女童，这一条教育链提纲挈领地包藏着治国大术。

家庭团队

每年除夕家庭晚餐，全家人都先行民主评定全家大事。当全年十件大事诸件隆重确定，家庭团队乐融融举杯同贺（左为长子松巍，右为少子松岩）

列宁的夫人、教育家克鲁普斯卡雅认为："如果你在家教育儿子，就是在教育公民；如果你在家培养女儿，就是在培养整个民族。"这是眼光深远直逼核心的命题！

法国教育家福禄培尔说得更直接："国民的命运，与其说是操在掌权者手中，倒不如说是握在母亲的手中。"[19]

三十三

"爆竹声中一岁除，春风送暖入屠苏。"（王安石《元日》）

这是2011年2月2日，农历除夕晚餐，一家人梳理并评选2010年全家十件大事。

自20世纪90年代中期起，每年除夕晚餐，笔者都与妻儿们围坐桌旁，静静回顾、评选过去一年里家庭耀眼的十件大事，谈论撞击灵魂的最深启迪，展望"新桃换旧符"的各自可能的作为。其途径是，先由家庭成员各自精简汇报过往一年的业绩，后经过家庭成员讨论后，依次评选出感动自己、影响家庭的十件大事，再倾吐新一年每个人的起航思路，以彰显励精图治之家庭锐气，展示蒸蒸日上之发展图景，弘扬锲而不舍之傅家精神。那是怎样祥和美妙的氛围，怎样文化与思想的碰撞啊！促膝斗室，敞怀佳节，群言独想，你接我续，举杯贺岁，对酒抒怀，互借大脑，彼此给力，心有灵犀，"止于至善"，长者从后生吸纳新锐，后生向长者借鉴底蕴。不尽话语如浪花卷地，无边心志似虹霞凌空。

岁岁除夕相似，今年除夕稍异。评选完十件大事之后，全家人即开始对家庭文化建设进行追索。

我提议：我们该努力打造有较深思想层次、较高文化品位的家庭团队。

妻补充：家庭团队要时时处处休戚与共苦乐同担。

长子松巍说：这个团队是学习共同体，更是思想联动体、精神共享体。

少子松岩建言说：这个团体要建思想沙龙，靠定期与不定期的思想沙龙的碰撞，发掘家庭文化内涵，统一意志协调步伐……

既然易卜生说“家庭是社会的核心”[20]，我们何不将这核心做得更精诚些呢？

当晚，合家群力，总结、梳理、确定了傅家如下的核心理念：

家规为“研读、创造、崇善”；

家训为“高贵、和顺、诚直”；

家风为“爱与理想”；

家庭成功之道为“海纳百川、锲而不舍、心韧空晴”（内心保持坚韧，时空永远晴朗）。

注释：

[1] 赫拉克利特. 著作残篇［M］//北京大学哲学系外国哲学史教研室. 古希腊罗马哲学. 北京：生活·读书·新知三联书店，1957：31.

[2] 易卜生. 易卜生戏剧四种［M］. 潘家洵，译. 北京：人民文学出版社，1978：23.

[3] 纪伯伦. 纪伯伦散文诗全集［M］. 杭州：浙江文艺出版社，1993：257－258.

[4] 毛泽东. 毛泽东选集：第2卷［M］. 北京：人民出版社，1991：344.

[5] 纪伯伦. 纪伯伦散文诗全集［M］. 杭州：浙江文艺出版社，1993：273.

[6] 克里希那穆提. 一生的学习［M］. 张南星，译. 深圳：深圳报业集团出版社，2010：36.

[7] 卢梭. 爱弥儿［M］. 李平沤，译. 北京：商务印书馆，1978：14.

[8] 克里希那穆提. 一生的学习［M］. 张南星，译. 深圳：深圳报业集团出版社，2010：32.

[9] 顾明远. 小时候养成的好习惯最不容易改变［N］. 中国教育报，2013－11－17（1）.

[10] 高尔基. 高尔基论儿童文学［M］. 以群，孟昌，译. 北京：

中国青年出版社，1956：97.

［11］鲁迅．鲁迅全集：第1卷［M］．北京：人民文学出版社，1981：295.

［12］周弘．赏识你的孩子［M］．广州：广东科技出版社，2004：41.

［13］帕斯卡尔．思想录：论宗教和其他主题的思想［M］．何兆武，译．北京：商务印书馆，1985：94.

［14］周弘．赏识你的孩子［M］．广州：广东科技出版社，2004：4.

［15］卢梭．爱弥儿［M］．李平沤，译．北京：商务印书馆，1978：22.

［16］魏书生．家教漫谈［M］．桂林：漓江出版社，1997：1.

［17］傅敏．傅雷家书：增补本［M］．北京：生活·读书·新知三联书店，1994：5.

［18］赵园．地之子［M］．北京：北京大学出版社，2007：2.

［19］木村久一．早期教育和天才［M］．河北大学日研所，译．石家庄：河北人民出版社，1981：195.

［20］易卜生．易卜生戏剧四种［M］．潘家洵，译．北京：人民文学出版社，1978：23.

第十章 融通诲海

赢在人才，竞于教育。

东西方尽在加紧探寻一个更富于智慧、更饶有涵藏的诲海。

中国传统教育的精华，曾以育出一代代千古风流人物引国人自豪；今日西方的现代教育，也以造就众多大师级英才令世人瞩目。

如何选古之教育精华而用，择洋之教育营养而取，批判中吸纳，改造中内化，比较中升华，将东西方诲海融通成一个更为理想的诲海，这才是我们不二法门的路标……

我认为东西方的接触很可能对双方都会富有成果。他们可以学习我们的不可缺少的务实效率，我们则可以学习他们那种富于沉思的智慧；这种智慧使中国延绵至今，而别的所有古老国家却衰亡不存了。[1]

——［英］罗 素

智慧同智慧相碰，就迸溅出无数火花。[2]

——［俄］马尔林斯基

一

14 年前，笔者在大型教育纪实文学三部曲之一《泛舟诲海》里，明示将教育喻为诲海，开门见山地写道：

一片无所不在的神奇，一片无时不有的沉醉。

诲海潮起潮落，那么牵动古今的目光、民族的魂魄！

谁远离它，有耳失聪，有目若瞽。

谁亲近它，脚踏祥云，身生飞翅。

它，像一个溢满智光德彩的海。

一个深邃无比奇伟无比的海。

一个无处不在无时不有的海。

一个塑人、齐家、立国、安天下的海。

一个造化人类的良知、民族的良心、社会的良能的海……[3]

几十年来，诲海一弄潮儿的我，朝朝暮暮，岁岁年年，一直孜孜地做观“海”、探“海”、量“海”、思“海”、融“海”的事儿，测我们的“海”，比他国的“海”，忆昨天的“海”，瞻明天的“海”，更想将东西方诲海融通起来，再造更理想的“海”……

本章，就是立足于这一理念的境界之上的一些思索……

二

儒教文化圈——一个十分奇异的文化现象。

就像 19 世纪前原本产于我国的珍贵野生兽类麋鹿突然在我国灭绝，而这之前被英国人盗运欧洲数只竟得以大量繁衍生息了一样，原生于我国且千百年间根深蒂固的儒家传统文化，竟在日本、韩国、新加坡等国家却奇迹般生发开来，以中华传统文化“仁、义、礼、智、信”的精华为道德规范，又及时承纳了现代工业文明的文化因素，从而激发儒教文化唤起新的青春活力，形成了生机盎然的儒教文化圈，以此支撑东亚市场经济走上了公认的腾飞之路。

孔子学院——同样一个十分奇异的文化现象。当打倒“孔家店”的“五四”怒吼已经远逝，“批林批孔”大字报也在历史风雨中消尽旧迹，孔子在当今中国又渐渐被罩上神圣的光环时，其思想道德之精华竟也在西方大放光彩，他的一些语言俨然是普世法则。截至 2014 年 9 月 27 日，全球 123 个国家和地区已建立 465 所孔子学院和 713 个中小学孔子课堂（数据摘自习近平致全球孔子学院建立十周年暨首个全球“孔子学院日”的贺信）。至圣光临中外，哲思穹透古今。孔子从周游当时的中原诸国到“今日周游世界”，五大洲竟风生水起，衍生出如此众多研究中国文化与语言的风水宝地，不能不令人发古人之幽思。

墙里开花墙外香。

他山之石可攻玉。

难道，这是规律吗？

三

当西方在华夏觅得了珍宝，世界在中国找到了慧根，我们自己当如何？

是动情地为之自豪？是茫茫然咧嘴傻笑？抑或麻木得不以为然？

春秋时，周王讽刺晋国的使者籍谈“数典而忘其祖”。

毛泽东在延安曾批评许多学者言必称希腊，“对于自己的祖宗，则对不住，忘记了”[4]。

如今呢，这样的人也还有。言必称西方，说月亮也是西方的圆，竟还有人跑到美国去学汉语，到日本去学习本来中华先祖发明的做豆腐工艺，这不可笑至极吗？如此下去，还要到国外去学武术、京剧、针灸不成？

自己原为五千年中华文化精魂所孕育，却对民族传统文化的底蕴漆黑一团；本来是龙的传人，却对龙的厚重的教化若明若暗；就生存在中国固有的智慧资源之中，却对这些富于底蕴的资源熟视无睹，那历史，那文明，那教育不能存活在生命的记忆里，对自己国家、自己民族自然难爱得起来爱得深透，这样脚下没根得像羔羊般迷失自我的人在世间何以立足？又有谁能正眼瞧得起？

在财富的天平上，实力永远是老大。在伦理的天平上，敬祖是考量的准星。在人格的天平上，爱国方为至重砝码。

四

这许多年里，因考察国之教育，探索文化龙脉，笔者从北方走遍江南，从东部深入西陲，眼望着都市大道，足踏过乡野小径。

我满眼感受着这块母亲的大地。

我一心解读着这片神奇的山川。

面对着山的峻拔、水的浩荡、土的热烫，耳听着“风声、雨声、读书声”，心想着这融解了我们祖先骨殖、更融解了他们的情思、梦想和创造的土地，常常觉得自己沉浸在与先祖的对话里，激动得热血翻滚，心儿震颤！

月圆月缺，潮起潮落，花开花谢，冬去春来。

这里，蕴藏着文化源远流长的润泽，承受着教育薪尽火传的光耀，才使古老的中华生生不息、不曾断裂！这里，也是人类教育重要发源地之一啊！

中国以教育为树人载体的文化，以文化传承为使命的教育，何等了得！在世界千姿百态的文化教育圣园里，她鹤立鸡群，卓尔不群，雄视千古，宏富当代。

让我们读着她大海般的渊深，大地般的厚重，史诗般的广袤；读着她那群星般灿烂的人物，浪涛般飞溅的思想，给世界注入永恒活力的教育精彩吧！

五

儒家文化发兴期——

穿越两千五百多年的时光隧道，在山东曲阜，一位名叫孔丘（公元前551—公元前479）的年轻人向我们款款走来。

他于艰难困苦之中，以发愤读书与不懈修炼，成了远近闻名的博学多才的人。以后，他又一步步历练成伟大的教育家、思想家和儒学与私学的创始者。

时下，学在官府。孔子而立之年却办私学要学移民间，并以四十多载爱生忠教的精彩人生，树起了教育大师的楷模。不管杏坛定教，还是周游走教，他培养人才之多、硕果之大前无古人。他的教育思想竟主宰了中国两千多年之久的历史时空！

这不能不说是教育、文化的世界性奇迹。

他第一个推出“有教无类”（《论语·卫灵公》）**的办学方针，成了划破森严的等级观念沉沉夜空的一道闪电。**

他第一个提出“性相近也，习相远也”（《论语·阳货》）**的科学命题，牵来破解人性蒙昧与启蒙之谜的一缕曙光。**

他第一个发现的“少成若天性，习惯如自然”（《大戴礼记·保傅》）**的早期教育理论，捧上打开教育对育人作用的一把钥匙。**

他第一个制定的“智、仁、勇、艺、礼、乐”六因素育人标准［比他晚一代人的古希腊教育家苏格拉底关于理想化育人内涵仅仅囿于“知识即道德”（智慧即德行）的窄狭命题］，**竖起引领完善化人格塑造的一记路标。**

孔子——华夏最大的文化符号。其宏富的教育主张，深若大海；其奇伟的思想功力，高似峻峰

他改编的中国第一套初具框架的儒家文化教科书——“六书”，及偏重技能训练的“六艺”（礼、乐、射、御、书、数），成了中国两千多年封建社会学子教化的一份基本营养配餐。

他第一个实施的启发式教学、因材施教等一整套科学教学法是不折不扣的千法之魂，无愧为世界教法的中国智慧海……

他还第一次道出许许多多铿锵高远的箴言——

那被西方人称之为金律的**“己所不欲，勿施于人”**（《论语·卫灵公》）的做人宣言；

那令中国无数政治家迷恋不已的**“大道之行也，天下为公”**（《礼记·礼运》）的政治宝典；

那使中外学人大为折服的**“学而不思则罔，思而不学则殆”**的治学至嘱；

那将古代乌托邦和今日政治衔接得天衣无缝的**“天下为家”**的**“小康”**（《礼记·礼运》）社会的梦之愿景……

古人云：**半部《论语》治天下。**

笔者说：**孔子思想藏真金。**

在今日，孔子是华夏最大的文化符号。

我们在孔子面前，犹如面对一个浩渺的大海。我们乐陶陶拾得的，仅是海滩上几个贝壳与鹅卵石。

你无论如何都难以想象，一位两千五百多年前处于生产力极为低下的春秋末期的圣贤，一位司马迁《史记》里“高山仰止，景行行止”的文化、教育的精灵，居然在世界上提出那么多个第一，居然引发以后那么多朝代的人向他顶礼膜拜，居然使美国出版的《名人年鉴手册》列他为世界十大思想家之首，居然他的9月28日诞辰日被联合国教科文组织定为世界教师节，居然还令当今世人也要从他的锦囊里寻找智慧——寻找他济世之魔方、研创之精神、阳光之哲思、生命之箴言、立国之方略……

笔者对此的感受只有一个词：惊叹、惊叹、惊叹！

老子——中国最高的智慧代表。其哲思之境，浩茫连宇；自然之道，万物尽涵

比孔子年长的道家创始人——老子（公元前571—公元前471），以他五千余言诗化哲学著作的《道德经》发出了惊世骇俗的智者的真言。

这位掌管东周王朝图书典籍的“守藏史”见广识博，思维高远。**他观察了天地万物的变态情状，慎思了社会、历史、政治、军事、人世的成与败、存与亡、福与祸的是是非非，提出了“道”这一自然法则和规律，这亦是他的核心教育理念。**

大道无为是其最高原则。

他的无为有三点深远的内涵。

一曰不争。像“水善利万物而不争”（《老子·八章》）那样，不争个人名利。

二曰知足。“祸莫大于不知足”（《老子·二十二章》），不可拼命追求个人欲望。

三曰贵柔。“物壮则老”，避老贵柔，“柔之胜刚，弱之胜强”（《老子·三十章》）。

为此，他提出“大成若缺”“大盈若冲”“大直若屈”“大辩若讷”“大巧若拙”（《老子·四十五章》）。**其意是：最完满的好像欠缺，最充盈的好像空虚，最正直的好像弯曲，最雄辩的好像口讷，最灵巧的好像笨拙……**

这里，远古的辩证之法，哲思之境，博大精深，包容万物，饱藏着世间的不尽智慧。

墨子（公元前468—公元前376），是继孔子之后有巨大影响的思想大家、教育大家，其思想让后人感悟哲人的慧眼。

他勇敢地打出一面“兼相爱，交相利”的追求和谐的兼爱旗帜走上历史的台前。须知，这在地球上第一次关于人与人兼爱的主张，比30岁时的耶稣在加利利的山上第一次发布“博爱众生”的教喻整整早了四百三十多年！

他看到，劳者无食，寒者无衣，民众受不到教育，于是举起普遍的无差别的爱的旗帜，让“有力者疾以助人，有财者勉以分人，有道者劝以教人”（《墨子·尚贤下》），达到人人受教育、个个要学习的理想王国。这比孔子的“仁”更具有反宗法制度的锋芒，虽则此等倡说几等于向统治者与虎谋皮。

墨子早年曾“学儒者之业，受孔子之术”，却对儒家教育内容择其《诗》《书》《百家春秋》而用之，而提出“非乐”，不加区分地反对音乐教育，自然也不可取。

他还突破了孔子“述而不作”的樊篱，申明既述且作，既要继承古代优秀遗产又要创作新东西的真知灼见。

墨子和墨家私学的科技教育思想突显在几何学、光学、力学、机械制造等方面，极似工业专科的萌芽，在春秋战国各学派及私学里如此重视科技第一生产力，可谓独占鳌头。

他的因材而教、言行一致等教法特色也鲜明得可为上乘。

晚于孔子一百五十年左右，一生讲学、晚年兼著书的孟子（公元前372年—公元前289年），到宋代以后被尊为儒家的“亚圣”，其声音激荡着仁者的思辨。

他视**“得天下英才而教育**（此为中国最早见得“教育”一词）**之”**为人生一大乐趣。中年以后，他也学孔子带弟子游历各国长达二十余年，“后车数十乘，从者数百人”。那气势，那规模，那所受的优遇，若孔子在天有知，也会赧然得自叹弗如。

他极大弘扬了儒学。

性善论是他教育的理性根基。

“人皆可以为尧舜”（《孟子·告子下》），是他对教育塑人治国作用的坚定信念。

“民为贵君为轻”（《孟子·尽心章句下》），仁政法治，“仁、义、礼、智”，是他政治与教育的可贵主张。

“天将降大任于斯人也，必先苦其心志……”是他对逆境树人、抗争成才的明智之见。

“我善养吾浩然之气”（《孟子·公孙丑章句上》），及其浩然正气的核心理念——“富贵不能淫，贫贱不能移，威武不能屈”（《孟子·滕文公章句》）是他陶冶心魂、修养人格的最高境界。

主张教师“引而不发”，学生“自求自得”，是他科学教学思想的闪光点……

集汇诸子百家思想之大成，他的学说像大海吸纳百川；独展唯物主义斗士之风采，他的哲学似利剑锋利无比，荀子（公元前313—公元前238）——战国末期最大的经师，对世人后代传递着思想者燃烧的火炬。

他创立“性恶说”，对孟子“性善论”如同挖坟掘墓；给天赋的“性”与人为的“伪”划了界定，从而论证了在改造人的“化性起伪”即由愚转智、由恶转善中的教育之重要。

“天行有常”“制天命而用之”，**一篇雄辩慷慨辉光四射的《天论》，在人们畏惧、匍匐于老天脚下的时代，无疑是声讨天命观的檄文，是把握自然的宣言。**

更有“学不可以已”“青取于蓝，而青于蓝”“锲而不舍，金石可镂”**那文理摄魂辞彩夺目的《劝学》，留给历史千秋不朽的名篇，是馈赠后人百读不厌的经典。**

“国将兴，必贵师而重傅……”（《荀子·大略》）“君师者，治之本也”（《荀子·礼论》）。荀子第一次把教师之作用提至关乎国家兴衰，把教师之地位摆到与天、地、君、亲的同等地位，在社会历史的回音壁上久久震撼，直至当今……

他闭门攻学，三年不曾窥园。

他下帷讲经，学者聆听云集（司马迁曾在其中）。

他面陈治国对策，让“更化改制”的汉武帝刘彻几悉数采纳：大兴国家太学；考试选贤任仕；确立以儒家思想为主旋律的意识形态，普天之下遍实以“圣人之道”的教化……

然而，他推出神秘兮兮的“天人感应”被斥之唯心主义的货色。

他“废黜百家，独尊儒术”的建议，被视为文化专制主义的编导。

他让孔子的男尊女卑走向极致的“三纲”“五常”说，更被当作反动的道德枷锁。

自古至今，非议他的言与文铺天盖地。

他就是对中国社会发生持久震撼的西汉平民出身的大教

育家——董仲舒（公元前179—公元前104）。

从董仲舒之口笔发出的心声，究竟是改革家的呼唤，还是倒退者的哀号？是对儒学的再铸，还是对文明的叛逆？

列宁说："社会生活现象极端复杂，随时都可以找到任何数量的例子或个别的材料，来证实任何一种论点。"[5] 评一个人，当置其于历史发展天平上，估其言行，量其结果。

董仲舒这位封建社会处上升时期的儒首，尽毕生心力因时因势因人练就的儒家思想之石，奠基了外患内忧下汉的中兴，绵延着成了今日中华文明的独特的儒家文化。

董仲舒（公元前179—公元前104），汉代思想家、哲学家、政治家、教育家

在董仲舒之前，历代有抱负的帝王无一不在儒、道、墨、法、阴阳五行等各家里苦苦寻找，寻找治国安邦的至高哲学和至圣战略，以至汉武帝到了"夙兴以求"的地步。而董仲舒则交上了一份让汉武帝认为蛮不错的答案。

他精心建构了封建社会的理论大厦。

他的"天人感应"论，在当代著名学者何新的眼里，是"中国古代独特的民权理论"，该理论"建立一个以天象示警约束帝王政治任意性的制约系统"。

他兴太学、重选举和独尊儒术三大文教政策的建议，终将传统儒学改铸成大众化的新儒教，将儒学经典定为国之教材，将儒家的道德观奉为道德规范，使儒学思想成了封建社会之正统，即成了分久必合、合久必分的帝王更迭战中一种帝王的精英思想，将儒教文化打造成中国发展进化的主流文化。

从这个视角看，说董仲舒以其理论重塑了汉武帝，中兴了"大一统"的汉王朝，再造了不曾被分裂的中国封建社会的文化灵魂，也实不为过。

六

儒家文化再造期——

唐宋八大家之首韩愈（768—824），也是历史上一位巨擘似的教育家。在复兴儒学承启绵延中国的主流文化中，他像一颗璀璨的北斗，照耀历史长河百代教坛！

他一生在许多地方捐俸办学，四进唐朝最高学府国子监，先任博士（教授），后任祭酒（行政长官）。他博古通今，悉心授课，奖掖后生，举荐人才，尤任祭酒后，大刀阔斧地选贤任能，整肃教风，组织讲学，严审生徒，速扫低迷混乱之气为蓬勃井然之风！他所教学子数千，哺育人才济济。

在韩愈墓园汉白玉雕像前

走进河南焦作市韩愈墓园，心悠悠，情幽幽，昨读唐宋八家首书，今日得以瞻仰其墓。在韩愈（768—824）汉石玉塑像前，被聘为焦作市许衡中学名誉校长的笔者，与该校校长张璧宏在一起

他颇多的议教精论中当数《师说》《进学解》两篇千古雄文。

前者是韩愈为针砭当时士大夫耻于从师且诽谤他好为人师的流弊，直面理论从师学习的大道；后者是韩愈以与弟子对话的形式，推心置腹地述说自己的人生体验、心性思辨，从而阐明学业精进的至理。

两篇文脉贯穿，议论纵横，至今仍闪耀着意味深长脍炙人口的教育名言（原则）的光辉：

学者必有师（《师说》）。

师者所以传道、授业、解惑也（《师说》）。

人非生而知之者（《师说》）。

无贵无贱，无长无少，道之所存，师之所存也（《师说》）。

圣人无常师（《师说》）。

弟子不必不如师，师不必贤于弟子；闻道有先后，术业有专攻（《师说》）。

业精于勤荒于嬉，行成于思毁于随（《进学解》）。

……

在师之教与生之学的地平线上，韩愈以其言行竖起了一座巍巍丰碑……

历数唐尧千载下，如今仅有两三人（辛弃疾《寿朱晦翁》）。

南宋著名词人辛弃疾赋诗推崇的朱熹（1130—1200），以其博大精深而庞杂的儒家伦理为核心且糅入佛、道思想及吸收一些唯物主义思想的哲学体系，以其渊深、宏富而睿智的教育思想与教育实践，显现了中国封建社会后期儒学集大成者、又一“圣人”的巨大拥有。

朱熹的七十春秋，从教竟达五十年之久！

他极重视道德教育，设计了最高层次的理想人格即“圣人”人格，标准是达到“公则仁，仁则爱”大公无私的境界，而倡导的“存天理（指仁、义、礼、智），灭人欲”则是通向“圣人”人格的途径。

他将萌发于韩愈，奠基于张载，初创于二程（程颢、程颐），集大成于他的理学推到了唯心主义理学极致。**最有意味的是，他吸纳了张载“一物两体”的辩证法，提出了“一分为二”这个被后人毛泽东十分欣赏、至今仍被世人奉为圭臬的重大命题。当下教坛众口一词的“因材施教”也出自于他的“孔子教人，各因其材”的锤炼。**

他一生醉心于教，整顿县学、州学，亲手创办同安县学、武夷书院、考亭书院，重建白鹿洞书院和岳麓书院。八百多年，多少风流雨打风吹去，我却目睹了岳麓书院、武夷紫阳书院至今犹存的姿容。只凭穿越历史的这一文化沉淀，有谁可堪一比？

朱熹(1130—1200)，中兴儒学的集大成者，是孔子、孟子以后最杰出的至圣大师

况且，他还亲自为白鹿洞书院主持教学，订立五条学规，编撰“小学”“大学”教材。晚年将七旬，在湖南为官期间，还讲学于岳麓书院。“先生穷日之力，治郡事甚劳，夜则与诸生讲论，随问而答，略无倦色……”[6]，令人感动不已。

说朱熹著作等身实不为过。光《四书集注》就有58卷！

他精思构造的“知行结合”“引导与防禁结合”“循序渐进”的道德教育三原则，“立志”“居敬”（精神高度集中、专一）“省察”等修身之道，“循序渐进”“熟读精思”“虚心涵泳”“切己体察”“着紧用力”“居敬持立”[7]的读书六法及他力挺的“博学之，审问之，慎思之，明辨之，笃行之”（《中庸》）的做学问之五径，活鲜鲜得竟像面对当今我们的切切述说……

五百年岁月沧桑，山变，水变，城变，乡变，是是非非也变；不变的是穿透岁月时空精髓的思想、精到的原则、精妙的方法。

阅读明代王守仁（1472—1529）的《王文成公全书》，我品味了这位五百年前文韬武略的大教育家的教育思想所散发的陈年老酒般浓郁的醇香。

王守仁三十几岁讲学授徒，前后达二十五年之久。他的教育研究贯穿自己的哲学思想，使之找到了非常独特的视角，加之雄豪的精神气质，于是，其教育见地一展既大胆且创新的反传统的神韵。

他将查学生品行习惯的“考德”，放在每日讲学之初，把引导学生"立志"置于首位。从"致良知"，即经有效教育达到高深道德与情感，当成教育哲学思想的核心命题。与今日"德育为首"简直如出一辙。

他说"教学应注意各人长处短处"，要注意个体差异，"因人而施之""各成其材矣"。他播下的教学关注差异、发展个性说的种子，今日不正花开教坛吗？

王守仁（1472—1529），明代著名的思想家、文学家、哲学家和军事家，陆王心学之集大成者，精通儒家、道家、佛家

他把教学比作植树，只能"适度灌溉"，"有一桶水在，如尽倾上，便浸坏它了"。从而揭示了循序渐进量力而行的奥秘，不也犹如今日教师的守则吗？

他提出"自然教育论"，顺导儿童性情，鼓舞儿童兴趣，且德智体乐全面安排，动静交替，张弛结合，"诱之谱歌""导之习礼""讽之读书"，此等思路，足以成今日愉快教学的源头啊。

他倡导"知""行"结合的理念。针对朱熹"知先行后说"，他提出知行渗透的"知行合一说"，把读书求知只当作寻找帮助走路的拐杖，更需要在行中独立思考。这与今日的"学以致用""学用结合""学思一体"似曾相识啊！

他竭力反对"鞭挞绳缚""师权为上"的师威，认为那只会出现学生"视学舍如囹圄而不肯入，视师长如寇仇而不欲见"的厌学，他力行师生间"朋友之谊"的和谐，让学生自由尽兴地展现自己的创见，所有这些，不像是说予今日教坛吗？

这就是杰出教育家王守仁！

难怪后来人对王守仁赞佩不已，现代尤甚。蒋介石把台湾草山改为阳明山，毛泽东的"求是"思想原本典出王守仁，郭沫若著有《王阳明礼赞》等文章，钱穆说他是明代学者的重镇，宋明理学的高峰，"其自身之道德、功业、文章均已冠绝当代，卓立千古"[8]。

七

儒家文化衰变期——

19 世纪后期的中国，内忧外患，国运日下，前程如墨，人心惶然。在亡国灭种的危急时刻，一位西学传播者破门而出，举起长夜里第一把西方思想的火炬，引来破晓第一声鸡啼，他就是毛泽东称“在中国共产党出世以前向西方寻找真理的一派人物”[9]重要代表严复。严复（1854—1921）少入私塾读经，大一点进洋式学堂。1877 年，24 岁的严复以第一名成绩被清政府保送英国留学。见英国繁荣发达，想祖国落后贫穷，他深思苦索，两载学成回国，西方的政教文明也在他脑海扎了根。

唤国人以振聋发聩的思想启蒙，激民族以扶危救亡的理性警钟——大教育家、思想家严复

自 1880 起，严复总办北洋水师学堂凡二十年；1906 年起，他先后任复旦公学、安徽高等学堂、北京大学等校校长，为培养人才、为近代教育发展竭尽心力。

作为大名鼎鼎的教育家、思想家，严复更以著作及翻译，唤国人以振聋发聩的思想启蒙，激民族以扶危救亡的理性警钟。

他在中西对比中，最深切看到“中学”务虚之弊，“西学”崇实之利。

他确认一个信念：救中国非学西方不可。

他第一个打出“以自由为体，以民主为用”的强国旗帜，比张之洞像似引导中西两学结合“中体西用”的教育纲领实在不可同日而语。

他发出《论世变之亟》《原强》《救亡决论》等一篇篇利剑鸣镝的政论，指出不变法必亡，且在近代中国第一次将自由当成中西文化差别和富强的根本，真是石破天惊！

他翻译了亚当·斯密的《原富》、约翰·密尔的《论自由》、孟德斯鸠的《法意》，尤其加评论有取舍地翻译赫胥黎的《天演论》，以“物竞天择，适者生存”的进化论唤起沉睡的国人，在弱肉强食危险关头奋起自强，这对古老的神州大地不啻一场大“地震”。

人生后期的严复，在一系列政治事件中“撤离”政治旋涡，思想也趋于保守，却始终守住对西学肯定的底线。

他在自身的反省里，趋向对传统文化的复归。他担忧丧失民族文化本性，会“如鱼之离水而处空”，中国吸收西方文化当以其为参照，以传统文化为基点，不能抛弃自身特定的价值尺度和思维模式，第一次建起中西文化汇合的哲学体系。他曾试图将北大的文科与经学合而为一，甚至把民族及文化的复兴当成了他的遗嘱。

从当代中国文化建设计，严复如此主张与其说体现了文化进化论思想的退化，不如说更包藏文化比较观理性的成熟。

在中国的旧教育向新教育历史性转轨里，有一位堪称里程碑式的人物。

是他，力促中国传统文化的精华与西方现代文明的奇妙融通；

是他，以系列新教育的纲领、主张、理念，集中国近代教育思想之大成；

是他，大刀阔斧领导北京大学多方位改革，至今他依然被人认为是一座可望而不可即的高峰。

他就是被毛泽东誉为“学界泰斗，人世楷模”的蔡元培（1868—1940）。

蔡元培儿少饱读经史，青年时中举又取为进士。甲午战争、戊戌变法的失败震醒心灵，他弃官回乡办学，进沪任校长，组织光复会；后赴德留学，回国断续任“中华民国”教育总长、北大校长、大学院院长、中央研究院院长等教育高官，致力推行全新教育理念与实践。

他首创了反清朝“忠君”“尊孔”教育方针为五育和谐发展的新教育方针。其以“养成共和国健全人格”为目标，以公民道德为中心，五育即军国民教育（即体育）、实利主义教育（即智育）、公民道德教育、世界观教育、美育（他对美育情有独钟，他的两句遗言即是“科学救国，美育救国”），继而明确改为“德、智、体、美、劳”五育，为后来的教育方针，构建起一个相当完整的思维框架。

他首倡“尚自然”“展个性”，寻求人的解放的教育理念，为多元人才的造就架起一个内涵深邃、分野新旧的理论平台。

他首展“囊括大典，网罗众家”的办学视野和“学术自由，兼容并包”[10]的办学胸怀，让背拖长辫心恋帝制的老先生与朝气蓬勃指点江山的新人物并坐讨论笑谑，保守派、维新派和激进派一起争长论短，《新潮》与《国故》对垒，白话与文言相争，女生与男生同校，旁听生与正取生同班，使北大一度出现了春秋时“百家争鸣”的小环境，因此保护了一批民族骄子，构筑出新文化运动的发祥地，培育大批政治、学坛的骨干、精英。

他首推教育独立、教育自由的主张，认为“教育是求远效的；政党的政策是求近功的”“教育事业当完全交给教育家”，这于当时的教育意义非凡，对长久弘扬教育的价值与尊严，无疑具有深远的真理性的眼光……

俯仰历史，蔡元培以其对教育的深度探求与理解，以其开元建制的大家气度与智慧，以其磁场般的人格魅力与风采，活脱脱地要托出在中西文化冲突中中西融合的新教育。

他的此种大融合大吸纳，又以中国传统文化的精髓为根。如他用孔子“匹夫不可夺志”（《论语·子罕》），孟子“大丈夫者，富贵不能淫……”的观念对自由作以诠释；对“完全人格”境界的追求中饱含儒家“天人合一”“物我两忘”的意蕴；引用《中庸》“万物并肩而不相害，道并行而不相悖”的大道，说明“囊括大典，网罗众家”的至理……

八

探访先祖，想起那成百上千逾万的圣者，在排斥中吸引，在相悖中摄融，在承继中刷新，几乎人人握灵蛇之珠，个个抱荆山之玉，各有各神秘的光环、硕大的亮焰，难得我一时里不知如何取舍，丢下的让我惴惴不安！

对话前贤，觉得他们纵横驰骋于历史的思想时空，勤苦耕耘在中华的文化天地，他们所积淀的历史灵魂太深太深，遗留的文化珍奇太多太多，传下的智慧资源太重太重。

这是传世之宝，定国之宝，立族之宝。

他们个个是镶嵌在人类精神天宇上的灿烂星辰！

我深知，本文择数几人，确属挂一而漏万。但从这几缕明亮、奇丽的星光，足可见中华传统的文化教育曾拥存那么多辉煌，那么多富有，那么多令人骄傲！

让这些星辰，闪烁在我们永恒的记忆里，照耀在今日创新的教坛上。

我们需要借助这些星光，沐浴我们教育的生命。

九

然而，历史的漫漫长河缺滔天大澜。

我国自春秋战国出现文化、教育领域的百花齐放百家争鸣（当时欧洲也处于苏格拉底、柏拉图、亚里士多德等大批哲学家、教育家的从教、讲学、著述的争鸣时期）以后，再没勃发类似欧洲从 14 世纪延续至 17 世纪中叶，始于意大利而遍及欧洲，以人文主义取代中世纪神学的文艺复兴那样一场思想、文化的大手笔动作！

此种规模巨大影响深远的历史震颤，造成人变成超人的大跨越大突破，社会、思想与智慧等资源的大解放大喷发。

没有这种大震颤行吗？

不行！

人类的思想、文化、教育的发展也循以社会运行的一定程序与规律，历史的进化能改变的只是发展速度而不会是发展流程的颠倒或缺失，否则，丢弃的不仅仅有速度的快慢，还可能有机遇的得失，这是以一次次发展间歇甚至倒退所付出的千金难买的无价学费。

我国 1978 年“两个凡是”之争，1992 年姓“社”姓“资”之辩，1997 年姓“公”姓“私”之论，也尽属思想界走向大解放的交锋，其落脚点于经济。

中国教育文化一直鹄望走向大解放的巨大震颤呢！

这一日定会到来。

十

若问，中国传统教育、无数圣杰的教育思想没有局限性吗？

有啊！

任何一个人（哪管神仙），皆弄潮于一段历史潮流；任何一件事，都属于一段历史潮流的一朵浪花。有什么人什么事不被一定的历史潮流所形成的围栏而局限呢？整个人类只能是由相对真理向绝对真理的无限逼近。

苛求前人的人也必定更为后人所苛求。

远的不说，“文化大革命”的造神运动，与昔日君臣之纲及大塑菩萨又有什么差异？新中国成立后长期按阶级出身的外部标签选才，与封建社会按门第任仕又有什么进步？我们所作所为不更为可笑至极吗？

《阿房宫赋》尾语：“秦人不暇自哀，而后人哀之；后人哀之而不鉴之，亦使后人而复哀后人也。”作者抒其胸臆的讽刺多么耐人寻味。

十一

古老的中华，孕育了让自己自豪令世界惊讶的黄河文明。

直到四百年前，中西方的经济、文化大抵还在同一起跑线上竞赛。继而西方后来者居上，悄悄超越到我们的前头。

覆巢无完卵。欠发达国家，必是欠教育的国家。领跑经济的国家，必是领跑教育的国家。

我们文化教育的精华，显现在以黄河文明为源头的传统文明之中。

融通诲海，来源于对中国诲海百倍的自信。

对中国诲海百倍的自信，来源于对自身文明的明了。

明了文明的精华在哪儿方知吸收哪儿，懂得什么是教育珍宝才好珍惜之。

我国传统教育的宝藏，无比浩瀚、丰富与壮观。系统的研究、挖掘、继承它那育人的教育核心，精湛的教育艺术，宝贵的教育追求，深邃的教育哲学，这一十分复杂、艰苦、细密、深沉的劳作，一直急等着后辈动手。

“从孔夫子到孙中山，我们应当给以总结，承继这一份珍贵的遗产。”[11]这是毛泽东 1938 年 10 月下达的历史性任务。

透过历史尘烟，有谁去总结，有谁去承继了呢？在我国进入快节奏高速度运转中的人们，谁还沉得下心，静得下神，回索遥远处的思想文化教育的圣殿呢？“吸收古代文化民主性精华”，只不过流于口头会气说说、隔靴搔痒写写、大而化之描描而已。教坛的上上下下不亦如此吗？

远山无树，远人无目。不具体分析，不准确计划，不精细实行，弃传统精华为若干发霉的历史残片，永远离承继隔着十万八千里。

悲哀，悲哀，这才是民族的悲哀！

剔出糟粕，吸纳精华，不像拔萝卜带出的泥一洗就净，也不像米与糠只需簸箕一簸就截然分开，它像熔矿炼金，像切木割胶，像采花酿蜜……

不要怕混以糟粕就弃之精华。

不可端着老祖宗的金碗银碟去讨要别人的冷饭剩菜。

俄国寓言家克雷诺夫写了一个类似我国战国韩非子“买椟还珠”的故事——《金卢布》。说一个农夫捡到一枚沾满尘土的金卢布，为卖出双倍价钱，就用砂石和砖头，把金卢布打磨得光光亮亮。他万万没想到，金卢布却失去了原来的价值……

如此没有眼光、取舍不当的人，不似一面绝妙镜子吗？

十二

在世界文化的水系中，中国五千年文明是唯一没有干涸断流的河流。传统文化并非固化的文化化石，而是自遥远的既往奔腾而来长长的流水。

中华祖先的优秀教育遗产不能落在始发站。

面对至今未能有效传承中华民族教育血脉的现状，笔者深感心忧的同时，怀着一颗敬畏的心，历经多年的研究和梳理，试探着对教育传统精华何在或者说该在哪些方面承继，做如下简约的回答。

其一，对五千年中华文化给予相当有力的传承，提供了最为丰厚的精神滋养和软实力，成了留给炎黄子孙世代相传最为贵重的大礼。

其二，对教育、教学、育人极具前导性的系统理念、思想、主张。

其三，对教育政策、学校体制、选人制度都有适时适地的创造，在世界教育史上独放异彩，让我们暗暗佩服古人与时俱进做教育的精到与高明。

其四，对为师之道（师之人格、操守、情怀、境界、理念、智慧、方法等）做了精深的阐述。

其五，以修身立德为重心的育人理念，显现了一以贯之的突出特色。

其六，对教育、教学、管理、阅读等方法及模式，做到了多元多种多侧面的开采与挖掘。

其七，星汉灿烂的教育大家以其各有千秋的思想与践行的底蕴，述说着教育的无限精彩。

其八，不胜枚举的教育故事（教育科研），展示华夏教育千姿百态的无穷奥秘。

其九，修身、处事、治国等方略无所不包，人生、事业、功德等路径尽在其中的国学经典名句，闪耀着迷人的智慧光芒。

……封杀历史、漠视祖宗、割断根脉的民族是令人类不屑一顾的弱智民族。此等民族只配稀里糊涂地打发日子，不会心明眼亮地直面未来。我们当拂去历史尘灰，打通时光隧道，盘点传统教育，认知升华其育人本真，走出“闭着眼睛抓麻雀”的窘境，让逝去的昨天鲜活起来，从衔接传承中营养自身，也好更有针对性地吸纳外来文化教育精华，为今日教育坚实地走上现代化之路注入沉甸甸的营养与基因。[12]

十三

周恩来说：“我们的教育是科学的。科学是没有国界的。”[13]

当一批批思想、文化教育的精英灿烂于中华历史时空之时，在西方的天宇同样有巨星闪耀，西东辉映，且放射独特的光焰。

笔者只能摄其几颗。

——柏拉图的金师生链。

柏拉图是古希腊大哲学家、大教育家。罗素说：“他以罕见的程度，把逻辑分析和抽象思维的巨大力量，同令人惊奇的诗意的想象和深邃的神秘感情结合起来。”[14]

他是苏格拉底—柏拉图—亚里士多德的金师生链的中间一环，也是承前启后的一环。

其师苏格拉底出生于孔子死后 10 年，堪称西方文化教育史的孔子。

苏格拉底 71 载人生，从 30 岁开始成为义务的街头演说家、口头评论家。他才华横溢，智光四射，浊世独清，众睡独醒，从早到晚不知疲倦地讲着他的伦理哲学，他的改造社会入手教育的主张，他的智慧即德行的著名命题，他劝治国者强化德、智、能、体的修炼……他创造的讥讽、助产术、归纳、定义四部分的“苏格拉底问答法”堪为启发教学的旷世一绝。

他和孔子一样述而不作。其活动和思想，都是他的学生柏拉图、色诺芬记录的。

柏拉图的学生、在阿卡德米学园学习和工作 20 年的亚里士多德被马克思、恩格斯称为“古代最伟大的思想家”

“最博学的人物”。

他也学柏拉图创办一所学园。他边讲学边著述，留下手稿竟有四百部之多。其光辉的教育思想集中在《政治学》一书中。

他提出的“邦国如果忽视教育，其政治必将毁损”的理念，人们入德成善基于天赋、习惯和理性（教育）的思想，全邦公民都要受教育的主张，批判斯巴达尚武教育而追求人生“操修理性而运用思想”和“善德操修”的教育宗旨，“效法自然”和遵循人的“身心发育程序”进行美善教育的真知灼见……至今仍闪耀着先知者的思想光芒而让人借鉴其精神营养。

作为“苏格拉底唯一继承人”的柏拉图在老师死后的12年创办了西方第二座也是希腊的数学、科学和政治理论等研究中心的阿卡德米学园。名家纷至，学子如云。

柏拉图的《理想国》震古烁今，蔚为大观。作者以高超的政治智慧和深远的思辨眼光设计了一种理想国家模式，或者说一种理想教育模式。

在柏拉图的教育王国里，教育国管，儿童教育公有；国民必接受一定程度且适合的教育；严格培养层层选拔治国人才；男女受教育平等……

在《理想国》对话里，讨论的诸多问题，如优生学、节育、家庭解体、婚姻自由、独身、专政、独裁、共产、民主、宗教、道德、文艺、平权、参政、参军等，真乃无所不包，让后人不能不为其二千四百多年前的西方圣哲的博大视界与明辨而拍案惊奇……

——近代“教育之父”夸美纽斯。

起先，看到戴给夸美纽斯头上的桂冠——“捷克文化巨子”“近代教育之父”“教育发展史上的‘哥白尼’”，笔者想：西方人溢美之词就是多！

待读罢他的《大教学论》《泛智学校》等系列著作，我震撼了，我心服了，**我惊见一道电光雷火——那是欧洲从中世纪向近代转型的激烈碰撞中夸美纽斯思想理念的火光；我感到一股波涛——那是夸美纽斯冲出旧传统闸门的新教育思潮的滚滚激流**！

我的心头甚至掠过“一卷在手，别无他求”的意念。

这位生于16世纪末的大教育家，连绵战争置他于连连厄运：流亡时空，窒息岁月，祖国沦丧，家境多舛，而他的周身上下无处不激荡着悲怆的力量。

他吮吸着古希腊教育思想的甘露，采撷来文艺复兴的教育成果，审视旧学校沦为儿童“才智屠宰场”的悲剧，所以一想起它，“我的胸中便常常发出叹息，我的眼睛便常常流出眼泪，我的心里便常常充满了忧愁”[15]的情愫，怀着“让旧学校的崩溃与按新的观念的学校的设立同时进行”的理想，开始了近代资产阶级教育理论大厦的奠基工程。

他在外国教育史上最早打出普及义务教育的旗帜，给世人展示了人人该受教育的愿景。

他在世界上最先系统制订出班级授课制和学年制，绵延数世纪直至今日，让各国的教书育人飞翔起来。

他在人类教育史册上第一次写出《大教学论》这样具有教育学框架的标志性力作，填补这“艺术中的艺术”学科的空白。

他第一个拓开了把“一切事物教给一切人们的全部艺术”的教学论，寻到了教师“少教”学生“多学”的艺术之法科学之则。

他推出了历史上第一本学前教育学——《母育学校》，二百年后还给研究儿童教育的福禄贝尔、杜威以至深的启迪。

夸美纽斯与《大教学论》

人类第一部具有教育学框架的力作《大教学论》及其作者——“近代教育之父”夸美纽斯（1592—1670），17世纪捷克的伟大教育家

他从“泛智”教育思想出发，在中外教坛上超时空最为到位地亮出“终身教育”的大视野：**“对整个人类来说，整个世界就是学校，从宇宙的开始到终结就是学校；同样，对每个人来说，他的生活，从摇篮到坟墓就是学校。”**

他第一次喻“教师该像全世界的太阳”，[16]对太阳的事业信念十足：“……我们也差不多找不出一块粗糙的板子粗糙到了完全不能刻上什么东西的地步。”[17]

他还应邀为英国、瑞典、匈牙利、荷兰等国拟订教改方案，发表教育专著，成了第一个跨国教育改革大家……

长久的实验，贪婪的涉猎，出奇的睿智，超凡的思考，铸成了这位教育巨人数不尽的“第一”，这些第一又催发了西方乃至世界教坛一场持久的持续和嬗变……

——科学教育学之父赫尔巴特。

一部书开创一个学科。

一个人开拓一条道路。

知识和道德两者是何种关系？我国古代有“文以载道”说，古希腊苏格拉底有“美德即知识”的命题。中外教育思想家为此几乎都加入了大探讨。直到1806年德国教育家赫尔巴特《普通教育学》问世，首次提出“教育性教学”的主张，才为中外探索这一段落画上较完美的句号。

赫尔巴特（1776—1841）是近代第一个试图把教育建立为一门科学的人，第一个打开教育学的门扉，被西方学者尊为“科学教育学之父”

第一个以“教育学”命名的赫尔巴特，也成了叩开神秘的教育学门扉的第一人，被西方学者尊为“科学教育学之父”。

树有根，水有源。

赫尔巴特的教育学思想，萌芽于大学毕业做三年家庭教师撰写的24份系列教学报告，成长于此后两年里参观布格多夫学校尤其对爱心教育家裴斯泰洛齐的专访与探求，成熟于大学教学和他同时主建的世界第一个教育科研所及其实验学校的悉心研究。

划时代教育巨著《普通教育学》推进并完善了夸美纽斯的西方传统教育理论，提出教学以课堂为中心、课堂以教师为中心、教师以书本为中心。教学过程为明了（指讲解让学生领悟）、联想（指新旧知识结合）、系统（指使观念系统化）、方法（指在作业里应用）“四阶段教学法”。此法被赫尔巴特的学生席勒发展形成了“预备、提示、联想、总结、应用”五步教学法。

巨作问世二百载，独领风骚百余年。

赫尔巴特像开山鼻祖似的开拓创造了教育教学的一大流派，打出一面鲜明而极有魅力的旗帜，这面旗帜上高标五个大字——接受式教学。该接受式教学长时间成了放置世界教坛四海而皆准的“教学宪法”，化作了教师高效教学、学生强力提升的一种方式、一大源头，至今，仍放射着灿烂的光芒。

思想犹如热核反应威力无穷。赫尔巴特的教育思想，如异军突起，狂飙卷地，在数十年里浸入各国的教育实践之中并成了主流思潮。功不可没，影响至深。当然，其教育思想也有压抑儿童的天性和创造性之弊。

在美国，直到20世纪20年代后，该教育思想才逐渐被杜威的实用主义教育思潮替代，此后数十年，两派也此消彼长，一度难分伯仲。

1901年，赫氏教育思想从日本传入中国，在清末需要巨人、呼唤巨人又缺少巨人的情势下，赫氏成了巨人第一人选。我国近百年采用的传统教育，无疑是受赫尔巴特与延续了他的思想的凯洛夫的教育学影响最大最深……

——美国人民的良师益友杜威。

他从小特害羞、孤僻，喜欢侍弄花草干各种杂活，或在母亲藏书室乐此不疲地读书，却厌烦听老师讲课，反感死记硬背的教学，曾一度对母亲嘟哝："我不想上学了！"

儿少时对传统教育非议的种芽与日俱长，长大到任职于芝加哥大学时，便开始创办起推行他的教育思想的杜威实验学校。

这是与赫尔巴特传统教育主张完全不同的以追求实用主义为目标的现代教育理念。

他是实用主义的集大成者。一位评论家说他是"实用主义神圣家族的家长"（M. 怀特）。实用主义的创始人查尔斯·皮尔创立了实用主义的方法，实用主义哲学的先驱威廉·詹姆斯建立了实用主义的真理观，那么，约翰·杜威则建造了实用主义的理论大厦。

他的教育理念的核心精缩一句话：儿童是中心是太阳。

杜威

儿童是中心是太阳。独创这一教坛"哥白尼学说"的美国教育家约翰·杜威（1859—1952），开拓了美国教育的新时代，并引领世界教育大流浩浩前行

这，无情地将自古以来视为天经地义的"教师中心"的"定论"打得粉碎，宣布那条在教师操纵下，儿童像流水作业线入口处的原料而从另一端产出标准件产品的生产线彻底报废！

在杜威实验学校里，孩子们动手、动脑。上烹调课，他们干中得出食谱。学习石器时代时，孩子们寻来最适于制造石箭等武器的石头，上了一堂矿物学课；讨论铁器时代时，孩子们用泥土造一个大熔炉并进行钢铅熔制成器件……

杜威主要教育思想是：**"教育即生活"**。教育是儿童现在生活的过程，而不是将来生活的预备。最好的教育是"从生活中学习，从经验中学习"。

"学校即社会"。即学校是社会生活一种形式，一种把社会生活简化了的雏形状态，最好的学校，是把校内外的学习连成一体。

"从做中学"。认为"在做事里面求学问"比"专靠听来的学问好得多"。

如是，杜威就打破了"课堂中心""学校中心""书本中心"的传统教育，加之他又依据"做中学"的原则，提出了配套的“问题教学法”和思维五步法，终于完成教育从传授知识向发展生命的历史跨越，使杜威成了美国最有影响的教育思想家，其教育思想统领了今日美国教育，对世界教育浩浩潮流的影响也不可小视，为当今探究式教学打下了根基。

至于他提出的“教育即生活”“学校即社会”“从做中学”，与他的学生陶行知的“生活即教育”“社会即学校”“教学做合一”同否？异否？孰高？孰低？我以为，此乃为他们师生从各自不同视角观察教育，用不同的方式解释教育，智者见智，仁者见仁，实有异曲同工之妙。

杜威石破天惊的理论，成了教育里程碑式跨越发展的又一大流派、一面旗帜。该旗帜高标“活动式教学”五个大字，有效地打碎了传统教育对手与脑的捆绑，极大激活了主体创造精神，将教育与生活、学校与社会、学与做融为一泓活水。

然而，若人人事事都从生活中学，从做中学，都需对前人费了千百年万千人之力索得的践行知识，还周而复始地从头尝试一番，那人类岂不还要在社会的初始阶段匍匐而行？尤其在“知识爆炸”的今天，又何谈站在巨人的肩上厚积薄发地突破创新？

一旦离开杜威，教育史便留下一段空白；一味践行杜威，杜威的后继者又有走不下去步入死胡同之感。

真理在哪里？在两个极端之间——在杜威和赫尔巴特的联系与融合中，在中西方教育彼此学习与相互借鉴中，在系统知识与创造能力的相互谐和相互作用中，即立于赫尔巴特知识之地基，登攀杜威创造之云梯。著名教育家刘佛年 1990 年就指得开门见山：“历史上有两大流派，我们现在要解决联系起来，既要书本知识，又要通过活动学到书本上学不到的东西。这个问题是中小学教学改革的中心问题。”[18]**对此，顾泠沅发挥说：“让两方的对峙变为改革过程中的两极张力。”此乃穿透漫漫教育时空的真知灼见。**

——素质教育的先驱苏霍姆林斯基。

孩子的智慧出在他的手指上。[19]

教育技巧的全部诀窍就在于抓住儿童的这种上进心，这种道德上的自勉。[20]

使学校的墙壁也说话。[21]

学校，是美的永久发源地。[22]

道德是照视全面发展的一切方面的光源。[23]

学校应当成为书籍的王国。[24]

教师的人格是进行教育的基石……[25]

领导学校，首先是教育思想上的领导，其次才是行政上的领导。[26]

我曾想，中国教师头脑里印下哪一位中外教育家名言最多？是上述名言的作者苏霍姆林斯基！

我还想，中国教师中有相当一大批人步苏霍姆林斯基素质教育的后尘，但至今有哪一位赶得上他吗？没有！

世上尚无哪一个教育大家像他那样，在争分夺秒般58度春秋里，从教33年，任校长26年（直至死于此岗），只凭稳扎在乡村一方校园，却敢问鼎于人的全面开发，期间——

他一直坚持讲授一门课，课课有新意；

他听课一万余节，节节有评析；

他考察学生三千七百多人，人人有跟踪；

他悉心培养每一位教师，个个有特色；

他还写专著四十一部，论文六百多篇，文艺性短作一千二百章……

他执意辞去区教育局局长而将根深深扎到师生第一线，硬是把德军用作监狱的荒芜不堪的校舍改造成花园般的学园乐园；

他留下的大量不朽之作被称为学校教育的百科全书、活的教育学；

他做22年校长的帕夫雷什中学被视为世界知名的“教育实验室”；

他也提供从一名普普通通教师到蜚声世界教育家的个人资源开发的成功典范……

好一个从实践走来的苏霍姆林斯基！

全心于儿童的心灵掘井，就一定开出清甜的心泉。

最精彩的数他的个性全面和谐发展的教育思想。

我们今日素质教育的许多困惑，在他几十年前的书里、实践中，早就做出了深刻而完美的解答。

你看，他把孩子们带到蓝天下、田野间、森林里、河流边、荒岛上，通过童话、幻想、游戏和情感影响，引导他们去观察，去探险，去发现，去想象，去思维，去表达，去成长出健全而独特的个性……

你看，在《给教师的建议》《帕夫雷什中学》等杰作里，他倡说的愉快教育、成功教育、和谐教育、实践教育、尊重教育、主体教育、磨砺教育等许许多多鲜活的理念及其一串串精彩的教育故事，至今不还像日光下缀满夜露的青枝绿叶吗？

如果说，杜威的现代教育思想对培养我国学生奇缺的创新精神和动手能力提供了一定的理论支撑，那么苏霍姆林斯基的创造，则给我国导向性的素质教育演示了相当成功的异国首航。

深扎在实践土地上的心芽，准会长成蓊郁的真理之树。

十四

只是，人们不能总静躺在前人创造的灿烂里，无论它曾多么美丽。

时间比空间更能割断人们的视野，更能制造人间奇迹。

自16世纪中叶即明代后期起，先因自身的缘由后是外侵加自身的缘由，中国在封建主义旧轨道上停滞了，如同蜗牛走路、蚂蚁爬行，而文艺复兴中的西方踏上了资本主义新轨道，发展骤然提速。

一个原地踏步，一个飞快前行，中西方急遽拉大的差距在无情的“马太”效应里久久定格。

国力的差距，就是人才的差距。国民的差距，就是教育的差距。教育的差距，就是对待规律的差距（遵循还是忤逆）。

他们早早普及各阶段教育——让教育提高每一个生命的质量。

他们早早践行学前教育、终身教育、心理教育——让教育无孔不入浸染到人的每一个生命段落。

他们早早创办精英大学、大众化大学——让教育为国家的英才库、智慧库储得足足。

他们早早深探多元智能理论、生命开发理论、脑科学理论、信息化融入教育理论……让教育为国民插翅高飞……

中国传统教育的精华，曾以育出一代代千古风流人物引国人自豪；今日西方的现代化教育，也以造就那么多大师级英才令世人瞩目。

十五

2004年，报载两个十分耐人寻味的预言。

1979年6月，中国考察美国初等教育访问团归来的报告中，写有四段见闻性文字：

学生无论品德优劣、能力高低，无不趾高气扬、踌躇满志，大有“我因我之为我而不同凡响”的意味。

小学二年级的学生，大字不识一斗，加减乘除还在掰手指头，就整天奢谈发明创造，在他们手里，让地球掉个头，好像都易如反掌。

重音、体、美，而轻数、理、化，无论是公立还是私立学校，音、体、美活动无不如火如荼，而数、理、化则乏人问津。

课堂几乎处于失控状态，学生或挤眉弄眼，或谈天说地，或跷着二郎腿，更有甚者，如逛街一般，在教室里摇来晃去。[27]

该报告结论部分写道：

美国的初级教育已经病入膏肓。可以这么预言，再过20年的时间，中国的科技和文化必将赶上和超过这个所谓的超级大国。[28]

同年，美国考察团访问北京、上海、西安几所学校后，报告的见闻也有四段文字：

中国的小学生在上课时喜欢把手放在胸前，除非老师发问时，举起右边的一只，否则不轻易改变。幼儿园的学生则喜欢把手背在后面，室外活动时除外。

中国的学生喜欢早起，七点钟之前，在中国的大街上见到的最多的是学生，并且他们喜欢边走路边用早点。

中国学生有一种作业叫“家庭作业”，据一位中国老师解释，它的意思是学校作业在家庭的延续。

中国把考试分数最高的学生称为学习最优秀的学生，他们在学期结束时，一般会得到一张证书，其他人则没有。[29]

报告的结论写道：

中国的学生是世界上最勤奋的，在世界上也是起得最早、睡得最晚的；他们的学习成绩和世界上任何一个国家的同年级学生比较，都是最好的。可以预测，再用20年的时间，中国在科技和文化方面，必将把美国远远地甩在后面。[30]

然而，25年过去，“病入膏肓”的美国教育培养出43位诺贝尔奖获得者和197位知识型的亿万富翁，而中国学校却未出一名如此人才。

两个预言都错了。

我们错在哪里？有的报刊揭示我们的教育只承认灌输知识，不注意张扬孩子的天赋，并忠告中国父母：保护好自己孩子的天赋不再受学校的侵害。

照此忠告办理，孩子发展了天赋，而高考极可能过不了关，岂不还是沦入社会底层而翻不过身来吗？

教育思想不改，选人机制不变，奢谈保护天赋，岂不等于拽着头发要飞离地球吗？

艳阳驱雾，空穴来风。

问题的症结究竟在哪里呢？

十六

中西方一直进行着一场赛跑。

西方的经济社会历经了几百年的提前起跑，跑过了工业积累赛段、大工业赛段、现代化赛段，进入了后现代化赛段，一路上遥遥领先。

其教育培养的人才，也从为大工业赛段流水作业法生产的大批量同一模式人才，转变到现代化、后现代化赛段所需要的极富创造性的、特色型的专门英才上来。

而我们呢，还跑在大工业奔现代化的赛段上，急需教育生产的还是大批量的来自各方面订单的人才，同一模式尚可应付。

经济赛段的落伍，导致人才需求模式的滞后。

十七

与此同时，西方资本主义的管理也如巧女绣花似的精益求精。数字化、法制化、人性化，越琢磨越丝丝入扣、严丝合缝、无懈可击，正逼近高效之极致。

就像验血，验人体各器官的全相同一样，西方教育管理与其经济管理都在一个水平线上，同样民主化、自主化、人性化，且渐进精雕细刻，入情入理，臻于完善。

我们的教育管理呢，常常粗放得像个莽夫，随意得像个村妇。

新中国成立之初，先是“一边倒”学苏，后如鸭子走路般的左摇右摆，不管对与错地跟形势，不顾是与非地随风向，不论进与退地搞运动，极少以教育的特殊规律为标尺，把管理实验扎扎实实做到底的，研究出一个从理性至践行的里表出来。于是，无论管理目标、管理机制还是管理措施、管理方法，我们难免不朝令夕改，南辕北辙，顾此失彼，捉襟见肘，到头来满腹怨气，又暗生望洋而兴叹之感。

十八

再回到西方与中国的学生从读书到创业的软着陆上来。

他们从读小学、中学、大学到读研究生，一直为实现打造自己成创造型人才的初衷之梦。为此，那少年踌躇满志的自信，异想天开的想象，多元开发的创造，放纵张扬的心性，都径直地奠基着成才与人生之路。

这期间，几无冤枉的路，无用的功。这只需用一种心态一种姿势，完成人才成长的一级跳即可。

这是人才开发的直通路，人生之旅的直通车。

我国学生呢，各层面读书尽为了升学，升梦想学校（从进幼儿园到读研究生），为了寻找通向体面就业的门路（连读研也为就业，写论文也为让人赏识），而不是为了练就本领以软着陆。

如此这般，我们人才培养需三级跳（冲击）——

第一级：入梦想学校（包括研究生院）；

第二级：找体面工作；

第三级：对人生创业。

三级跳，三次异化的冲击，三种不同的准备。

在完全撕裂了的学子生活中，始终徘徊着封建科举学优则仕的幽灵和时时忧虑、段段惶恐的暗影，以至埋下高分低能、德智被切割的祸根。

这期间，大苦心志，冤费流光，枉绕弯道，空白了少年头！

这是人才开发的断裂路，人生之旅的倒行车。

以三级跳对一级跳，以断裂弯路对径直路，以倒行车对直通车，以段段应试的现代科举对宽进严出的创意入学，教育机制孰好孰孬，不言自明。机制像模具，一旦进了模具，所制出的产品都出不了大格。

如此看来，前面两个预言的错误也毫不奇怪了。

十九

《红灯记》戏文曰：栽什么树苗结什么果，撒什么种子开什么花。正因播种育苗法不同，耕耘机制不同，所开的花、结的果自然不同，甚至大相径庭。于是，西方教育下的学生，想象力强，创造力（含动手）强，个性强，一言以蔽之：智能强。我们教育下的学生知识基础强，课本理性强，考试能力强，也可一言以蔽之：知识强。

1995 年，美国教育部部长发表讲话，严酷地审视本国教育的失误时说："我们国家的教育是彻底失败的，我们把人教成了肉机器，我们要向东方学习人文教育！"[31] 我们不更该沉痛地审视我们的教育，医治其沉疴，向西方学习科学教育吗？

何不取其二者的精华——将知识强和智能强一并为我掌握，为我们师生所有；再以传统、当代和西方的教育和谐三重奏，育出最具实力最具竞争力的新一代呢？我们多少人做梦都如是想，并在践行中融通东西教育的精髓啊。

然而，这实实在在很难很难。

难在哪？难在机制。

关起门来看教育，一张考卷定胜负。教育像无所不能的绑匪，绑架着师生、家长乃至社会，形成似乎不可抗拒的惯性力。中考、高考、研考（考研究生），成了举国家长、学生、教师任谁都无法回避的瓶颈，也成了教改、科研、办学、育人任哪宗都不可无视的这压在心头的大山。不解开"一卷定终身"这把锁，就永远打不开素质教育这扇门。然而，胜在分，分靠考，考靠知，知靠记，记靠练。为了考出高分，有多少人肯冒天下之大不韪，敢于并能够践行千秋人才在于智，而不去片面追求一时胜负在于知？

跳出门去看教育，一张文凭定乾坤。"中国教育的许多问题，其病因可能还不能够完全归于教育内部。如现有的干部人事制度、劳动分配制度等，已经严重制约了我们教育的发展。如果公务员录取仍然需要高学历，高考的竞争就很难停息；如果社会不同职业收入分配差距仍然如此之大，千军万马过独木桥的问题就不可能解决……"[32]

如此这般，融通东西方教育，让学生既握有牢固基础知识的中国功夫，去应对考试；又能娴熟地借鉴富含想象创造力的西方头脑，去迎接竞争——让中国功夫与西方头脑左右逢源，互为支点，彼此通透，交相辉映，确实需要上上下下、内内外外长期通力合作，认认真真对待，方有解决的可能。

尤其在教育内部，必须将此视作深化改革的彼岸，优化育人的明天，强化国际人才竞争力的秘宝。有识有智的教育官员、教科研带头人、校长、教师，应认清责任，当仁不让，勇于承担，率先实验。理念问题靠提升理念来消解，机制问题用更新机制来解决，实践问题凭勇于实践来突破，让育人真正走出困境，走向柳暗花明。

二十

在信息化愈高度发展的今日，地球愈像一个村，一国愈像一个家。

经济正“全村”化——国际大循环（接轨）。教育也将“全村”化——诲海大融通。我们敞开门户，放开眼界，满怀信心坚持传家的，十分灵活接纳外来优秀的，把中国建成一个教育大国、教育强国。

此种大融通须在对传统文化（教育）批判中吸纳，达到推陈出新而不是新旧杂陈，让传统文化（教育）的精华不仅在时间里赓续，而且在空间里扩展；对西方文化（教育）在改造中内化，达到中西交融而不是像勾兑鸡尾酒那样中西杂糅，让西方文化（教育）的优势不仅为我所用，而且我驾之同行。

这不像泾清渭浊流混于一块儿，也不像把甲地一植物原封不动地移栽乙地，还不像打碎两个泥像，用水和好，再重塑两个泥像那样简便易行。即是说：“这种融合是化学的化合，不是物理的混合，不是把中国的东西和外国的东西‘焊接’在一起。”[33]

中西方教育交融绝不简单是教育国际化，更不是“教育的西方化、美国化”，进而带来文化教育倾向性的殖民化。[34]“橘生淮南则为橘，生于淮北则为枳，叶徒相似，其实味不同。所以然者何？水土异也。”（《晏子春秋·杂下计》）古代智者之言，给今日的我们上了一堂课：不看水土的见样学样，势必他样学不成，还失了本相，闹出个“四不像”。

那么，该如何吸纳西方教育的长处？一是抱着虚心的态度求教，钻进去细致体察真相，真正“入乎其内”；二是立于较高的层面慎思，走出来带着采撷的精华，做到“出乎其外”，即抱定本土情怀，世界眼光，博取他长，为我所用。

君不见蜜蜂采百花酿甜蜜吗？我们就是采中西方那些芳鲜的教育之花，经苦心酿造，融通出为我吸收壮我心魄的优质而独特的蜜来。恰如通融东西方文化的大师钱钟书经典之论：“东海西海，心理攸同；南学北学，道术未裂。”[35]亦如费孝通在1990年11月2日八十大寿时说过的那句意味深长箴言：“各美其美，美人之美，美美与共，天下大同。”

依据《易·大传》“天下一致而百虑，同归而殊途”的智慧说，古者选精华而用，洋者择优良而取，中西方都在彼此学习里取长补短，在教育融通里做最好的自己，在与时俱进地选精择优中重新再造自家的诲海——这才是智慧，这才是路标，这更是最宏观视角中的真理，这也才是未来智光德彩的诲海……

注释：

[1] 罗素. 中国文化与西方文化的对比 [M] //严凌君. 人类的声音——世界文化随笔读本：②. 北京：商务印书馆，2003：290.

[2] 马尔林斯基. 考验 [M] //马尔林斯基. 马尔林斯基小说选. 唐斯慈，译. 北京：外国文学出版社，1983：28.

[3] 东缨. 泛舟诲海 [M]. 北京：教育科学出版社，2001：6.

[4] 毛泽东. 毛泽东选集：第3卷 [M]. 北京：人民出版社，1991：797.

[5] 列宁. 列宁选集：第2卷 [M]. 北京：人民出版社，1972：733.

[6] 王懋竑. 朱子年谱 [M]. 上海：商务印书馆，1937.

[7] 顾明远. 教育大辞典：第十卷 [M]. 上海：上海教育出版社，1992：267.

[8] 钱穆. 王守仁 [M]. 上海：商务印书馆，1939.

[9] 毛泽东：毛泽东选集：第4卷 [M]. 北京：人民出版社，1991：1358.

[10] 顾明远. 教育大辞典：第十卷 [M]. 上海：上海教育出版社，1991：239.

[11] 毛泽东. 毛泽东选集：第 2 卷 [M]. 北京：人民出版社，1991：534.

[12] 东缨. 教育大乾坤 [M]. 北京：教育科学出版社，2012：43 – 50.

[13] 周恩来. 周恩来教育文选 [M]. 北京：教育科学出版社，1984：3.

[14] A. E. 泰勒. 柏拉图——生平及其著作 [M]. 谢随和，苗力田，徐鹏，译. 济南：山东人民出版社，1996：1.

[15] 夸美纽斯. 大教学论 [M]. 傅任敢，译. 北京：教育科学出版社，1999：48.

[16] 夸美纽斯. 泛智学校 [M] //任钟印. 世界教育名著通览. 武汉：湖北教育出版社，1994：321.

[17] 夸美纽斯. 大教学论 [M]. 傅任敢，译. 北京：教育科学出版社，1999：53.

[18] 陈亦冰，等. 寻找中间地带——走进顾泠沅 [N]. 中国教育报，2004 – 12 – 24 (5).

[19] 苏霍姆林斯基. 帕夫雷什中学 [M]. 赵玮，等，译. 北京：教育科学出版社，1983：6.

[20] 苏霍姆林斯基. 要相信孩子 [M]. 王家驹，译. 北京：教育科学出版社，1981：7.

[21] 苏霍姆林斯基. 帕夫雷什中学 [M]. 赵玮，等，译. 北京：教育科学出版社，1983：160.

[22] 苏霍姆林斯基. 怎样培养真正的人 [M]. 蔡汀，译. 北京：教育科学出版社，1992：125.

[23] 苏霍姆林斯基. 给教师的建议 [M]. 杜殿坤，译. 北京：教育科学出版社，1980：159.

[24] 苏霍姆林斯基. 给教师的建议 [M]. 杜殿坤，译. 北京：教育科学出版社，1980：76.

[25] 苏霍姆林斯基. 和青年教师的谈话 [M]. 赵玮，译. 上海：上海教育出版社，1983：170.

[26] 苏霍姆林斯基. 和青年教师的谈话 [M]. 赵玮，译. 上海：上海教育出版社，1983：33.

[27] [28] [29] [30] 刘燕敏. 保护好你孩子的天赋 [J]. 读者，2004 (4).

[31] 高震东. “天下兴亡 我的责任”——一位台湾校长在大陆的演讲 [J]. 师道，2004 (11).

[32] 朱永新. 大教育需要大视野 [M] //东缨. 教育大乾坤. 北京：教育科学出版社，2012：序言.

[33] 中国社会科学院文学研究所图书资料室. 周恩来与文艺：上 [M]. 北京：中国社会科学出版社，1980：27.

[34] 柳斌. 改造我们的教育 [M]. 北京：人民教育出版社，2012：55.

[35] 钱钟书. 谈艺录 [M]. 北京：中华书局，1993：序2.

第十一章

关山夜话

面对中国教育这部厚厚大书——

粗览，字从、句顺、章通、文举，似无懈可击；

细瞧，字句失当，段落失误，章节失调，举措失聪，沉疴成堆成串。

生活与事业，总有报喜歌，也有忧伤曲。

满目只见鲜亮比锐眼明察到尘污可怕一万倍。

要紧的，睁大质疑、剖析、批判的锐眼，操起除痈去疾的手术刀，与此同时，还要把汗水、心力与智慧一块灌注在新教育大厦的崛起之中……

推心置腹的谈话就是心灵的展示。[1]

——［苏］温·卡维林

但最根本的浪费是人类生命的浪费……[2]

——［美］杜　威

一

白日是事业家的赛马场。

夜晚是思想者的咖啡屋。

“创造的神秘，有如夜间的黑暗——是伟大的。”[3]

当夜落下无边无际的黑色大幕，天地之间便悄然静寂，人的四肢随之而松弛，思想的飞鸟却极易张开翅膀，噗噜噜飞腾起来，穿越古今，鸟瞰中外。

多年来，我抓住这金子般的流光，与地北天南的同人朋友开始一场场夜话。话题呢，句句总不离教育本行：说形势，谈危机，看亮点，道希望……

“如果你因失去了太阳而流泪，那么你也将失去群星了。”[4]

庆幸的，自己走出了泰戈尔提醒的怪圈，因为拥有太阳，也因拥有了群星。

脸对着脸，心贴着心，享受着关于教育的精神盛餐多美好啊！

静静地谛听，我的心啊，听夜里那智者的低语，犹如穿透晨雾的一束束曙光。

那夜话有的像驾着闪电的雷霆，惊醒梦魂。

有的似春的喜雨洒在心田，催生尚未萌发的思想的种芽。

有的如老祖母月下摇转的纺车，把我纷乱的思绪梳整成有条有理的长长丝线……

我时而静静地聆听，任那学人哲思的泉、智者低语的溪、勇士峻言的瀑滋润与冲击。

我时而跟随侃侃而谈，敞开心扉，道出我的或游移或稳定的思维的步履。

我更多沉入久久地思，让思想的钻头，循着夜话者钻探之矿的层面再穿透得更深一点……

其实，**我们都想把中国教育这部厚书看薄，把书中成堆的问题**

厘清，换言之，我们都在找寻。

找寻失落，找寻路径，找寻守望，找寻孜孜以求的梦魂……

二

夜话喀什。

这座我国版图最西部的边城，东、西两条丝绸之路交会的重镇，舒恬地偎在星光、灯光和风里，赢得了两千多个历史之秋。星罗棋布的古堡、老宅、驿站、石窟、佛塔、班超城、艾提尕尔清真寺，仍诉说着遥远的往事。市西南山坡，耸立的11世纪维吾尔族语言学家马赫穆德和市人民广场西侧那尊扬手召唤边疆儿女的毛泽东塑像也似遥相呼应地昭示着什么……

夜话喀什

怀历史沧桑之感，观民族融合之状，发古今嬗变之思，在西陲边城、丝路重镇喀什话教育，唠人生，别有一番滋味在心头。这是笔者与喀什市委副书记朱经始（中）和市教育局局长常淑荣话后合影

笔者面前是喀什市委副书记朱经始和市教育局局长常淑荣。

朱经始，上海人，生于第一个五年计划经济建设开始之年——1953年，一出生就随工程师父亲西上，那是王震向上海市市长陈毅要来的第一批支疆者。

常淑荣，山东人，自幼跟随旧社会辗转来疆做苦力的爷爷到了这里。

话从“普九”说起。

笔者：喀什市真不简单哪，43万人口，占87%的少数民族，经济不算发达，却成了国家“双基”第一批先进县(市)。

朱经始：你想不到，我们是靠贷款过的关，贷款欠账两千多万元，还靠近万名干部（含一半教师）一次次大捐助，筹得八百多万元。为达标，砸锅卖铁我们也认了！

常淑荣：标达了，钱也欠下了，国家给的“义务工程”款，达标县（市）再也得不到了。

笔者：留下了不小的历史欠债呢！

常淑荣：这里的条件、百姓的景况很差，迫切需要国家有较大帮助……

朱经始：好在，如今让所有学生读上九年，五年前买得起课本的学生不到30%，现在由国家补助买课本的学生已到

80%（2006年春，西部农村学生学杂费、书本费已由国家“两免”）；教育质量也直线上升……

笔者：什么是喀什市教育最迫切的问题？

朱经始：入学“洪峰”立马到来，校舍奇缺。

笔者：最棘手的问题呢？

朱经始：家庭贫困给辍学雪上加霜。

笔者：难中之难数什么？

朱经始：教师严重短缺，素质低下，到外地读高校的毕业生不回来，本地好教师又想走……

我耳畔响起访问新疆福海县，时任教育局局长的陈建勇无不忧伤地戏语：“我们这里孔雀东南飞了，麻雀也东南飞了！”走甘肃会宁县，那里朋友也对我说：“考出去的都长翅膀飞了，飞不了的，只有本地本校培养自产自销……”

窗外，喀什夜灯光灿烂。我的心却涌出几分酸楚的苍凉与冷清……

三

新中国成立后，朱经始、常淑荣们属于支边的第二代人。然而，他们情满于疆，心融于疆，铁柱般地扎根于疆。20世纪90年代，常淑荣曾被调回山东做校长，只半载，她日思夜想喀什各族兄弟姐妹，又“飞”了回来。

在新疆，在西藏，在黑龙江的北大荒，我走访了不少第一代戍边者，大都已老态龙钟，步履蹒跚，病魔缠身。可一唠起拉犁垦荒、荒原探油、高原创业的往事，他们似乎顿时来了精神，嗓亮声高，气豪胆壮，话语滔滔，手舞足蹈，感染得听者也热血沸腾！

他们万丈豪情化作一句亮语：献完青春献终身，献完终身献子孙。

然而，他们的第三代、第四代的心却悄悄偏离了祖辈的初衷。不少人恨不得一刀剪断连通自己出生的穷乡僻壤的文化脐带。

何以出现“反祖”现象？

是鸟择高枝，是鱼逐肥食？

是本能驱使，是代沟叛逆？

是智者求索，是逸人寻乐？

是对生命的张扬，是对奉献的亵渎？

世间的事，多时过境迁，是非曲直很难定论于一点。

有一点却是实的：山高皇帝远的边陲，其办学条件与内地、沿海别之天壤。喀什市三中仅有56台电脑还是当年李岚清副总理视察时拨款购的。乌鲁木齐市雪莲小学（为打工者子女所办）校长热依汗古丽告诉我，师生至今还渴待着那位教育部部长来校时答应给20万元买电脑然至今尚未兑现的承诺呢！我2004年5月24日访问与俄罗斯一江之隔的黑龙江抚远县九公里小学，4名教师，一至六年级17名学生，别说教具，连一本像样的图书也没有！云南大山沟里，还有一块小黑板挂在树上，学生席地而坐的“一棵树学校”……

鱼趋渊，鸟趋林，蛾趋光。

人呢？

四

可敬的决策者啊，真该让支持教育的手伸出得更大方些。

有钱修那么气派的广场，盖那么宏伟的摩天大楼，建那么恢宏的标志性工程，怎么不可以为育人兴国的教育多花上一点血本呢？多少年说要提升教育经费占国民收入的百分比，然而本不算高的4%何以成了无法逾越的鸿沟？

哪国的义务教育，不是政府扛起教育的义务，让家长免交费用，给学子一定待遇（甚至供给午餐），让贫困者无重负之忧？不然，算什么义务教育？

只下硬指标，投入少重手，岂能免得画饼充饥之虞？

须知，百灵鸟唱得再美，却不抵海燕能飞越大海。

纵筑起金城银城，倘无精锐之师保护建设，岂不也变为空城纸城？

五

瀚海的枯苗对乌云低语：“把你的关怀滴下来，化作永恒的我吧！”乌云飞走了，枯苗只有无边的叹息。

太阳像个爱凑热闹的乖角，专门跑到暖土热地的赤道上空再施以热的关照。

不知怎的，钱币的“雨滴”总是在城里转动，而对广袤的乡土却少有光顾。

结果，肥的肥得毛孔都流油，瘦的瘦得全身皮包骨。

早年有一首讴歌领袖的诗："毛主席指山山长树，毛主席指河河水清。毛主席在地图上画条线，公路铁路齐出现。"此为诗，亦为实。领导者决策的威力就如此之大。

我们的目光，往占人口十分之六七的农村多瞧瞧吧，往老少边穷的贫瘠土地上多瞧瞧吧，尤往当年革命根据地那"千山万壑铁壁铜墙""岭上开遍映山红"的地方瞧瞧吧，听听那里的忧思，看看那里的愁容，想想那里"夜半三更盼天明"的文化企盼，让那里无言的忧思、坚忍的承受给我们的心灵以电流般的触动吧。

那般拼命劳作，那片蓝天下的教师钱囊却远不如到城里的打工仔充实。

那般分散远地居住，那块土地上师生之比反而比人口密集城市的高出许多。

那般可怜巴巴的梦，那里乡野间的孩子却难以圆上。

教育不公，受损岂止受教育者？更抽空广袤乡村的文化筋骨，动摇族群与社会的和谐大厦。

六

访吕型伟

悠悠人生，茫茫教海，无数奥秘，几多发现，在被称为"我国基础教育活化石"的吕型伟老先生口里滔滔滚滚而来。笔者偕夫人樊雅文拜访了吕老（中）

夜话上海。

灯光，照着让几个书橱、一张圆桌、几把座椅挤得满满登登的书房。

这里，上海市吴兴路上一幢普普通通的宅室。我与主人——被称为"我国基础教育活化石"的吕型伟老先生（1918—2012），饶有兴趣地开始三个多小时的访谈。

这位将人格魅力、生命感悟和精神追求完臻地糅合成教育睿智的世纪老人，年且九旬，话闸一开滚滚滔滔，鲜活的思维溅起真灼的浪花，幽默话语里掺糅风趣的手语。

从老人17岁初中毕业独自到浙江白岩村办学说起，谈他一路70载教育苦旅，他经历的我国教育一波三折的重大事变，他对这些事变对杏坛诸多问题的梳理与建树，他对教育前景的沉思与瞩望……

悠悠人生，不尽沧桑，应接不暇。

教海纵目，万千气象，如数家珍。

哲思箴言，实话心语，奇彩纷呈。

话题又由湖南、皖南、苏南、绍兴等几个中国人才带，转而聚焦当今绝少大才，不见教育大家上来。

吕老：近些年来，我总在思考：为什么五十多年来我们没培养出真正一流的、世界级的出类拔萃的人才呢？

笔者：您指没出现诺贝尔奖获得者？

吕老：也不全是，我们教育没有培养出特别出类拔萃的世界级大师，没有培养出顶尖人才与巨人，没有一个在国内工作的人获得诺贝尔奖，甚至几乎很少有哪个领域有人超过我们自己的前辈，除了体育……[5]

笔者：那么，若一针见血地说是什么问题？

吕老：**我国高度同一化教育忽视了学生的个性。**

笔者：（我忽然记起屠格涅夫的话："个性——这是最重要的；一个人的个性应该像岩石那样坚强，因为一切都是建筑在个性上面的。"[6]）请说得具体一点。

吕老：**我们教育模式是划一主义，或曰平均主义，忽视了个性差异。一个班级走一个方阵，像检阅部队那样，一二一齐步走，走慢了当然不行，走快了也会被掐尖。用一个模具浇铸，铸出一个个"标准件"，当然有小的差别，却不可能有太突出，太冒尖的……**[7]

笔者：您能否将这种模式的弊端概括一下？

吕老：可以。那就是一个为批量化，全班 50 个人一批；一个是标准化，这 50 个人是一个标准。[8]

笔者：您主要指教育？

吕老：教学也是一样，问题的答案只有一个，像报上载的那样，"秋天到了，树叶黄了"，你说"树叶落了""树叶枯了"都算错……

笔者：这样的结果呢？

吕老：自然是呆板、僵化。一部分学生吃不饱，一部分学生吃不了，而且普遍学习负担重，重在补短上……

笔者：吕老，我们 13 亿多人口的文明大国，从孔夫子到陶行知出过不少一流教育家，新中国成立以来，为啥就出不来世界级的教育大家？

吕老：一言难尽哪。从外部看，政治运动不断，左的思想冲击，谁敢有创见？教育长期又与世界隔绝，整齐划一，毫无特色，搞些教育实验大都有头无尾，凯洛夫的《教育学》被视为《圣经》；从内部看，我们自己也不争气，缺科学精神，缺理论勇气，缺执着态度。历来的著名校长，如蔡元培、竺可桢、陈鹤琴都有自己的教育思想，我们今天的校长有吗？

……

笔者：吕老，您从17岁初中毕业跑到山沟当教师，快七十年了。您对教育最深刻的体会是什么？

吕老：三句话：**教育是事业，其意义在于奉献；教育是科学，其价值在于求真；教育是艺术，其生命在于创新。**[9]（笔者递上纪念簿请吕老题词，他老人家流畅地书写了这三句早已流行国之教坛的不刊之论，遂签了名，留下日期：2003.4.2）

七

是的，中国教育在“文革”十年曾一片寂寞，寂寞一片。沉寂得如万籁无声。

在无边无际的沉寂中，意志仿佛失去了活力，思想似乎消失了踪影，生命散尽了血色，激情一次次冷却得没了热度。

杏坛衰微，教野荒芜，泉水中止叮叮咚咚的音乐，鸟儿敛起飞翔的翅膀。

只有“哑剧的编导者”闭目塞听地托腮策划，和一些鼓噪者们焦灼不安地观瞧着的脸色。

那优美动听别具一格的琴弦呢，为啥不奏上一曲？

那些弘扬文明与智慧的琴手呢，一时间躲到哪儿了？

八

教育家的使命，在于永恒地探索、无止境地开拓，虑及民族、国家、人类久远的创造。

教育家的思想，在于在贫瘠的处女地上播种科学的实践，在实践的田野上收获着发现。发现人类走向文明与智慧神秘的踪迹，那藏在实践与时光深处的无数珍奇。

在黑夜里睁大眼睛寻路，才能走向黎明。

莫泊桑说：“在瞎子的国度里，独眼龙就是国王。”[10]

照此道理，在近视眼的国度里，正常人就是国王；在正常人的国度里，火眼金睛才是国王。

怎样才能拥有“国王”的眼睛，探索、寻找与开拓呢？

怀疑是拥抱黎明的第一步。

思考是辨别是非的宝鉴。

质问是冲出土层的萌芽。

批判是穿透云雾的火光。

争辩是揭皮见瓤的解剖。

实验是迎候朝霞的试探。

推广是托出太阳的大举。

九

回眸走过来的路。

回忆像远方幽谷隐隐约约的晨钟暮鼓，从逝去的岁月深处一丝一缕地向我们传来。那时，运动成了一串串可怕的符号，教育沦为政治的“婢女”。

钱学森、吕型伟的心中都有同一个历史疑团：那动荡不安的民国时期何以人才辈出，群星灿烂，而在“形势一派大好，而且越来越好”的新中国60年却是日星隐曜，山岳潜形，“还没有哪一个的学术成就，能跟民国时期培养的大师相比”？

当扼腕叹息我国没有一流大教育家时，该先问问：我们拥有放手思想、创造思想、晾晒思想的时空吗？我们有激扬生命、开发潜能、彰显个性的第一流教育实践吗？我们允许有如是的第一流创新实践吗？我们学校是内行入门领导，教育家经典治校吗？让只握权柄的莽夫去统领斯文，与让鲁智深去指挥绣女有什么两样？

当痛思我们的教育家何以没有第一流教育理论时，也该先问问：我们急功近利的教育有产生第一流教育理论的土壤吗？我们心浮气躁的风气允许第一流教育理论的生存环境吗？或者问问：我们那时僵化呆板得毫无活力的经济及极度匮乏民主氧气的政治，需要创新型的教育大师及其教育理论吗？

历史往往锁进无奈中的局限。

人们常常陷入局限里的无奈。

比较与反思是解脱的出路。

太多太多的时光与学费擦亮了眼睛。

最无私的法官是时光。时光准确地度量事物的是非真伪并予以优胜劣汰。

最灵验的药方也是时光。时光包治历史遗留下来的百病千灾。

愚蠢人蠢于干了若干愚事错事之后的执迷。

聪明人明在干了若干愚事错事之后的彻悟。

冤枉路不会白走，除非对冤枉发发痴，不思不悔。

十

若问：作为教育家，不会对现状表示你自己的什么吗，比如不满——

不满意冬的朔风，寻求土暖苗萌；

不满意春的余寒，寻求青枝绿叶；

不满意夏的独绿，寻求斑斓五彩……

然而，在“左”得离奇的岁月里，人有主宰自己命运的些许自由吗？心灵的重铸有开锁的丝毫可能吗？

一切尽是最高意志的集中。

群众运动沦为了运动群众，就演化成了可怕的政治斗争风暴。

战争只能杀死人一次，政治斗争却能杀死人许多次。

铤而走险的真诚常常收获的是灾难，宁可玉碎的破损又如何能完美？

中国教育啊，可叹那么长长一段悲哀的执拗……

近日，看到一文——独立的学校才会培养杰出人才，[11]让人们眼睛一亮。文章说当前教育是政府越位、学校缺位、社会失位。症结是政府过于强势，挤压了学校的办学自主权，包办了社会的教育职能。教育改革最难是管理体制。难在要革掉部门自己手中的人事、财政、招生等权力。没有理想信念和壮士断腕的勇气，简政放权大都是虚晃一枪，有时虚放实收，有时放少收多。当务之急是建立起以学校法人制度为核心的责权力体系。上述主张，谁都心知肚明，以往却无敢说人。中国教育多需要这样直抒胸臆的谏言者啊。

十一

夜话京都。

2003 年 1 月 5 日，在北师大教育学院副院长的办公桌前，坐着我访谈的一位温文高雅笑容可掬年仅 36 岁的学者——石中英。

对话不是一问一答式的访谈。当我将中国基础教育大话题推到他面前，他稍稍沉思片刻，便开始了一席发自心灵深处的教育独白。

那流淌着许多哲学思想的汩汩不断的话语，犹如叮咚作响的溪泉，涌动着我的心田。

访石中英

出众的睿智，不凡的内蕴，与青年教育家石中英对话，触摸得到那一颗忧国忧民的学人之心

从规模、投入、队伍、条件、政策等多方面透析中国基础教育的改革历程，研讨着得与失；

从赴美访问学者刚刚归来，对西方因放纵而“苦恼得不得了”的课堂和对我国课改后有些忽视知识传授的担忧中进行一一对照，比较其利与弊；

从科研证据显然不够，实践探索急功近利，解读正运行中的大方向正确的新课改，没经几轮实验就全面推开可能导致的窘境，分析其短与长；

从少一点口号、运动，多一点实事求是；少一点崇洋媚外，多一点民族自尊；少一点经验主义，多一点理性思考，探索改革的快与慢……

笔者也从这位年轻学者那严谨的哲思、可贵的良知与强烈使命感中，体悟了中国教育的勃勃生命力之所在……

我们又将话题聚焦于一点：教育方针。

他认为，我们的教育方针不够明确，不够清晰，在大方向大原则上语意模糊。“‘社会主义建设者和接班人’对基础教育阶段的学生不是太高了吗？社会主义是一种意识形态，是一种运动，一种价值取向，小孩子能懂吗？培养社会主义接班人，谁是谁不是？如何衡量？”

他提出，教育方针中应在做人的要求上切实些才会适切。

石中英感到，教育的大政方针如不辅之以落实的细则，对中小学生似乎容易产生高而空的感觉。

他说，教育方针要家喻户晓，人人明了。一看就知道目标在哪里，该如何去做。

年轻学者沉思片刻，又引卢梭的话：在不懂时灌输这些东西长了，他们就不要这些东西了。笔者理解他是在强化教育方针的针对性，要适；下真功夫将适切的教育方针落到脚下，要实。

关于教育方针的话题，确是教育的核心话题了。陈独秀当年就认为，在“教育之对象”“教育之方针”和“教育之方法”的“三者之中，以教育之方针最为重要，‘如矢之的，如舟之柁’”。[12]

为此，笔者访谈接续连线武汉。

刘道玉先生回电话

走近大家，对话高师，被奉为“武大的蔡元培”的原武大校长刘道玉（右），向笔者讲述了他那独到的教育主张

回话者是写出《一个大学校长的自白》被奉为“武大的蔡元培”的原武汉大学校长、中国著名的教育改革家刘道玉。

在20世纪80年代国之教坛，他作为当时国内高等院校中最年轻的校长，以率先“书写”了学分制、插班生制、导师制、取消辅导员、主辅修制、双学位制、自由转学制度等系列的“大文章”，拓旗前指，捷足先登，知行俱进，风骚独领，其改革的理念与创举，犹如晶核一样，震惊于当年，成长在今日，昭示着明天。近年多家大媒体对他的教育访谈录，尽如凌厉而重力的开路“爆破”。

远方，传来了他沉缓、流畅而浑厚的声音。

“教育的首要问题归根结底是要制定一个正确的教育方针。这个教育方针为一定时期的政治制度和经济基础服务，因此，不同发展时期应适时变化为不同的教育方针。”

“你说，我们现在不早就有了培养德、智、体全面发展人才的方针了吗？有是有了，但很有些任何国家任何民族都可以通用的味道……”

“我以为，教育方针应该有浓重的民族特色，最好应该针对本民族的劣根性。”

“你问中国人劣根性是啥？是柏杨说的‘窝里斗’，斗成一盘散沙，缺群体和谐、团队协作的‘群’字；还有陶行知指出中国人‘笨手笨脚’，唱功高于做功，缺乏操作技能的‘技’字，所以我在著作《爱的学校》中提出6字教育方针：德、智、技、群、体、美……”

老人患中风刚刚出院，话语坚硬得却如淬火的钢……

十二

你是引航中国教育舰队的明亮灯塔；

你是再造中国国民素质的伟大宣言；

你是中国今日教育的进军号令、明天教育的前导预报——

你——就是教育方针啊！

你，有工作指南，有目标导向，理应字字惊心、句句动魄，人人将你“溶化血液中，落实行动上”，而万万不可只说在口头上（多少人连口头也不说），末了成了在记忆行为中消失得无踪无影的一股随意流动的风。

十三

然而，在“文革”十年，我们的教育方针很是模糊，又夹入“教育为无产阶级政治服务”的亵渎教育包藏隐患的“左”的错误，更使该方针成了遥挂天边透过乌云才看得到的朦朦胧胧的星斗。

路标不清，行路大忌。

路标错指，天大失误！

于是，在坎坎坷坷的夜路上，我们摸索着走，汗水无目的地挥洒着，却难于不在左右偏离中苦苦寻找……

“文革”之后，我们许许多多人调动智慧，呕尽心血，在思考、推敲、锤炼着新的教育方针，像孕育产生一个十世单传的婴儿。然而，众望之宝，尤为难产。

十四

我们望穿秋水地盼着上佳的教育方针！

你是众辐集一毂的轴心，你是安身立命的魂魄，你更是没有阴影不留盲区的太阳。

我们围绕着你，因你而思，随你而动。

愿你的七彩光焰对我心之花蕾微微含笑，把她催成祖国大花园一朵奇葩吧。

十五

母亲，亲爱的母亲，您的每一个细胞、每一个毛孔都闪动着迷人的特质。

你的一次无声的恬笑，一个无言的眼神，都专意属于我们，给我们一种深邃的提醒，一个有力的暗示，让我们跟上每一次脚步。

中国的教育方针啊，不也应如此吗？立在世上众多国度、各国不同的发展阶段里，成为最亮的引路灯塔吧！

为大中华计，似不可少“群”——群策、群力、群体、群谐、群起……“群”字含情，蕴意，有爱，藏协，倡合，导同，实为医治民族之心的神药。

为素质计，切莫忘了“技”——技术、技能、技艺、技巧……学技，是手与脑和谐的默契，是走向创新的起点，是人的社会化的第一步。笼而统之的“生产劳动”无法将其涵盖，“社会实践”也无法突显其地位，若丢了“技”，对民族、国家的创新造成无穷祸患，几代人也将无力回天。

为适切计，该把做好人植入其中，让我们的方针更靠近地面、贴近人性，就像奔小康、中国梦一样戒虚戒空，从近从实。

一枝一叶总关情，一字一词有蕴意。让我们各个时期都以更完美适恰的方针，回响着中华母亲的深情呼唤和对她的儿女走向完美的甚望至求。

十六

教育方针像一面透视大镜，使包装得五花八门的口号、活动、教模显露原形，到头来灰飞烟灭。

曾有如是一些奇想怪论缠绕着人们，使教育人生恍入云雾人生。

一说，教师哪里是“春蚕”？春蚕是作茧自缚的呀！

又语，教师怎能喻“蜡炬”？那样教师是照人毁己的呀！

再云，学生有一碗水，教师得有一桶水，错了！教师的知识是长流水才对呀！

还道，教师是园丁合适吗？不把学生当人而当花当草，学生自我教育、自治成长哪里去了？

更有教学也摆擂台大比武，到处都有“自创”的却毫无内涵特色的教育模式……

一时间，眉头一皱异想天开的口号、虚作，像天外飞来的陨石，成为时间长河里无聊的飞沫，这些将比喻与写实都不区分的乱弹，到头来只是贻笑大方的笑料。

约定俗成流传盛行的比喻，扎有根基的深度和民众认可的广度，岂可随意玩弄于股掌之间？

口号喊得大而亮的人可能是应景的乖角。

调门唱得高而奇的人没准是赶场的混混。

十七

夜话丽江。

夜色里飞抵古城丽江。

丽江市人大副主任、第一高中校长赖京鉴——一位个儿颀长、长方脸棱角分明年过五旬的纳西族人，亲自开车赴机场接我，径直奔到玉龙山下的百年校园。

与丽江赖京鉴在一起

直语谠言，忠肝义胆，和丽江市赖京鉴交谈，让笔者领悟了什么叫人格的独立，什么叫敬业的忠诚

该校原名丽江府中学堂，位于古城东部边缘，是1905年清末“废科举，兴学堂”时我国首批办起的中学之一，在云南只有昆明一中与之比肩。

一进庙宇似黄砖绿瓦古色古香的校门，占地75亩的校园便呈现眼前。古木参天，巨荫如盖，碧草萋萋，流水潺潺。甬路旁树枝婆娑，花香扑面。月影下曲径石桥，书亭回廊。学府静邃之象，书香氤氲之气，尽显映于森林般的大片碧绿丛中。难怪这“城中公园”，让造访的杨振宁博士赞叹不已：“这所学校独具一格，太美了！”

当我也百般惊诧这所古典园林式学校的奇美时，赖校长却说起一场惊心动魄的迁校风波……

赖校长：我自1997年8月主持学校工作起，就深感办学规模小，该做大手笔文章。进入新世纪，我一边规划向东征农用地，一边向市长报告，我心直、口快、火暴，有的话说得很难听。

笔者：你对市长怎么说的？

赖校长：**我说，学校快到一百年了，我们还在沾清王朝老本的光，国民党三十八年没有一丝改变，共产党半个世纪也没有一毫增加，现在是我们痛下决心的时候了，我们应该深思应该赶紧做啊！**

笔者：说得一针见血，精彩！

赖校长：接下去不久就风传丽江一中要搬到离城 10 里的南口，同办不下去的财校合并，外地某大型集团愿出巨资购买一中校园建大商场。

笔者：果真如此？

赖校长：无风不起浪。当下，越没影的事越成形，越不敢相信的消息越会成真，无稽之谈变为有据之说。很快形成了学校“三年内迁出古城”的《市政府会议纪要》，又通知校长随市分管领导考察新校址，此事不妥，我以拒不随行明确表了态！

笔者：百年老校是迁是留还真成了大问题！后来又怎么留下来的？

赖校长：解铃还需系铃人。已是政府决策，当自有一番道理，若使其收回成命，必须面陈一把手市长，有说服力地一一驳回那些观点，什么“中学求历史性发展创新须有大手笔”啦，什么“学校建筑与古城不协调”啦，“校迁南口可盘活重组教育资源”啦，什么“有人出巨资购一中校园机不可失”啦……

我找市长直言恳谈一个小时。

我日思夜想的观点像竹筒倒豆子似的倒了出来——

政府用大手笔谋求大发展，主意很好，但大手笔应该是好手笔，而不是败笔。在特定时空里，“创新”未必是进取，“守旧”也未必是倒退。

这所百年老校不仅是古城不可分割的一部分，更是古城文化底蕴最丰厚的一部分，那一草一木、一砖一瓦，都只能传承，不可割舍，否则必愧对历史，愧对古城，愧对后人，至于部分建筑不协调，可按“先扩后改”的办法最终解决。

财校师资很难转为高中师资，打造合格的高中教师可不是嘴上吹气的呀！办学僻远对优质生源的吸纳必然会极大减弱。

百年校园是巨大有形的资产，老百姓心中的学府一旦被开发商贸，必引发民怒沸腾，后患无穷……

笔者：这些观点将市长当场说服了？

赖校长：市长表示我的意见值得考虑。

这以后，市里又征求社会公众意见，召开教育、文化名流座谈会，省内外、国内外校友也来信来访，舆论一边倒：学校不迁。我又邀约 17 位市人大代表，由我领衔提出了《率先把丽江市第一高级中学建设成国家示范性优质高中》的议案而获得市人大通过……

笔者：看来，民意不可违，政府够开明。

赖校长：现在，扩大 150 亩的新校园正加紧建设，你听，东边隆隆的铲车声，工地正夜战呢，待明年百年校庆你再来，会看到丽江第一高中别一番风光……

连线承德

千里之外，电波里传来他那平实、凝重略显低沉的语声。那语声里像是有一股思想浪花流淌，有一座心灵火山在喷发。

那奔腾浪花，那炽热火焰，带着从实践内化了的理念的偌大张力，裹挟着别人同他一齐走进幽深却明朗的哲学隧道。

他就是做过 13 年教师、23 年校长（在河北存瑞中学做了 18 年校长，现任承德一中校长）的贾桂清（本书访谈于 2006 年，贾桂清做承德市一中校长到 2011 年）。

这是我多年采访国内两千五百多名校长中很有思辨色彩的一位。他中学时读完《毛泽东选集》四卷，娴熟《哲学小辞典》，大学时从俄语专业转而苦读文学史、世界史、西方哲学史，像一个饥饿乞丐觊觎一块块馅饼。以后，他又用 3 年时光三次通读《资本论》，他有滋有味地吮吸哲学、经济学的甘美，思想遂成了他把握人生、创造教育奇迹的唯一方式。

与贾桂清在云南昆明讲学

贾桂清，一位充满了哲思和理想的教育家兼实干家的校长，成就了由他掌门的一所所学校的辉煌

笔者：据说河北隆化县存瑞中学当初只有几座破旧不堪的校舍，你任校长期间却只用40 万元起步建起有 5 万平方米的现代化学校，用 2000 元起家办起年产值千万元的校办企业电控厂，请谈谈其中奥秘。

贾桂清：办好存瑞中学对我们这一代人，实实在在是一种责任感。这是用炸药包炸出来的一所学校，用英雄鲜血染红了的一所学校。工作在以英雄命名的学校里，不能不产生激动的情怀，得到发自内心的原动力……

笔者：听说建校也把你难得不得了。

贾桂清：最痛苦是1994年。近三百米的旧建筑拆除了，财政部、省教委原本答应的资金因人事更迭而落空。四百多名工人守护的建筑材料只是十几袋水泥。真是急得人心一条缝也没有！

那是我刻骨铭心的记忆：高考前一夜，一个阴雨的黑夜，我独自站在楼顶上，默默地哭起来，泪水从心灵里簌簌流淌，和雨水交混一块儿。不知是对困境中努力的肯定，还是失望里心灵的叹息？或许当生活中的痛苦转向内心时，而对心灵的锻炼？一场涤荡后的心终于明亮彻悟了，人生就是在痛苦中追求啊！……

笔者：那经费后来怎么解决的？

贾桂清：我找到现居北京的隆化老乡祁老先生，他对家乡办学特关心，他四下张罗了120万元，终于把南北270米、东西79米的一幢临街楼建起来了……

笔者：做这么多年校长，你觉得最为难的是什么？

贾桂清：所做的不是校长范围内的事情：做了不该做、不甘心做、不属于自己做的事情；需要校长做的，我又没有办法做得好。

笔者：请具体讲讲。

贾桂清：比如基建，大形势是发展，校长也渴望发展，却又没有这个能力。而属于校长做的，如课程设置、文化建设、精神塑造、教师培养等，由于有当地政府的压力，还要按应试教育的需要，使自己的办学思想理念难以实现……

笔者：那就是说，作为校长，你有对办学条件十分艰难的苦苦求索，更有欲办理想教育却不可能这种痛苦中的精神折磨，对吗？

贾桂清：是的！**你看中国教育十分功利化，**到处补课，抢拉学生，抢挖能师，把政府、百姓、学生、社会都卷进来了，比过去哪一个年代哪一个阶段都严重多少倍！非常惨烈啊！**这不是真正的教育，这是创造一条与教育无关的市场竞争规律，疯狂地展示残缺的教育，把不理智的教育推到国人面前啊！**

像人不能选择自己、不能选择时代一样，人没了自己，找不到自己时，贫困的精神总是追逐着精神的贫困，那内心的痛苦是无限的……

十八

同对一座庐山，横看成岭，侧观成峰；远眺近察低瞻高俯，山的风姿又各不相同。

世间万事，莫不是仁者见仁，智者见智，若能仁者见智，智者见仁，智仁齐见，定会周全得多，为政政兴，干事事举，做人人慧。

丽江市政要从原视角只见搬迁古校之利而忘其弊，在校长及群众反驳声中惊醒，广纳善言，从谏如流，不失为执政为民的开明者，比那种老虎屁股摸不得的“山大王”，真乃一个天上、一个地下。

十九

教育盛衰，责任在我。

尤其迁校一类办学大计，倘有偏失，覆水难收。

作为丽江名门望族之后（也是丽江人民好儿子）的赖京鉴，敢于对上级成命站出来说“不”，且到一把手门前辩驳理论，可谓一夫当关，力挽狂澜，守住了“人可以天天犯错误，却不可犯后人无法更正的错误”的箴言。

我们民族的今日，不缺众多广济天下的善良之众，却乏见义勇为见错敢顶的血性之人。

时代，呼唤有更多更多个赖京鉴！

二十

从来，鲜花与毒草杂生，清风共臭气同在。

不是一提改革便都是新生，改革的大红伞下也有暗流潜涌。

也不是所有市场经济都符合规律，市场经济里也有魔兽行动。

笼统地把基础教育推向市场大潮，视之为淘金船、摇钱树，如某些经济学家所称“教育是经济增长的新引擎”，是十足的短视，必陷中国教育于泥潭，成为国民的灾难。

什么时候中小学校公益性事业的角色变了，这个民族也将走向日薄西山、气息奄奄了。

二十一

坝能拦水，闸能泄洪，牛能犁田，马能驾辕。

世上万物，各有所用。

人间诸位，各司其职。

既然卢梭认定："母不母，则子不子。"我们迁移一下，何尝不可以说：长（校长）不长，则师不师；师不师，则生不生。

孔子说："名不正，则言不顺；言不顺，则事不成。"（《论语·子路》）我们的校长啊，什么时候能摆脱筹资、修建、扩展、外交等无边冗繁，聚精于办学、会神于育人，干校长事儿，成为实至名归的长即长呢？

此问题表现在校长，根子在政府，关键在机制，出路在改革。

二十二

"昔者共工与颛顼争为帝，怒而触不周之山，天柱折，地维绝。"（《淮南子·天文洲》）天给撞出一个大洞！

我国教育之天也被撞开了一个大洞。

谁撞的？应试教育！

谁编导的应试教育？是机制引导，是传统因袭？是国情的必然选择，是教育的身不由己？也许，是中国社会的合力使然？

从幼小到高中，从家庭到学校，从政府到社会，15 载栽培（学前三年加小学中学共 15 年）只等三天高考摘果！

补课、题海，买生、挖师，没日、没夜，13 亿人几乎盯着猜着高考各学科出题人的可能思路！

以至于作弊者日众，作弊法愈奇，当代多项高科技成果也被动员而来，为新生一代人的诚信传唱起揪心的挽歌。

出题样式做大调整有用吗？没用！

考试方法加以改变能成吗？不成！

实施素质教育可以彻底解决吗？不能！

如今，每一角教坛几乎充满着追逐名利的酵母，每一寸空间似都弥漫了浮躁的瓦斯。

基础教育如此，高等教育不亦如此吗？——校并得越大越大气（笔者不反对科学整合教育资源而合理并校），硕（博）士生速成得越快越好，论文发得越多越有名（在数字化管理下，有的高校“十年磨一剑”成了“一年成一说”），如此下去，把培养高、精、尖的创造型人才置于怎样的位置？

那么，因其难治就不去治了吗？因不易改变就不下力改变了吗？

堵教育之天洞，重建中华的精神家园，非全党、全民、全教、全社会一起大动大改而不可，必须在办学育人、高考选才、就业安置等多方面合著一篇大手笔文章，辅之以高速飞升的国民经济做强力支撑。

否则，在毫无对症的药汤里加上一剂上好的多年生野参也会形同虚置……

二十三

夜话大连。

七月的大连夜，海风习习，灯光烂漫。在西岗区彩云路枫叶教育培训中心大楼的一间大办公室里，我与姬庆生先生开始了直来直去的夜话。

与教育家姬庆生、张锡华在校庆中

才思奇敏、睿智异常、断语精准的原辽宁省教委副主任、现任大连枫叶国际学校中方校监、国家督学姬庆生（左）。另一位是大连枫叶国际学校初中部校长张锡华女士

姬庆生长期任辽宁省教育厅副厅长，现任大连枫叶国际学校中方校监、国家督学。

此人才思奇敏，睿智超常，断语精准，往往对刚发生事变的立即剖析，让你过若干岁月之后仍品味其新鲜精深而暗暗钦佩。

我们是老同事、老朋友。夜话立奔核心。

笔者：你怎样看待中国的民办教育？

姬庆生：中国民办教育是中国教育健康发展的需要。国家的初衷是穷国办大教育，投资须多元化，**但中国民办教育的作用远不止于此，它所创造的理念、机制、模式、风格等财富，填补并深化了教育内涵，值得公办教育借鉴。**

笔者：请说得具体一点。

姬庆生：**首先，民办教育有灵活的机制。这里是人才的演练**

场，不是庸人的收容站；这里凭本事吃饭，不凭关系吃饭。没有金刚钻，你就别想在这儿揽瓷器活。中国社会如不污染民办教育，这里将是人才发展的一角沃土……

其次，民办教育所承担的是基础教育阶段难度最大的教育对象的任务，多数学生是找不到或是进不去比较理想的公办学校，或者在公办学校学不下去了。如果民办教育办黄了，这些学生再流回公办学校或流向社会，将造成多大的冲击啊！

笔者：这问题就你的大连枫叶国际学校说说吧！

姬庆生：我们收的都是中等和中等以下的学生，高中毕业后，100%送到国外，50%以上进了如加拿大的多伦多大学、美国的波士顿大学、英国的剑桥大学等国外名牌大学，设想一下，若让他们走中国高考之路，能升入大学的又有多少？人生的未来又会怎样？

再次，民办学校实行了真正意义上面向全体的素质教育理念，大连枫叶国际学校的口号就是“一个都不放弃”，践行中一个个精细培育，这在公办学校很难做到，或者说根本做不到啊。

还有，这里师生关系不存在公办学校的扭曲现象，而是民主和接近民主的。教师精力不外流不分散，真正做出了业绩，学生家长才买账……

笔者：你认为民办教育发展得顺畅吗？

姬庆生：远不顺畅。

笔者：什么原因？

姬庆生：环境问题。

笔者：环境什么问题？

姬庆生：公办教育太强大了，尤其依托重点中学办的假民校，有很大的吸引力和诱惑力。

真正出类拔萃的公办师资拔不出来，因民办和公办还没有直接交流沟通的渠道。

入学孩子数量急剧减少，生源相对是捡公办的漏。

上述现状的背后，是一个政策问题，政策对民办教育是重视支持还是漠视不理的问题。

就民办教育内部看，弊端依旧：挣钱与办学的矛盾，老板和校长的矛盾，科学育人理念与实际办学行为的矛盾，师资的短期行为与人才发展战略的矛盾……

笔者：是的，这几年，我到过一些民办学校考察调研，发现有不少办学者心不在育人，而在赚钱；眼不看前方，专盯脚下，致使教职员工心气不高，志向不远。在辽宁民办教育的天地里，有没有理念前沿、作为显赫的领头人？

姬庆生：有啊，大连嘉汇教育集团理事长卜兆良可谓鹤立鸡群。他虽是企业家，教育理念却很先进，对学生终身成长负责；虽是私立学校，却视教工为依靠力量，看成学校的主人；虽是办学校，却坚持锐意改革，全面创新。甚至自办农场，以自产绿色食品支撑孩子们的健康成长。不过，你的话倒揭示民办教育内部发展上一个天字号的问题。

笔者：什么大问题？

姬庆生：有不少学校的教职员工缺乏心气：缺那样一颗火辣辣的进取心，那么一种舍我其谁的责任感，那么一股忘我的内动力。办学办的是一种氛围，一种风气，一种心志，这是办好民办教育的顶梁柱啊。往深一层看，广大教职员工没把学校当成自己的家，他们内心还没有归属感，从里到外也就没有了自豪感和责任心，当一天和尚撞一天钟，将工作当成谋生手段，而不是快乐的事业，这样的民办学校久而久之，离黄铺也就不远了。

笔者：这种问题的根源在哪呢？

姬庆生：根源在办学人的办学追求，以钱为本，不是以人为本，不把老师当成主人，老师自然也不把你当亲人，而也会把自己视作佣人。这个问题与政府的政策引领也不无关系……

笔者：你能否对中国民办教育的前景做一个展望？

姬庆生：就历史长途说，目前民办教育仍属初创阶段，它正经历着优胜劣汰逐渐走向成熟的过程。

怎样一个比例我说不清，总有不少办成空壳的民办学校会像庞大的南洋教育集团那样轰然倒闭，有一部分民办学校办得不死不活地苦苦支撑着，有一部分民办学校伴随着出资老板违规行为的升级和独断专行大发作，会一步步销蚀原先的生机而滑向衰微，有一部分符合规律形成规模的民办学校则会蓬蓬勃勃地成长成熟成功起来，成为中国优质教育不可缺少的一部分……

笔者：民办教育最需要政府的是什么？

姬庆生：大力支持。应该有鼓励，有奖励，有必要投入。浙江省诸暨市开全国财政资助民办高中的先河，为构建教育平等竞争新格局率先提供了依据……

二十四

母鸟飞来飞去，给她树巢上一窝黄嘴丫雏鸟打食喂食，直至只只小鸟不再为争食而争吵不停。

我国的民办教育犹如一只骨瘦如柴嗷嗷待哺的小鸟。

她还没有长大长成。

她的幼翅很嫩很软。

她的羽毛又稀又短。

她的生命脆弱得如同蛋壳。

问题在哪里？据笔者多地考察对此感知：**表现在下面，根子在上面，关键在认识，出路在政策。**

高端有意见，执行层不办。许多地方政府误以为，如今教育经费已不再成问题，只要公办教育，何须民办教育？由此，他们近乎无视民办教育，甚至视其为累赘，以为公办学校培养的学生才是学生，才是人才。他们不仅在办学经费上，完全不考虑给予其些许支持，就在规划决策时，也不曾念及民办教育的生计。就连北京日前出台的关于幼升小、小升初的划片入学政策，都没有一句一字涉及民办学校该如何执行的表述。

认识何以出现如此大的鸿沟？

只因对民办教育的功能、价值、地位等认识，许多人至今仍处在盲区，昏昏兮看不清路，愚愚兮把不准脉。

办民办学校，除了解决教育投入的多元化之外，十分重要的作用是，解决教育的差异问题。当下，因历史、地域、城乡、民族等诸因素，中国的公办学校差异太大。满足家长学生选择名优学校的冀望，实现教育公平，成了剪不断理还乱的一团乱麻。而应历史呼唤走上台前的民办教育，方具备解决这道历史性难题的较充足资本。

若认识到位了，就会从顶层设计着手，撤去有形或无形的政策打压，还民办教育以笑颜，给民办学校以绿灯，送“民办”学子以温馨。

“放水养鱼”而不竭泽弃鱼。唱二人转而不演单出头。

当下的民办教育，处境益恶，立身极难，面临生存与苟活、发展与衰微的十字路口，有识之士莫不有“救救民办教育”的心声。

若使其走出瓶颈别无他路，只需要出台实实在在惠及民办教育的政策，以便让长久以来于夹缝中生存的民办教育成长起来，成为教改组合拳的重要一环。

多给她一点关爱和呵护，多给她一些雨露和阳光，不要把她看成丑小鸭而入另册，冷落一边不理不睬。她也是母亲怀抱的孩子呢！

总有一天，她也会飞翔万里蓝天，引吭高歌。

打破公办教育的一枝独秀。

莫将公办教育当成自家花园的奇葩，精心呵护，而将民办教育看作山间的野花，无意调理。

二十五

人行双腿。

车转两轮。

经济讲互补共赢。

文化推多元共荣。

园圃贵在百花齐放。

教育呢，单一品种与模式必然缺乏竞争，少了活力，没有对比度。

况且，民办教育有她悠久传承，厚重底蕴，盖世勋劳。

君不见，在世界各地，最好的一些大中学校几乎都是私人办起的。蜚声中外的美国哈佛大学、耶鲁大学、日本早稻田大学、英国伊顿公学等许多顶尖学校，都是私立的。在我国近现代教育舞台上，也涌现如天津南开大学、上海复旦大学等一大批民办的典范呢。

民办教育自有民办教育的特质，她的运行有自己的核心竞争力、机制的驱动力。她给公办教育挂起一面镜子，造成一个对手，树起一个竞争的伙伴，让中国教育之车在相辅相成的双车道的立交桥上飞快行驶……

二十六

在天南地北一次次的夜话里，我与数以百位的教师、校长、专家、学者、官员乃至从局长、厅长到部长的教育行政首长——我的可敬可亲的教育界同人、朋友抑或领导、前辈，面对一盏孤灯，品一杯清茶，我们掏心置腹地唠着唠着，如切如磋，如琢如磨，一点儿不知疲倦。

当去了面具，敞开心门，每个人都很真，真得像个孩子，没有什么能约束思想者的脚步。缺了泛滥的激情，沉静如秋江水。不见炽热的花开，果实低垂着头。虽然偶有沉默，大约是心头倾听来自远古书院的钟声，或者眼前浮动起通向未来教坛的小路。当洗尽铅华，心灵释然如沐春风，话语方如泼、如火、如针、如石。

波来浪去，教育原为生命的脉搏；涛起潮落，文化自是身心的呼吸。

话语触到教育的景观深处，抽身站在教育的历史高处，剖析多是教育的病症痛处，偶有歌吟正是教育的得意亮处。一问一答，一思一悟，校内校外，教书育人，大到修德，小到建校，有感而发，随感而悟；话无藩篱，收放自如，心不设防，行云流水。教育的主见，自由的体悟，教育的深度使对话坚实，自由的表达让访谈实在。

夜话重重关山。我们的教育谁说不是关山重重啊！

忧思在我们心里升起，摇撼着心中寂静的山林呜呜呜响。

酸楚像蛇一样噬咬着我们的心肝，时常令人感到窒息般的难受。

为让中国教育大厦早日竣工，我们是做过一些有益的好事，但也做过那么多违背规律的错事和人云亦云跟着风跑的蠢事。“悟已往之不谏，知来者之可追；实迷途其未远，觉今是而昨非。”（陶渊明《归去来兮辞》）夜话常常令人感慨系之，不禁扼腕长吁短叹。

中国教育的问题，有历史沉积的，有发展新现的；有来自社会的，有内部生成的；有与外国共同的，更多为我们自产的……这些沉疴成堆成串。

然而，我们从不想不分青红皂白地指责我们的教育这也不行，那也不对，事事不如人，处处矮三分，如此指责不仅有失公允，且近于荒谬，近于诅咒，是缺乏良心、真情、理性、使命感的人歇斯底里似的发作。

毕竟，中国是我们的，中国教育是我们的！

中国崛起要从中国教育获取财富，中国教育要从中国崛起得到价值。

有时，我们又为一个教育难题的智慧破解而兴奋得像个手舞足蹈的孩童。

就这样，记不住有多少次，火热的话语竟穿过沉沉黑夜，牵出东方既白，以至朝霞满天……

注释：

[1] 温·卡维林. 离别情 [M]. 北京：人民文学出版社，1983：123.

[2] 杜威. 学校与社会 [M] //任钟印. 世界教育名著通览. 武汉：湖北教育出版社，1994：1085.

[3] 泰戈尔. 泰戈尔诗选 [M]. 冰心，译. 长沙：湖南人民出版社，1983：68.

[4] 泰戈尔. 泰戈尔诗选 [M]. 冰心，译. 长沙：湖南人民出版社，1983：66.

[5] 吕型伟. 为了未来——我的教育观：续集 [M]. 上海：上海教育出版社，2002：103－104.

[6] 屠格涅夫. 父与子 [M]. 黄伟经，译. 济南：山东文艺出版社，1985：65.

[7] 吕型伟. 为了未来——我的教育观：续集 [M]. 上海：上海教育出版社，2002：72.

[8] 吕型伟. 为了未来——我的教育观：续集 [M]. 上海：上海教育出版社，2002：30.

[9] 吕型伟. 为了未来——我的教育观：续集 [M]. 上海：上海教育出版社，2002：扉页，99.

[10] 莫泊桑. 一生 漂亮的朋友 [M]. 北京：人民文学出版社，1984：382.

[11] 陈长河. 独立的学校才会培养杰出人才 [N]. 中国青年报，2014－02－18.

[12] 陈独秀. 今日之教育方针 [G] //陈独秀. 陈独秀文章选编：上册. 北京：生活·读书·新知三联书店，1984：84－89.

第十二章 未来教育

天地苍茫，岁月悠长。

教育属于历史，属于当今，更属于未来。

未来教育是引领时代、提升国度、宏富民族的魅力无穷的旗帜。

我们加速用历史过滤器滤沙淘金，以继往开来，革故鼎新。

我们抓紧战胜恶魔似的瓶颈难题，而融合精彩，实现超越。

未来教育何等模样？笔者试作十幅写意素描以飨诸同人、友人。

未来教育不是遥远的梦，我辈加倍努力创造迎迓她：张开你的臂膀，跨出我的脚步……

用回忆拥抱着过去，用希望拥抱着未来。[1]

——［黎巴嫩］纪伯伦

教育要面向现代化，面向世界，面向未来。[2]

——邓小平

第一节　我们的旗帜：未来教育

一

在一个漆黑的秋夜，一叶小舟行驶在西伯利亚一条阴森森的河上，船转弯处，只见前方黑山峰下面，闪出一星火光，又明又亮，像在眼前。

夜航者兴奋至极："马上就到过夜的地方啦！"

船夫却说："远着呢！"

果不其然，船在漆黑如墨的河上划了很久，穿过峡谷，绕过悬崖，原本前面水路后移消失在茫茫远方，然而火光却依然停在前头，闪闪发亮，令人神往——依然是那么近，又依然是那么远……

这条在悬崖峭壁阴影笼罩漆黑的河流，还有那一星明亮的火光，以后都经常浮现在夜航者的脑际。生活中曾有许多火光，似乎近在咫尺，使这位夜航者心驰神往，而火光依旧非常遥远，尚须加劲划桨。因为火光啊，毕竟就在前头……[3]

这是1900年5月4日，俄罗斯作家柯罗连科写在一位女作家纪念册上的即兴题词，标题为《火光》。它一经脱稿，便不胫而走。许多文学刊物竞相转载，脍炙人口；许多文学晚会争为朗诵，掌声雷鸣。该作品写实于前，议论于后，形象地描绘了远航者发现并奔向目标的心理，深刻地昭示了目标对远征者至为重要的领引与召唤。火光在，希望就在，它照亮远方，温暖着灵魂。

笔者曾想，假如夜航者在漆黑如墨的河谷里只是举目茫茫，夜幕重重，看不见远方的火光，没有目标，不知归宿，毫无盼头，那当会心烦意乱得如何没着没落？又会是怎样六神无主得心灰意冷？

海德格尔说的好，每个人其实都同时活在过去、当下和未来。

是的，过去、当下、未来无非是时空途程上的三个发展阶段：过去是当下的原初，当下是过去的未来，未来是当下的梦想。人若失去对未来的憧憬，哪有什么当下的谋划？人若缺乏对过去的反思，又何来奔向未来的激情？

对过去的反思无穷无尽，对当下的谋划无全无美，对未来的憧憬也无边无际。

人啊，大凡都如此，“思考着未来，生活在未来，这乃是人的本性的一个必要部分”[4]。今天，你若不生活在未来；明天，你就一定生活在过去。

世界教育史啊，像一条波涛滚滚的长河，各国教育乃河中之舟，永远沉浮于过去与未来之间。

二

中国教育船队像在有始无终的教育史河中航行。

她从旧中国昨天的漫漫长夜里驶过来。穿过那么多险滩、礁石、悬崖、暗流，在长长行程中她破碎着、沉浮着、摇荡着，昨天无法封锁教育船队的脚步。

她在重新修造中走向黎明中的共和国的今天。迷雾里湍急的流，狂风中滔天的浪，还有那么些可想而知与实难预料的大波大涛、大曲大折，令她经受着一次次的地震和海啸，今天依然也未能让教育船队断桅驻足。

她正扬帆从今天驶向明天。明天还会有世界范围内的竞争掀起的十二级风暴，还会有自上至下、自左至右的多方潮涌浪冲的挤压，明天自然也不会让教育船队完结，她注定还要走向未来。

未来在哪里？在很远很远的前方。

前方有火光吗？有，有很明很亮的火光。

教育属于历史的，也是属于现今的，更是属于未来的。

未来虽远，但我们的目光更远。

火光虽小，但我们旗帜上高标的四个字很大。

这四个大字就是：未来教育。

三

此时，让我们暂且回过头来，思考一下教育的意义，换言之，找出教育在社会运行图上的坐标。

教育是什么？教育仅仅是经济大地上一个附属物或是上层建筑机器上的一个零部件吗？

否！放宽历史的视界，教育的定位着实特殊得很呢！

教育的本质是孕育社会的文明。其常态表现为：把孕育未来文明的种子播撒进社会结构的土壤里，一二十年、二三十年之后生根发芽开花结果，而使文明蔚为大观。

教育是衡量社会水准高与低的总标尺。

教育者，教化社会哺育公民之谓也。教育水准的高度，自然成了公民素养的高度，上层建筑的高度，也反映出经济基础的高度，整个社会生活质量的高度。

教育是引导社会发展快与慢的原动力。

我国春秋战国时期，教育与文化空前繁荣，各学派百花齐放、百家争鸣，社会被催动得极大提速。与此同时，西方进入苏格拉底—柏拉图—亚里士多德的时期，教育喷发似的突进，人才潮涌，社会也随之骤变。

教育是净化社会程度雅与俗的除尘器。

好的教育是优质除尘器。生活环境、公民心灵、社会品位会随之雅洁起来。反之，则会脏俗下去。此乃为不争之理。

或因形势所迫，或因无暇旁骛，当年马克思聚力于经济上劳资矛盾、政治上阶级斗争、理论上批资兴无，对文化教育思考不足，建树不多。我国改革开放，也因为过于聚焦于经济猛进，教育与文化只是被笼罩其间，以至失误。总有一天，教育会独立成为硕果累累的大树，福荫于脚下苍茫大地上的芸芸众生。

教育如此，那么未来教育呢？

四

未来教育是笔者思索多年追求多年对理想化教育的一个伟大命题。

未来教育是教育工作者乃至国人心目中飘扬着的一面辉煌旗帜。

未来教育是中国教育跨越泥潭走出险境必将建构起来的一座宏伟圣堂。

未来教育像什么？

她像暗夜最明最亮的火光。

她像晨曦最美最丽的朝霞。

她像早春最鲜最艳的花蕾。

她给国家以盼望的彼岸。

因为今天的教育只是未来教育的预备，严格地说，只能说是一种残缺多多遗憾多多的教育，是一种粗放的、到处充满不公正的、甚至近乎原生态的教育，只是为未来教育揭开序幕的教育。而未来教育——人，普照着和谐发展的阳光；地，遍收着优质栽培的果实。国之每一个孩童、青春还是暮年，皆沐浴在教化的东风春雨里，勃发着无限生机，他们高雅品格、强健智能、多维思考、前沿探索、美好行为等素质皆与未来社会丝丝入扣。如此说来，谁不盼望彼岸的教育！

她给民族以追索的精神。

天上日月星，人间精气神。气贯长虹的昂奋精神是一个民族生生不灭的灵魂。

当远远望得高山之巅出现的照亮昏暗大地的晨曦，就像听到了奋起的军号，感到一种庄严的时代呼唤，就使一个民族升起不懈追求的精神！

正视手中一团团乱麻，梳理它！

直面眼前一个个难关，跨越它！

有精神在，就有奋斗在，就有希望在，就注定会激活一个古老而新生的民族！

她给国民以生命的动力。

为了未来教育——那人才疯长如同雨后笋园的教育，那智者群生宛若星满天宇的教育，谁人不为之惊醒，不被激动起来？

想起未来教育，尽管眼前教育有那么多不如意，那么些不合理，那么大难题，还是遣愁云散去，让思路四敞，内心勃发勇气，周身聚集力量。

君不见，为在长夜难明的旧世界托起可爱中国的理想，曾给革命前辈注入了多大的生命动力啊！想到那时，“到处都是活跃的创造，到处都是日新月异的进步，欢歌将代替了悲叹，笑脸将代替了哭脸，富裕将代替了贫穷，康健将代替了疾苦，智慧将代替了愚昧，友爱将代替了仇杀，生之快乐将代替了死之悲哀，明媚的花园，将代替了凄凉的荒地……”[5]他们笑对清贫、恐怖乃至屠杀！

未来教育，这引领时代提升国度的教育，同样也会给国民生命以不竭的动力。

五

如此笔者何以提出未来教育的命题？

教育在塑造未来，塑造未来的人、未来的民族、未来的国家。

既然教育为塑造未来，我们当然得思考塑造未来的教育。

教育在储备未来，为未来储备人才、储备精神、储备智慧。

既然教育在储备未来，我们当然要设计储备未来的教育。

教育在告知未来，告知未来的理念、未来的运营、未来的走势。

既然教育在告知未来，我们当然须预测告知未来的教育。

况且，在陀螺般急剧转型的社会里，国人的心普遍被急速的变奏搅动出灰褐色的浮躁，急功近利的幽灵如蝇逐臭似的叮咬他们的灵魂，他们的眼难免变得愈发近视而势利。

一个人，一个家，一个国，一旦患了近视病势利病，就丢失了未来，不见了远方，也就没有了梦。因“生命是一张弓，那弓弦是梦想”！[6]

在教育战线内部，患近视眼的人也还不少呢！

在上者，有的无视教育危机四伏，而把教育正常发展，好大喜功为天字号奇迹；居中者，有的只求将办学的蛋糕做成五光十色皂泡般的“航空母舰”，近功急利地扩招敛资；处底层者，有更多的没日没夜地拼搏应试，把虚晃一招的改革旗帜当成不屑一顾的抹布……

近视眼种种，靠什么治疗？

靠教育。

靠校正方位引领方向的教育，靠走上步、看下步、想几步的未来教育。

未来教育给国人给教者以望长久远的未来大眼光。

六

笔者之所以提出未来教育的命题，还基于对历史、对现状的一些久久的思索。

人类的历史常常活在错误之中、偏执之中，对许多事物理解的不完全、不确切之中。

现代的人，现代的社会，现代的教育，也都无法承担一个最完美的真理、最完善的人性、最完满的育人模式。

然而，我们能为此而抱怨、沮丧、失望乃至哀号吗？

不能！“人的目的在于行动”[7]，**我们力争使自己行动起来，营造催生未来教育的产床和未来教育灵魂的主体思想，以打造富有高度承担力的教育人才。**

当我们进入漫长的几千年的文明史中，去拜见那些圣人（包括政治、思想、教育、文化、宗教方面的先哲），顺着他们的手指指点的正确方向走下去，并且修正其所指的偏颇方向，走向更遥远的未来。比如说，我们修正了伟大的亚里士多德的手指，便可以走出理性与知性的迷宫。

走向未来教育，要通过许多条狭长的窄路，甚至通过无人区那布满荆棘的小路。在那真理小路旁边，那条社会偏见的大道何等宽阔，人流如织，车水马龙。

但是，唯有走过这条艰苦的小路，走过这条尼采所说的谬误旁的真理窄门，我们方能实现超越：超越自身人性中的弱点，超越经济、科学的落后给我们的短视，超越社会集体中的惰性，超越时代与历史给我们的局限——对我们的想象力、意志力、创造力的先天性的伤害，使我们最终走向真理之巅。

为什么现在我们无法承担上述的那么多完美？

还因目前社会巨大的进步，总是伴以对人的思想、品格、智慧及整个智力的巨大伤害讨回其代价的。这在以前的社会中是从来没有过的。试问，教书育人的难题什么时候比现在大？为什么现在大？而让灵性的、真理的“以人为本”的弦音隔着如此浮躁而喧嚣的世界落入我们的内心，不经过漫长的时光隧道可能吗？

回眸历史，自五四运动起，或上溯到1840年鸦片战争，中国社会给中国教育的命题就是：启蒙和救亡。

无论从当年列强的瓜分侵略，还是当今世界范畴的市场竞争，中国教育的轨迹一直循着救亡的曲线。而知识的启蒙，灵性和社会的启蒙，对未来社会公民思想的启蒙，一直没有真正排上议事日程，我们的教育一直在自顾无暇之中。**国家始终在与战争、强权、经济侵略、文化浸透、世界竞争做殊死斗争，常常沦于捉襟见肘、疲于奔命的境地，因此，无暇恢复教育自身的神圣，短时间更无法复兴到它的黄金年代：教育成为整个社会的灵魂，成为统领政治、经济社会的中轴线，成为国家与民族的文明所能企及的最高峰。**

静观当今，中国教育被源于自我和发达国家的各种理念撕扯得几乎四分五裂而无暇反思，也被国内的各种应急的任务、变幻的订单迷惑得几乎失去了自我。应付高考试卷，更要回答社会这张真正的试卷；让学生、家长的眼前满意，更要让国家和民族的未来满意；抚平现实的愁肠百结，更要历史不得留下遗憾。教育已无暇、无力承担这诸多完美。

“教育的历史似乎为未来的教育又提出了双重的任务：教育既要复原，同时又要革新。”[8]复原什么？复原教育育人的本义本质，革新什么？革新教育育人的形态、形式。

我们要在社会大变型的过程中走向教育转型的完满：教育的复原与革新。

我们须穿过幽深的河谷，在像本文开篇摘引柯罗连科所描绘的漫长河流中奔向火光的夜航，甚至在发达国家所不曾关注的黑暗旷野里执着而坚韧地摸索着前行。

火光仍在，希望犹存，未来就在前头。

七

不谋万世者，不足以谋一时；
不谋全面者，不足以谋一隅。（陈澹然《寤言二迁都建藩议》）

我们古之圣贤的精端见地，透出了长远、全面从而超越时空的大视野。

自古至今，自中至外，许多诗家哲人也莫不在人世大坐标前设计明天，预测未来，以此计议今天。

让预言的号角奏鸣！哦，风啊，
如果冬天来了，春天还会远吗？[9]

这是英国18世纪初叶浪漫主义诗歌巨子雪莱《西风颂》

的尾节。他面对万木凋零、海水变色、世界进入死寂之境的秋季，神往西风摧枯拉朽的神威，他有同样的要把旧世界摧毁的雄心，他从西风的咆哮中听见了遥远的新生世界的号角——这样的西风，就成了“预言的号角”。

我们应当把未来作为衡量一切价值的准绳——而不要步着我们的后尘去寻找行动的法则！[10]

“人类”不是目的，超人才是目的。[11]

这简直可以视为德国哲学家尼采创造“未来哲学”的宣言。

这位被鲁迅所说“不是太阳”“他发了疯”[12]的人，毕竟像一颗坠入浓密大气层的天外流星，陨灭前留给世人那夺目的闪烁——神奇、瑰丽而可怖。他以文艺各种形式为外观，以冥想与思辨为论述方式，对当时的各门学科、各种主义、各类文艺、各种宗教、各样科学及所涉及的历史及现代400位人物的价值进行了一次重新过滤与估衡，闪耀出批判精神奇异炫目的智慧火花。

我们认为下面这些真理是不言而喻的：造物者创造了平等的个人，并赋予他们若干不可剥夺的权利，其中包括生命权、自由权和追求幸福的权利。[13]

此为1776年7月4日，大陆会议美利坚十三个联合邦一致通过的《独立宣言》前言的话。这在人类历史上第一次以政治纲领的形式提出了“人人生而平等，人具有不可剥夺的生命、自由和追求幸福的权利”等原则，成为以后美国的意识形态，奠定了二百多年发展的思想基础。这些原则就一直在全世界为人传诵。

代替那存在着阶级和阶级对立的资产阶级旧社会的，将是这样一个联合体，在那里，每个人的自由发展是一切人的自由发展的条件。[14]

这是马克思、恩格斯所作《共产党宣言》第二章“无产者和共产党人”的尾段的话。“每个人的自由发展”——这个目标醍醐灌顶，八个字字字千钧。天地万物，人为至尊。人的发展，自由至贵。这是未来社会人本核心思想的点睛之笔，这是历史发展航标似的预言。

20世纪的中国，也产生了三位极具前瞻性大眼光的伟人。

世界潮流，浩浩荡荡。

顺之者昌，逆之者亡。

孙中山在万家墨面的旧中国，最早洞悉中国民主革命的曙光。

星星之火，可以燎原。

毛泽东在血雨腥风的白色恐怖里，最先描绘了“看得见桅杆尖头了”的革命航船。

教育要面向现代化，面向世界，面向未来。

邓小平在粉碎“四人帮”后教育究竟向何处去的举国迷茫时刻，最快竖起了明亮的灯塔。

八

“未来”，一个充满无限希望且极具无穷诱惑的词汇。

英国哲学家路德维希·维特根斯坦深沉地说：“当我们思考世界未来的时候，我们心中常想，如果地球继续如我们所见般运转，世界的未来将会落在何处。我们没有认识到世界并非是在做直线运动……它运动的方向在不断发生变化。”[15]政治哲学家伯特兰·德·乔维拉也说：“我们越敏锐地感觉到过去的运动，我们就越强烈地坚信未来的继续。”[16]

荡动的过去，变易的当下，激越的未来。

日前据报道，英国的一支研究团队在分析了人们在谷歌上的搜索行为后对此得出答案：富国的国民更关注未来，穷国的国民更关注过去。[17]

中国正走向富裕，我们当然更应该关注未来。

立于现在看未来，从远方一片曙色的未来中获得激情；放眼未来抓现在，从周围全部真实的现在里积蓄力量。

就像一名攀上航船桅杆的望者，极目远眺，穿透层层迷雾，洞察风云，避开风暴，绕过暗礁，指挥航船信心百倍驶向指定的港湾。在漫长的航行中，望者目不斜视，心不旁骛，把眼前的现实当成奔向远方的起点，一程一程地斩波劈浪，一段一段地接近梦想。

从脚下起步，“在经验与行动中敞开未来，教育不再是基于过去的回忆，而是面向未来的行动”[18]。

脚下直通远方，远方就在脚下。

邻近志在遥远，遥远也即邻近。

当然，未来是相对的，是动态的，如同流变着的“动感地带”。普及九年教育对文盲充斥来说是未来，网络教学对粉笔黑板教学也是

未来。

逼近原想的未来又有新的未来在前头。

未来永远在远方。人们永远在路上。

九

未来教育不能只是憧憬未来的教育，而是要加倍努力去创造美好教育的未来。

现在的教育、现在的社会欠缺如此之多之大，而人类对文明史上圣人的扬弃（吸收其精华，剔出其糟粕）还远远没有完成。

教育，乃是人类各种生存经验和价值观念的总和。我们则立足于丰腴的中华教育厚厚土层之上。

当我们尚未充分把握前人思想精华的时候，就被推推搡搡地裹挟到现代社会之中；中华民族的文化传统在经历了一百余年磨难之后，又已变得面目全非，无法为我所用。此时此刻，被迅速推入现代社会轨道大密度高节奏运转中的我国，已渐渐远离了那座人类社会迄今为止最为辉煌的中华思想圣殿。而我们眼前，这一片充满了科学技术奇光异彩的天地，却又是思想文化杂草丛生的荒漠。在这片荒漠的热浪之中，西方社会思想宫殿更像大漠中的海市蜃楼，惊喜着人们错愕的眼球。

我们不能如此仓仓皇皇空着手离开这居住了五千年的富丽堂皇的圣殿，去抱着金碗讨食。

我们要坐下来仔仔细细地考量与盘点，把圣殿之中那些用得着的思想宝贝、文化宝贝、教育宝贝统统带上，而不是只拈来古人的片言只语（注定挂一漏万）当作旗子挥舞。我们理应如此，充实自己的精神家园，从而阔步地走向未来，创造未来的教育。

十

若问：未来教育离我们究竟有多大距离？

当然很遥远很遥远。

从现在脚下起，我们尚须艰苦地努力，先达到眼前教育目标；再下极大气力，跨越明天的理想目标；还要持续地拼搏，才可能奔向未来教育的目标。

如此看来，非经过一个飞跃性三级跳才行。

这需要有浪漫主义的激情，同时需要有现实主义的奋斗。这就是通常所说的既仰望星空，又脚踏实地。

若再问：达到未来教育有时间表吗？

没有！犹如共产主义何年何月实现，连马克思也不曾有确切的预知一样。我们不是占卜先生，当然对未来教育的实施难以推算出具体的时日，但是这并不妨碍我们为之设计、为之奋斗的努力。

若三问：未来教育最需要我们的是什么？

是渴望，是望眼欲穿急不可待地渴望。

渴望，不仅仅把我们要求的东西放大了，圣化了，更为我们插上了追逐的翅膀。

尼采有言："最伟大的观念就是创造了最激烈、最长久的渴望的观念。"[19]谁说"未来教育"不是这样的观念呢？

是行动，是革故鼎新不断超越的行动。

行动，使我们追逐的目标一步步拉近了，清晰了，我们也会变得更加刚毅更有力量。

海明威曾说："没有行动，我有时感到十分痛苦，简直痛不欲生。"[20]对于奔向未来教育行动中的我们，不该也有如此的感受吗？

十一

历史学家黄仁宇比喻西方的封建社会进入资本主义社会的巨变，从其演化的难度与巨变的程度来讲，都像自然进化之中，从走兽到飞禽的变化。"一只走兽，除非脱胎换骨，否则不能兼任飞禽。"[21]

我国教育也正面临从走兽到飞禽的机遇。

这是千载之梦却难求难碰的历史性机遇。

综观世界，"在这个爆炸性的转变时刻，个人的生活被撕成碎片，现存的社会秩序正在土崩瓦解，对新生活方式的狂热追求，正出现在地平线上"[22]。

再看中国，正值中国社会的改革翻江倒海般地急剧震荡起来：社会结构在重组，社会阶层在竞进，社会节奏在催速，社会能量在迸发，社会财富在激增，经济、政治乃至文化教育的嬗变如同疾风暴

雨。而所有这一切，又在相对短暂的历史瞬间发生并演进着。

这种震变之于教育，不仅搭建了相当宽宏的背景，而且为其提供了千年难逢的机遇——这即是现代社会与传统社会的断裂以及所形成的虚无，这种巨大的张力，反而给新式文化提供了广袤无垠的生长沃土。

"一千里色中秋月，十万军声半夜潮。"（赵嘏《钱塘》）

如此壮观的大变化，在中华编年史上仅为第二次。第一次是中国从奴隶社会到封建社会的变化，这一次是从传统社会到现代社会（黄仁宇所说的"数字化管理社会"）的变化。

抓住这个千载难逢的机遇，像帆抓住风的翅膀，似桨跟进水的脚步。

须知，岁月留给人们的时间总是有限的，若抓不住，留下的只能是无尽的追悔。

第二节　我们的重任：滤沙淘金

十二

一个海员说，
他最喜欢的是起锚所激起的
那一片洁白的浪花……
一个海员说，
最使他高兴的是抛锚所发出的
那一阵铁链的喧哗……
一个盼望出发
一个盼望到达。

一九七九年三月　上海[23]

艾青这首甚为单纯而朴素的短诗《盼望》，将海员对出航对胜利的渴望与激情和盘托出。

又岂止海员呢，世间绝大多数人每日每年不都怀揣渴望和激情，奔波在追求与到达之旅，穿梭于现实与理想之程吗？在从目前教育走向未来教育的伟大航程中，我们不该有同样的渴望与激情吗？

渴望使激情似火。

激情令渴望如沸。

回首历史，审视来路，面对未来，挑起我们的滤沙淘金的重任。

择取一个个闪光之点，为未来教育以借鉴。

截得一段段优化过程，为未来教育以奠基。

反省一次次失败试验，为未来教育以匡正。

滤沙淘金为了审慎地吸纳历史。

吸纳历史为了便捷地开拓未来。

十三

“善歌者，使人继其声。善教者，使人继其志。其言也，约而达，微而臧，罕譬而喻，可谓继志矣。”

采访泰州中学校长蒋建华（右）

蒋建华秉承“明理达用”的办学理念，全面推行“负责任教育”，以此倾力打造出“文明校园、书香校园、和谐校园、魅力校园”。笔者为该校题词：兴于泰州中学的“负责任教育”，文脉渊远，意旨博大，自下理接地气，至上大道通天；其境大气，根为大爱，魂为大任，核为大智

早在汉代，中国第一部教育经典《学记》，就提出了中国教育面临的最核心命题。对这个核心问题的回答，也构成了中国教育两千年的历史。

回眸教育历史。

千年私塾，诵四书五经，学孔孟之道，学出了一批又一批封建社会的卫道士，也学出了一代又一代传统文化的传承人。

百年维新，法西学中用，读诸门科学，读出了封建与半封建社会的遗老遗少，也读出了资产阶级民主革命的先觉先锋。

雄鸡一唱天下白。

58 年的共和国教育，呈现了马鞍形走势：

以凯洛夫《教育学》为蓝本，九年左右蓬勃发展的以俄为师的中国教育，逐渐进入单一僵化的苏联模式；

以 1958 年教育大革命为标志，八年间大起大落，探寻教育改革出路难觅；

以北大第一张大字报为开篇，十年“文革”一场浩劫梦，将中国教育葬入马鞍形的谷底。

以 1976 年粉碎“四人帮”为新起点，38 年里，一段拨乱反正的审视，一段热火朝天的反思，一段有点少面的实验。这 38 年的教育，在走向改革主航道的路上，有起有伏，有波有澜，所激起接天连地的思维浪花几乎打湿了每一位教育者的教育魂魄。

审视让人对中国教育改革的大起大落，尤其是那场毁灭型大试验不禁扼腕长叹：当教育被糊里糊涂地裹挟到“改造”社会的狂热理想之日，恰是教育离开自身规律最远之时，这时所做的任何教改探索，大凡只能是一种茫然而徒劳的功。

反思令人痛感科教兴国的紧迫、教育异化的危机、德育变态的可怕，我们一代人才在国际竞争中的尴尬……

实验使人看到了中国教育的亮点和希望。最为抢眼的是打出素质教育一面划时代大旗，各地展示一批特色教育工程，实施素质教育呈现百花齐放的景观：上海一师附小倪谷音领衔的愉快教育、闸北八中刘京海主抓的成功教育、南通李吉林创造的情境教育、安阳人民大道小学姚文俊力倡的主体教育、杭州天长小学李乘龙主导继而山东东营育才学校张广利发展的差异教育、河北衡水中学李金池探究的尊重教育、佳木斯一中刘文华首创的“五心”教育、重庆巴蜀小学廖文胜求索的梦想教育、苏州朱永新带领的新教育、珠海一中博士校长钟以俊独辟的美的教育、北京十一学校李希贵导向的学生自主发展教育、江苏泰州中学蒋建华打造的负责任教育、四川蒲江实验学校王祥高校长始创、杨忠云校长完善着的幸福教育……

蒲江实验学校校长杨忠云在成都教育国际化论坛上演讲幸福教育

由王祥高、杨忠云接力打造的“蒲实”因幸福教育而闻名教坛。其教育是以素质教育为核心，以幸福课程为主线，以理想课堂为主渠道，以哲学等多门科学为支撑，以构筑幸福链条和幸福文化为依托，以人为本，全面发展，张扬个性，放飞梦想，实现奠基幸福人生的理想教育

现在教育是未来教育的探索地。

现在教改是未来教育的实验田。

现在教科研是未来教育的开发区。

看似悄然无声，实则惊天动地。**积小改为大改，累小胜为大胜，开小路通大路，撑小天连大天——也许，高地就这样一块块攻占，天堂就这样一步步进逼……**

十四

历史有心，规律无情。黑格尔立论：“规律的真理性本质上即是它的实在性。”[24]

历史不是任人随意揉搓摆弄的面团。斯宾塞直言：“违反规律就不能逃避恶果。”[25]

创造历史，不靠“神”的意志、“魔”的淫威、某一单个人的愿望，而是靠众人意志的融合，即如恩格斯所说的“有无数个力的平行四边形的历史”合力，“这样就有无数互相交错的力量，有无数个力的平行四边形，而由此就产生出一个总的结果，即历史事变，这个结果又可以看作一个作为整体的、不自觉地和不自主地起着作用的力量的产物”。

这种“合力”所代表的民心在不断整合、重组的动态之中。它反思历史，拷问其灵魂；审视现实，纠察其理智；引领未来，校正其愿景。

正如雨果在《悲惨世界》里如此宣示：“生活的使命，在于微笑着面对现实，而且要越过眼前的障碍，注视未来。”

懂得这些，就懂得了历史，懂得了创造未来教育的合力说。

十五

历史是巨型过滤器。

它对众人合力所做过的一切，都一一细细过滤。

对做得好的，淘出的金子，悄悄地留下来，让其光照人寰。滤下的泥沙，就眼也不眨地丢弃得干干净净。

对做得差的，合力未能完成的事儿，历史的眼光一直严峻地紧盯着，时时防备沉渣泛起。

这时的历史过滤器似乎不急不躁地静观以待，随时把没做完的历史活计，在以后某个历史发展时空里，信手拈来再改头换面地推出来，让众人无论如何重做一遍，直到做得彻底些了事，同时把那些伴随历史事变而大量涌动出来的或因无暇光顾或因狂热欠冷静而没识辨的思潮，也逼着人们再重新梳理一番清算一下，还历史一个恰适的说法。

不是吗？1919 年“五四”反帝反封大风暴可谓摧枯拉朽，却也不问青红皂白地砸烂了孔家店，视其文化教育思想一律为封建主义破烂货，口伐笔诛之，足踏手扫之。55 年后批林批孔风烟卷起，把“孔老二”更当成林彪反革命的思想帮凶，坏如凶神恶煞。

当这一切大大做过了头时，人心逆反，历史转舵，始有羞羞答答矫枉的短章，继见大大方方校正的长文，到如今功过了然，终还孔子一个历史真身。

同样对资本主义的经济、教育管理等科学及成果，原本一片反对声讨之声，僵死腐朽的敌人的东西会有什么珍宝？待见其“腐”而不朽，“死”而不僵，经济、教育、科学的奇迹纷现，我们开的历史大玩笑才匆匆收场，才改革了旧习，开放了门户，对西方外国的领先东西实行“拿来主义”，虽不免晚了三春。

历史的过滤器啊，在滚滚历史的长河里，终不曾遗留一星儿泥沙，放走半点儿金粒。

看来，社会历史也仿造大自然的优胜劣汰，像夸美纽斯发现“自然决不产生无用的事物”那样：不给鸟长鱼鳞、鱼鳃、兽角和四只脚，不给树以耳朵、眼睛和毛发……[26]有一只无形的巨无霸的手，操纵着历史之船的规律之舵，奔向远方。

十六

历史的过滤器告诉我们，走向未来教育之路，有三道门卡，须达到三重境界方可入其门，进到未来教育新天地。这三重境界亦可理解为未来教育三大特征。

一重境界：观古今于须臾。

即对古今中外的全部教育记忆、全部教育资源，做到最大程度的咀嚼和辨析、最大可能的梳理与吸收，让昨天为今天站台、为明天奠基；让历史助今人反思，帮未来铺路。若不汲取昨日教育的营养，只能在一片教育空地上茫然四顾，今天的教育还不是瘦骨嶙峋？明天的教育岂能不沦为先天贫瘠不堪？

一个民族若没有过去教育，同样也不会有今天和未来的教育。

过去的教育，已走过数千年的育人长廊，凝集数亿教育人的心智长卷，思想与践行齐进，借鉴和突破并行。昔日中外的哲人智者留给今人一座座教育金山银山，谁扬弃地继承得好，谁探索未来教育就肯定爆发力大，推进力足，竞争力强。列宁说过一句精彩的话：“只有用人类创造的全部知识财富来丰富自己的头脑，才能成为共产主义者。”[27]在此套用一下：只有尽可能用人类创造的全部文化教育财富来丰富自己的头脑，才能成为未来教育的创造者。

二重境界：达生命的极致。

即对每一个生命，自出生到死亡，每一个阶段的教育（教育与自我教育）都做到：最大限度地利于个性的磨砺，潜质的挖掘，精神的高扬，智慧的催发；最为有效清除束缚自由、幸福成长的机制，窒息灵感与才能泉涌的因素，从而，让生命尽可能达到发展的极限。因为如苏格拉底所言："每个人身上都潜藏着太阳。"

人之开发，唯有教育。教育于人，有成有败。未来教育，对每一个人都将是量身定做的适宜教育。那会是最适宜的教学氛围，最便捷的学习手段，最自主的发展平台，最诗意的成长园地，最创意的生命大场。

三重境界：索求与得的合一。

即学在前沿，教在前沿，成长在前沿。所学即所用，所人即所才。浩浩人才，前赴后继，源源不断；种种英才，不拘一格，个个争奇；卓卓大才，脱颖而出，灿灿有光。如此这般，教育适应每一个人的需求，每一个人也就适应社会的需求。教育越来越成为人的生命发展的内在渴望，而不是简单地异化为求职的敲门砖、谋生的"回天术"。

古时，明君求贤若渴，而往往不可得；人才盼投明主，又常常不如意。未来教育当一反故态，**学校即社会，学生即人才，生活即教育，学习即发现，人生即创造**。当家内外、校内外、课内外确确实实打成一片，当师与生、父（母）与子（女）都一心向学，那种未来教育就展现了一派奇观：**处处是学校，人人是学生，时时软着陆，事事新突破，个个创造者**。

以上三重境界，预示着未来教育之路，将照耀着理想化的七彩之光，实行起来自然很难，有登临蜀道之感。

十七

但是，在历史过滤器前，我们却不可傻盼等。"一万年太久，只争朝夕。"我们与其盼等观望，何如将它操在自己手里，加快过滤的进程？

我们就该在历史长河的前头，把历史留下淘沙取金的活计尽可能做好，不该让这些任务在历史回音壁间再一次次与我们邂逅。

金子裹在厚重的泥沙里难见天日。

若得真金，必以水淘沙。“千淘万漉虽辛苦，吹尽狂沙始到金。”（刘禹锡《浪淘沙》）千淘万漉得越多，吹沙得金越多。

淘沙就是淘汰，就是批判。

取金就是留宝，就是继承。

淘沙方能取金，继往才可开来；奇光之往当继，异彩之来须开。

未来教育就在批判地继承中露出腰身，扬起头脸儿，重新打造自己的魂魄与风采的。

在聘笔者为教育顾问的浙江嘉兴市，笔者和教育界朋友同人谈得最多的当是教育的继承与创新。

“如今刮一股风，浮躁得不得了，有好多教育的好东西，像抓做人根本，在有的地方也丢弃了。我想，应在继承好的传统中创新。”嘉兴一中老校长吴颖生说。

与嘉兴市教育局副局长李水根调研

在行家里手李水根（右）副局长陪伴下，笔者深入调研浙江省嘉兴市教育何以跨越式发展之谜

市教育局副局长李水根说：“先破后立怎么立？教育能拆了再造吗？拆了再造，有一段是没房子的，没房子让教育蹲露天地？教育再也经不起瞎折腾，必须在继承优秀部分的基础上再放手创新……”

听着他们有滋有味地实话实说，我想到了叔本华的悲观主义、尼采的批判主义、巴枯宁的虚无主义。

如果说，**悲观主义是批判主义的前奏，虚无主义则是批判主义的终果。**

只讲破不要立，没有继承地一味批判，弱者粉身碎骨，强者支离破碎，无疑会出现悲剧挽歌的时代。只有借鉴启动营造，继承（批判中的继承）催生创新。

与此同时，我又想起了批判旧世界的大师——马克思。

他在回答女儿燕妮和劳拉提供的一份问卷调查中的一个问题时答案极有个性。

问题：您喜爱的座右铭？

回答：**怀疑一切。**[28]

那时整个世界风雨如磐混沌似漆，无产阶级理论体系的光芒正初显在他和恩格斯的思维的地平线上。从怀疑到批判，四面出击八方斗争都做不过来。

自那时起，一种崭新的思想与理论体系已彰显于世，盘点古今教育，科学地实施扬弃，总算有了思维定盘星。加之无数教育专家学者通过各自不懈的研究，也在不同领域、不同程度地为批判和继承指了路，我们再不必漫无边际地到处开火了。

十八

海纳百川，有容乃大。

天飞万禽，无栏则宽。

通达未来教育，要在最大可能的超越中，实现最大限度的精彩融合。

——融汇古今，超越时光。

纵览古今，我们发现，科技与社会的画面瞬息大变，而人性与心理的景深长久小变。

那些优秀文化与良好教育的精粹沉淀，饱含了民族不灭的精魂，熔铸了民族不竭的力量，成了代代相传永不过时的历史遗产。

与顾泠沅谈“中间地带”

信访、电话访问、电子邮件采访和当面拜访教育家顾泠沅，贯串了笔者二十余载的教育写作生涯，笔者从中感到了一位充满理想敢于实践的教育家的魂魄、丰采与视界。此为在上海中午小酌中，谈起寻找东西方教育的“中间地带”

自孔夫子起，“举一反三”“教学相长”的教学原则，“温故知新”“循序渐进”的学习方法，“熟读精思”“切己体验”的读书要领……真真成了偌大的教育百宝库，是任何别个国家、别个民族求之若渴而往往不得要领的百宝库啊！

对这些奇珍异宝，岂可丢之阴山背后？必须让它镶嵌在未来教育大厦上，放射熠熠光辉。

——融汇中外，超越地域。

教育属世界的。育人是世界性聚焦之亮点。

一方水土育一方人。各国尽有诀窍高招，所育人才各有特色。

如西方教育宽松宽容，学生动手如家常便饭，想象力天马行空，然基础知识根底悬空。中国教育严谨严格，学生知识根底厚如垒石，勤学态势如蜂儿叮花，然不活的大脑若木，不动的手似僵。

如何使不同教育取长补短，相互借鉴？顾泠沅于1999年6月，首提“寻找中间地带”说[29]，以后他又在访美考察中进一步论证，提出此说不仅是当今国际教改大趋势，更是整个教改大策略。其引发的震撼波及中外教坛。

是的，如将各国教育优势理念及方略像蜘蛛结网一样联成一个大网络，网张得越开，融汇得越广，岂不越是博采众长的集大成智慧吗？

——融汇内外，超越行当。

中国有句老话：隔行如隔山。

此言差矣，其实行行紧相连。

世上万物皆链接共生，彼此通透。各行当间更是灵犀一点，情理一源。

鲁班从齿形草叶里发明了锯。现代人得益于生物丰富多彩的功能极其复杂精巧的机构而研创了仿生学。唐代吴道子、张旭观裴将军舞剑得其精气，俄顷间画成书就，有如神助。

若跳出教育看教育，将政治、经济、科技、军事、体育等若干大类所涵盖百业千行的发展之优、之长、之物，尽为教育从实际出发吸纳并内化过来，那将给教育如何添彩增辉啊！

或问：这可能吗？

这有何不可！文科理科正在打通，科学艺术互相支撑，形象思维与抽象思维彼此转换，教育管理和经济管理双方“对话”，这不是有力的证明吗？

况且，教坛有识之士早已开垦了这块处女地。

疯狂英语创始人李阳，把“曲不离口，拳不离手”的艺人武人学艺练功之法吸过来，化为用嘴巴疯狂大喊英语，终于把中国肌肉操练成国际肌肉，让说惯了汉语的嘴巴流畅地说出英语！

造就“洋思现象”的洋思中学校长蔡林森，将其管理理念扎根于他脚下的乡土。他拈来农村实行家庭联产承包责任制的成功经验，灵活、巧妙地把“包”字请进学校，一切以“权责利”驱动，班主任“包”班，科主任包任课质量，后勤人员包吃喝拉撒睡，校长包争创学校一流，“无所不包”的管理激活了“洋思”，高扬了“洋思”！

素质教育执着的探索者、宜昌一中校长陶三发借鉴我国从粗放型向集约型转变的经济增长方式，一改学校以往补课、题海、苦练的“粗放型”，为提升教育教学科技含量和教师综合素质的“集约型”，科研兴教，特色强生，电教先行，内涵发展，创造了现实与长远并举、名师同名生齐飞的

"宜昌神话"……

十九

在走向未来教育的滤沙淘金中，有一些卡壳掐脖的难题恶魔似的缠着我们不放，我们该睁大眼睛格外关注当下的瓶颈。诚如雅斯贝尔斯所说："过去和未来都在现在之中……从现在那里我寻找过去和未来的交往，……而不是脱离现在，在时间的断层中踽踽走向过去和未来。"[30] "假如过去和未来并没有加强现在的话，那么它们就毁灭了现在。"[31]

憧憬中的未来不会凭空而至，现实中的问题绕不开躲不过。只有面对现实，方能超越现实，走向想象中的未来。弱点、难点正是发力点，瓶颈处、积弊处正是突破口。

我们该抓住当下哪些至关紧要的环节呢？

——最吃紧的，自上而下要有一批民族的精神导师。

常人看到：当今世界的竞争，表现在综合国力的竞争，聚焦为人才的竞争，殊不知竞争的前沿呢，则为不见硝烟炮火的教育思想的阵地。

访问叶澜

前沿实验，前瞻理念；宽厚的底基，崛起的山峰——新基础教育倡导者、我国第一个本土化教育学派，即"生命·实践教育学派"直接催生人叶澜

没有一大批一流的民族精神导师，就没有一流的民族现代教育。

精神导师是什么？是国人的精神舵手，民族的思想火炬。

罗素曾对精神大师的国魂作用如是说："……在现阶段，我不认为科学能够完全解释国家的特征。气候和经济条件可以说明部分问题，但不可能说明整个问题，也许在很大程度上，取决于恰好在开创年代临世的卓绝人物的个性，比如像摩西、穆罕默德和孔子那样的人物。"[32]

正是民族卓绝人物的思想个性与精神嘶鸣，引领着一个民族的生生不息的思想运动和波澜壮阔的前行创举。

我们不很缺乏从实践走来的教育家，而极为缺乏一大批拥有智慧津梁、思想宝筏的民族精神导师——全社会全民族的教育思想先行者，就像前面罗素所说的那样人物、罗丹塑刀下那眉宇深锁的《沉思者》，正视教育乱麻般的诸多问题，有力回应现实的疑窦，迅疾直视现实的深髓，解说以拨云见雾的透析，引路以卓尔不群的韬略，示范以拍案叫绝的个例。

面对中国“教育的问题与挑战”，要有几十个几百个朱小曼、刘道玉及时给予《思想的回应》和《创造：一流大学之魂》；领军“中国基础战线的改革”，要有几十个几百个叶澜、裴娣娜担负起沉重的文化使命；反思中国的半个多世纪教育成败得失，要有更多位顾明远、吕型伟式的德高望重，极有影响的教育大家卓有成效地扎入《我的教育探索》，富有个人创见地捧出《我的教育观》；引领千百万教师立于教育学理论之上《学会教学》，要有几十上百个顾泠沅式的教育学高师数十年如一日地在东西方之间《寻找中间地带》；带出一流的中国教坛实践，还要有千万个魏书生、李吉林式的将实践与理论水乳交融的教育家做出超一流的绝活儿；开拓中国教育的新天鲜地，要有千百个朱永新式的开路先锋操起“新教育实验”的推土机……

对话朱永新

曾任苏州市副市长，后为全国政协常务委员会委员、副秘书长的朱永新，亦是全国知名教育家，新教育实验的设计师、组织者、领军人物。他主导的新教育改革实验为中国教育东风化雨，润泽杏坛。图为访谈之后，朱永新为笔者赠书题词：大视野记录大精彩，大胸怀书写大乾坤

如此精神导师贵在有前瞻眼光、独立人格、批判精神和自由意志，与民族前途共命运，必然广受拥戴，真正得到国家与民族的倚重。

——最关键的，对教育投入要不惜花费血本。

“没钱也办事”“钱小办大事”的俗语，在办高标准教育的今日已苍白乏力，成了玩空手道的托词。试问：上网络，建语音（实验）室，修风雨操场，哪桩哪件可以白手起家？干什么事不得“看菜吃饭，量体裁衣”呢？

“舍不得孩子套不着狼。”中国老百姓这句话说得狠点，倒很实在，实现大目标非得大投入不可。

国家兴旺靠教育，民族崛起靠教育。

不只说在嘴上，印在纸上，更要做在腿上。对那些说教育冠冕堂皇，承诺得信誓旦旦，做教育却一毛不拔的人，切勿信他花言巧语。

马克思说得好：“一步实际行动比一打纲领更重要。”这句不易之论应该成为治国治教者的座右铭，狠下心给教育多多输血加氧，让她从贫瘦走向壮实，把大教育变成强教育，把教育大国建成教育强国。

——最需突破的，高考改革这牵动全局的瓶颈。

以往走的路给人竖起警示牌：不管搞什么体制改革、课程改革、教学改革、模式改革，教师、学生、家长、社会终极关注的还是高考怎么考，怎么改。

高考改革成了牵一发而动全身的诸多改革的瓶颈，成了培养创造型人才的切肤之痛，成了教育现实与教育理想之间宽深之壑，成了走向未来教育不能承受之重。

要极为重视它的改革，谨慎而大胆，顾后而瞻前，加紧研发，加力动作，加速试验，尽早完成这源流处的瓶颈改革。

——最当心的，要唤醒和保护好孩子的天赋。

天赋乃与生俱来的无价珍宝。

它是人原生态的天生资源，是产生某种兴趣的先天动因，而兴趣又是学习和创造乃至产生独特个性的原动力。

在雅斯贝尔斯的眼睛里，“教育只是根据人的天分和可能性来促使人的发展，教育不能改变人生而具有的本质。但是，没有一个人能认识到自己天分中沉睡的可能性，因此需要教育来唤醒人所未能意识到的一切”[33]。他强调天分是人的生存与发展的根，教育只能顺其推助。

在凯洛夫《教育学》里，天赋被恰当地视为“种子”：“天赋仅给予一些种子，而不是既成的知识和德行。这些种子需要发展，而发展是必须借助于教育和教养才能达到的。”[34]从此立论出发，有眼光的教育家一定会抢占天机，给孩子天赋的种子以适量的水分、肥沃的土壤、充足的阳光和适切的侍弄，使她早早萌发出芽，快快枝繁叶茂：对生性机敏灵动的，培养其脑子更活鲜，出手更迅疾；对天生多思好想的，打造其逻辑更严谨，思维更缜密；对禀赋能歌善舞的，成就其歌声更天籁，舞姿更翩跹……如此生发开去，人就成了超人，生命就成了精灵之命，人生就会精彩万端，社会也会七彩纷呈。

然而，我们的教育，几乎无视天赋，更何谈保护？而天赋宛如大风中的小小火苗，随时可能被八面来风刮灭。

这些灭火的风，有来自家庭的凉风，有来自师长（走上社会后的上级）的台风，有来自周边冷嘲热讽的阴风，更有来自自我毁灭的龙卷风（不珍惜天赋，戏弄天赋）……

当父母的、做老师的要知道：“你的教鞭下有瓦特，你的冷眼里有牛顿，你的讥笑中有爱迪生。”[35]你要像保护眼珠一样极力呵护学子天赋的火花，想方设法让其燃起熊熊之火。我们当悉心关照、用心实施、精心培养孩子的三部曲：发现（含唤醒）天赋特长，训练天赋特长，发挥天赋特长。只有激活先天的资质，方能用足后天的才干，也方能开采明天的“潜矿”。

——最不该丢的，是教育的诗意。

诗意是什么？是情感的奇花异草，是人性的经丝纬线，是心灵的光风霁月。

中国是诗歌的大国。

源远流长的诗歌史几乎等同于中华民族语言的历史。

从第一部诗歌总集《诗经》、被誉为“东方的荷马史诗”的《格萨尔》、一枝独秀的汉赋、追求华美的魏晋诗歌，到煊赫辉煌的唐诗、风格各异的宋词、自由轻盈的元曲，乃至现代五四时期兴起的自由体新诗，每一次诗潮的涌起都映照出一个永恒的中国。

从屈原、陶渊明、李白、杜甫、李清照，到马致远、龚自珍、郭沫若、戴望舒，诗歌潮头的一声咏叹总能唤起千年后的不绝回声。

诗文化深深浸染了民族的血液，成了国人代代流传生生不息的生命基因。诗教亦潜移默化为不可或缺的育人营养。

诗言志，诗寄情，诗铸魂。穿衣心念“慈母手中线”，端碗想起“汗滴禾下土”，外出“低头思故乡”，立志“生当作人杰”，交友“海内存知己”，御敌“挽弓当挽强”……哪一个中国人不是在诵诗中成长？谁的思维里没有诗光照耀？

中国人，就是亚洲东方骨子里诗化了的那群人。中国人的人生，向来是爱诗、懂诗、心灵饱润诗情的人生。

中国自古以来就以诵诗作诗为至爱的诗意教育。诗教，实为中国优秀教育一大特色、一大优势。中国优秀传统教育因其充满着诗意文化而使世界惊艳。

“保持人的生命发展的诗性张力”[36]，应当成为中国教育始终坚守的特质。就是说，诗意，绝非只存活在诗里，更存活在生命的朝花夕拾里、生活的浅吟低唱里、生存的波峰浪谷里。

在国人眼中，教育是诗意的旅行，教学是诗海的畅游，读书是诗花的采撷，交流是诗浪的碰撞，演练是诗化的盘点，活动是诗流的涌动，谈心是诗泉的润泽，沉思是诗眼的流盼，成长是诗竹的拔节……

就像海德格尔引用德国诗人荷尔德林的诗句“人充满劳绩，但还诗意地安居于这块大地之上……”[37]

然而，教育发展到应试今日，诗意罕见了丢失了，生活枯燥了干瘪了，一时里像荷叶缺了葱葱的绿，晨风少了淡淡的甜，突兀的岩峰没了点点灵气。

晨诵改变着生活状态

在“过一种幸福完整的教育生活”的核心理念下，新教育所开展的“与黎明共舞”的晨诵项目，是以喜闻乐见的儿童诗歌和古典诗词为主的课程。通过师生一起朗诵、一起感受、一起陶醉和激励，共同穿越诗歌，欣享文化，美育生命，开始新的一天的洗礼仪式。上图为一个班级正激情晨诵，下图为一群孩子在草坪上喜读一首好诗

教育原本就是人类诗意的修行。诗意是从骨子里透出来的灵气神韵。

教育缺了诗意，教育就没了味，失了趣，少了魂，岔了气，丢了韵律。

因为教育本身是一首诗，一首如马卡连柯命笔的《教育诗》。苏霍姆林斯基也建议：“让孩子们心里的诗的琴弦响起来。”[38]

儿少是诗，一首天真烂漫滚动露珠的诗。

青春是诗，一首火红激扬含苞欲放的诗。

成长是诗，一首抽芽放叶开花结果的诗。

那欢腾雀跃如诗的迸发，那拔节成长似诗的跳动，那一脸稚容英气蕴含诗的意境，那一串儿异想天开的主张爆出诗的灵感，那美丽教育故事贯串诗的情趣……

每日每时，园丁般教师不在花朵间巡回着美吗？衣沾花香，眸印花影，心灵祈祷百花明天的富丽与丰饶，这一切，不是美之长诗在淙淙流淌吗？

常州高中王定新校长百般欣享这种教育者的生命大境界。他感到：

坐在课堂里，或者站在窗外认真地聆听老师的讲课和学生精妙的发言，我总是能够感受到教育诗性的光辉将我笼罩，精神的满足和心灵的跳动有时会让我觉得自己尚是指点江山激扬文字的年轻后生，忽然觉悟生命如歌，教坛似画，青春真的是一种状态，和年龄无关……[39]

这种诗的境界，有兴致逐浪，有激情飞扬，有精神顿

悟，有心灵拥抱，有职业敬畏，有事业升华……

有诗意的教育多美！

有诗意的人生多好！

值得欣慰的是，新世纪之初，朱永新带领的新教育军团开发了“晨诵、午读、暮省”——新教育儿童课程，为中国教育注入了睿智的灵光。

每日晨诵，在PPT精美图片的展示和适切的音乐里，或由教师领诵，或由学生独诵，打着节拍，带着感情，优美的童谣和诗词歌赋激荡教室飞扬校园。数百万孩子晨诵，与黎明曙光共舞，伴灵秀奇美同生，激情勃发，音韵跌宕，书香氤氲，蔚为大观，生命拔节，精神舒展，与古之智者学人兴味盎然的读书情景形成呼应。晨诵，努力让诗歌穿越儿童的生命，激发学生对文字体认的特殊敏感，让内心兴发出无比感动，渐渐地，渐渐地，心灵变得温润、炽热、丰盈、和谐起来，一种积极高雅的精神气质油然而生：人走进知识，超越诵读，人升华了；知识走进人，穿透生命，知识蕴含灵气了，知识与生命产生强烈共鸣，人知合一结为一体实现伟大超越。

——最该强化的，教育改革的危机意识。

危机意识，表面上看是居安思危意识，深层次想是自我拯救意识，是深忧远虑意识。无论人与国，若无此种意识，胜者转而败，能者转而弱，立者转而倒，前者转而后。历尽世间多少事，成由居危败于安。

1983年，美国高质量教育委员会经过18个月调研，提出了《国家处在危险之中：教育改革势在必行》报告，一一列举了教育13项危险的指标。2002年1月8日小布什签署《不让一个孩子掉队法》，并强调：降低对处于不利地位儿童的教育标准，“是对他们的歧视，对他们的低期望是一种无形的偏见”。2010年奥巴马国情咨文演说，强调“今天在教育上战胜我们的国家，就是明天在经济上战胜我们的国家”。

《不让一个孩子掉队法》是旨在提高全美中小学教育质量，缩小不同背景、种族儿童学业差距的一项教育改革法案。接着，美国教育部颁布了《2002—2007年战略规划》着手实施《不让一个孩子掉队法》设定的目标。2006年年初，布什倡导制定《美国竞争力计划》，提出“在创新中领导世界”。美国教育部又发布《回应变革世界之挑战：为21世纪而加强教育》报告。

2007年，美国人还拍摄《两百万分钟：一次全球考察》，跟踪记录和观察分析了来自中国上海市南洋模范中学、印度班加罗尔市圣保罗英文学校以及美国印第安纳州卡梅尔中学的各两位高中生长达一年之久的学习生活，探讨了三个国家中学生的学习状态，各自文化中教育的特殊地位和教育标准是如何被学校、家庭和学生所接受的，学生自己、家庭、学校又是如何看待知识经济时代的竞争的等问题。纪录片向美国教育界和社会再次发出“盛世危言”：美国高中生学习太没有压力。长此下去，中国和印度将在全球经济竞争中击败美国。从报告到影片，清晰地解读出美国为未来能保持强劲的发展势头，继续成为世界头号强国所具有的那份焦虑感，他们从未陷入过自我陶醉的沾沾自喜中。

在我国，成串成辫的教育问题解没解决，是一回事儿。有没有教育改革的危机意识，更是一回事儿。没有对问题的危机意识，终日得过且过无忧无虑，或抱定解决问题不是一朝一夕的事，需慢慢来的念头，哪会有解决问题的急切行动？

对教育改革的危机意识，还不应只限于少数有识之士，或教育界的个别官员，还应含广大党政干部、教坛千万大军、众多平民百姓，让上上下下都对中国教育的危机一清如水，都急得如坐针毡，都跺脚连心地想方设法，都如救火抗灾一样全力以赴，问题解决的窗户纸就快捅开了。

面对火星四溅的国与国竞争，眼看我们教育难题缠身的处境，中国人不该唱着《义勇军进行曲》迎接新一轮挑战吗？

第三节　我们的愿景：辉煌未来

二十

在那里，心是无畏的，头也抬得高昂；
在那里，知识是自由的；
在那里，世界还没有被狭小的家国的墙隔成片段；
在那里，话是从真理的深处说出；
在那里，不懈的努力向着“完美”伸臂；
在那里，理智的清泉没有沉没在积习的荒漠之中；

在那里，心灵是受你的指引，走向那不断放宽的思想与行为——

进入那自由的天国，我的父呵，让我的国家觉醒起来吧。[40]

这是泰戈尔获诺贝尔文学奖的献诗《吉檀迦利》的一节，抒发了对自由天国的无限遐想。

在这鲜泉般的遐想里，诗人清澈的心灵，芳丽的憧憬，优美而自然的激情，细腻而遥远的声音，水乳交融着，筑起一座完整的深刻的罕见的精神圣殿。

诗中这神圣的天国，与我们未来教育的王国何其相似，无论人的那心，那头，那话，那灵魂，还是那知识，那世界，那理智，那思想，那行为……

这有力表明：**徘徊在低层面的必然王国里的人，其情态各有各的不同；而处于高层面的走向自由王国的人，其走势却大抵是相似的。**

但是，不同的是，未来教育王国不是等着我们要去的地方，而是我们需共同创造的教育乐土，未来教育不是已经预设好了的，也不是靠哪个权威高人指路，就能畅达地跨越通向未来教育的一切障碍。

二十一

未来教育犹如一座宏伟的大厦。

这座大厦建筑在稳固的金三角之上。

全民族对教育的高度渴望、深度理解、强度推动是大厦得以崛起的基石。

国家的各级政府对教育看足能量、认足位置、下足血本是大厦得以巍峨的脊梁。

一支对教育无比乐业、无限敬业、无尽精业的精锐之师，是大厦得以辉煌的华彩。

二十二

有人对未来教育有种种揣摩。

早两年报载一文，讲网络学家想象未来学校会是学生游戏、活动的乐园：“要学习知识吗？请你回家去；要玩吗？

请你到学校去。”原因是电脑在手，学无他求。

诚然，未来教育进入了网络辅助教学新时代，师生的教与学，无论是课程、内容、手段、形式、方法等都发生了划时代的深刻变化，远程的、开放的、多向互动式教育方式扑面而来，跨科目、班级、学校甚至国界的教育教学全面推开，网络化的学与做对教育进行着颠覆性创新（见本书第一章之八）。然而，学校的集中教育教学地位却在短时期内不会动摇。就像果树总得群体生长在果园里，而不是散落在草地、田头、鱼塘边一样。

再者，人是如此卑微、如此脆弱、如此愚蒙，只有教育尤其是学校教育的点化，才能更快地走向高雅、走向坚毅、走向颖慧。

功能再齐全的网络软件，也无法替代师生脸对脸、心贴心、手携手的情感交融、人格熏陶、智慧启迪，也完成不了多元文化释放、主流文化传播、民族精神承载之中的人属社会人的塑造。

倘若学校只是“玩”之所，学校也完全可以取消，因为“玩”在青少年宫、体育馆（场）、各种野营地岂不更好？

如若那样，工人做工、科研者搞研究都可以在家，工厂、科研所等似乎也统统可以取消或改作他用！

一位学人对笔者说，没有什么是教会的，都是学会的。照此理论就有新的疑问：未来学校还需不需要教师？

自古以来，师与生俱来，生与师同在。

难道未来的孩童就会生而知之，刚出母腹不再是一声啼哭而是一首诵“诗”？

既然如今儿童与几千年前的儿童无大区别，学生学会学懂的本领不是自然产生的，成长都离不开蒙师、教师、导师，靠他们“传道”，传“治学”之道，才会增长才干。无师自通只是个别的特例。在未来教育的舞台上，教师的角色也会断不可少，无非其作用会有全新的变化罢了，对其要求也更高格更精深了。笔者赞同如是观点：教育是面向未来的事业，教师应是最有权威的未来学家。未来分为两半，一半是今天的延续，另一半要靠理智的雕琢。

还有，未来教育要不要秩序？要不要服从？要不要赏罚？要不要规则？

像春夏秋冬轮回有序，日月星辰运转有律，我相信夸美纽斯的话：**“秩序是把一切事物教给一切人们的教学艺术的主导原**

则。"[41] "学校没有纪律犹如磨盘没有水。"[42] 秩序重塑万物，再造人生。秩序把文字排列出诗与小说，把泥石组合成建筑艺术，把人与外界交往起和谐社会。人的培育是艺术，到什么时候都不会失去艺术的美——有序、有则、有法。不过，这序、这则、这法，一点也不是束缚学生自由发展的枷锁，未来教育是人的彻底解放，无论手脚还是心灵……

各种揣摩，似乎将未来教育看得过于神奇、诡秘，看不到从现在到未来并不隔着万里长城，未来教育只是现在教育不断走向完美的步步展延……

那么，未来教育会是什么样呢？

笔者将心中构想的愿景，寥寥数笔，试作几幅写意的素描画，为未来教育绘像吧。我始终坚信康德的看法："对一种教育理论加以筹划是一种庄严的理想，即使我们尚无法马上将其实现，也无损于它的崇高。"[43] 我们正视教育的现实，却不排斥对教育美好未来的无限向往。

二十三

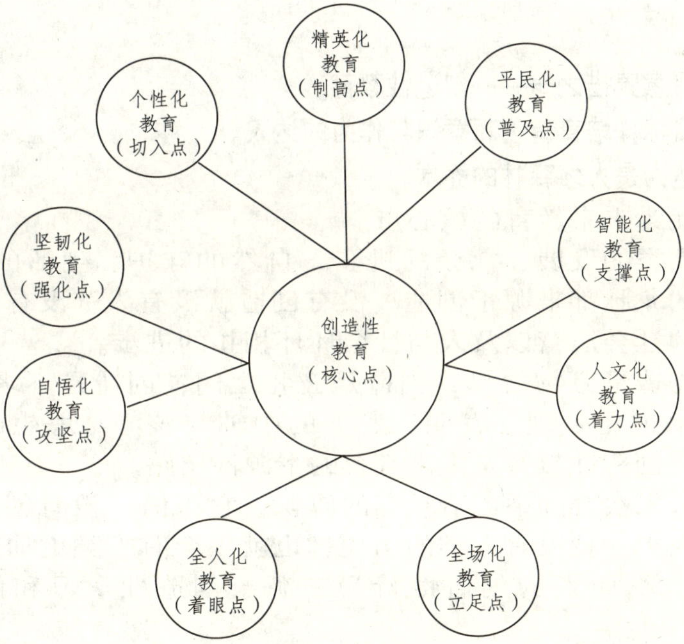

未来教育十大走势示意图

未来教育将以创造性教育为核心，显现出全人化教育、全场化教育、个性化教育、平民化教育、精英化教育、智能化教育、人文化教育、坚韧化教育、自悟化教育等十大走势，其中全人化教育和全场化教育为保障体系，智能化教育和人文化教育为特色体系，坚韧化教育和自悟化教育为内生体系，个性化教育为目标体系，精英化教育和平民化教育为两大主要内涵，达到造就出达人、“完人”、学人、奇人、能人、超人、智人、仁人、强人、哲人的恢宏目标。

这是未来教育“一性九化”十大走势示意图。其核心为创造性教育，如大树之根长河之源，独树一帜，渊远而流长。

其保障体系由全人化教育和全场化教育构成，场人一体，恢宏而稳固。

其特色体系由智能化教育和人文化教育构成，情智一曲，幽深而邃密。

其内生体系由坚韧化教育和自悟化教育构成，身心一炉，外强而内睿。

其目标体系由个性化教育入手，由精英化教育和平民化教育等两大主要内涵构成，点面一色，势高而峰峻。

二十四

写意素描之一——创造性教育。

目标：培育有创新意识与作为的达人。

达人是人才森林的乔木。

此为未来教育的核心点。

人类的发展、社会的进步、自然的守护、生活的理想、生命的龙脉都来源于创造。没有创造就没有人，没有以人为中心的社会运营以及人与社会环环相扣的进步。

创造是万物之母，创造是玄牝之门，创造是不竭动力。创造永远是发现、发明、发展的中轴与核心。思想改变世界——创造性教育是未来教育的本源性出路。

未来教育高举创造教育的旗帜。它深信“没有创造，就没有人类，就没有人类的历史，也就不会有人类更加美好的未来”![44]而人的创造性行为来源于创造性学习和创造性思维。

何谓创造性学习？创造性学习以批判的方式提出问题；学习阐述本人的价值观；学习设想更加光明和可持续的未

来；学习有条理地思考问题；学习如何通过实践知识来做出应对；学习如何探索传统和创新之间的辩证关系（联合国教科文组织2012年可持续发展教育报告《塑造明天的教育》）。正是以如是学习方式为拐点，学习完成从传统接收到思悟发现的漂亮转身。

何为创造性思维？此乃开拓认识新领域、开创认识新成果的思维。它以感知、记忆、思考、联想、理解等诸种能力为根基，以综合性、探求性和创新性为特征的艰苦脑力劳动。激活并贯串该思维流每一环节的，是纷繁复杂的推理、想象、联想、直觉等综合思维活动。

在未来教育领域里，人人是创造者。创造成为教育的基本元素，化作人们自觉的精神追求与生存方式。每一个生命皆有创造意识，创造构想，创造行动。

校校是创造园。创造饱含校园每一个角落。

走廊，是师生布置的生物标本角：北极熊踏冰、东北虎跳涧、企鹅抖翅……

大厅，有师生绘画、造型的展示，从中国猿人到“嫦娥号”登月……

校门大墙上，人头的彩塑千奇百怪，是学生们自绘或绘师长的作品荟萃……

这里，创造弥漫课堂及活动空间。

一堂课呈现多种教法、学法。

一道题有多种解法。

一个问题出现十数种、数十种答案。

一次作业交上来数百本自写、自编、自己插图、封面设计并“出版”的书。

所有解答和作品不分伯仲，难别高低，一股脑儿显形在博客上、现身于争辩中、展现在著作里。

一个“我心中校园”设计活动，引来五花八门的方案，一个个奇思妙想夹杂着胡思乱想：喇叭形的小影厅，小船式的科技室，教学楼是一部翻开的大书，楼顶是巨型空中回廊花园……

这里，创造着无数组合。

早慧生、特色生自由跳级、跳科、跳组，自主选择恰适教师。

教师，跨年班际、跨校际、跨行业际，有合有分地为学生发展献策出力。

家长、义工、社区指导，纷纷深入校园，参与学生多姿多彩的活动……

这里，创新意识、创造作为成了每个人自由出入的通行证。

创新支撑教育改革的脊梁。创造教育是未来教育的生命线。

若问：无所不在的创新和创造教育从哪里来？

以艺术的视角热望科学，科学给予其指路的罗盘。

以科学的眼光审视艺术，艺术张开其飞天的翅膀。

科学和艺术的联姻，孕育着创新精神、创新灵感、创新激情、创新智慧，培育着创新素质、创新能力、创新技法。

艺术感受与创造行为水乳交融，所以，教育者和教师应将饱含艺术感的心灵带给学生。如果说“靠智力，仅仅能够理解大自然；只有靠艺术的情感，才会使大自然成为活生生的体验”，那么，“培养了艺术感的孩子，则会向着创造性工作的方向成熟”[45]。

二十五

写意素描之二——全人化教育。

目标：培育和谐发展的“完人”。

“完人”是人才石场的美玉。

此为未来教育的着眼点。

未来教育必将实现全人化教育，人是全面完善个性突出的人。每个人都具有健全发展的人格。

德国教育家第斯多惠最早提出“全人教育”的理想。日本现代教育家小原国芳探索过全人教育的意蕴。马克思恩格斯从生产力的视角发现：“建立在资本基础上的生产发展本身要求造就全面发展的人，只有这样的人才能使资本主义生产的进一步发展成为可能，这是一种客观趋势。”[46]联合国教科文组织的调查报告如是说：“把一个人在体力、智力、情绪、伦理各方面的因素综合起来，使他成为一个完善的人，这就是对教育基本目的的一个广义的界说。”[47]

人类创造的全部文化铸造着人的完美和谐的人格。无论欠缺哪一种文化，人格必定也欠缺哪一种底蕴。

德、智、体、美、劳（技）、群，是你中有我、我中有你、彼此联动、不可肢解的整体。

学问求真，道德求善，艺术求美，心体求健，劳技求能，群乐求协，然而，真、善、美、健、能、协共同配合才构得成六瓣的大波斯菊花。无论缺少哪一瓣，都意味着花朵生命的残损。

当然，“全人”教育，育德为先，教心为上。育人树德，古今同理。人有德性，即具高格，其余诸育，相得益彰。若无德行，如坠深渊，身败神散，诸育焉附？

全人化教育当为理想追求。十全十美的完人，过去、现在、未来都未能也不可能存在。**全人化教育不等于各育平均发展，不要个性突进，而是不要使哪一育沦为“软肋”“短板”。软肋者，短板理论之“短板”之谓也。一个人若无短板，他的人生“木桶”自当有更高的水位线。**

在未来教育里，家庭、学校、社会的一切，皆为培育完美的人敞开臂膀。

校园无处不蕴含幽美、高雅、文明。每面墙、每寸地都在述说，每株绿、每朵鲜尽在示意。

校风、班风、教风、学风无一不催动着积极、向上、努力的奔劲儿。

人际间无时不是携手并肩、同德同心的伙伴，共在一支舰队里乘风破浪。

探春访秋、红色旅游、结伴科学、走进社会……所有趣味盎然的活动无不陶冶着人格。

所有的教育无不饱含着学生的主体、主动、主角之位。

所有的学习无不充盈着个性的灵活、灵动、灵透之气。

座位废止插秧式的；

班、组是自主选择式的；

教学摆脱教授式的；

学习完全探究式的；

学科完全自选式的；

各学科、各年级、校内外的沟通交融式的；

学与思、学与做链接共生式的；

手工、实验、操作常规式的；

问题发现并解决大都自创式的……

这一切都利于人的完美发展。

其他，如规则、制度、评价等，皆为全人化目标铺路架桥……

二十六

写意素描之三——全场化教育。

目标：培育孜孜以求的学人。

学人是人才花园的蜜蜂。

此为未来教育的立足点。

未来社会的显著特征，是学习型的家园。人最鲜明的特点是学习型的人。全场化教育即是未来教育奠基石。

学校不再是学习的唯一场所。

家庭电脑前、社区阅览室中、信息化控制室里、现代化流水线旁、手工作坊内、车上车下、场内场外、厂区田头、候船等机……到处是学习之场、教育之所，到处设有电脑、笔记本，任你打开学习资料库，启动你的思维力创造力的风帆。每个人都可能拥有一台袖珍电脑，光导纤维像风筝线一样，把整个世界牵在个人手里。

管理者、经营者、生产者都是学习者。老妪、壮汉、幼童皆为读书人。老板是老师，家长是学长，导师是导学，教者是引学。

一部智能手机即是万能教室，一个平板电脑更是万能课本、万能智库，指尖改变着课程、教法、学法乃至思路、出路、生路。

每块土地呼唤着学习。

每个角落展示着教育。

偌大社会犹如学习的海洋。

看啊，随处可见彩色大屏幕上，时时变换各地各类的最新资讯。

楼道小喇叭响，悠婉乐曲间传来自主创造的要闻。

社区新风摄影展喜人眼目。

兵营文化大观摩动人心魂。

稻花香里说丰年——低垂的金穗昭示杂交新理念。

青山绿水道环保——清爽的空气飘溢花果的芳香。

更有成堆的报刊，盖地的信息，家庭赛诗会，小院故事节，广场科技演说，社区激情歌唱，街头专题宣传，郊外迎春长跑，电视里的汉字比赛……

有字的、无字的、大自然的、大社会的或有形或无形的智慧的书，都现身在偌大课堂里供人们学习，真是社会无处不教人，课堂无时不学问。那么，课堂究竟在哪里？在人生从生到死的全部时空里。

看啊，一群幼童摇头晃脑地诵颂古诗，少男少女就着手机争辩疑窦，青春学子在灯下翻动书页琢磨着设计，壮年汉子携来婆娘涌进农职中心的教室，城市老年大学今日开学，鹤发童颜的老人们乐呵呵走进才艺班当起“学霸”……

偌大的中国，就是一所学校，家家都是教室，人人都是学生，个个都在吸纳，像亿万只不知疲倦采花酿蜜的蜂蝶。

科技是第一生产力。处处有研发第一生产力的学人。

艺术是科技催化剂。处处是创造催化剂的学堂……

学习，成了人生的底线，快乐的源头，完善的动力。

民族精神在无限张扬，民族素质在无比提升，民族智慧在无穷增长……

二十七

写意素描之四——个性化教育。

目标：培育特长突出的奇人。

奇人是人才岭崖的异石。

此为未来教育的切入点。

个性是人生命的高峰。为使全员都能实现个性发展的高峰，首先要因材施教，也只能从每一个人切入，否则必是纸上谈兵。

“教育帮助个人自由地成为他自己，而非强求一律。”（雅斯贝尔斯《什么是教育》）未来教育因人而异，量身定做，让教育（教学）成为使每一个学子挖掘潜能、发展个性的精神家园和广阔空间，让每个学子都能成为他（她）自己——一个鲜活、独特与完整的自己。既然个性是人生命的高峰，那么，实现了个性化教育的教育，才是达到了教育的最高境界，堪称无与伦比的教育。

孔子的因材施教，说到底是按个性施教，达到个性成才。

晚年的歌德捋着长髯，让柔和的灯光照亮自己的思路说：人的“最大的艺术本领在于懂得限制自己的范围，不旁驰博骛”。[48]

人的最高智慧是个性化创造的奇迹。青少年最富有的张力，表现为生命乐谱中最鲜活的个性音符。未来教育必将抛弃“千人一面”教育的模具，代之以百花争艳的创新乐园。

美国康奈尔大学校训：“让任何人都能学到自己想学的东西。”该校设4000种课程，足以满足每一个学子的兴趣渴望展示的一片蓝天。加拿大一所500名学生的学校竟有500张不同的课程表，让个性化教学和差异性科目满足学生个性化的兴趣、思维的需求。

李希贵掌舵的北京市十一学校自2011年起，推行走班制，建立学科教室，设立大学选修课课程、自修课程、枣林村书院……两百多门选修课，包括语言与文学、数学、人文与社会、商学与经济学、综合实践等9个领域。33门职业考察课程，涵盖金融、经济、信息技术、法律、医疗等门类。四千多名学生有四千多张独一无二的课程表。学生中有学霸，更有营销强手、动漫奇人、卡丁车高手……

灵活的弹性课时为发展个性注入了活水。

在未来教育里，与大工业俱生的同一人才模式、标准件式的生产流水线不见了，代之以学生为中心的全员化发展，以个性为抓手的特殊化发展。学生可以选校、选班、选科、选课（不同程度），学校也必然出现多元化发展，各式各样的强化个性的举措业已常态化机制化。发明校、篮球班、演讲团、探险队、舞蹈组、管乐队、影视组、武术营、软件馆、写生之家、创作沙龙、昆虫林、观天台、动画屋等应有尽有。

依兴趣课程分流（必修、选修、活动、微型、潜在），按需要弹性管理（学制、学分、升留级），循规律多元发展（依照多元智能，按需求超值服务），创育才精英模式（按钱学森所说培养科学技术发明创新的模式），这就是个性化的扬长教育之路。

学科为开发个性奠基，活动为舒展个性铺路，社团为扬长个性搭台，网络为深化个性钻井。全部教育活动聚焦于一点：学子需求是学校的追求，务使每一个人成为个性奇崛的人。

为扬长打造的团体，囊括所有学生。他们在学习各科知识有了积淀的同时，依据各自的兴趣，自愿形成跨班级、跨年级、跨校际的组合。

每校都有数十个、数百个如是打造体的组合。

这是学中做、练中钻、研中创的高层次组合。

“兴趣是生长中的能力的信号和象征。”[49]

从小激发兴趣，引导兴趣，深化兴趣，成长兴趣，使其尽早进入思索，进入发现，进入创造的准备。

这里，怀有他们各自的气质与经历，饱含各自的好奇与执着，寄托各自的酷爱与迷醉，展示各自的特长与突破。

他们依靠这里的温床，正为明天萌发一个个奇人的壮本！

最理想社会，是让所怀特长绝技的人都用其绝活为社会服务。那样，社会行行业业，将是奇人大展奇技的时代。工作效率会数倍提速，社会展延会神奇超越！

或问：这种中小学生就打造个性，不影响高考吗？

不仅不会，还有利于高考。

莫忘了这是未来教育。

“一卷定终身”的高考早进了高考档案室。而面试、操作、特长的展示，成了录取超常生的主打试题。

二十八

写意素描之五——平民化（世界公民）教育。

目标：培育人人不俗的能人。

能人是人才大流的浪花。

此为未来教育的普及点。

美国民权运动领袖马丁·路德·金曾引用说：“一个国家的前途不取决于它的国库之殷实，不取决于它的城堡之坚固，也不取决于公共设施之华丽，而在于公民本身。”公民是否有健全的人格素养，决定着国家和民族的未来。

有普及才有提高。**一只木桶最短的一块木板决定其容量。依此理论，一国文化素养的水准如何，当首看文化水平最底层面的国民状况。**据此木桶效应，在未来教育大场上，任何人都不该是一角盲区，也应力避成为一块短板。

未来教育的甘霖洒向每一个角落，无论天涯海角；洒向每一颗心灵，哪怕先天患疾。

国帑对其投资不再吝啬。

百姓对其投入更有独钟。

寻找教育尽可能地均衡推进：乡村与都市一起加速，沿海与内陆一起跨越，汉族与少数民族一起发展，女童与男童一起提升……

寻找教育面向及过程的全民推进：教育之树福荫于知识人、干部、军人，也福荫于庄户人、工人、匠人、业主、小贩……福荫于正常人，也福荫于残疾人；福荫于青少年，也福荫于中老年，甚而至于“早闻道，夕死足矣”的耄耋之人……

让每一个孩子都成功。

把每一个人都当成金矿开采。

将学校办成儿少的乐园，青春的学园，成年的梦园，老人的家园。

如此教育，当是全民族的教育，全体人民的教育。

人人享受着的教育，是没有盲区没有死角的教育。

教育滋润着的人人，是有梦想有追求的人人。

在学习内涵上，还必须具备全球视野，将国际维度纳为重要因素。

未来教育，必是世界公民的教育。

英国、澳大利亚、新加坡、新西兰已先后颁布了国际教育战略计划，明确培养公民的全球化生存能力与工作能力。联合国国际教育局也加紧研究国际理解教育课程，推进国际理解教育。英国2004年颁布的《置世界于世界一流教育之中》提出：“要建立并维持一个世界一流的教育体系”“我们必须为我们的儿童、青年和成年人提供国际装备，这样他们才能在全球生活，他们才能在全球竞争中工作”。

后来居上，我们当迎头赶超。

这样的平民百姓，脱俗超凡，堪为能人。

即使残疾者，也拥有精湛的一技之长。

谷深草矮，水涨船高。

全民族隆起的素质高原上，何愁不能崛起人才的珠穆朗玛峰？

二十九

写意素描之六——精英化教育。

目标：培育出类拔萃大师级超人。

超人是人才风景的峻峰。

此为未来教育的制高点。

没有制高点的教育，永远摘不掉平庸教育的帽子。

罗素有一个重要命题：一个国家的特征“在很大程度上，取决于恰好在开创年代临世的卓绝人物的个性”[50]。他引证说：“同属于公元前6世纪的老子和孔子，早就具有了我们今天看到的现代中国的特征。”[51]

其意蕴是说，顶尖级大师的文化思想，是其国家的标志性特征。是的，一个民族的精英和大师是穿越时空的名片，代表该民族的最高智慧和顶尖级成就，于是，代表着该民族。从这个意义上说，没超人、无大师的民族是矮子民族。

当代基础教育“活化石”吕型伟慨叹中国教育“不重视英才教育”，一是“把全面发展与个性发展对立起来”；二是“宣传与实行所谓教育的平等”，以至新中国成立以来“没有超过前辈顶尖人物的人才，如鲁迅、茅盾、巴金、郭沫若、李政道、杨振宁、钱学森、聂耳、贺绿汀、陶行知、陈鹤琴”[52]那样的世界级大师！

造就英才须有特殊的土壤、营养、环境和栽培的技艺。“再没有比以相同的态度去对待不相同的人更不平等的了。”[53]用“大锅饭”的方法育英才，是对英才天赋的无情扼杀。

未来教育是英才成长的摇篮。

高校抛弃统一录取、一卷定夺、实行主打题为特长面试、大学一年多次自主招生之后，为各层学子成才之路洒满了阳光。

在多功能室、图书馆、音乐厅、自修楼、运动场……空气清甜，氛围放松，心儿舒展，神色专注——这儿的学习气息真好！

在实验室、植物园、动物房、天文馆、软件中心、发明之家、演练大厅……观察精细，思维机敏，心灵手巧，操作不俗——这儿的创造氛围真浓！

在一个个心灵世界里，无均衡发展之路标，有特长突进之渴望，他们以浓厚兴趣钻研科学进军科学，也以同样情致修炼文学深造艺术，文理相通，博专兼备，文艺给科学灵感，科学为文艺导航，形象思维给人以创新思想，逻辑思维给人以严密论证——这儿的心灵真亮！

在这儿，每一名学子，从小学到初中，都有老师个别指导；从高中到大学，又都有导师悉心点化，从指导到点化，同为激活创造型生命而导航开路——这儿的引力真大！

有心栽花花不开，无心插柳柳成荫。

当教坛天空一碧万顷，当个性“小荷”自由冒尖，当学习与研究打成一片，当科学与文艺灵犀连通，当异想天开被尊为正道，顶尖级的英才、奇才、将才、帅才、科坛巨星、文苑大师必源源而至，无穷如天地，不竭似江河……

三十

写意素描之七——智能化教育。

目标：培育网络时代的智人。

智人是人才掘进的钻头。

此为未来教育的支撑点。

在教育家、灵智学的创始人鲁道夫·斯坦纳眼里，当今这个时代，“人们缺乏足够的智力来认真地研究这些问题，……人们的思考能力似乎瘫痪了”[54]。未来教育的第一任务是造就智能化劳动者以提速发展生产力。高智能是未来人的主要特征，其社会目标是人人趋于智能人。

未来教育时代，电子信息技术进入每一所乡间小学、每一个僻远家庭。网络学习敞开了无穷无尽的空间。网络文化成了一部无边无际的知识大书，一部最快最活的信息新书。

这样，改变由工具、技术始，伴之以改变教学模式，最终必然发展为学校形态的改变。

电子网络化生存是未来教育的名片。

轻移鼠标，指向无限知识海洋；轻点按键，抵达万千智慧世界。那里有万千家长从未涉猎过的新天地，那里有万千教师所不能的难题解答，那里有亿万学子趋之若鹜的兴趣王国……在信息化社会的新世界，我们的教师、家长、学生将扮演全新的角色。

借助老师——信息处理的辅导者，我们的学生把印刷书和非印刷的网络书融汇一块连通使用，课本电子化，不仅仅使自己成了涉猎、研究、处理信息的强手，也成了发现、剖析、解决问题的能手，还成了网上如梦如幻、身临其境地虚拟现实达至“灵境”的高手。师与生之间，也将自然而然地揭去知识、经验、道德授受关系的面纱，为朋友似的讨论关系和社会不同角色间的交往关系的新面貌。

乔布斯曾预言电子科技将掌控未来教室。近日，上海市教委倪闽景将乔布斯的预言，发散细化为屏幕成为学习的主要介质、学习过程就是数据产生过程、教室可以向学生学习、数字化学习产生全新学习模式、互联网思维注入课程创生、学习者盈利将成为可能、从提供资源到提供工具与平台、低结构成为信息化设计主导思维教育信息化等八个设想。

教育部英特尔信息技术专项科研基金的项目组更进一步，总结提炼已涌现的如下十大新技术应用——1. **智能机器人：未来学习伙伴**，使其具备益智学习工具、情境建设者、学习伙伴三个不同角色；2. 3D **打印：颠覆学生实践范式**，令某些难以理解的空间概念和构造被引进“现实”世界中而变得更加具体、直观；3. **创客运动：技术课程“做中学”**，使普通师生也能轻松从事作品原型创作或产品开发；4. **体感技术：“数字土著”新体验**，为计算机配备了一双精准有效的“眼睛”；5. **学习分析技术：规模化教学形式变革**，在提高课堂教学和学习效率的同时也为实时学生评价提供途径；6. **教育游戏：在玩中学**，通过引导、训练、模拟等形式来强化学习效果；7. **虚拟世界：隐现“真实课堂”**，有效地缩短了师生之间的时空距离；8. **移动卫星车：填补信息鸿沟**，为经济欠发达国家和地区的教学点提供优质学习资源和学习支持平台；9. **云计算：延展课堂教学边界**，利用云计算改造现有信息化架构；10. **虚拟社区：支撑合作学习**，将世界各地的人群通过网络组织到一起开展大规模的合作交流。[55]

新兴技术，潮涌浪激，教育变脸，疾风骤雨。电子科技进入未来教育的速度和深度，势必如电的传导光的辐射，会比预想迅疾得多，也会比推论广远得多。多少事，从来急。对此，当及早绸缪，处变不惊；适时参与，把握主动，让当下的教育乐章不时融入明日杏坛主旋律的天籁之音，悄而无声地实现信息技术的软着陆。

据预测人工智能未来最权威者库兹韦尔预测，在未来 20 年之内人类将可备份人类大脑包括所有记忆，电脑的智商将在 2029 年之前超过人类。他发现的“加速循环规则”（Law of Accelerating Returns），也被称为库兹韦尔定律，大意是技术的力量正以指数级的速度迅速向外扩充。人类正处于加速变化的浪尖上，更多超乎我们想象的极端事物将会出现。到那时，一个刚出生的小孩相当于我们现在的一个大学毕业生……如果是那样，今日美国14岁男孩一年制造出核聚变反应堆，温哥华的华裔女孩Jeanny Yao和Miranda Wang用几个月在当地菲沙河里找到了能够降解塑化剂的细菌，15岁孩子Jack Andraka发明出了早期胰腺癌探测仪[56]，就不会被人错愕地认为这些孩子是“外星人”了。

脑科学开发是未来教育的又一张名片。

科学家早有定论：人脑的利用率仅在10%以下。人类一直在为攻克这个界限，开发大脑的利用率而加紧研究。

截至当下，该如何对学生普及科学用脑的学问，我们的学校和教师基本上无人问津。大脑、记忆是怎样工作的，信息是如何在大脑加工厂处理、储存和调用的，绝大多数学子犹如雾里看花一片混沌。无疑，数以亿计的大脑仍是无人唤醒的沉睡巨人。

未来教育时代，脑“矿”的研发（以往只知使用）也成了最前沿科学。这个深不可测、用不能竭的大脑，如何变得更科学、更聪慧、更高效？不少国家不仅加紧研发，雄心勃勃地尝试用数学来揭示大脑的思维奥秘，且已取得相当成果而捷足先登。

据载，在过去几年里，神经科学家已构建起一个有助于理解大脑诸多性状的数学框架。数学原理如今揭示的是我们纷乱头脑中表露真相的模式，其方式一如牛顿运动定律对繁星和行星在夜空中曼舞的描述。令人惊愕的是大脑动力学如何频频仿效地震、雪崩和蒸汽机能流等其他自然现象的倾向？

从大脑结构到思维和情感的生成，科学家最终推导出的方程式足以描述一切。前不久，外国科学家已探讨出主宰我们头脑有五个定律。[57]

这又是一场发生在教育前沿的静悄悄的“战争”。尽管大脑依然属于尚待开启的“黑匣子”，脑科学还是正在发展的学科。

立于网络技术与脑科学两大支点上的未来教育，如登两只风火轮腾云驾雾，注定成就起智能化教育。

智能化教育下的学生，如张开两只奋飞的翅膀，无疑成为一代智人。

这种智人摆脱接受教育的捆绑，挣离时空无形的桎梏，自由遨游于浩瀚学海，自主探寻在创新世界，俯仰古今，鸟瞰中外，思路张合自如，智慧火花四溅，观察奇敏，想象飞涌，操作灵巧，应变畅达，智能足足高于往昔学生一个或几个层面。

智能化教育的教师，须站在更高的视角之上，做好辅导、点化、研究与开发等先导性工作，以智慧点燃智慧，用创造激发创造，让教与学步入全新的境界。

三十一

写意素描之八——人文化教育。

目标：培育厚德博智的仁人。

仁人是人才广野的甘霖。

此为未来教育的着力点。

人文的缺失是类似天塌地陷般最可怕的灾难。此为人类在人性、人格、人心的大退化，直至返祖进入“丛林规则”。智能与人文永远是未来人的两条腿、两只臂，不能丢失一方。而且，人文这条腿、这只臂，尤为重要，犹如阳光、空气和水一样须臾不可缺少。其自始至终的目的是把人教育成人。

西方国家为发达付出了始料不及的高额学费：科学技术的高扬携来人文精神的失落。为此，西方后现代主义者早已对“科学主义”“工业理性主义”进行了强烈的鞭挞，而我们许多人，对此却浑然不觉。例如，高教界开展了十几年的“加强文化素质教育”的声势浩大的活动，却被对人文教育嗤之以鼻的某位权威大泼冷水：“学点历史，念几首古诗，就能提高教学质量？”岂非咄咄怪事！（注：后现代主义理论看到了历史发展的弊端，却导致无政府主义、虚无主义，这是应该警惕的）

我国自改革开放以来的跨越式发展也毫无例外地留下了此种深深的遗憾。

物质富了，精神却穷了。

家底厚了，亲情却薄了。

街市花园化了，心灵却荒漠了。

社会兴旺了，人世却萧条了。

生活的生存的小环境改变了，人际的地球的大环境却破坏了。

“人不为己，天诛地灭”的癌细胞悄悄扩散了，“人人为我，我为人人”的营养素却速速流失了。

这难道是进入了康德所谓的二律背反的铁律了吗？

人类科技发展就注定沦入道德堕落的道德陷阱吗？

那么，孔子谆谆告诫的“仁者爱人”（《论语·颜渊》）的仁人岂不复存在了吗？

若诚信断裂、和睦瓦解、关爱失落、情感沦丧、道德下滑、人心不古、高科技低人文的恶性态势发展下去，人类的精神生态、人性变态岂不导演出最可怕的“脚本”吗？那岂不真的地球变暖人心变冷了吗？

打破这个铁律！

跳出这个陷阱！

育人要育心，育心要知心，知心要关心，关心要真心，真心要爱心。

拯救人性，拯救人伦，拯救人心，拯救人类的精神退化！防止人的返祖性回归！

未来教育下大气力治理情感荒漠化，培养人文情怀，践行打造书香校园的箴言，让学生站在人类精神文明制高点，汲取丰富的人文精神的养料，以培植自己的理想、信念、情感和高尚人格。

与马健长谈

面淡如水，心香似梅；衣着传统，理念前沿——这就是马健。听其娓娓的温雅“吴语”，体味其人格的高端境界，真乃一种享受

与此同时，师长率先垂范，广施人文关怀，把学校变成亲师爱生、相互关爱的一个和谐家庭，再从校内“自循环”走出来，与社会其他“家庭”彼此沟通、交流与亲密往来。

如此这般，未来教育就把人文精神和科学精神变成了一条铁路线上的两根平行携力的钢轨，直通友爱、祥和、美妙的人间天堂。

笔者的老朋友、原嘉兴市教育局局长、后嘉兴市政协副主席、市委统战部部长马健（浙江省省委发文件学习的“干净干事的好干部”）和笔者漫谈教育和人生，都怀有如下共识：人文精神是解决做人——做人的方向问题，目标做一个好人；科学精神是解决谋事——谋事的方法问题，目标做一个聪明人。二者合一起，做一个聪明的好人。

聪明的好人正是厚德博智的仁人。

在未来教育中，随处可见仁人的身影、仁爱的笑容及仁慈的举动。

那时的社会，将是莺歌燕舞，爱满人间。

三十二

写意素描之九——坚韧化教育。

目标：培育心性坚韧的强人。

强人是人才冶炼的钢铁。

此为未来教育的强化点。

当下，随着物质生活的富裕化与独生子女的主流性，人们从身体到心灵却日显脆弱，不堪负荷，难抗风雨。而未来社会，因应科技的迅猛发展，“订单”会接踵而至，节奏会越发提速，竞争会日趋激烈，这一切，要求未来人要比今日人更有强得多的适应能力、心理承受能力、交际能力、抗挫能力等诸般能力，一言以蔽之，要具备坚韧性的心理品质。

坚韧化教育让未来人从风采到心灵获取自信。

心性决定命运。

心性是人生之旅坚实的手杖。

人的最大危机是心性脆弱。倒下的人无一是被人打倒的，尽是被自己打倒的。坚韧的人是不可战胜的！

奥斯特洛夫斯基虽残不废，江姐酷刑不屈，邓小平几打不倒，霍金病体不息……数不清的刚直不阿的、坚韧不拔的楷模，都是强者与世界的铿锵对话。

回首人生，我曾历经了政审红灯的虐待、经济赤贫的压迫、瘫痪数载的折磨等无数揉搓，然始终不曾泯灭梦想的火焰，也只因自己“心韧空晴”（笔者用语：心灵坚韧，时空晴朗）。

当今孩子遇挫时不知所措、痛不欲生、出走自残乃至轻生，皆出在心性脆弱得不能承受之重。

佳木斯市十一中学（高中）校长胡志平自2006年起步，借取山东省安丘四中燃于学子心头的自信之火，以大力提升师生身心健康为宗旨，以自创的高一年段成长路上我能行、高二年段成功路上我不停、高三年段成才路上我能赢的三个维度和生活自理、行为自立、学习自主、品格自强、人格自信的五大目标，点亮领导、教师、学生的盏盏心灯，只三五年功夫，就将一所三、四类学苗的学校，办成以自信为品牌的闻名遐迩的名校，他也广受赞誉。

我国先秦时代的教育家，本来都力主意志力教育的。春秋战国时代，正处于中华民族思维的塑造阶段，彼时“百家争鸣”的学者们，都能精通文武之道。孔子“六艺”教育中的“射”“御”，不是教学生在射箭、驾车中练就体魄与心志吗？

然自汉代门阀制度，尤其隋朝科举选仕后，情状立变，此育绝少再提。历朝历代学子为求仕皓首穷经，身心交瘁。34 岁的韩愈牙齿脱落，发鬓斑白，双目雾里看花。白居易十五六岁苦读以至“舌成疮，手肘成胝”，少而早衰。范进中举，旋即疯狂。漫漫封建社会，一说儒生，便令人想到肩不能担担，手不能提篮，“白面纤腰，妩媚若处子；畏寒怕热，柔弱若病夫”[58]的弱不禁风的书生。

今天，要给我们孩子的气质里加点儿钢铁，使其身与心都更加坚强。

教育，不仅是知识的增长，而且是心智的成长。

心育是未来教育的极重要一育。启动心灵的自信系统，就开始了成功的起跳，就可能梦想成真，创造人生神奇。

各式各样的磨砺将成为学生的必修课。

到登峰攀崖、百里拉练、夜宿林莽、避雨孤岛的夏令营去！

访孤儿院、敬老院、英雄之家，采体育健儿夺冠苦旅，听老英雄精彩人生，让见义勇为者讲述惊心动魄的故事，还要解读人世间那么多坎坎坷坷悲欢离合的泣血人生……

进入师生创设的有比有评、有赞有批、有奖有罚（罚，当然是魏书生式的唱支歌、做件好事、写份说明书等科学罚法）的环境里，去磨炼、铸造一颗坚强的心。

搭就各种张扬个性发展心性的平台，让一颗颗心准备着，激跳着，承载着，伴随或精彩或失落的褒与贬而经受着……

去独自做事，独立地挑起重担走难行的路，一路上只闪动教师审视的眼睛、帮扶的助力……跌倒了也要，也能自己爬起来。

心育挺起人格自尊自信的钢铁脊梁。

意志力，常常可以将一个国家从各种危机中引渡出来。

19 世纪时，处于长期分裂、百病缠身的中世纪德国，也在俾斯麦“铁与血”意志的催生之下，才迅速成为世界顶尖级的现代化强国。

三十三

写意素描之十——自悟化教育。

目标：培育有理性的思考精神的哲人。

哲人是人才集群的掌门。

此为未来教育的攻坚点。

学而思，思而悟，悟而行。学中有思，思深化学；思中有悟，悟来源思，思悟相伴，精神高端。这既是教育的本源之义，又是人生的救助之程。

未来教育绝不培养如影随形的“应声虫”，要做命运的主人首先要做自己思想的主人。

未来教育培养有思想、会思想、绝不盲从的理性的人。理性的人方能做自己的主人。常言说，读万卷书不如行万里路，行万里路不如高人指路，高人指路不如自学自悟。

自悟化教育的前提，是自己教育自己。“未来的学校必须把教育的对象变成自己教育自己的主体。受教育的人必须成为教育他自己的人；别人的教育必须成为这个人自己的教育。这种个人同他自己的关系的根本转变，是今后几十年内科学与技术革命中教育所面临的最困难的一个问题。”[59]

传统教育言必称“塑造”。

未来教育行则导“自悟”。

“教师是人类灵魂的工程师”，喻其尊重、崇高倒也贴切，然而雕琢、塑造的含义却并不科学。

人云亦云，不值分文。独立思考，无价之宝。

世间精神领域里有两种人：有主见的思想者为主人，无主见的随帮唱影者为仆人。

未来教育培育的是爱思考、善思考的主人。

他们反思生活，悟道人生，体验成功，品味失败。

他们心潮纵横，联想翩翩，思接千载，心连万里。

他们内省以承包自我，外察以理喻世人。

问“渠”哪得学如许？

唯有源头自悟来。

无论上网、读书、浏览，尽以自学为主；

无论实验、实习、实践，尽以自做为主；

无论解题、调研、报告，尽以自悟为主。

顿悟和深层理解发展的关键，是要使学习者自主地参与学习活动，主动地进行知识建构。

知识有显性知识，看得见、摸得着、能用语言文字图形表达的，可以通过授受而传达；知识更有隐性知识，看不见、摸不着、难以言传表达的，如风格、气质、灵感、精神等，则只能靠自悟和体味。

从自学自知，到自做自练，再到自悟自解，摆脱了非理性野蛮的灌输，进入了自主性自由的内化，像雏鸟儿练着试飞，飞着练体，体悟着成长。

禅师讲悟，悟功讲深，深道讲化。正是——

你听到的，你忘掉了；

你看见的，你记下了；

你做了的，你掌握了；

你悟得的，你内化了。

这时的高师，是巧引智领着学生发现真谛，悟得精髓。

这时的学生长成后，便娴熟于悟功。靠自思自悟，去拨云化雾，主宰自己，遇事不乱，处变不惊。

三十四

上面分列了未来教育十个教育理念，即育人的十个方向、培养十种人才。各分列的教育之间、人才之间，都是融通、渗透的，像地上的风四方流动、地下的水八面浸润，你中有我，我中有你；相互依托，相互支撑。

这未来教育的十种分支，培养的十种人才，是将教育做到极致，将人才育到极限，将教育与人的价值追求充分放大，最终使人最高限度地适应于社会（自然），使社会（自然）最大限度地和谐于人，达到古今圣贤渴望而不可得的“天人合一”的境界。

如此这般，社会对人才需求的多型性，注定了教育模式的多元性，也注定了育人方法的多样性。所有这一切，都从高远处给我们今日教育以阳光似的照耀，给发展明日教育以灯塔般的昭示。

创造教育是未来教育的旗帜。

有识之士忧虑于创造教育正陷于窘境。“人们不断要求教育把所有人类意识的一切创造潜能都释放出来，但是千百万人们今天却正在发现，他们创造活动的两个组成因素（思想和行动）都已经瘫痪了。”（《学会生存》）创造性教育愈如此多岐，愈表明此路更该进一步开拓。

在未来教育旗帜上，标志性大字即创造教育。这也是素质教育的核心所在。

笔者赞同刘道玉关于“连接这十个教育理念的核心链条是创造教育”的主张，老先生对创造教育晶明通透，对创造教育之于人的作用洞若观火，“因为只有抓住了创造教育的这个核心，才能实施个性化教育、智能化教育、坚韧化教育、自悟化教育、精英化教育等，最终也才能达到马克思所提倡的培养‘全面发展的人’的要求”。（详见本书附录刘道玉《会当凌绝顶，一览众山小》）

毋庸置疑，未来教育的人，是高品位、高学养、高智能的人。其标志即是创造力。

创造力是爆发力极强的力量，像一种热核反应，又像一座巨大的金矿，能掀起人的头脑风暴，解决常人无法解决的难题，造就出人间奇迹和英才豪杰。[60]

三十五

未来教育已使教育尽在一张无所不在无限延伸的大网中。

网之纲是教育意识合力拧成的“脉络”，包含强大的国家教育意识、坚挺的全民教育意识、牢固的家庭教育意识、刻骨铭心的个人修炼意识。

网之眼则是密密实实地网起一个学习社会。每一所学校、每一个单位、每一个家庭、每一个人均在其中。

在向着未来教育的行进里，上面的“每一个”都有自己的机制和规矩，其内在规则均需符合规律，尤以学校为甚。

一定是内行人掌门把舵。每一所学校至少是专家治校，名校为教育家管理，一批更具知名度的学校，则是教育大家乃至教育大师掌管。此应像功勋昭著的西南联大由“蒋梦麟、梅贻琦、张伯苓为常务委员，主持校务”[61]一样。掌门人一定通过严格的选拔程序，而非上级指派，并由掌门人选择一支专家学人小分队，来分兵把口，“撒网起网”。

一定是学校自主办校。按照国家的教育方针，依循育人的根本规律，每一所学校都要办出一己特色，都有自己育人的“特异功能”，都能化育出自己的高师高徒，呈千船竞发万舸争流之景象。各级政府除拨发足够的经费外，再就是通过教育行政部门对学校适切地视察、指导，再不是悬在头上的一把把剑，再不见一张张颐指气使紧绷的脸。

一定是学习、演练、创造的中心。在校生在这里学习交流，夜晚和节假日也有成年人（含老年人）来这里深造：学习科学文化，研讨思想技能，发散创造思维，寻找更新突破，完善人格塑造，攀登个性山峰。这里，其人和和，其乐融融；再没有升学指标的“紧箍咒”，自然也不见“只要学不死，就往死里学”的豪言霸语。

三十六

有曰，所思所想，是不是美好得过于浪漫，只是梦景。

有梦景才有远方，无愿景即无追求的实景。

只要心中揣着宏图，眼前就会闪现一条大路，周身就会充满力量。就像你心中如有强烈的成功欲望，信念就会鼓舞你走向成功一样。

或曰，所描所绘，当下教育与之距离太远，相差太大。

大差距的背后藏着大潜力，远距离的大目标激发着急行军。

只要将未来教育的愿景装在心中，今日此刻就从脚下起步，开始一场庄严地行进，愿景就会离我们越来越近，这比只会望洋兴叹不知高明多少。

还曰，所说所做，与现实连通不上，岂能跨越？

走向未来教育乃是伟大超越，一次次小的改革累成大的跨越。

本书所预示的绝非堂吉诃德似的虚空构想，并非用语言建构起来的海市蜃楼，我们当紧随改革前驱，在深水区实实在在地探索，将前行的轨迹化作现实连接未来的美丽彩虹。

三十七

中国已为走向未来教育做出了一些必要积淀。

我们有得天独厚的没有断层的优秀文化遗产，有过世界上最伟大的教育。这让几多民族、国家惊羡不已，也足以让国人心里从容而自信。这是我们在世界教育激荡变革中站稳脚跟的根基，更是奔向未来教育的坚实平台和起跑器。

我们初知圆融古今中外方成教育的大境界，并自 20 世纪以来，为这种贯通乃至圆融陆续做着若干知与行的准备。在知识经济和全球化时代，教育圆融的重要性在增加，进程会加快，这一切，足以让国人行动更加自觉，成为我们奔向未来教育的加速器和催化剂。

我们初步奠定了走向未来教育所必需的物质和经济支撑。伴随中国国力的持续增强，这种支撑的负载能力也会大幅度增长，面对世界教育新发展的趋向性追求——教育的公平和卓越，我们的教育也渐而较牢固地把握了有源之水、有本之木。

三十八

未来教育是中国教育前方的旗帜。

未来的教育身强力壮。

如果过去认同“欠发达的国家，其实就是欠教育的国家”[62]，那么，未来就更该认同：强盛的教育，其实就是强盛的国家。教育亘古以来其实就是一张国家的首选名片。

当下，中国经济迅速赶超，已达至世界第二大经济体的发展节点。到未来，经济不再成为读书、办学的瓶颈，不再使教育成为风沙里脆弱不堪的蛋壳。

校长不再为自筹资金而终日愁得眉头深锁。

学生也不会因拮据得取借无门而黯然神伤。

中国教育不再为在经济全球化及经济繁荣中争得一席之地而殚精竭虑。急功近利地培养所谓“人才”之弊端亦随之成为昨日备忘录。

粮草充足，兵马无忧。

西部和东部的教育打成一片，乡村与城市的教育连作一体，少数民族同汉民族的教育融合一团。

坚实的地基方好建造高楼广厦。

走出贫穷阴影的教育，连接充满光明的乐土。

未来的教育成强大磁场。

全民族目光聚过来。

国家的精神贯注来。

民众的焦点吸引来。

再不投资、投入、投身教育，谁是天字号的傻帽儿，业已成为人人皆知的共识。

主动投入替代了被动投入，重教替代了轻教，乐学替代了厌学，内心“我要学”替代了法令“要我学”……

凡事，让做不如想做，想做不如乐做。

当民众愿景变成民族意志，再化作国家行动时，那长久蓄积而一朝迸发的力量，会是如何的地动山摇、惊涛裂岸！

未来的教育是生命的圣化。

生命不是在迎考应试中悄悄消耗，而是在彼此探究的激发中与日精彩。

精神不是在灌输承受里渐渐磨损，而是在不间断自我超越里愈加昂扬。

个性不是在同一模式里默默泯灭，而是在一次次打磨与彰显里走向灿烂。

创造为创造者铺台架梯，发现为发现者驱云除雾。做强为做强者养精蓄锐，拥有成长愉快感、成功尊荣感、成就价值感的人，就拥有了生命的充盈与神圣。

这时的生命才无愧无悔有声有色。

这时，只有这时，**我们才会看到一种真正的人的教育，一种充满着生命活力的人的教育：**教育的太阳光焰四射，生命的活力喷发而涌，教育再不是知识与知识的传递过程，而是智慧与智慧碰撞和交流的互动活动、**生命与生命交往和沟通的神圣过程。**

这时，只有这时，教育的本质才实现为生命之提升，教育才是人类各种生存经验和价值观念的总和。

未来的教育是高师的伟业。

教育教线一旦成了国之中轴线，成为社会主驱动力，聚集在学校治学、教书、育人的教师，学高身正，智多技绝，基本上建构起名师素质坚实结构的金三角，拥有教育（教学）高境界的入场券，成功创设着优化的生命智慧的学习场、学科智慧的创造场、生活智慧的演练场，因此无一不是人之精灵、国之精髓、民族之精英。

他们自然不全是产自“师大”，条条道路通教育，座座庭院出圣师。

他们是国家智囊团。

他们是民族人才库。

他们是社会设计者。

他们是人类魂与智的工程师。

说了多年的“工程师”不再徒有虚名，而是拥有了工程师的神圣与地位，当然也拥有了太阳底下最令人羡慕职业的礼遇。

三十九

未来教育的十大愿景构想彼此相连，相互渗透，多方位组合成一个兴教育人的全景。

对一个学子说，那多种目标能同时体现于其身吗？

不能。

我们并不要求每一个人都面面俱到地追逐这十大人才目标，事实上也是完全不可能追逐得到的，犹如德、智、体、美、劳五育不能平均发展，每方面都做到登峰造极一样。

也像人脑虽有多元智能，但多元超常的智能却不可能集于一人一样。

还如山美、水美、花木美、动物美、古迹美、建筑美、人文美，然世上尚无一处真正的十全十美。十全十美难美，完美无缺有缺。花不追首放，月不求长圆。

对个人不可能的，对亿万人却是可能的。

海大什么珍宝都有，山深什么奇木都有。

个人的生命只能舀海一勺，采山一木。亿万之众的生命合力却可以移山倒海！

在亿万生命对愿景的实现里，个人的生命也找得到完美的家园。

四十

未来教育是最为理想的教育。

凡理想的事物总涂有十全十美的浪漫主义的色彩，因而也更吸引人们去加倍追求。

人不怕劳而无功，就怕持而不久，尤怕缺失有一番作为的梦想。

有了梦就有远方，有了远方，就有了奋斗的动力。圆梦的目标越高远，人们奋斗的动力越久长。

这很像自马克思、恩格斯提出共产主义高远理想大目标之后，引发了世界范围内一代代接力似的旷世大追求。

虽然，理想的脚步不能跨越现实之门，现实之门却也封锁不住、停止不了奔向理想跨越的脚步。

未来教育与现实教育相隔很远很远，却没隔着不可逾越的深沟大壑，而且未来教育正在远方的历史高山之巅，迎候着现实的人们，催动着现实教育的脚步。

经营现实教育的人们哪，应该瞩望远方，思想远方，多多洒下汗水与心血，早日迈进远方尽善尽美的未来教育……

四十一

千里搭棚，没有不散的席。

本书写到这里，笔者也到了拢思、收心、搁笔，说一句“下部书再见”的时候了。

亲爱的读者朋友，请再看看回放的你我手拉手、心贴心同行的一路吧。

这条书山的路如同悠长的时空画廊，展示了十二幅彼此毗连又各不相同的教育风光，交汇成教育大境界的立体图景：

我们从西方从中国的教育视界远方一步步走来，在人类教育大舞台一程程进化的视野里也经历着心灵的持续激荡。这里有行进欢笑，有失落叹息，也洒有辛酸的泪滴。

在教育发展的长河中，我们共赏了星汉灿烂的奇观：人类不同时期的教育思想家们以各自独特而不懈的努力，照耀得教育时空由暗到明，由窄到宽，他们又彼此你闪我耀，承前启后，留给人类比金子还贵重得多的精神财富。

在教育幽深的大背景之上，我们又探索了教育行与知的联结之谜，并考察了我国教育在此领域里的迷失之象及走出迷失的蹊径。

东方醒狮正崛起。我们喜见全民族抱成团儿，正在以义务教育大行动、素质教育大起步、深化教改大工程而寄语千秋，尽管在未来漫长的教育史河里，此等运作在以后一个个更宏伟的工程面前，或许并不那么显眼。

我们还渐渐悟得：教育科研才是教育前行的黄金航道。坚信于此航道，执着循此航道，不玩虚的、假的、玄的、虎头蛇尾的，我国的教育才会走向柳暗花明。

面对教师这支教育主力军，我们千寻万觅、千察万思，终于觅出一个秣马厉兵的主张，破解一个名师成长的奥秘，这就是名师“二三三”素质结构，并将它当成行动秘方珍藏并践行着。

立足于此，我们又发现了一个至高的境界，其中有大师无类、大爱无我、大道无为、大求无境、大净无色、大智无惑、大教无痕、大育无小、大法无术、大路无歧等十大教育境界；磁力、张力、活力等三力和谐的教学格局，以及优化的学习场、创造场、生活场等“三场说”，这一切足以令我们赏心悦目。其心法的“境界说”与技法的“三力说”“三场说”，恰好成为一枚学术的硬币，完好的融为一体。

然而，我们的所作所为远未达到教育的理想境界。我们尚缺少一双望穿教育的锐眼，以渴盼教育，钟情教育，献身教育，紧紧扭住必须适度超前发展的兴国教育。

教育是治国者的教育，更是建国者的教育。亿万家教是国家教育大百花园里的小花坛，自然也引起了我们对其得与失的密切关注和无限遐思，以及精心培育。

从国内到国外，我们也探视了世界诲海的变幻，研究东西方教育各自之长及融通之策，思考着世界诲海的终极走势。

当我们沉静下来，观照冷思教坛，我国正发展着的教育矛盾丛生，有如关山重重。夜话关山，我们不会面对关山英雄气短，而是飞渡关山气贯长虹。

教育为了未来，塑造未来，也属于未来。

我们从过去走来，又从现在走去，都是以创造走向未来。

以创造性教育为核心标志的未来教育是教育的旗帜，是教育解放的旗帜。未来教育是一个理论纲领，一个践行引擎，也成了笔者在本书中举起的教育思想的旗帜。

本书所有记述，所有剖析，所有沉思，所有创造，所有展望，尽在高举未来教育的旗帜。未来教育的思想已在笔者心中酝酿了无数时日，许多岁月，虽尚未提出系统的纲领、方案，但依据今日世界的教育现状及其发展走势，毕竟大胆地提出了若干蓝图式的构想，这些构想总算是一面公开树立起来的旗帜。

笔者还发现且描画了一幅未来教育十大走势图，诚望方家与同人观照体认。

四十二

面对打印出来的厚厚一沓书稿，笔者呆呆地看了许久，想了许久，漫漫求索路上的酸辣苦甜一忽儿涌上心头。

这是就着几多日光、灯影，浸润着笔者的情智、思维及灵魄的书稿——这些岁月里淘金，圣园中采撷的文字，如今排列有序，尽染秋色，一如笔者秋之生命啊。她揣着九分热盼，一分腼腆，即要默默现身，悄悄地来到读者的眼前了。

当你走近她，走进她的心灵，会形成怎样的呼应——你嗅得到她暗含茉莉的一股清香吗？看得出她散放新月的一丝亮色吗？听得清她伴着时光溪流的淙淙浅唱吗？感知了她蕴含对杏坛脉搏的久久谛听吗？

心猿意马，由此及彼。流水清风，连绵不断，天国人间，无不交通。

一百年、二百年后，还读着我思着的这部书的读者，你会是谁呢？你会持有怎样一种心情与感受呢？

中国教育三部曲

1000次座谈会，5000节听课，6500人采访，31个省市城乡及香港的细密调查，四十余载15000个日日夜夜的修炼、深索和努力，凝结成近200万言“中国教育三部曲”——《泛舟诲海》《圣园之魂》《播种辉煌》的一行行文字

到那时，也许笔者所编织的未来教育的花环，早已枯萎，早已被更绚丽的灼灼新花所淹没，也许在你们的眼里，前人所梦幻中的未来不值一提得犹如井蛙鼠目之见！

诚然，如泰戈尔所说：“我不能从这春天的富丽里送你一朵花，我不能从那边的云彩里送你一缕金霞。”[63]

但我——你们无法谋面且远逝的朋友，却与你们憧憬未来的心息息相通；如烟往事、无数流光、翩翩风景都不曾遮阻欲圆五彩教育之梦的心旌，人生因而如拜伦渴望投身战斗那般，无时无刻不焕发着痴迷教育的激情：

丰熟的庄稼该收了——我还不开镰？
枕席上布满了荆棘——我岂能安卧？
进军的号角天天鸣响在耳边，
我心底发出回声，同它应和……[64]

笔者不想搅乱你的晨歌暮舞、你的春花秋月，只想当你在茶余饭后或夜深人静翻读此书时，记住曾有这样一个前人，竭其心力终身守望中华教坛对文明传承教育振兴跳动着一颗焦灼、渴望、沉思不息的心。

他曾在茫茫诲海泛起一叶小舟。

他曾进万千圣园寻觅高贵之魂。

他曾走白山黑水、长城内外、大河上下、天山南北、直辖特区、海疆边陲，探访为教育播种辉煌的人们……

他还曾古往今来地寻找“教育大境界”。

他也曾自中至外地探究“教育大乾坤”。

他犹在孜孜矻矻地痴迷于“教育大求索”。

为更深广更准确地解析中国教育，他还遍访欧美，悉察东亚，走访周边邻国……

他把一段历史、一瓣心香奉献给你。

他把无数风流、无边寻觅传留给你。

他把满腹思念、满腔的爱遥寄给你。

他更把未竟的教育梦、续写育人经的圣业，一棒棒转交给你。

在你抚今忆昔的缅怀里，在你继往开来的创造里，愿你透过这部书的字里行间，听得到越过了一百年、二百年时光隧道的怦怦心音，以及与之俱来的那录下既往寄予来者的春天的歌声……

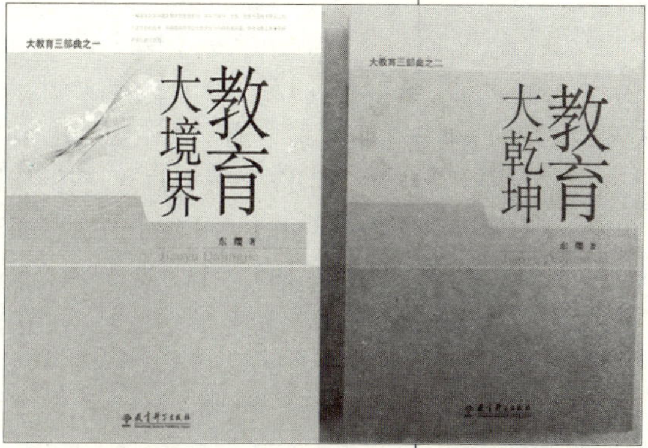

大教育三部曲

教育情结令笔者看教育忧心如焚，教育信仰催笔者做教育激情似沸，教育求索让笔者写教育焚膏继晷。近十年来，盘点平生教育库存，沉潜诲海寻觅珍珠，眺望远方未来教育，笔者奉献又一个大教育三部曲——《教育大境界》《教育大乾坤》《教育大求索》（此三部曲之三《教育大求索》在创作中）。于是，生命成书，书即生命

注释：

[1] 纪伯伦．纪伯伦散文诗全集［M］．杭州：浙江文艺出版社，1993：292.

[2] 邓小平．邓小平文选：第3卷［M］．北京：人民出版社，1993：35.

[3] 钟星．世界优秀散文诗精选［M］．哈尔滨：北方文艺出版社，1990：84－85.

[4] 恩斯特·卡西尔．人论［M］．甘阳，译．上海：上海译文出版社，1985：68.

[5] 方志敏．可爱的中国［M］//夏传才．中国现代文学名篇选读：下册．天津：南开大学出版社，1984：251.

[6] 罗曼·罗兰．罗曼·罗兰文钞［M］．孙梁，译．上海：新文艺出版社，1957：193.

[7] 罗曼·罗兰．罗曼·罗兰回忆录［M］．金铿然，骆雪涓，译．杭州：浙江文艺出版社，1984：22.

[8] 联合国教科文组织国际教育发展委员会．学会生存——教育世界的今天和明天［M］．北京：教育科学出版社，1996：34.

[9] 雪莱．西风颂［M］//严凌君．人间的诗意——人生抒情读本

①. 北京：商务印书馆，2003：32.

[10] [11] 尼采．权力意志：重估一切价值的尝试 [M]. 张念东，凌素心，译．北京：中央编译出版社，2000：24.

[12] 鲁迅．鲁迅全集：第6卷 [M]. 北京：人民文学出版社，1981：38.

[13] 托马斯·杰斐逊．独立宣言 [M] //严凌君．人类的声音——世界文化随笔读本：①. 北京：商务印书馆，2003.

[14] 马克思，恩格斯．马克思恩格斯选集：第一卷 [M]. 北京：人民出版社，1995：294.

[15] [16] 理查德·尼斯贝特．思维版图 [M]. 李秀霞，译．北京：中信出版社，2010：81.

[17] 吴晓琪. 富国关注未来，穷国关注过去 [EB/OL]. [2014-01-26]. http：//data. 163. com/14/0126/22/9JI412LK00014MTN. html.

[18] 刘铁芳．古典传统的回归与教养性教育的重建 [M]. 北京：北京师范大学出版社，2010：186.

[19] 尼采．权力意志 [M]. 张念东，凌素心，译．北京：中央编译出版社，2000：169.

[20] 库尔特·辛格．海明威传 [M]. 周国珍，译．杭州：浙江文艺出版社，1983：5.

[21] 黄仁宇．资本主义与二十一世纪 [M]. 北京：生活·读书·新知三联书店，2006：28.

[22] 托夫勒．新技术革命的浪潮 [M] //徐学初，等．世纪档案——影响20世纪世界历史进程的100篇文献：1896—1996. 北京：中国文史出版社，1996：494.

[23] 艾青．归来的歌 [M]. 成都：四川人民出版社，1980.

[24] 黑格尔．精神现象学（上）[M]. 贺麟，王玖兴，译．北京：商务印书馆，1979：168.

[25] 斯宾塞．教育论 [M]. 胡毅，译．北京：人民教育出版社，1962：42.

[26] 夸美纽斯．大教学论 [M]. 傅任敢，译．北京：教育科学出版社，1999：105.

[27] 列宁．青年团的任务 [M] //列宁．列宁选集：第四卷．北京：人民出版社，1960：367.

[28] 瓦连京·奇金，达·梁赞诺夫．马克思的自白 [M]. 彭卓吾，译．北京：解放军文艺出版社，1997：229-230.

[29] 陈亦冰，等．寻找中间地带——走进顾泠沅 [N]. 中国教育报，2004-12-24（5）.

[30] 卡尔·雅斯贝尔斯．什么是教育 [M]. 邹进，译．北京：生

活·读书·新知三联书店，1991：40－41.
[31] 卡尔·雅斯贝尔斯．什么是教育［M］．邹进，译．北京：生活·读书·新知三联书店，1991：41.
[32] 罗素．中国文化与西方文化的对比［M］//严凌君．人类的声音——世界文化随笔读本人类的声音：②．北京：商务印书馆，2003：288.
[33] 卡尔·雅斯贝尔斯．什么是教育［M］．邹进，译．北京：生活·读书·新知三联书店，1991：65.
[34] 凯洛夫．教育学［M］．沈颖，南致善，等，译．北京：人民教育出版社 1953：16.
[35] 陶行知．陶行知文集［M］．南京：江苏人民出版社 1981：496.
[36] 刘铁芳．古典传统的回归与教养性教育的重建［M］．北京：北京师范大学出版社，2010：209.
[37] 海德格尔．人，诗意地安居［M］．郜元宝，译．桂林：广西师范大学出版社，2000：73.
[38] 苏霍姆林斯基．给教师的建议［M］．杜殿坤，译．北京：教育科学出版社，1980：183.
[39] 王定新．教育探路者的心灵独白［N］．中国教育报，2005－01－04（5）.
[40] 泰戈尔．泰戈尔诗选［M］．冰心，等，译．北京：人民文学出版社，2003：134－135.
[41] 夸美纽斯．大教学论［M］．傅任敢，译．北京：教育科学出版社，1999：65－66.
[42] 夸美纽斯．大教学论［M］．傅任敢，译．北京：教育科学出版社，1999：198.
[43] 康德．论教育［M］．瞿菊农，译．上海：商务印书馆，1926.
[44] 刘道玉．创造教育概论［M］．武汉：武汉大学出版社，2009：19－20.
[45] 吉尔伯特·蔡尔兹．做适合人的教育［M］．王荣亭，译．北京：新世界出版社，2012：114.
[46] 马克思，恩格斯．马克思恩格斯全集：第46卷（上）．北京：人民出版社，1971：486.
[47] 联合国教科文组织国际教育发展委员会．学会生存——教育世界的今天和明天［M］．北京：教育科学出版社，1996：195.
[48] 爱克曼．歌德谈话录［M］．朱光潜，译．北京：人民文学出版社，1978：80.
[49] 杜威．我的教育信条［M］//任钟印．世界教育名著通览．武

汉：湖北教育出版社，1994：1076.

[50][51] 罗素. 中国文化与西方文化的对比[M] // 严凌君. 人类的声音——世界文化随笔读本人类的声音：②. 北京：商务印书馆，2003：285.

[52] 吕型伟. 为了未来——我的教育观[M]. 上海：上海教育出版社，2002：259.

[53] 国际21世纪教育委员会. 教育——财富蕴藏其中[M]. 联合国教科文组织中文科，译. 北京：教育科学出版社，1996：191.

[54] 吉尔伯特·蔡尔兹. 做适合人的教育[M]. 王荣亭，译. 北京：新世界出版社，2012：1.

[55] 靳海燕. 十大新技术 教育大变样[N]. 光明日报，2014-06-26.

[56] 徐涛，于瑒.TED上的少年们[J]. 第一财经周刊，2013(8).

[57] 何积惠. 主宰大脑的五个定律[N]. 文汇报，2013-09-11.

[58] 陈独秀. 新教育是什么？[J]. 新青年，1921，8(6).

[59] 联合国教科文组织国际教育发展委员会. 学会生存——教育世界的今天和明天[M]. 北京：教育科学出版社，1996：200.

[60] 刘道玉. 创造教育新论[M]. 武汉：武汉大学出版社，2009：246-250.

[61] 冯友兰. 国立西南联合大学简史[M] //西南联合大学《除夕副刊》. 联大八年. 北京：新星出版社，2010：3.

[62] 郝侠君，毛磊，石光荣. 中西500年比较[M]. 北京：中国工人出版社，1996：760.

[63] 泰戈尔. 泰戈尔抒情诗选[M]. 吴岩，译. 上海：上海译文出版社，1989：38.

[64] 拜伦. 拜伦抒情诗七十首[M]. 杨德豫，译. 长沙：湖南人民出版社，1984：124.

附录一　专家与同人的回应

李燕杰来信

东缨同志：

您好！

收到《教育大境界》一书十分高兴。粗读之后，受益颇多，特向您致谢。

我从大作中感到：

您是诗人中的哲人，哲人中的诗人！

您是教育科学家中的教育艺术家，又是教育艺术家中的教育科学家！

我为有您这样一位志同道合的朋友而感到自豪和骄傲。

记得冰心老师读过我的诗文后，题写了："诗之心，国之魂，诗如其人。"我愿转送给您，因为这几句话用在您身上，更为贴切。

春节到了，祝春节愉快！

如来北京，欢迎到寒舍作客。

李燕杰

2007 年 1 月 22 日于教育艺术杂志社

（李燕杰先生系著名教育艺术家，教育艺术杂志社社长）

刘道玉文章

会当凌绝顶，一览众山小

说来十分惭愧，直到去年 7 月傅东缨先生打电话采访我之前，我尚不认识这位中国当代著名的教育文学家，也没有读过他的许多教育论著，至今也还没有见过面，真是遗憾之至。他在电话中告诉我，他正在撰写《教育大境界》一书，它将涵盖古今中外几百位教育家思想之精髓，横跨两千多年，这真可谓是一项巨大的教育研究与写作计划。我当即表示支持，愿意为他提供必要的材料，并希望他的大作早日问世。

近日，我收到了他寄来的《教育大境界》的样书，读后的确让我耳目一新。我心想：这样一本洋洋40万言图文并茂的大作，概括和分析了几百位中外教育家的精辟的论点，如果不是对世界教育学理论和发展历史有茹古涵今的掌握，不是对当今我国教育状况与问题有如数家珍地了解，那是决然不可能完成的。

东缨先生给我印象最深的是，他是一位热爱教育的有心人。他实践了古人“读万卷书，行万里路”的箴言。他的《教育大境界》就是实践这一箴言的最好的体现，这是非常难能可贵的。陶行知先生早在八十多年前曾经说过：“我们常见的教育家有三种：一种是政客教育家，他们只会运动，把持，说官话；一种是书生教育家，他们只会读书，教书，做文章；一种是经验教育家，他们只会盲行，盲动，闷起头来，办……办……办。”这三种情况与我国现在教育界存在的问题是多么的相似呀！

教育学既是一门理论科学，同时又是一门以人为对象的实践科学，如果没有在教育理论指导下的教育改革实践，那是绝对不可能产生拥有自己独特教育理念的教育家，就像柏拉图、卢梭、夸美纽斯、洛克、斯宾塞、罗素、洪堡、赫尔巴特、杜威、苏霍姆林斯基等教育家那样。为什么我国当代不能产生著名的教育家？最根本的原因就是，在我国的教育界没有或很少有坚持理论联系实际的教育改革实验者，而让上面那三种教育家把持了我国整个教育界。他们只知道墨守成规，写文章、提职称，而不敢改革创新，所以不能创建实施自己的教育理论或观点的试验学校。东缨先生当然是属于另类，他集教师、教育领导干部和教育理论与教育改革实践研究于一身，所以他走出了一条教育学研究的新路。

我特别欣赏《教育大境界》一书中关于未来教育的分析与展望，其中阐述了未来教育发展的十个方向，这些当然都是完全正确的。那么，连接这十个教育理念的核心链条是什么呢？我以为是创造教育，这是迄今仍然被教育界和社会所忽视的大问题。大多数人都以创新教育（或教育创新）代替创造教育，这是完全不同的两个概念和两个层次的智力，绝不能混为一谈。因为只有抓住了创造教育的这个核心，才能实施个性化教育、智能化教育、坚韧化教育、自悟化教育、精英化教育等，最终也才能达到马克思所提倡的培养“全面发展的人”的要求。

在纵览中外教育比较时，我发现了一个重大的差异：西方教育是主张“成长”，而中国教育则是强调“塑造”。我认为，这是教育理念源头上的差误，是造成我国杰出人才冒不出来的关键因素。在“塑造”这种理念的指导下，家长要塑造自己的孩子，学校要塑造学生，党团组织要塑造自己的成员，社会要塑造自己的员工，这样所有的人都成了“流水线”上的规格相同的“产品”，于是他们失去了个性，失去了自我，失去了批判精神，失去了冒险精神，失去了求新求异精神，最终也就丧失了创造精神。

因此，在改革我国传统教育时，一定要从教育理念源头上改起，即坚决要摒弃“塑造”的观念，树立“成长”的教育理念，从幼儿开始让我国各级各类学校的学生在独立、自由、民主、怀疑和批判的氛围中成长。唯有如此，大批创造性的杰出人才才能涌现出来，也才能做出由我国科学家首创的世界领先的原创性的研究成果。

《教育大境界》既是教育文学著作，又是一部教育理论与实践的鸿篇论著，它以诗一般的文学语言来阐述教育理念，读过它之后，可以使人们眼界开阔，犹如攀登泰山那样，只要上了“南天门”，就能够领略到杜甫的著名诗句“会当凌绝顶，一览众山小”的意境了。认识教育问题，也需要具有居高临下的观察角度，而《教育大境界》就为我们提供了这样观察教育的视角。我相信，当读者阅览了这本书后对教育问题的认识，会与我拥有同样的感受！

刘道玉

2007 年 1 月 24 日于寒宬斋

（刘道玉先生系著名教育家，原武汉大学校长）

姬庆生发言

在铁岭市《教育大境界》研讨会上发言
（2007 年 3 月 20 日上午）

今天我来，是为友情而来，为感动而来，为祝贺而来。我和东缨是老朋友、老同事，已经十多年了，友情很深，今天来又看到了一些多年不见的老朋友，很高兴，确实是为友情而来，但更重要的是为感动而来。

我是比较认真地读了《教育大境界》这本书，深深感受到了其“大家”气质，深为感动。要说评价，顾明远和刘堂江在序言里已经做了最好的评价，称其为“中国的教育诗”“现代教育史记”，是理论化、文学化了的管理学、教育学，也有人说傅东缨是现代的徐霞客，网络中还有人称其为中国教育的泰戈尔。我觉得，这两位大家、学者，是决不会轻易地为了情面而用这些词汇来评价一个人、一本书的，顾老甚至说出感到惊奇、感到佩服这样的话，刘堂江也说，我真的被深深感动。当我们认真读过这两篇序言之后就会感到，在教育著作中，受到如此高的评价，是极为罕见的。所以，我觉得，这本书，只有当你认真研读之后，你才能真正领悟到它的价值，可以说，它是对教育全方位的大彻大悟。这本书其视野之宽、覆盖面之大、问题求索之深、表述方式之美，确是罕见的，我认为，敢取《教育大境界》书名之人就不会多，敢写《教育大境界》，又写得如此成功的人就更稀少，也许唯有东缨也。因此，我觉得东缨同志能够成就这样的大业，确实是令人折服、令人感动、值得祝贺！所以当东缨电话请我参加这个研讨会时，我二话没说，当即表态，一定设法参加，并且，在来的车上把没有读完的内容，全部读完。

下面我要说说自己的几点粗浅感受。《教育大境界》是一部高明之作，所以说它高，在我看来，主要表现在下面几点。

一曰“精”，即见解独到，属创意精品。在书中随处可觅独到的见解，书中看不到哪些名著的现成语言成段的引用，多处引用的是案例，得出的是结论，全书基本都打上了“傅记”的烙印，其带有“傅记”标志的一本精品著作，撰写序言的两位专家都感叹说，傅东缨的书中怎么有那么多的新发现，那么多的新理念，那么多的新思想？从头到尾，每一章、每一节都有傅东缨苦心钻研得出的感悟，精品论断，这些论断不只精深而且贴切，这是很宝贵的。有的书虽然语言很精美，但和实际不贴边，那就不一样，在这本书里，每个精彩的段落，就是书中印成粗字的部分，既很精美又十分贴切，给人以亲切之感，这样对读者的领悟和对实践的指导作用就更深刻了。书中的语言是很美很精的，如“思维短路”“事事有大育”等等，这些都是“傅记”语言。过去我们常说，教育无小事，他却概括成“事事有大育”，这样就更直接、更深刻、更全面，实在称得上精辟。可见他的独创精神非常强，而且不是一处两处，覆盖面相当大，领悟得十分深刻，整本书从头至尾达到这种境界、这种水平，确实应该说是大彻大悟、进入了教育的“大境界”，所以他就能达到“大教无痕”，你看他的书就像读一本兴趣盎然的文学著作，但实际上他却阐述了很深刻、很精辟，又很实用的教育哲理。

二曰“美”，即表达美，文采飞扬。这本书本是教育著作，是说理的作品，本应是论文式的结构和表述，可是看《教育大境界》却有一种读文学作品一般的感觉，读起来兴趣盎然，入神入境，精彩纷呈。所以，你在阅读中，它的语言不像一般教育著作那样枯燥，而是越读越爱读的感觉，甚至让你感到是一种享受。用文学形式表达教育的书也有，《新中国的教育风暴》也写得很好，也是一部高水平的著作，但它涉猎的面，主要写的是课程改革，所以像《教育大境界》这样全方位的大彻大悟的教育文学著作，差不多是唯此一本，或者说唯此一人。在书中，他把教育的规律和道理，通篇用形象的比喻、文学的语言来表述，生动、灵活而又不失简洁、深刻，使严肃的理论活泼而出，把枯燥的规律形象而论，实乃教育美学。他的课堂教学“三力说”、“三场说”等，都是十分贴切的形象比喻，讲的又是我们天天遇到的实际问题，因此，可以说教师们是一看就懂、一听就明。实际上，教育的规律和道理，并不深奥，只要深入浅出、形象生动地讲明白，那么凡是从事教育、受过教育，甚至接触过教育的人是都可以听得懂，并被他们认可的，《教育大境界》一书就起了这样一个作用。关于教师，他讲："天地之物，人为至尊；为师之道，生为至重；学子之心，爱为至求；认知之峰，悟为至高；授学之理，思为至本。"遵此，我们教师教授的目的就是要为学生造就一个智慧、强大的头脑，所以他在这里说，要给学生一个"勤思、善思、精思、奇思的大脑"，那怎么办呢？他又讲：智慧来自于思考，或者说来自于思维，所以他接着说："课堂因问题而急速升值，因差错而迸发精彩，因思辨而出现跨越，因发现而逼近智慧。"你看，问题现实而本质，表述精彩而深刻，令人茅塞顿开，启示无尽，可谓妙哉、美哉。

三曰"实"，即源于实践又还于实践。"实"是这本书的最突出的特点，东缨是把大彻大悟的真谛，寓于纯真质朴的实践之中，如胡俊波副市长方才所说："傅老的书道不离人，人不离事，事不离法，法不离果。"教育是一门科学，但从它运作过程看又是一种实践活动，所以离开实践的教育理论，不会对教育实践有实际的指导作用，只有在实践中感悟，在实践中探索，即东缨所说的苦索，才能真正悟出真谛。

东缨就是这样一个人，用他自己的话说叫作"以教育为生命"。当年我在省教委工作，他是铁岭市主管基教的副主任。正是我省"普九"攻坚阶段，那种繁忙、紧张，管普教的都是旁的什么也顾不了的人。在这种情况下，东缨却能坚韧不拔，艰苦奋斗，完成了一部 54 万字的《泛舟诲海》的巨著，我们 1994 年 9 月去韩国访问时，作为礼物赠给了中清南道教育监。东缨告诉我，他每天夜晚都少睡三四个小时投入写作，而且在退休之后，又连续完成了三部曲的后继作品后，又撰写了这部《教育大境界》。他是读几千册书、行数万里路，访几千人、写数百万字的教育苦行者、实践者。有了这样的艰苦实践，积累了众多的典型案例和那么多名家、专家对话，所以他的感悟都源于自身和客观的实践，他得出的一些精深的结论，虽然高深却很质朴，虽然理论性很强，但又具有操作性，对实践有切实的指导作用，这一点十分可贵。所以说，东缨的教育思想源于实践又还于实践，不是华丽辞藻的渲染，也不是空洞理论的说教，而是理和行的相融、论与践的一致，就是理论和实践的紧密结合，这一点他把握得非常好，当然这也是他个人出众的悟性和才干的结果。按他自己的话说，就是："我怀着无比虔诚之心，历经数载聚精凝神的观察和不曾停息的苦索，对无计可寻的事物，于千辛万苦之中，终于从大师所行所写中见得端倪。"实践出真知，苦索结硕果，这就是东缨同志成功的根本所在。

最后，我说一点希望：我们每个从事教育工作、并想把工作做得更好的人，都应该挤出一些时间，认认真真地读一读东缨的书，人家费尽千辛万苦把书写出来了，我们稍稍辛苦一点把它细致地研究研究，我觉得对我们的教育实践是太需要了。要知道，这是一本不白读的书，又是一本很好看的书，东缨的书对教育实践具有切实的指导意义，这一点将会被实践和历史所证明。正如两位校长所说，前提是需要要用心去感受，用心去研读，所以，我同意铁岭市人大丁伯仲主任、政协刘以贡主席的意见，要在铁岭开展学习的活动，这是十分必要的。铁岭人杰地灵，人才辈出，出了个赵本山，带起了一大批民间艺术家。我认为傅东缨的出现、傅东缨著作的出版，在全国产生了很大影响，对铁岭教育发展是一个宝贵的财富，应该珍惜，率先垂范，希望在铁岭市最先、最多的开花结果，获得优异成绩！谢谢各位！

（姬庆生先生系国家督学、原辽宁省教委副主任）

高东昌来信

东缨同志：

《教育大境界》一书，读了两遍，获益极深。有如站在太空之上，居高临下，审视地球之教育。一是时空广大，贯通古今、连接中外，把数百名人类最杰出的教育家的思想集于一书；二是内容丰富，从教育与社会，到人的成长规律，到教育内部各领域：名师素质、德育、课堂教学、教育研究、家庭教育、未来教育等等，均有独到见解；三是成百上千的生动范例、具体史料；四是散文和诗的语言，文图并茂的设计。这些，构成了气象万千的教育大境界、大视野。

如果说《泛舟诲海》《圣园之魂》和即将出版的《播种辉煌》，是您为当代中国教育写的“史记”，那么《教育大境界》则是为整个人类教育奉献的一部用诗写成的“教育学”。

祝您的作品研讨会圆满成功。

高东昌

2007 年 3 月 20 日

（高东昌先生系教育专家、原铁岭市教委主任）

范通战文章

追寻“大”的思维行走方式

捧读傅东缨先生的《教育大境界》，我几乎是带着敬慕的情感的，放眼当今各路教育名人的大作，鲜有哪一部具有这样的震撼力。

读这本书，从中获取的知识尚居其次，感觉最能催人心志、夺人神魄的，当是其思维行走的方式。读这本书之前，有一个问题一直萦于心头——《教育大境界》究竟大在何处？待掩卷反视，茅塞顿开，受益颇丰。

《教育大境界》大在站得高。东缨先生这本书，走出了就教育解教育、就教学谈教学的“矮子视界”，他将教育与社会、与国运、与时代、与生活、与人生等大的命题融而为一，“教育出强邦，弱国无教育”，“教育视界广袤到包罗人生，包罗时空，包罗万象；教育开发精深到激活大脑，激活智能，激活生命；教育价值邃密到直通经济，直通政治，直通社会”。这样的话语在书中俯拾皆是，读到这些凝聚着生命情感的高人哲语，怎能不油然而生出一种敬畏之情？关注国运，关注时代，关注生活，关注人生，关注发展……才能成就大教育，苏氏如此，陶子如此，叶老如此，魏书生如此，东缨先生亦如此。行走在教育第一线的我辈芸芸众生，不也该如此吗？

《教育大境界》大在看得远。在书中，东缨先生“洞察古今，透视中外”，融合世界，着眼未来。听，“教育是国之形神第一张名片；教育是民之心灵第一缕阳光；教育是滋润民族的第一泓清泉”；看，“教师本是引领民族智慧与人格的导师；学生本是明天社会的栋梁、国家的中坚”；瞧，未来教育，“她给国家以盼望的彼岸；她给民族以追索的精神；她给国民以生命的动力”！东缨先生似乎是在谈教育，但似乎又不是在谈教育，他的思维、他的魂灵在自然、社会、国家、民族、人生间往返游走，他在书中的每一句哲思睿语，都值得我们去琢磨，去品味，去探索，去实践。

《教育大境界》大在扎得深。撇去语言的浮华，撷取根本的触须，你会发现，这本书在思想、理念、方法、实践等多维角度扎得都很深，读后会给你带来高山仰止的窒息，思之会给你带来一览众山小的惬意。看“高师视野”“星汉灿烂”，你能找到成就伟大教育的坐标原点；走“黄金航道”“秣马厉兵”，你能找到促进自身专业化发展的北斗罗盘；到“高境探幽”“望穿教育”，你能悟到自己该怎样去达于大师境界；游“融通诲海”、听“关山夜话”，你能悟到撷英取精臻于成功的不二法门……

《教育大境界》大在行得实。“古今中外三百六十多人，数百个案例，数百段名言，被有机地织入博大的境界里……”这是刘堂江先生对此书内容的精彩断语，昭示着一个字：实！其实，这本书不仅仅是行文“实”，更可贵的是，它所有谈及的内容都很实在、很实用。东缨先生在“秣马厉兵”一章中，提出了独具“傅氏印记”的“名师二三三立体素质结构理论”，在“高境探幽”一章中，提出了理想课堂教学的“一、二、三、四、五工程”，一字一言皆精品，一条一缕俱哲思。

《教育大境界》大在积得厚。在本书简介中有这样一段话：“几十年倾尽心力执着于教育事业的求索：读书数千卷，行路数万里，访谈各省市及港澳的专家、学者、名师数千人……”笔者曾两次聆听过东缨先生的报告，听他舌灿莲花，口吐珠玑，便仿佛看到他足遍大江南北，身满黄河两岸……刘堂江先生在为此书所做的序言中也说，东缨先生走访了一千多所学校，六千五百多人，开座谈会一千多个……这些绝非虚言，如果你对此还有什么怀疑的话，请打开此书，行文中的注释不计，单看看每一章后的注释就多达438条，你就一定会发出无限的感叹。与其说东缨先生是用鲜活的案例、丰富的哲思织就的《教育大境界》，倒不如说是他用自己一生对教育的忠实践行开创了《教育大境界》。

读《教育大境界》，你不会不注意到东缨先生的叙述语言。笔者以为，用“桃之夭夭，灼灼其华”喻之，不为过；用“天生一部仙人书，无限风光在笔锋”，亦不为过。诗一样的语言，诗一样的思想，诗一样的内涵，诗一样的境界，这样评价这本书，应该很恰当。

（范通战先生系河南省武陟县实验中学教师）

附录二　东缨，中国教育“巴比伦塔”的一块基石

秦之镇 泽

在示拿的平原上，人们决定修筑一座高耸入云的巴比伦塔。

但是，人类被变乱了语言，思想很难统一，通天塔终于半途而废。人们分散到世界各地。

在面临着巨大压力的21世纪，满带负荷的中国的教育，却在面临着修筑巴比伦塔的重大任务。

——题记

引言：吹过香江的东北风

“……就地域说，我是从祖国东北的辽宁省北部铁岭市而来，那里是红楼梦作者曹雪芹的祖籍；就讲座说，我想这样告诉我尊敬的香港教育界诸位同人朋友：我力求从古今中外教育理念之海的深处走来，从数以千计中国名师那奇彩纷呈的实践之峰的高处走来，更从我从教三十六度春秋漫漫之旅的远处走来，奉献给大家的，是我采用多种形式访谈自教育部长、教育专家到第一线名校长名师共六千五百多人后，经过多年不间断的求索而形成的关于名师素质结构的一个理论框架，或者说打造名师的‘二三三素质结构’说，希望大家喜欢！”

演讲人傅东缨笑容可掬，神采照人，那极有亲和力的目光，那自然上扬的右臂，那深厚朗亮的语声，那聚焦热点的话题，似乎合成魅力无穷的强磁场。

报告厅设在维多利亚海滨的香港教育工作者联会五楼办公室。在自由、多元、国际化大都市的香港，这么多教育工作者济济一堂，座无虚席，如此渴望地聆听来自祖国内地的教育家演讲的场景，还是罕见的。

就在不久前，京华一名校的教授在此厅讲演时，听众纷纷退去所剩无几，致使主持者陷于尴尬。此次会场上竟无人走动，无人耳语，有的是一阵阵掌声、一声声酣畅的笑。果真是不同凡响：框架，支撑得高屋建瓴；论理，幽深得一泓清潭；例证，精湛得五光十色；语言，丰富得喷玉溅珠，尤其是东缨手无一纸一字，胸盛千书万典，那纲举目张的条缕，那多学科娇糅的涉猎，那入木三分的思想，那自宏至微的透析，更有那一个个年代、一批批人物、一堆堆数字、一个个中外古今的史实，从他的嘴里溪奔泉涌，把人震慑了，让人惊诧了，使人钦慕了。

几个小时演讲，如江流滔滔滚滚，浪卷潮生，不知不觉中竟倏忽而去。华灯初上，演讲准时结束。香港教育同人却纹丝不动，纷纷提出多

个问题让东缨解答，后是团团围住他，争着与他合影留念。李嘉诚中学从蒋汉等一批校长诚请他到本校演讲，当得知珠海、南平、瑞金等地报告会已逐日排满，面显极度遗憾惋惜的神色。

次日，《大公报》发大幅讲演照片，祝“教师素质讲座举办成功”，并刊《内地教授教联会传经——谈如何成出色名师》的文章报道其盛况。《文汇报》则以《内地名师点醒港师》为题兼发几幅照片，报其讲座备受欢迎的精华与真谛。不多日，香港一些报刊还发表了傅东缨《香港中小学教育考察走笔》等文章。香港教统局局长李国章还给他专门发来传真以表谢意……

东缨在香港刮起一股旋风。

东缨，被称为“中国大教育文学第一人”而蜚名海内外，他是中华教育艺术研究会暨中华艺术家协会理事，中国作协会员，中国管理科学研究院研究员，出版了被誉为中国“教育诗”的《泛舟诲海》《圣园之魂》等史诗性的著作而在中国教坛上形成了强大的冲击波。

第一部分：诲海时代，拉开大教育文学的视野

第一节　飞鸟时代——磨炼提纯的理想

1944 年农历正月二十二日，东缨出生在北接内蒙古的辽北康平县兴隆地屯一户殷实人家里。年满五岁，就随哥姐上了新生共和国刚开办的前旧门村小学。童年的梦，就给了他写作的理想。在时代的波折之中，东缨却读着鲁迅、郭沫若、茅盾、老舍等名家代表作，饥肠辘辘而不觉，手脚冻肿而未察，与书中人物同悲喜，和作者情思共脉搏，思维于历史高山上登攀，灵魂在真善美中净化。

1963 年深秋的一个夜晚，东缨作为辽宁师范大学学生，看过苏联电影《乡村女教师》之后，瓦尔瓦拉·瓦西里耶芙娜的教师生涯激动得彻夜难眠。尤其当读完马卡连柯的《教育诗》，他更是血脉贲张，遐想无涯，随而产生了一个坚定的信念：中国也应该、必须有《教育诗》式的作品，写此作品就是他的使命。他发誓用自己的青春和生命写好中国的《教育诗》，以献给至亲至爱的祖国和民族。这个五彩的梦，竟引导他在以后人生的长长苦旅中开始了相当沉重而艰辛的不懈跋涉。

1979 年 5 月 14 日，他被调到铁岭市教育局，先任科员，后任初教科长、副县级督学，继而长时期担任主抓基教工作的市教委副主任。舞台大了，视野宽了，没变得是他献身、探索、反映中国教育的初衷。他像一只不倦的蜜蜂，在辽北两千二百多所学校采撷，考察，听课，访谈，外出取经，更在不断升华着教育的理想——

“中国以教育为树人载体的文化，以文化传承为使命的教育，何等了得！在世界千姿百态的文化教育圣园里，她鹤立鸡群，卓尔不群，雄视千古，宏富当代……”

中国教育的博大精深，一次次地澎湃东缨的心胸，他不止一次热血沸腾地说：“我总想凭呕心沥血、掏心置腹地构创，以穿越时空、透视魂魄的思考与发现，奉献给我亲爱的人民、至尊至上的祖国和民族。”

“教育家的使命，在于永恒地探索，无止境地开拓，虑及民族、国家、人类久远的创造。教育家的思想，在于在贫瘠的处女地上播种科学的实践，在实践的田野上收获着寻觅。寻觅人类走向文明与智慧神秘的踪迹，那藏在实践与时光深处的无数珍奇。”

从20世纪80年代起，为中国教师、校长、教育行政干部及众多的教育播种者而写作，构筑的《泛舟诲海》《圣园之魂》《播种辉煌》的教育文学三部曲的巨大工程，在东缨头脑里启动起来。

第二节　“海纳百川，有容乃大”

事隔多年以后，著名作家、诗人柯岩撰文《灵魂安放何处》说，读东缨的作品，并以其人物校正方位，“则范者幸甚，作者幸甚，国家幸甚，民族幸甚”！

“能否站得高些，看得远些，对古今中外的教坛艺术，对当代教师的素质、风采、心魂及完善的秘功，能准确描绘深入思索?”这种心灵的拷问，成为东缨先生临海登峰的坐标。

他苦攻书山，自然攻取书山之径。

基础教育工作忙个燕不下蛋，全靠夜深。指标是每日读两万字，每周日读五六万字，他读了古今中外教育名著、教育学、心理学、管理学、学习学、哲学、美学、史学、社会学、人才学、创造学、谋略学和经史子集及佛道禅学几千部书……登高望远，借器识物，用知识视野大拓展带动视事明理的大突破。

他苦心求访，自然访得至慧而平。

他信中访（写信过8000封），电话访（电话逾万次，二十多年每月家电话费几百元），加利用工作、假日、讲学走二十多个省，先后访了韩作黎、朱开轩、柳斌、顾明远、吕型伟、李冀、文喆、肖阮、景克宁、韦力、刘堂江、史绍熙、李燕杰、林崇德、朱小曼、段力佩、斯霞、霍懋征、于漪、李吉林、魏书生、朱永新、顾泠沅、胡治华、赵家骥、李希贵、李镇西等数百位教育家和数千位名师、名校长。东缨奉之为良师，学其真谛，吸其精髓，充实着自己。

以诚心求百法，上自原国家教委主任朱开轩、副主任柳斌、中国教育学会会长顾明远、副会长韩作黎、著名教育家吕型伟等，下至“小学教育的旗帜”斯霞、小学作文循序教育法发明者包全杰、全国十佳教师获得者梁彩霞、回族“希望工程”的播火人马希民、科技小发明之父谭克熬、拄双拐执着从教的丘娥等名师、名校长，傅东缨采访人数达六千五百余人，此外他听课五千多节，开座谈会一千余次。大江上下、天山南北、长城内外、白山黑水，在哈萨克毡房，在蒙古包，在青藏高原腹地，在赫哲族渔船，在椰林校园，在北川地震后新学校，无不留下他作为中国教坛上艰难跋涉的一匹骆驼的足迹，他被喻成“教坛徐霞客”，堪称创下了中国教育史上的“吉尼斯纪录”。

他练笔不辍，自然练得妙笔生花。

千尺之台，起于垒土。成就鸿篇，源在小作。况且，将教育理念转写成《教育诗》《爱弥儿》那样的教育文学大作，更需要一番匠心妙手的涅槃。他人往往不解其难，东缨深知其味，练写数百篇随笔小品，几十篇报告文学。

数种磨炼，如此风雨无阻、日推月送。东缨几十年如一日，日里，耕教育园圃，如驾辕之马；夜深，拉笔耕犁铧，似奋蹄的牛。

在苦苦地磨砺之下，东缨大教育文学风格初现。在内涵上，横跨文学、艺术、科学、历史、哲学、社会等诸学科；在时空上，打通古往今来异国他行；在形式上，融汇小说、戏剧、散文、诗歌等种种文学样式于一体，做到采酿百科知识之精华，理顺今古中外之经纬，从中让人阅读教育，感悟艺术，体察科学，透视人生，获取真谛。

第三节　由心成法，成就大教育文学时代

1992 年 5 月，54 万言的《泛舟诲海》终于诞生了，它连连再版，好评如潮，被媒体称为古今中外难得的教育经典；1998 年 5 月，78 万言的以中小学校长为写作对象最为系统最为完备的一部教育文学作品《圣园之魂》隆重出版。

《泛舟诲海》拉响进港的汽笛，被齐赞为中国的《教育诗》。《圣园之魂》则在京、沈、铁三个研讨会上，大家盛誉其为“教坛史记”。前者对当代教师的素质、风采及成功案例进行了准确描绘和深入剖析，后者则对四百多位中国校长的思维、才智、风格、个性进行了全方位、多侧面的描述与探求。韩作黎、秦牧、郭永福、顾明远、柯岩、史绍熙等名家分别辛苦地为其作序。

中国教育学会会长顾明远为他的《圣园之魂》作序说，作品“构筑了一座教育管理艺术的金字塔”。

人们折服东缨深邃教育思想的同时，更为他开创的大教育文学所叹服。著名老作家、评论家单复在《文艺报》载文《中国大教育文学开拓者》，剖析了东缨创造的涵盖广、包容大、思考深、艺术新的大教育文学

真谛："它以文学为载体，以艺术为表象，以多学科智慧为背景，以科学为依托，以教育为主体的庞大教育文学体系。"这种写法、这种文风使本书所涉及的教育史、教育学、教育论、社会学、心理学诸多纯理论的枯燥的内容形象化、艺术化了，极富说服力和感染力，使本书具有很高的理论价值和艺术品位。这是作者多年执着追求、拼力奋斗的结果。

"可以毫不夸张地说，这两本书是我迄今看到的构思极新颖，笔法极奇特，语言极优美的一部有关教育的著作。"读者们纷纷表示，"独特的风格，优美的诗化语言，这是本书的最大亮点。读过这两本书的人，无不为其绚丽诱人的文采、汪洋恣肆的说理，诗化般的语言拍案叫绝……"江苏省兴化市名师陈钟石读《泛舟诲海》爱不释手，相见恨晚，一鼓作气，日夜兼程，竟连续读了16遍，鬼使神差，竟治愈了他那顽固的几乎致命的颈椎病。他兴奋地口占一绝："数次读华章，流连不忍忘，诗风成楷模，妙句胜三唐。"

第二部分：沉潜时代，寻找诲海新大陆

第一节　负重或者超越，重树学术的新里程碑

从1998年到2006年，东缨一直在深深的沉潜之中……尽管，写就教育三部曲第三部——《播种辉煌》的渴望时时刻刻地炙烤着他，灼烧着他。

如今看教育，许多"横看成岭侧成峰"式的教育思想失于片面，如今教坛上看似"百花争鸣"一样的搬弄舶来的概念肯定不行，"唯我独尊"的不闻天下事不行，"生不逢时"式的空发牢骚更不行！

此时，在他的视野之中，中国教育如此多的问题牵绊，中国的教育科学面对多个问题与挑战，使他的使命感越来越增强，笔也越来越沉重。他的目光，一直焦灼地注视着负重前行的现代中国教育。

这次深深的沉潜长达八年。

八度春秋里，东缨加深了一直致力的教育科学和教育文学的系统研究，并且立足当代，探视古今，放眼中外。

在国内教坛，他开始陆续提出许多打着"傅记"烙印的开创性理论，令世人瞩目：管理"三性"论：最好的学校管理应该把握三极（即三性），这是一种"三生万物"的概念体系；名师"二三三"素质结构理论，打造直通名师的捷径：夯实良好师德和科学理念这"二本"；储备"三力"：渊博学识为磁力，奇妙艺术（方法）为魅力，厚实科研功底为伟力；张扬"三点"：扎实基本功为起点，高强能力为支点，鲜明个性为亮点。

国家教委原副主任柳斌感慨：在对中国教育进行奠基的过程之中，需要多几个傅东缨这样的人，进行基础教育理论的奠基性研究……

不过，东缨却满怀激情地写道：中国教育需要十几个几百个朱小曼、刘道玉及时给予《思想的回应》和《创造：一流大学之魂》；领军《中国基础战线的改革》，要有十几个几百个叶澜、裴娣娜担负起沉重的文化使命；反思中国的半个多世纪教育成败得失，要有更多位顾明远、吕型伟式的德高望重，极有影响的教育大家卓有成效地扎入《我的教育探索》，富有个人创见地捧出《我的教育观》；引领千百万教师立于教育学理论之上《学会教学》，要有几十上百个顾泠沅式的教育学高师数十年如一日地在东西方之间《寻找中间地带》；带出一流的中国教坛实践，还要有千万个魏书生、李吉林式的将实践与理论水乳交融的教育家做出超一流的绝活；开拓中国教育的新天鲜地，要有千百个朱永新式的开路先锋操起“新教育实验”的推土机……

第二节　牛虻，或者最清醒的热爱者

从微观来看，中国教育关山重重；从宏观来看，中国教育正重组中国新世纪的文化大思路。如何寻找到中国完美教育的最基本语言，为中国的21世纪立言呢——从《圣园之魂》结束的八年以来，他有计划地与北京、上海等地国内顶尖级的数十位教育大家对话，共同探讨具有中国特色的教育改革的理论与方向。

他夜话喀什，与喀什市委副书记朱经始和市教育局局长常淑荣，畅谈“孔雀东南飞了，麻雀也东南飞了”的西部人才流失现象；

夜话上海，他与我国基础教育活化石吕型伟老先生，探讨五十多年来我们为何没培养出真正一流的、世界级的出类拔萃的人才；

夜话京都，与北师大教育学院副院长石中英，多方面透析中国基础教育的改革历程，研讨着得与失；

连线武汉，与“武大的蔡元培”的原武汉大学校长、中国罕见的教育改革家刘道玉，触碰教育的首要问题归根结底是要制定一个科学的教育方针；

……

就这样，他夙兴夜寐、孜孜矻矻，从东北下江南，去水乡，走戈壁，进林海，奔高原，登雪域，下山坳，赴海岛，在京、津、沪等地教育家客厅，在数处边陲乡镇，都留下了他访谈的话语。正如柳斌撰文所说：“他是视教育如生命的苦行者，实干家。”

第三节　四海讲学，陶冶三江风范

八年教育文坛上的蛰伏，对于一个即将步入老年的教育家来讲，是

一种痛苦而漫长的等待。东缨无怨无悔，默默耕耘。在与大师、先师、至师们的思想不断地对撞之中，傅东缨在不知不觉之间，已经完成了学识上渊深的积累，理论上完美的升华。

此刻，东缨对他的大教育文学，也进行了升堂入室的改造——不断进行概念的批判，理论的充实，哲学的沉潜，结构的更新，在现代社会高信息量之中，他不得不面临着中国教育理论体系的一个事实——在世界教育信息大潮的冲击下，中国式的教育体系，很容易变成为一个建造庞杂而无序的“巴比伦塔”——因为各种信息的发达，乃至于泛滥的信息流——而最终被日新月异的信息流冲倒。

如何树立一个高耸入云而不会倒塌的“巴比伦塔”？他在寻找由法术进入境界的高度。

经过精心研究，东缨把中国划分出京、粤、江沪、中原、西部五大教育板块，他以广泛的学习、考察、调研、论证为依据，研究基础教育、幼儿教育、农职教育、民办教育，个性教育、特色教育，并潜心地研究出理想课堂的磁力、张力、活力的和谐理论，“弹性差异论、潜性无限论、灵性合力论”的教育观理论等十几个闻名全国的理论。

带着这些教育艺术完美结合的理论，他开始更远地走向基层，以便印证自己的所学；走向大师，走向中国教育各个领域的顶尖代表人物；他更走向中国教育史的各个沉积层，以便捋清自己的思路。他先后被近31个省市自治区和港澳邀去讲学，场场效应轰动，形成了极具影响力的“傅东缨现象”。在这八年之中，每年的365天当中，他几乎都有近一半的时间在各地奔波。

在宁夏，在内蒙古，在北大荒，在京津，在华东，在湖广，在晋冀，在乐山西部五省校长高级培训班上，在佳木斯中国陶行知研究年会上，在天津、潍坊、泸州、大连、东营等地召开的全国初中专委会的多次年会上，在中国教育视频网上海德育报告会上，他的关于学校管理、关于校长素质、关于名师结构与新课改、关于绿色生态德育和生命教育、关于学校文化与高效课堂的报告震撼听众心魂，不少人被激动得热泪盈眶……

不过，对于东缨来讲，更重要的是，他正进入教学相长的良好境界之中。

2003年8月15日，乌鲁木齐市，一辆车况极差的长途公交车，在上午九点半发车，这辆车经过了一千公里的漫长路程，它将经过天山山脉，经过一望无际的戈壁滩。在许多地方，这里根本没有路，满面尘灰的乘客们不得不在黑暗之中步行。

东缨夫妇就在这群大漠之中的乘客之中。他此行的唯一目的，就是为了拜访福海二中校长郭屏宇。郭屏宇并非技惊四座的教坛大家，他只是在西北荒漠之中默默地办学校、办校办工厂的一棵“沙枣花”。东缨不远千里地请教，只是为了了解一个中国最西北部地区的基层校长的苦斗状况……

由法入道，东缨读万卷书，更行万里路。他既拜会了中国教育各个学科的带头人，又更深入边远，问学于普普通通的教育工作者，甚至是普普通通的学生。八年历练，他终于梳理出未来教育——这个对 21 世纪中国教育具有奠基作用的中国教育思想理论体系。

第三部分：未来教育时代，教育史的未完诗续

第一节　融通诲海，中国教育领域的新航线

向人类教育的前方望去，我们将会迈入一个什么样的时代？在国际互联网络的时代，个人与个人在知识上的差距，几乎可以忽略不计，人们在互联网络面前永远是无知者。人类学家们论证：当互联网络走进教室、走进家庭后，师生关系必将发生极为深刻的变革。

毫无疑问，达到一种超越知识、超越信息的境界，是中国教师将首先受到严峻的挑战——在历史生存发展的坐标系中，我们可以看出我们时代的焦虑。当下，中国教育为在经济全球化及经济繁荣中争得一席之地而殚精竭虑、急功近利地培养所谓“人才”之弊端日益凸显。

——中国教育更专注于教会人“何以为生”的知识和技能，而放弃了“为何而生”的内在目的，放弃了对人的精神境界的提升；当下，“知识论”无比盛行，而中国传统的“境界论”遭遇失落，中国教育似乎日益疏远了人的精神世界；当下，这个各派著作林立、各种现学现卖的方法论充斥的时代，作为一个教育家，如何思索着奠基中国基础教育前进的轨迹？

已过耳顺之年的傅东缨，又推出了一部力作——《教育大境界》，以此进一步完善自己的教育理论体系。他写作《教育大境界》的初衷，便是拉开评估教育价值与人类思想的序幕。

而要奠基未来教育，东缨把幽远的目光投向了教育的三千年历史。“现在的教育、现在的社会缺欠如此之多之大，而人类对文明史上圣人的扬弃（吸收其精华，剔出其糟粕）远远没有完成。”

教育的本质是孕育社会的文明，其常态表现为：把孕育未来文明的种子播撒进社会结构的土壤里，一二十年、二三十年之后生根发芽开花结果，而使文明蔚为大观。

思想家的成熟，是让历史与未来的相聚。在他的未来教育体系之中，教育的本质被他改变了，被把握为“生命之提高”。直到此时，东缨的教育哲学渐渐显露它更波澜壮阔的面貌，直接宣称：**“教育，乃是人类各种**

生存经验和价值观念的总和！”

他在《教育大境界》之中，写下了号角般的激情文字：“我们不能如此仓仓皇皇空着手离开这居住了五千年的富丽堂皇的圣殿。我们要坐下来仔仔细细地考量与盘点，把圣殿之中那些用得着的思想宝贝、文化宝贝、教育宝贝统统带上（而不只知只言片语），充实我们的精神家园，从而阔步地走向未来，创造未来的教育。”

第二节　由法入境，寻找未来教育的通途

世界科学界泰斗霍金，近日提出一道关于人类生存的世界级难题：在一个政治社会环境都很混乱的世界，人类如何走过下一个一百年?

他自己给出的答案是：我不知道答案。这就是我提问的原因。

我们能拿出什么答案呢?

按20世纪80年代世界各国诺贝尔奖获得者关于“去汲取孔子的智慧”的宣称，傅东缨对“霍金之问”的答案是：**人类生存发展＝西方现代化＋东方道德智慧**。

在中国文化、中国教育有失自信力的当今，傅东缨所说的东方道德智慧，正是以与西方现代化完全相斥的“境界论”为其体用：中国境界论哲学与西方现代哲学为知识求真理之取向不同，它是活生生的“生命的学问”。

在《教育大境界》所定义的“未来教育”之中，回荡着霍金的东方智慧回音：**“我们才会看到一种真正的人的教育，一种充满着生命活力的人的教育**：教育的太阳光焰四射，生命的活力喷发而涌，教育再不是知识与知识的传递过程，而是智慧与智慧碰撞和交流的互动活动，生命与生命交往和沟通的神圣过程。”

在东缨的境界之中，却力推大法无术。大法无术，是从法术视角洞察的德育大境界。大法无术并非无术，而是无一定之术，却包千门之术，融万家之法，兼容并蓄，融会贯通，你中有我，我中有你，实为高法高术、智法智术、大法大术。

在东缨的思想体系里，中国传统教育之中大师育人的精华，却可以用现代课堂的“理想课堂”来再现。东缨提出了理想课堂的系统理论：

其课堂格局为：民主、开放、科学、个性、高效；

其教育境界为：高远、博大、幽深、静美、神奇；

其运作形式为“三力”：问题造就磁力，思维引发张力，智慧饱含活力。

其理性思维导向图为：由牵动心神的问题链（磁力）、破解问题链的思维流（张力）、统领思维流的智慧网（活力）、编织智慧网的方法线（魅力）、承运方法线的时间轴（定力）通透连贯而构成。这一理性思维

导向图即是理想课堂的重要载体。

著名教育家刘道玉说他“特别欣赏《教育大境界》一书中关于未来教育的分析与展望，其中阐述了未来教育发展的十个方向……”这十大方向为：以创造性教育为核心，以全场化教育、全人化教育为保障，以智能化教育、人文化教育为特色，以坚韧化教育、自悟化教育为路径，以个性化教育为目标，以精英化教育和平民化教育为内涵所构建，形成完整而严密的“一性九化”体系。这是东缨多年来为未来教育深思熟虑所描画的一幅精美蓝图，也是他心目中定格的未来教育一张理想画卷。他很期冀这蓝图画卷如同一个坐标轴，有助于今日教育走向明日教育的更高境界。

东缨的境界理论，恰好成为一枚学术的硬币，使心法的“境界说”与技法的“三力说”完好地融为一体，达至中国哲学与教育学之中的传统命题“一即是万”、“万即是一”的境界，因此更明确了他“中学为体、西学为用”的学术之路。

第三节　由境入道，中国教育的新境界

东缨的未来教育，到底是一种什么样的境界?

初读东缨“未来教育”者，也许很难了解他“未来教育”思想体系的全貌，初读其文章者，更会感觉到他的文字，纠缠于重述中西方教育历史的大师与理论。

据我们所看，想从宏观上了解傅东缨的学术魅力，向古典可借助章学诚了解；向西方可借尼采比照。

章氏，被视为清代学术的“殿军”。而章学诚治史读经的方法，则成为中国古典学术界最具革命性的论点，因而更具有突破性的学术体系。“愚之所见，以为盈天地间凡涉著作之林，皆是史学。六经，特圣人取此六种之史以垂训者耳。”章学诚的“道”，已经演化为历史长河中的源头，也是中国人性中一种最基本的、向往一种有秩序的和文明的生活的潜能。这一潜能慢慢在历史中展现出来，并在人所公认的历史事实中实现自己。

东缨的“未来教育”，也正是在再次演绎圣人大师们的境遇之后，焕发出读者心中的教育的自我创造的潜能。这种与照本宣科地学习经典不同，而是用生动活泼的形式，焕发出读者自由的创造精神。

未来教育，必将随着对过去教育精华的重现，逐渐去呼唤去迎接未来。同时，在“未来”变成“历史”的不断过程中，显示出宝藏般的作用。

章氏书写历史，根本的目的是求证天下之道。所以，对写作者有着极为苛刻的要求：“才、学、识三者，得一不易，而兼三尤难，千古多文人而少良史，职是故也。”

章氏“才、学、识统一才为良史”的论点，与傅东缨的心得颇为一致：“多年来，我构想、追索、实践如是一种手法、一种文体：让文学与教育联姻，科学与艺术结缘；以诗的凝练、散文的飘逸、政论的缜密为经丝，以事的妙绘、情的畅抒、理的深索为纬线，编织出外美内深、足以给予人生启示与美感陶冶的艺术品。”

正如清朝的学界，章学诚能以“文史之论”横空出世；东缨挟“未来教育”之风，也是希望能够奠基未来中国教育的学术文化。

而西望尼采，东缨的未来教育与未来哲学也有几分神似。未来哲学，从根本上讲，是对古今中外以来，所有的宗教、哲学、科学、艺术、甚至政治、社会学、经济学、心理学……以及这些学科的所有代表人物加以批判，最终提出与它们对立的类型。

东缨的“未来教育”，从中外思想家的思想主航道中而化出，并且重新梳理这条主航道，以便方便后来者千帆竞渡。

东缨的“未来教育”系统之中，重要的一个步骤就是沟通中西方的诲海，并且对其进行系统的批判，使东西方的教育智慧合二为一。

中者选精华而用，洋者择优良而取，在中国教育界寻找东西方文化“中间地带”，都在与时俱进地选精择优之中重新再造自家的诲海——这才是智慧，这才是路标，这才是未来溢满智光德彩的诲海……尼采进行价值重新评价的批判方式，特别是他重新评估一切价值的视野，正是可以批判继承西方教育思想精神，并将其纳入自己思想轨迹的准确方式。

诠释经典，独成一家，是以大成。在浓墨重彩地描绘“未来教育”之时，无一不在宣扬自己的原则：未来教育不是憧憬未来的教育，而是加倍努力创造美好教育的未来。

结语：心灵中许诺的种子

东缨带着一路风尘，带着尼采式的批判、王国维似的境界、裴斯泰洛齐的目光，回归到了泰戈尔的“田园”之中，回到了他青年时代便开始栖居的恬美田园。未来教育，作为一个重新估价中外教育体系的传承过去，阐述现在，塑造未来的巨大工程，在他那里才刚刚起步。

众回寻她，已览尽人间风光无数。

蓦然回首，身边也无风雨也无晴。

走向未来教育，要通过一条条狭长的窄路，甚至通过无人区那布满荆棘的小路。在那真理的幽径旁，那条充满偏见的社会大道何等宽阔，人流如织，车水马龙。

“但是，唯有走过这条艰苦的小路，我们方能实现超越：超越自身人性中的弱点，超越经济、科学的落后给我们的短视，超越社会集体中的惰性，超越时代与历史给我们的局限——对我们的想象力、意志力、创造力的先天性的伤害，使我们最终走向真理之巅。”

也许，这种认识中的自信，更是折磨他半生的命运，开始给他的祝福。重整未来教育，他通过乐观，更晓得未来之路的四通八达——

“再看中国，正值中国社会的改革倒海翻江般地急剧震荡起来：社会结构在重组，社会阶层在竞进，社会节奏在催速，社会能量在迸发，经济、政治乃至文化的嬗变如同疾风暴雨。”“这种震变之于教育，不仅搭建了相当宽宏的背景，而且为其提供了千年难遇的机遇……给新式文化提供了广袤无垠的生长沃土。”

通过坚韧，更知道“未来教育”能够成为中国教育真正的未来——

也许你的力量很小，但只要你拥有了锲而不舍的毅力，便没有不可征服的高峰；

也许你的智慧驽钝，但只要你拥有了坚韧不拔的毅力，便没有不可逾越的障碍。

未来教育，仅仅是东缨学术生命的一个崭新的开始，是他为奠基中国基础教育“巴比伦塔”的一块基石。

前方的路依然通畅，却无比漫长；更广阔的诲海，等待着他泛舟而行……

2007 年初夏完稿，2014 年 3 月月末再修改

（秦之，对东北的文化、教育深度研究的辽宁省青年学人；

镇泽，对东缨的作品从喜爱到研究的新疆青年教育专家）

后 记

有梦，就有远方。

“文革”前入师大时，书写中国《教育诗》的梦偶然涌来，竟不肯弛懈，牵动起我的教育人生漫漫之旅，从此固守在这方育人天地孜孜掘井，无论何种机遇与缘由，都不曾丝毫改变此种生命的轨迹。

站城外观城，以为眉清目楚；入城内逛城，便觉头晕目眩：前人教育行知浩瀚如海，当今教育难题多如牛毛，诸种教育主张胜过超市……如何汲取华夏文明的地气，如何规避知与行的分裂；如何兼容西方文化的真谛，此三个重大教育课题，无时无刻不在考量当代人的智慧和能力。

若写好中国教育的书，先得厚积践行，更要拥有思想，亦须娴驭文字，即用魅力文字精释史实，以阐发出足以让人灵醒心动的深邃思想。

践行不断流变，思想可以常守。结晶珍贵的思想靠览古察今的阅历，更靠对未来睿智而深度的醒思，像从雨润绿芽的一步步成长里，体味着枝繁、叶茂、花鲜、果香在天地间和美的律动。

《教育大境界》便是我这只“蚕儿”，于几十度春秋的学与思累积中吐出的“丝”，总想让“丝”的质地更细柔绵远，“丝”的表象更纯洁静美。

文起于近几年。每每黎明即起，蓄聚了一夜的思想犹如花叶间的露珠，须悉心采撷，更需以心力凝结，有时为一两句短语，竟几日食不甘味，寝不安席。天长日久，便有了这厚厚的一沓书稿。

书开卷见序。序旨在对书介绍、鉴赏、透析。这实为艰辛而神圣的劳作。

二十多年来，我一直深深感恩先后为拙作作序、题词的臧克家、单复、端木蕻良、韩少华、阿红、柳斌、秦牧、韩作黎、郭永福、李燕杰、顾明远、柯岩、史绍熙等诸位大家。

此次，请尊敬的顾明远先生、刘堂江先生作序，皆慷慨应允，短时间赐予博大中见精思之作，令我感念之心无以言表。另有长期关注我及我作品的几位年轻研究者，附长文《东缨，中国教育“巴比伦塔”的一块基石》于书后，其意蕴隽永的评说对我而言是种勉励，也促我于坐标系前坚守，夕惕若厉。著名学者刘道玉先生、著名教育艺术家李燕杰先生和教育家姬庆生先生、高东昌先生以及范通站老师等，或著文或来信对本书给予了赞赏与品评，在此，一并深表谢意。

在成书中，两子松巍、松岩一次次参与讨论、修改，注思泉以活水，激灵感以火花；河南焦作许衡中学李小军、四川泸县一中许玉林分别精心查阅文稿与反复修饰插图，值得记一笔。

东 缨

2007 年 7 月 4 日于辽宁铁岭市

再版后记

白驹过隙，逝者如斯。不觉间，《教育大境界》初版已七载余。原作问世于北京大学出版社，鉴于所印14000册书售一年后即已告罄，而教坛求此书而不得者频有呼唤，更因为在此七年间教海波翻浪涌，发展空前，疑窦空前，亟待从理论到践行予以新的回应，遂成邀约，马年春节前后，笔者历时半载有余对其做四次修改，细查疵点，新换桃符，更增补了十几万字（占原书字数的65%）及数幅插图，并将阅读上一版本后“专家与同人的回应”和《东缨，中国教育“巴比伦塔”的一块基石》这两部分作为附录，以尽可能拓展和延伸视角。此次由教育科学出版社再版，唯愿呈现历久弥新的面貌以飨读者。

东　缨

2014年9月2日于河南焦作改毕，2014年9月30日于辽宁铁岭审定

出 版 人　所广一
责任编辑　孔明丽
版式设计　郝晓红
责任校对　贾静芳
责任印制　曲凤玲

图书在版编目（CIP）数据

教育大境界 / 东缨著. —北京：教育科学出版社，2014. 11
（大教育三部曲；1）
ISBN 978－7－5041－9114－4

Ⅰ. ①教…　Ⅱ. ①东…　Ⅲ. ①教育工作　Ⅳ. ①G4

中国版本图书馆 CIP 数据核字（2014）第 244365 号

大教育三部曲之一
教育大境界
JIAOYU DAJINGJIE

出版发行	教育科学出版社		
社　　址	北京·朝阳区安慧北里安园甲 9 号	**市场部电话**	010－64989009
邮　　编	100101	**编辑部电话**	010－64981321
传　　真	010－64891796	**网　　址**	http://www.esph.com.cn
经　　销	各地新华书店		
制　　作	北京金奥都图文制作中心		
印　　刷	保定市中画美凯印刷有限公司	**版　　次**	2014 年 11 月第 1 版
开　　本	169 毫米×239 毫米　16 开	**印　　次**	2014 年 11 月第 1 次印刷
印　　张	28.75	**印　　数**	1—10000 册
字　　数	431 千	**定　　价**	59.00 元

桥艺测试第三辑⑩

读牌测试

[英]大卫·伯德
[澳]蒂姆·伯克 著
彭立新 连若旸 王 南 译

成都时代出版社

四川省版权局
著作权合同登记章
图进字 21-2015-178 号

图书在版编目（CIP）数据

读牌测试 / （英）伯德，（澳）伯克著；彭立新，连若旸，王南译.
-- 成都：成都时代出版社，2015.12
（桥艺测试. 第三辑）
ISBN 978-7-5464-1497-3

Ⅰ. ①读… Ⅱ. ①伯… ②伯… ③彭… ④连… ⑤王…
Ⅲ. ①桥牌-基本知识 Ⅳ. ①G892

中国版本图书馆 CIP 数据核字（2015）第 230267 号

桥艺测试第三辑⑩. 读牌测试
QiaoYi CeShi DiSanJi ⑩. DuPai CeShi
[英] 大卫·伯德　[澳] 蒂姆·伯克　著
彭立新　连若旸　王南　译

出品人　石碧川
责任编辑　曾绍东
封面设计　陈二龙
版式设计　陈二龙
责任校对　陈　煦
责任印制　干燕飞

出版发行　成都时代出版社
电　　话　（028）86619530（编辑部）
　　　　　（028）86615250（发行部）
网　　址　www.chengdusd.com
印　　刷　三河市华晨印务有限公司
规　　格　140mm×215mm　1/32
印　　张　13.625
字　　数　440 千字
版　　次　2015 年 12 月第 1 版
印　　次　2015 年 12 月第 1 次印刷
印　　数　1-5000 册
书　　号　ISBN 978-7-5464-1497-3
全套定价　76.00 元（共四册）

目录 Content

如何读牌

在本书中，我们将要研究一种在你作为庄家努力构建防守方的持牌时非常有用的技巧。如果一位或两位防守人参与了叫牌，你就有一个良好的开端。例如一位防守人进行过阻击叫，在首攻之前，你就对他的持牌有一个清晰的认识。多数情况下，两位对手会审慎地保持沉默。接下来怎么办呢？首攻和第一轮跟牌将会告诉你关于这门花色分布情况的大量信息。随着打牌一墩一墩的进行，防守方的牌慢慢展现，也许还会给出信号，你将逐步构建起完整的牌张分布的画面。接下来的做庄将变得更轻松。

现在该看一个牌例了，尝试完成下面这个四黑桃定约：

	北	
	♠J 10 5 4 ♡K Q 2 ◇J 8 3 ♣K 7 6	
西 ♠K ♡J 7 4 ◇A Q 9 5 2 ♣Q J 10 3		东 ♠7 6 2 ♡10 8 5 3 ◇K 7 ♣9 5 4 2
	南 ♠A Q 9 8 3 ♡A 9 6 ◇10 6 4 ♣A 8	

西	北	东	南
1◇	不叫	不叫	1♠
不叫	2◇	不叫	4♠
全不叫			

防守你的黑桃成局定约，西家首攻♣Q。你计划如何做庄？

你有三个看起来无法避免的方块输墩，不能承受再丢一墩将牌。由于西家进行过开叫，因此他更有可能持有♠K。然而除非这张牌是单张，否则你将无可避免地要在将牌花色上丢掉一墩。或许你应该尝试飞东家的将牌 K。如果飞牌成功，无论黑桃怎样分布，你都可以完成定约。你是如何考虑的呢？

读牌第一个重要的步骤就是计算防守方联手的大牌点力。在这副牌中，外面一共有 16 个看不见的大牌点。西家开叫只需要 11 个大牌点左右，所以东家还容得下持有♠K。还有两个线索已经提供给你。你能想出它们是什么吗？第一点是东家没有在一阶应叫，因此他不太可能持有 6 个大牌点；第二点是西家没有首攻方块。你能从中得出什么结论吗？如果他持有方块 A 和 K，显然他会更倾向于首攻方块而不是梅花。至此你能够推断出东家一定持有一张方块顶张大牌，由于他没有应叫，他一定不会还同时持有♠K！

赢进梅花首攻后，你打出♠A。伴随着同伴钦佩的目光，单张♠K 被从后手击落。现在你可以清光将牌，消去红心和梅花，并从明手引出一张小方块。如果东家注意力不够集中，没有能够在第一轮时冲上 K，你将能够获得一个超墩！东家在赢进第二轮方块后，只能送给你一个将吃垫牌。

有时读牌需要进行一些探索工作。

	♠9 7 2 ♡Q 8 7 ◇K J 5 3 ♣Q 9 2	
♠A K Q 8 ♡J 4 3 ◇Q 10 2 ♣A 6 3	N W E S	♠10 6 5 ♡10 ◇A 9 6 4 ♣J 10 8 7 4
	♠J 4 3 ♡A K 9 6 5 2 ◇8 7 ♣K 5	

西	北	东	南
1NT	不叫	不叫	2♡
全不叫			

西家开叫 1NT 显示他持有 15-17 个大牌点。你是南家，平衡位置叫 2♡，并成为最终定约。西家首攻连续兑现了三轮黑桃顶张，随后转攻将牌，你计划如何完成定约？

你清三轮将牌，注意到西家跟出了 J。定约的成败取决于在方块套中的猜断。怎样押宝最好呢？你是应该出 K 还是出 J？

正确的答案是："我目前……还没有决定！"在进行方块套中的关键打法之前，你需要先探查哪个防守人持有♣A。当你从暗手打出♣K 时，西家用 A 赢进。你一直在计算他的大牌点吗？在方块套之外，他已经显示出了 14 个大牌点。因此他不可能再持有♢A，否则他将会有 18 个大牌点——超出了 1NT 开叫的点力范围。

你用 Q 赢进西家的梅花回攻，将吃一个梅花回到暗手，朝着明手引出方块。"请出 J，"你说。当东家用 A 赢进时，定约属于你了。

假设是东家显示出持有♣A。西家在低花中还需要至少 5 个大牌点，来满足他开叫 1NT 的最低限 15 点。你可以判断出他持有♢A，并在方块花色上出 K。

当你需要在一门花色中双向飞 Q(或 J)时，你可以通过比较张数来估计概率并做出你的决定。换句话说，你应当判断每位防守人手中的牌型。这正是在下面这副牌中你需要做的事情：

	北	
	♠10 7 2 ♡Q 10 8 ♢K 10 5 ♣A K 5 4	
西 ♠K Q 5 ♡6 4 2 ♢Q 7 3 2 ♣Q 9 6	N W E S	东 ♠A J 8 6 ♡7 3 ♢9 6 4 ♣J 8 7 3
	♠9 4 3 ♡A K J 9 5 ♢A J 8 ♣10 2	

你方叫到了红心成局定约,敌方没有参与叫牌。西家首攻黑桃 K 和 Q,继续出小黑桃到东家的 J。东家换攻将牌。你计划如何做庄?

一切都取决于你在方块中的猜断。现在你对于朝哪个方向进行飞牌有什么主意吗?此时此刻,这看上去像是个 50-50 的猜断。为了改善你的机会,你必须尝试获得完整的牌型分布。如果你能够发现哪位防守人持有更多的方块,他就更有可能持有◇Q。别忘记你刚刚已经见到了黑桃花色的分布。你认为是哪一位防守人持有未见的黑桃呢?很明显是东家,因为西家不可能在持有♠A-K-Q-5 的情况下,在第三轮黑桃上出小牌(诚然,东家的确可以通过在第三轮上用 A 赢进而隐藏这一信息,但多数防家都不会留意这些细节)。

你继续清两轮将牌,两位防守人都跟出,再兑现两轮梅花顶张。当你大将吃一轮梅花时,西家跌出了 Q。你用第三轮将牌过桥进入明手,将吃明手的最后一张梅花来完整描绘出防守方牌张分布的图景,西家示缺。

哪一位防守方原始持有更多的方块?如果你仔细追踪了每一门花色的分布,你将会知晓西家原始持有 3-3-4-3 牌型,从而他有 4 比 3 的优势更可能持有方块 Q。你决定对他进行飞牌,在这一例子中取得了成功。他确实持有◇Q,你完成了定约。在这里你只拥有微弱的概率优势,但有时你可能在一门关键花色中联手持有八张,并发现防守方的分布是 4-1。这时你将能够确定无疑的在第二轮时成功飞 Q。

最后,让我们来看看通过观察防守方所出的小号码牌张,你能够读取多少信息。在无将定约中,防守方在首攻花色中的出牌能够展现出很多信息。你计划如何完成下面的 3NT 定约?

	♠8 3 ♡K J 8 3 ◇K 10 5 ♣A 10 9 4	
♠Q J 7 5 2 ♡6 4 2 ◇A 7 4 ♣K 6	N W E S	♠A 10 6 ♡10 9 7 ◇9 6 2 ♣8 7 5 3
	♠K 9 4 ♡A Q 5 ◇Q J 8 3 ♣Q J 2	

西	北	东	南
			1NT
不叫	2♣	不叫	2◇
不叫	3NT	全不叫	

防守 3NT,西家首攻♠5。东家用 A 赢进,并回攻♠10。你计划如何做庄?

由于不存在换攻的危险,你应该在第二轮时持 K 忍让。东家继续出♠6,逼出你的♠K。你应当如何继续?

你需要解读黑桃花色的分布。如果黑桃是 4-4 分布,顶出◇A 就是安全的,将使你能够轻松地取得九墩牌;相反,如果黑桃是 5-3 分布,出方块就是危险的。在西家持有◇A 时,他还可以兑现两墩黑桃,你的定约将被击宕。更好的机会是进行梅花飞牌。那么黑桃到底是如何分布?

对抗绝大多数的防守人,解读黑桃花色的分布都是小菜一碟。当牌张分布如牌型表中所示时,西家将会在第二轮时跟出♠2 来显示他原本持有五张黑桃。因此在赢进第三轮黑桃后,你就飞梅花。在西家持有♣K 或是东家持有◇A 时,你将能够完成定约。

假设西家比较狡猾,在第二轮时跟出♠7,并在第三轮时跟出♠J（他想让你确信他原本只持有四张黑桃,从而顶方块是安全的)。接下来怎么办？你还有一个非常重要的关于牌型分布的线索，就是东家在第二轮时打出的♠10。如果他原始持有♠A-10-6-2，他一定会按照标准的方式回攻♠2——他的长四。因此，你还是应当进行梅花飞牌而不是出方块。

如果东家第二轮回攻♠2，就有充分的理由假定黑桃分布如下：

	♠8 3	
♠Q J 7 5	N W E S	♠A 10 6 2
	♠K 9 4	

在这种情况下，你就应该出方块而不是梅花，希望仅丢一墩方块和三墩黑桃。

现在是到了我们结束这一简要概述章节的时候了。这一章节的目的不是为了要给你一个完整的庄家读牌技巧的综述，而是为了让你在随后的解题中能够尽快进入状况。

你准备好迎接挑战了吗？没有人在旁观，所以不必紧张！如果你被任何一道题目直接击败，随后的解答将会清晰地告诉你如何能够完成定约。鼓起你的勇气……翻到下一页。祝你好运！

习题 1

	♠8 5 3 ♡A 8 7 5 2 ◇K 6 ♣Q 9 7
首攻♠K	
	♠Q 9 ♡K Q J 10 6 ◇A 7 4 ♣A 5 3

西	北	东	南
不叫	不叫	不叫	1♡
1♠	2♠*	不叫	4♡
全不叫			

防守你的红心成局定约，没有开叫的西家首攻♠K。他接着续攻黑桃 A 和 J，迫使你将吃。你计划如何继续做庄？

习题 2

♠9 6 5 4
♡7 6 4
◇J 10 5
♣J 9 4

首攻♡5

♠A K Q J 10 3 2
♡—
◇A K 6
♣A 7 6

西	北	东	南
		1♡	加倍
4♡	不叫	不叫	6♠
全不叫			

你手中握有十个赢墩,显然(咳咳!)要叫到小满贯定约。西家首攻♡5 到东家的 A。你计划如何做庄?

习题3

	♠K Q 2 ♡J 7 6 4 3 ◇7 4 ♣K J 5
首攻◇K	
	♠A 9 8 7 6 4 ♡A K ◇A 6 2 ♣A 4

西	北	东	南
			1♠
4◇	4♠	不叫	6♠
全不叫			

西家首攻◇K，东家跟出◇3。你如何继续？

习题 4

	北	
	♠9 4 2 ♡A 5 4 2 ◇A 9 8 5 3 ♣7	
首攻♣Q		
	南	
	♠K 10 6 ♡K Q J 9 7 6 ◇Q J ♣A K	

西	北	东	南
			1♡
1♠	4♣*	不叫	4NT
不叫	5♡*	不叫	6♡
全不叫			

你用♣A 赢进首攻,兑现红心 K 和 Q,东家在第二轮时垫掉一张梅花。当你引出方块大牌时,西家用 K 盖打。你将如何继续?

解答 1

♠8 5 3
♡A 8 7 5 2
◇K 6
♣Q 9 7

西		东
♠A K J 7 2		♠10 6 4
♡—	N W E S	♡9 4 3
◇J 10 8 3		◇Q 9 5 2
♣10 8 6 2		♣K J 4

♠Q 9
♡K Q J 10 6
◇A 7 4
♣A 5 3

西	北	东	南
不叫	不叫	不叫	1♡
1♠	2♠*	不叫	4♡
全不叫			

防守你的红心成局定约，没有开叫的西家首攻♠K。他接着续攻黑桃A和J，迫使你将吃。你计划如何继续做庄？

在梅花套中有两个潜在的输墩，可你只能承受再输一墩。如果西家持有♣K，你可以简单地朝♣Q引牌，将你的梅花输墩限制为一个。但如果西家真的持有♠A-K-J-×-×、♣K和红心空门，他一定会开叫（我们知道有些牌手在持有西家现在的牌张时，也会开叫1♠！）。所以你几乎可以确定东家持有♣K。在这种情况下还有什么机会呢？

你必须采用消去打法，希望在终局用梅花投入东家，迫使他从♣K中引牌。你兑现方块K和A，大将吃一次方块来消去这门花色。接下来你清三轮将牌止于南家。所剩牌张如下：

北：
♠—
♡5
♢—
♣Q 9 7

西：
♠—
♡—
♢—
♣10 8 6 2

东：
♠—
♡—
♢Q
♣K J 4

南：
♠—
♡10
♢—
♣A 5 3

你从南家引出一张小梅花。西家可能出 8、6 或是 2，北家出牌盖过，迫使东家赢进这一墩。现在他只能在持有 K 的情况下引出梅花，或是送给你将吃垫牌，使你得以完成定约。西家冲上♣10 也无济于事，你可以用♣Q 盖打。东家在用♣K 赢进后，不得不从他的♣J 中引出梅花，让明手的♣9 得墩。仍旧可以取得十墩牌。

如果西家开叫了 1♠ 而不是派司，你的解读将完全不同。西家有很大的机会持有♣K，你应当选择跳♣K 的机会而不是采用消去打法。

解答 2

	♠9 6 5 4 ♡7 6 4 ◇J 10 5 ♣J 9 4	
♠— ♡K J 9 5 3 ◇8 7 4 3 ♣10 8 5 3	N W E S	♠8 7 ♡A Q 10 8 2 ◇Q 9 2 ♣K Q 2
	♠A K Q J 10 3 2 ♡— ◇A K 6 ♣A 7 6	

西	北	东	南
		1♡	加倍
4♡	不叫	不叫	6♠
全不叫			

南家无论如何都没有理由指望北家能够解决掉他三个输墩中的两个。但他仍旧勇敢地(你可能认为是愚蠢的)叫到了6♠。西家首攻♡5,东家出A,你计划如何完成这一满贯定约?

你需要方块飞牌成功,然后消去红心花色并从手中打出小梅花,寄希望于投入某个防守人,从而能够实施终局打法。由于明手需要进张,你要用大将牌将吃第一轮红心。随后你可以出将牌到♠9过桥,大将吃另一张红心,你清出东家最后一张将牌,用♠6过桥。下一步是出◇J飞牌,不论东家是否选择盖打(他盖吃没有任何意义),你都可以将吃明手最后一张红心,消去红心;兑现三轮方块,消去这门花色。

在完成了全部这些步骤后,你达成如下局势:

	♠5 ♡— ♢— ♣J 9 4	
♠— ♡— ♢— ♣10 8 5 3	N W E S	♠— ♡Q ♢— ♣K Q 2
	♠10 ♡— ♢— ♣A 7 6	

你朝着明手引出♣6,西家跟♣3。现在怎么办?如果防守方没有参与叫牌,你的最佳机会就是上 J,打西家同时持有梅花 K 和 Q(这是基于西家是一个优秀的选手,不会上一张大牌令自己陷入投入的陷阱,而送成定约)。为什么这就是最佳路线呢?因为这条路线仅要求两张牌对位——梅花 K 和 Q。

然而在当下这一牌例中,东家做出过开叫。在第一墩他打出红心 A 的实际情况,暗示西家很可能持有红心 K。如果西家的红心是 K-Q 领头的,他将会首攻一张大牌,因此红心的分布更像是西家持有♡K-×-×-×-×对着东家的♡A-Q-×-×-×。东家已经显示出持有♢Q,但他还需要梅花中的大牌来支持他开叫。所以你应当打东家持有♣K-Q。为了使终局打法获得成功,你还需要西家持有♣10。三张牌的位置必须都有利。

你用明手的♣9 进行飞牌,顶出一张大牌。东家可以通过用♣K 赢进来试图加以掩饰。之后他将不得不回攻一张小梅花,因为红心回牌会直接送给你一个将吃垫牌。你暗手放小飞过,用明手的梅花 J 赢进回攻,完成了这个激进的小满贯定约。

在类似这样的牌例中,对红心的读牌并不是完全确定的,因为如果东家持有♡A-K-×-×-×或是♡A-K-Q-×-×,他也可能出一张不会付出任何代价的♡A 来打假牌。但从长期来看,最好还是假设防守方不是在打假牌。

解答 3

♠K Q 2
♡J 7 6 4 3
♢7 4
♣K J 5

西		东
♠3 ♡2 ♢K Q J 10 9 8 5 ♣9 8 6 2	N W E S	♠J 10 5 ♡Q 10 9 8 5 ♢3 ♣Q 10 7 3

♠A 9 8 7 6 4
♡A K
♢A 6 2
♣A 4

西	北	东	南
			1♠
4♢	4♠	不叫	6♠
全不叫			

是的，南家可以再花些时间来使用罗马关键张黑木问叫检查一下。但他还是选择了节省时间，直接跳叫到小满贯定约。西家首攻♢K，东家跟出♢3。你将如何继续？

一条可能的路线是尝试树立红心套。你可以兑现♠A，接着是两轮红心顶张。如果两位防守人都跟出了，你就可以用♠K过桥，将吃一次红心，接下来用♠Q过桥，再将吃一次红心。♣K将是兑现红心长套赢墩的进张。

另一条路线是立即清两轮将牌。如果将牌是2-2分布，明手将有一张剩余的将牌可以将吃第三轮方块。如果将牌是3-1分布，在红心是3-3分布的情况下，你还有足够的进张来树立红心套。最后还有梅花飞牌的机会。

假设你选择了后一条路线。赢进第一轮方块后，你用K和A清两轮将牌。西家在第二轮示缺，通过将吃方块完成定约行不通了。接下来你兑现♡A-K。当牌张分布如牌型表中所示时，西家将在第二轮红心时示缺，你只得放弃树立红心套的想法。接下来如何继续？已经到了飞梅花的时候了吗？

更好的主意是现在就摊牌声称完成定约！你已知晓东家的牌型是 **3-5-1-4**，所以他将会在第三轮红心时遭到投入，陷入终局打法。你兑现♣**A**，出第三轮将牌过桥进入明手，所剩牌张如下：

	♠— ♡J 7 6 ♢7 ♣K J	
♠— ♡— ♢Q J 10 ♣9 8 6	N W E S	♠— ♡Q 10 9 ♢— ♣Q 10 7
	♠9 8 7 ♡— ♢6 2 ♣4	

现在你出红心脱手，暗手垫掉一张方块。东家用♡**9** 赢进后无牌可回。不论他回出手中的哪一张红心，你都可以建立起明手的♡**J** 再垫掉一张方块。而东家仅余的另一个选择就是出梅花钻进明手的梅花间张，同样会送给你一个方块垫牌。

对于一个愿意付出努力解读防守方牌张的庄家来说，这并不是一个特别难的牌例。然而你周围的本地牌手中，又有多少人能够完成这一定约呢？不会很多！

解答4

北
♠9 4 2
♡A 5 4 2
♢A 9 8 5 3
♣7

西
♠A Q 7 5 3
♡10 8
♢K 6
♣Q J 10 6

东
♠J 8
♡3
♢10 7 4 2
♣9 8 5 4 3 2

南
♠K 10 6
♡K Q J 9 7 6
♢Q J
♣A K

西	北	东	南
			1♡
1♠	4♣*	不叫	4NT
不叫	5♡*	不叫	6♡
全不叫			

防守你的红心小满贯定约，西家首攻♣Q。当明手摊下牌后，你发现他的斯普林特叫毫无余力。你计划如何做庄？

你赢进梅花首攻，用K和Q清两轮将，东家在第二轮时垫掉一张梅花。方块上的飞牌不可避免，你引出方块J，依次被K和A盖吃。在回手兑现了单张♢Q后，你用将牌A再次过桥进入明手。当你打出♢9时，东家面无表情地跟出♢7。你是应当让♢9飞过，还是在暗手将吃打方块3-3分布呢？

这两个机会相差甚远。西家在高花中原始持有七张或八张，而东家只有两或三张，因此他比他的搭档更可能持有短方块。此外，西家持有双张将牌，可以安全地首攻将牌，因此他的梅花首攻一定出自Q-J-10领头的连张结构。他只有在仅持五张黑桃而非六张、并且梅花仅为Q-J-10三张时，才会持有♢K-10-6。综上所述你应该用♢9飘过。基于你所掌握的线索，你可以估算出这一打法的优势大致是3比1。这一牌例遵从了大概率，你将定约收入囊中。

习题5

♠K Q 10 6
♡K 6
◇A J 2
♣Q J 5 3

首攻♡A

♠A J 9 8 2
♡J 8
◇7 5 3
♣K 4 2

西	北	东	南
1♡	1NT	2♡	3♠
不叫	4♠	全不叫	

西家首攻♡A，东家跟出♡7，西家随后转攻◇Q。你计划如何完成定约？

习题 6

♠A Q 10 8
♡K 10 5 3
♢Q 4
♣10 6 4

首攻♣K

♠K J 9 4 2
♡A Q 7 2
♢K 3
♣J 8

西	北	东	南
			1♠
2NT*	4♠	全不叫	

西家的 2NT 争叫显示他至少持有 5-5 以上的双低花，他连续兑现梅花 K、A 和 Q，东家三轮都跟出了梅花。你计划如何做庄？（将牌是 2-2 分布。）

习题 7

♠8 5 3
♡Q 10 7 2
◇K 10 2
♣K 8 4

首攻♡5

♠K 7 4
♡A K J 9 4
◇A 9 4
♣A 6

西	北	东	南
			1♡
1♠	2♡	不叫	4♡
全不叫			

西家首攻调将，你计划如何完成这一红心成局定约？（西家持有三张将牌。）

习题 8

♠4 3
♡A 7 2
◇A Q 5 2
♣A K Q 5

首攻♣J

♠K 5 2
♡K Q J 10 3
◇K 7 6
♣7 3

西	北	东	南
			1♡
2♠	加倍*	不叫	3♡
不叫	5♡	不叫	6♡
全不叫			

西家首攻♣J。你计划如何完成这一小满贯定约？（东家持有四张将牌。）

解答 5

	♠K Q 10 6 ♡K 6 ◇A J 2 ♣Q J 5 3	
♠7 3 ♡A Q 10 9 3 ◇Q 8 ♣A 10 9 6	N W E S	♠5 4 ♡7 5 4 2 ◇K 10 9 6 4 ♣8 7
	♠A J 9 8 2 ♡J 8 ◇7 5 3 ♣K 4 2	

西	北	东	南
1♡	1NT	2♡	3♠
不叫	4♠	全不叫	

的确，比起争叫 1NT，北家的牌更适合做技术性加倍。但无论如何，你最终还是会成为这个定约的庄家！西家首攻♡A 取得这一墩牌，东家跟出♡7。现在西家转攻◇Q。你计划如何做庄？

你的第一项任务就是解读方块的分布。单独看这一门花色的结构，似乎有可能是西家持有◇K-Q-×，并转攻◇Q 来试图误导你。然而，这种情况会经常发生吗？东家在第一墩用♡7 发出信号，显然这是一个麦肯尼(花色选择)信号，建议转攻方块。在这一基础上你应当定位西家持有单张或双张方块 Q。你让明手的方块 A 进行忍让，并赢进接下来的方块续攻。当你调将时，你发现将牌是 2-2 分布。现在如何继续？

如果梅花是 3-3 分布，你可以建立起一个赢墩来垫掉你的方块输张。西家标明持有♣A，因此防守方无法兑现他们的方块赢墩。但梅花可能会是 3-3 分布的吗？东家加叫了 2♡，但却只有 3 个大牌点，这强烈暗示了他持有四张红心支持。在这种情况下，西家的牌型就应当是 2-5-2-4。有何对策？

你朝明手的 Q 引小梅花，西家现在不能上 A，否则你将取得三个梅花赢墩。你兑现♡K 后出第三轮将牌回到手中，当你再次朝明手引出小梅花时，西家还是只能放小。明手的♣J 赢进这一墩，所剩牌张如下：

西	北	东
	♠Q ♡— ◇J ♣5 3	
♠— ♡Q 10 ◇— ♣A 10		♠— ♡5 4 ◇K 10 ♣—
	♠9 8 ♡— ◇7 ♣K	

现在是改弦易辙的时候了。放弃梅花套，你转而用方块脱手。东家只得用◇K 赢进，并送给你一个将吃垫牌。定约完成！

在某些圈子中这可能会被认为是一次才华横溢的做庄表演，但其实这并没有那么精彩，不是吗？你所需要做的全部工作，就是不辞辛苦地构建防守方的持牌。两位防守人都作出了叫牌，这给你提供了关于他们持牌的重要描绘，在打牌的前几墩防守方的持牌已基本明确。剩下的工作就是充分运用已经获得的信息，来规划一条成功的做庄路线。

解答 6

	North	
	♠A Q 10 8 ♡K 10 5 3 ◇Q 4 ♣10 6 4	
♠7 5 ♡8 ◇A J 10 9 6 ♣A K Q 9 3	N W E S	♠6 3 ♡J 9 6 4 ◇8 7 5 2 ♣7 5 2
	♠K J 9 4 2 ♡A Q 7 2 ◇K 3 ♣J 8	

西	北	东	南
			1♠
2NT*	4♠	全不叫	

西家的非寻常无将争叫显示出他至少持有 5-5 以上的双低花。防守你的黑桃成局定约，他连续兑现梅花 K、A 和 Q，东家三轮都跟出了梅花。你计划如何做庄？

你将吃后清将，发现将牌是 2-2 分布。这强烈预示着西家持有 2-1-5-5 牌型。当西家的红心单张是 J、9 或 8 时，你能够应对红心的 1-4 分布。你出红心到明手的 K，如愿以偿地看到你的左手跟出了♡8。你继续朝暗手引小红心，如果东家跟小你就用 7 飞过；如果东家拆散他的 J-9，你就用 A 赢进，并再次进入明手来进行第二次飞牌(直接出♡10 飞牌会更安全一点，以防西家在持有♡9-8 时用 2-2-4-5 牌型争叫了 2NT)。

能够进一步提高你成功机会的选择是在清光将牌后，直接朝明手引出◇3。如果昏昏欲睡的西家跟出了小牌——犯了错误，因为即便你是持有◇K-×-×，送给你一个方块垫牌也没有任何用处，你就能够在他持有任意红心单张时都取得成功。

回到做庄开始的时候，假设西家显示只有一张将牌，现在他更可能持有的牌型是 1-2-5-5。没有理由在红心中进行深飞。

解答 7

	♠8 5 3 ♡Q 10 7 2 ◇K 10 2 ♣K 8 4	
♠A Q J 9 6 ♡8 6 5 ◇7 5 ♣Q 10 5	N W E S	♠10 2 ♡3 ◇Q J 8 6 3 ♣J 9 7 3 2
	♠K 7 4 ♡A K J 9 4 ◇A 9 4 ♣A 6	

西	北	东	南
			1♡
1♠	2♡	不叫	4♡
全不叫			

3NT 是更好的定约，南家应该能够意识到这一点。尽管如此，西家首攻调将，你计划如何完成这一红心成局定约？

一条可能的路线是清光将牌，消去梅花后用黑桃脱手。在兑现三墩黑桃后，防守方将首先动方块套（或是送出一个将吃垫牌），你将有可能不输方块。

让我们假设你选择了这一路线。你开始调将，发现西家原始持有三张将牌。当你继续兑现梅花 A-K 并将吃一次梅花时，西家在第三轮跌落了 Q。现在如何继续？

如果你仍执著于最初的计划，从暗手出小黑桃脱手，你将会打宕定约。东家将会用♠10 超吃同伴的♠9，并回攻黑桃穿梭 K。在继续取得两个黑桃赢墩后，西家可以安全地用方块脱手。由于东家同时持有两张方块大牌，你将会在这门花色中输掉一墩——也就是防守方取得的第四个赢墩。

你有什么办法能够应对这一情况吗？答案是你应当计算防守

方的持牌！西家已经显示出了在红心和梅花中各持有三张，他的争叫标明他持有至少五张黑桃，因此他最多只有两张方块。因此你可以在用♠K 脱手之前先兑现方块 A 和 K，来确保完成定约。在西家用♠A 赢进之后，局势如下：

	♠8 5 ♡10 ♢10 ♣—	
♠Q J 9 6 ♡ ♢ ♣	N W E S	♠10 ♡— ♢Q J ♣J
	♠7 4 ♡J ♢9 ♣—	

西家有什么办法呢？如果他继续兑现两个黑桃赢墩，他最终将送给你一个将吃垫牌；如果相反他出小黑桃到东家的 10，东家能够兑现一个方块赢墩，但还是只能从他的方向送给你一个将吃垫牌。定约回家！

这一牌例充分说明了持续计算防守方的牌型是极富价值的。有时这将使你能够在临近终局时，转换到一条更佳的做庄路线上去。

解答 8

♠4 3
♡A 7 2
◇A Q 5 2
♣A K Q 5

西		东
♠A Q J 10 8 6 ♡9 ◇J 8 ♣J 10 9 6		♠9 7 ♡8 6 5 4 ◇10 9 4 3 ♣8 4 2

♠K 5 2
♡K Q J 10 3
◇K 7 6
♣7 3

西	北	东	南
			1♡
2♠	加倍*	不叫	3♡
不叫	5♡	不叫	6♡
全不叫			

直接加叫高花到五阶有多种可能的含义。当敌方叫过一门花色时,它的含义是:如果你在敌方花色中持有第一或第二轮控制,请叫小满贯。尽管南家持有一手绝对低限牌,他很清楚他的义务。他加叫至6♡,西家首攻♣J。你计划如何完成定约?

你可以确定♠A位于K的后面。明手的梅花可以提供一个黑桃垫牌,方块3-3分布将使你得以完成定约。在西家持有四张梅花时,你还可以对他施压。

你赢进梅花首攻,清三轮将牌,发现西家持有单张将。你还不能调最后一轮王牌,因为你还不知道该从明手垫掉哪一张牌(也许你需要保留全部两张黑桃,正如我们接下来将会看到的)。你继续兑现方块A、Q和K,如果这门花色是3-3分布,就大功告成。西家在第三轮方块时示缺,现在怎么办?

西家最可能持有的牌型是6-1-2-4。你已确知他在两门红花色中的长度，他的弱二跳争叫最可能的长度是六张。明手的第四张方块毫无用处，你在清光最后一张将牌时选择从明手垫掉了它。所剩牌张如下：

	♠4 3 ♡— ◇— ♣K Q 5	
♠A J ♡— ◇— ♣10 9 6	N W E S	♠9 7 ♡— ◇10 ♣8 4
	♠K 5 2 ♡10 ◇— ♣7	

或许西家还没有意识到他已经陷入了困境！当你从暗手打出最后一张将牌时，西家该如何垫牌呢？如果他垫掉一张梅花，明手的这门花色就全好了；如果相反他垫掉♠J，你就能够放下单张黑桃 A。这就是你为什么需要在明手保留两张黑桃的原因——使你能够在下一轮回手兑现♠K。无论西家如何选择，定约都将属于你了。

还有一个需要解答的疑问。为什么我们致力于处理西家持有四张梅花，而不是四张方块呢（如果西家原始持有四张方块，我们可以通过先兑现梅花顶张来对他实施完全类似的挤牌，同样可以奏效）？这就需要引入读牌术了。我们已知西家持有单张将牌，并假设他持有六张黑桃，在他随后跟出两张方块后，我们已经确定了他的九张牌。在方块是 3-3 分布时，你可以轻松完成定约；西家更可能持有外面七张未见梅花中的四张，而非剩余的全部两张方块（这一概率比差不多是 2:1，但你无需在桌上进行精确的计算——只要认识到一种可能性明显高于另一种就足够了）。

事实上，基于首攻是♣J，你应当意识到你的机会将更好。类似这样的首攻通常是出自连接张，这显著增加了西家持有梅花长度的几率。

习题 9

	♠Q J 9 7 3 ♡J 8 ◇K J 7 ♣10 6 2
首攻♠5	N W E S
	♠— ♡A K Q 10 9 7 5 4 ◇6 4 ♣K 8 5

西	北	东	南
		1◇	4♡

全不叫

西家首攻♠5。你从明手出♠9 来试试运气，但东家盖上了♠10。你计划如何完成这一定约？

习题 10

♠Q 9 6 5
♡8 7 2
◇A K J
♣K 5 3

首攻♡Q

♠K J 10 8 7
♡A 9 6
◇Q 6
♣Q 10 6

西	北	东	南
1♣	不叫	不叫	1♠
不叫	2♣	不叫	2♠
不叫	3♠	不叫	4♠
全不叫			

防守你的黑桃成局定约，西家首攻♡Q。你计划如何做庄？

习题 11

♠4 2
♡A K Q 9 7
♢A J
♣K 10 7 5

首攻♢10

♠A K Q 7 3
♡5 3
♢K Q 2
♣A Q 4

西	北	东	南
			2NT
不叫	7NT	全不叫	

你如何规划这一大满贯的做庄路线？请尝试应对各种高花不利分布。

习题12

♠J 10 4
♡K 7 5 3
◇J 8 3
♣K J 6

首攻◇K

♠A K Q 9 5 3
♡4
◇9 6
♣A 10 4 2

西	北	东	南
		2♡*	3♠
不叫	4♠	全不叫	

西家首攻◇K，继续兑现◇A和◇Q。东家在第三轮时垫掉♡Q，你将吃。当你兑现两轮将牌时，西家在第二轮示缺。你如何继续？

解答 9

	♠Q J 9 7 3 ♡J 8 ◇K J 7 ♣10 6 2	
♠K 8 6 5 2 ♡6 2 ◇A 9 5 ♣9 7 3	N W E S	♠A 10 4 ♡3 ◇Q 10 8 3 2 ♣A Q J 4
	♠— ♡A K Q 10 9 7 5 4 ◇6 4 ♣K 8 5	

西	北	东	南
		1◇	4♡

全不叫

防守你的红心成局定约，西家首攻♠5。你从明手出♠9来试试运气，但东家盖上了♠10。你计划如何完成这一定约？

指望建立黑桃赢墩没有任何前途。你必须希望东家持有♣A，你可以进入明手跳一次梅花，并猜对方块。你将吃第一墩，清两轮将牌。随后你闪电般的打出一张方块，祈祷西家上◇A使你免于猜断。这是不可能的，西家毫不露陷，平静地跟出◇5。你应该出哪张方块？你能够找出任何线索吗？

当这副牌在实际中发生时，这一问题没有能够引起庄家足够的重视。他只是简单的判断由于东家做出了开叫，因而他更可能持有方块A。他错失了一个重大的线索！为什么西家持♠K做出了一个显然是冒着风险的攻牌，而非首攻他同伴叫过的花色呢？目前看来最可能的原因就是他持有方块A，而不愿意从带A的花色中进行首攻。如果他原始持有◇Q-×-×，方块将会是比黑桃更有吸引力的首攻。

如果你正确解读了方块花色的分布，上K，一切都将很顺利。东家的确持有♣A，你可以只输一墩方块和两墩梅花，完成定约。

解答 10

♠Q 9 6 5
♡8 7 2
◇A K J
♣K 5 3

西		东
♠A 3		♠4 2
♡Q J 10 5	N W E S	♡K 4 3
◇10 9 4		◇8 7 5 3 2
♣A J 9 7		♣8 4 2

♠K J 10 8 7
♡A 9 6
◇Q 6
♣Q 10 6

西	北	东	南
1♣	不叫	不叫	1♠
不叫	2♣	不叫	2♠
不叫	3♠	不叫	4♠
全不叫			

北家通过扣叫表示有实力的黑桃加叫,并随后加叫 2♠至 3♠进行邀请。你接受了邀请,西家首攻♡Q。你计划如何做庄?

你可以将你的一个红心输张垫在明手的第三张方块下。你在红心和黑桃中还各留有一个确定的输张,因此你必须将梅花输墩限制在一个。一条可能的路线是用♣10 飞牌,这是一个很差的打法。首先,西家开叫了 1♣,他将更可能持有缺失的梅花大牌;其次,西家首攻了♡Q,标明东家持有♡K。外面一共只有 15 个大牌点,除非西家勉强用 11 点进行了开叫,否则就是他持有♣J。在这种情况下,有何对策吗?

你必须忍让第一轮!假设你赢进了第一轮红心,连打三轮方块垫掉你的一个红心输张。当你调将时,西家将会赢进,并出红心到同伴的♡K 过桥。梅花回攻将会扼杀掉你可能对西家实施的终局打法(比如说你上♣Q,西家赢进后将可以用红心或将牌安全脱手)。

因此你决定忍让第一轮红心，并赢进红心续攻。随后你兑现三轮方块，垫掉你的最后一张红心，并让暗手将吃一次红心。当你调将时，西家立刻用他的 A 赢进，并用他剩下的将牌安全脱手。你在南家赢进，达成如下终局：

西	北 / 南	东
	♠Q 9 ♡— ♢— ♣K 5 3	
♠— ♡J ♢— ♣A J 9 7	N W E S	♠— ♡— ♢8 7 ♣8 4 2
	♠J 10 ♡— ♢— ♣Q 10 6	

正如西家所担心的一样，末日来临！你打出♣Q，他只得赢进，以阻止你的梅花 Q 和 K 分别得墩。回攻红心将会送给你将吃垫牌，所以他只好出小梅花脱手。你从明手放小，满意地看着东家跟出一张小号吗，并用手中的♣10 赢进。定约收入囊中。

正如你所见到的，读牌只是完成这一定约的起点，你还需要具备大量的做庄技巧。在找出对西家实施终局打法的做庄路线后，你还需要忍让首攻。

（尽管不是特别可能，但假设东家在第一墩时用♡K 超吃了♡Q。现在你该怎么办呢？你无法承受忍让这一墩牌，因为东家将可能换攻梅花。为了完成定约，你必须用♡A 赢进。当你随后送出红心时，将会是西家——安全的一方，不得不赢进这一墩牌。随后你将能够继续实施同样的消去打法。）

解答 11

	♠4 2 ♡A K Q 9 7 ◇A J ♣K 10 7 5	
♠6 ♡J 4 ◇10 9 8 7 6 4 ♣J 9 6 2	N W E S	♠J 10 9 8 5 ♡10 8 6 2 ◇5 3 ♣8 3
	♠A K Q 7 3 ♡5 3 ◇K Q 2 ♣A Q 4	

西	北	东	南
			2NT
不叫	7NT	全不叫	

防守 7NT,西家首攻◇10。你计划如何完成这一定约?

有十二个现成的大牌赢墩，只要任何一门高花是 3-3 分布，定约都毫无问题。你用 A 赢进方块首攻,兑现黑桃顶张来尝试这门花色的分布。在本例中西家将会在第二轮黑桃时示缺。随后你继续兑现三轮红心顶张,从手中垫掉一张黑桃,发现西家原始只有两张红心。马上将能够完成对整手牌的牌型计算了,你兑现剩下的两张方块,从明手垫掉♡9。东家在第三轮方块时示缺,你已经计算出西家的牌型是 1-2-6-4。梅花 A 和 Q 没能击落 J,但你已绝对确信能够通过♣10 飞牌完成定约。

当牌张分布如牌型表中所示时,能够很轻松地完成对牌型的全部计算,使你免于在梅花套中进行猜断。如果西家显示出持有四张黑桃和四张红心怎么办?你同样还需要全取四墩梅花,只有当西家显示出持有单张方块,从而他的牌型是 4-4-1-4 时,你才应该在第三轮梅花时进行飞牌。

更值得研究的是西家持有四张红心、东家持有四张黑桃时的情况。让我们来看看打牌过程将如何发展变化，整手牌的分布大致如下：

	♠4 2 ♡A K Q 9 7 ◇A J ♣K 10 7 5	
♠10 6 ♡J 8 6 4 ◇10 9 8 7 4 ♣8 3	N W E S	♠J 9 8 5 ♡10 2 ◇6 5 3 ♣J 9 6 2
	♠A K Q 7 3 ♡5 3 ◇K Q 2 ♣A Q 4	

同刚才一样，你还是在赢进方块首攻后就尝试两门高花的分布。这一次是西家显示持有四张红心，东家持有四张黑桃。现在如何继续？

如果你熟悉挤牌，你就会知道定约已经是铁牌。当你继续兑现两轮方块时，西家必须守卫红心，东家必须守卫黑桃，没有人能够留有梅花护张。你在准备兑现最后一张方块时的局势如下：

	♠— ♡9 ◇— ♣K 10 7 5	
♠— ♡J ◇10 9 ♣8 3	N W E S	♠J ♡— ◇— ♣J 9 6 2
	♠7 ♡— ◇Q ♣A Q 4	

西家在◇**Q** 时跟牌，你从明手垫掉♡**9**。东家在两门黑花色中遭到了紧逼。如果他垫掉♠**J**，你的♠**7** 就大了；如果他垫掉一张梅花，明手的梅花就全好了。这一技巧被称之为“单挤当成双挤打”。如果西家原始持有 **2-4-3-4** 牌型，就将会是他遭到紧逼了。

解答12

	♠J 10 4 ♡K 7 5 3 ◇J 8 3 ♣K J 6	
♠8 ♡9 6 ◇A K Q 7 5 4 ♣9 7 5 3	N W E S	♠7 6 2 ♡A Q J 10 8 2 ◇10 2 ♣Q 8
	♠A K Q 9 5 3 ♡4 ◇9 6 ♣A 10 4 2	

西	北	东	南
		2♡*	3♠
不叫	4♠	全不叫	

西家连续兑现方块 K、A 和 Q,东家在第三轮时垫掉♡Q,你将吃。当你兑现两轮将牌时,西家在第二轮示缺。你将如何继续?

你需要取得四个梅花赢墩。东家的弱二开叫显示持有 6-10个大牌点,没有线索显示出谁会持有缺失的♣Q。为了决定如何做庄,你必须构建出防守方手中的牌型。东家已经显示出持有两张方块和三张黑桃,你还可以从他的弱二开叫中假设他持有六张红心。他的牌型应该是 3-6-2-2,他只有两张梅花而西家持有四张。在这种情况下,谁更有可能持有♣Q 呢?

由于西家在梅花中的张数是东家的两倍,因此,相比于东家,他有两倍的几率更可能持有♣Q。你是不是因此应该对西家进行梅花飞牌呢?看起来可能有些奇怪,但你确实不应该这样做。这是因为在西家持有四张梅花带 Q 时,你无法完成定约。你可以用明手的梅花 J 飞牌,随后兑现 K 和 A,但西家的 Q 还是能够赢得第四轮梅花。你唯一现实的机会就是东家持有双张梅花 Q。你应当清光最后一张将牌,兑现♣K,并在第二轮出♣6。当东家的 Q 适时跌落时,你就用A赢进,全取四墩梅花并完成定约。

假设明手持有♣K-J-9而不是♣K-J-6,此时飞西家的♣Q就是正确的打法。在第一轮时就直接飞牌,并再重复一次飞牌,你就能够捉住西家的♣Q-×-×-×了。

习题13

	♠3 2 ♡9 8 7 6 ◇Q J 7 4 ♣7 5 2
首攻♠J	N W E S
	♠A K 8 ♡A K Q 10 4 3 ◇A ♣A Q 4

西	北	东	南
			2♣
不叫	2◇	不叫	2♡
不叫	4♡	不叫	6♡
全不叫			

西家首攻♠J。你赢进后调将，发现西家是空门。你将如何继续？

习题14

♠10 9 7
♡8 7 6 3
◇A Q 5
♣K 9 4

首攻♡K

♠A Q J 5 4 3
♡Q 5
◇K J 7 2
♣3

西	北	东	南
1♡	不叫	1NT	2♠
不叫	3♠	不叫	4♠
全不叫			

防守4♠，西家连续兑现两轮红心顶张，东家跟出♡J和♡2。西家续出♡10，你计划如何做庄？

习题15

♠A 7 5
♡8 2
◇4 3
♣A Q 10 7 5 2

首攻♠K

♠6 4 3
♡A K Q 7
◇A K 8 6
♣6 4

西	北	东	南
			1NT
2♠*	**3♣**	不叫	**3◇**
不叫	**3NT**	全不叫	

西家的2♠表示持有五张黑桃和至少四张的一门低花。西家首攻♠K，你计划如何完成3NT？

习题 16

	♠A K 9 ♡K J 10 6 3 2 ◇A K 6 ♣4	
首攻◇2	N W E S	
	♠8 5 2 ♡A Q 7 5 ◇7 5 3 ♣A 8 5	

西	北	东	南
3♣	加倍	不叫	**4♡**
不叫	**4NT**	不叫	**5♠***
不叫	**6♡**	全不叫	

防守你的红心小满贯定约，西家首攻◇**2**。你赢进后兑现将牌 **A**，东家示缺。你将如何继续？

解答13

♠3 2
♡9 8 7 6
◇Q J 7 4
♣7 5 2

♠J 10
♡—
◇K 10 9 6 5 2
♣K J 10 9 3

♠Q 9 7 6 5 4
♡J 5 2
◇8 3
♣8 6

♠A K 8
♡A K Q 10 4 3
◇A
♣A Q 4

西	北	东	南
			2♣
不叫	2◇	不叫	2♡
不叫	4♡	不叫	6♡
全不叫			

防守你的红心小满贯，西家首攻♠J。你用 A 赢进后调将，发现西家是空门。你可以将吃你的黑桃输张，但你将如何避免梅花套中的两个输墩呢？

假设你决定进行梅花飞牌，并通过将吃第三轮黑桃过桥进入明手。西家在第三轮黑桃时示缺，这意味着什么？这说明西家原始持有十一张低花，而东家只有四张。因此西家有 11 比 4 的机率更可能持有♣K。梅花飞牌在最初有 50%的成功机会，现在只剩下了 27%。你的梅花飞牌失败是公平合理的，定约宕一！

尽管第一轮黑桃没能让你对这门花色的分布有太多的了解，但在将吃黑桃进入明手之前先兑现◇A 也毫无损失。当西家在第三轮黑桃上示缺时，你可以转换到另外一条做庄路线上去。你从明手打出◇Q，计划垫掉一个梅花输张。东家无法大过明手的◇Q（正如你所预期的一样，因为西家持有十一张低花而东家只有四张），西家用◇K 赢进后遭到了投入。无论他是出方块送给明手的 J，还是回梅花钻进你的♣A-Q，满贯都已经属于你了。

当西家在第三轮黑桃上示缺时，选择用◇Q 飞牌将有 73%的成功机率，而梅花飞牌只有 27%。这手牌带来的最重要的一课是当一位防守人在一门或更多门花色中较长时，他将很可能在其他花色中很短。在这一特定牌例中，你需要预见到在你出过三轮黑桃后，可能会有一些有帮助的信息出现。你必须先兑现◇A，以备可以选择出◇Q 飞牌的另一条路线。

如果两位防守人都跟出了黑桃怎么办？用◇Q 飞牌只能在西家持有◇K 且无黑桃可回时才能取得成功。因此你只能选择进行简单的梅花飞牌，希望牌张分布有利。

解答 14

	北	
	♠10 9 7 ♡8 7 6 3 ◇A Q 5 ♣K 9 4	
西 ♠K ♡A K 10 9 4 ◇10 9 3 ♣Q 8 7 6		东 ♠8 6 2 ♡J 2 ◇8 6 4 ♣A J 10 5 2
	♠A Q J 5 4 3 ♡Q 5 ◇K J 7 2 ♣3	
	南	

西	北	东	南
1♡	不叫	1NT	2♠
不叫	3♠	不叫	4♠
全不叫			

防守你的黑桃成局定约，西家连续兑现两轮红心顶张，他的同伴跟出 J 和 2。他继续出♡10，你计划如何做庄？

外面一共有 18 个看不见的大牌点，敌方做出过开叫和 1NT 应叫。你能够确定两手牌的大牌点不会与 12 对 6 相差太多。哪一位防守人更可能持有♠K 呢？就目前你所掌握的线索来说，谁都有可能。你需要做的是找出谁持有♣A，之后你将能更好地估计♠K 的位置。

你将吃第三轮红心后，朝明手的 K 引出♣3。毕竟你还有滑过西家♣A，从而避免梅花输墩的可能。你没有这么幸运，♣K 被东家的♣A 捕获。他回攻♣J，你准备如何继续？

你已经看到东家露出了 6 个大牌点，而西家只显示出 7 点。除非西家持 9 点进行了开叫，否则他就一定持有♠K。你将吃梅花回攻，直接打出♠A。今天是你的幸运日，♠K 从后手被击落了。定约回家！

如果西家显示持有♣A，你就飞东家持有♠K。这手牌是通过探查一门花色来帮助你解读另一门花色的典型例子。

解答15

♠A 7 5
♡8 2
◇4 3
♣A Q 10 7 5 2

♠K Q J 10 8
♡6 5
◇J 10 9 7
♣K 9

♠9 2
♡J 10 9 4 3
◇Q 5 2
♣J 8 3

♠6 4 3
♡A K Q 7
◇A K 8 6
♣6 4

西	北	东	南
			1NT
2♠*	3♣	不叫	3◇
不叫	3NT	全不叫	

西家的**2♠**是汉密尔顿约定叫的一部分，表示持有五张黑桃和至少四张的一门低花。西家首攻黑桃**K**，你计划如何完成**3NT**?

在低水平的比赛中，很容易推测出打牌过程将如何进行：庄家会用明手的**A**赢进第二轮黑桃，用红心顶张过桥回手，打出一张梅花依次被**9**、**10**和**J**盖吃。东家已经没有黑桃可回，于是庄家一共取得**11**个墩牌。如果西家是一位好手，他就会在第一轮冲上♣**K**，来挫败这一做庄路线。你无法承受忍让这一墩牌，因为西家还持有三个可以兑现的黑桃赢墩，明手的梅花套彻底死掉了。如果你没能预见到这一防守，或许你愿意回到题目的开头，重新思考你所选择的做庄路线。

让我们来构建一下西家的持牌。他有五张黑桃，他的低花套看起来更像是方块，因为你和明手联手持有八张梅花而只有六张方块。因此西家的牌可能是**5-2-4-2**或**5-1-5-2**牌型，包括双张♣**K**(如果西家持有**5-1-4-3**牌型，他将无法阻止你享用梅花赢墩)。如何能够应对西家在第一轮冲上♣K的威胁呢?

你必须致力于消去东家手中的方块，使你随后能够用红心投入给他,令他回牌进入明手的♣Q-10。如果东家原始只有两张方块，你只需简单兑现A和K就能够消去他在这门花色中的持牌;如果他持有三张方块,你就需要其中一张必须是◇Q。你可以应用规避打法来安全地消去东家手中的方块:朝暗手引两次方块,准备在东家从Q-×-×中冲上◇Q时进行忍让。

具体打牌过程将如何进行?你用明手的A赢进第二轮黑桃，朝暗手引一张方块。如果东家在这一轮意外地冲上◇Q,你就忍让，让安全的一方进手。实际上毫无疑问他将会跟出小牌，你就用A赢进。随后你打出一张梅花,可怕的K果然从西家手里出现了。你用明手的♣A赢进,再引出第二轮方块。同样的如果东家出◇Q你就忍让,否则你就用K赢进。如果东家在第二轮方块时确实打出了◇Q,你就赢进他的回攻后自己用K兑现第三轮方块。

当东家保留手中的◇Q时,所剩牌张如下:

	♠7 ♡8 2 ◇— ♣Q 10 7 5 2	
♠J 10 8 ♡6 5 ◇J 10 ♣9	N W E S	♠— ♡J 10 9 4 3 ◇Q ♣J 8
	♠6 ♡A K Q 7 ◇8 6 ♣6	

你兑现三轮红心顶张,出第四轮红心投入东家。他可以再兑现一个红心长套赢墩以及◇Q。但在第十二墩牌上,无论他是否乐意,他都只能从♣J-8中引牌钻进明手的♣Q-10。

解答 16

北：
♠A K 9
♡K J 10 6 3 2
♢A K 6
♣4

西：
♠J 4
♡9 8 4
♢2
♣K J 10 9 7 6 2

东：
♠Q 10 7 6 3
♡—
♢Q J 10 9 8 4
♣Q 3

南：
♠8 5 2
♡A Q 7 5
♢7 5 3
♣A 8 5

西	北	东	南
3♣	加倍	不叫	4♡
不叫	4NT	不叫	5♠*
不叫	6♡	全不叫	

防守你的红心小满贯定约，西家首攻♢2。你赢进后兑现将牌 A，东家示缺。你将如何继续？

你有十一个大牌赢墩，必须寻找第十二墩牌的来源。东家标明独自守卫着黑桃和方块，但无法对他实施挤牌（挤张需要由南家打出，如果你奔吃明手的将牌后，试图用♣A 作为挤张，你又将无法调整输墩）。

更好的主意是采用消去打法，用第三轮梅花投入西家。消去打法的终局要求你在两手中都留有至少一张将牌。这样你就需要通过第三轮将牌过桥到暗手，来打出第三轮梅花投入西家。问题是这一计划意味着你必须在西家还有一张将牌的情况下，精确地剥光他的旁套。你需要猜断西家在黑桃和方块中的牌型分布，如何能够计算出这一点呢？

你假定西家持有七张梅花，以及三张红心，这样他在黑桃和方块中就一共持有三张牌。在这两门花色是 2-1 分配时，他一定会首攻单张来防守满贯定约。因此你可以假设◇2 原始是单张，西家还持有两张黑桃（如果他没有黑桃并持有三张方块，你无法完成定约）。

具体的打牌路线将如何进行？你清第二轮将牌，兑现明手的两个黑桃顶张。你很高兴地看到西家都跟出了。你用♣A 过桥并将吃一次梅花，随后通过调第三轮将牌回到暗手，清光西家的最后一张将。你达成如下终局：

	♠9 ♡K 6 ◇K 6 ♣—	
♠— ♡— ◇— ♣K J 10 7 6	N W E S	♠Q 10 ♡— ◇Q J 10 ♣—
	♠8 ♡7 ◇7 5 ♣8	

你打出♣8，垫掉明手的♠9，西家只得赢进这一墩牌。他被迫回攻梅花送给你将吃垫牌，满贯定约回家了。

这一牌例中的读牌包含了我们迄今为止见过的众多元素。首先，有从叫牌中获得的信息——西家的阻击叫显示他有七张梅花；第二，西家显示持有三张将牌，通过对整手牌型的估算判断出他在黑桃和方块中只有三张牌；最后，还有来自首攻的信息，西家的◇2 几乎一定是单张。将所有这些组合在一起，你就有了通往成功的路线图。一定要好好利用它！

习题17

北

♠J 9
♡7 5 4 2
◇Q J 5
♣K 7 4 3

首攻♡Q

南

♠A Q 10
♡A K 6
◇K 10 8 6
♣A 8 2

西	北	东	南
			2NT
不叫	**3NT**	全不叫	

西家首攻♡Q，东家跟出♡10。你计划如何完成这一定约？（你将会发现西家持有◇A-×-×-×。）

习题 18

♠Q 5 2
♡8 6 4
◇A K 8 3
♣Q 6 3

首攻◇J

♠A K J 10 6 4
♡K 2
◇5 4
♣K 7 2

西	北	东	南
1♡	不叫	不叫	2♠
不叫	4♠	全不叫	

防守你的黑桃成局定约，西家首攻◇J。你计划如何做庄？

习题 19

♠A K 8 7 5 2
♡6
◇8 3
♣K Q 7 5

首攻♣J

♠J 10
♡A K J 10 7 5 3
◇J 10 4
♣4

西	北	东	南
	1♠	不叫	**2♡**
不叫	**2♠**	不叫	**4♡**
全不叫			

西家首攻♣J，依次被 K 和 A 盖吃。东家兑现方块 K 和 A 后，转攻♡2。现在你计划如何做庄？

习题20

♠9 6 4 2
♡9 7 5 3 2
◇A 5
♣10 8

首攻♡Q

♠A Q J 3
♡—
◇K Q J
♣A K Q J 7 2

西	北	东	南
		2♡*	加倍
不叫	2♠	不叫	4NT
不叫	5◇	不叫	6♣
全不叫			

你将吃红心首攻后兑现♣A-K，发现东家原始持有四张将牌。你准备如何继续？

解答 17

	♠J 9 ♡7 5 4 2 ◇Q J 5 ♣K 7 4 3	
♠K 7 4 ♡Q J 9 8 3 ◇A 7 4 2 ♣9	N W E S	♠8 6 5 3 2 ♡10 ◇9 3 ♣Q J 10 6 5
	♠A Q 10 ♡A K 6 ◇K 10 8 6 ♣A 8 2	

西	北	东	南
			2NT
不叫	3NT	全不叫	

防守 3NT 西家首攻♡Q,打下了同伴的♡10。你计划如何完成这一定约?

你用♡A 赢进,只能数出五个大牌赢墩。通过树立方块套,你可以很轻松地增加到八个赢墩。如果东家持有◇A,并还有红心可回,这门花色最坏也就是 4-2 分布,不会引起任何问题。你可以安全地建立起一个额外的黑桃赢墩,即便飞牌失败也无危险。在本例中是西家持有◇A,将会顶开红心花色,且东家示缺。你将往何处寻找第九墩的来源呢?

一条可能的路线是进行黑桃飞牌。可是一旦飞牌失败,你将会丢掉三墩红心、一墩方块和一墩黑桃。另一个选择是对西家实施剥光投入。换句话说,你的计划是用红心投入西家,迫使他在第十二墩时不得不回牌钻进你的♠A-Q。

为了决定采用哪条做庄路线, 你必须兑现你剩余的方块赢墩来探查西家的牌型。当牌张分布如牌型表中所示时,西家将会显示出持有四张方块,同时还有已知的五张红心。

读牌测试

在外面一共有八张黑桃和六张梅花，如果西家的两门黑花色不是等长的，看起来更可能是黑桃长于梅花。实际上，西家持有最多两张梅花的机率超过了 80%。你兑现梅花 A 和 K，确信这将消去西家在这门花色中的牌张。当西家在第二轮示缺，垫掉一张黑桃时，这一点已得到了证实。你用红心脱手，西家兑现了在这门花色中的三个赢墩。在第十二墩时，他确实只能回攻黑桃钻进你的 A-Q 中来，让你完成了这一成局定约。

解答18

	♠Q 5 2 ♡8 6 4 ◇A K 8 3 ♣Q 6 3	
♠7 3 ♡A Q J 7 5 ◇J 10 9 ♣A 8 4	N W E S	♠9 8 ♡10 9 3 ◇Q 7 6 2 ♣J 10 9 5
	♠A K J 10 6 4 ♡K 2 ◇5 4 ♣K 7 2	

西	北	东	南
1♡	不叫	不叫	2♠
不叫	4♠	全不叫	

防守你的黑桃成局定约,西家首攻◇J。你计划如何做庄?

一如既往,来自敌方的开叫总是能够为你提供海量的信息。外面一共只有 15 个大牌点,首攻又定位了东家持有◇Q,因此西家一定持有几乎全部看不到的大牌。

在让明手赢进首攻后,你应当兑现另外一个方块大牌并大将吃一次方块。随后你用 A 和 Q 清两轮将牌。如果西家原始持有◇J-10-9-×,你现在就可以用第四轮方块投入他,并从暗手垫掉一张梅花。随后他将只能回出红心或梅花,送给你一个你急需的额外赢墩。然而,◇Q 还没有露面,因此你已经知晓是东家持有第四张方块。你将吃明手的最后一张方块,西家垫掉一张红心,现在请停下来作一计算。

西家原始持有 2-5-3-3 或 2-6-3-2 牌型。在后一种情况下你只需简单地朝明手的♣Q 引牌即可——如果西家上♣A,你就有两墩梅花;如果他放小,你就忍让第二轮梅花放下他所剩的单张♣A,而西家还将送给你一个超墩! 这一路线在西家原始持有

♣A-J-10(或♣A-J-9,在这种情况下你可以盖打东家的♣10)的情况下也能取得成功。

越均型的牌出现的机会越大。尽管极少有人能够记住一手牌型出现的真实概率，但 2-5-3-3 牌型与 2-6-3-2 牌型出现的机率是 3 比 1。因此,你要寻找一条能够应对西家持有包含♣A 的 2-5-3-3 牌型的做庄路线。你需要做的就是奔吃将牌,迫使西家缩减他在红心和梅花中的持牌。你将会到达如下终局：

	♠— ♡8 6 4 ♢— ♣Q 6 3	
♠— ♡A J 7 ♢— ♣A 8 4	N W E S	♠— ♡10 9 3 ♢— ♣J 10 9
	♠6 ♡K 2 ♢— ♣K 7 2	

对遭到投入的危险一直保持警觉,西家已经放弃了♡Q,希望他的同伴持有♡10。当你兑现最后一张将牌时,他能如何垫牌呢?如果他垫掉一张梅花，他将会陷入上大牌或遭投入的两难之境。让我们假设他扔掉了♡J。你出♡2 脱手给东家的♡9,并用明手的♣Q 赢进回攻的♣J。现在第二轮红心将投入西家,迫使他送给你第二墩梅花。

我们知道这是本书中最难的一个题目,但类似这样的打法是可以通过精准读牌实现的。这里的开叫和首攻已经定位了缺失大牌的位置，你随后要做的就是发现西家在黑桃和方块中的长度。他在剩余两门花色中的长度可以依据数学中的概率来进行假设。

解答 19

♠A K 8 7 5 2
♡6
◇8 3
♣K Q 7 5

♠4 3
♡Q 8
◇Q 9 6 2
♣J 10 8 3 2

♠Q 9 6
♡9 4 2
◇A K 7 5
♣A 9 6

♠J 10
♡A K J 10 7 5 3
◇J 10 4
♣4

西	北	东	南
	1♠	不叫	2♡
不叫	2♠	不叫	4♡
全不叫			

你叫到了红心成局定约，西家首攻♣J，依次被 K 和 A 盖吃。东家兑现方块 K 和 A 后，转攻♡2。现在你计划如何做庄？

明手的♣Q 可以垫掉你的方块输张，一切就取决于你能否在将牌花色中一墩不失。你在第一轮是否应当飞牌呢？在东家持有♡Q-×-×时飞牌能够获益，在西家持有♡Q-×或单张♡Q 时上大牌击落将会获益。

孤立地看将牌花色，飞牌是机率更大的打法（在东家持有两张红心时，你采用何种打法并无差别。在东家持有三张红心时，他有 3 比 2 的优势会持有 Q，并且这不会被“后手单张 Q”这一情况抵消）。然而，到目前为止我们都还没有提到一个重要的迹象，它足以帮助你读清牌张的分布。请问你自己这样一个问题：如果东家确实持有♡Q-×-×，他将会如何防守？显然他一定会继续出第三轮方块，希望逼迫明手用单张将牌将吃，从而无法飞他的♡Q！

由于东家没有采用这样的防守来击败你的定约，很有理由推断他不是持有♡Q-×-×。因此你应该在将牌花色采取击落的打法。

解答20

♠9 6 4 2
♡9 7 5 3 2
◇A 5
♣10 8

西	东
♠K 10 7 5	♠8
♡Q 10	♡A K J 8 6 4
◇10 8 7 6 4 2	◇9 3
♣6	♣9 5 4 3

♠A Q J 3
♡—
◇K Q J
♣A K Q J 7 2

西	北	东	南
		2♡*	加倍
不叫	2♠	不叫	4NT
不叫	5◇	不叫	6♣
全不叫			

南家的 **4NT** 是对黑桃的罗马关键张黑木问叫，*0314* 的 **5**◇回答表明北家要么持有♠**K**，要么持有◇**A**。西家首攻♡**Q**，你计划如何完成这一满贯定约？

你赢进后调将，发现东家持有四张将牌。你已经离完整计算出东家的牌型很接近了。为了完成最后一块拼图，你继续兑现方块 **K** 和 **A**。当西家两轮都跟出时，你倾向于定位他持有 **1-6-2-4** 牌型（如果他是黑桃缺门，他将会毫不犹豫地使用莱特纳加倍，来要求黑桃首攻）。因此黑桃是 **4-1** 分布，这将你的定约置于危险之地。你有何对策吗？

你必须计划实施终局打法，投入西家。第一步是将吃一次红心，消去他在这门花色中所余的最后一张牌。你所剩下的最后五张牌将是原始持有的四张黑桃和◇**Q**；西家将会减至四张黑桃和一张方块，或是三张黑桃和两张方块。在后一种情况下，他将只余一个黑桃护张,你就可以通过从手中出黑桃 Q 来建立好这门花色。

如果相反他保留了四张黑桃和一张方块,终局局势如下:

	♠9 6 4 2 ♡9 ♢— ♣—	
♠K 10 7 5 ♡— ♢10 ♣—	N W E S	♠8 ♡K J 8 6 ♢— ♣—
	♠A Q J 3 ♡— ♢Q ♣—	

你兑现♢Q,消去西家在这门花色的最后一张牌。下一步是出♠Q。如果西家用♠K 赢进,他将不得不从♠10 中引牌,让明手的♠9 能够得墩;如果他忍让第一轮黑桃,你就继续朝明手引出小黑桃。西家可以用♠10 赢进,但随后他只能在第十二墩时回牌钻进你的♠A-J。正如我们在前面所指出的一样,当敌方开过阻击叫后,解读牌型分布通常会变得很容易。

习题21

♠K 10 7 5
♡A 4
♢A 7 5
♣8 7 5 3

首攻♡10

♠A Q J 9 8 6 4
♡8 6
♢K J 4
♣A

西	北	东	南
		2♡*	4♠
不叫	6♠	全不叫	

防守你的黑桃小满贯定约，西家首攻♡10。你赢进后兑现♠A，西家示缺。你将如何继续？

习题22

♠8 4 3
♡10 7 5
◇A J 7 5
♣A 7 6

首攻♡K

♠A K J 9 5
♡9 6
◇Q 10 9 4
♣K 4

西	北	东	南
1♡	不叫	不叫	1♠
不叫	2♡*	不叫	4♠
全不叫			

西家连续兑现红心 K、A 和 Q，东家在第三轮跟出 J。你计划如何完成定约？

习题23

♠8 6
♡A Q 3
◇K J 9 6
♣Q 10 6 3

首攻♡J

♠A Q 2
♡K 5
◇A Q 7 5 4 3
♣K 4

西	北	东	南
	1♣	不叫	**1◇**
不叫	**2◇**	不叫	**4NT**
不叫	**5♡***	不叫	**6◇**
全不叫			

你赢进红心首攻并清将，西家在第二轮垫掉♠**3**。你将如何继续？

习题 24

	♠J 7 5 ♡6 4 3 ◇5 4 ♣Q J 8 6 4
首攻◇10	N W E S
	♠A K 4 ♡A Q 9 8 5 2 ◇A K ♣K 10

西	北	东	南
			2♣
不叫	2◇	不叫	2♡
不叫	4♡	全不叫	

你赢进方块首攻,兑现♡A,东家跟出♡J。你将如何继续?(东家在第二轮方块时跟出 J,西家梅花是缺门。)

解答 21

	♠K 10 7 5 ♡A 4 ◇A 7 5 ♣8 7 5 3	
♠— ♡10 9 3 ◇Q 10 8 3 2 ♣Q J 9 6 4	N W E S	♠3 2 ♡K Q J 7 5 2 ◇9 6 ♣K 10 2
	♠A Q J 9 8 6 4 ♡8 6 ◇K J 4 ♣A	

西	北	东	南
		2♡*	4♠
不叫	6♠	全不叫	

防守你的黑桃小满贯定约，西家首攻♡10。你赢进后兑现♠A，西家示缺。你将如何继续？

一条明显的路线是用◇J 飞牌。你这样做的前景如何呢？你认为是 50%的机会，对么？东家已经显示出持有八张高花而西家只有三张，从而西家持有十张低花而东家只有五张，因此方块飞牌不成功的概率是 2 比 1(成功的概率 33%)。如果西家持有◇Q，你如何才能完成定约呢？

你可以对西家实施一个针对两门低花的简单挤牌。你需要他持有至少五张梅花，同时你还需要让暗手将吃两次梅花来消去东家在这门花色中的潜在护张。

在第三轮你兑现♣A，用♠K 过桥进入明手将吃一次梅花；接下来你出红心脱手，丢掉一个你可以承受的输墩，目的是收紧最后的终局(熟悉挤牌技巧的牌手会称之为“调整输张”)。让我们假设是东家赢进了第二轮红心并回攻◇9，你用◇K 赢进，用另外一张将牌过桥到明手，将吃第二次梅花。东家的 K 跌落，目前已经显露了在红心和梅花中有 9 个大牌点了。这令你更加确信是西家持有 ◇Q。

你奔吃剩余的将牌，达到如下终局：

北：
♠—
♡—
◇A 7
♣8

西：
♠—
♡—
◇Q 10
♣Q

东：
♠—
♡K Q
◇6
♣—

南：
♠9
♡—
◇J 4
♣—

准备工作有些繁重，但你即将收获应得的奖励。当你打出♠9 时，西家必须放弃他的一个低花护张。如果他垫掉♣Q，明手的♣8 将树立，你就垫掉◇7；如果相反西家垫掉◇10，你就垫掉♣8，并取得最后两墩方块。

请注意在东家原始持有◇Q-×时，你仍然可以完成定约。西家不得不在终局时保留梅花护张，防守方的最后两张方块将在明手的 A 下同时跌落。

正如本书中的许多牌例一样，完成定约需要运用两项不同的技巧。首先，你需要读清牌张可能的分布。在本例中东家的弱二阻击开叫帮了你很大的忙，进一步显露出来的信息是将牌的 2-0 分布。第二，你必须清楚如何建立和实施挤牌。其中很重要的一个步骤就是送出一墩红心。同样重要的是你要用暗手的 K 赢进方块换攻，因为南家的最后一张将牌将是挤张，你需要保留北家的进张（◇A）才能拥有成功实施挤牌的机会。我们必须承认这是一道很难的题目，但如果你成功地解答出来，你就是好样的！

解答 22

	♠8 4 3 ♡10 7 5 ◇A J 7 5 ♣A 7 6	
♠Q 2 ♡A K Q 4 3 ◇6 3 ♣Q J 8 5	N W E S	♠10 7 6 ♡J 8 2 ◇K 8 2 ♣10 9 3 2
	♠A K J 9 5 ♡9 6 ◇Q 10 9 4 ♣K 4	

西	北	东	南
1♡	不叫	不叫	1♠
不叫	2♡*	不叫	4♠
全不叫			

西家连续兑现红心 K、A 和 Q，东家在第三轮跟出 J。你计划如何完成定约？

外面一共有 18 个大牌点，所以东家可能持有♠Q。许多庄家都只能看到这么远。将吃第三轮红心后，他们会兑现♠A，然后用♣A 过桥进入明手并用♠J 飞牌。飞牌将会失败，然后定约将在方块飞牌也失败后打宕。这一做庄路线的问题何在？

试从这一角度考虑：如果东家持有♠Q 和已经显露的♡J，他不可能还持有◇K。这将使他一共有 6 个大牌点，他一定对同伴的开叫应叫。因此在东家确实持有♠Q-×-×时，没有必要进行飞牌！在这种情况下方块飞牌一定能够成功，你还是可以完成定约。

在将吃第三轮红心后，你应该直接兑现将牌 A 和 K。当牌张分布如牌型表中所示时，西家的 Q 将被击落，十墩牌属于你。如果西家原始持有♠Q-×-×，你在将牌上采用何种打法已无关紧要，你需要方块飞牌成功；如果东家原始持有♠Q-×-×，你原本可以通过飞牌来捉住Q，你的全部损失不过是一个超墩。正如我们前面所提到的，方块飞牌已确保会成功，你仍然可以完成定约。

解答23

北：
♠8 6
♡A Q 3
◇K J 9 6
♣Q 10 6 3

西：
♠K 10 4 3
♡J 10 9 6 2
◇8
♣9 7 2

东：
♠J 9 7 5
♡8 7 4
◇10 2
♣A J 8 5

南：
♠A Q 2
♡K 5
◇A Q 7 5 4 3
♣K 4

西	北	东	南
	1♣	不叫	1◇
不叫	2◇	不叫	4NT
不叫	5♡*	不叫	6◇
全不叫			

防守你的方块小满贯定约，西家首攻♡J。你赢进首攻并清将，西家在第二轮垫掉♠3。你计划如何做庄？

你可以依靠梅花上的莫顿妙招来完成定约。这一名称奇异的打法是指引小牌穿梭防守方的A，使其在此时放小和上A都是失败的选择。为了实施这一打法，你需要猜断是哪一位防守人持有♣A。假设你判断是西家持有这张牌，你就朝明手引出♣4。如果西家上♣A，你将可以垫掉两个潜在的黑桃输张；相反如果他放小，你就用明手的♣Q赢进这一墩，并在第三轮红心上垫掉♣K。随后的黑桃飞牌将会失败，但这是你唯一的输墩。

如果相反你判断东家持有♣A,致胜打法将是朝♣K出小。同样地,无论东家选择上♣A(送给你两个垫牌)还是放小(允许你用♣K赢进,并随后垫掉手中剩余的梅花输张),你都将再次完成满贯定约。所以现在面临问题是:你选择打那一位防守人持有♣A呢?

实战中的庄家对这一局势持有一个很简单的观点。他自言自语地说:“西家持有一张将牌而东家持有两张,所以他有更多的空位置留给♣A。”他出小梅花到♣Q,输给了♣A,回攻是一张黑桃。当黑桃飞牌也失败时,满贯宕一。

在这类几乎没有线索来定位关键牌张的牌例中,你需要问自己:如果我猜错了,剩下的机会是什么?

如果你出梅花到Q,被东家赢进,无论他是否持有♠K几乎都肯定会回攻黑桃。因此你剩余的机会将大致是50%左右。但假设你出梅花到K,被西家的A赢进时,你剩余的机会是什么?将会好得多!处于西家的位置,他无法迫使你马上在黑桃套中做出选择。你将有时效能够兑现梅花Q,并暗手将吃一张梅花,期望将吃下♣J从而树立起明手的♣10。如果这一机会没能取得成功,你还可以回到黑桃飞牌上来。

♣J跌落的概率是4-3分布时的七分之三再加上5-2分布时的七分之二,这一额外的机会远远优于初始时对空位的论断。因此你应该打东家持有♣A。

解答 24

	♠J 7 5 ♡6 4 3 ◇5 4 ♣Q J 8 6 4	
♠Q 9 8 3 ♡K 10 7 ◇10 9 8 6 3 2 ♣—	N W E S	♠10 6 2 ♡J ◇Q J 7 ♣A 9 7 5 3 2
	♠A K 4 ♡A Q 9 8 5 2 ◇A K ♣K 10	

西	北	东	南
			2♣
不叫	2◇	不叫	2♡
不叫	4♡	全不叫	

北家加叫至 4♡ 显示他有些许实力，但这并不足以令你冒险去试探满贯。西家首攻◇10，你用 A 赢进。你兑现♡A，东家跌落♡J，现在如何继续？

首先，你如何考虑将牌的分布？粗略的估计，东家原始持有♡K-J 或持有单张♡J 的概率大致相同；根据限制性选择原理，持有♡J-10 或♡K-J-10 的概率将只有一半。如果你在现在这一阶段就再打出一张将牌，那么除非将牌是 2-2 分布，你都无法完成定约。当将牌是 3-1 分布时，持有三张将牌的防守人会清光明手的将牌；♣A 在第一轮时将会忍让，防守方也不会陷入终局打法遭到投入，因为他们都可以安全地出方块脱手。

为了使你在将牌的任意分布下都拥有完成定约的最佳机会，你应当在第三轮时兑现另外一个方块大牌。东家跌落◇J，你继续出♣K。正如现在所发生的情况，西家将会示缺。如果东家用♣A 赢进，你将轻松完成定约（在梅花回攻被西家将吃后，你最终将可以利用明手的♡6 进手;相反如果东家回攻黑桃,你就赢进并调将。西家无法顶开黑桃,你最终将可以用梅花进入明手)。

让我们假设东家忍让第一轮梅花。现在怎么办?如果你之前没有考虑过这条路线,现在花点时间来思考你应当如何读牌和如何继续。

梅花 0-6 分布的事实使得西家持有三张将牌的几率要比一般情况时增加了许多。如果东家持有♠Q,致胜打法将是继续出第二轮梅花。东家将遭到投入,被迫从 Q 中回黑桃或是出梅花送给明手的赢墩,让你可以在西家用大将牌赢墩将吃时垫掉你的黑桃输张。如果相反是西家持有♠Q,你就应当连打黑桃 A、K 和一张小黑桃。西家将遭到投入,不得不从他的将牌间张中引牌或是出方块送给你将吃垫牌。那么,你会打谁持有黑桃 Q 呢?

你对整手牌的牌型分布已经有了可靠的计算。你知道梅花是 0-6 分布。西家首攻♢10,再加上东家在第二轮时掉出的♢J,显示出方块是 6-3 分布。如果将牌确如你所设想的一样是 3-1 分布,西家将会持有四张黑桃,而他的同伴持有三张,因此他更有可能持有黑桃 Q。如果将牌实际上是 2-2 分布,西家将持有五张黑桃,从而一定会赢进第三轮黑桃(除非双张 Q 被击落)。所以很容易看出最佳路线是连打 A、K 和另一张黑桃。下面是你出最后一张黑桃时的局势:

	♠J ♡6 4 ♢— ♣Q J 8 6	
♠Q 9 ♡K 10 ♢9 8 6 ♣—	N W E S	♠10 ♡— ♢Q ♣A 9 7 5 2
	♠4 ♡Q 9 8 5 2 ♢— ♣10	

西家用♠Q 赢进后无牌可回。

习题 25

♠7 4 3
♡Q 5 3 2
◇K Q 10 3
♣9 8

首攻◇8

♠A K Q 9 2
♡A 7 6
◇A
♣A K J 2

西	北	东	南
			2♣
不叫	2◇	不叫	2♠
不叫	4♠	全不叫	

你用◇A赢进首攻，并清两轮将牌，在第二轮时西家垫掉一张方块。当你兑现♣A-K时，东家在第二轮掉出♣10。你如何继续？

习题 26

♠J 5 3
♡K 9 8 4
◇J 7
♣A K J 7

首攻♡Q

♠A K Q 10 9 8 6
♡A 2
◇Q 8
♣4 3

西	北	东	南
			1♠
不叫	2♣	不叫	4♠
不叫	4NT	不叫	5◇*
不叫	6♠	全不叫	

幸免于方块首攻，你用♡A 赢进首攻。当你调将时，东家在第二轮垫掉♣2。现在怎么办？

习题27

♠7 5 2
♡A Q 4
◇K 9 7
♣K 7 5 4

首攻♠10

♠K 9 4 3
♡K 7 5
◇A 5 2
♣Q J 6

西	北	东	南
	1♣	1♠	3NT

全不叫

西家首攻♠10 取得了第一墩，随后换攻♡10。你计划如何做庄？（当你出梅花到 Q 时，西家用 A 赢进。东家在前两轮梅花上跟出♣8 和♣10。）

习题 28

♠A Q J 6 2
♡4 3
◇A Q 7 6
♣Q 5

首攻♣J

♠5 3
♡A K Q J 6 2
◇8 4 2
♣A K

西	北	东	南
			1♡
不叫	1♠	不叫	3♡
不叫	4◇	不叫	5♣
不叫	6♡	全不叫	

你用♣A 赢进首攻的♣J 并清将，西家跟出了四张将牌，东家垫掉了三张梅花。你用♠Q 飞牌取得了这一墩。现在如何继续？

解答25

♠7 4 3
♡Q 5 3 2
◇K Q 10 3
♣9 8

西：♠6 ♡J 9 4 ◇9 8 7 5 ♣Q 7 6 5 4

东：♠J 10 8 5 ♡K 10 8 ◇J 6 4 2 ♣10 3

南：♠A K Q 9 2 ♡A 7 6 ◇A ♣A K J 2

西	北	东	南
			2♣
不叫	2◇	不叫	2♠
不叫	4♠	全不叫	

你保守地停在了成局水平，而没有试探满贯。你赢进首攻的◇8并清两轮将牌，西家在第二轮时垫掉一张方块。当你兑现♣A-K时，东家在第二轮掉出♣10。你将如何继续?

一个明显的风险就是东家原始只有两张梅花。假设你打出第三轮梅花并让明手将吃，东家将会超将吃并用他的最后一张将牌安全脱手。随后你只能寄希望于西家持有♡K，或是东家持有双张♡K，在后一情况下他在赢进第二轮红心后将遭到投入。

更好的主意是清第三轮将牌，并用将牌投入东家。如果东家原始持有♣Q-10-×，他可以兑现♣Q，但接下来他就只得出方块钻进明手的K-Q-10，或是出红心。你将能够用明手的红心Q进手，根据防守方♡K的位置不同而取得十墩或十一墩牌。

这条路线100%安全吗? 并非如此，如果东家非常机智地从♣10-×-×中打出了假牌10，你就将打宕定约。有时你可能会听到一些庄家说："这个♣10很可能是来自于♣10-×-×的假牌。

你不要妄想通过这一小把戏让我跌入陷阱。”日复一日的假设你所遇到的防守人都能够如此聪明地使用这些技巧，是注定会失败的策略。从长期来看，相信防守方所出的牌张更为有利。

即使东家的确是狡猾地从♣10-×-×中扔掉了♣10，他可以用最后一张梅花脱手，西家也只能取得两墩梅花。随后他只能出红花色脱手，当♡K对位时，你仍旧可以完成定约。

解答 26

北：
♠J 5 3
♡K 9 8 4
♢J 7
♣A K J 7

西：
♠7 4
♡Q J 10 5
♢10 9 5 3 2
♣9 8

东：
♠2
♡7 6 3
♢A K 6 4
♣Q 10 6 5 2

南：
♠A K Q 10 9 8 6
♡A 2
♢Q 8
♣4 3

西	北	东	南
			1♠
不叫	2♣	不叫	4♠
不叫	4NT	不叫	5♢*
不叫	6♠	全不叫	

诚然，这不是一个能够获奖的叫牌进程，但也许你可以通过机智的做庄来扭转局势。西家首攻♡Q而不是致命的方块，你用♡A赢进并清将，东家在第二轮时垫掉♣2。现在怎么办？

最简单的路线就是用明手的♣J飞牌，希望借此垫掉你的一个方块输张。但你如何看待东家早期的这张梅花垫牌？这很像是那种防守方从五张套中垫出的牌张。特别是在本例中，明手摆着很好的四张梅花套,东家更可能是持有五张梅花。假设你按照这种方式解读了牌张,定位东家持有长梅花,因而推断他持有♣Q,你将如何应对这种情况?

你应当用♡K过桥,兑现♣A并将吃一次红心。接下来你奔吃你剩余的将牌,达到如下终局:

	♠— ♡— ◇J 7 ♣K J	
♠— ♡J ◇10 9 ♣8	N W E S	♠— ♡— ◇A K ♣Q 10
	♠6 ♡— ◇Q 8 ♣4	

在最后一张将牌上,你从明手垫掉◇7。东家无牌可垫。如果他垫掉一个方块顶张,你将可以用方块投入他,迫使其引牌钻进明手的梅花间张;如果相反他垫掉一张梅花,明手的两张梅花就全好了。满贯定约属于你了。

如果东家原始持有类似◇A-9-6-4的结构,他可以通过在最后一张黑桃时垫掉◇A来击败你,这将使他的同伴能够取得◇K和一墩红心。实际上如果东家能够预见到他将会遭到挤投(并相信你能够完成这一打法),他就应该垫掉方块A和K,希望他的同伴持有◇Q。

由于在♣Q位置不利时,你需要方块非常特定的有利分布才能完成这一满贯,这需要你在放弃简单的梅花飞牌前要对你的读牌充满信心。在本例中早期的梅花垫牌是判断梅花分布的重要指南。这当然是防守方非常不明智的一个举动,他原本可以轻松地垫掉一张方块。

解答27

	♠7 5 2 ♡A Q 4 ◇K 9 7 ♣K 7 5 4	
♠10 ♡10 9 3 ◇Q 10 8 6 3 ♣A 9 3 2	N W E S	♠A Q J 8 6 ♡J 8 6 2 ◇J 4 ♣10 8
	♠K 9 4 3 ♡K 7 5 ◇A 5 2 ♣Q J 6	

西	北	东	南
	1♣	1♠	3NT

全不叫

西家首攻♠10,东家正确的放小(如果南家确实只有♠K-9-4,那么西家就还有另外一张黑桃可出)。西家换攻♡10,你计划如何完成这一定约?

你预期♠K最终可以得到一墩,因此取得三墩梅花就可以使总赢墩数达到九墩。你用明手的A赢进红心换攻,出梅花到Q。西家用A赢进并且(你是否留意到了?)东家跟出了♣8。西家攻出另外一张红心,你用明手的Q赢进,以便朝K引出黑桃。东家上A并回出黑桃Q,现在如何继续?

你用♠K赢进并兑现♣J,东家跌落♣10。现在一切将取决于你对梅花套的读牌。东家依次跟出了8和10,他原始持有♣10-9-8还是♣10-8?你没有对于红花色张数分布的可靠信息,所以没有线索能够用来分析整手牌的牌张分布。你需要转而依靠限制性选择原理。根据这一原理,一位牌手更可能是迫不得已打出一个特定的牌张,而不是从等值的牌张中选择打出了它。换句话说,一个牌手更可能是因为他原本只持有10-8双张而依次跟出8和10,而并非他从

10-9-8 中偶然做出的选择。

一些牌手总是令人厌烦地争论这一观点。“东家跟出 8 和 10,” 他们会说,“所以他原始持有 10-8 和持有 10-9-8 的机率是 50 对 50。”这一观点的谬误在于当东家持有 10-9-8 时,他也可能不选择跟出 8 和 10。他同样可以选择跟出 9 和 8,或是其中任意两张牌。

如果我们仍旧没能说服你接受这一观点，请相信错误的是我们的写作,而不是限制性选择原理！它是 100%正确的,已经被无数数学和统计的方法所证明。那些在打牌中拒绝遵循这一原理的牌手,将会有大量的牌例反驳他。在本例中,遵从大概率将得到回报。你依据限制性选择原理,在第三轮时用♣7 飞过,刚好完成这一成局定约。

解答28

	♠A Q J 6 2 ♡4 3 ◇A Q 7 6 ♣Q 5	
♠9 8 ♡10 8 7 5 ◇10 5 3 ♣J 10 9 6	N W E S	♠K 10 7 4 ♡9 ◇K J 9 ♣8 7 4 3 2
	♠5 3 ♡A K Q J 6 2 ◇8 4 2 ♣A K	

西	北	东	南
			1♡
不叫	1♠	不叫	3♡
不叫	4◇	不叫	5♣
不叫	6♡	全不叫	

防守你的红心小满贯定约,西家首攻♣J。你用A赢进并清将,西家跟出了四张将牌,东家垫掉了三张梅花。你用♠Q飞牌取得了这一墩。现在如何继续?

没有理由就因此假设西家持有♠K。当东家持有♠K-×-×-×时,他能够预见到如果他用黑桃K赢进,你将得以完成定约。你将会赢进东家的梅花回攻,用♠A过桥并兑现♠J。当黑桃显示出是4-2分布时,你可以通过一次将吃来树立黑桃套,并用◇A回到明手享用长黑桃赢墩。

在东家持有♠K-×-×-×时,你可以完成这一满贯么?答案是肯定的,但只有通过非常机智的打法。你兑现♠A,防守方都跟牌了,接下来出第三轮黑桃。东家用♠10赢进,你垫掉♣K!东家被投入,陷入了终局打法。回攻方块会钻进明手的间张;回攻梅花将送给明手一个额外的进张,使你可以通过将吃来建立起一个黑桃赢墩。东家剩下的唯一其他选择是出第四张黑桃，定约同样确保完成。

所以一切都取决于对黑桃花色分布的判断。用♣K 过桥再次飞黑桃，将在西家原始持有♠K-×-×-×时获益；兑现♠A 并再出小黑桃，将在东家原始持有♠K-×-×-×时得利。鉴于红心是 4-1 分布，东家持有四张黑桃的几率大致是西家的两倍，因此出 A 和另一张黑桃取得了胜利！

习题29

	♠A 9 8 7 5 3 ♡A 9 7 5 4 ◇A ♣9	
首攻◇8	N W E S	
	♠K Q J 10 2 ♡J 3 2 ◇6 2 ♣A K 6	

西	北	东	南
		3◇	3♠
不叫	6♠	全不叫	

西家首攻◇8，你用明手的A赢进。两位防守人都跟出了一轮将牌。你如何继续？（在你消去梅花时，东家依次跟出♣3、♣J和♣Q。）

习题30

♠7 4
♡A 8
◇Q 7 4
♣A Q J 10 9 4

首攻♡Q

♠A K 5 2
♡K 5
◇A K 10 9 6
♣8 2

西	北	东	南
		3♠	**3NT**
4♡	**7NT**	全不叫	

西家首攻♡**Q**。你计划如何完成 **7NT**？（你会发现东家持有◇**J-5-3-2**。）

习题 31

♠J 8 7 3
♡6 5 4
◇A 8 7 6
♣K 8

首攻◇J

♠A K 10 9 6 5
♡K 7
◇K Q 3
♣7 4

西	北	东	南
1NT	不叫	2◇*	2♠
不叫	3♠	不叫	4♠
全不叫			

你用◇K 赢进首攻的◇J，兑现一个将牌顶张，东家垫掉一张梅花。你如何继续？（1NT 开叫显示 15-17 个大牌点。）

习题 32

♠Q 4 3
♡K J 5
♢K Q 4 3 2
♣Q 9

首攻♢J

♠K 7 6
♡A Q 7 6
♢A 8 6
♣A K 4

西	北	东	南
			2NT
不叫	**6NT**	全不叫	

西家首攻♢J。你用 **A** 赢进，出第二轮方块到 **K**。方块是 **4-1** 分布，东家垫掉一张红心。现在怎么办？

解答 29

	♠A 9 8 7 5 3 ♡A 9 7 5 4 ◇A ♣9	
♠6 ♡K Q 8 ◇9 8 4 ♣10 8 7 5 4 2	N W E S	♠4 ♡10 6 ◇K Q J 10 7 5 3 ♣Q J 3
	♠K Q J 10 2 ♡J 3 2 ◇6 2 ♣A K 6	

西	北	东	南
		3◇	3♠
不叫	6♠	全不叫	

西家首攻◇8，你用明手的 A 赢进。你清一轮将牌，两位防守人都跟出了。你如何将两个明显的红心输墩减少为一个？

对西家在红心和梅花中实施挤牌毫无前途。除去东家肯定在其中某一门花色中持有三张这一事实之外，你现在只有十个大牌赢墩。

更现实的思路是采用消去打法。如果你剥光两门低花，你将有机会通过出红心 A 和另一张小红心来投入其中一位防守人。你将吃剩余的方块，兑现两轮梅花顶张并将吃一次梅花。东家一直都跟出了，并且露出了♣J 和♣Q。东家是否还有可能持有♡K-×或♡Q-×？不太现实，因为他已经在低花套中显露出了 9 个大牌点。如果总共有 11 或者 12 个大牌点，在第一家的位置上开叫阻击牌力就过强了。不管怎样，即使他真的持有双张带大的红心，他也可以通过在 A 下解封大牌来避免遭到投入（除非他持有♡K-10 或者♡Q-10）。

还存在一个机会——东家持有♡10-×。你用第二轮将牌过桥到暗手，终局如下：

	♠A 9 ♡A 9 7 5 ♢— ♣—	
♠— ♡K Q 8 ♢9 ♣10 8	N W E S	♠— ♡10 6 ♢Q J 10 7 ♣—
	♠Q J 10 ♡J 3 2 ♢— ♣—	

你打出♡J，依次被♡Q 和♡A 盖吃。如果东家跟出♡6，你就出第二墩红心投入给他的 10(西家不能超吃，否则明手的 9 将树立)；如果东家在第一轮时扔掉♡10，你就用♠Q 盖吃♠9 过桥回到暗手，并朝明手的♡9 引出第二轮红心。十二墩牌属于你了。

解答 30

♠7 4
♡A 8
♢Q 7 4
♣A Q J 10 9 4

西		东
♠—		♠Q J 10 9 8 6 3
♡Q J 10 9 7 4 3 2	N W E S	♡6
♢8		♢J 5 3 2
♣7 6 5 3		♣K

♠A K 5 2
♡K 5
♢A K 10 9 6
♣8 2

西	北	东	南
		3♠	3NT
4♡	7NT	全不叫	

你用什么词来形容北家跳叫到 7NT 呢？野蛮、荒谬、乐观、还是古怪？我们还是不要为此浪费时间了。这是一本关于打牌的书，而非创作。西家首攻♡Q，你计划如何完成这一大满贯？

即便你假定可以取到五墩方块，你也仅有十墩牌。看上去你不得不需要飞中梅花，并且还要吃通这门花色。你用明手的♡A 赢进，并兑现方块来拖延时间。当你打出♢A 和♢Q 时，西家在第二轮示缺令你大吃一惊。你用♢10 进行标明的飞牌，并兑现了这门花色中的另外两个赢墩。现在如何继续？

你离准确读清防守方的牌型已经不远了。当你兑现一个黑桃顶张时，西家示缺，证实了东家的确是持有七张黑桃进行的阻击开叫。东家在黑桃和方块中持有 7-4 牌型，他已经跟出一张红心，并且在你兑现红心 K 时示缺。因此东家原始持有 7-1-4-1 牌型。你能从中得出什么结论呢？

当伟大的肯尼斯·康斯吉姆在很多年前打这副牌时，他推断出如果西家持有♣K-×-×-×，他无法取得所需的四墩梅花。唯一的机会是东家的单张梅花是 K。他出梅花到 A，并且……完成了大满贯。

解答31

	♠J 8 7 3 ♡6 5 4 ◇A 8 7 6 ♣K 8	
♠Q 4 2 ♡A Q J ◇J 10 9 2 ♣A Q 3	N W E S	♠— ♡10 9 8 3 2 ◇5 4 ♣J 10 9 6 5 2
	♠A K 10 9 6 5 ♡K 7 ◇K Q 3 ♣7 4	

西	北	东	南
1NT	不叫	2◇*	2♠
不叫	3♠	不叫	4♠
全不叫			

你用◇K 赢进首攻的◇J,兑现一个将牌顶张,东家垫掉一张梅花。你将如何继续?

从西家开叫 15-17 点的 1NT 可以得知他持有♡A。如果防守方的方块是 3-3 分布,方块套将能够提供一个垫牌。但这并不是特别有把握。还有什么其他机会么?

如果你能剥光西家的低花,你就可以用将牌投入他。他将不得不让你的♡K 得墩或是送给你一个将吃垫牌。假设你在第二墩出梅花。如果西家上 A(很差的防守),将一切顺利。你可以赢进低花回攻,兑现♣K 和剩余的两个方块赢墩。西家显示出还有一个方块护张,但这并不构成问题。你将吃明手的第四张方块,随后出将牌 K 和小将牌投入西家。

一个娴熟的防守人处于西家的位置时,将会在第一轮梅花上贡献出 Q。这将为他同伴的♣J 打通桥路,使其得以在第二轮梅花时用♣J 赢进,并转攻红心。面对如此精彩的防守,你有何对策吗?

你应当用明手的 K 赢进第一轮梅花，继续兑现方块 Q 和 A，东家在第三轮示缺。局势如下：

	♠J 8 7 ♡6 5 4 ♢8 ♣8	
♠Q 4 ♡A Q J ♢10 ♣A 3	N W E S	♠— ♡10 9 8 7 ♢— ♣J 10 9 5
	♠K 10 9 6 5 ♡K 7 ♢— ♣7	

你继续出明手的最后一张方块——这是一个输张，垫掉暗手剩余的最后一张梅花。西家赢进后只能用梅花脱手来避免送给你一墩牌。你让南家将吃，注意此时梅花套已经剥光。当你续出将牌 K 和另一张将牌时，西家遭到了投入。红心回牌会让你的 K 得墩，梅花回牌会送你一个将吃垫牌。西家冲上♣Q 的巧妙防守一无所获！

解答32

	North	
	♠Q 4 3 ♡K J 5 ◇K Q 4 3 2 ♣Q 9	
♠A 10 8 5 ♡4 ◇J 10 9 7 ♣10 8 7 2	N W E S	♠J 9 2 ♡10 9 8 3 2 ◇5 ♣J 6 5 3
	♠K 7 6 ♡A Q 7 6 ◇A 8 6 ♣A K 4	

西	北	东	南
			2NT
不叫	6NT	全不叫	

防守 6NT，西家首攻◇J。你用 A 赢进，出第二轮方块到 K。方块是 4-1 分布，东家垫掉一张红心。现在怎么办？

你有十个大牌赢墩。你可以在黑桃中建立起第十一墩，但第十二墩还不知道在哪儿。在迄今为止的绝大多数牌例中，我们要考虑的是读清防守方的牌张分布。但这副牌有所不同——你必须考虑的是：防守方的牌张应如何分布，你才能完成这一小满贯。事实上，你所需要的全部，仅仅是西家持有♠A。这样他将会在你连续兑现红心和梅花赢墩时，进退两难。

首先你应当兑现四轮红心。西家不能保留全部的四张梅花，否则他将只能剩下单张♠A。出小黑桃到 Q 时 A 将被放下，你就能够得到两墩黑桃。因此西家至少需要垫掉一张梅花。在实战中，他很可能垫掉两张梅花和一张黑桃。你继续兑现梅花 Q 和 A，停在南家手中出牌，面临局势如下：

♠Q 4 3
♡—
♢Q 4
♣—

♠A 10 8
♡—
♢10 9
♣—

♠J 9 2
♡—
♢—
♣J 6

♠K 7 6
♡—
♢8
♣K

当你打出♣K 时，西家必须保留两张方块以阻止你明手的♢4 得墩，他将被迫垫掉一张黑桃。你从明手垫掉一张方块，并朝 Q 引小黑桃。无论西家是在第一轮上♠A，还是被你在第二轮黑桃时两手出小放下 A，都没有差别。你都将同时取得黑桃 Q 和黑桃 K，并完成满贯。

我们应当重新回顾打牌中期的一个重要环节——在梅花之前先兑现红心(较长的花色)非常重要。如果你先兑现三个梅花赢墩，在你随后兑现红心时，西家就能够垫掉三张黑桃。他可以取得♠A 和一个长梅花赢墩。

习题 33

♠J 6 5
♡8 7 4 2
◇A Q 4 3
♣A 2

首攻♡5

♠A 9 2
♡A J
◇6 5 2
♣K Q J 10 5

西	北	东	南
			1NT
不叫	**3NT**	全不叫	

西家首攻♡**5**,东家出♡**K**,你计划如何完成 **3NT**?

习题 34

北：
♠J 9 7 3
♡3 2
♢A J 7 6
♣A J 10

首攻♡Q

南：
♠A K 5 4
♡A K 9 7
♢K Q 10
♣K Q

西	北	东	南
			2♣
不叫	**2♢**	不叫	**2NT**
不叫	**6NT**	全不叫	

西家首攻♡**Q**,东家跟出♡**5**,你用♡**A** 赢进。当你兑现♠**A-K** 时,西家在第二轮垫掉一张方块。你将如何继续?

习题35

♠8 3
♡Q J 8 4
◇A K 10 8
♣Q 7 4

首攻♠K

♠A 9
♡A K 10 9 2
◇Q J 6
♣K 10 6

西	北	东	南
1♠	加倍	不叫	2♠
3♣	不叫	不叫	4NT
不叫	5♣*	不叫	6♡
全不叫			

防守你的小满贯定约，西家首攻♠K。你用A赢进，兑现♡A，西家垫掉一张黑桃。现在怎么办？

习题 36

	♠J 7 5 ♡K 10 9 3 ◇A K 5 ♣Q 9 6
首攻♣7	N W E S
	♠K Q 6 ♡A J 4 ◇Q 8 3 ♣A K J 4

西	北	东	南
			2NT
不叫	**6NT**	全不叫	

西家首攻♣7。你用明手的♣Q赢进后,出黑桃到K和A。西家续攻梅花,你如何继续?(你将会发现西家持有◇J-×,梅花是3-3分布。)

解答33

	北	
	♠J 6 5 ♡8 7 4 2 ◇A Q 4 3 ♣A 2	
西 ♠K 10 8 ♡Q 10 6 5 3 ◇J 10 7 ♣7 6		东 ♠Q 7 4 3 ♡K 9 ◇K 9 8 ♣9 8 4 3
	南 ♠A 9 2 ♡A J ◇6 5 2 ♣K Q J 10 5	

西	北	东	南
			1NT
不叫	3NT	全不叫	

持有四张小红心，并且对着同伴的大无将有11个大牌点，北家决定不使用斯台曼问叫。西家首攻♡5，东家出♡K，你计划如何完成3NT？

已经有了八个大牌赢墩，唯一明显且迅速的第九墩来源是方块套。假设你赢进第一轮红心，用◇Q飞牌，输给◇K。即使方块是3-3分布，东家也可以通过换攻黑桃来击宕你。西家用♠K赢进后出◇J，防守方将得到两墩红心、一墩黑桃和两墩方块，让你宕一。

为了完成定约，你需要仔细观察西家的首攻，解读红心花色的分布。西家不太可能持有♡Q-10-9-5-3，因为大多数牌手都喜欢在持这样的结构时首攻10。如果他的首攻出自♡Q-10-6-5-3或♡Q-9-6-5-3，你就能够建立起一个额外的红心赢墩！

在第二墩时，你应该出♡J。西家用♡Q赢进，东家♡9被钉下。如果西家换攻一张方块，你就用明手的◇A赢进并出♡8，建立起你的第九墩。不论西家持有多少张方块，防守方都不可能得到多于两墩方块(如果西家再出一张方块,你就让明手放小)。如果相反西家在赢进第二轮红心后,换攻一张黑桃,东家将被迫打出他的大牌以免你的♠9 得墩。你仍然能够成功。

即使西家是一个现代派的牌手，认为从♡Q-10-9-×-×中攻小机会更好,推荐的做庄路线仍然是最佳的。西家的确可以连取四墩红心,但你仍然保留着飞方块完成定约的机会。

解答 34

北：
♠J 9 7 3
♡3 2
◇A J 7 6
♣A J 10

西：
♠2
♡Q J 10 6 4
◇9 5 2
♣7 6 4 2

东：
♠Q 10 8 6
♡8 5
◇8 4 3
♣9 8 5 3

南：
♠A K 5 4
♡A K 9 7
◇K Q 10
♣K Q

西	北	东	南
			2♣
不叫	2◇	不叫	2NT
不叫	6NT	全不叫	

北家原本可以应叫 2NT 而不是 2◇，但许多专家牌手除了在有一个好的长套需要展示时,都喜欢应叫 2◇以节省空间。防守 6NT,西家首攻♡Q。东家跟出♡5,你用♡A 赢进。当你兑现♠A-K 时,西家在第二轮垫掉一张方块。你将如何继续?

你必须致力于剥光西家除红心外的全部牌张，随后在红心套中对他实施终局打法。这条路线可以成功的前提是东家持有♡8。你先兑现你全部的方块赢墩,西家跟出两张,在第三张时可以垫掉一张多余的红心。第四轮方块给他制造了一些麻烦，他需要从♡J-10-6♣7-6-4-2中再垫掉一张牌。只有准确读出他所保留的牌张，你才能完成满贯定约。

从西家实际所剩的七张牌来看，他非常可能垫掉一张梅花。随后你将兑现三个梅花赢墩，剥光西家除红心外的全部牌张。终局如下：

西	北	东
	♠J 9 ♡3 ◇— ♣—	
♠— ♡J 10 6 ◇— ♣—	N W E S	♠Q 10 ♡8 ◇— ♣—
	♠— ♡K 9 7 ◇— ♣—	

这一终局是在黑桃恶劣分布后，你被迫设想的图像。你从明手引出♡3——好消息传来——东家跟出了♡8。你充满感激地用♡9盖过，西家赢得此墩后被投入。

假设西家在第四轮方块上垫掉了♡6而不是梅花。在这种情况下，你会如何读取他的牌张呢？是想象他持有♡J-10-8♣×-×-×还是♡J-10♣×-×-×-×？在这一特定的牌例中，并不需要猜断。你能看出为什么吗？因为如果西家持有♡J-10-8，你将无法完成这一满贯！你计划的终局打法将无法奏效。于是你只得假设西家仅剩下♡J-10。你出♡K和另一张小红心，在还持有♣K作为暗手进张时，建立起一个额外的红心赢墩。

再一次的，你需要勾勒出一幅能够使你完成定约的分布图。下一步就是假定牌张确实如此分布。本例中你的努力得到了应有的丰厚奖赏，十二墩牌！

解答 35

♠8 3
♡Q J 8 4
◇A K 10 8
♣Q 7 4

♠K Q J 10 6 5
♡—
◇9 3
♣A J 9 5 2

♠7 4 2
♡7 6 5 3
◇7 5 4 2
♣8 3

♠A 9
♡A K 10 9 2
◇Q J 6
♣K 10 6

西	北	东	南
1♠	加倍	不叫	2♠
3♣	不叫	不叫	4NT
不叫	5♣*	不叫	6♡
全不叫			

由于没有明确花色配合，南家的 **4NT** 就是简单的黑木问 A 而不是罗马关键张黑木问叫。防守最终的红心小满贯定约，西家首攻♠K。你用 A 赢进，兑现将牌 A，西家垫掉一张黑桃。现在如何继续？

你可以清光将牌并兑现四轮方块，垫掉黑桃输张。如果♣10 飞牌逼出了西家的 A，定约就将属于你了。但不幸的是西家彪悍的叫牌显示其持有很强的黑花色，他极有可能持有♣J。在西家持有♣J 时，你将如何完成定约？

你的目标是紧逼西家，使他只能剩下♣A-J-×。随后你将通过出♣K（在之前的题目中我们曾见过这种打法）投入给他，使其陷入终局打法。三轮方块过后，你停在明手，所剩牌张如下：

	♠8 ♡— ♢K ♣Q 7 4	
♠Q J ♡— ♢— ♣A J 9	N W E S	♠7 4 ♡— ♢7 ♣8 3
	♠9 ♡10 ♢— ♣K 10 6	

你兑现明手的最后一个方块赢墩，扔掉♠9。西家能够垫掉哪一张呢？如果他垫掉一张梅花，你将取得两墩梅花从而完成定约。无疑他会选择垫黑桃。现在你可以将吃明手的♠8来消去西家手中的牌张，使他只剩下三张梅花。最后一步是从暗手打出♣K。如果西家用A赢进，他只能从♣J中引出梅花；如果他忍让，你就简单地朝Q引出第二轮梅花。无论怎样防守，你都能够将这一满贯收入囊中。

正是由于西家做出的两次叫牌，使你能够轻松地读出西家手中的持牌。假如西家意识到己方实力处于劣势而选择在你的2♠叫牌后派司——不会造成任何差别！当你清光将牌并兑现方块时，你将会发现西家在红花色中一共只有两张。在第一墩时，东家会跟出♠2(张数信号)，暗示着西家持有6-0-2-5牌型，因为他不太可能在持有8-0-2-3牌型时如此安静。由于西家除A外还持有四张梅花，而东家仅有两张梅花，西家将会有4比2(2比1)的优势更可能持有缺失的♣J。

解答 36

	♠J 7 5 ♡K 10 9 3 ♢A K 5 ♣Q 9 6	
♠A 10 9 3 2 ♡Q 8 5 ♢J 2 ♣8 7 5	N W E S	♠8 4 ♡7 6 2 ♢10 9 7 6 4 ♣10 3 2
	♠K Q 6 ♡A J 4 ♢Q 8 3 ♣A K J 4	

西	北	东	南
			2NT
不叫	6NT	全不叫	

西家首攻♣7。你用明手的♣Q 赢进后，出黑桃到 K 和 A。西家续攻梅花，你如何继续？

你有十一个大牌赢墩，需要判断是哪一位防守人持有♡Q。正如我们在其他题目中所看到的，你应当致力于完成对整手牌牌型分布的计算。持有长红心的防家将更可能持有♡Q。

当你兑现剩余的梅花赢墩时，看到这门花色是 3-3 分布。西家垫掉一张黑桃，东家垫掉一张方块。你兑现两个黑桃赢墩，东家在第三轮示缺。最后，你兑现三轮方块，西家在第二轮跟出 J 并在第三轮垫掉一张黑桃。全部信息展现在你面前：西家原始持有 5-3-2-3 牌型，东家持有 2-3-5-3 牌型。所以，红心是 3-3 分布！这是不是意味着你在红心中是一个 50 对 50 的猜断，而你前面的辛苦努力都白费了？你是如何考虑的？

看上去似乎有些奇怪，但现在西家更有可能持有♡Q 的概率是 2-1。为什么会这样？这是限制性选择原理的一个不寻常应用。如果西家同时持有三张小红心和三张小梅花，他也可能选择首攻红心而非梅花。他之所以选择了首攻梅花而非红心，更可能是因为被迫如此（例如，他持有♡Q-×-×，而不愿在防守 6NT 时冒此风险）而不是选择的结果。因此你应该飞西家持有♡Q。

我们知道会有相当比例的读者无法接受这一论点（绝没有任何其他事情会像一个包含限制性选择原理的牌例那样，能够立刻挑起牌手们的争论！）。然而，我们期待着与这样的读者对抗，特别是在赌注很高时！

后　记

太棒了！你坚持到了最后。你需要牢记的重点有哪些呢？有各种各样独具特色的读牌技巧（我们一会就来回顾一下），但最重要的理念是：作为庄家，你应当持续地努力构建防守方手中的持牌。一旦你清楚了牌张的分布，你将会有更好的机会来决定最佳做庄路线。

当你进行读牌时，有哪些线索可以加以利用呢？如果一位防守人做过开叫，他将持有大部分未见的大牌，大多数时候他都至少持有 12 个大牌点。如果他的搭档对他的开叫没能做出应叫，你可以假定他最多持有 5 个大牌点。首攻同样会带给你很多信息。在第一轮牌过后，你通常都能够对这门花色的分布有大致的概念。请记住同样要注意逆向思维的推理——如果西家首攻一张梅花，他不会同时持有红心 A 和 K！

在随后的打牌过程中，你可以从防守方的信号中收集信息。不要成为那些总是认为防守方在试图愚弄他们的庄家中的一员。防守方需要互相给出真实的信号，否则将无法精准地防守。作为庄家，你可以充分利用这些信息交换，来完成对整手牌的计算。

尽管我们在习题中没有涉及这一问题，但你完全可以利用防守方的停顿和思考所传递出的信息。一位在垫牌上有困难的防守人，更可能持有多于一门花色的止张。请基于这一点来选择你的做庄路线。

好了，伙伴们，到此结束！我们祝愿你下一次在桥牌桌上历险时，有最好的运气和最棒的读牌。

桥艺测试第三辑⑪

防守无将定约测试

[英]大卫·伯德
[澳]蒂姆·伯克 著
彭立新 连若旸 王 南 译

成都时代出版社

四川省版权局
著作权合同登记章
图进字 21-2015-178 号

图书在版编目（CIP）数据

防守无将定约测试 / (英) 伯德，(澳) 伯克著；彭立新，连若旸，王南译. -- 成都：成都时代出版社，2015.12
(桥艺测试. 第三辑)
ISBN 978-7-5464-1497-3

Ⅰ. ①防… Ⅱ. ①伯… ②伯… ③彭… ④连… ⑤王… Ⅲ. ①桥牌-基本知识 Ⅳ. ①G892

中国版本图书馆 CIP 数据核字（2015）第 230266 号

桥艺测试第三辑⑪. 防守无将定约测试
QiaoYi CeShi DiSanJi ⑪. FangShou WuJiang DingYue CeShi
［英］大卫·伯德　［澳］蒂姆·伯克　著
彭立新　连若旸　王南　译

出 品 人　石碧川
责任编辑　曾绍东
封面设计　陈二龙
版式设计　陈二龙
责任校对　陈　煦
责任印制　干燕飞

出版发行　成都时代出版社
电　　话　（028）86619530（编辑部）
　　　　　（028）86615250（发行部）
网　　址　www.chengdusd.com
印　　刷　三河市华晨印务有限公司
规　　格　140mm×215mm　1/32
印　　张　13.625
字　　数　440 千字
版　　次　2015 年 12 月第 1 版
印　　次　2015 年 12 月第 1 次印刷
印　　数　1-5000 册
书　　号　ISBN 978-7-5464-1497-3
全套定价　76.00 元（共四册）

目录 Content

如何制定无将定约的防守计划

你是否希望买到这样一本书，告诉你防守无将定约是如何轻松？如果你阅读过本丛书有关防守有将定约的分册，想必你就不会再有这样的想法。如果你从来没有接触过这样的问题，对此我们非常抱歉，你必将面临一项艰巨的挑战。

针对初学者，有一些非常合理的一般原则，但即便是这些一般原则也有很多例外情况。如果你已经超越了入门阶段，你就必须做好两件事情：计算以及思考。计算，是为了收集证据，然后借助于思考确定打宕定约的最佳机会。

我们首先来观察计算。应该如何计算？下面是相关的事项：

大牌点。如果在叫牌过程中(叫牌或者不叫)，庄家已经显示了他的点力范围，你就要不断计算他已经暴露的点力，并且推断出他手上的剩余牌点。你还需要计算同伴的大牌点。如果同伴的牌力不可能超过 2 点，而你假定的防守路线需要他有◇A，那么这样的防守肯定是毫无前途的！

牌型。只要有可能，你必须尝试获取“整手牌的图像”。换句话说，你必须发现每一手在每一门花色的张数。打过的牌局越多，你就越能理解上述说法的重要性。

赢墩。你需要计算庄家已有的确定赢墩，以及防守方已有的赢墩。例如，你计算出防守方有确定的三墩，为了打宕 3NT，你方还需要额外的两墩。

在进入具体的牌例之前，我们必须考虑你与同伴在防守中所使用的信号方法。当庄家动一门花色时，防守方的最佳方式是给出这门花色的“张数”，这种方法已经获得了广泛认同。具体方法是，当你在一门花色上持偶数牌张，就先跟出较大的一张；当你持奇数牌张，就先跟出较小的一张。

当同伴出一门花色，而你并不需要出大牌以便获取赢墩时，你应该如何给信号？这种方法存在争议。姿态信号（较大的牌张表示鼓励，较小的牌张表示不鼓励）在有些局势下可以发挥作用。张数信号在其他局势下有更好的效果。随着时间的推移，越来越多的牌手倾向于使用张数信号，即便是在同伴出这门花色的情况下。很多美国专家牌手使用这样的方法；而在欧洲就更为普遍。在 2004 年杰内拉利世界个人赛上，所有牌手都使用张数而不是姿态信号。

即便你是坚定的姿态信号拥趸，如果对同伴所出花色的否定性姿态是明确的，那么你给出张数信号更有价值。用不欢迎信号重复告诉同伴相同的信息就是浪费资源。在这门花色上给出张数信号！

以下是一种典型的局势：

♡Q 4

♡A J 10 7 5 2　　N W E S　　♡9 3

♡K 8 6

你首攻♡J，明手的♡Q 吃进。同伴以♡9 表示张数信号。确定暗手的♡K 不是单张后，当你再度进手就不会匆忙兑现♡A。你应该寻找同伴在其他花色的进张。与此相反，如果同伴跟出♡3，你就知道暗手原本是双张♡K 或者是♡K-×-×-×。如果运气好的话，你可以借助叫牌的信息确定庄家是哪一种情况。

即便张数信号对特定花色的后续打法没有任何影响，它仍然有可能在其他方面发挥重要的作用。他有助于防守方构建“完整的图像”。

何时姿态信号有极高的价值？一种局面是你持 Q-J-10 首攻 Q，明手或者暗手用 A 吃进。你希望同伴跟出较大的牌张以便显示他持有 K。

有一种首攻方式在欧洲非常流行，因为它将张数信号和姿态信号的优势结合在一起。这就是众所周知的“首攻 A(或者 Q)要求姿态;首攻 K 要求张数”。其具体含意是什么?当你首攻 A 或者 Q 时,同伴给你姿态信号;当你首攻 K 时,同伴给你张数信号。防守无将定约时,首攻 K 还有更进一步的含意。它要求同伴解封持有的大牌,否则就给出张数信号 *。

我们需要一种标准信号方式贯穿本书始终,因而我们假定防守方“首攻 A(或者 Q)要求姿态信号;首攻 K 要求张数信号”。

当首攻小牌并且明手吃到这一墩,位于第三家的防守方给出张数信号。如果你倾向于在现实中使用其他信号方式,对此我们欣然接受。你可以按照你们的信号方式检验每一个牌例,看看是否能够达到相同的效果。

就利用信号计算牌型已经讨论了很多了。现在我们来看完整的牌例,在此你的防守必须借助于计算牌点与赢墩。

	北	
	♠K J 10 8 ♡K 7 ◇8 6 ♣Q J 10 3 2	
西 ♠6 5 2 ♡Q J 10 9 3 ◇K J 9 2 ♣5		东 ♠A 7 3 ♡8 6 5 2 ◇A 5 4 ♣8 6 4
	南 ♠Q 9 4 ♡A 4 ◇Q 10 7 3 ♣A K 9 7	

西	北	东	南
			1NT
不叫	2♣	不叫	2◇
不叫	3NT	全不叫	

* 在北美,防守无将定约首攻 A 是同样的含意。防守无将定约首攻 Q 要求同伴解封 J 或者给出张数信号,在北美同样是标准信号方式。例如,当你的首攻出自 K-Q-10-9-×,你需要知道庄家是否持有 J。

你是东家，防守 3NT 同伴首攻♡Q。庄家用♡A 吃住后出黑桃到明手的♠J。你准备如何防守？

很多防家对目前的局势不会多加考虑。他们用♠A 吃进后顶掉红心挡张。现在庄家可以吃到三墩黑桃，两墩红心以及五墩梅花，超一完成定约。

明手的梅花是现成的赢墩，这一点对东家来说并不奇怪。如果庄家缺少一个梅花大牌，他多半要首先树立这门花色。无论庄家是否缺少♠Q，他都可以得到五墩梅花、两墩红心和至少两墩黑桃，从而完成定约。因此，防守方的唯一机会是转攻方块。为了穿梭南家两次，东家应该转攻小方块。西家盖住南家的牌张后回攻小牌到东家的◇A，于是再次穿梭暗手的最后两张牌。吃到四墩方块使得定约宕一。打宕定约必不可少的环节就是计算庄家的赢墩。

西家是否可能持有打宕定约所需的◇KJ 领头的四张方块（以及必要的中间张）？有可能，如果南家是开叫 1NT 所需的 15~17 点的低限 15 点，西家所持牌力就可以容纳下◇KJ 以及已经显露的♡Q-J。

针对如何防守无将定约，现在已经接近前言的结束。计算、思考以及时刻保持警觉！是否还有比完美防守更容易的事情？几乎每一件事情……

习题 1

首攻♠9

♠J 5
♡7 2
◇A K Q 10 6 4
♣A Q 5

♠A Q 10 8 3 2
♡A Q 4
◇8 5
♣8 3

西	北	东	南
	1◇	1♠	1NT
不叫	3NT	全不叫	

你是东家,防守南家的 3NT 西家首攻♠9。明手出♠5。你计划如何防守?

习题 2

首攻◇8

	♠A 9 ♡K 10 3 ◇J 6 4 ♣A 10 9 6 4	
		♠K 10 8 4 2 ♡8 5 2 ◇A 10 3 ♣K 2

西	北	东	南
			1NT
不叫	3NT	全不叫	

西家首攻◇8（可能出自◇9-8-2 或者◇9-8-7-2），明手放小。你是东家，你准备如何防守？

习题3

首攻◇5

	♠Q 8 7 3 ♡J 10 5 ◇Q J 4 ♣A 8 4
♠10 5 ♡A Q 6 ◇K 10 7 5 3 ♣10 9 5	

西	北	东	南
			1NT
不叫	3NT	全不叫	

你首攻◇5，明手的◇Q吃到这一墩，同伴跟◇2。明手引♡J，同伴跟♡3，暗手跟♡2。你准备如何防守？

习题 4

首攻♡7	♠10 6 2 ♡9 5 ◇9 8 4 2 ♣J 10 9 5
♠J 9 5 ♡A 10 8 7 3 2 ◇Q 10 7 ♣3	

西	北	东	南
			2♣
不叫	2◇	不叫	3NT
全不叫			

你首攻♡7到东家的♡J和庄家的♡K。庄家兑现◇A,在这一墩同伴跟◇3。庄家继续兑现◇K。你计划如何防守?

解答 1

♠J 5
♡7 2
◇A K Q 10 6 4
♣A Q 5

西	东
♠9 4	♠A Q 10 8 3 2
♡K 9 6 5 3	♡A Q 4
◇J 2	◇8 5
♣10 9 7 2	♣8 3

♠K 7 6
♡J 10 8
◇9 7 3
♣K J 6 4

西	北	东	南
	1◇	1♠	1NT
不叫	3NT	全不叫	

你是东家，防守 3NT 同伴首攻♠9，庄家从明手出♠5。你准备如何防守？

即便同伴的首攻是单张，只要你用♠10 超吃，继续顶掉南家的♠K，就可以确保建立起黑桃套。然而，这样的防守足以打宕定约吗？庄家可以吃到♠K，而且至少还有确定的八墩低花。即便南家没有♣K，当他在黑桃上进手后也可以进行梅花飞牌。

因此，尽管你的黑桃套看上去很强大，但就打宕定约而言，它完全不能发挥作用。更好的方法是用♠A 吃进首攻，然后转攻♡A 和♡Q，希望同伴在红心有不错的实力，从而可以吃到至少四墩红心。当牌张分布如上所示，同伴在你转攻♡A 时跟出鼓励信号。你续攻♡Q 和小红心，从而定约宕二。

解答 2

	♠A 9 ♡K 10 3 ♢J 6 4 ♣A 10 9 6 4	
♠Q 7 6 ♡9 7 4 ♢9 8 7 2 ♣8 5 3	N W E S	♠K 10 8 4 2 ♡8 5 2 ♢A 10 3 ♣K 2
	♠J 5 3 ♡A Q J 6 ♢K Q 5 ♣Q J 7	

西	北	东	南
			1NT
不叫	**3NT**	全不叫	

西家首攻♢**8**(差套的次大牌张),庄家从明手放小。作为东家你准备如何防守?

解读首攻没有任何困难。单独看方块套,♢**8** 可能出自♢**K-Q-9-8-2** 中的长四。然而,如果西家有 **5** 点牌力,南家就只有 **13** 点,不足以开叫 **15~17** 点的 **1NT**。因而,你将♢**8** 解读为弱长套中的次大牌张,也就是说,庄家在方块上有两个挡张。你如何利用这个信息指导后期的防守?

假设你忍让首攻或者用♢**A** 吃住后续攻方块。庄家进行梅花飞牌,在你吃进后他至少可以得到 **10** 墩牌。因此你必须立刻吃住第一墩,尝试在黑桃上发展赢墩。

转攻小黑桃并不理想。如果暗手放小,同伴就只能上♠**Q**,而暗手的♠**J** 就成为这门花色的第二个挡张。由于你的♠**10-8** 可以"围剿"明手的♠**9**,正确的回攻就是♠**10**。对此庄家无计可施。由于只有现成的 **8** 墩牌,他必须进行梅花飞牌。当用♣**K** 上手后,你可以兑现剩下的黑桃赢墩从而打宕定约。

解答 3

	♠Q 8 7 3 ♡J 10 5 ◇Q J 4 ♣A 8 4	
♠10 5 ♡A Q 6 ◇K 10 7 5 3 ♣10 9 5	N W E S	♠J 9 4 2 ♡7 4 3 ◇9 6 2 ♣Q J 6
	♠A K 6 ♡K 9 8 2 ◇A 8 ♣K 7 3 2	

西	北	东	南
			1NT
不叫	3NT	全不叫	

你是西家，防守 **3NT** 定约首攻◇**5**。明手的◇**Q** 吃到这一墩，同伴跟出◇**2**。现在明手引♡**J**，同伴跟♡**3**，暗手跟♡**2**。你准备如何防守？

同伴的◇**2** 是张数信号，表示奇数张方块。打宕定约的最佳希望是同伴有三张方块，而庄家只有两张。因而你用♡**Q** 吃进第一轮红心后应该续攻方块。同伴跟牌，你愉快地看到暗手用单张◇**A** 吃进这一墩。庄家没有其他希望，只能继续树立红心。你用♡**A** 进手后兑现三墩方块，从而打宕定约。

假设同伴的持牌是：

♠**J 9 4 2**　♡**7 4 3**　◇**9 2**　♣**K Q 6 2**

如果是这样一手牌，同伴就应该在第一墩跟◇**9**，警告你庄家有三张方块。现在你续攻方块已经没有任何吸引力。转攻梅花才能够打宕定约。

在这种局势下你可以看到姿态信号没有丝毫作用。你知道同伴在方块上没有大牌（如果有◇**A**，他肯定要上大牌）。你迫切希望了解的是他这门花色的张数。

解答 4

	♠10 6 2 ♡9 5 ◇9 8 4 2 ♣J 10 9 5	
♠J 9 5 ♡A 10 8 7 3 2 ◇Q 10 7 ♣3	N W E S	♠K Q 8 4 ♡J 4 ◇J 6 3 ♣8 6 4 2
	♠A 7 3 ♡K Q 6 ◇A K 5 ♣A K Q 7	

西	北	东	南
			2♣
不叫	2◇	不叫	3NT
全不叫			

你是西家,防守 **3NT** 你首攻♡**7**。同伴上♡**J**,暗手用♡**K** 吃进。请注意庄家的打法非常出色,因为它没有暴露♡**Q** 的位置。如果他用♡**Q** 吃进首攻,你就确定知道♡**K** 在南家手上(否则同伴肯定要打出这张牌)。现在庄家兑现◇**A** 和◇**K**。你准备如何防守?

你的防守打法取决于同伴在方块上给出的张数信号。本例中他跟出◇**3**,也就是外面的最小牌张。这就说明外面的方块是 **3–3** 分布,你的最佳机会是第二轮方块解封◇**Q**。当庄家再打第三轮方块时,同伴可以用◇**J** 上手,然后回攻红心。

现在假设同伴在第一轮方块跟出◇**6**。这可能表示原本出自◇**6–5** 或者◇**6–3**,于是暗手就持◇**A–K–J–×**。在这种局势下你就不能解封◇**Q**。第三轮方块进手后你需要转攻一门黑花色,以便同伴进手从而回攻红心。第三轮方块上,同伴通过垫牌告诉你应该回攻哪一门花色。

最后一点,如果同伴跟出◇**5** 呢? 在这种局势下,尽管你方使用张数信号,你同样面临残端。东家可能是◇**5–3**,也可能是◇**J–6–5**。桥牌并不是那么简单,不是吗?

习题 5

	♠7 4 ♡A Q 5 ◇K J 10 9 2 ♣10 8 4
首攻♠6	
	♠A J 3 ♡10 8 4 2 ◇A 6 ♣J 9 7 2

西	北	东	南
			1NT
不叫	**3NT**	全不叫	

防守 **3NT**,你是东家,同伴首攻♠6。你计划如何防守?

习题 6

首攻♡4

♠A 10 9 7 ♡6 5 ◇K Q 7 ♣J 10 7 5	
	♠Q 3 2 ♡K Q J ◇J 9 8 5 ♣9 6 2

西	北	东	南
			1NT
不叫	**2♣**	不叫	**2◇**
不叫	**3NT**	全不叫	

防守 **3NT** 西家首攻♡**4**。你计划如何防守？你是否能够预见到后期防守可能出现的困难？

习题7

首攻♠K

北：
♠A 8 5
♡K Q 2
◇10 9 4
♣K 8 7 2

西：
♠K Q 10 9 4
♡8 4
◇K 7 6 3
♣9 3

西	北	东	南
			1NT
不叫	3NT	全不叫	

你是西家，防守 3NT 你首攻♠K。♠K 吃到这一墩，另外三家的跟牌是♠5、♠2 和♠3。现在应该如何防守？

习题 8

首攻♠5

北：
♠Q 8 3
♡A K Q
◇K 7 2
♣K Q 4 2

西：
♠K J 9 5 2
♡8 5 4
◇Q 8 6
♣A 5

西	北	东	南
	1♣	不叫	1NT
不叫	3NT	全不叫	

你首攻♠5，明手的♠Q 吃到这一墩，东家跟♠4。庄家从明手引♣K，东家跟♣9，你放小。明手继续出♣Q，东家跟出♣6，你用♣A 吃进。现在应该如何防守？

解答 5

♠7 4
♡A Q 5
◇K J 10 9 2
♣10 8 4

西		东
♠Q 10 8 6 2		♠A J 3
♡9 3		♡10 8 4 2
◇8 7 3		◇A 6
♣Q 5 3		♣J 9 7 2

♠K 9 5
♡K J 7 6
◇Q 5 4
♣A K 6

西	北	东	南
			1NT
不叫	**3NT**	全不叫	

你是东家,同伴首攻♠6。你计划如何防守?

有两张比♠6 更小的牌张看不见,因而同伴很有可能有至少五张黑桃。如果他的黑桃是♠K-10-×-×-×或者更强实力,首先用♠A 吃进后回攻♠J,你方就可以吃到五墩黑桃。你的◇A 就使得定约最终宕二。如果同伴持♠K-×-×-×-×,庄家持 Q-10-×呢?你用♠A 吃进后回攻♠J,定约同样无法做成。南家用♠Q 盖上♠J,同伴可以(而且必须!)忍让♠K,从而保持这门花色的连通。当你以◇A 上手后回攻黑桃,同伴就可以兑现这门花色的三个赢墩。

如果同伴的黑桃大牌是♠Q 而不是♠K,那么防守就变得更加棘手。假设你用♠A 吃住首攻,回攻♠J。庄家忍让♠K 直到第三轮吃进。当你以◇A 进手后,现在已经没有黑桃可供回攻。

就东家的持牌而言,最佳打法是第一墩上♠J。现在庄家无法承受忍让♠K,因为西家的首攻可能出自♠A-Q-×-×-×。他多半吃住第一墩,然后着手树立方块,希望黑桃原本是 4–4 分布。但是今天不走运,我的朋友,定约最终宕一。

如果庄家原本持♠Q-×-×,或许你担心这样的打法使得庄家吃到额外的一墩。的确有这种可能性,但庄家多吃到一墩黑桃不太可能完成定约。除非他有五墩红心和♣A-K-Q,否则在不树立方块套的情况下他就无法吃到九墩。我们推荐的防守方式(第一墩上♠J) 可以一次又一次打宕定约——当同伴的首攻原本出自♠Q 领头的五张套。

当第三家持A-Q-×时,这种打法更为常见:

	♠7 4	
♠J 9 8 6 2	N W E S	♠A Q 3
	♠K 10 5	

西家首攻♠6,你上♠Q。如果同伴的黑桃原本以♠K 领头,你就可以继续兑现赢墩。如果庄家有♠K,你就迫使庄家吃进,从而保持了与同伴的连通。

请注意,只有当你预计你在后期首先上手,并且需要保持与同伴在首攻花色的连通时,你才使用这种打法。如果是同伴首先上手,那么更好的打法是用♠A 吃进,然后顶掉庄家在黑桃上的挡张,使得后续防守局势更为明确。如果你在第一墩上♠Q,你就发现同伴有可能认定南家持有♠A,因而在他上手之后,不再续攻黑桃。

解答 6

♠A 10 9 7
♡6 5
◇K Q 7
♣J 10 7 5

♠J 6 5
♡10 8 7 4 2
◇10 4 2
♣A 4

♠Q 3 2
♡K Q J
◇J 9 8 5
♣9 6 2

♠K 8 4
♡A 9 3
◇A 6 3
♣K Q 8 3

西	北	东	南
			1NT
不叫	2♣	不叫	2◇
不叫	3NT	全不叫	

你是东家,防守 3NT 同伴首攻♡4。你准备如何防守?

我们首先来看本牌例在实战中是如何进行的。东家在第一墩打出“正常的”♡J,等值连接张中最小的一张。目前庄家只有六个赢墩,看到必须树立梅花才能完成定约。他计划忍让♡A 直到第三轮吃进,在此之后只要东家有♣A,他就可以完成定约。

在第二墩,东家“正常地”回攻♡K,连张大牌中最大的一张。现在庄家花费了很长时间研究防守方的大牌位置。为什么东家先上♡J,再出♡K?唯一的解释是,他原本持有♡K-Q-J。如果这门花色原本是 4–4,那么完成定约没有问题。假如东家原本只有♡K-Q-J 三张呢?如果庄家吃住第二轮红心,这门花色就会出现阻塞!

得出这样的结论后,庄家吃住第二轮红心。当他动梅花时,西家以♣A 进手。然而,现在定约已经固若金汤,因为西家回攻红心后东家用♡Q 吃进。

防守方是否可以做得更好呢?如果西家原本持♣A-×-×,他的同伴是♣×-×,他可以忍让梅花到第三轮,从而让东家解封♡Q。但对目前的南北方持牌来说,这种打法未必能够奏效。因为如果庄家正确地判断出局势后,吃到两墩梅花他就可以转作黑桃,并且在黑桃上得到完成定约所需要的额外一墩。

东家原本可以做得更好。第一墩上♡J后续攻♡K,他就为庄家准确描述了自己的持牌。本例中需要施展骗招。东家应该第一墩上♡Q,第二墩再出♡K。庄家肯定认为西家持♡J-×-×-×-×,因而忍让♡A直到第三轮,这样就使得防守方得以打宕定约。

解答 7

	♠A 8 5 ♡K Q 2 ◇10 9 4 ♣K 8 7 2	
♠K Q 10 9 4 ♡8 4 ◇K 7 6 3 ♣9 3	N W E S	♠7 6 2 ♡J 10 9 5 3 ◇8 2 ♣Q J 5
	♠J 3 ♡A 7 6 ◇A Q J 5 ♣A 10 6 4	

西	北	东	南
			1NT
不叫	3NT	全不叫	

你是西家，防守 3NT 首攻♠K。♠K 吃到这一墩，随后的跟牌是♠5、♠2 和♠3。现在应该如何防守？

必须回答的第一个问题：谁持有♠J？防守无将定约首攻 K-2 要求同伴解封大牌，因而同伴跟出号码牌张就否认有♠J。第二个问题：庄家有几张黑桃？同伴的♠2 是张数信号，表示黑桃原本是奇数张。有两种可能性。东家有三张黑桃，因而庄家只有两张；东家的黑桃是单张，那么庄家就有♠J-×-×-×。从概率来说，第一种的可能性更大。无论如何，只有当庄家持♠J-×的情况下，你方才能立刻建立起黑桃套，从而才有更大的机会打宕定约。因而你的最佳打法是续攻♠Q。这样可以击落庄家的♠J，定约将不可避免地宕掉。（如果庄家吃住第三轮黑桃，忍让一轮梅花到东家手上，同伴就将转攻方块。）

如果同伴在第一墩跟出♠7 呢？这样的信号表示双张（或者单张）黑桃，于是你知道庄家至少有♠J-×-×三张。由于续攻黑桃将使庄家吃到额外的一墩，你必须转攻其他花色，希望同伴能够上手，以便在你的◇K 被用掉之前打掉庄家在黑桃上的挡张。如果在这种局势下不使用张数信号，你就面临猜断，而且经常会判断错误。

解答 8

♠Q 8 3
♡A K Q
◇K 7 2
♣K Q 4 2

西	东
♠K J 9 5 2	♠10 7 4
♡8 5 4	♡10 9 6 2
◇Q 8 6	◇A J 10 4
♣A 5	♣9 6

♠A 6
♡J 7 3
◇9 5 3
♣J 10 8 7 3

西	北	东	南
	1♣	不叫	1NT
不叫	3NT	全不叫	

你是西家，防守 3NT 首攻♠5。明手的♠Q 吃到这一墩，同伴跟♠4。庄家从明手引♣K，东家跟♣9，你放小。明手继续出♣Q，东家跟♣6，你用♣A 吃进。现在应该如何防守？

单独看梅花套，东家可能持四张。然而，南家持 2-4-4-3 牌型应叫 1NT 的可能性不大。他通常应叫 1◇或者 1♡。于是你应该认定南家是 2-3-3-5 牌型。在这种情况下，他可以吃到两墩黑桃、三墩红心和四墩梅花——共计九墩！

继续顶掉♠A 已经为时已晚。打宕定约的唯一机会是你方吃到四墩方块。你是否回攻◇6？我们希望你没有回攻这张牌，因为明手只需放小，就可以让东家，安全的一方出牌。你必须转攻◇Q。看到这张牌同伴的眼睛一亮。防守方的五墩牌已在眼前，定约宕一。

在本例中，你是否看到张数信号对你的帮助？黑桃上的信号作用不大，但东家在梅花上的信号使得你知道庄家已经建立起多少梅花赢墩。加上两门高花的五墩牌，你可以判断出转攻◇Q 而不是续攻黑桃才能打宕定约。

习题 9

首攻♣3

♠Q 10 9 3 ♡A K 8 5 ◇J 9 8 2 ♣9	
	♠J 7 2 ♡9 7 4 3 ◇A 6 ♣A J 8 5

西	北	东	南
			1NT
不叫	2♣	不叫	2◇
不叫	3NT	全不叫	

防守 3NT 西家首攻♣3。你计划如何防守？

习题10

首攻♣3

	♠A K 8 3 ♡A 9 8 6 3 ◇J ♣9 7 5
	♠Q 10 7 2 ♡Q 7 ◇Q 8 7 4 ♣J 6 4

西	北	东	南
			1◇
不叫	1♡	不叫	2◇
不叫	2♠	不叫	3NT
全不叫			

西家首攻♣3到你的♣J和南家的♣Q，暗手出◇2到西家的◇9和明手的◇J。你计划如何防守？

习题 11

首攻♡6

北（明手）：
♠Q 8 3
♡J 9 5 3
♢9 7 4
♣Q 9 7

东（你）：
♠10 2
♡K 4 2
♢A Q 6
♣10 8 6 5 4

西	北	东	南
			2NT
不叫	**3NT**	全不叫	

防守 **3NT** 西家首攻♡**6**，明手放小。你准备如何防守？如果你上♡**K** 并且吃到这一墩，你准备回攻哪一门花色？

习题 12

首攻♡J

	♠A J 6 ♡K Q 8 ♢Q J 10 9 5 2 ♣5
♠Q 10 8 2 ♡J 10 9 3 ♢A K ♣8 7 3	

西	北	东	南
			1♣
不叫	1♢	不叫	1NT
不叫	3NT	全不叫	

你是西家，首攻♡J。明手上♡K，同伴跟♡2。明手引♢Q 到你的♢K。你准备如何继续防守？

解答 9

北：
♠Q 10 9 3
♡A K 8 5
◇J 9 8 2
♣9

西：
♠8 6 5
♡J 10 6
◇7 4
♣K 7 6 3 2

东：
♠J 7 2
♡9 7 4 2
◇A 6
♣A J 8 5

南：
♠A K 4
♡Q 2
◇K Q 10 5 3
♣Q 10 4

西	北	东	南
			1NT
不叫	**2♣**	不叫	**2◇**
不叫	**3NT**	全不叫	

防守 **3NT** 西家首攻♣**3**。你计划如何防守？

你用♣**A** 吃住首攻，并且看到根本没有理由转攻其他花色。你应该回攻哪一张梅花？按照约定，你回攻的牌张应该是初始的长四——♣**5**。如果西家首攻的是五张套，这样的回牌或许就将付出惨重的代价。请看上面的牌张分布。庄家出♣**10**，西家用♣**K** 吃进，随后庄家用♣**Q** 吃住第三轮梅花。不幸的是，目前你在梅花上的牌张，无论是♣**8** 还是♣**J**，都比西家剩下的牌张更大。当你用◇**A** 上手后，梅花已经出现阻塞。防守方只能吃到三墩梅花以及◇**A**，庄家定约得以完成。

为了避免类似的阻塞，你应该在第二墩回攻♣**J**。随后庄家盖上♣**Q**，西家以♣**K** 吃进。当西家回攻第三轮梅花，你上♣**8**，暗手用♣**10** 吃进。现在的局面非常理想！目前你剩下的牌张是♣**5**，而西家还有♣**6** 和♣**7**。

还有一个小小的考验。假设庄家用♡**A** 进入明手后引◇**J**，假装在这门花色准备飞牌。你必须立刻用◇A 吃住，回攻剩下的最后一张梅花。西家可以兑现两墩梅花，从而定约宕一。如果你没有意识到危险性，于是庄家就可以吃到一墩方块——这正是他完成定约所需的第九墩。

解答 10

北：♠A K 8 3　♡A 9 8 6 3　◇J　♣9 7 5

西：♠J 5　♡K J 10 4　◇9 5　♣K 10 8 3 2

东：♠Q 10 7 2　♡Q 7　◇Q 8 7 4　♣J 6 4

南：♠9 6 4　♡5 2　◇A K 10 6 3 2　♣A Q

西	北	东	南
			1◇
不叫	1♡	不叫	2◇
不叫	2♠	不叫	3NT
全不叫			

防守 3NT 西家首攻♣3，庄家用♣Q 吃住你的♣J。他继续出小方块到西家的◇9 和明手的◇J。你计划如何防守？

如果你用◇Q 吃进，庄家的方块套就已经建立。他可以吃到五墩方块以及其他花色上的五墩，从而得到一个超墩。因而你应该忍让◇J，由于暗手只剩下一个进张（♣A），庄家只能吃到三墩方块，于是最终宕一。

假设庄家的打法有所不同，在第二墩用♠A 进入明手后引◇J。如果你盖上◇Q，庄家用◇A 吃进，兑现另外两墩方块，然后让送一墩方块从而建立起这门花色。正如前文所述，这样的打法将得到一个超墩。你同样要拒绝盖上◇Q。

上◇Q从而使得定约得以完成的防家会这样为自己辩解："庄家有可能持♣KQ双张，因而我方可以兑现到四墩梅花。"这种情况的确可能，但假如你忍让◇Q，庄家几乎没有可能吃到九墩牌。他可以吃到三墩方块，一墩梅花以及两墩黑桃。这样只有六墩，因而他需要额外的三墩红心，才能完成定约。这只有当暗手持♡K-J(×)时才有可能，于是暗手就是类似下面的持牌：

♠964　　♡KJ　　◇AK10632　　♣KQ

显然这手牌的实力已经超出了简单再叫2◇，因而你可以排除这种可能性。除此之外，如果庄家在梅花上已经没有挡张，他就不会在方块上轻易丧失出牌权。他可以用黑桃大牌进入明手然后引◇J，希望你原本持◇Q-×-×。在实战中他直接出小方块到明手◇J的打法，强烈暗示他在梅花上还有第二个挡张。

正如你看到的，通过计算可以解决很多防守难题。本例中我们计算了庄家的大牌点以及可能的赢墩。由此得出的结论是，忍让◇Q几乎不可能让庄家得以完成原本无法做成的定约。

解答 11

北
♠Q 8 3
♡J 9 5 3
♢9 7 4
♣Q 9 7

西		东
♠J 9 5 4		♠10 2
♡Q 10 8 6		♡K 4 2
♢K 3 2		♢A Q 6
♣3 2		♣10 8 6 5 4

南
♠A K 7 6
♡A 7
♢J 10 8 5
♣A K J

西	北	东	南
			2NT
不叫	**3NT**	全不叫	

你是东家,防守 **3NT** 同伴首攻♡**6**。明手放小,你准备如何防守?

实战中的东家遵循"第三家上大牌",未加思索就上♡**K**。庄家用♡**A** 吃进后没有任何困难地建立起一墩方块和第二墩红心,此外还有七个现成的赢墩。定约得以完成,而桌上的牌手没有任何异议地开始打下一副牌。

在第一墩东家应该不上♡**K**! 有多种南家的红心持牌,你打出♡**K** 就可能损失一个赢墩。假设庄家是♡**A-10** 双张。打出♡**K** 之后庄家就可以吃到三墩而不是两墩红心。假设暗手持♡**A-Q** 双张,在这种情况下庄家就可以不脱手地吃到三墩红心。

在第一墩你应该出♡**2**,让暗手的♡**7** 便宜地吃到一墩。你用♢**Q** 吃进第一轮方块后回攻小红心,放下南家的♡**A**。你可以用♢**A** 吃进下一轮方块,兑现♡**K**。当同伴用♢**K** 再度进手后,兑现♡**Q** 作为宕墩。

只要明手在首攻的花色上有长度,你就要提防不要在第三家位置浪费大牌。如果扑上大牌,你就提升了明手在这门花色的实力。对有些牌手来说,究其一生他们都没有听到过这样的说法!

解答12

北：
♠A J 6
♡K Q 8
◇Q J 10 9 5 2
♣5

西：
♠Q 10 8 2
♡J 10 9 3
◇A K
♣8 7 3

东：
♠K 7 3
♡7 5 2
◇7 3
♣J 10 9 4 2

南：
♠9 5 4
♡A 6 4
◇8 6 4
♣A K Q 6

西	北	东	南
			1♣
不叫	1◇	不叫	1NT
不叫	3NT	全不叫	

你是西家，防守 3NT 首攻♡J。明手上♡K，同伴跟♡2。现在庄家引◇Q 到你的◇K。你准备如何继续防守？

首先，你必须问自己谁有♡A。回答这个问题并不困难。如果东家有♡A，他肯定要吃进然后回攻红心，以便打掉这门花色的挡张。于是庄家有三墩红心，并且即将建立起四墩方块。你需要在一门黑花色上建立起三个快递赢墩。选择哪一门花色有更好的机会？

无论如何在梅花上不会有这么多潜在赢墩。如果南家有♠K，他肯定在梅花上有♣K 和♣Q 才有开叫的实力，因而也就无法打宕定约。因而，你必须转攻黑桃，希望同伴持有♠K。最佳回攻是♠10，这样如果明手放小，同伴就无需上♠K。

你转攻♠10 之后，明手盖上♠J，输给东家的♠K。当同伴回攻♠7，暗手盖上♠9 并在你盖上♠Q 后让明手忍让。庄家吃进第三轮黑桃，除了继续树立方块他别无其他选择。你用◇A 进手，兑现一墩黑桃打宕定约。

东家向前探了探身，表达了自己由衷的赞叹，“非常精彩的转攻，同伴。”（我们认为，找到这样的防守路线并不困难！）

习题 13

首攻♣8

北	♠A 10 4 ♡K J 10 7 2 ♢J 6 ♣K 10 5
东	♠J 9 7 2 ♡Q 8 3 ♢A Q 3 ♣J 4 3

西	北	东	南
			1♢
不叫	1♡	不叫	1NT
不叫	3NT	全不叫	

同伴首攻♣8,随后的跟牌是♣5和♣3,南家用♣A吃进。现在庄家出小红心到♡J,你准备如何防守?

习题 14

首攻♡3

♠10 6 5 2 ♡J 9 4 ♢Q J 3 ♣A Q J	
	♠A Q 9 3 ♡A 5 ♢8 5 2 ♣9 8 5 2

西	北	东	南
			1NT
不叫	3NT	全不叫	

西家首攻♡3 到你的♡A，庄家跟♡6。你计划如何防守？(与往常类似，南家开叫 1NT 表示 15~17 点。)

习题 15

首攻♠J

	北	
	♠Q 8 ♡K 8 4 ◇Q J 10 7 4 ♣K 6 3	
西 ♠J 10 9 7 ♡Q 7 6 3 ◇K 6 5 ♣Q 7		

西	北	东	南
			1NT
不叫	3NT	全不叫	

你首攻♠J 到♠Q、♠3 和♠2。明手引◇Q 飞牌，同伴跟◇2。你准备如何防守？

习题16

首攻♡9

北	
♠A K J ♡5 2 ◇A K 2 ♣Q J 10 9 3	
	东 ♠9 5 2 ♡K Q J 8 6 ◇8 4 3 ♣K 2

西	北	东	南
	1♣	1♡	1NT
不叫	3NT	全不叫	

你是东家,防守3NT同伴首攻♡9。你计划如何防守?

解答13

	♠A 10 4 ♡K J 10 7 2 ◇J 6 ♣K 10 5	
♠6 5 ♡A 9 5 ◇10 8 7 5 ♣9 8 6 2	N W E S	♠J 9 7 2 ♡Q 8 3 ◇A Q 3 ♣J 4 3
	♠K Q 8 3 ♡6 4 ◇K 9 6 4 ♣A Q 7	

西	北	东	南
			1◇
不叫	1♡	不叫	1NT
不叫	3NT	全不叫	

由于庄家叫过方块，西家决定首攻梅花。为了让你清楚首攻的花色没有实力而不是有大牌，他首攻♣8(弱长套的次大牌张)。如果首攻出自可能性很小的♣A-Q-9-8，那么♣8就将吃到这一墩，于是你跟出♣3。如果你上♣J，同伴就会认为你持♣Q-J-×，随后浪费宝贵的时效续攻这门花色。庄家用♣A吃住首攻后出红心到♡J。你持东家的牌准备如何防守？

你应该用♡Q吃进。同伴首攻的较大牌张告诉你续攻梅花没有任何前途。打宕定约的最佳机会是转攻方块，而转攻的最佳牌张就是◇Q！为什么出这张牌？因为这样可以让同伴回攻方块到你的◇A，而你可以续攻第三轮方块穿梭暗手的结构。

庄家用◇K吃住转攻的◇Q，继续出红心。同伴用♡A吃进，回攻方块到你的◇A。(同伴很清楚必须回攻方块，因为如果庄家有◇A，现在他已经有九个现成的赢墩：一墩黑桃、三墩红心、两墩方块和三墩梅花。)第三轮方块穿梭了暗手的◇9-6到西家的

♢10-8,从而你方吃到另外两墩方块,定约宕一。

假设你兑现♢A 后续攻♢Q,庄家用♢K 吃住第二轮方块。现在暗手还剩下♢9-6,而当西家以♡A 上手后,这仍然是挡张。

解答 14

北：
♠10 6 5 2
♡J 9 4
♢Q J 3
♣A Q J

西：
♠8 7 4
♡10 8 7 3 2
♢K 6
♣7 4 3

东：
♠A Q 9 3
♡A 5
♢8 5 2
♣9 8 5 2

南：
♠K J
♡K Q 6
♢A 10 9 7 4
♣K 10 6

西	北	东	南
			1NT
不叫	3NT	全不叫	

南家开叫 1NT 表示 15~17 点。防守 3NT 西家首攻♡3,你是东家,用♡A 吃进。你计划如何防守?

看上去续攻♡5 是很显然的,而这也正是绝大多数牌手的防守打法。庄家吃住,用梅花进入明手,方块飞失给你同伴的♢K。现在他至少可以得到九墩牌。

假设你在进行“自动的”防守之前停下来思考。同伴的红心是什么样的持牌?庄家的开叫表示 15~17 点。你有 10 点,而明手还有另外 11 点。因而同伴至多有 4 点。换句话说,他可能有♡K,但不可能同时持有♡K 和♡Q。如果同伴的确有一张红心大牌,你方的红心赢墩不会超过两个。这是因为西家已经没有桥引兑现剩下的红心赢墩。

一旦你得出了这样的结论，将发展赢墩的希望寄托在黑桃上就是非常自然的事情。你的最佳打法是兑现♠A，然后续攻黑桃。如果牌张分布如上所示，庄家将以♠K 吃住第二轮黑桃。同伴在方块上手之后，回攻黑桃穿梭明手的♠10-6 到你的♠Q-9。定约宕一！

如果西家持♠K-×-×，这样的防守同样可以成功。希望你充分理解了首先兑现♠A 的必要性。如果你转攻小黑桃，那么无论是上述哪一种情况，庄家都得以完成定约。

解答 15

	♠Q 8 ♡K 8 4 ◇Q J 10 7 4 ♣K 6 3	
♠J 10 9 7 ♡Q 7 6 3 ◇K 6 5 ♣Q 7	N W E S	♠6 5 3 ♡A J 9 5 ◇2 ♣10 9 5 4 2
	♠A K 4 2 ♡10 2 ◇A 9 8 3 ♣A J 8	

西	北	东	南
			1NT
不叫	3NT	全不叫	

你是西家,防守 3NT 首攻♠J。明手的♠Q 吃住后引◇Q,同伴跟◇2。你准备如何防守?

同伴无法盖上♠Q,因而你可以计算庄家在这门花色有三墩。方块上还有确定的四墩,于是总共已经有七墩。开叫 1NT 意味着他一定还有♡A 或者♣A, 那么在红心或者梅花上还有额外的两墩。总计已经有九墩!打宕定约的唯一机会是在红心或者梅花上吃到四墩。哪一门花色上有最佳机会?

完全没有必要猜断! 你应该忍让◇Q,等待同伴给出信号。当庄家再出第二轮方块,同伴垫掉♣2,否认对这门花色有兴趣。你用◇K 吃进,转攻♡Q。按照现在的牌张分布,庄家无法避免输掉四墩红心,定约最终宕一。

如果同伴垫小红心,你就转攻♣Q。这同样是打宕定约的唯一机会。

解答 16

♠A K J
♡5 2
◇A K 2
♣Q J 10 9 3

西		东
♠10 8 6 3		♠9 5 2
♡9 4	N W E S	♡K Q J 8 6
◇J 10 7 6		◇8 4 3
♣A 7 5		♣K 2

♠Q 7 4
♡A 10 7 3
◇Q 9 5
♣8 6 4

西	北	东	南
	1♣	**1♡**	**1NT**
不叫	**3NT**	全不叫	

你是东家,防守 **3NT** 同伴首攻♡**9**。你计划如何防守?

解读红心的分布并不困难。如果持♡**974**,绝大多数欧洲牌手将首攻♡**7**(较差长套中的次大牌张),而很多美国牌手将首攻♡**4**。如果你使用上述方法之一,那么♡**9** 只能是单张或者双张。为了打宕定约,你必须假设首攻出自双张,尽管这样的假设就意味着庄家有♡**A-10-×-×**,于是在这门花色上就有两个挡张。

如果你与其他很多牌手一样, 在第一墩上♡**J** 会发生什么情况?如果庄家吃住第一墩,那么没有任何差别。同伴吃住第一轮梅花后续攻红心。随后当你再次以♣**K** 进手,就可以兑现剩下的红心赢墩。然而,如果庄家的水平更为高超,他就忍让第一墩的♡**J**。续攻红心无济于事,因为当同伴用♣**A** 上手之后,已经没有红心可供续攻。定约得以做成。

为了防止庄家在第一墩忍让, 你应该放小, 首先让南家用♡**10** 吃进。西家可以吃进第一轮梅花,顶掉红心的挡张,随后当你以♣**K** 进手就可以打宕定约。

本例中解读红心的分布非常容易。假设同伴首攻♡7,你就无法断定同伴的首攻出自♡9-7-4还是♡7-4。在这种局势下你是否准备第一墩上大牌?

这样的打法肯定不是正确的防守。你可以这样思考问题:“如果庄家有♣A,他可以轻松完成定约。那么我必须假设同伴有♣A。在这种情况下,通过第一墩忍让,我可以确保打宕定约——即便南家只有一个红心挡张,但持♡A-10-×却吃到两墩红心。”

对于首攻“上无大牌”的牌手来说,他们面临同样的问题。在本例中西家首攻♡9,可能出自♡9-×-×或者♡9-×。东家放小同样是正确的。在两种情况下只要西家持♣A,你都可以打宕定约。

习题 17

首攻♣6

	北	
	♠A J 4 ♡K Q 2 ◇J 10 9 5 2 ♣Q 5	
♠7 6 ♡9 8 3 ◇K Q 4 ♣K 9 8 6 2	N W E S	

西	北	东	南
			1NT
不叫	3NT	全不叫	

你首攻♣6,明手的♣Q 吃到这一墩,东家跟♣3,南家跟♣J。明手引◇J,你准备如何防守?

习题 18

首攻♡K

♠7 5 4
♡7 3
◇A K 10 9 6 2
♣6 2

♠Q 10 2
♡K Q J 10 6
◇J 5
♣8 5 4

西	北	东	南
			2NT
不叫	**3NT**	全不叫	

你首攻♡**K**,同伴跟♡**2**,表示原本有奇数张红心。庄家忍让♡**A** 直到第三轮吃进。你计划如何防守?

习题 19

首攻♡6

	♠K 5 ♡10 8 ♢9 6 5 2 ♣K J 9 6 3
♠8 4 ♡A Q 9 6 3 2 ♢Q J 7 ♣Q 5	N W E S

西	北	东	南
			1♠
2♡	不叫	不叫	2NT
不叫	3NT	全不叫	

你首攻♡6,东家跟♡7,南家用♡J吃进。庄家准备树立低花,你计划如何防守?

习题20

首攻♠3

	♠J 9 5 ♡K Q 6 ♢6 3 ♣A J 10 4 2
	♠Q 7 4 2 ♡9 5 3 2 ♢A 9 4 ♣K 8

西	北	东	南
			1NT
不叫	3NT	全不叫	

防守 3NT 西家首攻♠3，明手上♠9。你计划如何防守？

解答17

	♠A J 4 ♡K Q 2 ◇J 10 9 5 2 ♣Q 5	
♠7 6 ♡9 8 3 ◇K Q 4 ♣K 9 8 6 2	N W E S	♠10 9 8 5 2 ♡A 10 7 4 ◇7 ♣7 4 3
	♠K Q 3 ♡J 6 5 ◇A 8 6 3 ♣A J 10	

西	北	东	南
			1NT
不叫	3NT	全不叫	

你是西家,防守 3NT 首攻♣6。明手的♣Q 吃进,东家跟♣3,庄家跟出♣J。明手引◇J 让你吃进,你准备如何防守?

如果南家原本持♣A-J 双张,致胜的防守就是续攻梅花。然而,东家在第一墩给出了张数信号。他的♣3 告诉你他原本有奇数张梅花,因而你确定南家并非♣A-J 双张。他之所以跟出♣J 是试图欺骗你!

除非暗手还有♣10,否则庄家不会轻易浪费♣J。续攻梅花将进入暗手的嵌张,因而你必须寻找同伴的进张。最佳机会是同伴有♡A,于是你转攻♡9。同伴的确用♡A 吃进。现在他回攻梅花,建立起你的长套。庄家别无选择只能继续树立方块。当你以第二张方块大牌进手,你兑现剩下的梅花赢墩,定约最终宕二。

如果庄家的确持有♣A-J 双张呢?同伴持♣10-7-4-3 将跟出♣7。于是吃进第一轮方块后你续攻梅花。当然,的确有可能同伴持♣7-3 双张,而南家持♣A-J-10-4 打出假牌。然而,续攻梅花肯定是打宕定约的最佳机会。

请注意,转攻黑桃而不是红心,寄希望同伴有♠K 而不是♡A,这样的防守不会有太大的前景。如果实际牌张的确如此,庄家可以立刻用♠A 吃住,然后顶掉方块上的大牌。而此时明手还有♠J,暗手有♠Q,仍然是确定的挡张。在这种情况下他可以吃到三墩红心,三墩方块以及黑花色上至少有三墩。

解答18

♠7 5 4
♡7 3
◇A K 10 9 6 2
♣6 2

♠Q 10 2
♡K Q J 10 6
◇J 5
♣8 5 4

♠J 9 3
♡8 5 2
◇Q 7 3
♣J 10 9 7

♠A K 8 6
♡A 9 4
◇8 4
♣A K Q 3

西	北	东	南
			2NT
不叫	3NT	全不叫	

你是西家，防守 **3NT** 首攻♡**K**。同伴跟♡**2**，否认有♡**A** 同时表示红心是奇数张。庄家忍让♡**A** 直到第三轮吃进。你计划如何防守？

看上去前景非常黯淡。如果庄家有◇**Q** 或者三张小方块，他几乎一定能够完成定约。因而你必须指望同伴有◇**Q**-×-×。吃进第三轮红心后庄家对着明手出方块。现在应该如何防守？

如果你放小，明手就上◇**10**，忍让一轮到安全的一方（东家）。由于东家没有红心可供回攻，最终以超一做成定约。为了挫败庄家的规避打法，你必须在第一轮方块上◇**J**。如果庄家从明手放小，你兑现另外两墩红心就可以打宕定约。如果他吃住这一墩，明手的方块长套就无法兑现，定约同样宕一。

当你扑上◇**J**，庄家有两种打法，但都难逃失败的命运。一种可能性是他认定你持◇**Q-J**-×。在这种情况下，明手吃住第一轮方块，回到暗手后用◇**10** 飞牌。于是他只能吃到一墩方块！第二种可能性是树立黑桃套。如果东家原本持♠**Q**-×-×，从明手对着暗手引两次黑桃，就可以建立起一个赢墩。庄家的计划是，如果安全的一方（东家）在前两轮跟出♠**Q** 就忍让，

解答 19

	♠K 5 ♡10 8 ◇9 6 5 2 ♣K J 9 6 3	
♠8 4 ♡A Q 9 6 3 2 ◇Q J 7 ♣Q 5	N W E S	♠Q J 10 6 ♡7 5 ◇10 8 3 ♣10 8 7 4
	♠A 9 7 3 2 ♡K J 4 ◇A K 4 ♣A 2	

西	北	东	南
			1♠
2♡	不叫	不叫	**2NT**
不叫	**3NT**	全不叫	

你是西家，防守 **3NT** 首攻♡**6**。东家跟♡**7**，庄家用♡**J** 吃进。现在庄家着手树立低花套，你准备如何防守？

制定具体的防守计划之前，你首先必须判断红心的分布情况。庄家用♡**J** 超吃明手的♡**8**，这是否意味着他原本持♡**KJ** 双张呢？不是，因为如果同伴持♡**7-5-4**，他肯定要跟出张数信号——♡**4**，以表示自己是奇数张红心。因此庄家很可能是♡**K-J-4**。他用♡**J** 超吃是为了欺骗你。

我们假设庄家接下来兑现♣**A**。如果你昏昏欲睡地跟出♣**5**，他就让你的♣**Q** 吃到第二轮梅花。由于你掌握出牌权，红心仍然有挡张，于是你无法有效地攻击这门花色。无论回攻哪一门花色，庄家都可以吃到四墩梅花，一墩红心以及另外两门花色的 **A** 和 **K**。完成定约！

为了避免吃进梅花，你必须在南家的♣**A** 之下垫掉♣**Q**。在这种情况下，如果不让东家上手，从而避免致命的红心回攻，庄家就只能吃到三墩梅花。

方块套的结构非常类似。当庄家兑现◇A，你必须解封自己的一个大牌。同伴跟◇3,表示原本有三张方块。如果庄家继续兑现◇K,你就必须再次解封◇J。由于同伴可以用◇10吃进第三轮方块,在不让东家(危险的一方)上手的情况下,庄家就无法建立起额外的方块赢墩。东家可以限制庄家只吃到两墩黑桃,最终定约难逃失败的命运。

解答 20

	北	
	♠J 9 5 ♡K Q 6 ◇6 3 ♣A J 10 4 2	
西 ♠A 10 8 3 ♡10 8 4 ◇10 8 7 2 ♣9 5		东 ♠Q 7 4 2 ♡9 5 3 2 ◇A 9 4 ♣K 8
	南 ♠K 6 ♡A J 7 ◇K Q J 5 ♣Q 7 6 3	

西	北	东	南
			1NT
不叫	3NT	全不叫	

防守 3NT 西家首攻♠3，明手上♠9。你计划如何防守？

世界上有一半的东家——这是最保守的估计——会未加思索地打出♠Q。庄家用♠K 吃进后引♣Q 飞牌。虽然飞牌失败，但明手还有第二个黑桃挡张，因而定约得以完成。

只有当同伴的首攻出自♠A-K-×-×时，上♠Q 才是正确的。在本例中是否有这种可能性呢？没有可能，因为如果的确是这样，南家就没有相应的实力开叫 15~17 点的 1NT。

庄家的黑桃持牌可能是什么？如果他持♠A-×，那么无论你是否上♠Q，庄家都可以吃到两墩黑桃。如果他持♠A-K 双张，你上♠Q 就使他吃到三墩黑桃！如果按照现在的牌张分布他持♠K-×，我们已经看到上♠Q 后他就吃到两墩黑桃。如果你拒绝上♠Q，明手的♠9 就可以便宜地吃到一墩。但这种情况并不会让你担心，因为一旦你以♣K 上手后，你方就可以兑现三墩黑桃以及◇A，定约宕一。

下面论述的要点与本牌例无关，但在有些情况下，在明手的大牌之后不上大牌完全是基于其他不同的原因。通过这种打法，你可以消除明手至关重要的桥引。例如，请看下面牌例中的梅花结构：

	♠A 7 2 ♡9 3 ◇Q J 10 5 2 ♣J 8 7	
♠10 8 3 ♡A Q 7 2 ◇8 3 ♣K 10 5 2	N W E S	♠9 6 5 ♡8 5 4 ◇K 7 6 ♣A 9 6 3
	♠K Q J 4 ♡K J 10 6 ◇A 9 4 ♣Q 4	

防守 **3NT** 西家首攻♣**2**，明手上♣**7**。如果你用♣**A** 吃进，庄家就有机会在这一墩解封♣**Q**，从而使得♣**J** 成为进入明手的潜在进张。如果你续攻梅花，庄家利用♣**J** 上手后进行方块飞牌，随后用♠**A** 再度进入明手，享受已经建立的两墩方块。如果防守方转攻其他花色，庄家就可以建立两墩红心、三墩方块以及四墩黑桃。

如果你在第一墩上♣**9**，我们来看会发生什么情况。庄家再也无法做成定约！如果他用♠**A** 作为桥引出◇**Q**，你就在第一以及第二轮方块上放小，从而将庄家的方块赢墩限制为三个。最终，防守方可以吃到三墩梅花和两墩红心。

习题 21

首攻♠3

♠10 8 5 2 ♡K Q 7 4 ◇A J 9 2 ♣6	
	♠K Q 9 7 6 4 ♡A 10 ◇8 6 ♣A J 7

西	北	东	南
			1◇
不叫	1♡	1♠	不叫
不叫	3◇	不叫	3NT
全不叫			

防守 3NT 西家首攻♠3，明手出♠2。你准备如何防守？

习题 22

首攻♣J

北
♠K J 4
♡8 6 3
◇K Q 5
♣K Q 6 3

西
♠8 7
♡K 7
◇7 6 4 2
♣J 10 9 8 5

西	北	东	南
			2NT
不叫	6NT	全不叫	

你首攻♣J，东家跟♣4，南家用♣A 吃进。庄家兑现四墩黑桃。你计划如何防守？

习题23

首攻♡2

北：
♠10 8 6 4 3
♡K 8 4
◇A Q 7 3
♣8

东：
♠A J 9 5
♡9 5 3
◇J 5
♣A 9 6 2

西	北	东	南
			1◇
不叫	1♠	不叫	2♣
不叫	3◇	不叫	3NT
全不叫			

西家首攻♡2到♡4、♡9和♡J。庄家出方块到西家的◇9和明手的◇Q，随后从桌上引♣8。你计划如何防守？

习题 24

首攻♣K

北：
♠4 2
♡A 9 5 2
◇10 8 5 3 2
♣10 6

西：
♠J 10 5 3
♡K 10
◇K 9 7
♣K Q J 9

西	北	东	南
			2NT
不叫	3♣	不叫	3♠
不叫	3NT	全不叫	

北家的3♣是四张高花的斯台曼问叫。你首攻♣K，庄家忍让直到第三轮吃进(同伴跟出♣7和♣2，表示原本持♣8-7-4-2)。在第四墩暗手出◇Q，你准备如何防守？

解答21

♠10 8 5 2
♡K Q 7 4
◇A J 9 2
♣6

♠3
♡J 9 6 5 3
◇10 4
♣Q 8 4 3 2

♠K Q 9 7 6 4
♡A 10
◇8 6
♣A J 7

♠A J
♡8 2
◇K Q 7 5 3
♣K 10 9 5

西	北	东	南
			1◇
不叫	1♡	1♠	不叫
不叫	3◇	不叫	3NT
全不叫			

为了表示对你争叫的尊重，防守3NT西家首攻♠3，明手放小。你准备如何防守？

假设你打出♠K或者♠Q。庄家用A吃进后有充裕的时效顶掉你的两个A。当你第一次用A上手后，你无法有效地攻击黑桃。同样，转攻梅花也不会给庄家制造困难。庄家至少有♣K-×-×，通过忍让两次就可以切断防守方在这门花色的连通。

更好的打法是第一墩放小。当你第一次用A上手后，你可以放下庄家的♠A，并且希望用第二个A进手后可以兑现剩下的黑桃赢墩。你并不确定庄家是否需要顶掉两个A才能完成定约。但这是你必须指望的。

我们假设庄家用♠J吃进首攻，用方块进入明手后引梅花。你必须立刻用♣A吃住，打掉庄家的黑桃挡张。由于西家有♣Q，定约终将宕一。

或许庄家会尝试其他做庄路线。以♠A 吃住第一墩后，他兑现五墩方块，同伴显示这门花色是双张。如果对这种情况未加考虑，那么你准备如何作出三次垫牌？

如果你垫成五张黑桃和两门花色的单张 A，庄家就可以完成定约。他可以判断出西家的♠3 是单张，因而你还剩下五张黑桃。聪明的庄家将让送一轮小红心，迫使你用单张♡A 吃进，从而建立起明手的♡K 和♡Q。由于三墩黑桃和两个 A 就足以打宕定约，你应该垫掉一张黑桃，保留♡A-10 以及单张♣A。

庄家已经难逃失败的命运。当他出红心到♡K，你用♡A 吃进后顶掉黑桃挡张。在你兑现到五墩之前，他无法建立起第九墩。

解答22

	♠K J 4 ♡8 6 3 ◇K Q 5 ♣K Q 6 3	
♠8 7 ♡K 7 ◇7 6 4 2 ♣J 10 9 8 5	N W E S	♠10 9 6 2 ♡J 10 9 4 2 ◇9 8 3 ♣4
	♠A Q 5 3 ♡A Q 5 ◇A J 10 ♣A 7 2	

西	北	东	南
			2NT
不叫	6NT	全不叫	

你是西家，防守 **6NT** 首攻♣**J**。东家跟♣**4**，南家用♣**A** 吃进。随后庄家兑现四墩黑桃。你计划如何防守？

当本牌例在实战中出现时，西家垫掉一张方块和一张梅花。庄家没有匆忙进行红心飞牌以决定定约的成败，他首先兑现三墩方块。两个防家都跟牌，随后他兑现♣**K** 和♣**Q**。西家的最后三张牌是♡**K-7** 和♣**10**。庄家用梅花投入，迫使他回攻红心到暗手的♡**A-Q** 嵌张。每个人都对庄家的精彩投入表示祝贺，随即他们开始打下一副牌。

西家可以给庄家制造更大的困难。当庄家兑现四轮黑桃时，西家可以计算出庄家有确定的 **11** 墩（四墩黑桃，一墩红心，三墩方块和三墩梅花）。如果暗手还有♡**A** 和♡**Q**，西家在第四轮梅花被投入的危险就是显而易见的。

在第三轮黑桃，西家应该垫掉♣**5**，然后在下一轮黑桃垫掉♡**7**。当庄家兑现三轮方块，继之以两轮梅花，此时的出牌权在明手，而残局形式如下所示：

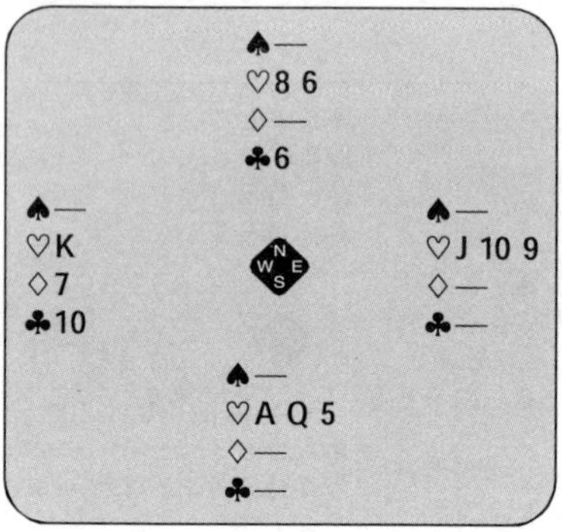

现在庄家面临的局势更为复杂，不是吗？如果他出♣6 尝试投入，你以♣10 进手后继续兑现◇7 从而打宕定约。如果庄家进行红心飞牌，你就可以兑现两门低花的赢墩，定约宕二！只有一种打法可以成功——他判断出你已经垫成单张♡K，从明手出红心到暗手的♡A。由于绝大多数庄家不具备这样的洞察力，因而庄家判断出这样的局势几乎是不可能的。

类似这样的牌局很常见。你必须在早期预见到自己需要垫掉几张牌。不要首先选择容易的垫牌，在最后一刻才不情愿地垫成单张♡K。这样的垫牌使得庄家对牌张分布一清二楚。如果你知道自己最终要垫成单张大牌，那么就不要最后一墩才垫成单张大牌。采用这种垫牌方式，庄家更有可能错误地解读局势。

解答 23

	♠10 8 6 4 3 ♡K 8 4 ◇A Q 7 3 ♣8	
♠Q 7 2 ♡Q 10 6 2 ◇9 6 ♣J 7 4 3	N W E S	♠A J 9 5 ♡9 5 3 ◇J 5 ♣A 9 6 2
	♠K ♡A J 7 ◇K 10 8 4 2 ♣K Q 10 5	

西	北	东	南
			1◇
不叫	1♠	不叫	2♣
不叫	3◇	不叫	3NT
全不叫			

防守 **3NT** 西家首攻♡**2**,庄家用♡**J** 吃住你的♡**9**。暗手出方块到西家的◇**9** 和明手的◇**Q**,随即从明手引♣**8**。你计划如何防守?

实战中的东家没有看到防守的紧迫性，他放小希望静观事态的发展。不幸的是,他再也没有打宕定约的机会了。暗手的♣**K** 吃到后庄家迅速声称定约。

正如我们看到的,如果东家立刻吃住♣**A**,继续兑现♠**A** 击落南家的♠**K**,他就可以打宕定约。续攻小黑桃到♠**Q**,然后回攻黑桃穿梭明手的♠**10-8-6** 到东家的♠**J-9**。定约宕一。

东家如何知道实际情况是这样呢?通过开叫 **1**◇ 以及再叫 **2**♣,南家已经强烈显示这两门花色是 **5-4**。西家首攻的长四♡**2** 表明自己有四张,而庄家有三张。这就意味着庄家至多有一张黑桃。无论南家的单张黑桃是什么,防守方都可以在这门花色吃到四墩。

解答 24

	♠4 2 ♡A 9 5 2 ◇10 8 5 3 2 ♣10 6	
♠J 10 5 3 ♡K 10 ◇K 9 7 ♣K Q J 9	N W E S	♠9 8 6 ♡J 8 6 3 ◇6 4 ♣8 7 4 2
	♠A K Q 7 ♡Q 7 4 ◇A Q J ♣A 5 3	

西	北	东	南
			2NT
不叫	3♣	不叫	3♠
不叫	3NT	全不叫	

北家尝试用标准的四张高花斯台曼寻找红心配合，定约最终是 3NT。你是西，首攻♣K。同伴跟出张数信号——♣7，你续攻这门花色，庄家吃住第三轮。第四墩，南家出◇Q，你准备如何防守？

南家的 2NT 开叫表示 20~22 点，因而你知道◇A 在庄家手上。如果持◇AQ 双张，他就无法享受明手的方块长套。如果原本持◇A-Q-6 或者◇A-Q-4，那么无论你是否吃进第一轮方块，他都可以在第二轮击落同伴的◇J。唯一不同的是庄家持◇A-Q-J。在这种情况下，如果你吃进第一轮，就可以使这门花色出现阻塞。兑现梅花赢墩后，你准备如何继续防守？

为了对庄家在方块上的阻塞加以利用，你必须打掉明手的进张。你回攻♡K 就能达成这个目的（这种破坏进张的打法称之为"梅里马克妙招"）。庄家不能忍让，因为这是防守方的第五墩。由于无法兑现方块赢墩，庄家只能吃到三墩黑桃，两墩红心，两墩方块和一墩梅花，总共只有八墩，而他也没有任何机会发展第九墩。

习题 25

首攻♠8

北（明手）：
♠7 6 4
♡Q J 10 5
◇J 7 5
♣A Q 10

东（你）：
♠A 10 5
♡K 3 2
◇9 8 2
♣K J 8 4

西	北	东	南
			1NT
不叫	3NT	全不叫	

防守 3NT 西家首攻♠8。你上♠A，南家跟出♠J。你计划如何防守？

习题 26

首攻♠2

♠J 7 5 ♡A Q J 10 2 ◇7 4 ♣8 5 3	
	♠K 4 3 ♡K 9 3 ◇8 5 2 ♣J 10 4 2

西	北	东	南
			1♣
不叫	1♡	不叫	2NT
不叫	3♡	不叫	3NT
全不叫			

你是东家,看到同伴首攻♠2,明手放小。你计划如何防守?

习题 27

北：
♠K 8 3
♡J 10 8
◇Q J 9 5
♣K Q 7

首攻♡5

西：
♠J 7 4
♡Q 9 7 5 3
◇K 4
♣J 4 2

西	北	东	南
			1NT
不叫	3NT	全不叫	

你首攻♡5，明手上♡J，同伴跟♡4，暗手以♡K 吃进。庄家出♣5 到明手的♣K，东家跟♣3。明手引◇Q 让你上手，同伴跟◇2。你准备如何防守？

习题 28

首攻♠J

北	♠8 3 ♡K J 6 5 ◇Q 8 ♣A K J 8 5
东	♠7 6 2 ♡Q 8 ◇K 10 7 5 2 ♣9 4 3

西	北	东	南
			2NT
不叫	6NT	全不叫	

防守 6NT 西家首攻♠J。庄家用♠Q 吃进后立刻用♡J 飞牌。你准备如何防守?

解答 25

	♠7 6 4 ♡Q J 10 5 ◇J 7 5 ♣A Q 10	
♠9 8 3 2 ♡A 8 7 ◇10 6 4 ♣7 6 2	N W E S	♠A 10 5 ♡K 3 2 ◇9 8 2 ♣K J 8 4
	♠K Q J ♡9 6 4 ◇A K Q 3 ♣9 5 3	

西	北	东	南
			1NT
不叫	**3NT**	全不叫	

防守 **3NT** 西家首攻♠**8**。你以♠**A** 吃住，南家跟出♠**J**。你计划如何防守？

你的第一个任务是解读同伴的首攻。明手有 **10** 点，南家开叫 **15~17** 点的 **1NT**。因而西家至多有 **4** 点，♠**8** 不可能是出自♠**K-Q-9-8**(×)的长四。它一定是♠**9-8-3-2** 中的次大牌张。你准备如何打宕定约？

打宕定约的唯一现实机会是同伴有♡**A**。你必须吃住第一墩，否则通过树立红心庄家就可以完成定约。在第二墩，你必须回攻到明手的♣**A-Q-10**！明手的♣**10** 吃到后庄家已经有八墩。无论是否兑现赢墩，他都需要在某一时刻树立红心。西家用♡**A** 吃住，顶掉梅花的挡张。随后你以♡**K** 上手，防守方就可以兑现到五个赢墩——一墩黑桃、两墩红心和两墩梅花。

解答 26

♠J 7 5
♡A Q J 10 2
◇7 4
♣8 5 3

西	东
♠Q 10 8 2	♠K 4 3
♡8 6 4	♡K 9 3
◇A J 9 6	◇8 5 2
♣9 7	♣J 10 4 2

♠A 9 6
♡7 5
◇K Q 10 3
♣A K Q 6

西	北	东	南
			1♣
不叫	1♡	不叫	2NT
不叫	3♡	不叫	3NT
全不叫			

你是东家,看到同伴首攻♠2,明手放小。你计划如何防守?

世界上至少有一半防家认为"第三家上大牌",打出♠K是天经地义的。你是否看出这种打法为什么是错误的?如果庄家有♠A,这种情况可能性很大,打出♠K就使得♠J成为后期进入明手的进张。同样,这种打法对庄家吃到几墩黑桃没有任何影响。如果暗手原本是♠A-×-×,无论你是否在第一墩上♠K,庄家已经确定吃到两墩黑桃。

如果你在第一墩上♠K,我们来看后续牌局将如何发展。庄家用♠A吃住后进行红心飞牌。同伴跟出张数信号♡4,加上南家在叫牌中没有支持红心的佐证,你就知道南家有两张红心。于是你在第一轮红心忍让♡K。庄家用♣A回到暗手重复红心飞牌。你用♡K吃住,转攻方块。无论西家是否吃住庄家的◇K,防守方都已经无能为力。例如,假如西家选择吃进后回攻梅花,庄家吃进后对着♠J出牌，建立一个进张从而兑现剩下的红心赢墩。

你第一墩上♠K后的不利结局我们已经讨论了很多。第一墩上♠K只有在同伴的首攻出自♠A-Q-×-×时才是正确的，而这种情况的可能性非常小。为了防止明手的♠J成为进张，你应该在第一墩放小。暗手的♠6吃到第一墩后进行红心飞牌。你♡K忍让一轮。现在明手已经成为一手废牌。无论庄家如何挣扎，定约最终至少要宕一。

请注意，第一墩上♠K可能在另外一种局面下对庄家有帮助。当暗手持♠Q-×-×，他可以在你的♠K上垫掉♠Q，同样将明手的♠J提升为一个进张。

解答 27

	North	
	♠K 8 3 ♡J 10 8 ◇Q J 9 5 ♣K Q 7	
♠J 7 4 ♡Q 9 7 5 3 ◇K 4 ♣J 4 2	N W E S	♠A Q 9 5 2 ♡4 2 ◇8 3 2 ♣10 6 3
	♠10 6 ♡A K 6 ◇A 10 7 6 ♣A 9 8 5	

西	北	东	南
			1NT
不叫	3NT	全不叫	

你是西家，防守 **3NT** 首攻♡**5**。明手上♡**J**，南家用♡**K** 吃进这一墩。（由于担心转攻黑桃，庄家伪装成红心是短套。）庄家用♣**K** 进入明手，引◇**Q** 飞牌。你准备如何防守？

你应该用◇**K** 吃进。如果庄家原本是♡**A-K** 双张，你就要续攻红心以便打掉这门花色的挡张。当明手的♡**J** 已经吃到这一墩后，暗手仍然打出♡**K**，假设庄家现在是单张♡**A** 似乎是合情合理的。他同样有可能伪装成这门花色是短套，从而使你坠入瓮中。使用张数信号的防守方就可以应对这种类型的骗招。本例中东家在第一墩跟♡**4**，由于持♡**6-4-2** 他不可能跟出这张牌，你就知道现在暗手不可能是单张♡**A**！

如果粗心大意地续攻红心，明手的♡**10** 就可以吃到，而庄家愉快地跟出♡**6**。你应该在第三墩转攻♠**J**，从而避免自己遭受这样的痛苦经历。无论庄家是否盖上明手的♠**K**，你方都可以吃到五墩黑桃，以及先前已经吃到的一墩方块。定约宕二。

解答 28

北：
♠8 3
♡K J 6 5
◇Q 8
♣A K J 8 5

西：
♠J 10 9 5 4
♡10 9 7 2
◇9 4 3
♣6

东：
♠7 6 2
♡Q 8
◇K 10 7 5 2
♣9 4 3

南：
♠A K Q
♡A 4 3
◇A J 6
♣Q 10 7 2

西	北	东	南
			2NT
不叫	6NT	全不叫	

防守 **6NT** 西家首攻♠**J**。庄家用♠**Q** 吃住，立刻用♡**J** 飞牌。你准备如何防守？

当本牌局出现在实战中时，桌上的牌手都是当地俱乐部的普通成员。东家用♡**Q** 吃进后回攻黑桃。庄家用♠**A** 停住，兑现梅花套。由于明手的红心威胁张就在眼前，西家保留了这门花色的三张牌。庄家检验红心，希望是 **3–3** 分布，随后只能寄希望方块飞牌。当◇**K** 证实位置有利，满贯得以做成。

我们仔细观察东家的防守打法。当他以♡**Q** 吃进后，他应该计算庄家的赢墩。南家已经有三墩黑桃，两墩红心，五墩梅花以及◇**A**。共计 **11** 墩。因而，现在庄家只需发展额外的一墩。其次，东家应该计算庄家的牌点。在同伴和南家手上总共只有 **21** 点，而西家已经暴露持有♠**J**。因而庄家一定持有所缺的全部大牌，其中包括◇**J**。如果放任庄家自己做庄，他肯定要先检验红心分布，然后再寄希望于方块飞牌，正如实战中发生的那样。东家有哪些反击手段呢？

第三墩东家应该转攻方块，迫使庄家在早期就必须作出决定。基于几点理由，现在庄家应该用◇A吃住。你想到了哪几点？

首先，庄家可以看到如果红心分布有利，他已经有确定的12墩。他不会想到在你可以安全地回攻黑桃的情况下，你会冒险持◇K转攻这门花色。其次，庄家讨厌在早期就打宕了定约。而倾向于将希望保留到最后。第三点，技巧熟练的庄家可以看到，上◇A之后两门红花色存在挤牌的机会。不仅红心3–3的情况下定约已经到家，有四张以上红心的防家同时持有◇K。他依然可以做成定约。

因而，转攻方块，庄家有很大的可能性上A而打宕定约。即使东家无法计算出庄家一定有◇J。这样的防守也可能是正确的。首先，庄家的确可能有这张牌；其次，基于上述讨论的原因，他多半要上◇A。

习题29

首攻◇2

北
♠6 5
♡K J 5
◇Q 6
♣A 10 9 6 4 2

东
♠Q 9 7 3
♡7 4 2
◇K 10 9 4
♣K 8

西	北	东	南
			1NT
不叫	3NT	全不叫	

西家首攻◇2，明手放小。你计划如何防守？

习题 30

首攻♣10

	♠6 4 ♡K Q J 10 8 ◇K Q 6 4 ♣6 5
	♠7 3 ♡A 5 4 ◇A J 9 8 ♣A J 8 3

西	北	东	南
		1♣	1♠
不叫	2♡	不叫	2NT
不叫	3NT	全不叫	

你是东家,防守 3NT 同伴首攻♣10。你准备如何打宕定约?

习题31

♠K Q 10 9
♡5 4 2
◇7 5 2
♣J 9 6

首攻♣2

♠A 6 5 2
♡Q 10 3
◇J 8
♣K Q 8 4

西	北	东	南
		1♣	加倍
不叫	1♠	不叫	2NT
不叫	3NT	全不叫	

你用♣Q 盖上明手的♣9 并且吃到这一墩，转攻◇8，南家用◇A 吃住，出♠4 到西家的♠7 和明手的♠9。你准备如何防守？（随后庄家准备从明手引两次红心。）

习题 32

首攻♡4

	北	
	♠10 6 2 ♡Q 7 ♢9 2 ♣Q J 10 9 5 2	
西 ♠Q 8 3 ♡K J 9 4 2 ♢A Q 3 ♣7 3		

西	北	东	南
			2NT
不叫	3NT	全不叫	

南家开叫 2NT 表示 21~22 点,防守 3NT 你首攻♡4。明手的♡Q 吃进,东家跟♡3。现在明手引小黑桃到暗手的♠J,东家跟♠4。你准备如何防守?

解答 29

	♠6 5 ♡K J 5 ◇Q 6 ♣A 10 9 6 4 2	
♠K 8 2 ♡10 8 6 3 ◇A 8 7 2 ♣7 5	N W E S	♠Q 9 7 3 ♡7 4 2 ◇K 10 9 4 ♣K 8
	♠A J 10 4 ♡A Q 9 ◇J 5 3 ♣Q J 3	

西	北	东	南
			1NT
不叫	3NT	全不叫	

防守 3NT 西家首攻◇2，明手放小。你计划如何防守？

你的第一个任务是解读方块套的分布。同伴首攻长四(◇2)告诉你庄家有三张方块。你认为哪种情况更有可能：庄家持◇J-×-×还是◇A-×-×？

如果庄家持◇A-×-×，他肯定要从明手上◇Q！每时每刻，很多牌手都会错失这样的推理结果。因此你应该上◇K。接下来如何防守？如果你简单地回攻方块，庄家就可以树立起梅花。防守方可以吃到三墩方块和一墩梅花，但这也是防守方的赢墩极限，除非西家有♠A 或者♡A。他可能持有这两张牌之一吗？不可能，在这种情况下庄家就只有 14 点，因而不能开叫 15~17 点的 1NT。

你必须指望西家有♠K，于是你在第二墩转攻♠9。如果庄家立刻上♠A 然后进行梅花飞牌，你方就可以吃到两墩黑桃，两墩方块和♣K。如果庄家上♠J，一墩黑桃落入囊中后同伴续攻方块。西家如何知道你希望他回攻方块？基于♠9，较大的牌张表示这门花色实力较弱，你不希望他回攻这门花色。

在进入下一个问题之前，我们来看在第一墩我们得到的一个重要推论。如果牌张分布如下所示,找到正确的打法更为重要：

◇Q 6

◇A 8 7 3 2　　　　◇K 10 9 4

◇J 5

防守 **3NT** 西家首攻◇**3**,明手放小。如果你跟出◇**9**,希望顶掉庄家的◇**A**,那么你就需要好好向大家解释一番了！

解答30

	北	
	♠6 4 ♡K Q J 10 8 ◇K Q 6 4 ♣6 5	
西 ♠Q 10 8 2 ♡9 7 2 ◇5 3 ♣10 9 7 2	N W E S	东 ♠7 3 ♡A 5 4 ◇A J 9 8 ♣A J 8 3
	♠A K J 9 5 ♡6 3 ◇10 7 2 ♣K Q 4	

西	北	东	南
		1♣	1♠
不叫	2♡	不叫	2NT
不叫	3NT	全不叫	

你是东家,防守 3NT 同伴首攻♣10。你计划如何打宕定约?

如果你消极防守，无论是忍让第一墩还是用♣A 吃住后续攻梅花,随后将发生什么情况?庄家着手树立红心,最终用方块上的大牌进入明手,兑现剩下的红心赢墩。与此同时,你方只能吃到四墩——两墩梅花以及两门红花色的 A。

在本例中你的首要任务不是建立起梅花上的额外赢墩,而是去掉明手兑现红心的进张。你必须用♣A 吃住首攻，立刻转攻◇J。对此庄家无能为力。假设他用◇K 吃进后出♡K。你忍让第一轮红心并且注意到同伴跟出的张数信号——♡2，表示三张红心。吃住第二轮红心后你回攻♣3(或者黑桃)。任何时候庄家打出◇10，你都忍让，避免明手的◇K 成为兑现红心的进张。庄家再也无法完成定约。

即便庄家忍让◇J,随后的境遇也不会有多少改善。无论续攻方块还是回攻梅花,都可以打宕定约。

当明手有一门长套时，必须仔细考虑到底是树立自己的长套，还是攻击明手后期所需要的桥引。

解答 31

北：♠K Q 10 9　♡5 4 2　◇7 5 2　♣J 9 6

西：♠7 3　♡J 9 7 6　◇10 9 6 4　♣10 7 2

东：♠A 6 5 2　♡Q 10 3　◇J 8　♣K Q 8 4

南：♠J 8 4　♡A K 8　◇A K Q 3　♣A 5 3

西	北	东	南
		1♣	加倍
不叫	1♠	不叫	2NT
不叫	3NT	全不叫	

防守 3NT 西家首攻♣2，你用♣Q 盖住明手的♣9。庄家持♣A 忍让，而你无法安全地回攻梅花。当你转攻◇8(比回攻◇J 有更好的效果)，庄家用◇A 吃住，出黑桃到明手的♠9。你准备如何防守？

同伴在第一轮黑桃上跟出张数信号♠7。于是你知道必须忍让黑桃到第三轮，以便阻止庄家在这门花色吃到三墩。你在第一轮黑桃上放小，庄家从明手引小红心。现在应该如何防守？

很显然，你担心后期有投入。但假如第一轮红心上♡Q，你就难逃这样的命运。庄家忍让，让安全的一方上手(也就是你自己)。吃住方块回攻后兑现两轮红心大牌。当他再次转向黑桃时，你被迫吃进第三轮黑桃，并且回攻黑花色送给庄家第九墩。

因而，你需要在第一轮红心放小。庄家以♡A 吃住，兑现另外两轮方块,失望地发现这门花色不是 3–3 分布。在第三轮方块上,你必须垫掉一张黑桃。如果立刻垫掉♡Q,你就发现自己最终要送给明手一墩黑桃!

庄家出第二轮黑桃到明手的♠10,你再次忍让,现在从明手引小红心。你准备如何应对?

现在你必须打出♡Q!如果第二次放小,庄家用♡K 吃住,继续出黑桃,而在你兑现♡Q 后已经没有安全的脱手张。当你在第二轮红心打出♡Q,对此庄家束手无策。如果庄家让♡Q 吃到第二轮红心,你就兑现♠A——这是后期的投入张,安全地用红心脱手。定约宕一!

解答 32

	♠10 6 2 ♡Q 7 ◇9 2 ♣Q J 10 9 5 2	
♠Q 8 3 ♡K J 9 4 2 ◇A Q 3 ♣7 3	N W E S	♠9 7 4 ♡10 6 3 ◇J 10 7 5 ♣8 6 4
	♠A K J 5 ♡A 8 5 ◇K 8 6 4 ♣A K	

西	北	东	南
			2NT
不叫	3NT	全不叫	

南家开叫 2NT,表示 21~22 点。你是西家,防守 3NT 你首攻♡4。明手的♡Q 吃到这一墩,东家跟♡3,表示原本这门花色是奇数张。第二墩庄家引小黑桃到暗手的♠J,东家跟♠4。你准备如何防守?

绝大多数牌手会采取什么行动？他们用♠Q 吃进后续攻♡K，以便顶掉这门花色的挡张。满心欢喜的庄家用♡A 吃住，解封♣A 和♣K，利用♠10 进入明手，享受另外四墩梅花。最终以超二完成定约。正如你看到的，如果你拒绝用♠Q 吃住♠J，定约就将宕掉。由于梅花上的阻塞，庄家无法兑现明手的梅花赢墩。你如何分辨目前是这样的局势？

只要计算庄家的牌点，你就可以完成这种看似神奇的防守。本例中你有 12 点，明手有 5 点。因此，同伴只有 1 点或者 2 点。依据你所看到的大牌点，同伴只能有♢J，要么就是庄家的开叫实力不足。庄家已经标明持有♣A-K，并且除非暗手是♣A-K 双张，否则他已经有现成的 10 墩牌。

现在我们将已经掌握的信息加以汇总，包括东家在黑桃上跟出的张数信号。如果你认为可以打宕定约，庄家的持牌就必须是：

♠ A K J ×
♡ A × ×
♢ K × × ×
♣ A K

或者同样的牌再增加一个♢J。令人难以置信，不是吗？叫牌告诉你庄家有多少大牌点，同伴的张数信号告诉你他的准确牌型。

为了对上述信息充分加以利用，你必须强迫自己在第二墩深入思考，而不能想当然地用♠Q 吃进。你可以看到如果拒绝用♠Q 吃进，庄家就没有兑现梅花赢墩的桥引，从而定约就要宕掉。

（庄家的最佳打法是兑现黑花色的赢墩，然后再打♡A 和小红心，尝试投入你。如果能够成功，暗手的♢K 就是完成定约的第九墩。你可以让东家以♡10 吃进第三轮红心，从而挫败庄家的计划。）

习题 33

首攻♠K

	♠10 5 2 ♡Q 8 3 2 ◇K 4 2 ♣Q 7 3
♠K Q J 9 ♡A J 10 9 6 ◇9 7 ♣10 5	N W E S

西	北	东	南
1♡	不叫	不叫	2NT
不叫	3NT	全不叫	

南家的 2NT 是自然叫,表示 18~20 点,可能有一门低花长套。你首攻黑桃,庄家忍让直到第三轮吃进,东家一直跟牌。当庄家从暗手出♡K,你准备如何防守?

习题 34

首攻♠2

♠J 9
♡J 9 3
◇A 9 8 5 4 2
♣8 2

♠A 10 7 2
♡10 8 4
◇Q 7 6
♣A J 4

西	北	东	南
			2NT
不叫	3NT	全不叫	

你首攻♠2 到同伴的♠K，他回攻♠3 到你的♠A，你续攻第三轮到暗手的♠Q。南家现在出◇10，你计划如何防守？

习题 35

首攻◇J

北	♠A J 6 3 ♡4 2 ◇A 3 ♣A 10 9 4 2
东	♠10 5 4 ♡Q J 10 7 6 ◇K 2 ♣K 5 3

西	北	东	南
	1♣	不叫	1♡
3◇	不叫	不叫	3NT
全不叫			

防守 3NT 西家首攻◇J。明手放小，你用◇K 吃进。现在应该如何防守？

习题 36

首攻♡4

	北	
	♠Q 4 3 ♡A 5 3 ◇K Q 10 9 7 ♣K 9	
♠A J 9 ♡10 8 6 4 2 ◇A 6 3 ♣6 4	N W E S	

西	北	东	南
	1◇	不叫	**2♣**
不叫	**2◇**	不叫	**2NT**
不叫	**3NT**	全不叫	

你首攻♡**4**,东家用♡**K** 吃进后续攻♡**9**。暗手以♡**Q** 吃住后引◇**J**,你计划如何防守?

解答33

	♠10 5 2 ♡Q 8 3 2 ◇K 4 2 ♣Q 7 3	
♠K Q J 9 ♡A J 10 9 6 ◇9 7 ♣10 5	N W E S	♠8 7 3 ♡7 5 ◇J 10 6 3 ♣J 9 6 4
	♠A 6 4 ♡K 4 ◇A Q 8 5 ♣A K 8 2	

西	北	东	南
1♡	不叫	不叫	2NT
不叫	3NT	全不叫	

你是西家,防守 3NT 首攻♠K。同伴跟♠3,表示这门花色是奇数张(使用"首攻 A 要求姿态,首攻 K 要求张数"的信号方式)。你续攻黑桃,庄家吃住第三轮,东家一直跟牌。当南家出♡K 时你准备如何防守?

实战中的西家用♡A 吃进,并利用这个机会兑现了黑桃赢墩。目前东家可以轻松地垫牌,因为他可以垫掉最后一张红心。然而,当西家续攻♡J,明手以♡Q 吃进时,现在东家在每门低花上各有四张。他不得不放弃一门低花的护卫张,于是定约得以完成。

如果不能看到第五墩的来源,防守 3NT 时兑现第四墩通常不是好的防守方式。(技术术语是,你为庄家"调整了输墩"。通过减少残局的输墩,可以建立挤牌发挥作用所必要的局势。)如果西家没有兑现黑桃赢墩而是直接以♡J 脱手, 定约就注定了失败的结局。东家可以保留在两门低花的护卫张。

(如果庄家吃住第二轮黑桃并且两门低花各兑现两墩,就可以做成定约。现在他可以用黑桃脱手给西家,迫使他回攻红心,从而庄家就可以在这门花色吃到两墩。)

解答 34

	北	
	♠J 9 ♡J 9 3 ◇A 9 8 5 4 2 ♣8 2	
西 ♠A 10 7 2 ♡10 8 2 ◇Q 7 6 ♣A J 4	N W E S	东 ♠K 8 6 3 ♡7 6 5 4 ◇3 ♣10 9 7 6
	♠Q 5 4 ♡A K Q ◇K J 10 ♣K Q 5 3	

西	北	东	南
			2NT
不叫	**3NT**	全不叫	

你首攻♠2 到同伴的♠K。东家回攻♠3，你以♠A 吃进，再打第三轮黑桃到暗手的♠Q。南家从手上出◇10，你计划如何防守？

你与明手总共有 17 点，因而同伴与庄家总共有 23 点。同伴已经显示出♠K，于是剩下的 20 点都在南家手上。这就意味着他一定持有◇K-J-10 或者◇K-J-10-3。你是否盖上◇10？

南家更可能持◇K-J-10，在这种情况下你必须在第一轮方块盖上◇Q。庄家必须用明手的◇A 吃住，否则你方就可以吃到五墩。方块已经出现了阻塞，庄家再也无法做成定约。

为什么南家更可能持三张方块而不是四张？因为在看不到的两手中有八张梅花和七张红心，但方块只有四张。因而，南家持有四张的可能性相对要小很多。

解答35

	北	
	♠A J 6 3 ♡4 2 ◇A 3 ♣A 10 9 4 2	
西 ♠K 8 7 ♡K 5 ◇J 10 9 8 7 5 ♣7 6	N W E S	**东** ♠10 5 4 ♡Q J 10 7 6 ◇K 2 ♣K 5 3
	♠Q 9 2 ♡A 9 8 3 ◇Q 6 4 ♣Q J 8	
	南	

西	北	东	南
	1♣	不叫	1♡
3◇	不叫	不叫	3NT
全不叫			

防守 3NT 西家首攻◇J。庄家从明手放小，你用◇K 吃进。现在应该如何防守？

由于南家在西家争叫 3◇后叫 3NT，你可以认为暗手有◇Q-×-×而不是◇Q-×(尽管这样就必定需认定同伴以六张套做跳争叫)。寄希望打掉两个方块挡张,从而使得同伴后期兑现方块赢墩的前景非常渺茫。更好的机会是希望同伴有红心大牌。由于南家叫过红心,你的最佳转攻是♡7 而不是红心大牌。面对如此精确的防守庄家无能为力。如果他立刻上♡A,同伴就解封♡K。随后当梅花飞牌失败后,你就可以兑现四墩红心。如果庄家忍让第一轮,西家吃进后续攻,就可以顶掉红心上的挡张。

如果错误地转攻♡Q,你将看到由此带来的恶果。庄家用♡A 吃住,西家解封♡K,此时暗手的♡9-8-3 就成为这个花色的第二个挡张。庄家还可以忍让♡Q。如果西家用♡K 超吃,庄家在这门花色就有两个挡张。如果西家放小,庄家再次忍让后西家就被迫以单张♡K 吃进。

如果你决定持♡Q-J-10-7-6 首攻，也会面对同样的局势。如果一个敌方叫过红心，你就应该首攻小牌而不是♡Q。

（的确，庄家在第一轮◇A 就可以获得成功。然而，从他的角度来看，西家首攻的方块很可能出自◇K-J-10。）

解答 36

	北	
	♠Q 4 3 ♡A 5 3 ◇K Q 10 9 7 ♣K 9	
西 ♠A J 9 ♡10 8 6 4 2 ◇A 6 3 ♣6 4	N W E S	东 ♠K 7 6 5 ♡K 9 ◇8 5 4 2 ♣8 5 2
	南 ♠10 8 2 ♡Q J 7 ◇J ♣A Q J 10 7 3	

西	北	东	南
	1◇	不叫	2♣
不叫	2◇	不叫	2NT
不叫	3NT	全不叫	

的确，北家再叫 2NT 是更合理的选择。无论如何，尽管敌方的叫牌并非如同教科书一般那样标准，你仍然尽可能打宕他们的定约。本例中你是西家，选择首攻♡4。东家用♡K 吃进后回攻♡9。暗手以♡Q 停住，随即打出◇J。你计划如何防守？

首先，我们计算庄家的赢墩。红心上有两墩，只要顶掉◇A 还可以在方块上吃到四墩。于是已经有六墩，只要三墩梅花就可以得到九墩。因而，如果你在某一时刻吃进◇A，然后续攻第三轮红心，只要庄家持♣A-Q-×-×或者♣A-J-×-×就可以完成定约。基于他的第一次应叫是 2♣,南家的梅花至少也会有这样的实力。

当你以◇A 吃进后,你应该考虑转攻黑桃。在这种局势下,最佳回牌是♠J。即使庄家持♠10-×-×或者♠10-×-×-×,这种打法也使得防守方可以吃到三墩。你的♠J-9“围剿”了暗手的♠10,因此♠J 是更有前景的回攻。

由于忍让◇A 完全没有必要,你应该吃住第一轮方块,然后转攻♠J。当牌张分布如上所示——庄家在梅花上有六墩——用◇A 立刻吃住是防守方的唯一机会。如果你准备忍让一墩或者两墩方块,以便观察局势,庄家就落下帷幕并且声称定约。

后　记

历尽千辛万苦，现在你已经到达本书的结尾。你从本书主要学到了什么？最重要的是你应该制定防守计划，正如你自己做庄时一样。计算同伴可能持有的牌张，从而探查到打宕定约的机会。

有关防守的技巧呢？通过研读本书，相信你已经认识到我们是张数信号的坚定支持者。通过相互给出张数信号，你与同伴可以很快构建出整手牌的情况。这是多么大的区别啊！你们不是在黑暗中摸索，而是在阳光普照下与敌方搏杀。而更令人欣慰的是，在适当的情况下，在首攻中就可以给出张数信号。当庄家着手树立自己的长套，你就给出这门花色的张数。通过参考叫牌中的信息，你就几乎可以确定整手牌的分布情况。

防守是否与做庄一样有趣？的确如此。在成功的合作中你扮演好自己的角色，得到回报是理所应当的。实际上，桥牌是合作的游戏。正是基于这一优势，桥牌在“世界最佳纸牌游戏”的竞争中，与它的主要对手德州扑克相比略胜一筹。

当下一次坐到桥牌桌上，发现自己正在防守时，你可以假设那是本书的一道题目。以这样的方式对待每一个防守问题，就可以极大地提高自己的胜率。或许你对我们的说法将信将疑，请在实战中加以检验吧！

桥艺测试第三辑⑫

规避打法测试

[英]大卫·伯德
[澳]蒂姆·伯克 著
彭立新 连若旸 王 南 译

成都时代出版社

四川省版权局
著作权合同登记章
图进字 21-2015-178 号

图书在版编目（CIP）数据

规避打法测试 /（英）伯德，（澳）伯克著；彭立新，连若旸，王南译.
-- 成都：成都时代出版社，2015.12
（桥艺测试. 第三辑）
ISBN 978-7-5464-1497-3

Ⅰ. ①规… Ⅱ. ①伯… ②伯… ③彭… ④连… ⑤王…
Ⅲ. ①桥牌-基本知识 Ⅳ. ①G892

中国版本图书馆 CIP 数据核字（2015）第 230268 号

桥艺测试第三辑⑫. 规避打法测试
QiaoYi CeShi DiSanJi ⑫. GuiBi DaFa CeShi
［英］大卫·伯德　［澳］蒂姆·伯克　著
彭立新　连若旸　王南　译

出 品 人　石碧川
责任编辑　曾绍东
封面设计　陈二龙
版式设计　陈二龙
责任校对　陈　煦
责任印制　干燕飞

出版发行　成都时代出版社
电　　话　(028) 86619530（编辑部）
　　　　　(028) 86615250（发行部）
网　　址　www.chengdusd.com
印　　刷　三河市华晨印务有限公司
规　　格　140mm×215mm　1/32
印　　张　13.625
字　　数　440 千字
版　　次　2015 年 12 月第 1 版
印　　次　2015 年 12 月第 1 次印刷
印　　数　1-5000 册
书　　号　ISBN 978-7-5464-1497-3
全套定价　76.00 元（共四册）

目录 Content

什么是规避打法?

“规避打法”这一术语可能看上去令人生畏,但实际上,它所指的就是一个防止特定防守方上手出牌的打法而已。假设你手中持有◇K-7-2,明手持有◇8-5-3。由于不希望你的右手敌方(RHO)出牌来穿梭你的方块 K, 你应该在计划路线时尽量把必须的输墩脱手给另外一位防家。或者是你要确保你的右手敌方如果想在别的花色上进手,则需要付出高昂的代价。例如,他必须二手高出 A,使你在这门花色中的大牌能够得到额外的赢墩。

规避打法最简单的形式之一就是对安全防家的大牌首攻进行忍让。请看下面这手牌:

	♠8 3 ♡10 4 ◇10 7 5 3 ♣K J 9 6 2	
♠Q J 9 7 5 ♡A 5 ◇A Q 9 4 ♣8 3	N W E S	♠K 6 4 2 ♡8 7 3 ◇J 8 6 ♣10 7 4
	♠A 10 ♡K Q J 9 6 2 ◇K 2 ♣A Q 5	

西家开叫 1♠,你主打 4♡定约。西家首攻♠Q,你计划如何做庄?

假设你用♠A 赢进首攻并打将牌。情况不妙,当西家用♡A 上手后,他能够出黑桃到同伴的♠K。东家换攻方块绝非难事,而你的定约将宕掉。正确的答案是让西家的♠Q 赢进第一墩。你并不介意西家继续出牌,因为从他的位置无法有效地攻击你的方块。你赢进黑桃续攻,并顶掉防守方的将牌 A——防守方无能为力。由于无法让东家进手,西家能做出的最好防守就是兑现◇A,以避免你垫掉所有的方块而得到超一的结果。

规避打法的另一种简单形式是飞牌(或让送)给安全的一方。这正是在下面这手牌中你需要做的事情:

	♠5 ♡A Q J 4 ◇K 10 5 2 ♣10 6 3 2	
♠A J 10 9 2 ♡8 7 2 ◇J 7 ♣K 9 7	N W E S	♠8 7 6 3 ♡9 6 5 ◇Q 8 4 ♣Q J 5
	♠K Q 4 ♡K 10 3 ◇A 9 6 3 ♣A 8 4	

防守 3NT,西家首攻♠J。你用♠K 赢进并且看到有 8 个大牌赢墩。东家是危险的一方,因为一旦他进手,他就会出黑桃穿梭你剩下的♠Q-4 从而击宕定约。你必须尝试在不让东家进手的情况下建立起一个额外的方块赢墩。在第二墩牌上你出方块到明手的◇K,继续对着暗手出小方块,用◇9 盖过东家的◇8。西家(安全的一方)赢进后无法继续有效地攻击黑桃,九墩牌已握在你手中。

看完这两个牌例, 你可能会认为规避打法就是给一个简单的打法起了一个复杂的名字而已。从某种意义上来讲的确如此,但这一技巧有许多种形式,而其中的某些想要掌握远非易事。让我们来看下面这个典型的牌例,危险的防守方的确可以获得进手,但这却需要他付出高昂的代价。

♠6 5 3
♡9 8 5
◇Q 6 3
♣A Q J 3

西		东
♠10 7 2		♠Q J 9 8 4
♡Q 10 3	N W E S	♡A J 7 2
◇J 9 8 5		◇A 10 4
♣9 7 6		♣4

♠A K
♡K 6 4
◇K 7 2
♣K 10 8 5 2

西	北	东	南
		1♠	1NT
不叫	3NT	全不叫	

防守 3NT 定约，西家首攻♠2，东家出♠J。你有 7 个赢墩，需要在东家能够兑现到他的黑桃长套赢墩前建立起另外两个红花色的赢墩。你将计划如何出牌？

假设你在第二墩时，出小方块到 Q。东家将用 A 赢进，并顶开黑桃。当你试图通过跳♡K 得到第九墩时，东家会上 A 并兑现三个黑桃赢墩，定约下一。

更好的路线是出梅花到明手，然后从明手出小方块。东家可以选择冲上 A 来获得进手，但他将付出无法承受的代价——他将使你的方块 K 和 Q 都成为赢墩，帮你完成定约。如果东家在第一轮方块时放小，情况将如何呢？你将在不脱手的情况下，将一个方块赢墩收入囊中。接下来你用梅花回到明手来跳♡K，由于东家做出了开叫，你完全有理由预期他持有♡A。一切正如我们给出的牌型表所示，于是你完成了定约。

让我们再来看另外一个牌例：你需要在避免让特定防守方(危险的一方)上手的情况下，树立你的长套。当安全的一方持有一张缺失的大牌时，你通常能够强迫他的这张大牌赢进，从而安全地树立你的长套。请看下面这手牌：

	北	
	♠10 3 ♡A K 9 5 ◇7 5 2 ♣A 7 4 3	
西 ♠K Q J 8 6 ♡10 7 ◇J 10 4 ♣Q J 9		**东** ♠7 5 4 ♡Q J 8 3 2 ◇K 9 ♣10 6 2
	♠A 9 2 ♡6 4 ◇A Q 8 6 3 ♣K 8 5	
	南	

西	北	东	南
			1◇
1♠	加倍	不叫	1NT
不叫	2NT	不叫	3NT
全不叫			

防守 3NT 定约，西家首攻♠K，你一直忍让到第三轮用 A 站住从而切断防守方的联通。你有 6 个大牌赢墩，必须要在方块套上发展赢墩。你需要东家持有◇K，否则西家将进手并兑现另外两个黑桃赢墩。但这并不足以完成定约，你还需要计划做庄路线，使得你的方块输给东家而不是西家。如何能够实现这一点呢？

在第四墩时，你出梅花到明手的♣A，并对着暗手出小方块。如果东家出◇K，你就让这张牌赢进。由于你在这门花色中的忍让，他进手后将没有黑桃可回，而此时你的方块长套已经树立。东家更可能出◇9，在这种情况下你就用◇Q 飞过，很高兴得到了这一墩。

这时你必须加以小心。如果你接下来出◇A，定约将会宕掉。西家将赢进第三轮方块并击败你。确实你这时出小方块送给东家的单张 K 将能够取得成功，但这仅仅只能说是猜对了；而当方块是 3-2 分布时，根本不需要猜断！你应该用♡A 回到明手，第二次对着暗手引方块。如果东家的 K 现形，你就忍让。当东家原本持有◇K-×-×且他第二轮选择出小时，你就用 A 赢进，并让安全的一方(东家)得到第三轮方块。

在许多类似的局势中，你都会在手中持有更大的牌张时，让你前手方的大牌赢进。让我们再看一个例子：

♣8 2

♣J 10 3　　　　♣Q 7 6

♣A K 9 5 4

当西家是危险的一方时，你两次对着南家出梅花。你计划在东家出♣Q 时忍让，否则就用大牌赢进前两轮，并出第三轮脱手给东家的 Q。显然直接出 A、K 和小梅花并不是一个好的打法，因为东家可以在第一或第二轮上解封他的♣Q，从而使得西家能够在第三轮上手。

我们已经回顾了规避打法背后的一些基本理念。在接下来的 36 个题目中，你将面对这种打法各式各样的变化。你将能够进行自我测试，看看你是否已经具备在桌上运用这些技巧的能力。如果你被某个问题难倒了，也不必担心。通过阅读答案，学习我们对致胜打法的分析解答，对你来说这些局势在未来都会变得轻而易举。做一次深呼吸……祝你好运！

习题 1

♠5 2
♡A 8 7 6 3
◇J 2
♣Q 9 5 3

首攻♣J

♠K 10 8
♡K Q J 9 5
◇K Q 4
♣A 2

西	北	东	南
			1♡
1♠	3♡	不叫	4♡
全不叫			

防守你的红心成局定约,西家首攻♣J。你计划如何做庄?

习题 2

♠Q 5 2
♡K 8 3
◇K Q J 5
♣Q J 6

首攻♡9

♠K 10 6 4
♡A 6 4
◇8 2
♣A K 10 5

西	北	东	南
		1♡	加倍
不叫	2♡	不叫	2♠
不叫	3◇	不叫	3NT
全不叫			

防守 3NT,西家首攻♡9。你应如何处理这手牌?

习题 3

♠A 3 2
♡8 5
◇K Q J 7 6 2
♣6 5

首攻♡2

♠J 10 8 6
♡A K
◇5
♣A K 9 8 4 2

西	北	东	南
			1♣
加倍	1◇	1♡	1♠
2♡	3◇	不叫	3NT
全不叫			

西家首攻♡2，你准备如何完成 3NT 定约？

习题4

♠K Q 7
♡Q J 10 6
◇7 4 2
♣10 9 6

首攻◇K

♠A J 10 9 6 4
♡A
◇A 6 5
♣K 7 2

西	北	东	南
			1♠
加倍	2♠	不叫	4♠
全不叫			

防守你的黑桃成局定约，西家首攻◇K。你计划如何做庄？

解答1

	北	
	♠5 2 ♡A 8 7 6 3 ♢J 2 ♣Q 9 5 3	
西 ♠A Q 7 6 4 ♡4 ♢A 9 8 5 3 ♣J 7	N / W E / S	**东** ♠J 9 3 ♡10 2 ♢10 7 6 ♣K 10 8 6 4
	♠K 10 8 ♡K Q J 9 5 ♢K Q 4 ♣A 2	
	南	

西	北	东	南
			1♡
1♠	3♡	不叫	4♡
全不叫			

西家首攻♣J，你计划如何做庄？

西家的梅花套很可能是J-10领队的。孤立地看梅花套，通常你应该用明手的♣Q盖过♣J。如果被东家的♣K盖过，则用♣A吃住，接着朝明手的♣9出小梅花，以期建立起一个梅花赢墩。但在这一特定的牌例中，一个额外的梅花赢墩毫无价值，因为垫一张牌对你毫无意义（你的第三张黑桃和第三张方块都不是输张）。更为重要的是确保东家在梅花上无法获得进手，因为一旦东家进手就能够穿梭你的♠K。

因此你应当第一墩让明手出小，并让♣J赢得这一墩。后面的打牌过程将会一气呵成——你将赢进梅花续攻，清两轮将牌；当你树立方块时，是西家（安全的一方）持有A。他无法有效地攻击你的黑桃，你的定约安全无忧。如果西家在上手后不出黑桃A和小黑桃，你就用第三轮方块垫掉明手的一张黑桃。

正如你所看到的那样，第一墩不采用这样的打法将是致命的。

如果你用♣Q盖过,东家将最终在梅花上得以进手,而你将失去两墩黑桃、一墩方块和一墩梅花。如果第一墩你从明手放小,但却错误地用手中的A赢进,等待你的将同样是失败的命运。

解答2

	北	
	♠Q 5 2 ♡K 8 3 ◇K Q J 5 ♣Q J 6	
西 ♠J 8 3 ♡9 5 ◇10 9 7 6 3 ♣8 7 2	N W E S	东 ♠A 9 7 ♡Q J 10 7 2 ◇A 4 ♣9 4 3
	♠K 10 6 4 ♡A 6 4 ◇8 2 ♣A K 10 5	

西	北	东	南
		1♡	加倍
不叫	2♡	不叫	2♠
不叫	3◇	不叫	3NT
全不叫			

防守你的3NT定约,西家首攻♡9。你将如何处理这手牌?

假设你赢进红心首攻并出方块,东家将马上用A进手并顶开红心。当你想在黑桃上寻找第九墩时,东家会用A赢进并兑现红心——定约宕一。

想要取得九墩牌的唯一机会是采用规避打法。正如我们在引言中所提到的,有两种基本的规避打法:第一种是防止危险的一方进手出某门花色;第二种是在你无法阻止危险方上手的情况下,你要迫使他在获得进手的同时付出他所不能承受的高昂代价。这一牌例就属于第二种类型。

你让明手的♡K 取得第一墩(忍让并没有意义,因为你从叫牌进程知道缺少的两个 A 都在东家手中), 接下来你从明手出小黑桃。如果东家上 A,他将为此付出沉重代价——你将获得三墩黑桃,足以完成定约;如果东家放小,你将用黑桃 K 把一个黑桃赢墩收入囊中,并接着转向方块套,以获得你所需的其他两个赢墩。

解答 3

北:
♠A 3 2
♡8 5
◇K Q J 7 6 2
♣6 5

西:
♠K Q 9 4
♡Q 6 3 2
◇A 10 9 4
♣10

东:
♠7 5
♡J 10 9 7 4
◇8 3
♣Q J 7 3

南:
♠J 10 8 6
♡A K
◇5
♣A K 9 8 4 2

西	北	东	南
			1♣
加倍	1◇	1♡	1♠
2♡	3◇	不叫	3NT
全不叫			

西家首攻♡2,你准备如何完成 3NT 定约?

如果你在梅花上可以取得五墩, 你的总赢墩数将达到八墩。但即便梅花套确实是 3-2 分布, 先树立梅花套的打法也是错误的。防守方在梅花进手后会顶开红心,而西家会在第一时间用◇A 赢进,并兑现三个红心赢墩击宕定约。

你应该先朝着明手出小方块。如果西家直接上◇A 打空(并且方块分布不坏于 4-2),你将获得五个方块赢墩,再加上你在其他花色中的五个大牌赢墩。因此西家必须忍让第一轮方块。这样你就有了六个大牌赢墩,接下来可以通过树立梅花使你的赢墩数达到九墩。

在梅花是 3-2 分布时,第二墩出方块已能够完成定约。但最佳路线是在出方块前先兑现♣A。当西家持有单张 Q、J 或 10 时,这张牌将跌落。此时你再对着明手出小方块,西家必须忍让。接着你朝暗手出小梅花,准备用♣9 飞过。无论东家选择是否出大牌(牌例中所示的 Q 和 J),你都将树立起五个梅花赢墩,完成定约。

解答 4

	♠K Q 7 ♡Q J 10 6 ◇7 4 2 ♣10 9 6	
♠3 ♡K 8 5 3 ◇K Q J 9 ♣A 8 4 3	N W E S	♠8 5 2 ♡9 7 4 2 ◇10 8 3 ♣Q J 5
	♠A J 10 9 6 4 ♡A ◇A 6 5 ♣K 7 2	

西	北	东	南
			1♠
加倍	2♠	不叫	4♠
全不叫			

西家首攻◇K。你计划如何做庄？

你有六个将牌赢墩和两个红花色的A，明手的♡Q-J-10-×在送给西家一墩的情况下将为你提供额外的两个赢墩。你所需要做的全部事情就是要确保东家不能进手来穿梭你的梅花K。

假设你第一墩用◇A赢进，兑现♡A，用A和K清两轮将。随后你出♡Q让送给西家的K，手上垫掉一张方块。不幸的是你手中还留有一张方块，高明的西家可以出◇9让同伴的◇10进手，东家将换攻♣Q击宕定约。

你如何能防止东家用方块进手呢？一旦你预见到这个问题，解决应该不费吹灰之力。你必须在第一墩忍让，让西家的◇K取得这墩牌。你在下一轮方块上用A站住，解封♡A，打将牌A和K。接下来你出♡Q，垫掉你手中的最后一张方块。西家无法让同伴进手，你的定约回家了。你将像我们开始设想的那样得到十墩牌。

习题 5

	♠7 5 4 ♡K Q 4 2 ♢A J 10 ♣A 8 2
首攻♠Q	N / W E / S
	♠A K ♡J 8 5 ♢7 6 4 2 ♣K Q 4 3

西	北	东	南
			1♣
1♠	加倍*	不叫	1NT
不叫	3NT	全不叫	

防守 3NT，西家首攻♠Q。你计划如何做庄？

习题 6

♠7 4
♡Q 4 2
◇8 6 5 2
♣7 6 4 3

首攻♡5

♠Q J 3
♡A K J 10 3
◇A K Q
♣A 2

西	北	东	南
			2♣
不叫	2◇	不叫	2♡
不叫	2NT	不叫	3NT
不叫	4♡	全不叫	

防守 4♡,西家首攻♡5。你计划如何做庄?

习题7

♠A Q 7
♡Q J 10 5
♢10 9 5 3
♣A 9

首攻♣K

♠K 2
♡A K 4 3
♢A K 7 6 2
♣10 5

西	北	东	南
			1♢
2♣	加倍*	不叫	4♡
不叫	4NT	不叫	5♢*
不叫	6♡	全不叫	

防守你的红心小满贯，西家首攻♣K。你计划如何做庄？（打牌过程中你会发现东家持有四张将牌。）

习题 8

♠A Q 7 4 2
♡6 4
◇K 9 4
♣A 10 2

首攻♡J

N W E S

♠J 3
♡A K Q 5
◇8 5 2
♣K 8 6 5

西	北	东	南
			1♣
不叫	1♠	不叫	1NT
不叫	3NT	全不叫	

西家首攻♡J，东家跟♡7。你计划如何做庄？

解答 5

♠7 5 4
♡K Q 4 2
◇A J 10
♣A 8 2

♠Q J 10 9 6
♡A 10 7 6
◇K 5
♣10 5

♠8 3 2
♡9 3
◇Q 9 8 3
♣J 9 7 6

♠A K
♡J 8 5
◇7 6 4 2
♣K Q 4 3

西	北	东	南
			1♣
1♠	加倍*	不叫	1NT
不叫	3NT	全不叫	

防守 **3NT**,西家首攻♠**Q**,你用 **K** 赢进。你的做庄计划是什么?

你有六个大牌赢墩并且至少可以发展两个红心赢墩，红心或者梅花上的 **3-3** 分布将为你提供第九墩。除此之外还有其他机会么?

如果你朝♡**K** 出小红心,并再次朝♡**Q** 出小红心,在西家持有双张带 **A** 的红心时,你将得到三墩红心。在他持有四张带 **A** 的红心时,你同样可以获益。在这种情况下,他将不能提前上 **A**,否则你将获得三墩红心。于是你可以先得到 **K**、**Q** 两墩红心,然后你有双飞方块的机会。具体路线如何进行呢?

在第二墩时你朝明手的♡**K** 出小红心,并得墩;你接着用♣**K** 回手,继续朝明手出小红心。西家需要继续放小,明手出 **Q**,东家掉下♡**9**。你现在距离目标只差一墩。你继续出梅花 **A** 和 **Q**,看看这门花色的分布。东家显示有四张梅花,因此你需要在其他地方寻找你的第九墩。双飞方块的机会比红心 **3-3** 分布的机会要好得多，特别是在西家争叫过的情况下，他应当持有比现在已经暴露的高花中的 7 点更多的实力。你出方块到 J，被东家的 Q 盖吃，东家顶开你的黑桃（在兑现他的梅花赢墩之前或之后）。当你出第二轮方块时，西家的 K 现形了。你得到了九墩牌。

如果不在红心上采用规避打法（两次朝有两张大牌的一方引牌），你就没有建立方块赢墩的时效。假设你错误地在第二墩出♡J，西家将简单地赢进并做好黑桃套。

解答 6

	♠7 4 ♡Q 4 2 ◇8 6 5 2 ♣7 6 4 3	
♠K 10 8 6 2 ♡8 7 5 ◇9 3 ♣K 10 5	N W E S	♠A 9 5 ♡9 6 ◇J 10 7 4 ♣Q J 9 8
	♠Q J 3 ♡A K J 10 3 ◇A K Q ♣A 2	

西	北	东	南
			2♣
不叫	2◇	不叫	2♡
不叫	2NT	不叫	3NT
不叫	4♡	全不叫	

西家首攻♡5，你计划如何做庄？

一种可能的打法是寄希望于方块 3-3 分布且将牌 3-2 分布。在这种情况下，你兑现三轮方块顶张，然后在第三轮将牌上让明手进手，并用第十三张方块赢墩垫一张牌。还有更好的机会么？

更可靠的机会是用明手的 Q 赢进将牌首攻并出小黑桃。东家不能出 A，否则你将利用你手中的♠Q-J 轻松地建立起第十墩牌。他放小，你的♠Q 输给西家的♠K。防守方继续出将牌，两家都跟出。现在怎么办？

你只能从手上出第二轮黑桃。如果你出♠3，防守方将能够选择让谁来赢进。由于西家持有最后一张将牌，他会上♠10 来确保他能够赢进第二轮黑桃，并清光明手的最后一张将牌给予定约致命一击。为了努力避免危险的一方进手，你应该在第二轮出♠J，希望最后一张将牌不在持有♠A 的人手中。正如牌型表中所示，东家将赢进这墩牌。而他没有将牌，于是你便可以在赢进他的回攻后，将吃一轮黑桃从而取得第十墩牌。

这条路线在东家同时持有♠A-K、或者在他持有双张将牌和♠A 或♠K 中的任意一张时能够取得成功；在西家同时持有♠A-K 且只有双张将牌时，这条路线也能够成功。

解答 7

♠A Q 7
♡Q J 10 5
◇10 9 5 3
♣A 9

西		东
♠J 9 5		♠10 8 6 4 3
♡7	N W E S	♡9 8 6 2
◇Q J 4		◇8
♣K Q J 7 4 2		♣8 6 3

♠K 2
♡A K 4 3
◇A K 7 6 2
♣10 5

西	北	东	南
			1◇
2♣	加倍	不叫	4♡
不叫	4NT	不叫	5◇*
不叫	6♡	全不叫	

防守你的红心小满贯，西家首攻♣K。当你用A和Q清两轮将牌时，西家在第二轮示缺，垫掉一张梅花。你如何继续？

你现在无法承受清光将牌，因为你已经没有梅花控制，而方块可能要脱手。你需要在清光将牌之前，尝试树立好方块套。危险的是东家持有单张方块。如果你简单地出方块A和K，东家将将吃第二轮方块大牌，而你还要在第三轮方块时丢掉一墩。

为了保护你的第二轮方块大牌不被将吃，你必须在关键时刻采用规避打法。第四墩牌兑现◇A并连打三轮黑桃，垫掉手中的梅花输张。随后你朝暗手引出第二轮方块。如果东家将吃，这将是防守方仅能取得的一墩牌。你跟出小方块，并摊牌声称取得剩下的所有赢墩。如果东家拒绝将吃，你就用◇K赢进并送出第三轮方块给西家。随后你可以用K将吃他的梅花回攻，并用将牌进入明手清光东家剩下的将牌。现在可以声称完成定约了！

解答8

	♠A Q 7 4 2 ♡6 4 ◇K 9 4 ♣A 10 2	
♠K 10 5 ♡J 10 9 8 2 ◇J 6 ♣Q 7 4	N W E S	♠9 8 6 ♡7 3 ◇A Q 10 7 3 ♣J 9 3
	♠J 3 ♡A K Q 5 ◇8 5 2 ♣K 8 6 5	

西	北	东	南
			1♣
不叫	1♠	不叫	1NT
不叫	3NT	全不叫	

防守 **3NT**，西家首攻♡**J**，东家跟♡**7**。你准备如何完成定约？

你只有六个大牌赢墩，必须利用黑桃花色。由于西家可以换攻方块从而对定约产生威胁，所以他是危险的一方。你用♡**K** 赢进首攻并出♠**J**，依次被♠**K**、♠**A** 盖吃。现在如何继续？

你可以预见到如果你简单地出♠**Q** 和小黑桃的结果。西家将用♠**10** 赢进第三轮黑桃，并轻松地换出◇**J**。当西家持有♠**K-9-**×时，你将迎来同样悲惨的命运——东家可以在明手出 **A** 时解封♠**10**，西家同样可以在第三轮黑桃时进手。

为了阻止西家进手，你应当用红心或者梅花过桥，并从手中引出第二轮黑桃。当西家只有一张比 **7** 大的黑桃时(**10**、**9** 或 **8**)，你就可以避免他进手。如果他在第二轮出小，你就用明手的♠**7** 盖过；如果他出的牌比♠**7** 大，你就用明手的♠**Q** 赢进，再出第三轮黑桃——东家不得不赢进。

假设东家是危险的一方（可能因为西家持有♡**A-J-**×**-**×**-**×并

首攻红心，而你手中原始持有♡K-Q-×)，你在黑桃套中就应当采用完全不同的打法。你出♠J，并在西家盖上的♠K时忍让。通过让送一墩黑桃给安全的一方，你将在这两种不同情况下都获得完成定约的最大机会。

习题 9

♠10 7
♡8 5
♢A K Q 7 3
♣A Q 7 4

首攻♠K

♠A 6 3
♡A 7 6 4 2
♢10 4
♣K 5 3

西	北	东	南
	1♢	不叫	1♡
1♠	2♣	不叫	2NT
不叫	3NT	全不叫	

防守 3NT，西家首攻♠K，你忍让至第三轮时用 A 站住，发现黑桃是 5-3 分布。你准备如何继续？

习题 10

♠J 6 4
♡10 5
◇A K 6 5 3 2
♣9 5

首攻♣4

♠A K 8 7
♡A J 2
◇10 9 7
♣K Q 6

西	北	东	南
			1NT
不叫	**3NT**	全不叫	

西家首攻♣4，东家出♣J。你计划如何做庄？

习题 11

	♠4 2 ♡Q 6 2 ◇K Q 8 ♣A J 7 3 2	
首攻♠Q	N W E S	
	♠A 7 6 ♡A K 3 ◇A 9 6 4 3 ♣6 5	

西	北	东	南
			1NT
不叫	3NT	全不叫	

防守 3NT，西家首攻♠Q。你准备如何完成定约？（西家原始持有五张黑桃。）

习题12

	♠A 4 ♡J 9 6 ◇Q 7 2 ♣J 9 7 4 2
首攻♣10	N W E S
	♠Q 8 ♡A K Q 10 2 ◇K 5 ♣A 6 5 3

西	北	东	南
			1♡
1♠	2♡	不叫	4♡
全不叫			

西家首攻♣10，你准备如何完成定约？

解答9

北：
♠10 7
♡8 5
◇A K Q 7 3
♣A Q 7 4

西：
♠K Q J 9 2
♡K J 3
◇J 8 5 2
♣6

东：
♠8 5 4
♡Q 10 9
◇9 6
♣J 10 9 8 2

南：
♠A 6 3
♡A 7 6 4 2
◇10 4
♣K 5 3

西	北	东	南
	1◇	不叫	1♡
1♠	2♣	不叫	2NT
不叫	3NT	全不叫	

防守 3NT，西家首攻♠K，你忍让至第三轮时用 A 站住，发现黑桃是 5-3 分布。你准备如何继续？

你有八个大牌赢墩，你的目标是要在避免西家(危险的一方)进手的情况下在低花中发展出第九墩。梅花套 3-3 分布的机会不急于现在尝试，首先要在方块上寻找额外的赢墩。如果方块套是 3-3 分布，你将得到额外的两个赢墩；如果东家持有四张方块也很简单，因为你可以让送第四轮方块给安全的东家。唯一有问题的是西家持有四张方块。在这种情况下，你必须尽量让送一轮方块给东家。

假设你出◇10 试图飞给东家。西家会用 J 盖过，阻挠你的计划。你让明手赢得这一墩并用♣K 回手，继续对着明手出◇4。西家不能上◇8，否则你将全取五墩方块。西家只能出小，你则用明手的◇7 盖过，让送这一墩牌给安全的一方。东家用◇9 赢进，你把定约收入囊中。你将赢进东家的回攻，得到四墩方块和其他花色中的五个大牌赢墩。

你对这一打法是否百分之百的满意？这的确是一个非常好的打法，它能够对抗西家持有四张方块的情形，除非西家持有坚不可摧的◇J-9-8-×，这一路线都能够取得成功。但是，还有一点点可以改进的余地。最佳路线是在第一轮方块时出◇4，如果可能的话就用明手的◇7飘过。由于你保留了你的◇10，在任意防家持有单张◇J时，你也能完成定约。

在如牌型表所示时，第一轮出◇4同样可以使你完成定约。西家可以在第一轮上出◇8来阻止你让送给东家。如果他真的这样做了，你将全取五墩方块！你用◇A赢进，用♣K回到手中，再出◇10。无论西家是否盖上◇J，这门花色的所有赢墩都将属于你。

解答 10

北：

♠J 6 4
♡10 5
◇A K 6 5 3 2
♣9 5

西：

♠9 3
♡9 7 4
◇J 8 4
♣A 10 8 4 2

东：

♠Q 10 5 2
♡K Q 8 6 3
◇Q
♣J 7 3

南：

♠A K 8 7
♡A J 2
◇10 9 7
♣K Q 6

西	北	东	南
			1NT
不叫	**3NT**	全不叫	

防守 **3NT**，西家首攻♣**4**，你用♣**K** 赢进东家的♣**J**(注意这是一个很好的技巧——用 **K** 赢进比用 **Q** 赢进要好。这样可以使得西家需要猜断♣**Q** 在谁的手中)。你准备如何完成定约？

算上一墩梅花你共有六个赢墩，必须要通过建立方块套来完成定约。即使方块是 **2-2** 分布，你依然无法在这门花色全取六墩。假设你连出方块 **A**、**K**，两个防守方都跟牌了；但南家手中所剩的方块号码比明手所有的小方块都大——这门花色出现了阻塞。

对于完成定约来说，五个方块赢墩就够了，只要方块不是 **4-0** 分布，你可以忍让第一轮或第二轮方块达到这一目标。具体到这手牌，情况还要复杂一些：你不能让东家进手。因此在第一轮方块上就忍让，是很糟糕的主意。东家将可能用单张大牌赢进，并回攻梅花击宕你的定约。

在第二墩时，你应该出方块到 **A**。在东家的◇**Q** 跌落后，你继续从明手出小方块。你很高兴看到东家示缺，西家赢进这墩牌。他无法有效地攻击你的梅花。当你再次上手时，你将能够取得足够的赢墩来完成定约。

假设西家在第一轮方块时出◇Q，你应该让这张牌赢进，把出牌权留给安全的一方。

让我们稍微调整一下这副牌，让西家成为危险的一方。假设牌张分布如下：

西	北	东
	♠J 6 4 ♡10 5 ◇A K 6 5 3 2 ♣9 5	
♠9 3 ♡9 7 4 ◇J 8 4 ♣K Q J 4 2	N W E S	♠Q 10 5 2 ♡K Q 8 6 3 ◇Q ♣10 7 3
	♠A K 8 7 ♡A J 2 ◇10 9 7 ♣A 8 6	

防守 **3NT**，西家首攻♣**K**。并一直续攻这门花色，直到你在第三轮时站住。现在你需要在不让西家进手的情况下树立方块套。当你从手中出◇**10** 时，西家无法承受盖打大牌；如果他盖吃，你就用明手的◇**A** 赢进，并将全取六墩方块。西家只能放小，你从明手也放小。东家——安全的一方，赢进了这墩牌，定约已安全无忧。

最后，假设梅花还是和第二张牌型表中所示的分布一样，而西家持有单张◇**Q**。这一次你将赢进第一轮方块，避免让危险的一方进手。当你从明手继续出小方块时，东家(安全的一方)不得不赢得这墩牌。又一次得到了九墩牌。规避打法是不是很有趣？

解答 11

	♠4 2 ♡Q 6 2 ◇K Q 8 ♣A J 7 3 2	
♠Q J 10 9 3 ♡7 ◇J 10 7 5 ♣Q 10 9	N W E S	♠K 8 5 ♡J 10 9 8 5 4 ◇2 ♣K 8 4
	♠A 7 6 ♡A K 3 ◇A 9 6 4 3 ♣6 5	

西	北	东	南
			1NT
不叫	3NT	全不叫	

防守 3NT，西家首攻♠Q。东家用♠8 表示鼓励，你忍让。东家用♠K 赢进黑桃续攻，并回♠5 放下你的 A。你将如何继续？

你有八个大牌赢墩，只需要一个额外的方块赢墩就能使你的总赢墩数达到九个。当方块不是 3-2 分布时，你无法承受让送一轮方块给西家，因为他手中还有另外两个黑桃赢墩可以兑现。因此你必须找到一条安全的路线，能够不让西家进手。

你应该朝明手引◇3。如果西家放小，你就用◇8 飘过(让送给安全的一方)。你并不介意这一飞牌失败，因为剩下的四墩方块将都是你的赢墩。假如西家在第一轮出◇J 或者◇10，你就用◇K 赢进并用红心回手，继续朝明手引方块。如果西家打出剩下的唯一一张方块大牌，方块套就都属于你了。否则，你就用明手的◇8 飞过，同样可以确保完成定约。

解答 12

北
♠A 4
♡J 9 6
◇Q 7 2
♣J 9 7 4 2

西
♠K J 9 7 6 2
♡8 3
◇A J 9 6
♣10

东
♠10 5 3
♡7 5 4
◇10 8 4 3
♣K Q 8

南
♠Q 8
♡A K Q 10 2
◇K 5
♣A 6 5 3

西	北	东	南
			1♡
1♠	2♡	不叫	4♡
全不叫			

你叫到红心成局定约，西家首攻♣10。你计划如何做庄？

如果梅花分布是 2-2，首攻出自♣10-8，当然没有问题。当清光将牌后，你可以树立梅花套并垫掉一张黑桃，定约超一。但当♣10 是单张首攻时（看起来更可能是这种情况），你将如何完成定约？无论你是不上♣J，还是用明手的♣J 盖过、逼出东家的一张大牌，在第一轮就赢进梅花，都将打宕定约。东家将留有两个梅花赢墩，当他第一次在梅花上进手时，他将换攻黑桃，而防守方将取得四墩牌。

必须使用规避打法，以阻止东家有换攻黑桃的时机。你必须在第一轮从明手放小，让♣10 赢进！西家唯一安全的换攻是将牌。你赢进后再清两轮将，然后出梅花 A 和另一轮梅花。东家换攻了黑桃，但从防守方的角度已为时太晚，你将能够在第五轮梅花上垫掉你的黑桃输张。你仅输两墩梅花和一墩方块，刚好完成定约。

习题 13

	♠A 6 5 2 ♡8 3 ◇6 ♣A K 8 6 5 2
首攻♡2	N W E S
	♠J 9 3 ♡A K ◇K Q 9 8 4 2 ♣10 4

西	北	东	南
	1♣	不叫	1◇
不叫	1♠	不叫	2♡*
不叫	3♣	不叫	3NT
全不叫			

西家首攻♡2,你准备如何完成 3NT 定约?

习题14

	♠K J 3 ♡A J 3 ◇A 8 6 5 ♣6 5 2
首攻♠2	
	♠A Q 9 7 5 ♡Q 6 ◇K 4 3 ♣K 8 4

西	北	东	南
			1♠
不叫	2◇	不叫	2NT(12-14)
不叫	3♠	不叫	4♠
全不叫			

防守4♠，西家首攻小将牌。你计划如何做庄？

习题 15

	♠7 ♡Q J 8 5 3 ◇A 10 4 ♣Q 8 4 3
首攻♠Q	N W E S
	♠A K 4 2 ♡K 2 ◇K Q 3 ♣K J 9 5

西	北	东	南
1♠	不叫	不叫	2NT
不叫	3◇*	不叫	3♡*
不叫	3NT	全不叫	

西家首攻♠Q,你准备如何完成这个无将成局定约?

习题16

	♠Q 10 8 5 ♡A 6 5 ◇A 8 6 2 ♣8 5	
首攻♡K	N W E S	
	♠A K J 9 7 2 ♡4 2 ◇K 5 4 ♣K 3	

西	北	东	南
1♡	不叫	不叫	1♠
不叫	2♡*	不叫	4♠
全不叫			

防守你的黑桃成局定约，西家首攻♡K。你准备如何完成定约？

解答13

	♠A 6 5 2 ♡8 3 ◇6 ♣A K 8 6 5 2	
♠K Q 10 7 ♡J 10 7 2 ◇10 5 3 ♣J 3	N W E S	♠8 4 ♡Q 9 6 5 4 ◇A J 7 ♣Q 9 7
	♠J 9 3 ♡A K ◇K Q 9 8 4 2 ♣10 4	

西	北	东	南
	1♣	不叫	1◇
不叫	1♠	不叫	2♡*
不叫	3♣	不叫	3NT
全不叫			

西家首攻♡2,你准备如何完成3NT定约?

假设你赢进后立刻送出一墩梅花，在防守方梅花是3-2分布的情况下，你可以在这门花色上建立起额外的三个赢墩——但这只能使总赢墩数达到八个。防守方在赢进梅花后将顶开红心,想要做大一个方块建立第九墩已为时太晚。(即使南家还留有一个进手来兑现！)

面对这样的局势,你必须在一门花色上偷到一墩,随后转向另一门花色。有时你可以在防守方不够仔细、未能在第一门花色立刻赢进时达到目的。在这一特定的牌例中,你可以通过规避打法,使得防守方想得赢进这墩牌需要付出过高代价。

在赢进红心首攻后,你用♣A过到明手。你随后从明手朝着暗手打单张方块。东家不能上A,否则你将得到五墩方块,完成定约绰绰有余。如果他第一轮放小,你将得到你所需要的一个方块赢墩，并转而树立梅花套。♠A 将作为兑现所树立的梅花赢墩的进手。

从东家的角度看,最好的防守是上♢A 并顶开红心。如果你比现在少一张方块,这一防守将击宕定约。

解答 14

♠K J 3
♡A J 3
♢A 8 6 5
♣6 5 4

♠8 4 2
♡K 7 2
♢10 9 2
♣A Q 10 7

♠10 6
♡10 9 8 5 4
♢Q J 7
♣J 9 3

♠A Q 9 7 5
♡Q 6
♢K 4 3
♣K 8 2

西	北	东	南
			1♠
不叫	2♢	不叫	2NT(12-14)
不叫	3♠	不叫	4♠
全不叫			

诚然,3NT 是更好的定约。但你现在叫到了次优的定约并需要努力完成它。在西家首攻将牌的情况下你准备如何完成 4♠?

如果东家持有♣A,一切都没有问题:你可以得到五墩黑桃、两墩红心、两墩方块和一墩梅花。但红花色给你提供了一个额外的机会,第二轮你出♡Q。当西家盖上♡K 时,你从明手放小。你看出这样做的意义吗?你让安全的西家进手,他不能攻击你的梅花。与此同时,你可以用红心垫掉一个方块,并能够通过将吃尝试建立方块赢墩。

你让暗手赢进西家的将牌续攻，两个防守方都跟出，随后打两轮红心垫掉手中的一个方块。接下来你出方块 K 和 A,并用 A 将吃一轮方块。这门花色是 3-3 分布(为什么你不能幸运一次呢？),你用第三轮将牌回到明手,用长方块赢墩垫掉一个梅花输墩。当你试图通过跳梅花 K 来获得超墩时,你高兴地发现 K 被 A 吃掉。这说明你在红心上的规避打法对于完成定约是必不可少的。

假如你采用更直接的路线,清光将牌,继续出方块 A、方块 K 和方块小,危险的东家将赢进,并换攻梅花击宕定约。

解答 15

	北	
	♠7 ♡Q J 8 5 3 ◇A 10 4 ♣Q 8 4 3	
西 ♠Q J 10 9 5 ♡A 10 9 7 ◇8 ♣A 10 2	N W E S	**东** ♠8 6 3 ♡6 4 ◇J 9 7 6 5 2 ♣7 6
	♠A K 4 2 ♡K 2 ◇K Q 3 ♣K J 9 5	

西	北	东	南
1♠	不叫	不叫	2NT
不叫	3◇*	不叫	3♡*
不叫	3NT	全不叫	

在第四家的位置上，南家的 2NT 叫品是自然叫而不是非寻常无将，显示 18-20 个大牌点。西家首攻♠Q，你准备如何完成这个无将成局定约？

如果你用♠A 赢进并出♡K，西家将会赢进这墩牌并顶开你的黑桃。在红心不是 3-3 分布时，完成定约将缺少一墩牌。

在第二轮出小梅花如何呢？对于好的防守来说，这也不是好办法。西家会冲上♣A 并顶开黑桃——你依然只有八墩牌。

想要完成定约你必须赢进第一(或第二)轮黑桃后从手上出♡2。如果西家上♡A 打空，你将得到四墩红心，足以完成定约。西家更可能放小，让明手的♡Q 赢得这墩牌。这样你就已经有了六个大牌赢墩，再取得三个梅花赢墩就可以完成定约。

梅花 4-1 分布的风险仍然存在，你如何防范呢？

当得到一墩红心后，你对着梅花 K 出小梅花，被 A 吃掉。西家继续出黑桃，你在第三轮赢进，以确保东家没有黑桃了。

不需要猜测哪个防家可能还持有♣10-×-×。你只需要简单兑现三轮方块并继续出梅花到Q。如果西家示缺，你可以飞东家的♣10；如果东家示缺，西家原始持有♣A-10-×-×，他现在只能留有♡A和一个黑桃赢墩以及♣10-×。换句话说，他将被迫在第三轮方块时扔掉一个黑桃赢墩。

于是，你可以用红心脱手给西家的A。西家兑现一个黑桃赢墩，取得防守方的第四墩牌，然后你在第十二轮牌时愉快地拿着♣J-9迎接西家回攻的梅花。

解答 16

♠Q 10 8 5
♡A 6 5
◇A 8 6 2
♣8 5

♠4
♡K Q J 8 7 3
◇Q 10
♣A J 4 2

♠6 3
♡10 9
◇J 9 7 3
♣Q 10 9 7 6

♠A K J 9 7 2
♡4 2
◇K 5 4
♣K 3

西	北	东	南
1♡	不叫	不叫	1♠
不叫	2♡*	不叫	4♠
全不叫			

防守你的黑桃成局定约，西家首攻♡K。你计划如何做庄来避免一个红心输墩、一个方块输墩和两个梅花输墩？

西家极有可能持有♣A，所以你当然不能指望跳中梅花 K。建立一个方块赢墩来垫牌怎么样？即使这门花色是 3-3 分布，仍然存在很大的风险——东家可以在第三轮方块进手并换攻梅花。例如假设西家原始持有◇Q-×-×，他可以把◇Q 垫在你的◇K 下来让他的同伴在第三轮时赢进。在西家持有◇Q-J-×时，存在规避打法。他虽然可以在你出◇K 时扔掉一张大牌，但你将继续对着明手的◇A 出小方块。如果西家在第二家打出他剩余的那张大牌，你就让明手出小忍让，让安全的一方得墩；如果他出小，你就用◇A 赢进并送出第三轮方块给西家。

还有更好的做庄路线。当这手牌在实战中进行时，庄家忍让首攻的♡K，并用 A 赢进第二轮红心续攻（东家依次出♡10 和♡9，所以红心更像是 6-2 分布）。庄家清两轮将牌后出第三轮红心，垫掉手中的一个方块。由于东家没有红心，所以安全的一方（西家）赢进了这墩牌。当他用方块脱手时，庄家连出方块 K 和 A，并将吃第三轮方块。如果方块是 3-3 分布，一切都将非常顺利。但非常不幸，东家持有四张方块，定约宕一。

对这条路线还可以有一个小改进。在送出第三轮红心前，你可以先兑现方块 K 和 A。局势如下：

北：
♠10 8
♡6
◇8 6
♣8 5

西：
♠—
♡J 8 7
◇—
♣A J 4 2

东：
♠—
♡—
◇J 9
♣Q 10 9 7 6

南：
♠K J 9 7
♡—
◇5
♣K 3

你从明手出♡6，垫掉你的最后一张方块。西家赢进后没有安全的回牌。他要么送给你的♣K 一墩，要么让你一吃一垫。通过这样的路线，在西家原始持有双张方块或方块 3-3 分布时你都可以获得成功。

习题 17

♠A 9 6 4 3
♡8 7
◇8 5 3 2
♣9 4

首攻♡6

♠K 2
♡K J 4
◇A K 9
♣A K Q 7 2

西	北	东	南
2♡*	不叫	不叫	3NT
全不叫			

防守 3NT，西家首攻♡6，东家出♡10。你计划如何做庄？

习题18

♠K Q 9
♡8 4 2
◇K J 10 9 3
♣K 9

首攻♡7

♠J 4 2
♡A Q 5
◇Q 8 7 5
♣A 7 2

西	北	东	南
1♡	不叫	不叫	1NT
不叫	3NT	全不叫	

西家首攻♡7，东家出♡10。你计划如何做庄？

习题 19

	♠Q 2 ♡A K Q ♢7 5 3 ♣K 10 5 3 2	
首攻♠J	N W E S	
	♠K 6 4 ♡9 7 6 ♢A 10 8 4 ♣A J 8	

西	北	东	南
			1♢
1♠	2♣	不叫	2NT
不叫	3NT	全不叫	

防守 3NT,西家首攻♠J。你计划如何做庄?

习题20

♠K 7 4 2
♡8 4
◇K 7 3
♣A J 8 3

首攻♡7

♠A 9 3
♡A 5 2
◇A Q 8
♣Q 7 4 2

西	北	东	南
			1NT
不叫	**2♣**	不叫	**2◇**
不叫	**3NT**	全不叫	

防守 **3NT**，西家首攻♡**7**，东家出♡**Q**。你的做庄计划是什么？

解答 17

	♠A 9 6 4 3 ♡8 7 ◇8 5 3 2 ♣9 4	
♠Q 7 ♡A Q 9 6 3 2 ◇J 7 4 ♣10 8	N W E S	♠J 10 8 5 ♡10 5 ◇Q 10 6 ♣J 6 5 3
	♠K 2 ♡K J 4 ◇A K 9 ♣A K Q 7 2	

西	北	东	南
2♡*	不叫	不叫	3NT
全不叫			

防守 3NT,西家首攻♡6,东家出♡10。你计划如何做庄?

你用♡J 赢进首攻,现在有八个大牌赢墩。第九墩可能从哪里产生呢?连续出方块 A、K 和小方块并期待方块 3-3 分布,并不是一个好的打法。因为即使方块是 3-3 分布,防守方也几乎一定能够使东家赢进第三轮方块,进而回攻红心来击宕定约(如果西家原始持有◇Q-×-×或者◇Q-J-×,他可以通过解封来让他的同伴在第三轮赢进。只有在西家原始持有◇Q-J-10 时,他才不得不赢进第三轮方块)。

尝试在梅花套上建立一个额外赢墩有更好的前景。假设你连续兑现梅花顶张,你将在梅花 3-3 分布或西家持有四张梅花时完成定约。在后一种情况下,你可以安全地送出第四轮梅花给西家。在西家只有两张梅花时,你如何才能给自己一个额外的机会呢?

你应该在第二轮用♠A 进入明手,引出♣9。你的目标是“让送一墩给安全的一方”。当牌张分布如牌型表中所示时,东家无法承受盖上♣J,那将使你全取五墩梅花。于是东家放小,西家用♣10 赢进。西家无法从他这边有效的攻击红心，当你再次赢进回攻时，你将享受到四个梅花赢墩。采用这种打法，你将在梅花 3-3 分布或西家原始持有♣J-10、♣J-8、♣10-8 时完成定约(在粗心的东家持有♣J-8-×-×或♣10-8-×-×，而没有盖过第一墩梅花时同样可以成功)。

解答18

♠K Q 9
♡8 4 2
◇K J 10 9 3
♣K 9

西		东
♠A 5		♠10 8 7 6 3
♡K J 9 7 6 3	N W E S	♡10
◇A 6		◇4 2
♣J 6 4		♣Q 10 8 5 3

♠J 4 2
♡A Q 5
◇Q 8 7 5
♣A 7 2

西	北	东	南
1♡	不叫	不叫	1NT
不叫	3NT	全不叫	

在你们的叫牌体系中，平衡位置争叫 1NT 显示 12-16 个大牌点。同伴加叫到 3NT，西家首攻♡7，东家出♡10。你计划如何做庄？

加上两个红心赢墩，你也只有四个大牌赢墩。如果你遵循简单的路线用红心 Q 赢进并出方块，西家会上 A，并顶开红心。你将只有八个赢墩。当你出黑桃时，西家将立刻扑上黑桃 A，并兑现足够的红心赢墩来击宕你的定约。如果你在第二轮时出黑桃，将面临同样的命运。西家不是昨天才打桥牌，他会立即用黑桃 A 站住，并顶开你的红心，同样击宕定约。那么你能怎么办呢？

完成定约的唯一机会就是在第一墩时出♡5。当西家原始持有六张红心时，东家只得换攻别的花色。这是一种不寻常的规避打法：你让东家赢进红心，他之所以是“安全的一方”是因为他没有红心可出了。

你用明手的 K 赢进东家换攻的梅花，并树立方块。西家用他的◇A 赢进，但出红心已经没有什么好处了。无疑他将继续出第二轮梅花。你必须忍让♣A，来切断防守方之间的联通。你赢进第三轮梅花，现在可以顶出♠A 了。你将得到九墩牌：四墩方块、一墩红心 A 以及两门黑花色中各得两墩。

如果这是你的风格，你还可以指出西家错过了打败你的机会。如果他作出了像双明手一样的首攻——红心 K 或红心 J，庄家忍让第一轮将不起任何作用！西家可以续出红心到 AQ 间张里，随后在用他的第一个 A 上手后顶开红心——九墩牌将遥不可及。

解答19

	♠Q 2 ♡A K Q ◇7 5 3 ♣K 10 5 3 2	
♠A J 10 9 3 ♡J 10 4 2 ◇K J 9 ♣4	N W E S	♠8 7 5 ♡8 5 3 ◇Q 6 2 ♣Q 9 7 6
	♠K 6 4 ♡9 7 6 ◇A 10 8 4 ♣A J 8	

西	北	东	南
			1◇
1♠	2♣	不叫	2NT
不叫	3NT	全不叫	

防守3NT,西家首攻♠J,你用明手的♠Q赢进。你计划如何做庄?

你现在有七个大牌赢墩,需要在梅花上建立另外两个赢墩。东家是危险的一方,所以你必须飞梅花给西家。哪种打法机会最大?假设你在第二墩时出梅花到J,当飞牌失败的情况下,一切都没有问题。但当牌张如牌型表中所分布的那样时,在好的防守下,定约将被击宕。这是因为东家还剩下♣Q-9-7,你无法在树立梅花赢墩时不让他进手。

最佳打法是在第二轮时起明手的♣10,如果没被盖上就准备飘过。同样的,如果西家用♣Q赢进,你将高枕无忧。当牌张如牌型表所示分布时,东家无能为力——如果他不盖♣10,你将接着再次用♣J飞牌,全取五墩梅花;如果他用♣Q盖过♣10,你赢进后用红心回到明手,并再次用♣8飞牌,你同样可以全取五墩梅花。

在第一轮就用♣8飞牌如何呢?在如牌型表中所示的分布时,你可以完成定约;但在西家持有♣Q-9-×-×或是单张♣9时,可能会失败。

解答 20

	♠K 7 4 2 ♡8 4 ◇K 7 3 ♣A J 8 3	
♠6 ♡K J 9 7 3 ◇J 10 9 2 ♣K 10 6	N W E S	♠Q J 10 8 5 ♡Q 10 6 ◇6 5 4 ♣9 5
	♠A 9 3 ♡A 5 2 ◇A Q 8 ♣Q 7 4 2	

西	北	东	南
			1NT
不叫	2♣	不叫	2◇
不叫	3NT	全不叫	

防守 3NT，西家首攻♡7，东家出♡Q。你的做庄计划是什么？

你有七个大牌赢墩，目标是在梅花中建立另外两个赢墩。为了切断防守方的联通，你必须忍让两轮红心。你让东家的♡Q赢进第一轮，并再次忍让他续攻的♡10。西家用♡J超打并顶开红心，东家在第三轮上跟出♡6。

你现在必须尝试在不让西家——危险的一方进手的前提下，建立三墩梅花。你应该如何处理梅花套呢？假设你出小梅花到J，情况不妙——西家剩下的♣K-10将确保他能够在第二轮或第三轮梅花上进手，并再取得两个红心赢墩来击宕定约。第一轮出小梅花用8飞过如何？在牌例所给出的分布下是可以奏效的（非常幸运），但是这并不是最佳打法。在东家原始持有♣K-10-×时，你将丢失两墩梅花并打宕定约。

最佳打法是在出第一轮梅花时出♣Q。西家必须用♣K盖上，否则你将取到所有的梅花。你用明手的A赢进，并用方块或者黑桃回到南家手中引出第二轮梅花。当西家第二轮跟出♣6时，你用明手的♣8盖过。东家将用♣9赢进，你成功地让送了一墩给安全的一方。东家没有红心可出，定约属于你了。

诚然，所推荐的这条路线在西家持有单张♣K时将使你付出失败的代价。但是，对于整个定约的安全来说，这一点点保费的付出是值得的。

习题 21

	♠Q J 6 3 ♡A 6 ◇A 10 7 2 ♣6 3 2
首攻◇Q	
	♠K 10 9 8 7 4 ♡K Q ◇5 3 ♣A Q 7

西	北	东	南
1♣	不叫	不叫	1♠
不叫	2♣*	不叫	4♠
全不叫			

西家首攻◇Q，你计划如何做庄？

习题 22

♠A K 2
♡J 6 2
◇10 9 8 2
♣Q 6 3

首攻♠4

♠Q 7 3
♡A Q 5 4
◇A 4
♣K J 5 4

西	北	东	南
			1NT
不叫	3NT	全不叫	

防守 3NT，西家首攻♠4。你计划如何做庄？

习题23

♠10 3 2 ♡A Q 10 7 6 3 ♢A ♣8 7 2
首攻♢Q
♠A J 4 ♡K J 5 4 2 ♢7 6 ♣A 10 4

西	北	东	南
			1♡
不叫	4♢*	不叫	4♡
全不叫			

西家首攻♢Q,你准备如何完成这一红心成局定约?

习题 24

	♠K J 4 3 ♡A 8 ◇K Q 7 6 5 ♣5 4
首攻♣10	N W E S
	♠A Q 10 ♡Q J 3 2 ◇A 9 4 3 ♣A K

西	北	东	南
			2NT
不叫	**6NT**	全不叫	

西家首攻♣10,你用 A 赢进。当你出方块到 K 时,东家垫掉一张梅花。你将如何继续?

解答 21

	♠Q J 6 3 ♡A 6 ◇A 10 7 2 ♣6 3 2	
♠A 5 ♡J 7 4 ◇Q J 9 6 ♣K J 10 5		♠2 ♡10 9 8 5 3 2 ◇K 8 4 ♣9 8 4
	♠K 10 9 8 7 4 ♡K Q ◇5 3 ♣A Q 7	

西	北	东	南
1♣	不叫	不叫	1♠
不叫	2♣*	不叫	4♠
全不叫			

北家的 2♣ 扣叫显示黑桃配合的好牌，你欣然进局。西家首攻◇Q，你准备如何完成定约？

面对 6-4 配合的将牌，很自然就应该想到消去打法。假设你清光将牌，剥光所有的红花色，并从明手引小梅花。你的计划是希望能够用♣7 盖过东家的小牌，让送一墩投入给西家。除非东家睡着了，否则你的计划不会成功。东家会出一张大牌（在本例中的 9 或者 8）来阻止你投入西家。

如果西家持有四张方块，更好的做庄路线是在第四轮方块上投入他，同时手中垫掉一张梅花。实施这一计划有一个小障碍，就是一旦东家在方块中获得进手，他将会换攻梅花来穿梭你的 A-Q-7，从而破坏你的终局打法。对此你有何对策？

在第一轮西家首攻◇Q 时，你必须采用规避打法让明手放小忍让。东家不能承受用◇K 超打，否则你的◇A-10 将可以取得两墩牌。你可以用◇10 飞牌，并垫掉一张梅花。东家只能放小，西家继续出小方块,你用 **A** 赢进并顶出将牌 **A**。当西家用将牌安全脱手后,你让明手赢进并将吃一轮方块,东家的方块 **K** 跌落。

你兑现红心 **K** 和 **A**,消去这门花色,还剩下这些牌张:

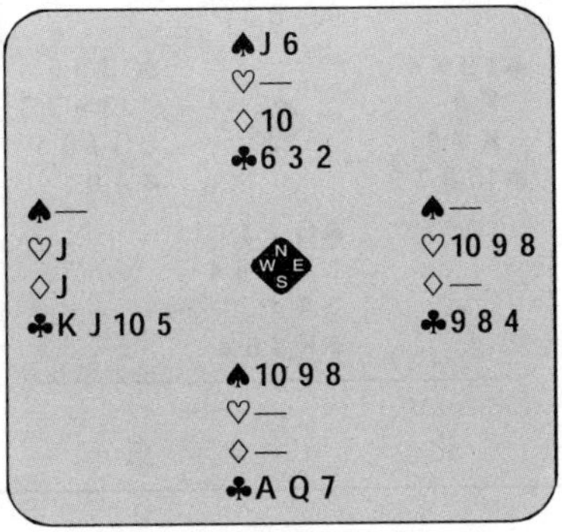

复杂的前期工作已经完成,现在是给出致命一击的时机。你出◇**10**,垫掉♣**7**。西家赢进这一墩牌后,不得不钻进你的梅花间张或送给你一个将吃垫牌。这是你应得的十墩牌。

解答 22

	♠A K 2 ♡J 6 2 ◇10 9 8 2 ♣Q 6 3	
♠J 9 5 4 ♡K 8 ◇K 7 3 ♣10 8 7 2	N W E S	♠10 8 6 ♡10 9 7 3 ◇Q J 6 5 ♣A 9
	♠Q 7 3 ♡A Q 5 4 ◇A 4 ♣K J 5 4	

西	北	东	南
			1NT
不叫	3NT	全不叫	

防守 **3NT**,西家首攻♠**4**。尽管你联手持有 **26** 点,但似乎没有直观的路线能够取得九墩牌。你计划如何做庄来获得最佳的机会?

你只有五个大牌赢墩,在红心和梅花上都需要发展赢墩。你认为梅花套的最佳打法是什么呢?你应该朝南家引两次梅花,在东家持有双张 **A** 不得不打空时获益。但是假如你让明手赢进黑桃首攻后,马上出梅花,东家可以上♣**A** 并换攻小方块,从而击宕定约(西家用◇**K** 赢进并回攻◇**7**,东家放小)。

正如我们所看到的那样,东家是危险的一方,因为从他的方向可以有效地换攻方块。在这一牌例中的规避打法是要在出梅花之前先打红心。你应该让明手赢进黑桃首攻,继续出红心到 **Q**。在这副牌的实际情况下,飞牌失败,但是西家从他的方向无法为防守方建立三个方块赢墩。他毫无疑问会继续出黑桃。你让桌上赢进,并出梅花到 **K**。接下来你可以用♡**J** 回到明手,朝手中引出第二轮梅花。当 **A** 现形时,定约已确保完成。你将得到三墩黑桃、两墩红心、三墩梅花和一个方块 **A**,总共九墩牌。

如果♣A 没有这样友好的出现，你还有红心或者梅花任一花色 3-3 分布的机会。

进一步假设如果♡Q 飞牌成功,你现在就有了八个大牌赢墩,你将转向梅花套。但现在你没有足够的进手能够朝南家手中引两次梅花了,因此你只能打梅花到 Q,希望梅花 3-3 分布。如果防守方在梅花进手后,仍然坚持攻击黑桃的话,你还有时间去发展红心套中的额外赢墩。

解答 23

北：
♠10 3 2
♡A Q 10 7 6 3
◇A
♣8 7 2

西：
♠K Q 7 5
♡8
◇Q J 10 5 3
♣Q 6 3

东：
♠9 8 6
♡9
◇K 9 8 4 2
♣K J 9 5

南：
♠A J 4
♡K J 5 4 2
◇7 6
♣A 10 4

西	北	东	南
			1♡
不叫	4◇*	不叫	4♡
全不叫			

在持有单张 A 的情况下，北家选择 4◇的斯普林特应叫并不是非常合适，但也很难找到更好的应叫叫品。西家首攻◇Q，你准备如何完成这一红心成局定约？

黑花色上有四个潜在的输墩。如果你能迫使防守方为你先动黑桃，则这门花色将只有一个输墩。你的目标就是消去红花色，并用第三轮梅花脱手。

假设你清光将牌，将吃一轮方块，并出梅花 A 和小梅花。这样并不绝对安全。如牌型表中所示的分布下，东家可以在第二轮梅花上用 J 进手，出一次黑桃到 Q，再用 K 赢进第三轮梅花，再次穿梭黑桃。定约宕一。

你可以利用规避打法来阻止东家在梅花上获得两次进手。你从明手引出第一轮梅花，准备用♣10 飘过，让送这墩牌给安全的一方。如果西家赢进这墩牌，他不能出黑桃，否则将送给你第二个黑桃赢墩。当他回攻梅花时，你用 A 赢进并出第三轮梅花脱手，迫使防守方替你先动黑桃或是送给你将吃垫牌。

如果东家在第一轮梅花上♣J 怎么办？你用♣A 赢进，调将回到明手，朝♣10 再引小梅花。如果东家在第二轮出小，你就可以让送这一墩给安全的一方；如果东家上♣K 并换攻黑桃，西家将用 Q 赢进。西家将陷入终局打法——他可以兑现♣Q，但之后不得不出黑桃进入你的间张。当你采用这一做庄路线时，除非东家持有♣K-Q-J 并且西家持有♠K-Q，否则定约都能确保完成。

现在，假设你的梅花结构稍微弱了一点：

♣7 5 2

♣Q 10 3　　N W E S　　♣K J 8 6

♣A 9 4

你还是可以对着南家出小梅花，尝试用♣9 飘过让送给安全的西家。只要东家持有不超过两张缺失的梅花大牌，你就可以避免他在这门花色中进手两次。如前所述，如果东家在头两轮中都出大牌，西家将难以逃脱被投入的命运。他手中将不得不留有唯一一张可以大过♣9 的大牌。

解答 24

	♠K J 4 3 ♡A 8 ◇K Q 7 6 5 ♣5 4	
♠7 5 ♡10 9 4 ◇J 10 8 2 ♣10 9 8 3	N W E S	♠9 8 6 2 ♡K 7 6 5 ◇— ♣Q J 7 6 2
	♠A Q 10 ♡Q J 3 2 ◇A 9 4 3 ♣A K	

西	北	东	南
			2NT
不叫	6NT	全不叫	

持有很好的 13 点，北家可以看到足以支持 6NT 定约的实力。他直接跳叫到这一定约，而没有去寻求黑桃或者方块配合，因为某门花色中的恶劣分布(或是敌方的将吃)可能会置定约于危险。西家首攻♣10，你用 A 赢进。当你出方块到 K 时，东家示缺。你如何继续？

你有十个大牌赢墩，并且可以在方块上建立起一个赢墩。因此你还需要建立一个红心赢墩。你将如何实现这些目标呢？如果西家持有♡K，简单飞牌便可以成功。这将使你在不脱手的情况下得到第二个红心赢墩，随后你可以让送一轮方块并声称完成定约。

如果东家持有♡K 怎么办呢？致胜的路线是在第三墩上从明手出♡8。如果东家出♡K 打空，你将可以得到三墩红心，足以完成定约；如果他忍让了第一轮红心，你将同样在不脱手的情况下得到第二墩红心，并可以树立方块。

那么哪个防守方更可能持有♡K 呢？由于西家已经持有四张方块而东家一张没有，东家在方块之外有 13 个空位，而西家只有

9个。因此东家有“13比9”的优势可能持有♡K,所以你应该在第三轮上出♡8。先出红心A、再出另外一张红心当然不是好的打法,东家可以先忍让,而在你让送一轮方块时,西家可以出红心到同伴的K。

（你看到6NT是多好的叫品了吗？如果你打5-4配合的方块定约,在方块恶劣分布时,你的定约将宕掉。这就是术语“得分较低的满贯”的意思！）

习题 25

♠K 7
♡10 6 5 3 2
◇K J 5 2
♣Q 7

首攻♠J

♠A 6 3
♡A J 9 8 7
◇A 7 4
♣5 3

西	北	东	南
			1♡
不叫	4♡	全不叫	

西家首攻♠J,你准备如何完成这一红心成局定约?

习题 26

♠J 6 4
♡A 7 6 2
◇9 6 5 2
♣J 7

首攻♠10

♠A K Q 7 5 2
♡—
◇A K
♣A K 8 6 2

西	北	东	南
			2♣
不叫	2◇	不叫	2♠
不叫	3♠	不叫	4♣
不叫	4♡	不叫	6♠
全不叫			

防守你的小满贯,西家首攻♠10。你计划如何做庄?

习题 27

♠Q 10 5 3
♡Q 7 5
◇A 3
♣K 10 5 2

首攻♡J

♠8 2
♡A K 2
◇K 7 5
♣A J 8 6 3

西	北	东	南
			1NT
不叫	2♣	不叫	2◇
不叫	3NT	全不叫	

防守 3NT，西家首攻♡J。你计划如何做庄？

习题 28

♠A 2
♡Q J 7 5 2
◇J 8 4 3
♣7 4

首攻◇A

♠J 10 9 7 6 5 3
♡8
◇—
♣A K Q J 2

西	北	东	南
			1♠
不叫	1NT	不叫	4♠
全不叫			

防守你的看上去几乎是铁牌的黑桃成局定约，西家首攻◇A。你准备如何应对任何可能的恶劣分布？

解答25

	♠K 7 ♡10 6 5 3 2 ◇K J 5 2 ♣Q 7		
♠J 10 9 4 ♡4 ◇8 6 3 ♣A 10 8 6 4		♠Q 8 5 2 ♡K Q ◇Q 10 9 ♣K J 9 2	
	♠A 6 3 ♡A J 9 8 7 ◇A 7 4 ♣5 3		

西	北	东	南
			1♡
不叫	4♡	全不叫	

西家首攻♠J,你准备如何完成这一红心成局定约?

如果西家持有◇Q,取得十墩牌很容易;但在东家持有这张牌时,定约的机会在哪里?如果他同时还持有两张红心,你或许可以在消去黑花色后用将牌投入给他。当他赢进第二轮将牌后,他将不得不引方块进入◇K-J或是送给你一个将吃垫牌。

牌型表中所示的牌张分布看起来恰好展示了这一消去打法。你能看出其中潜在的风险么?在你消去梅花时,如果西家能够获得两次进手的机会,他将会从他的位置出两次方块。在你能够实施你的终局打法之前,已经树立起东家的◇Q。因此你必须寻找一条消去打法的路线,能够阻止西家在梅花中获得两次进手。这很简单,你只需朝明手的梅花Q引两次牌!

具体路线如何进行呢?你用K赢进黑桃首攻,继续出黑桃到A过手。你随后朝着明手出第一轮梅花,如果西家放小,你就用明手的牌盖过,迫使东家赢进这墩牌。东家从他的位置无法安全地回攻方块,你将赢进东家的将牌回攻并将吃你的最后一张黑桃,

达到如下局势：

	♠— ♡10 6 5 ♢K J 5 2 ♣7	
♠10 ♡— ♢8 6 3 ♣A 10 6 4	N W E S	♠Q ♡Q ♢Q 10 9 ♣J 9 2
	♠— ♡J 9 8 7 ♢A 7 4 ♣5	

你用第二轮梅花脱手。如果东家赢进这墩牌，他可以兑现♡Q，但随后将没有安全的回牌了；如果西家赢进，你就用A赢进他的方块回攻，并用将牌投入给东家。

假设西家在第一轮梅花中上了♣A，并回攻方块。你将用♢A赢进，出第二轮梅花。东家不得不用♣K赢进，而无法有效地续攻方块。你的消去打法仍旧可以成功。

请注意即使在明手只有♣J-×时，这一打法依然值得尝试。只要西家仅持有大过梅花J的三张大牌中的一张，他将无法在这门花色中获得两次进手的机会。

解答 26

♠J 6 4
♡A 7 6 2
◇9 6 5 2
♣J 7

西		东
♠10 9 8 3		♠—
♡K J 9 5		♡Q 10 8 4 3
◇J 10 8 3		◇Q 7 4
♣3		♣Q 10 9 5 4

♠A K Q 7 5 2
♡—
◇A K
♣A K 8 6 2

西	北	东	南
			2♣
不叫	2◇	不叫	2♠
不叫	3♠	不叫	4♣
不叫	4♡	不叫	6♠
全不叫			

防守你的小满贯，西家首攻♠10。你将如何做庄以确保定约最大的安全性？

这手牌原来的庄家把更多的精力放在了打牌速度上而不是安全性上。他赢进将牌首攻，接着出梅花 A 和 K。西家将吃第二轮梅花，并再出一轮将牌。南家可以将吃一张梅花并用♡A 垫掉一张梅花，但他在这门花色中还有一个输张无处可去。定约宕一！

在类似的牌局中，你必须采取措施以避免你的大牌遭到将吃。在手中赢进将牌首攻后，你应该出♣A 并朝着明手的梅花 J 继续出小梅花。无论是西家将吃(并回攻将牌)还是让东家的♣Q 赢进这一墩牌都没有差别。在这两种情况下，你都可以通过将吃和用♡A 垫牌各解决掉一个剩余的梅花输张。

解答 27

♠Q 10 5 3
♡Q 7 5
◇A 3
♣K 10 5 2

♠K 9 6
♡J 10 9 4
◇J 8 4
♣Q 9 7

♠A J 7 4
♡8 6 3
◇Q 10 9 6 2
♣4

♠8 2
♡A K 2
◇K 7 5
♣A J 8 6 3

西	北	东	南
			1NT
不叫	**2♣**	不叫	**2◇**
不叫	**3NT**	全不叫	

防守 **3NT**,西家首攻♡**J**。你计划如何做庄?

如果你遵循你在地方俱乐部的“流行打法”,在赢进红心首攻后兑现梅花的两个顶张大牌,你将打宕定约。当西家赢进第三轮梅花后,他将意识到防守方必须在黑桃中取得四个快速赢墩。随后在经过简单的逻辑分析后,他会回攻出黑桃 **9**。这将会被 **10** 和 **J** 依次盖吃,东家将继续回小黑桃到 **K**;西家可以接着出♠**6** 来穿梭明手的♠**Q-5**,东家的♠**A-7** 坐等在后面,定约宕一。

不管牌张如何分布,如果是东家先动黑桃,防守方将无法取得四个黑桃赢墩。西家在第一轮必须得用 **A** 或者 **K** 赢进,而你只需盖过他的回攻,就可以使明手有一个确定的止张。因此你应当在梅花上采用规避打法,避免危险的西家进手。兑现♣**A**,并在第二轮梅花上用明手的♣**10** 飞牌。即使东家用原始持有的双张梅花 **Q** 赢进,他也无法击宕定约。

解答28

	♠A 2 ♡Q J 7 5 2 ◇J 8 4 3 ♣7 4	
♠8 ♡K 10 4 ◇A K 10 7 ♣10 9 6 5 3	N W E S	♠K Q 4 ♡A 9 6 3 ◇Q 9 6 5 2 ♣8
	♠J 10 9 7 6 5 3 ♡8 ◇— ♣A K Q J 2	

西	北	东	南
			1♠
不叫	1NT	不叫	4♠
全不叫			

防守你的黑桃成局定约，西家首攻◇A，你让南家将吃。你计划如何做庄以获得最大的成功机会？

你可以承受丢掉两墩将牌和一墩红心，因此只有梅花的5-1（或6-0）分布可能会给你带来麻烦。假设你在第二轮“很自然的”出一轮将牌到A。你已经打宕了定约！当你随后连续出梅花A和K时，东家会将吃第二轮并清掉明手的最后一张将牌。你将会输两墩将牌、一墩红心和一墩梅花。

在你担心防守方可能在你的边花主套中持有单张的局势下，你的目标应该是在这门花色的第二轮中，要朝着你的大牌引牌。在这一牌例中，你应该在第二轮时先兑现♣A，之后才可以出将牌到A。随后你可以从明手引出小梅花。如果东家用他的一个将牌赢墩将吃，你将很轻松地完成定约；如果他垫牌，你就用♣K赢进，然后用明手的小将牌将吃你的梅花输张。这样你将只丢失两墩将牌和一墩红心。

如牌型表所示的牌张分布下，在清将前直接兑现梅花 A 和 K 同样可以取得成功。东家将会将吃第二轮梅花并回攻♠K,但这并不能阻止你用明手的小将牌将吃一个梅花输张。你同样只丢失两墩将牌和一墩红心。但这一路线没有我们前面所推荐的那条路线安全,因为在一个防守方同时持有两个黑花色的单张时,他将会用单张将牌将吃第二轮梅花。

习题 29

♠A 8 5 4
♡A 7
◇A Q 10 3
♣7 4 3

首攻♠J

♠7
♡K Q 10 8 4 2
◇K J 2
♣K 5 2

西	北	东	南
	1◇	不叫	1♡
不叫	1NT	不叫	4♡
全不叫			

防守 4♡，西家首攻♠J。你准备如何完成定约?

习题30

♠Q 4 2
♡K 8
◇K Q 8 3
♣9 5 4 3

首攻♡Q

♠A K J 10 9 5
♡A
◇J 6
♣A J 10 8

西	北	东	南
			1♠
不叫	3♠	不叫	6♠
全不叫			

在略显凶猛的叫牌之后,西家首攻♡Q 对抗你的 6♠。你准备如何完成定约?

习题31

♠A 7 3
♡Q 8 6
◇K 3
♣A K 8 5 3

首攻♡9

♠K Q J 10 9 5
♡4
◇10 6 5
♣7 4 2

西	北	东	南
		1♡	2♠
不叫	2NT	3♡	3♠
不叫	4♠	全不叫	

防守你的黑桃成局定约,西家首攻♡9。你计划如何做庄?

习题32

♠Q 7 3
♡A K
◇Q 9 4 3
♣K Q J 4

首攻♡5

♠K 5 4
♡10 9 3
◇A J 6 5
♣A 8 3

西	北	东	南
	1♣	不叫	**1◇**
不叫	**3◇**	不叫	**3NT**
全不叫			

防守你的**3NT**,西家首攻♡**5**。你计划如何做庄?

解答29

	北	
	♠A 8 5 4 ♡A 7 ◇A Q 10 3 ♣7 4 3	
西		东
♠J 10 9 3 ♡5 ◇9 8 7 4 ♣A Q 9 6		♠K Q 6 2 ♡J 9 6 3 ◇6 5 ♣J 10 8
	南	
	♠7 ♡K Q 10 8 4 2 ◇K J 2 ♣K 5 2	

西	北	东	南
	1◇	不叫	1♡
不叫	1NT	不叫	4♡
全不叫			

十个红花色的赢墩再加上♠A 将会使你超一。如果你发现♣A 也对位，看起来你错过了一个小满贯。把这些想法抛诸脑后！你计划如何最安全地完成这一红心成局定约？

你用♠A 赢进首攻后继续兑现将牌 A 和 K，西家在第二轮将牌上示缺。现在是什么情况？答案是你将宕一！如果你转而出方块，东家将会将吃第三轮方块并转攻梅花，防守方将取得四个赢墩。

你可以承受丢失一墩将牌(和两墩梅花)，但你不能承受丢失这一墩牌给东家。你必须采用规避打法限制东家进手。在兑现将牌 A 后，你应该出将牌到 10。无论是否输给 J：安全的一方(西家)将获得出牌权。你可以赢进回攻，清光将牌。此时谁也不能阻止你取得四墩方块、垫掉一个梅花输张并完成定约。

解答30

	北	
	♠Q 4 2 ♡K 8 ◇K Q 8 3 ♣9 5 4 3	
西 ♠8 6 3 ♡Q J 10 4 ◇A 9 7 5 ♣Q 2		东 ♠7 ♡9 7 6 5 3 2 ◇10 4 2 ♣K 7 6
	南 ♠A K J 10 9 5 ♡A ◇J 6 ♣A J 10 8	

西	北	东	南
			1♠
不叫	3♠	不叫	6♠
全不叫			

你不喜欢北家的3♠跳加叫，同样你认为南家跳叫6♠也有点粗暴。是的，确实如此！但你购买这本书并不是为了学习最流行的叫牌技巧。西家首攻♡Q，你准备如何完成6♠？

至少你逃过了梅花的致命首攻。如果你能判断出哪位防守人持有◇A并躲过它，你就有机会完成这一小满贯定约。如果防守方上◇A而没有吃到任何大牌，你就将获得三个垫牌的机会从而可以垫掉你全部的梅花输张——两个垫在方块下，一个垫在♡K下；如果防守方放小，你就将一个方块赢墩收入囊中后，用明手的♡K垫掉你剩下的一张方块。接下来你将可以双飞梅花。你认为你应该打哪位防守人持有◇A呢？

从叫牌中没有任何线索，但由于明手缺乏进张，你没有太多选择，只能打西家持有◇A。用A赢进红心首攻后，你应该用A清一轮将牌，随后对着明手出◇6。如果西家上A，你将可以获得三个垫牌，解封方块后通过将牌进入明手；如果西家在第一轮方块上放小，你就用明手的 K 赢进，并用♡K 垫掉手中剩下的最后一张方块。

不要浪费进入明手的机会，接下来你从明手出小梅花到 J，西家用♣Q 赢进并回攻将牌。你在手中赢进，清最后一轮将牌到明手的♠Q。随后你引出♣9，计划在这张牌没有被盖吃时手中低出♣8。这将使你在东家原始持有♣K-×-×-×或♣Q-×-×-×时能够捉死东家。当牌张分布如牌型表中所示时，只需要再进行一次梅花飞牌就够了。你将只输一墩梅花，完成你的小满贯定约。

解答31

	♠A 7 3 ♡Q 8 6 ◇K 3 ♣A K 8 5 3	
♠8 6 2 ♡9 3 ◇J 9 8 7 2 ♣J 10 6	N W E S	♠4 ♡A K J 10 7 5 2 ◇A Q 4 ♣Q 9
	♠K Q J 10 9 5 ♡4 ◇10 6 5 ♣7 4 2	

西	北	东	南
		1♡	2♠
不叫	2NT	3♡	3♠
不叫	4♠	全不叫	

你用弱跳争叫参与叫牌，但很快发现自己成为了 4♠ 的庄家。西家首攻♡9，你准备如何完成定约？

这手牌原来的庄家很快就为他的选择付出了代价。“请出小。”他说。东家跟出♡7，让他的同伴继续出牌。西家马上意识到他的同伴希望自己做点什么，并适时地换攻出了方块。东家收获两个方块赢墩，防守方还可以坐等一个无法消失的梅花赢墩。定约宕一。

应当如何做庄完成这一定约呢？西家是危险的一方（这一防守人可以穿梭明手的◇K），所以你应当用明手的♡Q 盖过♡9。东家被迫赢进这一墩牌，从他的位置将不能有效地攻击方块。你将吃红心续攻并清三轮将止于暗手，接下来如何继续？

西家持有两张红心，而东家持有七张，所以他比他的同伴更有可能持有长梅花。即使西家确实持有三张梅花、东家持有两张，但只要他持有♣6（所缺失的梅花中最小的一张），你仍然可以阻止他进手。你从手中引出第一轮梅花。如果西家出♣6，你就从明手放小忍让，东家将不得不盖吃赢进。梅花是3-2分布，定约回家。

假如西家机警地冲上♣J(或者♣10)，你就用明手的♣A赢进，第二次将吃红心回手，再引出一轮小梅花。这次西家不得不出♣6，而你从明手放小忍让。十墩牌在手！

解答 32

	北	
	♠Q 7 3 ♡A K ♢Q 9 4 3 ♣K Q J 4	
西 ♠A 10 6 ♡Q J 7 5 2 ♢7 ♣10 7 6 2		东 ♠J 9 8 2 ♡8 6 4 ♢K 10 8 2 ♣9 5
	南 ♠K 5 4 ♡10 9 3 ♢A J 6 5 ♣A 8 3	

西	北	东	南
	1♣	不叫	1♢
不叫	3♢	不叫	3NT
全不叫			

北家和南家都可能采用不同的叫品，但最终定约是没有问题的。西家首攻♡5，你发现你有七个大牌赢墩。你必须安全地建立两个额外的赢墩，即使方块分布恶劣。你准备如何处理方块套？

赢进红心首攻后，你的第一步行动应该是出小方块到A。这一打法在西家持有单张♢K时会立即得到回报。当防守方只有小方块跟出时，你用♣J进入明手，再次朝暗手引小方块。你能看出这一打法的要义么？如果西家持有这门花色剩余的所有牌张（♢K-10-8），他将用♢K吃住♢J，但你随后可以用明手的♢9进行飞牌取得三个方块赢墩；如果东家持有剩余的♢K-10-8，他不能在此时上K，否则也会让你在方块上得到三墩牌。你的♢J将赢进，随后你可以通过建立一个黑桃赢墩使你的总赢墩数达到九墩。通过上述打法处理方块，你在这门花色的任意分布下都能确保完成定约。

习题33

	♠K Q J ♡A 9 ◇8 4 3 ♣K 9 8 6 4	
首攻♡K	N W E S	
	♠A 10 8 6 5 4 2 ♡3 ◇K 9 6 ♣5 2	

西	北	东	南
			3♠
4♡	4♠	全不叫	

防守你的黑桃成局定约，西家首攻♡K。你的做庄计划是什么？

习题34

	♠A K ♡A K 6 ◇A 8 6 5 ♣8 6 4 3	
首攻♣J	N W E S	
	♠Q 10 8 5 4 3 ♡8 4 ◇7 ♣A K Q 7	

西	北	东	南
	1◇	不叫	1♠
不叫	2NT	不叫	3♠
不叫	4◇	不叫	4NT
不叫	5♣*	不叫	6♠
全不叫			

首攻♣J,你准备如何完成这一小满贯?(西家持有单张♠2)

习题 35

♠5 4 2
♡K Q 7 3
◇A 10 3
♣Q 7 4

首攻♠8

♠A Q 7 3
♡J 4
◇K Q J 7
♣K 5 3

西	北	东	南
		1♠	1NT
不叫	3NT	全不叫	

防守 3NT，西家首攻♠8，东家用♠9 盖打。你准备如何完成定约？

习题 36

北
♠J 10 6 4
♡Q 8 3
◇A 8 6 4
♣7 5

首攻♠2

南
♠A K Q 5 3
♡K 5
◇Q J 7
♣K 8 6

西	北	东	南
			1♠
加倍	**3♠**	不叫	**4♠**
全不叫			

防守 **4♠**，西家首攻小将牌。你计划如何做庄？（你将会发现将牌是 **2-2** 分布。）

解答33

	♠K Q J ♡A 9 ◇8 4 3 ♣K 9 8 6 4	
♠7 ♡K Q J 6 5 2 ◇A Q 2 ♣A 10 7	N W E S	♠9 3 ♡10 8 7 4 ◇J 10 7 5 ♣Q J 3
	♠A 10 8 6 5 4 2 ♡3 ◇K 9 6 ♣5 2	

西	北	东	南
			3♠
4♡	4♠	全不叫	

防守你的黑桃成局定约，西家首攻♡K。你的做庄计划是什么？

西家很可能持有◇A，在这种情况下你最好的机会是树立梅花套。假设你赢进了首攻，清将并朝明手的K出小梅花。西家将在第一轮放小，而东家将得以赢进第二轮梅花。东家并不需要是位天才，就可以换出◇J，而这将是你定约的末日。

你的目标是避免东家进手，通过忍让第一轮♡K将能够做到这一点。如果西家现在换攻方块，希望他的同伴持有◇K，你将很轻松地完成定约(你将得到一墩◇K，并用♡A垫掉一个方块输张，最后跳♣K)。如果西家继续出第二轮红心，你就用明手的A赢进并垫掉手中的一张梅花。随后你可以用♠A回手，朝明手的K引出手中的最后一张梅花。如果西家放小，明手♣K将赢进，并可以树立梅花套，最后获得一个超墩；如果西家上♣A，他能做出的最好防守就是兑现◇A防止你超一。

这手牌表明桥牌有时的确是技巧和运气的混合。有三个首攻可以击败定约,但每一个都是教科书中的“坏首攻”。假如西家抱着梅花 A 低引(哦,不!),或是首攻单张将牌(太恐怖了!),亦或是从他的 K-Q-J 领头的红心中首攻小红心(简直耸人听闻!),定约都将被击宕。

解答 34

北:
♠A K
♡A K 6
◇A 8 6 5
♣8 6 4 3

西:
♠2
♡J 10 5 3
◇K J 9 4
♣J 10 9 2

东:
♠J 9 7 6
♡Q 9 7 2
◇Q 10 3 2
♣5

南:
♠Q 10 8 5 4 3
♡8 4
◇7
♣A K Q 7

西	北	东	南
	1◇	不叫	1♠
不叫	2NT	不叫	3♠
不叫	4◇	不叫	4NT
不叫	5♣*	不叫	6♠
全不叫			

西家首攻♣J,你用 A 赢进。当你兑现将牌 A 和 K 时,西家在第二轮上垫掉一张红心。现在怎么办?

如果防守方的梅花是 3-2 分布，你可以承受丢失一墩将牌。西家首攻的♣J 无疑出自连接张,这使得梅花看起来更可能是 4-1 分布。在这种情况下有何对策吗?

你的目标是通过将吃妙招使两个输墩变为一个。换句话说,你需要尽力取得六个将牌赢墩和六个边花赢墩。通过在手中将吃两次方块，你可以将手里的将牌缩减为♠Q-10。在第十一轮时，你可以让防守方得墩并利用你的将牌间张取得最后两墩牌。

还有一点需要加以考虑。为了确保你能够得到三墩梅花，你需要朝暗手引两次梅花，以确保东家没有机会将吃掉你的赢墩。

在兑现明手的两个将牌顶张后，你必须充分利用进入明手的机会，朝着暗手的♣K-Q-7 引梅花。东家用他原本的将牌赢墩去将吃一个输张对他没有任何好处。他垫牌，你用 K 赢进。随后你用◇A 过手将吃一轮方块，用♡A 过手再将吃一轮方块，并再次用♡K 回到明手。还剩下这些牌张：

	♠— ♡6 ◇8 ♣8 6	
♠— ♡J ◇K ♣10 9	N W E S	♠J 9 ♡Q ◇Q ♣—
	♠Q 10 ♡— ◇— ♣Q 7	

你将再一次朝暗手的梅花大牌引牌，东家无计可施。如果他将吃，你就跟♣7，并声称刚好完成定约；如果他垫牌，你就用♣Q 赢进，并打出♣7 脱手——你所剩下的♠Q-10 将确保你能够得到最后两墩。

如果首攻是一张方块而非梅花将会如何？这将使你失去一个进入明手的关键进张。如果你还是继续出将牌 A 和 K，定约将宕一。你将无法做到让手中将吃两次方块并朝暗手引两次梅花。你可以在第二轮安全的调一轮将牌，但随后你必须要将吃一次方块。在兑现一个梅花顶张后，你用将牌回到明手，然后重复之前的打牌过程。

在面对红心首攻时，做庄将更具挑战，因为你连一轮将牌都不能调。你需要先出梅花 A，调将到明手，出第二轮梅花到 K。这条路线在西家持有单张梅花、并且能够将吃第二轮梅花时将会失败。但回到这一牌例本身，有充分的理由可以假设当西家持有单张梅花时，他多半会首攻它。

解答 35

	北	
	♠5 4 2 ♡K Q 7 3 ◇A 10 3 ♣Q 7 4	
西 ♠8 ♡10 6 5 2 ◇9 8 4 2 ♣10 9 6 2		东 ♠K J 10 9 6 ♡A 9 8 ◇6 5 ♣A J 8
	南 ♠A Q 7 3 ♡J 4 ◇K Q J 7 ♣K 5 3	

西	北	东	南
		1♠	1NT
不叫	3NT	全不叫	

防守 3NT，西家首攻♠8，东家用♠9 盖打。你准备如何完成定约？

本书已经临近尾声，你可能期待遇见一些更有挑战性的难题。你的愿望实现了！如果你能够找到完成这一定约的路线，就可以认为自己是一个高手了。

你有六个大牌赢墩，因此还需要在红心和梅花中再取得三墩牌。你用♠Q 赢得第一墩，用◇10 过到明手。现在你朝着暗手引小红心——这是一个规避打法：如果东家愿意他可以上 A，但这将使他付出沉重的代价。你将在红心上拥有三个赢墩，足以完成定约。让我们假设东家放小，你用♡J 赢进。接下来如何继续？

沉醉于刚才行动的成功，你用◇A 回到明手，并朝手中的 K 引小梅花——这是第二个规避打法。如果东家上♣A，他将给你两个梅花赢墩。由于你已经取得了一个红心赢墩,这将足以完成定约。因此东家必须继续出小,你的♣K 赢进。

不幸的是你已无法简单利用明手的♡K-Q 来建立第九墩牌了,因为明手已经没有进张了。取而代之的是你应该连续兑现手上的两个方块赢墩,东家将在如下局势中感到垫牌的压力:

	♠5 4 ♡K Q 7 ♢— ♣Q 7	
♠— ♡10 5 2 ♢9 ♣10 9 2	N W E S	♠K J 10 6 ♡A ♢— ♣A J
	♠A 7 3 ♡4 ♢Q ♣5 3	

你出♢Q,从明手垫掉一个小黑桃。虽然东家是你的对手,但你在此时仍对他表示同情。他能垫什么呢?如果他垫掉任意一个 A,他将为明手做大至少一墩牌;如果他扔掉♣J,你就知道♣A 已经是单张了(东家开叫 1♠,显示他有五张黑桃和两个未露面的 A)。你可以出小梅花将单张 A 放下来,建立起明手的♣Q 成为你的第九墩。

东家唯一可能选择的其他垫牌就是小黑桃。你随后可以出♠A、小黑桃投入给他。他可以兑现两个黑桃赢墩和两个 A,但在第十三轮时他将不得不出♣J 送给明手的♣Q。

这的确是一道难题,但也没有难到遥不可及。至少你知晓了防守方大致可能的持牌。采用两次规避打法是自然而然的,随后东家就会开始坐立不安。

解答36

北：
♠J 10 6 4
♡Q 8 3
◇A 8 6 4
♣7 5

西：
♠7 2
♡A J 7 2
◇K 10 3 2
♣A Q 10

东：
♠9 8
♡10 9 6 4
◇9 5
♣J 9 4 3 2

南：
♠A K Q 5 3
♡K 5
◇Q J 7
♣K 8 6

西	北	东	南
			1♠
加倍	3♠	不叫	4♠
全不叫			

防守你的黑桃成局定约，西家首攻小将牌。你让南家赢进并继续清一轮将，发现将牌是 **2-2** 分布。你将如何继续？

你是否正在期待用一个真正棘手的难题来结束本书呢？恭喜你找到它了！在清两轮将牌之后，你必须出◇**Q**。当西家用◇**K** 盖打时，你让明手忍让。西家不能出红心或是梅花来便宜你，毫无疑问他会出小方块脱手。东家出◇**9** 逼出你的◇**J**，你继续出第三轮方块，西家跟出了一张对你没有任何帮助的小方块。你是应该用明手的◇**8** 飞过，还是上大牌击落？

有两个理由支持你进行飞牌。首先，限制性选择原理说明在第二轮方块上，东家被迫打出◇**9**(这是他仅剩的方块)的概率是他从等值大牌中选择出◇**9**(他原始持有◇**10-9-×**)的两倍；其次，如果西家持有◇**K-3-2**，他很可能在第一轮时不盖你的◇**Q**。因为如果他盖打了，就将使你在持有◇**Q-J-9** 时能够进行第二次飞牌。

于是，你用明手的◇**8** 飞过，这一行动被证明是正确的。一张垫牌并没有直接的用处，因为你还面临三个输张(一个红心和两个梅花)。现在你用第三轮将牌回手，还剩下这些牌张：

	♠10 ♡Q 8 4 ♢A ♣7 5	
♠— ♡A J 7 ♢10 ♣A Q 10	N W E S	♠— ♡10 9 3 ♢— ♣J 9 4 3
	♠5 3 ♡K 5 ♢— ♣K 8 6	

你已经建立起一种被称为莫顿妙招的规避打法局势。当你朝明手出♡**5** 时，西家无解。如果他上♡**A**，你就可以垫掉两个梅花输张：一个垫在♡**Q** 之下，另一个垫在♢**A** 之下；如果西家放小，你就用明手的♡**Q** 赢进，并用明手的♢**A** 垫掉手中的♡**K**。由于红心已没有失墩，你不介意在梅花上丢掉两墩牌。你可以让明手将吃最后一张梅花，定约属于你了！

后　记

现在你已经坚持到了最后。这真的很棒！有哪些主要的规避打法技巧需要你牢记呢？在第一墩牌时你应当注意忍让给安全一方的好处。假设西家(安全的一方)首攻♠K，明手是♠A-×-×，你手里是单张。通过忍让，你可以给自己保留后续用♠A 进行一次有用垫牌的机会。类似的，当西家首攻小牌，明手持有♠A-10-×对着你的单张时，可以通过盖上 10，迫使东家(安全的一方)赢进。之后你将可以好好利用这张 A 进行垫牌的机会——也许通过它在持有◇A-×-×-×-×对着◇K-×-×时，避免西家在持有◇Q-J-×时进手而树立长套。

在我们的一些习题中，包含了在后续打牌过程中飞牌给(或者说投入给)安全的一方。另外一些则是引小牌穿过持有大牌的危险一方——他可以选择上大牌，但这将使他付出昂贵的代价，送给你这门花色额外的赢墩。我们还讨论过另外一个重要技巧，就是朝着某门花色的大牌引小牌，以避免大牌被将吃。

在无将定约中，规避打法更富有策略性——例如要选择先出哪门花色、后出哪门花色，因为你希望当你在敌方花色中还有一个止张时，能够先顶掉危险一方的进手。

或许你认为规避打法没什么特别难的。可能确实如此，但是所有的事情在你理解了它的道理之后，都会显得比较容易。你确信有很多牌手可能做不出这本书的大部分题目，而且当他们出错时，他们甚至都无法意识到自己犯了何种错误。随着你掌握越来越多的打牌技巧,随着你更加努力地精心规划每一次做庄路线,你一定会在下一次比赛中获得更好的名次。所有这些努力和付出都是值得的吗?毋庸置疑!